Einführungsphase

Kursbuch Geschichte

Hessen

W0277896

Cornelsen

Kursbuch Geschichte – Hessen
Einführungsphase

Bearbeitet von
Thomas Graf, Dr. Wolfgang Jäger, Jens Tanzmann und Ursula Vogel

Redaktion: Britta Köppen, Michael Venhoff
Karten: Carlos Borrell, Berlin
Grafik: Markus Kluger, Berlin
Bildassistenz: Christina Sandig, Franziska Becker
Umschlaggestaltung: Ungermeyer, grafische Angelegenheiten, Berlin
Layout und technische Umsetzung: Uwe Rogal, Berlin

Umschlagbild: Begegnung zwischen Lodovico III. Gonzaga und seinem Sohn Kardinal Francesco (1472), Ausschnitt aus einem Fresko von Andrea Mantegna (1431–1506), 1465/74, Mantua, Palazzo Ducale, Camera degli Sposi, Westwand/akg-images

www.cornelsen.de

1. Auflage, 1. Druck 2016

Alle Drucke dieser Auflage sind inhaltlich unverändert und können im Unterricht nebeneinander verwendet werden.

Druck: Mohn Media Mohndruck, Gütersloh

ISBN: 978-3-06-064596-1

PEFC™
PEFC/04-31-1033

PEFC zertifiziert
Dieses Produkt stammt aus nachhaltig bewirtschafteten Wäldern und kontrollierten Quellen.

www.pefc.de

Die gelb markierten Kapitel 4 und 5 entsprechen den fakultativen Themenfeldern E. 4 und E.5 des Kerncurriculums. Die Kapitel 1 bis 3 behandeln die verbindlichen Themenfelder E.1 bis E.3.

Die Arbeitsaufträge in diesem Buch sind nach Kompetenzbereichen unterschiedlich farblich markiert.

- Wahrnehmungskompetenz
- Analysekompetenz
- Urteilskompetenz
- Orientierungskompetenz

Produktionsorientierte Arbeitsaufträge sind durch die Rubrik *„Geschichte produktiv"* gekennzeichnet.

Die Rubrik *„Zusatzaufgabe"* kennzeichnet binnendifferenzierende Arbeitsaufträge, die zum selben Material Arbeitsaufträge für ein erhöhtes Anforderungsniveau vorschlagen.

Kontroverse Materialzusammenstellungen sind durch grüne Schrift und die Rubrik *„Geschichte kontrovers"* gekennzeichnet.

Lernen und arbeiten mit dem *Kursbuch Geschichte*

Das vorliegende Lehrwerk ist für die gymnasiale Oberstufe konzipiert und deckt alle Kompetenzanforderungen und Inhaltsfelder des Kernlehrplans für die Qualifikationsphase ab.

Kursbuch Geschichte Hessen – Einführungsphase bereitet auch methodisch auf alle Anforderungen der Oberstufe vor. Jedes Kapitel bietet daher **Grundwissen-, Methoden-** und **„Kompetenzen überprüfen"-Seiten** sowie Sonderseiten zur **Geschichtskultur**. Alle Arbeitsaufträge sind nach Kompetenzbereichen – Sach-, Methoden-, Urteils- und Handlungskompetenz – farblich markiert. Darüber hinaus stehen im Anhang ein ausführliches **Klausurentraining** (S. 239 ff.) sowie umfangreiche Hilfen für **Arbeitstechniken** (S. 216 ff.) zur Verfügung. Der Aufbau des Buches bzw. der Kapitel umfasst folgende Elemente:

Themeneinführungen (rote Kolumne) führen in die langfristigen und übergreifenden Prozesse, Strukturen und Leitfragen der Inhaltsfelder des Kernlehrplans ein.

Auftaktseiten mit Bild, Überblickstext, Zeitstrahl und Kompetenzerwartungen dienen als Einstieg in das Kapitelthema.

Die Doppelseite **Grundwissen** reaktiviert mit relevanten Daten und Begriffen sowie Wiederholungsaufgaben das Wissen aus der Sekundarstufe I. Ausführliche Begriffserläuterungen stehen im Lexikon des Anhangs (S. 250 ff.).

Themeneinheiten bereiten die Unterrichtsinhalte mit verständlichen Darstellungstexten und vielfältigen Materialien auf. Die **Marginalspalte** nennt wichtige Personen, Daten und Ereignisse, erläutert Begriffe und verweist auf Webcodes. Die **Arbeitsaufträge** entsprechen den „Einheitlichen Prüfungsanforderungen" (EPA) und sind nach Kompetenzbereichen farblich markiert. Zusätzlich gibt es zahlreiche Präsentationsvorschläge. Die **„Operatoren"** der Abiturprüfung werden im Anhang, S. 222 f., erläutert.

Methodenseiten (gelber Fond) unterstützen mit Checklisten, Übungen und Lösungshinweisen das selbstständige Training der Fachmethoden und Arbeitstechniken.

Sonderseiten zur **Geschichtskultur** (blaue Kolumne) untersuchen Darstellung und Deutung historischer Themen in Kunst, Medien oder Politik.

Die Doppelseite **Kompetenzen überprüfen** (am Kapitelende) wiederholt zentrale Begriffe und vertieft die historischen Kenntnisse durch Anwendungsaufgaben und durch wiederholende, nach Kompetenzbereichen unterschiedene Arbeitsaufträge. Ausführliche Begriffserläuterungen stehen im Lexikon des Anhangs (S. 250 ff.).

Themenabschlussseiten (rote Kolumne) greifen die Leitfragen der Themeneinführung auf und bieten Material zur Vertiefung.

Themeneinheiten

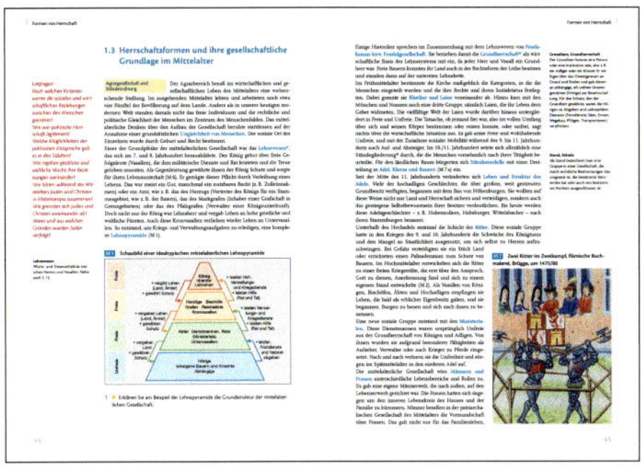

Methodenseiten

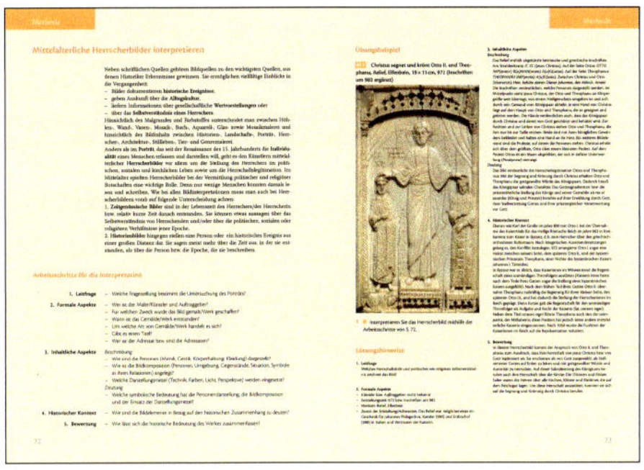

Geschichtskultur

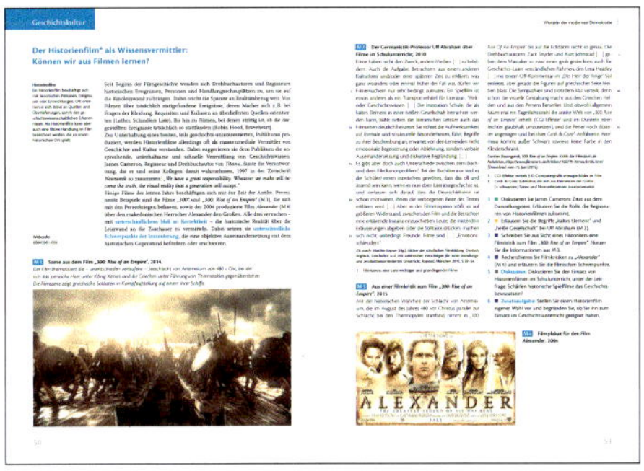

Kompetenzen überprüfen

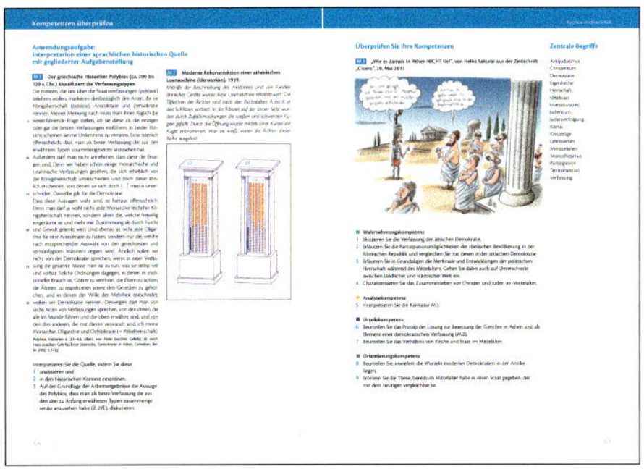

Wurzeln des europäischen Selbstverständnisses und Entstehung der modernen Welt

Antike
Der Begriff leitet sich vom lateinischen Wort *antiquus* (= alt) ab und bezieht sich auf die „alte Geschichte" einer Kultur. Im allgemeinen Sprachgebrauch wird das griechisch-römische Altertum im Mittelmeerraum als Antike bezeichnet. Wie alle Epochen lässt sich die Antike nicht exakt datieren. Für das griechisch-römische Altertum wird oft die frühgriechische Einwanderung in Hellas im 2. Jahrtausend v. Chr. als Beginn genannt. Das Ende des Weströmischen Reiches im Jahr 476 n. Chr. wird in der Regel als Zäsur für das Ende der Antike angesetzt, wobei die Spätantike eine Übergangszeit zum Frühmittelalter darstellt.

Vergangenheit und Gegenwart

Die Ereignisse, Vorgänge und Handlungen, mit denen sich dieses Buch befasst, reichen bis in die Antike*, das Mittelalter und die Frühe Neuzeit zurück. Besitzt die Beschäftigung mit dieser zum Teil weit entfernten Vergangenheit einen konkreten Nutzen für die Gegenwart oder sind solche Kenntnisse ein bloßes Bildungsgut? Wer diese Fragen angemessen beantworten will, muss klären, ob und inwieweit die in den Blick genommenen Themen gegenwärtig von Bedeutung sind. Beleuchten die behandelten Probleme die Grundlagen des modernen Europa und der modernen Welt? Erfahren wir bei der Beschäftigung mit ihnen etwas über unsere ideelle und tatsächliche Vorgeschichte? Oder dienen die Einsichten über antike, mittelalterliche und frühneuzeitliche Traditionen der Legitimation politischer Entscheidungen in der Gegenwart?

Politische Partizipation

Politische Partizipation gehört zu den wesentlichen Merkmalen moderner Herrschaftssysteme. In einer **partizipatorischen Herrschaftsordnung** gestalten nicht ein Einzelner oder eine kleine Gruppe unter Ausschluss der Öffentlichkeit die Politik, sondern die Bevölkerung darf und soll diese mitprägen. Bei direkten Formen der politischen Teilhabe treffen die Bürger unmittelbar die politischen Entscheidungen, während die Bevölkerung bei der indirekten politischen Mitsprache in bestimmten zeitlichen Abständen Volksvertreter wählt, die die Politik mitformen und die Regierung kontrollieren.

Partizipatorische Herrschaftssysteme gab es bereits in der Antike. Zum ersten Mal in der Geschichte der Menschheit haben die antiken Griechen zwischen 500 und dem 2. Jahrhundert v. Chr. Staat und Gesellschaft nach demokratischen Prinzipien organisiert, um Freiheit und Gleichheit im öffentlichen Leben so weit wie möglich zu verwirklichen. Allerdings unterschied sich die **athenische Demokratie** von der modernen Demokratie sehr stark.

M1 Kaiser Augustus, Statue von Kaiser Augustus, 1. Jahrhundert n. Chr., Turin.
Augustus beendete 27 v. Chr. de facto die Zeit der Römischen Republik und eröffnete die römische Kaiserzeit, die – im Gegensatz zu den letzten rund 100 Jahren der Republik – bis in das 3. Jahrhundert hinein von großer politischer Stabilität geprägt war.

Anders als die Griechen entschieden sich die Römer nach dem Ende des Königtums um 510 v. Chr. nicht für die Demokratie, sondern für die *res publica*. Die Geschichte der **Römischen Republik** endete 27 v. Chr. mit dem Prinzipat des Augustus (M 1). Das Machtzentrum der Republik, der Senat, war ein aristokratisches Gremium. Obwohl Volksversammlungen Menschen in die politischen Ämter, den Magistrat, wählten, spielten Einfluss, Geld und Herkunft aus bestimmten Familien dabei eine entscheidende Rolle. Politische Entscheidungen entstanden daher über politische Freundschaften und Familienbeziehungen zwischen den adligen Häusern. Die These, dass die republikanische Verfassung teilweise demokratisch geprägt gewesen sei, geht zu weit. Das Volk hatte zwar Anteil an der Herrschaft, aber nicht in „demokratischen“ Institutionen wie in der athenischen Demokratie.
Im Spätmittelalter bildeten sich **in den Städten vielfältige Partizipationsbewegungen** heraus. In der Regel versuchten dabei die zu Wohlstand gekommenen, aber noch nicht „ratsfähig“* gewordenen Kaufleute und Handwerker, einen Anteil an der politischen Macht in der Stadt zu erlangen. Häufig wurde nach den Auseinandersetzungen nur die städtische Führungsschicht erweitert.

Rat der Stadt
seit dem 12. Jh. Gremium der Stadtregierung, bestand aus einer unterschiedlichen Zahl von Ratsherren, die in der Regel einer bestimmten Gruppe von Familien entstammten, auf die auch das Wahlrecht zum Rat beschränkt war; diese Familien nannte man „ratsfähig“

Interkulturelle Beziehungen und europäische Aufbrüche

Das europäische Mittelalter war geprägt vom Zusammenleben der drei monotheistischen Religionen **Christentum, Islam und Judentum**. Die interkulturellen Beziehungen zwischen diesen Gruppen waren nicht nur durch gewaltsame Konflikte geprägt, es gab auch Perioden friedfertigen Nebeneinanders und Miteinanders. Und die Menschen entdeckten bereits damals die **Vielfalt des religiös-kulturellen Lebens**, das Europa bis heute bestimmt. Seit den Kreuzzügen und der Pest verschlechterte sich das Verhältnis von **Juden und Christen** jedoch zunehmend. Der Antijudaismus beschuldigte die Juden, Ritualmorde zu begehen, Brunnen zu vergiften oder Hostien zu schänden. Die unhaltbaren Vorwürfe stießen bei einigen Bevölkerungsgruppen auf Zustimmung und stachelten sie zu gewaltsamen antijüdischen Pogromen an. **Christen und Muslime** begegneten sich im Mittelalter feindselig in den Kriegen der Kreuzzüge oder im Kampf um Konstantinopel, aber sie pflegten in Spanien zeitweilig auch intensive friedliche Beziehungen. Diese endeten 1492 mit der Rechristianisierung Spaniens.
Eine der wichtigsten Veränderungen des lateinischen Christentums Europas, das bis zu Reformation sein geistliches Zentrum in Rom hatte, war die **Trennung von geistlicher und weltlicher Gewalt**, die zur Urform der Gewaltenteilung und des modernen Pluralismus geworden ist. Die von Luther eingeleitete **Reformation** löste auch eine umfassende christliche Erneuerungsbewegung aus. Nicht nur Kirche und Staat wurden entscheidend verändert, sondern auch die politischen Strukturen Deutschlands.
Vorreiter einer über Europa hinausgreifenden **kolonialen Expansion** waren Spanien und Portugal. Seit dem 15. Jahrhundert eroberten diese Mächte Kolonien in Asien und auf dem amerikanischen Kontinent. Diese kolonialen Besitzungen erweiterten die Vorstellungswelt der Europäer, auch durch die Kontakte mit völlig verschiedenen Völkern.

Modernisierung
Prozess der beschleunigten Veränderung einer Gesellschaft in Richtung auf einen entwickelten Status, meistens verbunden mit dem Fortschrittsbegriff der Aufklärung und bezogen auf den Übergang von der Agrar- zur Industriegesellschaft. Kennzeichen der Modernisierung sind: Verstädterung, Säkularisierung, Rationalisierung, Erhöhung des technischen Standards (Produktion von Gütern mit Maschinen), permanentes wirtschaftliches Wachstum, Ausbau und Verbesserung der technischen Infrastruktur (Verkehrswege, Massenkommunikationsmittel), Verbesserung des Bildungsstandards

Aufbruch in die Moderne

Die Modernisierung* von Staat und Gesellschaft während der Frühen Neuzeit ist nachhaltig durch die **Aufklärung** bestimmt worden. Diese Reformbewegung des 17. und 18. Jahrhunderts sollte das „Licht der Vernunft“ gegen klerikale, feudale und absolutistische Traditionen verbreiten. Eine zentrale Forderung war dabei eine unbeschränkte Öffentlichkeit, in der jeder seine Meinung frei äußern durfte. Mit der Zunahme der aufklärerischen Kritik geriet die **absolute Monarchie** in eine tiefe Krise. Sie mündete in Frankreich in die Revolution von 1789, die eine neue Gesellschaft hervorbrachte und in Europa eine Epoche sozialer und politischer Umbrüche einleitete. Die Staatsführung ging von der alten Aristokratie auf die neue, immer selbstbewusster auftretende Schicht des Bürgertums über. Bestimmten in der vorrevolutionären Gesellschaft Geburt und rechtliche Ungleichheit die Stellung des Einzelnen, ersetzte die sich herausbildende bürgerliche Ordnung diese Kriterien durch Besitz und Bildung, Leistung und Beruf. Das Prinzip der Gleichheit galt jedoch nicht für die **Frauen**, die nach wie vor benachteiligt blieben. Und die Menschenrechte wurden nicht auf die **Sklaven** angewandt. **Modernisierung** (M 2, M 3) war damit ein **widersprüchlicher Prozess**.

Webcode:
KB645961-008

1 ■ Erläutern Sie den Begriff der „partizipatorischen Herrschaft".
2 ■ Untersuchen Sie, ob und inwieweit die athenische Demokratie und die Römische Republik partizipatorische Herrschaften waren.
3 ■ Beschreiben und charakterisieren Sie das Zusammenleben von Christen, Juden und Muslimen während des Mittelalters.
4 ■ Erläutern Sie den Begriff „Modernisierung".

M2 Der Historiker Thomas Nipperdey über Chancen und Risiken von Modernisierungstheorien, 1979

Eine solche Beschreibung [der Modernisierungstheorien] endet in einer Fülle von Dichotomien (prämodern – modern), während die historische Wirklichkeit aus Übergängen und Mischungen besteht; die Welt der Tradition ist nicht einfach statisch, die Welt der Moderne nicht einfach dynamisch, und in der Geschichte der letzten zweihundert Jahre ist beides in keiner Gesellschaft getrennt und einfach entgegengesetzt. Überall gibt es ein unbalanciertes Gleichgewicht. Schließlich: das Konzept ist in Gefahr, eine bestimmte Norm, ein Ideal von Modernität anzusetzen, zum Beispiel die US-Gesellschaft von 1960. Ist eine Theorie sinnvoll, bei der Deutschland, Japan, ja auch Frankreich im 19. Jahrhundert, die Sowjetunion und China im 20. Jahrhundert, „Ausnahmen", abweichende Fälle sind?
Trotz dieser Einwände kann man die Konzepte Modernisierung und Modernität sinnvoll benutzen. Es handelt sich um Idealtypen, die uns die Wirklichkeit präziser begreifen und erklären lassen. Der Unterschied moderner und traditionaler Gesellschaften bleibt evident. Die Gefahren, von denen die Einwände sprechen, lassen sich bei methodisch kritischem Gebrauch des idealtypischen Modells vermeiden. Und wir brauchen ein universalgeschichtliches Konzept, wenn wir die Geschichten der einzelnen Gesellschaften in den letzten zweihundert Jahren vergleichend und zusammenfassend zu dem verbinden wollen, was sie gewesen sind, zu *einer* Geschichte.

Thomas Nipperdey, Probleme der Modernisierung in Deutschland, in: ders., Nachdenken über die deutsche Geschichte. Essays, dtv, München 1990, S. 54 (Erstveröffentlichung 1979).

1 ■ Untersuchen Sie den Text Nipperdeys unter folgenden Gesichtspunkten:
– Einwände gegen Modernisierungstheorien,
– Vorzüge und sinnvoller Gebrauch von Modernisierungstheorien.

2 ■ Erörtern Sie zusammenfassend Stärken und Schwächen von Modernisierungstheorien bei der Analyse historischer Strukturen und Prozesse der Frühen Neuzeit.

M3 Der Historiker Winfried Schulze über die Begriffe „Modernisierung" und „Gleichzeitigkeit des Ungleichzeitigen", 2010

Auf den ersten Blick scheint Modernisierung schlechthin der Begriff zu sein, der die Neuzeit in ihrem Kern bezeichnet. Wir sprechen vom modernen Staat, der Modernisierung der Wirtschaft, der modernen Philosophie. Oft genug ersetzt der Begriff der „Moderne" sogar den der Neuzeit, wenn etwa neue Studiengänge sich dem Studium der „Geschichte der Moderne" verschreiben. [...]
Natürlich ist es keine Frage, dass der lateinische Begriff „*modernus*" den Ausgangspunkt dieser Begriffsbildung darstellt. Schon im 13. Jahrhundert bezeichnete man mit *antiquus* und *modernus* verschiedene philosophische Richtungen, *modernus* bedeutete dabei das gerade Gültige.
Seine inhaltliche Füllung, ja Aufladung erhielt dieser Begriff jedoch erst in der großen Debatte des späten 16. und vor allem des 17. Jahrhunderts, die wir als „*querelle des anciens et des modernes*" bezeichnen. Damit war die Auseinandersetzung darüber begonnen, ob die wissenschaftlichen und künstlerischen Leistungen der Antike einen nicht mehr erreichten Höhepunkt darstellten oder ob die „neue" Zeit zu einer Weiterentwicklung der Wissenschaft über die antiken Leistungen hinaus fähig sei. Es ging also um das neue Selbstverständnis der modernen Zeit gegenüber der Antike, die von vielen vom Humanismus geprägten Wissenschaftlern als das unüberbietbare Maß aller Dinge betrachtet wurde.

Man pflegte diese Inferiorität[1] der Jetztzeit mit einem Wort des Bernhard von Chartres († nach 1124) auszudrücken, wenn man sagte, die heutigen Gelehrten seien bloß Zwerge, die allein deshalb weiter sähen, weil sie auf den Schultern von Riesen stünden. Freilich begann man schon im 16. Jahrhundert, gegen diese Diskriminierung anzugehen. Der spanische, aber in ganz Europa tätige Humanist Juan Luis Vives (1492–1540) stellte 1531 in seinem Werk *„De disciplinis libri viginti"* die selbstbewusste Frage: „Haben uns denn nicht die Erfindungen früherer Jahrhunderte und eine so lang dauernde Erfahrung einen Zugang zum Erlernen aller Disziplinen eröffnet, sodass wir, wenn wir darauf bedacht sind, besser als Aristoteles, Plato oder irgendeiner der ‚Alten' über die Dinge des Lebens und der Natur zu sprechen vermögen?" Diese Auffassung wurde zur Grundüberzeugung der „modernes", und sie ist für uns auch ein zusätzlicher Beleg für das Selbstbewusstsein der beginnenden Neuzeit, das noch durch den Eindruck der Entdeckungsreisen verstärkt wurde. Das gleiche Grundproblem bestimmt auch die seit 1687 andauernde klassische *„querelle des anciens et des modernes"*, die durch den Versuch des französischen Naturwissenschaftlers Charles Perrault (1628–1703) ausgelöst wurde, mit Hinweis auf die Leistungen der neuen Naturwissenschaften auch einen höheren Grad künstlerischer Perfektibilität[2] zu belegen. Doch führt uns dieser Blick eher zum Begriff der Moderne als zu dem der Modernisierung. Letzterer setzte sich seit Beginn der [19]60er-Jahre in den Sozialwissenschaften durch, um den Vorgang der Industrialisierung der Länder der Dritten Welt zu bezeichnen. Das Buch des amerikanischen Politikwissenschaftlers David Lerner (*The Passing of Traditional Society. Modernizing the Middle East*, 1958) wirkte hier namengebend. Der Begriff trat damit die Nachfolge des alten Entwicklungsbegriffs an, wie er vor allem von den sich formierenden Sozialwissenschaften verwendet wurde.

Modernisierung bedeutete zunächst einmal den Vorgang der Europäisierung der Welt, wie er vor allem seit 1960 die Länder der Dritten Welt prägte; sie ist in dieser Hinsicht gegenwärtig von der Globalisierung abgelöst worden [...]. Der Modernisierungsbegriff bedurfte der Präzisierung und der genauen Angabe der sich verändernden Faktoren wie z. B. Bevölkerungswachstum, Urbanisierung, Alphabetisierung, Schulbesuch, wirtschaftliches Wachstum, Entwicklung von Sozialpolitik, Bürokratisierung, Kommunikationszuwachs, politische Partizipation etc. Für den konkreten Forschungsprozess bedeutet diese „Operationalisierung"[3] des Begriffs – d. h. seine Umsetzung auf konkrete Probleme –, dass jetzt Skalen der Modernität aufgestellt und möglicherweise Leitsektoren der Modernisierung festgestellt werden können.

Eine solche Detailanalyse von Modernisierungsvorgängen ist heute freilich nicht mehr ohne Analyse der sozialen Kosten durchzuführen, die damit verbunden sind. Modernisierung bedeutet eben auch Auflösung traditioneller Sozialverbände, Zerstörung von Ressourcen der Natur, Verlust kultureller Orientierungen etc. Von daher kann heute Modernisierung nicht mehr nur bedingungslose Anpassung an den europäisch/amerikanischen Standard der Industrialisierung bedeuten, sondern eher einen in spezifischer Weise auf die nationalen Voraussetzungen und Traditionen abhebenden Prozess der behutsamen wirtschaftlichen und sozialen Erneuerung unter Hinnahme partieller Rückstände.

Der Ertrag dieses Begriffs liegt also in verschiedenen Gebieten: Zum einen ist damit der historische Wandel präziser definierbar geworden, zum anderen ist das Bewusstsein für die sozialen Kosten solcher Prozesse gewachsen und schließlich verschafft die Arbeit mit diesem Begriff eine spezifische Einsicht in Zustände, die man die „Gleichzeitigkeit des Ungleichzeitigen" genannt hat. Damit sind gemeint das Nebeneinanderexistieren z. B. von wirtschaftlicher Modernisierung und sozialer und politischer Rückständigkeit, das mögliche Nebeneinander z. B. von industrieller Produktion und Stammesgesellschaften. Dieses Instrument hat seine Ergiebigkeit nicht nur bei den komprimierten Veränderungen der Entwicklungsländer bewiesen – wo diese Disparitäten[4] besonders auffällig sind –, sondern auch bei der Analyse historischer Gesellschaften, etwa des sozialen Wandels der europäischen Länder seit dem späten 18. Jahrhundert. Insofern erscheint die Arbeit mit diesem Begriff als ein Musterbeispiel für jene Richtung historischer Interpretation, die in der neuen Diskussion als Gesellschaftsgeschichte bezeichnet wird.

Winfried Schulze, Einführung in die Neuere Geschichte, 5., überarb. u. aktualisierte Aufl., UTB, Stuttgart 2010, S. 61–63.

1 Inferiorität: Unterlegenheit
2 Perfektibilität: Vervollkommnung
3 Operationalisierung: Konkretisierung, Präzisierung, Standardisierung
4 Disparitäten: Ungleichheiten, Verschiedenheiten

1 ■ **a) Analysieren Sie, wie der Begriff „Moderne" in der Frühen Neuzeit benutzt wurde.**

■ **b) Erörtern Sie die Bedeutung des Begriffs „Moderne" für das Selbstverständnis der Frühen Neuzeit.**

2 ■ **a) Erläutern Sie Entstehung und Inhalt des Begriffs „Modernisierung".**

■ **b) Erörtern Sie, welchen Ertrag der Modernisierungsbegriff für die Erforschung der Neuzeit besitzt.**

3 ■ **Erläutern und beurteilen Sie die Formulierung „Gleichzeitigkeit des Ungleichzeitigen" bei der Erforschung von Modernisierungsprozessen.**

1 Formen von Herrschaft in Antike und Mittelalter

M1 **„Gefallenenrede des Perikles", Zeichnung von Philipp von Foltz, ca. 1852, koloriert**

594 Reformen Solons

ca. 510–27 Zeitalter der Römischen Republik

508/07 Reformen des Kleisthenes

ca. 460–429 Zeitalter des Perikles

287 Ende der Ständekämpfe

133–27 Krise der Römischen Republik

44 Ermordung Caesars

27 v. Chr.–476 n. Chr. Römische Kaiserzeit

27 v. Chr.–14 n. Chr. Prinzipat des Augustus

391 Christentum wird Staatsreligion

600 v. Chr. | 500 v. Chr. | 400 v. Chr. | 300 v. Chr. | 200 v. Chr. | 100 v. Chr. | 0 | 100 | 200 | 300

Die Herrschaftsformen der Antike und des Mittelalters haben sich in einem stetigen Veränderungsprozess herausgebildet. Der athenischen Demokratie ging die Herrschaft der Könige voraus. Es folgte die Herrschaft der Adligen, die für kurze Zeit von Tyrannen unterbrochen wurde. Anders als in modernen Demokratien, in denen die Rechte der Bürger durch gewählte Repräsentanten in Parlamenten wahrgenommen werden, übten in der antiken Demokratie die Bürger ihre Rechte persönlich und unmittelbar aus. Auch die Römische Republik entstand im Konflikt mit der Königsherrschaft und einer durch Adlige geführten Republik. Genauso wie in Athen war auch in Rom mit den volljährigen, freien und männlichen Bürgern nur ein kleiner Teil der Gesellschaft an politischen Entscheidungen beteiligt. Im mittelalterlichen Personenverbandsstaat beruhte Herrschaft auf rechtlichen Beziehungen zwischen dem König einerseits sowie dem Adel und dem Klerus andererseits. Sie herrschten über die große Mehrheit der dienenden und arbeitenden Menschen. Seit dem 13. Jahrhundert entwickelte sich in den deutschen Landesfürstentümern der Territorialstaat mit zentralen Behörden, einem geschlossenen Staatsgebiet und einem einheitlichen Landesvolk. Auch das Reich besaß eigenständige staatliche Strukturen, die sich im 15. Jahrhundert verfestigten. Ein Grundpfeiler der Gesellschaft bestand im Lehnswesen, einem Pflicht- und Treueverhältnis zwischen Herrn und Vasallen, das sich im 7. und 8. Jahrhundert herausbildete. Im ländlichen Bereich war die mittelalterliche Gesellschaft auch eine Ständegesellschaft, die von einer grundsätzlichen Ungleichheit der Menschen ausging: Der soziale Ort von Adel, Klerus und Bauern wurde durch Geburt und Recht bestimmt. Dagegen vollzog sich seit dem 12. Jahrhundert der Aufstieg des Bürgertums in den Städten. Die christliche Kirche prägte im Mittelalter das Denken und Handeln vieler Menschen. Dabei kam es zu teilweise sehr heftigen Auseinandersetzungen zwischen kirchlichem und königlichem Machtanspruch, die im Investiturstreit zur Trennung von Kirche und Staat führten. Veränderungen gab es überdies im Zusammenleben zwischen Christen und Juden, die seit den Kreuzzügen zunehmend abgelehnt und verfolgt wurden.

Kompetenzerwerb: Nach Bearbeitung dieses Kapitels können Sie ...

- die Entstehung und Strukturen der direkten Demokratie in Athen darstellen,
- die aristokratische Dominanz und politische Partizipation in der Römischen Republik beurteilen,
- erörtern, ob die attische Demokratie und die Römische Republik als Wurzeln der modernen Demokratie bezeichnet werden können,
- die mittelalterliche Gesellschaftsstruktur des deutschen Reiches erläutern,
- den mittelalterlichen Personenverbands- und Territorialstaat analysieren,
- Motive des Antijudaismus und der Judenverfolgung untersuchen,
- historische Quellen und Darstellungen sowie Geschichtskarten analysieren.

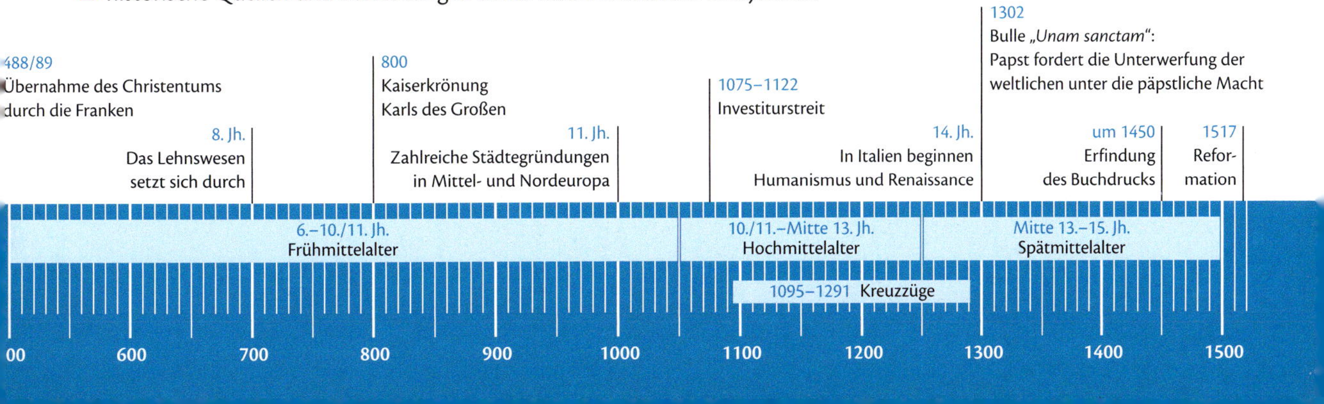

Christentum
Die auf Jesus Christus (= der Gesalbte), sein Leben und seine Lehre gegründete Religion, die sich seit ihrer Entstehung als monotheistisch versteht. Zentraler Glaubensinhalt ist die „Frohe Botschaft" vom Reich Gottes, das durch die Person des Gottessohnes Jesus begonnen habe, und von der Erlösung der Menschen durch seinen Tod am Kreuz und seine Auferstehung von den Toten. Weitere Grundsätze sind: die aus der Nachfolge Jesu hervorgegangene Gemeinschaft der Gläubigen, ethische Normen (z. B. Nächstenliebe) und Sakramente (z. B. Taufe). Das Christentum breitete sich seit dem 1. Jh. n. Chr. im Römischen Reich aus, im 4. Jh. wurde es dort Staatsreligion und ging später durch Missionierung auch auf die germanischen und slawischen Völker über.

Demokratie
Regierungsform, in der der Wille des Volkes ausschlaggebend ist. Die direkte Demokratie beruht auf der unmittelbaren Teilhabe der Bürger an politischen Entscheidungen. In der modernen Form der Demokratie als mittelbare oder repräsentative Demokratie wird die Herrschaft nicht direkt vom Volk ausgeübt, sondern durch vom Volk gewählte Repräsentanten, die Abgeordneten. Kennzeichen der modernen freiheitlichen Demokratie sind: Garantie der Menschenrechte, allgemeines, gleiches, geheimes und freies Wahlrecht, Gewaltenteilung, Parlamente, Mehrparteiensysteme, Minderheitenschutz.

Grundherrschaft
Der Grundherr, z. B. ein Adliger, ein Kloster oder ein Bischof, verfügte über das Obereigentum an Grund und Boden. Er überließ abhängigen Bauern, den Großholden (= Hörigen), Land zur Bewirtschaftung. Für den Schutz, den der Grundherr gewährte, waren die Hörigen zu Abgaben und Frondiensten verpflichtet. Gänzlich unfreie Bauern, die Leibeigenen, arbeiteten auf dem Herrenland bzw. auf Fronhöfen, die den Mittelpunkt einer Grundherrschaft bildeten. Zwar änderten sich die Form der Abhängigkeit und die Art der Abgaben im Lauf des Mittelalters, doch die Grundherrschaft bestimmte die Wirtschaftsweise und das Leben der Bauern bis ins 19. Jh.

Judentum
Die älteste monotheistische Religion und Mutterreligion des Christentums und des Islam. Die religiöse jüdische Tradition erhebt den Anspruch, dass sich Gott, der sich in der Bibel offenbart hat, im Stammvater Abraham das Volk Israel erwählt hat, um den Glauben an den einen wahren Gott zu

M1 Cicero prangert Catilina vor dem Senat an, Fresko von Cesare Maccari, 1882–1888.
Der Senat war bis zum Römischen Kaiserreich das Machtzentrum Roms. Dort versammelte sich die Nobilität, ein Kreis von Familien, der die Geschicke im Reich lenkte.

bekennen. Der Bund mit Gott bedeutet für die Juden eine besondere Verpflichtung zur Befolgung der göttlichen Gebote. Die Erwartung des erlösenden Messias und die Verheißung des Gelobten Landes bestimmen das jüdische Geschichtsdenken, insbesondere seit der Zerstreuung der Juden in zahlreiche Länder ab 70 n. Chr.

Lehnswesen

Das Lehen war ein vom Herrn an den Lehnsmann (Vasall) lebenslang geliehenes Gut (lat. *beneficium*), für das der Vasall dem Herrn Dienste zu leisten hatte. Lehnsherr und Vasall begaben sich in ein gegenseitiges Pflicht- und Treueverhältnis: Der Herr nahm den Vasallen unter seinen Schutz, verlangte dafür aber im Frieden Rat und im Kriegsfall militärische Hilfe. Als Gegenleistung belohnte der Herr den Vasallen mit seinem Schutz und einem Lehen. Das Lehen konnte Land sein, aber auch ein Amt oder ein bestimmtes Recht. Grafen, Markgrafen, Herzöge, Bischöfe und Äbte waren Vasallen des Königs (Kronvasallen), die Ämter in der Reichsverwaltung ausübten. Die Kronvasallen konnten Königsgüter, Ämter und Eigenbesitz an kleinere Vasallen weitergeben, die dann ihrem unmittelbaren Lehnsherrn, aber nicht mehr dem König zu Treue verpflichtet waren.

Monarchie

Staatsform, in der ein Alleinherrscher Träger der Souveränität ist. Die *Tyrannis* ist eine Sonderform der Monarchie, innerhalb derer ein Herrscher wesentliche Funktionen gemeinschaftlichen Handelns in seiner Person zusammenführt. Der *Prinzipat* ist die staatliche Ordnung, die sich seit der Herrschaft von Augustus (27 v. Chr.–14 n. Chr.) herausbildete. *Princeps* (lat. = der Erste) war eine Bezeichnung von Augustus, mit der er sich von Monarchie und Diktatur abzusetzen versuchte.

Republik

Abgeleitet von lat. *res publica* = öffentliche, allgemeine Sache. Die Römische Republik bezeichnet die politische Ordnung zwischen dem Ende der Königsherrschaft und dem Beginn des Prinzipats. Als Verfassung lagen ihr aristokratische, monarchische und demokratische Elemente zugrunde, weshalb sie oft als Mischverfassung bezeichnet wird. Im heutigen Sprachgebrauch findet der Begriff als Staatsform Anwendung als Gegenmodell zur Monarchie und zur Hervorhebung von Volkssouveränität.

Ständewesen

Im Mittelalter und in der Frühen Neuzeit bestimmte die Geburt, zu welchem gesellschaftlichen Stand ein Mensch gehörte. Während sich im frühen Mittelalter die Gesellschaft in Adlige sowie Freie und Unfreie teilte, setzte sich die Kirche seit dem 11. Jahrhundert mit ihrer „Dreiständelehre" (Klerus, Adel und Bauern) durch. Im Laufe des Mittelalters kamen die Bürger in den entstehenden Städten zum dritten Stand hinzu. Zu keinem Stand gehörten z. B. Arme, Tagelöhner und die Minderheit der Juden. Die Zugehörigkeit zu einem Stand galt als gottgewollt. Sie bestimmte den Zugang zu Berufen, Rechten und Bildungsmöglichkeiten, aber auch die Möglichkeiten politischer Macht. Nur in seltenen Ausnahmefällen konnte man in einen anderen Stand wechseln. Ein wichtiges Merkmal einer ständischen Gesellschaft ist die politische und soziale Ungleichheit zwischen den einzelnen Ständen.

Volksversammlung

Versammlung aller stimmberechtigten Bürger eines Staatswesens, in der sie ihre politischen Rechte wahrnehmen. Im demokratischen Athen war die Volksversammlung das Zentrum der politischen Willensbildung – sie allein entschied in allen politischen Fragen mit einfacher Mehrheit. Die Versammlung war nicht gegliedert; abgestimmt wurde nach Personen. Die Römische Republik kannte verschiedene Formen der Volksversammlung, die alle nach Abstimmungsbezirken (Tribus, Zenturien) gegliedert waren. Es zählten nicht die Einzelstimmen, sondern die Ergebnisse in den Abstimmungseinheiten. In der Volksversammlung wurden die Beamten gewählt, Gesetze beschlossen und über Krieg und Frieden entschieden. Ein Initiativrecht hatte sie allerdings nicht. Erst in der Römischen Kaiserzeit verlor sie ihren politischen Einfluss.

Grundwissentraining

1 **Wissen wiederholen – in Partnerarbeit**
Wiederholen Sie die Grundbegriffe und erläutern Sie diese einem Lernpartner. Wechseln Sie sich dabei ab – der eine erläutert, der andere hört zu, nimmt auf, hilft und kontrolliert.

2 **Zusammenhänge herstellen – mithilfe einer Mindmap**
a) Erstellen Sie arbeitsteilig zu den Grundwissensbegriffen eine Mindmap.
b) Präsentieren Sie Ihre Ergebnisse im Plenum.
c) Diskutieren Sie die Unterschiede der Begriffe.

3 **Anwendungsaufgabe**
Beschreiben Sie das Gemälde M 1 und erläutern Sie, welche Grundwissensbegriffe mit diesem Bild in Zusammenhang gebracht werden können.

1.1 Direkte Demokratie und gesellschaftliche Grundlagen in Athen zur Zeit des Perikles

Leitfrage:
Welche Bedingungen führten zur Entstehung der ersten Demokratie und wie ist diese zu beurteilen?

Polis
In der mykenischen Kultur (ca. 1600–1200 v. Chr.) bezeichnete Polis ursprünglich die Burg einer Stadt, wandelte sich später jedoch zur Bezeichnung für die Hauptform von Staaten in Griechenland. Jede Polis besaß einen städtischen Kern, der von landwirtschaftlichen Flächen umgeben war (Staatsgebiet). Auf einer Anhöhe oder einem Berg befand sich die Akropolis (M 2). Politisches Mitspracherecht besaßen nur Vollbürger (erwachsene freie Männer), nicht jedoch Frauen, Sklaven und Metöken (ständig in der Polis lebende Ausländer).
Die Herrschaftsform in der Polis gilt als Urform der Demokratie.

Die Polis – Wurzel der athenischen Demokratie

Griechenland bildete im Altertum keinen einheitlichen Flächenstaat. Im Gegensatz zu den frühen Hochkulturen Ägyptens und Mesopotamiens fehlten im antiken Griechenland eine zentrale politische Regierungsinstanz sowie territorial zusammenhängende Verwaltungs- und Wirtschaftsstrukturen. Die Entstehung relativ autonomer Kleinstaaten wurde vor allem durch die **topografischen Gegebenheiten** begünstigt (M 1). Die Griechen nannten diese Staatswesen **Polis*** (*griech.*; Pl. Poleis), was mit dem Begriff „Stadtstaat" übersetzt werden kann. Zur Polis gehörten ein Staatsgebiet, ein Staatsvolk und eine Staatsgewalt. Das Nebeneinander der etwa 250 Poleis, die um 500 v. Chr. in Griechenland existierten, war durch Rivalitäten, Machtkämpfe und Zweckbündnisse gekennzeichnet. Darüber hinaus bestand jede Poleis auf **staatlicher Unabhängigkeit** (*Autonomie*), entwickelte eigene Verwaltungsstrukturen und strebte nach **wirtschaftlicher Unabhängigkeit** (*Autarkie*).
Die Herausbildung der griechischen Poleis und deren Existenz über fast ein halbes Jahrtausend bis zum Aufstieg Makedoniens im 4. Jh. v. Chr. ist auch auf äußere entwicklungsgeschichtliche Bedingungen zurückzuführen. Einerseits ging vom östlichen Mittelmeer nach dem Niedergang der frühen Hochkulturen keine Bedrohung mehr aus, andererseits gelang den Griechen die Abwehr der persischen Expansion im 5. Jh. v. Chr. auch ohne staatlichen Zusammenschluss.
Ungeachtet territorialer Zersplitterung und gesellschaftlicher Unabhängigkeitsbestrebungen gab es unter den Griechen durch den Austausch zwischen den Poleis und den Kontakt mit fremden Völkern im Rahmen der Kolonisation ein Gefühl überregionaler Gemeinsamkeit. Verbindend waren dabei die gemeinsame Sprache und Schrift, die gleiche Götter- und Sagenwelt sowie gesamtgriechische Wettkämpfe wie die alle vier Jahre zu Ehren des Zeus abgehaltenen Olympischen

M 1 Naturraum und Stadtstaaten in Griechenland vom 12. bis zum 5. Jh. v. Chr.

1 ■ Erläutern Sie, inwiefern die topografischen Gegebenheiten Griechenlands Ursache für die Herausbildung der Poleis waren.

Spiele. Dieses **Gemeinschaftsgefühl** wurde nach außen durch die Bezeichnung *Hellenen* bekundet – in bewusster Abgrenzung zu allen Völkern, die Griechisch nicht beherrschten und *Barbaren* (= Plapperer) genannt wurden.
Athen war nicht nur der mächtigste, sondern mit einer Fläche von ca. 2 600 km² nach Sparta auch der territorial größte Stadtstaat. Die Stadt liegt auf der Halbinsel Attika in einer Ebene, die zum Meer hin offen und von Gebirgszügen umgeben ist. Die Lage bot eine ideale Voraussetzung für die Einrichtung eines Machtzentrums: Von einem befestigten Palast auf der Akropolis* (M 2) aus kontrollierten die Herrscher die Stadt und das Umland, zu dem vermutlich nicht nur die gesamte Halbinsel Attika, sondern auch die Insel Salamis gehörte. Die fruchtbaren Ebenen Attikas waren Hauptanbaugebiete für die wichtigsten landwirtschaftlichen Produkte wie Getreide, Wein und Oliven. Die langen, zerklüfteten Küstenregionen boten mit zahlreichen Buchten und Stränden günstige Voraussetzungen für die lokale Schifffahrt.

M2 Die Akropolis in Athen, Fotografie, 2014

Im Vordergrund zu erkennen: der als Parthenon bekannte Athena-Tempel, der Haupttempel der Anlage mit dem Bildnis der Pallas Athena.

Herausbildung der Demokratie in der Polis Athen

Etwa um 800 v. Chr. wurde in Athen die Königsherrschaft (Monarchie) durch die Adelsherrschaft (Aristokratie) verdrängt. Die führenden Geschlechter verteilten die Funktionen des Königs auf mehrere adlige Beamte (Archonten). Sie waren für die Verwaltung, die Kriegsführung, religiöse Angelegenheiten und die Rechtsprechung verantwortlich. Kontrolliert und gewählt wurden die Archonten, deren Amtszeit auf ein Jahr begrenzt war, vom Adelsrat (Areopag), in dem sich die führenden Adligen versammelten. Historiker vermuten auch die Existenz einer Volksversammlung, die zunächst jedoch wenige oder keine Befugnisse gehabt haben dürfte.
Im 7. Jahrhundert kam es zu einer **wirtschaftlichen und sozialen Krise** in Athen. Eine Ursache war die Verarmung der Bauern infolge des enormen Bevölkerungsanstiegs. Die Athener versuchten, den Mangel an fruchtbarem Boden durch die Erschließung von Neuland in Attika zu beheben. Ständige Erbteilungen und Missernten zwangen die Bauern jedoch zur Aufnahme von Schulden sowie zur Verpfändung oder auch zum Verkauf ihres Landes. Wer seine Schulden, für die er mit Leib und Familie haftete, nicht begleichen konnte, drohte in die **Schuldknechtschaft** und damit in den Stand eines Hörigen – also persönlich Unfreien – abzusinken. Die Kleinbauern mussten dabei ihre Arbeitskraft den zumeist adligen Gläubigern zur Verfügung stellen oder wurden als Sklaven verkauft. Zugleich mehrte sich der Reichtum der adligen Grundherren, was zu sozialen Konflikten führte. Andererseits förderten die Ausweitung der griechischen Siedlungsgebiete und das Aufkommen der Geldwirtschaft die Entwicklung von Handel und Handwerk. Die so zu Wohlstand gelangten Kaufleute und Handwerker verlangten nach **politischer Mitsprache.** Auch innerhalb der Adelsschicht nahmen die Rivalitäten um Macht und Einfluss zu. Um die Lage zu entschärfen, beauftragte der Areopag sogenannte *diallaktes* – mit besonderen Vollmachten ausgestattete „Versöhner“ –, neue Regeln für das Zusammenleben in Athen zu entwickeln.

Akropolis
Der Begriff bezeichnet die „Oberstadt“, die Burg einer Stadt auf dem höchsten Punkt des Stadtgebietes. Sie ist künstlich befestigt und enthält die wichtigsten Gebäude der Polis. Die Burg war der Ausgangspunkt der Stadtanlage, die sich ihr als nicht oder weniger stark befestigte Unterstadt in der Ebene ringsum anschloss. Die Akropolis von Athen war als Wahrzeichen der Stadt zugleich religiöses Zentrum (u. a. mit dem Tempel der Stadtgöttin Athene) und Kultstätte (Theater des Dionysos), zeitweise auch Festung und seit der athenischen Vorherrschaft im Attischen Seebund im 5. Jh. der Aufbewahrungsort der öffentlichen Gelder.

Reformer und Tyrannen in Athen

Drakon ließ um 621/20 die geltenden, bisher jedoch nur mündlich überlieferten Gesetze schriftlich fixieren und auf Tafeln öffentlich aufstellen. Diese „Verschriftung“ wesentlicher Normen sollte Rechtssicherheit und politische Stabilität in Athen bewirken. Drakon entzog dem Adel das Recht auf Blutrache, indem er alle Tötungsdelikte einem Gerichtszwang unterwarf. Zudem verschärfte er die Strafmaße. So wurden selbst geringfügige Diebstähle mit dem Tod bestraft („drakonische Maßnahmen“). Die sozialen Gegensätze verringerten sich durch Drakons Gesetzgebung allerdings nicht, da weder die Schuldknechtschaft aufgehoben noch Land neu verteilt wurde. 594 v. Chr. berief der Areopag den Adligen **Solon** (ca. 640–560 v. Chr.) zum *diallak-*

tes. Seine einschneidenden Maßnahmen (M 6) sollten sowohl die sozialen Spannungen dauerhaft abbauen als auch die politische Ordnung in Athen grundlegend reformieren. Er hob die Schuldknechtschaft auf, indem er den Bauern die Schulden erließ, ihnen das verpfändete Land zurückgab und den staatlichen Rückkauf der ins Ausland verkauften Schuldsklaven anordnete. Verfassungsrechtlich reformierte er die politischen Mitspracherechte des Volkes in der Volksversammlung, dem Volksgericht sowie im Rat der 400 und betonte die Verantwortung aller Bürger für die Stadt (M 4).

In Anlehnung an antike Autoren sehen einige Historiker in Solons Reformen bereits die Begründung der Demokratie. Allerdings konnten sie die gesellschaftlichen Probleme in Athen nicht lösen. Die Adligen kritisierten den Schuldenerlass, und den Kleinbauern gingen die Reformen nicht weit genug, weil es zu keiner Neuaufteilung des Bodens kam. Zudem setzten die Adligen ihre Machtkämpfe unvermindert fort. Im Verlauf erneuter Unruhen gelang es dem Adligen **Peisistratos** (ca. 600–528/27 v. Chr.), mit einem Söldnerheer im Jahr 546 die Akropolis zu besetzen und eine **Tyrannis*** zu errichten. Seine Herrschaft war nicht unpopulär: Er verbesserte die Existenzgrundlage der Kleinbauern, indem er das Land verbannter Adliger unter ihnen verteilte, und sicherte sich so ihre Unterstützung. Zudem führte er eine effiziente Rechtsprechung ein, förderte Handel und Gewerbe durch staatliche Aufträge für den Bau von Tempeln, Hafenanlagen, Straßen, Wasserleitungen und Brunnenhäusern und bewirkte damit einen wirtschaftlichen Aufschwung. Peisistratos ließ die solonische Verfassung bestehen, besetzte die wichtigsten Ämter jedoch mit seinen Anhängern. Unter der Herrschaft seiner Söhne Hipparchos und Hippias, die nach dem Tod ihres Vaters dessen Tyrannis fortführen wollten, kam es zu blutigen Aufständen, in deren Verlauf Hipparchos ermordet (514 v. Chr.) und Hippias verbannt (510 v. Chr.) wurde.

Tyrannis
griech. *tyrannos* = Alleinherrscher; Gewaltherrschaft, die sich nicht an Gesetze hält; Folgen sind in der Regel Zwang und Unterdrückung.

Die Reformen des Kleisthenes

Während der Machtkämpfe zwischen Adligen, die nach dem Sturz der Peisistratiden wieder aufflammten, setzte sich Kleisthenes 508/07 mit einem Reformpaket durch (M 8). Kernstück war eine neue Phylenordnung (M 7): Durch die vollständige Neugliederung Attikas wurden die Abhängigkeitsverhältnisse zwischen Adligen und Bauern aufgelöst. Auch der neue Rat der 500, der die Entscheidungen der Volksversammlung vorbereitete, setzte sich regional gemischt zusammen: Persönliche Beziehungen waren hier weniger ausschlaggebend als die Auseinandersetzung und Mehrheitsbeschaffung auf der Sachebene. Damit wurde die Politisierung der Bürgerschaft entscheidend vorangetrieben. Mit seinen Reformen gilt Kleisthenes als maßgebender Wegbereiter der athenischen Demokratie.

Die Perserkriege und ihre Folgen

Für die Weiterentwicklung der attischen Demokratie entscheidend wurde die **Abwehr der persischen Expansion**. Bis zum Ende des 6. Jh. v. Chr. hatten die Perser ein Großreich errichtet, das von Indien bis zum Mittelmeer reichte. Dabei unterwarfen sie auch die Griechenstädte an der kleinasiatischen Küste. Nachdem die Perser 494 v. Chr. einen langjährigen Aufstand der griechischen Städte in Kleinasien niedergeschlagen hatten, versuchten sie auch Griechenland zu erobern, da die Athener die Aufständischen mit Schiffen unterstützt hatten. Im Verlauf der **Perserkriege*** gelang es den Griechen unter der Führung Athens, die persischen Streitkräfte zu schlagen und die griechischen Städte in Kleinasien zurückzuerobern. Das gestärkte Selbstbewusstsein der Athener und das Flottenprogramm des **Themistokles** (Archon seit 493 v. Chr.), das den militärischen Erfolg ermöglicht hatte, förderten die Entwicklung der Demokratie. Durch den Ausbau der Schlachtflotte wurde die unterste Gesellschaftsschicht, die die Schiffsbesatzung stellenden *Theten*, entscheidend

Perserkriege
490 v. Chr.: Sieg des athenischen Heeres über die Perser in der Ebene von Marathon
480 v. Chr.: Sieg der Athener über die persische Flotte in der Bucht von Salamis
478 v. Chr.: Gründung des Delisch-Attischen Seebundes, in dem sich Küstenstädte und Stadtstaaten der Ägäis-Inseln zusammenschlossen und Athen die Führungsrolle übernahm
449 v. Chr.: Friedensvertrag zwischen dem Attischen Seebund und dem Perserkönig (Kalliasfriede)

für die militärische Stärke. Diese Aufwertung bereitete auch ihre politische Gleichstellung mit der übrigen Bürgerschaft in Athen vor.
Im Jahre 487/86. v. Chr. setzte Themistokles Verfassungsänderungen durch, die zunächst die Macht der Archonten verringerten, indem für die Besetzung der höchsten Beamtenposten anstelle der direkten Wahl nun die Auslosung aus einer Gruppe vorher bestimmter Personen eingeführt wurde. Darüber hinaus ging der **Ostrakismos** („Scherbengericht"), dessen Einführung Kleisthenes zugeschrieben wird, vom Rat auf das gesamte Volk über. Hatte die Volksversammlung den Ostrakismos beschlossen, konnte jeder Polisbürger den Namen eines unerwünschten Politikers auf eine Tonscherbe ritzen (M 9). Bei einem Quorum von 6 000 Stimmen musste dieser die Polis für zehn Jahre verlassen, ohne jedoch sein Bürgerrecht und sein Vermögen zu verlieren.
Auf die praktische Politik hatten diese Verfassungsänderungen markante Auswirkungen. Da der Griff nach dem höchsten Amt dem Zufall überlassen blieb, kam es für ambitionierte Politiker noch mehr darauf an, sich auch ohne die Autorität einer öffentlichen Funktion in den Gremien, besonders der Volksversammlung, durchzusetzen. Wem dies regelmäßig gelang, der wurde fortan *demagogòs* („Volksführer") genannt. Der Ostrakismos, ursprünglich ein Instrument zur Verbannung von Tyrannen, ermöglichte nun die Ausschaltung politischer Gegner und war somit ein Mittel zur Durchsetzung von politischen Grundsatzentscheidungen.
Die Adligen **Ephialtes** und **Perikles*** (M 3) führten den Demokratisierungsprozess in Athen fort: 462 v. Chr. entzogen sie dem Areopag die Aufsicht über die Beamten und sein Vetorecht gegen Beschlüsse der Volksversammlung. Künftig war er nur noch für die Blutgerichtsbarkeit verantwortlich. Zudem erleichterte Perikles durch die Einführung von Diäten, einer Aufwandsentschädigung für Ratsherren, Richter und wohl für die meisten Beamten, ärmeren Athenern den Zugang zu politischen Ämtern. Die Reformen Solons und Kleisthenes' schienen vollendet. In Athen sprach man jetzt explizit von „Demokratie".

M3 Büste des Perikles, römische Kopie des Originals aus dem 5. Jh. v. Chr.

Perikles (um 490–429 v. Chr.) war einer der führenden Staatsmänner Athens. Sein Name ist mit dem Ausbau des attischen Seereiches, mit dem endgültigen Durchbruch zur Demokratie in Athen sowie mit der Ausgestaltung der Bauten auf der Akropolis verbunden. Von 443 bis 430 v. Chr. wählten ihn die Athener jedes Jahr zum Strategen, zu einem der zehn Beamten, die das Landheer und die Flotte Athens führten. Das erreichte kein zweiter Politiker in Athen.

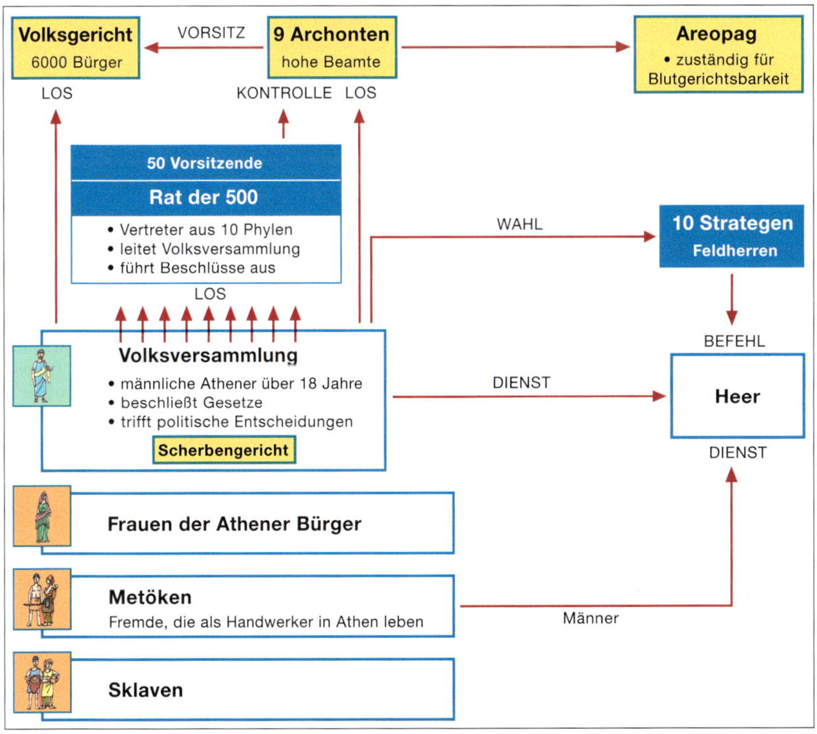

M4 Die athenische Demokratie Mitte des 5. Jahrhunderts v. Chr.

Volksversammlung und Rat der 500

Die Bürger Athens übten im 5. Jahrhundert v. Chr. die ungeteilte Gesetzgebungs- und Regierungs-, Kontroll- und Gerichtsgewalt aus. Allerdings stand diese direkte Demokratie (M 5) nur männlichen Vollbürgern offen; Frauen, Sklaven und Metöken, d. h. Ausländer mit ständigem Wohnsitz in Athen, blieben von der politischen Mitbestimmung ausgeschlossen (M 10, M 11). In der **Volksversammlung** (*ekklesia*), dem Kernstück der demokratischen Ordnung Athens, beschlossen die Polisbürger Gesetze, kontrollierten die gewählten und erlosten Amtsträger, prüften die Amtsführung, bestimmten die Richter und führten den Ostrakismos (s. S. 17 ff.) durch. Jeder erwachsene männliche Bürger konnte an der Volksversammlung teilnehmen und besaß als Einzelner Rede-, Antrags- und Abstimmungsrecht (**Isonomie***, d. h. Gleichheitsprinzip). Von den ca. 40 000 männlichen Vollbürgern, die für Athen in der zweiten Hälfte des 5. Jahrhunderts geschätzt werden, nahmen durchschnittlich nur etwa 6 000 Personen an den insgesamt 40, über das ganze Jahr verteilten Pflichtversammlungen teil. Jede Versammlung, deren Verhandlungsgegenstände vier Tage zuvor durch öffentlichen Anschlag angekündigt worden waren, fand auf der Pnyx, einem Hügel am Westrand der Stadt, statt, und dauerte nicht länger als einen Tag. In ihren Beschlüssen, die von der Getreideversorgung der Stadt bis zur Entscheidung über Krieg und Frieden alle Lebensbereiche betrafen, war die Volksversammlung frei und souverän (M 14).

Isonomie
Die Griechen bezeichneten mit diesem Begriff die politische Gleichheit aller Vollbürger einer Polis.

Vorbereitet wurden die Volksversammlungen im **Rat der 500** (*boule*), dessen Mitglieder jeweils für ein Jahr erlost und besoldet wurden. Der Rat beriet im Vorfeld die Diskussions- bzw. Abstimmungsgegenstände, bestimmte die Tagesordnung und leitete die Versammlung. Für die Umsetzung der Volksbeschlüsse, für die Verwaltung und Rechtsprechung waren zahlreiche besoldete **Beamte** zuständig. Sie besaßen nur einen geringen Handlungsspielraum, da sie an die Gesetze und Beschlüsse gebunden waren und vom Rat und der Volksversammlung kontrolliert wurden. Ihre Amtszeit war auf ein Jahr begrenzt. Mit Ausnahme der **Strategen**, die für die Militärführung verantwortlich waren, und der Finanzverwalter wurden alle Beamten gelost. Weder die Beamten noch der Rat konnten ein Gegengewicht zur Volksversammlung bilden, unterlagen sie ihr gegenüber doch einer strikten Rechenschaftspflicht. Die letzte Entscheidungsgewalt – auch im Konfliktfall – hatte damit immer die Volksversammlung.

M 5 Stimmsteine mit dem Namen des Themistokles, um 470 v. Chr.

Gelegentlich – z. B. bei Personalfragen – wurden Abstimmungen in der Volksversammlung geheim, d. h. durch die Abgabe von Stimmsteinen, vollzogen.

Gerichtsbarkeit in Athen

Das Gerichts- und Prozesswesen ist neben der Mitbestimmung der Bürger in der Volksversammlung ein zweites Charakteristikum der attischen Demokratie. Die Gerichtsbarkeit in Athen hatten die **Volksgerichte** inne. Mord und damit zusammenhängende Fälle wurden allerdings vom **Areopag,** der sich aus ehemaligen Archonten zusammensetzte und durch die Reformen des Ephialtes entmachtet worden war, verhandelt. Im Prozess musste jeder Geschädigte persönlich als Kläger auftreten. Es gab keinen Staatsanwalt, keine Ermittlungsbehörde und keine Berufsrichter. Alle Richter waren Laien, also Geschworene, die zu Beginn eines jeden Jahres nach einem ausgeklügelten Verfahren aus einer Gesamtliste von 6 000 männlichen Bürgern über 30 Jahre ausgelost und von der Stadt mit Diäten bezahlt wurden. Der Ausgang der Gerichtsverfahren war oft ungewiss, da den Laienrichtern eine juristische Belehrung praktisch nur durch die Plädoyers der Parteien zuteil wurde. Nach damaliger Vorstellung repräsentierten die Richter-Geschworenen das Volk in Idealform, sie waren also in gewisser Weise in jedem einzelnen Prozess der Demos selbst. Die Volksgerichte hatten für die Demokratie in Athen große Bedeutung, da in dieser konfliktfreudigen Gesellschaft die Zahl der Rechtshändel sehr hoch war. Die Prozesse ermöglichten die regulierte Beilegung von Konflikten und förderten so die Stabilität der sozialen Ordnung.

Die Herrschaft der Demokratie nach außen

Als ein Kampfbund gegen die Perser entstand in der ersten Hälfte des 5. Jahrhunderts v. Chr. der **Delisch-Attische Seebund***. Nach dem Friedensschluss mit den Persern im Jahr 448 v. Chr. wurde der Seebund nicht aufgelöst, sondern für die Athener zu einem Instrument für die Sicherung ihrer Vorherrschaft (Hegemonie): Keine Stadt durfte aus dem Seebund austreten, politisch unzuverlässige Gebiete wurden kolonisiert. Die Städte hatten Tribute zu zahlen, die auch für innere Angelegenheiten Athens, z. B. für den Ausbau der Akropolis, verwendet wurden.
Freiheit im Innern und Macht nach außen bedingten sich gegenseitig. Der demokratische Gedanke konnte nicht universalisiert werden, denn Athen unterstützte zwar in Erwartung einer besseren Kooperation demokratische Bewegungen in anderen Städten, aktive Hilfe hätte jedoch Verzicht auf den eigenen Machtanspruch bedeutet. Die Hegemonie Athens und die zahlreichen Kriege, die der Delisch-Attische Seebund unter dem militärischen Kommando Athens führte, sind als eine Ursache für das Ausbleiben von Bürgerkriegen zu sehen. Insofern stärkte die Außenwirkung der Macht die attische Demokratie im Innern.

Athen – Vorbild für moderne Demokratien

Schon die zeitgenössische Bewertung der attischen Demokratie war ambivalent. Die Kritik entzündete sich meist an den unkalkulierbaren Folgen, die aus der Beteiligung breiter Volksschichten an politischen Entscheidungen und aus den zahlreichen Möglichkeiten, Prozesse zu führen, resultierten. Häufiges Abweichen von Gesetz und Gerechtigkeit zugunsten der Ärmeren wurde zudem als eine Art Klassenjustiz kritisiert. Der Philosoph Aristoteles sah darin sogar den Kern der radikalen Demokratie: Für ihn war sie eine Herrschaft der Armen über die Reichen ohne Achtung der Gesetze. Die meisten Athener empfanden ihr Rechtssystem jedoch als Schutz vor der Willkürherrschaft Einzelner oder Weniger, als Schutz vor Tyrannis und Oligarchie. Die Demokratie war für sie ein System direkter, unmittelbarer Herrschaft des Volkes, das auf umfassender Beteiligung aller Bürger der Polis beruhte. Auch heute gilt vielen die attische Demokratie als Inbegriff des demokratischen Systems, an dem auch moderne Demokratien gemessen werden sollten. Im Zentrum der Kritik steht dagegen eine Tatsache, die von den Bürgern der attischen Demokratie nicht debattiert wurde: Mit Frauen, Metöken und Sklaven war die Mehrheit der Bevölkerung Athens von der politischen Partizipation ausgeschlossen (M 12, M 13). Andere sehen in der uneingeschränkten Herrschaft des Volkes die Gefahr, die Demokratie könne – demagogischen Einflüssen ausgesetzt – leicht in eine Tyrannei umschlagen. Für sie ist eine stabile Demokratie nur als gemäßigte, repräsentative Regierungsform vorstellbar. Es stellt sich daher die berechtigte Frage, ob und inwiefern die Demokratie in Athen als Vorbild für moderne Demokratien gelten kann (M 16–M 19).

1 ■ Stellen Sie den Demokratisierungsprozess (Initiatoren, Inhalte, Ziele und Folgen der Reformmaßnahmen) in einer Übersicht zusammen.
2 ■ Analysieren und interpretieren Sie anhand der Methodenseite (s. S. 127 f.) das Verfassungsschaubild (M 4). Nutzen Sie für die Interpretation auch den Darstellungstext.
3 ■ Stellen Sie die Partizipation des Bürgers am politischen Prozess in Athen und in der Bundesrepublik Deutschland vergleichend gegenüber. Unterscheiden Sie zwischen Verfassungsanspruch und Verfassungswirklichkeit.
4 ■ Beschreiben Sie die Besetzung und Funktionsweise der Gerichte in Athen. Diskutieren Sie Vor- und Nachteile.
5 ■ Erläutern Sie am Beispiel der attischen Demokratie den Zusammenhang zwischen Freiheit im Innern und Machtausübung nach außen.

Der Delisch-Attische Seebund (478–431 v. Chr.) Nach dem erfolgreichen Kampf gegen die Perser (s. S. 16 f.) kam es unter den Griechen zu Konflikten über die künftige Strategie. Während Sparta sich mit dem Erreichten zufriedengab, wollte Athen den Kampf zur vollständigen Befreiung von der Herrschaft der Perser in Kleinasien fortsetzen. Es gründete 478 v. Chr. zusammen mit den Küstenstädten und Stadtstaaten der Ägäisinseln eine Allianz, die sich „die Athener und ihre Bundesgenossen" nannte und von Historikern als Delisch-Attischer Seebund bezeichnet wird, weil sich die Organe des Bundes auf der Insel Delos, der heiligen Insel des Apollon, befanden. Die Allianz beruhte nicht auf einer gemeinsamen Bundesakte. Vielmehr schloss Athen mit den Mitgliedern zeitlich unbefristete Einzelverträge. Die Bündnispartner hatten Schiffe zu stellen oder jährliche Zahlungen zu leisten. Verträge untereinander waren den Partnern verboten. Obwohl sich der Seebund zunächst primär gegen die Perser richtete, war er für Athen von Anfang an ein Instrument zur Sicherung der eigenen Hegemonie in der Allianz, z. B. wenn Städte oder Inseln erobert und dort attische Kolonien gegründet wurden oder wenn Athen Städte, die aus dem Seebund austreten wollten, mit Gewalt wieder in ihn hineinzwang.

Webcode: KB645961-019

Reformmaßnahmen

M6 Die Reformen des Solon

Aristoteles (384–322 v. Chr.) schreibt im „Staat der Athener":

Eine Verfassung (*politeía*) richtete er ein und erließ andere Gesetze; die Satzungen Drakons[1] verwendete man nicht mehr, außer denen über Tötungsdelikte. Man schrieb die Gesetze auf drehbare Pfeiler, stellte sie in der *Stoa Basileia* [= Königshalle] auf, und alle schworen, sie einzuhalten. [...] Er bestimmte, dass seine Gesetze hundert Jahre lang unverändert gelten sollten, und ordnete das Staatswesen folgendermaßen: Auf der Grundlage einer Vermögensschätzung teilte er die Bürger in vier Klassen ein, wie sie auch vorher schon eingeteilt waren, nämlich in Fünfhundertscheffler, Hippeis, Zeugiten und Theten. Die Verwaltung der hohen Ämter, also die neun Archonten, die „Schatzmeister", die „Verkäufer", die „Elfmänner" und die „Kassenverwalter", wies er den Klassen der Fünfhundertscheffler, der Hippeis und der Zeugiten zu, wobei er die Ämter auf die einzelnen Klassen entsprechend der abgestuften Vermögenseinteilung verteilte. Den Angehörigen der Thetenklasse aber gab er nur Anteil an der Volksversammlung (*ekklesía*) und den Gerichten (*dikastéria*). Zu den Fünfhundertschefflern musste gerechnet werden, wer aus seinem Eigentum zusammen fünfhundert Maß an trockenen und flüssigen Ernteprodukten erwirtschaftete; zu den Hippeis, wer dreihundert Maß einbrachte beziehungsweise, wie einige behaupten, wer ein Pferd halten konnte. [...] Zur Klasse der Zeugiten gehörte, wer insgesamt zweihundert Maß erwirtschaftete. Die übrigen zählten zur Thetenklasse und durften kein Amt übernehmen [...].

Die Amtsträger ließ er aus vorher Gewählten auslosen, die jede Phyle[2] vorher wählen sollte. Für die neun Archonten wählte jede Phyle zehn Kandidaten vor, und unter diesen loste man; deshalb haben es die Phylen bis heute beibehalten, dass jede von ihnen zehn Kandidaten erlost, um dann aus ihnen durch das Bohnenlos die Amtsträger zu bestimmen. [...] In der alten Zeit hingegen benannte der Rat auf dem Areopag Kandidaten, beurteilte sie in eigener Verantwortung und setzte unter Vorgabe von Richtlinien für die Amtsführung in jedes Amt den dafür geeignet erscheinenden Bewerber auf ein Jahr ein. [...] Als Rat (*boulé*) setzte er vierhundert Männer ein, hundert aus jeder Phyle. Den Rat der Areopagiten beauftragte er mit der Überwachung der Gesetze, wie dieser auch früher schon die Aufsicht über das Staatswesen ausgeübt und auch sonst die meisten und wichtigsten Staatsangelegenheiten kontrolliert hatte [...].

Aristoteles, Der Staat der Athener 7,1–8,4, zit. nach: Gehrke, Hans-Joachim (Hg.), Geschichte der Antike – Quellenband, Metzler, Stuttgart 2007, S. 37 (Übers.: Martin Dreher).

1 Drakon: athenischer Gesetzgeber im späten 7. Jahrhundert v. Chr.; fasste 624/21 v. Chr. geltendes Recht in einem Gesetzbuch zusammen.
2 Phyle: Untergliederung der Bürgerschaft, hier nach Kriterien der Abstammung

1 ■ Gliedern Sie die Reformen Solons nach sozialen, wirtschaftlichen und politischen Maßnahmen.
2 ■ Erörtern Sie: Solon, der erste Demokrat Athens? Berücksichtigen Sie auch Solons Selbstzeugnis: „Dem Volke nämlich gab ich so viel Anteil wie genug ist, nahm seiner Würde nichts weg, fügte auch keine hinzu."

M7 Skizze der athenischen Phylenordnung

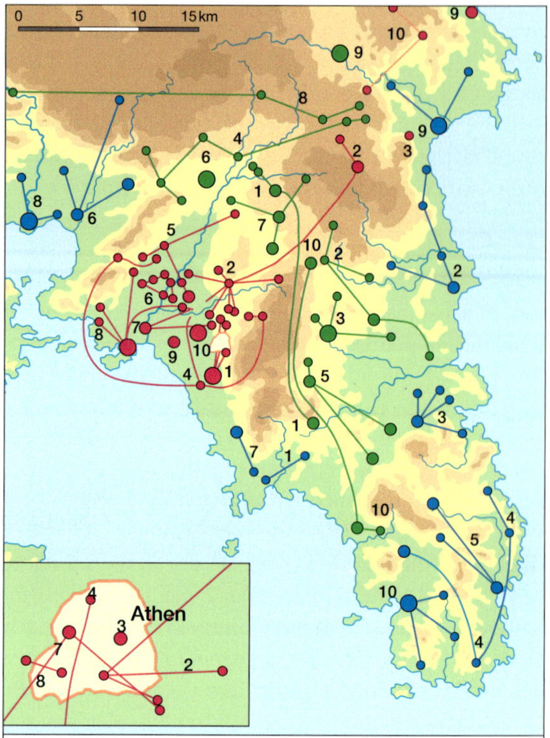

Die Verbindungslinien geben die Zugehörigkeit zu derselben Trittye an, deren Phylennummer (1 bis 10) jeweils hinzugesetzt ist.

Stadttrittyen
Binnenlandtrittyen
Küstentrittyen
Zahl der entsandten Ratsmitglieder <5 <10 10 u. mehr

M8 Die Reformen des Kleisthenes

In „Der Staat der Athener" schreibt Aristoteles (384–322 v. Chr.):

Als Anführer der Menge teilte Kleisthenes dann, im vierten Jahr nach der Entmachtung der Tyrannen, unter dem Archonten Isagoras [508/507], in einer ersten Maßnahme alle (Athener) in zehn Phylen statt der bisherigen vier ein, denn er wollte sie untereinander vermischen, damit mehr von ihnen an der politischen Ordnung (*politeía*) teilhaben könnten. [...]

Als Nächstes richtete er den Rat (*boulé*) der Fünfhundert statt der Vierhundert ein, fünfzig aus jeder Phyle; bis dahin waren es hundert pro Phyle. [...] Ferner teilte er das Land nach Demen in dreißig Teile auf, von denen zehn dem Stadtgebiet (*ásty*), zehn der Küste (*paralía*) und zehn dem Binnenland (*mesógeia*) zugehörten; diese nannte er Trittyen und loste jeder Phyle drei davon zu, damit jede Phyle an allen Gegenden Anteil habe. Auch verband er die in jedem Demos Wohnenden miteinander zu Demenmitgliedern [...]; deshalb benennen die Athener sich nach den Demen (und benutzen nicht mehr den Vatersnamen). Er setzte auch Vorsteher der Demen (*démarchoi*) ein [...]. Er verlieh den Demen Namen, die teils von ihrer Lage, teils von ihren Gründern abgeleitet waren; denn nicht mehr alle befanden sich noch an ihren ursprünglichen Orten.

Aristoteles, Der Staat der Athener 20,1–21,1, zit. nach: Gehrke, Hans-Joachim (Hg.), Geschichte der Antike – Quellenband, Metzler, Stuttgart 2007, S. 57 (Übers.: Martin Dreher).

1 ■ Erklären Sie mithilfe der Abbildung M 7 und des Textes M 8 die Neuordnung Attikas durch Kleisthenes.

2 ■ Beurteilen Sie die Reformen des Kleisthenes im Vergleich mit denen Solons.

M 9 Ostrakismos-Scherben, Fund aus Athen, 1. Hälfte des 5. Jh. v. Chr.

1 ■ Erklären Sie das Verfahren und die dahinterstehende Absicht des Ostrakismos.

2 ■ Diskutieren Sie, inwiefern der Ostrakismos eine Fortführung der solonischen und kleisthenischen Reformen war.

Das athenische Demokratieverständnis

M 10 Das Volk wird von der Demokratie bekränzt.

Relief auf einer Marmorstele aus dem Jahr 337/336 v. Chr., auf dem die Demokratie (Frau) den Demos (Mann) bekränzt. Auf dem unteren Bereich der Stele ist ein Gesetz abgedruckt, das zum Schutz der Demokratie die Tyrannenherrschaft verhindern soll.

1 ■ Erläutern Sie das in der Stele deutlich werdende Demokratieverständnis der Athener.

2 ■ **Geschichte produktiv:** Entwerfen Sie zeichnerisch oder beschreibend eine Darstellung, die das Demokratieverständnis der deutschen Bevölkerung deutlich macht.

Partizipation der athenischen Gesellschaft

M 11 Einwohnerzahlen Attikas (geschätzt) zur Zeit des Perikles

Männliche Vollbürger	ca. 30 000–50 000
Frauen und Kinder der Vollbürger	ca. 70 000–100 000
Metöken	ca. 25 000–35 000
Sklaven	ca. 80 000–120 000
Gesamtzahl der in Attika Wohnenden	ca. 250 000

Zusammengestellt nach: Jochen Bleicken, Die athenische Demokratie, Schöningh, 4. Aufl., Paderborn 1995, S. 99–101.

M 12 Der Philosoph Aristoteles (384–322 v. Chr.) äußert sich zur Stellung des Sklaven und der Frau in der Gesellschaft

Die zweite der einfachsten Natur-Verbindungen ist die zwischen Herrn und Knecht, zwischen Regierendem und Regiertem, und ihr Zweck ist die Erhaltung von beiden. Diese Verbindung, sage ich, ist natürlich. Denn wenn von zwei

Menschen der eine den nötigen Verstand hat, um Beschlüsse für die vorliegenden Angelegenheiten zu fassen, der andere die nötigen Leibeskräfte, um das Beschlossene auszuführen: so ist der erste, vermöge seiner Natur, der Herr und Regierende; und der zweite ist, nach der seinigen, der Knecht und Gehorchende unter beiden. Und diese natürliche Oberherrschaft ist dem Untertan ebenso nützlich wie dem Oberherrn. [...]

Da wir nun drei Teile der Hausverwaltungslehre unterschieden haben, das Herrenverhältnis, vom dem vorhin gesprochen wurde, das Vaterverhältnis und drittens das Eheverhältnis, so steht dem Manne zu, über die Frau und die Kinder zu regieren, über beide als über Freie, aber nicht in derselben Weise, sondern über die Frau als Staatsmann und über die Kinder als Fürst. Denn das Männliche ist von Natur aus zur Leistung mehr geeignet als das Weibliche (wenn nicht etwa ein Verhältnis gegen die Natur vorhanden ist) und ebenso das Ältere und Erwachsene mehr als das Jüngere und Unerwachsene. [...] Es gibt von Natur mehrere Arten von Herrschenden und Dienenden. Denn anders herrscht der Freie über den Sklaven als das Männliche über das Weibliche. [...] Der Sklave besitzt das planende Vermögen überhaupt nicht, das Weibliche besitzt es zwar, aber ohne Entscheidungskraft, das Kind besitzt es, aber noch unvollkommen.

Aristoteles, Politik I 12, zit. nach: Aristoteles, Politik, hg. und übers. von Olaf Gigon, Artemis-Verlag Zürich 1971, S. 86–88.

1 ■ Erarbeiten Sie die Thesen des Aristoteles zum Verhältnis von Herren und Sklaven sowie von Männern und Frauen.

2 ■ Beurteilen Sie, ob vor dem Hintergrund der Sozialstruktur in Attika und dem Menschenbild der Begriff „Demokratie“ als Staatsform angemessen ist. Achten Sie dabei auf die Unterscheidung zwischem einem Sach- und einem Werturteil.

M 13 Die attische Demokratie – Herrschaft einer Minderheit?

Der Historiker Jochen Bleicken äußert sich zur fehlenden Partizipationsmöglichkeit von Teilen der Bevölkerung:

Von vielen modernen Historikern wird mit dem Ton merklicher Herabsetzung die athenische Demokratie [...] die Herrschaft einer Minderheit über die Mehrheit genannt, weil die politisch berechtigten Bürger nur einen Bruchteil der attischen Bevölkerung ausgemacht hätten. [...] Das Bild von den athenischen Demokraten als einer herrschenden Elite, unter der eine große Schar von Abhängigen und Entrechteten ächzte, scheint sich wie von selbst einzustellen. [...] Für moderne Menschen, die alles nur von den Prämissen ihres eigenen Daseins aus betrachten, könnte man den antiken Verhältnissen ihre Absonderlichkeit durch den Hinweis nehmen, dass es in dieser Hinsicht bis zum vorigen Jahrhundert auch in Europa überall noch so wie in Athen zugegangen war. [...] Doch abgesehen davon kann man für Athen wie für alle antiken Staaten den Ausschluss der Personengruppen erklären: Das politische Recht war an die Waffenfähigkeit, also an den Mann gebunden; jede Stadt war ein in sich geschlossener Rechtskreis, in den ein Fremder nicht einfach eintreten konnte, und das Institut der Sklaverei, das seine Quelle in der Kriegsgefangenschaft hatte, ist die Konsequenz einer Stufe des Völkerrechts, in der [...] im Krieg alles, was dem Feind in die Hände fällt, Kriegsbeute ist und zu seiner Verfügung steht.

Jochen Bleicken, Die athenische Demokratie, Schöningh, Paderborn 1986, S. 355 f.

1 ■ Nehmen Sie zur Frage, ob die politische Ordnung Athens, hinsichtlich der Partizipation des Volkes, zu Recht Demokratie genannt werden kann, kritisch Stellung.

2 ■ Zusatzaufgabe: Recherchieren Sie ein Beispiel aus der europäischen Geschichte, in dem die Partizipation an der Politik erst im letzten Jahrhundert allen Bewohnern ermöglicht wurde, und stellen Sie dieses Beispiel im Plenum vor.

Volkswille in der attischen Verfassung

M 14 Platon über die Volksversammlung

In seinem in der Dialogform verfassten Werk „Protagoras“ unterhalten sich Platons Lehrer Sokrates und der Sophist Protagoras über die Volksversammlung, im Zusammenhang mit der Frage, welche Dinge man erlernen könne:

Da hast du ja, entgegnete ich, einen wahren Zauberstab in der Hand, wenn du ihn wirklich in der Hand hast. Denn ich will völlig offen gegen dich sein und nur sagen, was ich wirklich denke. Ich nämlich, mein Protagoras, war des Glaubens, dies sei nicht erlernbar [...]. Nun sehe ich, dass diese [die Athener], wenn sie zur Volksversammlung zusammentreten und der Staat in Bausachen etwas unternehmen will, die Baumeister als Ratgeber über die zu errichtenden Gebäude auftreten lässt, in Schiffsbauangelegenheiten dagegen die Schiffsbaumeister, und so auf allen anderen Gebieten, wo es sich um Dinge handelt, die ihrer Meinung nach erlernbar und lehrbar sind. Nimmt sich aber ein anderer ihnen Rat zu erteilen, der ihrer Ansicht nach kein sachverständiger Werkmeister ist, so lassen sie sich das nicht gefallen [...]. Bei allem also, wo es ihrer Meinung nach auf kunstmäßige Fachbildung ankommt, schlagen sie dieses Verfahren ein; wenn es sich dagegen um eine Maßregel allgemeiner Staatsverwaltung handelt, so tritt jedermann bei ihnen als Ratgeber zur Sache auf, gleichviel ob Zimmermann, ob Schmied oder Schuster, ob Kaufmann oder Schiffsherr, ob reich oder arm, ob von hoher oder niederer Geburt, und niemand ergeht sich gegen ihn gegenüber den Vorgenannten in Lästerungen darüber, dass er ohne jede Sachkenntnis und ohne jede Schulung durch einen berufenen Lehrer sich anmaßt, als Ratgeber aufzutreten; denn sie halten das offenbar nicht für lehrbar. Und das bezieht sich nicht etwa bloß auf die allgemeinen Staatsangelegenheiten: auch in den persönlichen Angelegenheiten sind die einsichtsvollsten und tüchtigsten Bürger nicht imstande, diese ihre Tüchtigkeit auf andere zu übertragen... Ich also, mein Protagoras, kann im Hinblick auf diese Tatsachen nicht glauben, dass die Tugend lehrbar sei.

Platon, Protagoras, zit. nach: Platon, Sämtliche Werke, hg. und übers. von Otto Apelt, Meiner, Hamburg 2004, S. 52–54.

M 15 Der Sachverstand der athenischen Bürger

Der Geschichtsschreiber Thukydides lässt den syrakusanischen Politiker Athenagoras vor dem versammelten Volk Folgendes über die Demokratie sagen:

Man sagt wohl, eine Demokratie sei weder vernünftig noch billig; wer das Geld habe, solle am besten auch das Regiment haben. Ich dagegen behaupte, erstens, dass man unter Volk doch die Gesamtheit, unter Oligarchie aber nur die Herrschaft eines Teils versteht, zweitens, dass die Reichen zwar ausgezeichnete Wächter des Geldes sind, dass aber die besten Ratgeber die Vernünftigen und die besten Beurteiler nach deren Anhörung die Volksmassen sind. So findet in der Demokratie eine gerechte Verteilung unter die Volksteile und das Volksganze statt. Eine Oligarchie dagegen beteiligt die Menge zwar an den Gefahren, von dem Gewinn aber nimmt sie nicht bloß den größeren Teil, sondern das Ganze für sich selber und behält es.

Thukydides, Der Peloponnesische Krieg, übertragen von August Horneffer, Phaidon-Verlag, Essen 1993, S. 502.

1 ■ Erklären Sie, wie die beiden Autoren in M 14 und M 15 den Sachverstand der athenischen Bürger einschätzen, und vergleichen Sie diese beiden Positionen miteinander.
2 ■ Beurteilen Sie, inwiefern die angeführte Kritik am Sachverstand der Athener begründet ist.
3 ■ Diskutieren Sie, ob es in der heutigen Zeit möglich wäre, die Mitbestimmung in politischen Angelegenheiten an den Sachverstand der Bürger anzuknüpfen.

Attische und moderne Demokratie im Vergleich

M 16 Die Historikerin Rosmarie Günther beleuchtet die moderne Demokratie aus dem Blick attischer Bürger, 2004

Die Selbstregierung der attischen Bürger, für die auch die finanziellen Möglichkeiten geschaffen werden mussten, stärkte das Engagement und die Mitverantwortung jedes Einzelnen. Dass der mögliche unmittelbare Einsatz im Krieg und die damit größere Betroffenheit verstärkend hinzukam, steht außer Frage. Heute dagegen haben die Bürger ihre politische Verantwortung an die Berufspolitiker abgegeben und sich zum reinen Wahlvolk degradieren lassen. Demokrat zu sein, ist nicht einmal mehr für alle Politiker eine Lebensform, geschweige denn für die Bürger und Bürgerinnen. Wenn z. B. in der Euphorie des Wahlsieges ein deutscher Politiker statt von den Wählern vom Publikum spricht, so wirft die Verwendung eines solchen Begriffs ein Schlaglicht auf das herrschende Demokratieverständnis. Ein Athener könnte unser System in seinem Selbstverständnis nicht als Demokratie begreifen, sondern müsste in den durch die Partei gestützten demokratischen Repräsentanten Oligarchen erkennen, denen von Zeit zu Zeit akklamiert wird. Die sogenannte Politikverdrossenheit resultiert aus der großen Distanz zwischen Politikern und Wählern und der geringen Möglichkeit, selbst mitzuentscheiden und selbst Verantwortung zu übernehmen. Es stellt sich die Frage, ob das so sein muss.

Rosmarie Günther, Einführung in das Studium der alten Geschichte, Schöningh, 4. Aufl., Paderborn 2004, S. 34 f.

M 17 Der Historiker Horst Callies setzt sich mit der Frage auseinander, ob die attische Demokratie ein Erfolgsmodell war, 1976

Die attische Demokratie war keine Demokratie in dem Sinne, dass die Mehrheit der Bevölkerung an der politischen Macht in irgendeiner Weise teilhatte. Das ergibt sich schon insofern aus der gesellschaftlichen Differenzierung, als dafür nur die Bürger im engsten Sinne infrage kamen, nicht die durchaus kleinen Gruppen der Sklaven und Metöken, der ortsansässigen Fremden. Dazu kommt auch, dass auch die Frauen ein aktives Bürgerrecht nicht besaßen. [...]
Ein wichtiger Unterschied zu den modernen, parlamentarischen Demokratien liegt darin, dass sich die attische Demokratie als direkte Demokratie darstellt. Athen kannte, wie es auch sonst in der Antike die Regel war, keine repräsentative Verfassung; d. h., der Bürger war unmittelbar und damit verhältnismäßig intensiv am Staatsleben beteiligt. Er dürfte damit die Chance gehabt haben, politische Erfahrungen in größerem Umfang zu erwerben. In der Tatsache der unmittelbaren Demokratie liegt es vermutlich mitbegründet, dass Parteien im modernen Sinne nicht existieren. Dazu kommt,

dass das Los in den meisten Fällen den Zugang zu einem Amt eröffnete. [...] Die modernen Parteien mit ihrer Funktion der Vereinheitlichung der Interessen überregionaler Intentionen waren in einem Stadtstaat nicht in gleichem Maße notwendig. Die Athener hatten deshalb die Freiheit, sich von Mal zu Mal zu entscheiden. [...] Ein weiteres wesentliches Kennzeichen der attischen Demokratie müssen wir in der ungeteilten Gewalt des Volkes erkennen. Das drückt sich, wie schon angedeutet, darin aus, dass von denselben Leuten in der Volksversammlung Regierungsfunktionen wahrgenommen und Gesetze gegeben wurden, sowie darin, dass eben diese auch in den Volksgerichten saßen und dort u.a. über die Rechtmäßigkeit ihrer eigenen Beschlüsse befanden. Das Prinzip der Gewaltenteilung war noch nicht erfunden. [...] Die attische Demokratie stellte an die Beteiligten eine besonders hohe Anforderung an Einsicht, Rationalität und Verantwortungsbewusstsein.

Horst Callies, Der Fall Athen – Modelle einer Demokratie, in: Zeitschrift der Technischen Universität Hannover 3 (1976), Heft 1, S. 3ff.

M 18 Der Historiker Moses Finley zur Vergleichbarkeit zwischen attischer und moderner Demokratie, 1980

Die weitreichende Teilhabe des Volkes an den Staatsgeschäften – und zum Volk zählten auch die persönlich Gescheiterten, die gesellschaftlich Isolierten, die wirtschaftlich Ungesicherten und die Ungebildeten – führte nicht zu „extremistischen Bewegungen". Die Quellen lassen erkennen, dass in Wirklichkeit nur wenige von ihrem Rederecht in der Volksversammlung, die politische Narren nicht duldete, tatsächlich Gebrauch machten. [...] Athen bildet somit eine wertvolle Fallstudie, wie die Aktivität von politischen Führern und die Teilhabe des Volkes an Regierungstätigkeiten über einen längeren Zeitraum hinweg erfolgreich neben- und miteinander bestehen konnten – und zwar ohne die politische Gleichgültigkeit und die Unbedarftheit, wie sie heute von den Meinungsforschungsexperten aufgedeckt werden, und ebenso ohne die extremistischen Gespenster, die manche Elitetheoretiker so sehr verfolgen. Die Athener haben einiges falsch gemacht. Welches Regierungssystem aber hat das nicht? [...] Unter solchen Bedingungen [hier wird auf die Bedingungen in modernen Staaten hinsichtlich Berufspolitikern, Massenmedien und Bürokratie verwiesen, d. Red.] wäre es absurd, unmittelbare Vergleiche zu einer kleinen, homogenen Gesellschaft wie Athen zu ziehen, wo der tägliche Umgang die privaten und öffentlichen Beziehungen bestimmt, und absurd wäre es auch, vorzuschlagen oder auch nur zu träumen, wir könnten in einer modernen Stadt oder Nation eine Vollversammlung der Bürger als höchstes Entscheidungsorgan wiederaufleben lassen. [...] Das Problem ist, ob unter den gegenwärtigen, modernen Erfordernissen der Stand der Dinge notwendig und wünschenswert ist oder ob – in, wenn ich es einmal so umschreiben darf, athenischem Geist – [...] neue Formen der Teilhabe des Volkes an den politischen Geschäften erfunden werden müssen.

Moses Finley, Antike und moderne Demokratie, Reclam, Stuttgart 1980, S. 27ff.

1 ■ **Analysieren Sie arbeitsteilig die Darstellungen M 16 bis M 18 und vergleichen Sie Ihre Ergebnisse.**

2 ■ **Diskutieren Sie die These, dass die attische Demokratie Vorbild unserer modernen Demokratie sei.**

3 ■ **Zusatzaufgabe: Verschiedene Staaten der Gegenwart verwenden Volksentscheide als Aspekt der direkten Demokratie. Recherchieren Sie Beispiele und stellen Sie diese im Plenum vor.**

4 ■ **Geschichte produktiv: Verfassen Sie ein Essay zur Frage, ob eine direkte Form der Demokratie der in der Gesellschaft bestehenden Politikverdrossenheit entgegenwirken könnte.**

M 19 Der Historiker Fritz Gschnitzer über die Unterschiede zwischen attischer und moderner Demokratie, 1995

Zu den räumlichen und sozialen Strukturen:

Was bedeutet diese – für uns fast unvorstellbare – Kleinheit der griechischen Staaten, die Fremdartigkeit griechischer Demokratie? Zunächst einmal, dass alle Verhältnisse klein sind, bescheiden und überschaubar waren; den griechischen Staaten fehlt z.B. die Bürokratie. Dann, dass alle Bürger gesellschaftlich, vielfach geradezu persönlich aufs Engste miteinander verbunden waren; mit einiger Übertreibung kann man sagen, dass in einem griechischen Staat jeder jeden kennt, wie bei uns im Dorf oder in der Kleinstadt. Daraus ergibt sich ein in unseren heutigen Demokratien undenkbares Maß an Solidarität aller Bürger (im günstigen Fall), aber auch an ganz persönlicher Zerstrittenheit und Verfilzung (im weniger günstigen Fall); das Phänomen der fast ständigen *staseis* (inneren Unruhen) gerade in den kleineren griechischen Staaten ist nur von hier aus zu verstehen. Die Kleinheit der griechischen Staaten bedeutet schließlich auch, dass es Politik in unserem Sinn eigentlich nicht gibt. Für uns Heutige ist Politik etwas ziemlich Abstraktes und Lebensfernes, wofür wir uns zwar gelegentlich ereifern und begeistern können – meistens stehen wir eher gleichgültig oder wie neugierige, aber innerlich unbeteiligte Zuschauer beiseite –, das aber unser tägliches Leben kaum berührt (der schwerwiegenden indirekten Wirkungen sind wir uns nur selten bewusst). Ganz anders sieht Politik aus, wo sie sich im Rahmen einer einzigen (im Durchschnitt kleinen) Stadt oder weniger Nachbarstädte abspielt: Politik und tägliches Leben sind hier nicht mehr leicht zu trennen; die Politik wird Teil des täglichen Lebens, sie greift tief ins Privatleben ein. [...] Die moderne Demokratie entfaltet sich vor allem im Frieden: Krieg wird auch heute, was die Befehls- und Führungsstrukturen betrifft, nicht viel anders geführt als in den Zeiten der absoluten Monarchie, und auch die zivile Regierungsgewalt wird im Krieg gestrafft und konzentriert, sie nimmt mehr oder weniger autoritäre Formen an. Und der einzelne Bürger hört, wenn er die Uniform anlegt, weitgehend auf, ein freier Bürger zu sein, er wird zum willenlosen Befehlsempfänger (nicht erst im Krieg!). Im Gegensatz dazu ist die altgriechische Demokratie die Lebensordnung einer Kriegergesellschaft. Die grundsätzliche wie die praktische Bedeutung dieses kriegerischen Grundcharakters kann nicht leicht unterschätzt werden. [...]

Zum Willensbildungsprozess:

Nun erst kommen wir auf die eigentliche Frage der Verfassung zu sprechen. Auch hier gibt es einige ganz erhebliche Unterschiede zwischen der griechischen Demokratie und der unseren. Man pflegt die antike Demokratie als „unmittelbare" Demokratie der heutigen „repräsentativen" gegenüberzustellen und meint damit, dass in jener die Bürgerschaft (als Volksversammlung) tatsächlich regiert, in dieser das Volk nur alle paar Jahre einmal das Parlament oder auch etwa den Präsidenten wählt und dadurch indirekt die großen Linien der Politik (nicht deren Einzelheiten) bestimmt. Ganz so groß ist der Unterschied in Wahrheit wohl nicht. Man kann nämlich die Dinge auch so sehen, dass der antiken Dreiheit *Magistratur – Rat – Volksversammlung* die moderne Dreiheit *Regierung – Parlament – Wählervolk* entspricht. Insoweit besteht also doch eine grundsätzliche Übereinstimmung; die Gewichte sind allerdings nicht gleich verteilt, und insbesondere hat das moderne Wählervolk eben doch viel weniger zu sagen als die antike Volksversammlung. Es kommt dazu, dass heute im Allgemeinen nur alle vier bis fünf Jahre gewählt wird, im Altertum wechselten die Magistrate alle, vielfach amtierten sie sogar nur ½ oder ¼ Jahr. – Für uns sehr merkwürdig, wirklich fremdartig ist die große Bedeutung des Loses bei der Besetzung der Ämter und anderer öffentlicher Funktionen; dadurch wird zwar der Wählerwille ausgeschaltet, zugleich erhöhen sich die Chancen des kleinen Mannes, zu Amt und Würden zu kommen, beträchtlich, und es wird ferner zum Ausdruck gebracht, dass der Inhaber eines Losamtes nur ein beliebiges, zufälliges, gewissermaßen unpersönliches Ausführungs- und Repräsentationsorgan der Bürgerschaft ist (bzw. des Rates, wenn um Funktionen im Rat unter dessen Mitgliedern gelost wird). Im Ganzen darf man wohl sagen, dass im antiken System der Schwerpunkt der Willensbildung weiter unten liegt als bei uns: Die Bürgerschaft ist viel stärker, der Rat etwa ebenso stark wie das Parlament, aber viel schwächer gegenüber der Bürgerschaft und dafür viel stärker gegenüber den Amtsträgern (der Regierung); die antiken Magistrate sind viel schwächer als die moderne Regierung.

Zum Freiheitsbegriff:

Es gibt noch einen anderen grundsätzlichen Unterschied zwischen antiker und moderner Demokratie, von dem zum Mindesten in der Literatur viel Aufhebens gemacht wird: Die antike Freiheit sei etwas ganz anderes gewesen als das, was wir heute unter Freiheit verstehen. Man bezieht sich dabei auf einen Vortrag von Benjamin Constant[1] aus dem Jahre 1819. [...] (Das Ziel der Alten war die Aufteilung der Staatsgewalt unter alle Bürger eines Gemeinwesens: Das war es, was sie „Freiheit" nannten. Das Ziel der Neueren ist der ungestörte, sichere Genuss des Privatlebens: „Freiheit" nennen sie die institutionellen Garantien, die ihnen diesen Genuss gewährleisten. So traten der Begriff der politischen Freiheit und der der individuellen Freiheit einander gegenüber.)

An dieser Gegenüberstellung ist so viel richtig, dass wir heute, wenn wir von bürgerlicher Freiheit sprechen, in der Tat vor allem die Freiheit vom Staat, die freie Entfaltung des Privatlebens meinen; ohne diese können wir uns Freiheit gar nicht vorstellen; umgekehrt ist für die alten Griechen Freiheit zunächst einmal dort (und nur dort) gegeben, wo der Bürger in einem nach außen freien, also keinem Herren unterworfenen Gemeinwesen an der Regierung (grundsätzlich) seinen Anteil hat wie jeder andere Bürger auch – gleichgültig, wie viel Freiheit der betreffende Staat seinen Bürgern in der Gestaltung ihres Privatlebens lässt. In diesem Sinn ist also der Spartiat (der Vollbürger Spartas) ebenso „frei" wie der Athener. Aber die Verfechter der griechischen Demokratie haben doch sehr bald erkannt, dass es eine zweite Art von Freiheit gibt, die nun eben als charakteristisch für die Demokratie gilt: die Freiheit, sein eigenes Leben nach Gutdünken zu gestalten. [...] Wie das Prinzip der Freiheit, so ist auch das der Gleichheit der antiken und modernen Demokratie gemeinsam. Es muss allerdings hinzugefügt werden, dass die antike Demokratie die Gleichheit der Bürger meint, die moderne Demokratie mehr und mehr auf die Gleichheit der Menschen abzielt.

Fritz Gschnitzer, Von der Fremdartigkeit griechischer Demokratie, in: Demokratia. Der Weg zur Demokratie bei den Griechen, hg. von K. H. Kinzel, Wissenschaftliche Buchgesellschaft, Darmstadt 1995, S. 412–431.

1 Benjamin Constant (1767–1830): französischer Schriftsteller und Politiker

1 ■ Erläutern Sie in eigenen Worten, worin nach Gschnitzer die „Fremdartigkeit" der antiken gegenüber der modernen Demokratie besteht.

2 ■ Erklären Sie weitere Punkte, in denen sich die antike und moderne Demokratie unterscheiden, indem Sie diese gegenüberstellen.

3 ■ Bewerten Sie die antike Form der direkten Demokratie vor den politischen Erfahrungen unserer heutigen Zeit.

4 ■ **Geschichte produktiv:** Führen Sie eine Pro-und-Kontra-Diskussion zu der Frage durch, ob unsere heutige Demokratie ihre Wurzeln in der attischen Demokratie hat.

Der Historienfilm* als Wissensvermittler: Können wir aus Filmen lernen?

Historienfilm
Ein Historienfilm beschäftigt sich mit historischen Personen, Ereignissen oder Entwicklungen. Oft orientiert er sich dabei an Quellen und Überlieferungen, sprich den geschichtswissenschaftlichen Erkenntnissen. Als Historienfilm kann aber auch eine fiktive Handlung im Film bezeichnet werden, die an einem historischen Ort spielt.

Seit Beginn der Filmgeschichte wenden sich Drehbuchautoren und Regisseure historischen Ereignissen, Personen und Handlungsschauplätzen zu, um sie auf die Kinoleinwand zu bringen. Dabei reicht die Spanne an Realitätsbezug weit: von Filmen über tatsächlich stattgefundene Ereignisse, deren Macher sich z. B. bei Fragen der Kleidung, Requisiten und Kulissen an überlieferten Quellen orientierten (Luther, Schindlers Liste), bis hin zu Filmen, bei denen strittig ist, ob die dargestellten Ereignisse tatsächlich so stattfanden (Robin Hood, Braveheart).
Zur Unterhaltung eines breiten, teils geschichtsuninteressierten, Publikums produziert, werden Historienfilme allerdings oft als massenmediale Vermittler von Geschichte und Kultur verstanden. Dabei suggerieren sie dem Publikum die ansprechende, unterhaltsame und schnelle Vermittlung von Geschichtswissen. James Cameron, Regisseur und Drehbuchautor von *Titanic,* fasste die Verantwortung, die er und seine Kollegen damit wahrnehmen, 1997 in der Zeitschrift *Newsweek* so zusammen: „*We have a great responsibility. Whatever we make will become the truth, the visual reality that a generation will accept.*"
Einige Filme der letzten Jahre beschäftigen sich mit der Zeit der Antike. Prominente Beispiele sind die Filme „*300*" und „*300: Rise of an Empire*" (M 1), die sich mit den Perserkriegen befassen, sowie der 2004 produzierte Film *Alexander* (M 4) über den makedonischen Herrscher Alexander den Großen. Alle drei versuchen – mit **unterschiedlichem Maß an Korrektheit** – die historische Realität über die Leinwand an die Zuschauer zu vermitteln. Dabei setzen sie **unterschiedliche Schwerpunkte der Inszenierung**, die eine objektive Auseinandersetzung mit dem historischen Gegenstand befördern oder erschweren.

Webcode:
KB645961-026

M 1 Szene aus dem Film „*300: Rise of an Empire*", 2014.

Der Film thematisiert die – unentschieden verlaufene – Seeschlacht von Artemisium von 480 v. Chr., bei der sich das persische Heer unter König Xerxes und die Griechen unter Führung von Themistokles gegenüberstehen. Die Filmszene zeigt griechische Soldaten in Kampfaufstellung auf einem ihrer Schiffe.

M2 Der Germanistik-Professor Ulf Abraham über Filme im Schulunterricht, 2010

Filme haben nicht den Zweck, andere Medien […] zu bebildern. Auch die Aufgabe, Betrachtern aus einem anderen Kulturkreis und/oder einer späteren Zeit zu erklären, was ganz woanders oder einmal früher der Fall war, dürfen wir Filmemachern nur sehr bedingt zumuten. Ein Spielfilm ist etwas anderes als ein Transportvehikel für Literatur-, Welt- oder Geschichtswissen. […] Die Institution Schule, die als kaltes Element in einer heißen Gesellschaft betrachtet werden kann, kühlt neben der literarischen Lektüre auch das Filmsehen deutlich herunter. Sie richtet die Aufmerksamkeit auf formale und strukturelle Besonderheiten, führt Begriffe zu ihrer Beschreibung an, erwartet von den Lernenden nicht emotionale Begeisterung oder Ablehnung, sondern verbale Auseinandersetzung und diskursive Begründung. […]
Es gibt aber doch auch Unterschiede zwischen dem Buch- und dem Filmkanonproblem[1]. Bei der Buchliteratur sind es die Schüler/-innen inzwischen gewöhnt, dass das oll und ätzend sein kann, wenn es nun eben Literaturgeschichte ist, und verlassen sich darauf, dass die Deutschlehrerin sie schon motivieren, ihnen die verborgenen Reize des Textes erklären wird. […] Aber in der Filmrezeption stößt es auf größeren Widerstand, zwischen den Film und die Betrachter eine erklärende Instanz einzuschieben: Leute, die mittendrin Erläuterungen abgeben oder die Stilltaste drücken, machen sich nicht unbedingt Freunde. Filme sind […] „Emotionsschleudern".

Zit. nach: Matthis Kepser (Hg.), Fächer der schulischen Filmbildung. Deutsch, Englisch, Geschichte u. a. Mit zahlreichen Vorschlägen für einen handlungs- und produktionsorientierten Unterricht, kopaed, München 2010, S. 39–54.

1 Filmkanon: eine Liste wichtiger und grundlegender Filme

M3 Aus einer Filmkritik zum Film *„300: Rise of an Empire"*, 2015

Mit der historischen Wahrheit der Schlacht von Artemisium, die im August des Jahres 480 vor Christus parallel zur Schlacht bei den Thermopylen stattfand, nimmt es *„300: Rise of an Empire"* bis auf die Eckdaten nicht so genau. Die Drehbuchautoren Zack Snyder und Kurt Johnstad […] geben dem Massaker so zwar einen grob gesteckten, auch für Geschichts-Laien verständlichen Rahmen, den Lena Headey […] mit einem Off-Kommentar im „Der Herr der Ringe"-Stil einleitet, aber gerade die Figuren auf griechischer Seite bleiben blass. Die Sympathien sind trotzdem klar verteilt, denn schon die visuelle Gestaltung macht aus den Griechen Helden und aus den Persern Berserker. Und obwohl allgemein kaum mal ein Tageslichtstrahl die antike Welt von *„300: Rise of an Empire"* erhellt (CGI-Effekte[1] sind im Dunkeln eben leichter glaubhaft umzusetzen), sind die Perser noch düsterer angezogen und bei ihrer *Goth-&-Gore*[2]-Anführerin Artemisia kommt außer Schwarz sowieso keine Farbe in den Kleiderschrank.

Carsten Baumgardt, 300: Rise of an Empire. Kritik der Filmstarts.de-Redaktion, http://www.filmstarts.de/kritiken/102776-Xerxes/kritik.html [Download vom 15. Juni 2015].

1 CGI-Effekte: mittels 3-D-Computergrafik erzeugte Bilder im Film
2 Goth-&-Gore: Subkultur, die sich aus Elementen der Gothic (= schwarzen) Szene und Horrorelementen zusammensetzt

1 ■ Diskutieren Sie James Camerons Zitat aus dem Darstellungstext. Erläutern Sie die Rolle, die Regisseuren von Historienfilmen zukommt.
2 ■ Erläutern Sie die Begriffe „kaltes Element" und „heiße Gesellschaft" bei Ulf Abraham (M 2).
3 ■ Schreiben Sie aus Sicht eines Historikers eine Filmkritik zum Film *„300: Rise of an Empire"*. Nutzen Sie die Informationen aus M 3.
4 ■ Recherchieren Sie Filmkritiken zu *„Alexander"* (M 4) und erläutern Sie die filmischen Schwerpunkte.
5 ■ **Diskussion:** Diskutieren Sie den Einsatz von Historienfilmen im Schulunterricht unter der Leitfrage: Schärfen historische Spielfilme das Geschichtsbewusstsein?
6 ■ **Zusatzaufgabe:** Stellen Sie einen Historienfilm eigener Wahl vor und begründen Sie, ob Sie ihn zum Einsatz im Geschichtsunterricht geeignet halten.

M4 Filmplakat für den Film *Alexander*, 2004

Schriftliche Quellen interpretieren

Quellen bilden die Grundlage unserer historischen Kenntnisse. Ihre **systematische Analyse** ermöglicht uns die Rekonstruktion und Deutung von Geschichte. Quellen können konkrete Sachzeugnisse wie Bauwerke, Münzen, Schmuck, Malereien, Skulpturen und Gebrauchsgegenstände oder abstrakte wie Sprache oder in besonderer Weise geprägte Landschaften sein. Schriftliche Zeugnisse werden von der Geschichtswissenschaft seit dem 19. Jahrhundert unterteilt in **erzählende Quellen**, die zum Zweck der Überlieferung verfasst wurden – z. B. Chroniken, Geschichtsepen, Mono- und Biografien –, sowie **dokumentarische Quellen** – Urkunden, Akten, Gesetzestexte und Zeitungen –, die gesellschaftliche und private Ereignisse und Prozesse unmittelbar und meist unkommentiert wiedergeben.
Bei der Untersuchung schriftlicher Quellen kommt es darauf an, zusätzlich zur Analyse der formalen und inhaltlichen Merkmale deren präzise Einordnung in den historischen Kontext vorzunehmen und ihren Aussagegehalt kritisch zu überprüfen. Denn Quellen vermitteln nie objektives Wissen über die Vergangenheit, sondern spiegeln bestimmte Wahrnehmungen wider, die sich je nach Standort der Beteiligten erheblich unterscheiden können. Diese Standortgebundenheit der historischen Akteure, z. B. Zugehörigkeit zu einer sozialen Schicht, muss bei der Interpretation der Quelle berücksichtigt werden.

Arbeitsschritte

1. Leitfrage
- Welche Fragestellung bestimmt die Untersuchung der Quelle?

2. Analyse

Formale Aspekte
- Um welche Quellengattung handelt es sich (z. B. Brief, Rede, Vertrag)?
- Wann und wo ist der Text entstanden bzw. veröffentlicht worden?
- Wer ist der Autor (ggf. Amt, Stellung, Funktion, soziale Schicht)?
- Was ist das Thema des Textes?
- Wer ist der Adressat bzw. sind die Adressaten (z. B. Privatpersonen, Institutionen, Herrschende, Öffentlichkeit, Nachwelt)?
- Welche Intentionen oder Interessen verfolgt der Autor?

Inhaltliche Aspekte
- Was sind die wesentlichen Textaussagen?
- Welche Begriffe sind von zentraler Bedeutung (Schlüsselbegriffe)?
- Wie ist die Textsprache (z. B. sachlich, emotional, appellativ, informativ, argumentativ, manipulierend, ggf. rhetorische Mittel)?
- Welche Überzeugungen, Interessen oder Intentionen vertritt der Autor?
- Welche Wirkung soll der Text bei den Adressaten erzielen?

3. Historischer Kontext
- In welchen historischen Zusammenhang lässt sich die Quelle einordnen?
- Auf welches Ereignis, welchen Konflikt, welche Prozesse bzw. Epochen bezieht sich der Inhalt der Quelle?

4. Urteil

Beurteilung nach sachlichen Aspekten (Sachurteil)
- Welchen politisch-ideologischen Standpunkt nimmt der Autor ein?
- Inwieweit ist der Text glaubwürdig? Enthält der Text Widersprüche?
- Welche Problematisierung ergibt sich aus dem Text?

Bewertung nach heutigen Wertmaßstäben (Werturteil)
- Wie lassen sich die Aussagen des Textes im Hinblick auf die Leitfrage aus heutiger Sicht bewerten?

Übungsaufgabe mit Lösungshinweisen

M 1 Aristoteles (384–322 v. Chr.) in seiner Schrift „Der Staat der Athener" über die Tyrannis des Peisistratos

Die Tyrannenherrschaft des Peisistratos wurde also ursprünglich in dieser Weise begründet und erlebte so viele Wandlungen.

Peisistratos führte die Regierungsgeschäfte, wie gesagt, in maßvoller Weise und eher mit bürgerlichem Verantwortungsbewusstsein als tyrannisch. Denn im Übrigen war er menschenfreundlich, milde und gegenüber Übeltätern zur Vergebung bereit, ebenso gab er an Bedürftige Darlehen für Unternehmungen, damit sie sich als Bauern ihren Unterhalt verdienen könnten. Das tat er aus zwei Gründen: Damit sie sich nicht in der Stadt aufhielten, sondern über das Land verstreuten, und damit sie, in mäßigem Wohlstand und mit ihren eigenen Angelegenheiten beschäftigt, weder den Wunsch verspürten noch Zeit hätten, sich um das Gemeinwesen zu kümmern. Zugleich gelang es ihm dadurch auch, die Einnahmen zu steigern, da das Land bebaut wurde. Er trieb nämlich von den Ernteerträgen den Zehnten ein. [...]

Auch sonst hatte das Volk unter seiner Regierung nicht zu leiden, sondern er tat alles für den Frieden und sorgte für Ruhe. Deshalb ging oft die Rede um, die Tyrannis des Peisistratos sei wie das Goldene Zeitalter unter Kronos. Es ergab sich nämlich, dass das Regime viel härter wurde, als es seine Söhne übernahmen. Das Großartigste aber von allem war seine volksfreundliche und menschliche Gesinnung; denn er wollte alles nach den Gesetzen verwalten, ohne sich selbst Vorteile zu verschaffen, und als er einmal in einem Mordprozess vor den Areopag zitiert wurde, trat er selbst auf, um sich zu verteidigen, der aber, der den Prozess angestrengt hatte, blieb aus Furcht fern. Deshalb verblieb Peisistratos auch lange Zeit im Amt, und wenn er einmal abgesetzt wurde, erlangte er die Herrschaft leicht zurück, denn es standen die meisten Adligen und Volksvertreter hinter ihm. Die einen machte er sich durch persönlichen Umgang, die anderen durch seine Hilfeleistung in ihren Angelegenheiten geneigt, und er verhielt sich gegen beide Parteien anständig. Die Athener hatten in jener Zeit auch milde Gesetze zum Schutz vor Tyrannen, besonders das die Errichtung der Tyrannis betreffende. Das lautete wie folgt: Satzungsgemäß und altüberkommen ist für die Athener Folgendes: Wenn irgendwelche Leute versuchen, tyrannisch zu herrschen, oder zur Errichtung der Tyrannis Beihilfe leisten, sollen sie selbst und ihr Geschlecht das Bürgerrecht verlieren. [...]

Aristoteles, Der Staat der Athener 16, übers. und hg. von Martin Dreher, Reclam, Stuttgart 1993, S. 54 ff.

1 ■ Interpretieren Sie die Quelle mithilfe der Arbeitsschritte von S. 28.

Zu 1: Leitfrage
Wie herrschte Peisistratos als Tyrann in Athen?

Zu 2: Analyse
Formale Aspekte
Quellengattung: staatsphilosophische Schrift
Entstehungszeit: Vermutlich um das Jahr 330 v. Chr. und damit über 200 Jahre nach den Ereignissen, von denen berichtet wird.
Autor: Der Philosoph Aristoteles
Thema: Die Herrschaft des Tyrannen Peisistratos
Adressat: Die Schrift des Aristoteles richtet sich an gebildete und politisch kundige Bürger und an die Schüler der philosophischen Schulen.
Intention: Aristoteles möchte die Herrschaft des Peisistratos als gelungene Herrschaft darstellen.
Inhaltliche Aspekte
Wesentliche Aussagen: Die Herrschaft des Peisistratos wird von Aristoteles positiv beschrieben. Das athenische Volk profitiere von Peisistratos, der besonders die Bedürftigen unterstütze und für eine Zeit des Friedens gesorgt habe. Uneigennützig wirke er dem Volk zugewandt, im Gegensatz zur Herrschaft seiner Söhne. Die üblichen Bestrebungen, einen Tyrannen abzusetzen, seien kaum aufgetreten, weil er Rückhalt auf allen politischen Ebenen besessen habe.
Intention des Autors: Der Autor möchte die Herrschaft und Person des Peisistratos trotz der Herrschaftsform der Tyrannis positiv beleuchten und auch den positiven Nutzen dieser Herrschaftsform hervorheben.

Zu 3: Historischer Kontext
Die wirtschaftlichen und sozialen Krisen im 7. Jh. v. Chr. mit der Schuldknechtschaft der Kleinbauern und Rivalitäten zwischen den Adligen bildeten die Grundlage für die Reformen des Drakon. Seine Verschriftlichung der bislang mündlich überlieferten Gesetze und der Entzug des Rechts auf Blutrache durch den Adel zeigten wenig Wirkung gegenüber den Problemen der Zeit, weil die Schuldknechtschaft weiterhin bestand. Die Reformen des Solon mit der Abschaffung der Schuldknechtschaft und der Rückgabe des verpfändeten Landes reichten den Kleinbauern nicht aus und führten neben dem von den Adligen kritisierten Schuldenerlass somit nur zu neuen Unruhen in Athen. In dieser Zeit eroberte der Adlige Peisistratos mit seinem Heer die Akropolis und installierte eine Tyrannis. Nachdem er zweimal die Tyrannis wegen Konflikten mit zwei seiner Konkurrenten abgeben musste, war er seit 546/545 v. Chr. dauerhaft Tyrann. Die Kleinbauern unterstützte er durch die Verteilung des Landes von verbannten Adligen und erreichte durch die Förderung von Handel und Gewerbe einen wirtschaftlichen Aufschwung. Nach seinem Tod 528/527 führten seine Söhne die Tyrannis fort, wurden allerdings beide einige Jahre später getötet bzw. verbannt. Daran schloss sich die Zeit der kleisthenischen Reformen an.

Zu 4: Urteil
Aristoteles als Autor der Quelle steht der Tyrannis als Herrschaftsform eigentlich kritisch gegenüber. Er bezeichnet sie in seiner Schrift „Politik" als schlechteste aller Staatsformen. Die positive Darstellung lässt vermuten, dass es Aristoteles um die Bedeutung der Tyrannis des Peisistratos zwischen den solonischen und den kleisthenischen Reformen ging. Die Tatsache, dass Peisistratos die von Solon geschaffene Ordnung nicht einfach ersetzen konnte, kann als Beleg für die Tragfähigkeit der solonischen Grundlagen durch Aristoteles interpretiert werden. Die Reformen schufen auch Voraussetzungen für die Reformen des Kleisthenes. Trotzdem erscheint die Darstellung tendenziös, weil Aristoteles die drei Versuche des Peisistratos, an die Macht zu gelangen, eher als einfache Ereignisse beschreibt, die wenig Aufmerksamkeit verdienen.
Die Glaubwürdigkeit der Aussagen des Aristoteles lässt sich wegen der schlechten Quellenlage nur sehr schwer beurteilen. Neben ihm berichten Herodot und Thukydides ebenfalls positiv von der Herrschaft des Peisistratos, wobei sie im Vergleich zu Aristoteles eher die Fakten wiedergeben als die politische und persönliche Meinung. Alle Quellen sind deutlich nach den Ereignissen entstanden. So berichtet beispielsweise Herodot auf der Grundlage mündlicher Überlieferungen 100 Jahre nach Peisistratos.

1.2 Die Römische Republik: aristokratische Dominanz und politische Partizipation

Leitfragen:
Welchen Einfluss hatte der Adel auf die Politik und das Volk?
Welche Möglichkeiten der politischen Beteiligung besaß das römische Volk?

Gründungsmythos der Stadt Rom
Die Römer wussten nicht, wie ihre Stadt entstanden war. Diese Kenntnislücke füllten sie mit mythischen Erzählungen, in denen sich zwei zunächst unabhängig voneinander existierende Sagen zu einem Gründungsmythos verbanden: Die erste Sage erzählt vom Helden Äneas, der nach dem Untergang Trojas auf göttlichen Befehl nach Latium segelte, um dort ein neues Reich zu gründen. Die zweite – berühmtere Sage – berichtet von den Zwillingsbrüdern Romulus und Remus, die auf Befehl des unrechtmäßigen Königs auf dem Tiber ausgesetzt, von einer Wölfin gefunden und aufgezogen wurden. Angeblich am 21. April 753 v. Chr. gründeten sie die Stadt Rom, deren erster König (und Namensgeber) Romulus war.

M 1 Die römische Wölfin, Bronzeplastik, zwischen 800 und 1300 n. Chr.

Wissenschaftliche Untersuchungen aus dem Jahr 2006 belegen, dass die Statue nicht in der Antike entstand und als Schutzfigur der Stadt Rom verehrt wurde. Sie entstand im Mittelalter und erst um das Jahr 1500 wurden die Zwillinge Romulus und Remus hinzugefügt.

Vom Königtum zur Republik

Die Legende datiert die **Gründung Roms*** auf das Jahr 753 v. Chr. Archäologische Zeugnisse belegen allerdings, dass sich bereits im 10. Jahrhundert v. Chr. die indoeuropäischen Hirten- und Bauernvölker der Latiner und Sabiner an Hügeln am Ufer des Tibers niedergelassen hatten. Diese dörflichen Siedlungen wurden Ende des 7. Jahrhunderts – im Zuge der Expansion der Etrusker in dieses Gebiet – zu einer Stadt zusammengefasst. Der Name der Stadt Rom leitet sich vermutlich vom etruskischen Adelsgeschlecht der Rumilier ab. Das Ende der etruskischen Königsherrschaft um 509 v. Chr. war Folge einer Schwächung der Königsfamilie nach der etruskischen Niederlage in der Schlacht bei Kyme gegen die Griechen.
Die Regierungsgewalt wurde schrittweise vom römischen Geburtsadel, dem **Patriziat,** übernommen, womit auch eine Abwendung von der Staatsform der Monarchie einherging. Der Begriff Patrizier leitet sich von der Bezeichnung *patres* (= Vater) für die Familienoberhäupter dieser Adelsfamilien ab. Die politische Macht des Königs ging auf die vom Senat gewählten **Prätoren,** später **Konsuln** genannten Beamten über, die wie die Mitglieder des Senats ausschließlich aus adligen Familien stammten. Dieser kleinen aristokratischen Führungsschicht, deren Wohlstand auf ihrem weitläufigen Grundbesitz gründete, stand die Masse der freien Bevölkerung, die **Plebejer,** gegenüber. Zusammengesetzt war diese gesellschaftliche Gruppe aus wohlhabenden und armen Bauern, Kaufleuten, Handwerkern und Tagelöhnern. Obwohl sie die Masse des römischen Heeres stellten, waren sie nur an der Wahl der Beamten beteiligt, aber von der Ausübung dieser Ämter und dem Senat, sowie der Aufnahme in das Patriziat durch Einheirat, ausgeschlossen. Die Abhängigkeit vieler Plebejer von den Patriziern wird im Klientelwesen deutlich. Sie unterstellten sich einem Patron und leisteten ihm Gefolgschaft, indem sie ihn politisch und teilweise auch wirtschaftlich unterstützten. In den Volksversammlungen waren sie dazu verpflichtet, im Sinne ihres Patrons abzustimmen, der ihnen als Gegenleistung Schutz vor Gericht und in wirtschaftlicher Not zusicherte. Auch diese wirtschaftliche Not führte zu einer Abhängigkeit von den Patriziern oder verstärkte sie, indem sich die verarmten Plebejer Geld oder Waren liehen, die sie oft nicht mehr zurückzahlen bzw. -geben konnten. Sie waren dann gezwungen, auf dem Land des neuen Herrn zu arbeiten, und gerieten in die sogenannte Schuldknechtschaft. Die fehlenden Rechte zur politischen Mitbestimmung, die mangelnden Aufstiegschancen wie eine starke Verschuldung durch hohe Kriegskosten standen im Widerspruch zu den militärischen Leistungen der Plebejer bei der römischen Expansion und waren Ursachen jahrelanger Auseinandersetzungen zwischen beiden Ständen (M 7).

Die Ständekämpfe

Die Unzufriedenheit der Plebejer und die Bestrebung, sich von der durch Willkür geprägten Herrschaft der Patrizier zu befreien (M 5), mündeten in die **Ständekämpfe** (500 bis 287 v. Chr.), in denen es den Plebejern gelang, politische und wirtschaftlich-soziale Rechte zu erwirken. Ab etwa 490 durften sie zwei **Volkstribune** wählen, die die Plebejer vor ungerechten Zugriffen der Patrizier schützen sollten (M 6). Zudem besaßen sie das *Interzessionsrecht*, mit dem sie gegen Beschlüsse des Senats und der Beamten Einspruch (*veto*) erheben konnten. Die Zahl der Volkstribune wurde 471 auf vier und 457 auf zehn erhöht. Um 494 erhielten sie das Recht zur Konstituierung einer eigenen Volksversammlung (*concilium plebis*). Mit dem **Zwölftafel-**

gesetz von 450 wurde ein für alle Bürger Roms geltendes Straf- und Zivilrecht schriftlich fixiert und öffentlich ausgestellt. Damit sollte die Rechtswillkür gegen Plebejer durch patrizische Richter beseitigt werden. Fünf Jahre später wurde das Eheverbot zwischen Plebejern und Patriziern aufgehoben. Nach der Eroberung der etruskischen Stadt Veji im Jahre 387 v. Chr. setzten die Plebejer erstmals eine Beteiligung an der Landaufteilung durch. Darüber hinaus erhielten sie schrittweise Zugang zu allen Staatsämtern: 421 zum Amt des Quästors, 367 zum Amt des Konsuls, 300 zu den Priesterämtern. Schließlich erhielten die Beschlüsse der plebejischen Volksversammlung 287 mit dem *lex Hortensia* Gesetzeskraft. Die absolute Macht der Patrizier als geschlossene Klasse wurde innerhalb der Ständekämpfe stark eingeschränkt, jedoch wurden ihre Privilegien nicht wesentlich infrage gestellt. Die rechtzeitig erfolgten Zugeständnisse an die Plebejer verhinderten eine Revolution, welche die bestehende Ordnung umgewälzt hätte. Als neue Führungsschicht entwickelte sich in dieser Phase die **Nobilität** aus dem alten Geburtsadel der Patrizier und einigen wenigen vermögenden und einflussreichen Plebejern, denen es gelungen war, ein politisches Amt zu besetzen.

Die Verfassung der Römischen Republik

Wie in allen antiken Staaten existierte auch im Römischen Reich keine schriftlich fixierte Verfassung in der Form, wie wir heute unser Grundgesetz oder Verfassungen anderer Länder kennen. Vielmehr entstand die politische Ordnung im Reich unter vielen Modifikationen als Anpassung an aktuelle Bedingungen innerhalb und außerhalb des Staates. Die Datierung der Entstehung der politischen Ordnung durch einige römische Geschichtsschreiber wie Livius und Dionysios in die Königszeit sollten dem politischen System der **Republik** eher Würde verleihen, als eine historische Realität darstellen. Der griechische Historiker Polybios (um 200–120 v. Chr.) liefert

M2 Kanaldeckel in Rom mit der Abkürzung „SPQR", Fotografie 2006

Nach dem Ende der Ständekämpfe wurde neben der *res publica* die Formel SPQR (lat. *Senatus Populusque Romanus* = Senat und Volk von Rom) zur offiziellen Bezeichnung des römischen Staates. Sie sollte Symbol für die Eintracht von Volk und Senat sein. Auch heute noch dient die Formel zur Kennzeichnung öffentlichen Eigentums.

M3 Die Verfassung der Römischen Republik (im 3./2. Jh. v. Chr.)

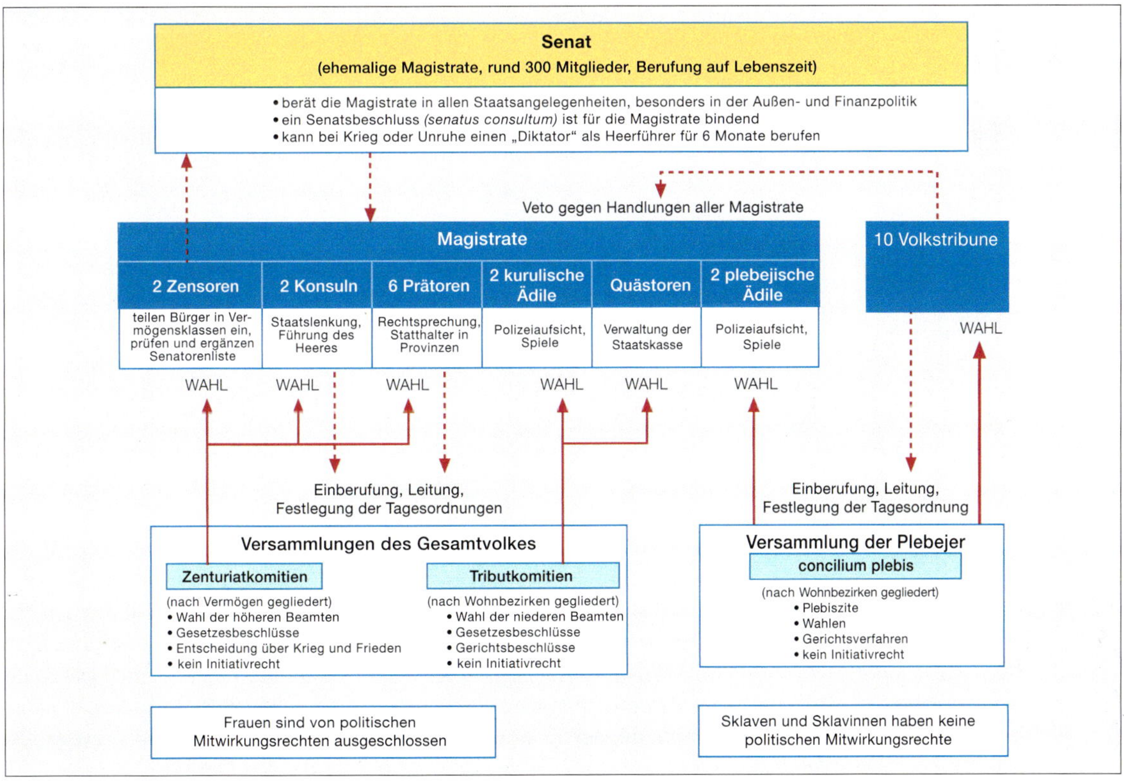

die älteste Darstellung über die Aufteilung der politischen Macht in der Römischen Republik in drei Institutionen (M 10): in die **Volksversammlung**, den **Senat** und die **Magistratur**. Diesen drei Institutionen stand eine streng hierarchisch strukturierte aristokratische Gesellschaft gegenüber, die entscheidend in den politischen Bereich hineinwirkte.

Der Senat

Im Zentrum des Systems der Römischen Republik stand der Senat, der in der Frühzeit eine Versammlung der Oberhäupter der patrizischen Familien war und seit der Mitte des 4. Jh. auch für Angehörige nichtpatrizischer Familien geöffnet wurde. Der aus 300 und später 600 Mitgliedern bestehende Senat wurde von den **Zensoren** aus römischen Bürgern, die zumeist eine Magistratur bekleidet hatten und über ausreichend finanzielle Mittel verfügten, zusammengefügt. Mitglied im Senat war man lebenslang, außer man wurde durch die Zensoren wegen politischer oder moralischer Verfehlungen ausgeschlossen. Der Senat hatte weitreichende Kompetenzen, indem er zu wirtschaftlichen und politischen Fragen Beschlüsse (*senatus consulta*) erlassen konnte, an die die Magistraturen gebunden waren. Er hatte kein eigenes **Initiativrecht** und wurde deshalb von den höheren Magistraten einberufen und auch geleitet, um eine Stellungnahme zu den eingereichten Fragen abzugeben. Der Volkstribun war eng an den Senat gebunden, weil das Amt oft als Karrieresprungbrett benutzt wurde und er somit von der Unterstützung des Senats abhängig war. Durch die Kompetenzen der Volkstribune konnte der Senat von den obersten Magistraten unabhängig agieren. Die Beschlüsse des Senats hatten keine eigenständige Gesetzeskraft. Erst die Vorlage eines solchen Entwurfs durch einen Volkstribun in der Volksversammlung konnte dies bewirken. Zu den weiteren Aufgaben des Senats gehörten u.a. die Verhandlungen in außenpolitischen Fragen, Entscheidungen über den Abschluss von Bündnissen sowie Krieg und Frieden und die Festsetzung von Steuern und Zöllen für die römischen Bürger und die Provinzen. Die Entscheidung erfolgte durch eine **Abstimmung** (M 4), wobei – anders als in der Volksversammlung – auch eine Abänderung der Anträge möglich war. Innerhalb des Senats gab es eine klare Rangabstufung, die sich an der Ausübung der politischen Ämter orientierte, sodass die Entscheidungen innerhalb des Gremiums wesentlich durch die Mitglieder der Nobilität bestimmt wurden.

Magistratur

Die Regierungsgewalt in der Römischen Republik lag bei den Magistraten, deren Amtsbereiche genau definiert waren. Jeder römische Bürger konnte sich für ein politisches Amt bewerben, wenn er die folgenden Bedingungen erfüllte: Geburt als freier Bürger, Unbescholtenheit und ehrenvolle Erfüllung des Militärdienstes. Tatsächlich bekleideten meist nur Mitglieder der Nobilität ein Amt (M 8, M 9), weil es keinen Sold gab und benötigte Mitarbeiter selbst gestellt werden mussten. Vor den Ständekämpfen umfasste die Kommandobefugnis (*imperium*) der höheren Beamten die gesamte Gewalt des Monarchen. Um die Machtkonzentration dieser Ämter zu beschränken, galten die folgenden Prinzipien: Jeder römische Magistrat amtierte nur für ein Jahr (**Annuitätsprinzip**) und wurde von mindestens zwei Personen ausgeübt (**Kollegialitätsprinzip**), die Beschlüsse gegenseitig mit einem Vetorecht aufheben konnten (**Interzessionsrecht**). Es war auch verboten, ein Amt unmittelbar an ein vorheriges anzuschließen, dasselbe Amt mehrfach zu bekleiden sowie mehrere Ämter gleichzeitig auszuüben. Das höchste Amt konnte nur derjenige ausüben, der zuvor die Ämterlaufbahn erfolgreich durchlaufen hatte (*cursus honorum**). Für jedes der Ämter, die der Reihenfolge nach durchlaufen werden mussten, gab es ein Mindestalter (M 15).

cursus honorum
(lat. Ehrenlaufbahn) Übliche Reihenfolge, nach der ein Bewerber für eine Magistratur ein Mindestalter und eine bestimmte Reihenfolge einhalten musste. Der Quästor war das Einstiegsamt, nach dem man sich als Ädil oder Tribun bewerben konnte, bevor man das Amt des Prätors ausüben durfte. Der Konsul, Zensor und Diktator sind die höchsten Ämter.

Die verschiedenen Magistrate wurden von unterschiedlichen Volksversammlungen gewählt. Die Konsuln als oberste Beamte waren für die staatliche Lenkung in Rom und die militärische Führung zuständig. Eine wesentliche Voraussetzung für die Expansion Roms ist die kaum eingeschränkte Machtfülle der **Konsuln.** Neben den **Prätoren,** den **Ädilen,** den **Quästoren** und den **Zensoren** hatten die **Volkstribune** eine besondere Stellung innerhalb der römischen Beamtenschaft. Das Amt entstand während der Ständekämpfe, um die Plebejer vor der Willkür der Patrizier zu schützen. Sie waren mit einem Vetorecht gegen die Entscheidungen der Magistrate und des Senats ausgestattet und zum Schutz vor den Magistraten für unverletzlich erklärt worden. Sie beriefen die Versammlung der Plebejer ein und wurden später in die Magistratur aufgenommen. In akuten Notzeiten trat das Amt des **Diktators** hinzu, der von einem Konsul ernannt wurde. Mit allen Vollmachten hatte er die gesamte Exekutivgewalt inne, um die Notlage zu beseitigen.

Volksversammlung

Das römische Volk trat in drei verschiedenen Versammlungen (*concilium*) zusammen, die sich hinsichtlich ihrer Zuordnungskriterien unterschieden: die nach Vermögen gegliederten **Zenturiatkomitien,** die nach Wohnbezirken gegliederten **Tributkomitien** und das nur aus Mitgliedern der *Plebs* zusammengesetzte **concilium plebis.** In den Versammlungen wurden im Gegensatz zur attischen Demokratie keine Debatten abgehalten, sondern nur über die Vorlagen abgestimmt. Dadurch wurde vermieden, dass geschickte Redner als Demagogen politischen Einfluss gewinnen konnten. Anträge in der Volksversammlung konnten ebenfalls nicht von Mitgliedern der Versammlung gestellt werden. Die politische Willensbildung konnte folglich nicht vom römischen Volk ausgehen, sondern nur vom Senat und den Magistraten und lag damit in der Nobilität verortet. Zuständigkeiten der Volksversammlungen waren die Wahl der Beamten, die Aburteilung schwerer politischer Delikte und die Gesetzgebung. Insgesamt kann die institutionelle Stellung der Volksversammlungen innerhalb der Römischen Republik als schwach bezeichnet werden. Aufgrund der Stellung der drei Verfassungsorgane wird seit der Antike von Historikern diskutiert, ob die Verfassung der Römischen Republik demokratisch genannt werden kann (M 12 bis M 14).

Expansion der Römischen Republik

Die Expansion Roms vollzog sich schrittweise in einem Zeitraum von drei Jahrhunderten. Die erste Phase dauerte von etwa 500 bis 250 v. Chr. Zunächst eroberte Rom nach zehnjährigem Kampf 396 v. Chr. die etruskische Metropole Veji und verdoppelte damit die Größe seines Staatsgebiets. Nach der erfolgreichen Abwehr der Kelten (387/86) durch eine Allianz zwischen Rom und seinen lateinischen Nachbarn entbrannte zwischen den Bündnispartnern ein neuer Konflikt (388–340), an dessen Ende Rom die meisten latinischen Gemeinden beherrschte und sein Territorium verdreifacht hatte. Anschließend eroberte Rom innerhalb eines halben Jahrhunderts (326–282) das Gebiet von der Po-Ebene bis zur sizilischen Meerenge.
Die zweite Phase begann 264 und endete 133 v. Chr. Rom begann, sein Reich über Italien hinaus zu erweitern. In drei Kriegen gegen den nordafrikanischen Handelskonkurrenten Karthago schuf Rom die Basis für ein Weltreich. Nach dem Ersten Punischen Krieg (264–241) besetzte Rom Sizilien, Sardinien und Korsika. Im Zweiten Punischen Krieg (218–201), in dem der Karthager Hannibal nach seinem Alpenübergang und dem Sieg bei Cannae (216) Rom an den Rand einer Katastrophe gebracht hatte, griff es auf Spanien und Nordafrika, Makedonien und Griechenland zu. Als Karthago im Dritten Punischen Krieg (149–146) zerstört und 133 das nordspanische Numantia gefallen war, besaß Rom im Mittelmeerraum keinen ernst zu nehmenden Feind mehr.

M 4 Ein römischer Bürger stimmt ab

Die Münze zeigt einen römischen Bürger bei der Stimmabgabe. Dazu wirft er eine Stimmtafel mit dem Buchstaben „V“ in die Urne.
Das „V“ steht für *uti rogas* (Wie du beantragst). Der Buchstabe „A“ für *antiquo* (Ich lasse alles beim Alten) wurde bei der Ablehnung eines Gesetzesvorschlages verwendet. Die Inschrift weist auf den römischen Münzmeister Lucius Cassius Longinus, der die Münze 63 v. Chr. prägen ließ, hin.

Krise der Römischen Republik Der endgültige Sieg Roms über Karthago (146 v. Chr.) markierte einen Höhepunkt der gewaltigen **Expansion,** in deren Verlauf sich Rom von einer kleinen Bauern- und Hirtensiedlung zu einem Weltreich entwickelte. Doch nur wenig später begann eine Zeit der inneren Unruhen. Die Kriege hatten den Ruin vieler Kleinbauern verursacht, die als Soldaten ihre Höfe nicht mehr versorgen konnten. Die Brüder **Tiberius** (163–133 v. Chr.) und **Gaius Gracchus** (154–121 v. Chr.) versuchten als Volkstribunen zwischen 133 und 123, mithilfe von Gesetzen die Lage der Bauern zu verbessern: Eine Bodenreform sollte die Begrenzung des Staatslandes und eine Neuverteilung an Besitzlose durchsetzen, Getreide für Staatsbürger sollte verbilligt, die Militärzeit begrenzt und der Einfluss des Senats zurückgedrängt werden. Die Reformen scheiterten am Widerstand einer Senatsmehrheit, die die Interessen der Großgrundbesitzer vertrat. Tiberius wurde 133 v. Chr., zusammen mit 300 Anhängern, auf dem Kapitol erschlagen, und sein Bruder ließ sich 121 v. Chr. von einem Sklaven töten.
Die Auseinandersetzung um die Gracchischen Reformen ließen zwei unversöhnliche politische Lager entstehen: die **Optimaten** (von lat. *optimus* = der Beste), die an der traditionellen Führungsrolle des Senats festhielten und sich gegen Veränderungen der Besitzverhältnisse stemmten, und die **Popularen** (von lat. *populus* = das Volk), die Gesetze ohne Zustimmung des Senats über die Volksversammlung und die Volkstribunen durchsetzen wollten. Zeitgleich mit den inneren Problemen geriet Rom durch die Angriffe germanischer Stämme auch in eine außenpolitische und militärische Krise. Durch die verringerte Anzahl der freien Bauern und damit der Wehrpflichtigen war Rom nicht mehr in der Lage, sich ausreichend zu verteidigen. Mit einer Heeresreform wollte der erfolgreiche Feldherr und Konsul **Gaius Marius** (156–86 v. Chr.), ein Populare, die Wehrkraft Roms erhöhen (M 11). Er nahm landlose Freiwillige und Bundesgenossen in seine Legionen auf, rüstete sie auf Staatskosten aus, versprach ihnen nach der Dienstzeit Land und strukturierte so das einstige Bürgerheer in ein Berufsheer um. Die Krise der *res publica* war damit jedoch nicht zu überwinden. Rom erhielt zwar wieder eine schlagkräftige Streitmacht und den Soldaten war vom Feldherrn eine gesicherte Versorgung garantiert. Gleichzeitig bestand jedoch die Gefahr, dass das Heer zu einem persönlichen Machtinstrument der Militärbefehlshaber wurde. Diese Möglichkeit nutzte der Feldherr **Lucius Cornelius Sulla** (138–78 v. Chr.), ein überzeugter Optimat, der sich in einem blutigen Bürgerkrieg gegen seinen politischen Rivalen Marius durchsetzte: Mit seinen Truppen besetzte er Rom und ließ politische Gegner verfolgen, enteignen und ermorden. Sullas Ernennung zum Diktator im Jahr 82 v. Chr. und sein restauratives Gesetzwerk, das u. a. die Entmachtung der Volkstribunen vorsah, besiegelte das Ende der Republik (M 16 bis M 18). In den Konflikten zwischen weiteren Militärpotentaten, die fortan die Politik des Reiches bestimmten, ging die *res publica* unter. Aus den Machtkämpfen, den Bürgerkriegen zwischen Pompeius und Caesar (49/48 v. Chr.) und – nach Caesars Ermordung (44 v. Chr.) – zwischen Marcus Antonius und Octavian (32/31 v. Chr.), ging schließlich Octavian, der spätere **Augustus,** als Sieger hervor.

Webcode:
KB645961-034

1 ■ Skizzieren Sie die Ergebnisse der Ständekämpfe und diskutieren Sie, auch mithilfe von M 3, inwieweit man von einer Gleichstellung zwischen Patriziern und Plebejern sprechen kann.
2 ■ Erklären Sie an einem fiktiven Beispiel das Gesetzgebungsverfahren im Römischen Reich, auch mithilfe von M 3.
3 ■ Beurteilen Sie den Einfluss des Adels innerhalb der Institutionen der Römischen Republik.
4 ■ Stellen Sie die Reformversuche nach 133 v. Chr. in einer Übersicht zusammen und diskutieren Sie, warum die Römische Republik dennoch scheiterte.

Die Ständekämpfe

M5 Der römische Historiker Titus Livius (59 v. Chr. bis 17 n. Chr.) in seiner „Römischen Geschichte"

Das Volk war wegen der drückenden Schuldenlast in einen Streik getreten und hatte sich auf einem Hügel verschanzt. Also beschloss der Senat, einen Unterhändler zu den Plebejern zu schicken, und zwar den Menenius Agrippa, einen redegewandten Mann, der der Plebs auch deswegen angenehm war, weil er aus ihren Reihen stammte. Er wurde auch ins Lager eingelassen und soll in der altertümlichen und derben Redeweise von damals nur die folgende Geschichte erzählt haben. Zu einer Zeit, da im menschlichen Körper nicht, wie jetzt, alles zu einer Einheit verbunden war, sondern jedes einzelne Glied sein eigenes Bewusstsein hatte und sprechen konnte, hätten sich die übrigen Körperteile geärgert, weil durch ihre Sorge, Arbeit und Dienstbarkeit alles nur für den Magen herbeigeschafft werde, der Magen aber ruhig in der Mitte sitze und nichts tue, als das Dargebotene zu genießen. Darauf hätten sie sich verschworen, die Hände sollten keine Nahrung zum Munde führen, der Mund sollte nichts annehmen, auch wenn etwas geboten würde, die Zähne nichts zerkleinern. Wie sie nun in ihrem Zorn den Magen durch Hunger zähmen wollten, seien die Glieder alle und der Körper als Ganzes von der äußersten Schwäche befallen worden. Dadurch sei es klar geworden, dass auch der Magen einen recht beachtlichen Dienst verrichte und ebenso andere ernähre, wie er selbst ernährt werde, denn er gibt das Blut, durch das wir alle leben und bei Kräften bleiben, an alle Körperteile weiter. Gleichmäßig durch die Adern verteilt und gesättigt von verarbeiteter Nahrung. Dann habe er durch den Vergleich des Aufstandes im Inneren des Körpers mit dem Zorn der Plebejer gegen die Patrizier die Männer umgestimmt. Man habe nun begonnen, über die Wiederherstellung der Einheit zu verhandeln, und habe sich gegenseitig Bedingungen zugestanden, vor allem, dass die Plebejer eigene, unverletzliche Bevollmächtigte haben sollten, denen das Recht der Hilfestellung gegen die Konsuln zustünde, und keinem von den Patriziern sollte es erlaubt sein, dieses Amt zu bekleiden.

Livius, Römische Geschichte, II 32, 8ff., übers. von Heinrich Dittrich, Aufbau, Berlin 1978, S. 134.

1 ■ Erklären Sie die in der Quelle genannten sozialen Gruppen und politischen Institutionen.

2 ■ Beurteilen Sie die Perspektive des Autors auf das Verhältnis der Patrizier zu den Plebejern.

M6 Der Historiker Jochen Bleicken über den Wandel des Volkstribunats nach den Ständekämpfen

Besonders das tribunizische Rogationsrecht[1] wurde für den Senat das Mittel, um Verfügungen, die ihm *de lege*[2] nicht zustanden, für die Gemeinde verbindlich zu machen. In der Unterstützung der Senatspolitik sahen die meisten Tribune eine neue Aufgabe und trugen dadurch zu einem guten Teil an dem Ausbau des römischen Weltreiches bei. [...] Die komplexe Zusammensetzung des Senats brachte es mit sich, dass die Tribune sich des Öfteren auch einzelnen bedeutenden Nobiles angeschlossen und mit diesen eine der Senatsmajoritäten widerstrebende Politik trieben. [...] Diese gegenüber dem 5. und 4. Jahrhundert sehr unterschiedliche Haltung der Volkstribune [war] keine zufällige [...], sondern [...] ergab [sich daraus], dass sie nach dem Ausgleich der Gegensätze bis zum Jahre 287 ihre eigentliche Basis, den Kampf für die Verbesserung der sozialen Lage der Plebs und für die Teilnahme am Regiment, verloren hatten und in dem Bestreben, sich positiv in das öffentliche Leben der römischen Gemeinde einzuordnen, nach neuen Aufgaben suchten. Da dem Tribunat sowohl die Mehrzahl der ordentlichen magistratischen Rechte (Imperium, Auspizium, Koerzition, Jurisdiktion) als auch der besondere Amtsbereich fehlte, konnte es nicht die Rolle eines ordentlichen Magistrats ausfüllen. Wenn es am öffentlichen Leben teilhaben wollte, musste es sich zur Erfüllung staatlicher Aufgaben an bestehende Behörden oder politische Autoritäten anschließen. Hierfür kam in erster Linie der Senat infrage, daneben aber auch einzelne Magistrate oder besondere politische Gruppen.

Jochen Bleicken, Das Volkstribunat der klassischen Republik, C. H. Beck, 2. Aufl., München 1968, S. 151f.

1 tribunizisches Rogationsrecht: Recht der Volkstribune, gegen Gesetzesanträge und Senatsbeschlüsse Einspruch zu erheben
2 *de lege:* vom Gesetz

1 ■ Erläutern Sie, wie sich die ursprünglich gegen die aristokratische Vorherrschaft gerichtete Macht des Volkstribunats nach den Ständekämpfen veränderte.

Aristokratische Vorherrschaft

M7 Der römische Politiker und Historiker Sallust (86–35 v. Chr.) zum Zustand der Römischen Republik

Übrigens war das Unwesen der Parteien und Cliquen mit all ihrem üblen Betrieb erst vor wenigen Jahren in Rom angekommen, und zwar infolge der Friedenszeit und des Überflusses an all den Dingen, die die Menschen am höchsten achten. Denn bis zur Zerstörung Karthagos [146 v. Chr.] verwalteten Volk und Senat von Rom friedlich und maßvoll den Staat, und es gab keinen Wettstreit um Ruhm oder Herrschaft zwischen den Bürgern. Sowie aber diese Besorgnis aus den Herzen geschwunden war, da freilich trat leider das ein, was das Glück gern mit sich bringt: Zügellosigkeit und Übermut. So wurde es mit der Ruhe, die sie in widrigen Zeiten so ersehnt hatten – seit sie sie bekommen hatten, nur noch schlimmer und drückender. Denn der Adel begann seine bevorrechtende Stellung, das Volk seine Freiheit in Willkür zu verkehren, jeder suchte an sich zu ziehen, zu raffen und zu rauben. So wurde alles in zwei Parteien zerrissen, der Staat, der in der Mitte lag, zerfleischt. [...] Nach dem Willen einer Minderheit wurde daheim und draußen Politik gemacht. In ihren Händen lagen auch Staatsschatz, Provinzen, Ämter, Ruhmestitel und Triumphe. Das Volk stand unter dem Druck von Kriegsdienst und Not. Die Beute in den Feldzügen teilten sich die Feldherren gierig mit einigen Freunden. Inzwischen wurden die Eltern oder kleinen Kinder der Soldaten, sofern die an einen mächtigeren Nachbarn grenzten, aus ihrem Besitz gejagt. So riss mit der Macht Habsucht ohne Maß und Grenzen ein, besudelte und verwüstete alles, kannte nichts Hohes noch Heiliges mehr, bis sie endlich selbst in den Abgrund stürzte. Denn sowie sich im Adel Männer fanden, die wahren Ruhm ungerechter Macht vorzogen, geriet die Bürgerschaft in Bewegung, und es entstand eine Spaltung der Bürger ähnlich einer Umschichtung von Erdmassen.

Sallust, Der Krieg gegen Jugurtha 41, übers. von H. Winstock, in: Walter Arend, Geschichte in Quellen, Bd. 1: Altertum, Bayerischer Schulbuchverlag, München 1965, S. 469.

1 ■ Erklären Sie das von Sallust gezeichnete Verhältnis von Volk und Adligen.

Das Selbstverständnis der Nobilität

M8 Die Wertvorstellung der Nobilität

Der Universalgelehrte Plinius (der Ältere, 23–79 n. Chr.) überliefert einen Auszug aus der Leichenrede für Lucius Caecilis Metellus, Konsul 251 und 247 v. Chr.

Quintus Metellus hat in der Rede, die er bei den letzten Ehrungen seines Vaters L. Metellus hielt, der Pontifex, zweimal Konsul, Diktator, Befehlshaber der Reiterei und einer der zur Verteilung von Land erwählten Fünfzehnmänner war [...], schriftlich überliefert, dieser habe die zehn höchsten und besten Dinge, deren Erlangung die Weisen ihr Leben widmeten, in sich vereinigt: Er wollte nämlich der erste Krieger, der beste Redner, der tapferste Feldherr sein, weiterhin wollte er, dass unter seinem Oberbefehl die wichtigsten Taten vollbracht würden, dass er die höchsten Ehrenstellen erreiche, die größte Weisheit besitze, als bedeutendster Senator gelte, ein großes Vermögen auf rechte Weise erwerbe, viele Kinder hinterlasse und der Angesehenste in der Bürgerschaft sei. Dies alles sei ihm geglückt und sonst keinem anderen nach der Gründung Roms.

Plinius, Naturkunde 7,139–140, übers. von R. König, zit. nach: Hans-Joachim Gehrke/Helmuth Schneider (Hg.), Geschichte der Antike. Quellenband, Metzler, Stuttgart 2007, S. 209.

1 ■ Skizzieren Sie, welche Aktivitäten eines *nobilis* als ehrenvoll galten.

2 ■ **Zusatzaufgabe:** Entwerfen Sie eine Mindmap zur Frage, wer heute zur politischen Elite der Bundesrepublik Deutschland zählt. Diskutieren Sie in der Gruppe, ob Eliten für eine funktionierende Gemeinschaft notwendig sind.

M9 Statue eines römischen Adligen, 165 cm, augusteische Zeit.

In der Römischen Republik wurden Verstorbene aufwändig geehrt, deren Heldenmut und Anstand die zukünftigen Generationen nacheifern sollten. Die alten Sitten und Männer, die diese vertraten, bildeten nach der Ansicht der Römer die Grundlage des Gemeinwesens.

1 ■ Erläutern Sie die Bedeutung der Büsten, die der Adlige auf den Armen trägt.

M 10 Die Verfassung der Römischen Republik im politischen Alltag – eine Bewertung des Polybios

Nach der Auflistung der formalen Kompetenzen von Senat, Konsul und Volk beschäftigt sich Polybios mit der Frage, wie die für ihn zentralen Institutionen der römischen Verfassung im politischen Alltag zusammenwirken:

Im Vorstehenden habe ich dargelegt, wie die staatlichen Kompetenzen auf die drei Faktoren der Verfassung [Senat, Konsul, Volk] verteilt sind. Nun will ich zeigen, in welcher Weise sie wiederum, wenn sie wollen, einander entgegenwirken oder sich gegenseitig unterstützen können [...].

Der Senat wiederum, der doch so große Macht hat, ist erstens in allen politischen Angelegenheiten gezwungen, auf die Stimmung des Volkes zu achten und seine Wünsche zu berücksichtigen. Er kann die Untersuchung und Ahndung der schwersten Verbrechen gegen den Staat, auf die Todesstrafe steht, nicht durchführen, wenn das Volk nicht die Vorentscheidung des Senats bestätigt. Ebenso liegen die Dinge auch hinsichtlich seiner ureigenen Befugnisse. Wenn nämlich jemand ein Gesetz einbringt, das dem Senat irgendein ihm nach dem Herkommen zustehendes Recht entzieht, zum Beispiel Ehrenplätze im Theater, oder andere Vorrechte aberkennen oder sogar Vermögen und Privatbesitz angreifen will, so hat das Volk auch in diesem Fall die Entscheidung, solche Anträge anzunehmen oder abzulehnen. Vor allem aber, wenn nur ein einziger Volkstribun sein Veto einlegt, kann der Senat weder eine Beratung zu Ende führen noch auch nur zusammenkommen und seine Sitzung abhalten; die Volkstribune sind stets verpflichtet zu tun, was das Volk will, und seine Wünsche zu beachten. Aus allen diesen Gründen fürchtet der Senat die Menge und muss auf das Volk Rücksicht nehmen. Ebenso ist wieder das Volk vom Senat abhängig und muss sich nach ihm richten, im staatlichen wie im privaten Leben. Für alle öffentlichen Arbeiten, die in ganz Italien von den Zensoren vergeben werden zur Wiederherstellung oder Neuerrichtung von Bauten – es wäre nicht leicht, sie alle aufzuzählen. [...] So hat der Senat vielerlei Möglichkeiten und Gelegenheiten, den Unternehmern großen Schaden zuzufügen und bedeutende Vorteile zuzuwenden. Denn in allen diesen Dingen muss man sich an ihn wenden. Was aber die Hauptsache ist – aus den Reihen der Senatoren werden die Richter gewählt für fast alle öffentlichen und privaten Prozesse, soweit es sich um schwerwiegende Fälle handelt. Da also alle Bürger sich der richterlichen Entscheidung der Senatoren anvertrauen müssen und angesichts der Ungewissheit des Ausgangs in Furcht leben, hüten sie sich wohl, den Wünschen des Senats Widerstand zu leisten und entgegenzuwirken. Ebenso finden sie sich nicht leicht bereit, den Plänen der Konsuln Hindernisse in den Weg zu legen, weil jeder Einzelne und alle insgesamt im Felde ihrer Befehlsgewalt unterstehen.

Obwohl jeder der drei Teile solche Macht hat, einander zu schaden oder zu helfen, so wirken sie doch in allen kritischen Situationen so einträchtig zusammen, dass man unmöglich ein besseres Verfassungssystem finden kann.

Polybios, Geschichte VI 15–18, übers. von Hans Dexler, Artemis, Zürich 1963, S. 543–546.

1 ■ **Erläutern Sie, wie Polybios das System der Römischen Republik darstellt.**

2 ■ **Beurteilen Sie, inwiefern seine Einschätzung des Verhältnisses von Senat und Volk in der Römischen Republik zutreffend ist.**

M 11 Marius rechtfertigt seinen Machtanspruch in einer Rede an das Volk

Der römische Historiker Sallust (86–35 v. Chr.) lässt Marius in seinem Bericht über den Krieg gegen Jugurtha eine Ansprache kurz nach seiner Wahl zum Konsul 107 v. Chr. halten.

Ich täusche mich nicht, welch bedeutende Aufgabe ich dank eurem außergewöhnlichen Wohlwollen auf mich nehme: den Krieg vorbereiten und dabei die Staatskasse schonen, Leute zum Kriegsdienst zusammenbringen, denen man nicht weh tun möchte, in der Heimat und draußen alles erledigen, und dies machen unter Leuten, die missgünstig, widerstrebend und in Cliquen gespalten sind; das, Bürger, ist schwieriger als man meint. Dazu kommt, wenn andere einen Fehltritt gemacht haben, stehen alter Adel, Heldentaten der Vorfahren, die Mittel von Verwandten und Verschwägerten, viele Anhängerschaften, alle diese Hilfen zu ihrem Schutz bereit. [...] Und auch, wenn sie vor euch oder im Senat ihre Worte machen, heben sie im größten Teil der Rede nur ihre Vorfahren heraus. Dadurch, dass sie deren tapfere Taten schildern, kommen sie sich noch berühmter vor. Doch ist das umgekehrt; denn je ruhmvoller das Leben jener war, umso schmachvoller ist die Schlappheit dieser Leute. [...] Ich kann zu meiner Beglaubigung keine Ahnenbilder und keine Triumphe oder Konsulate meiner Vorfahren vorzeigen, jedoch, wenn es verlangt würde, Ehrenlanzen, eine Standarte, Orden und andere militärische Auszeichnungen, außerdem die Narben auf meiner Brust. Das sind meine Ahnenbilder, das ist meine Nobilität, die nicht durch Erbschaft nachgelassen wurde wie bei ihnen, nein, das habe ich durch meine übervielen Mühen und Gefahren erworben.

Sallust, Bellum Iugurthinum 85, in: Sallust, Werke, übers. von Josef Lindauer, Artemis, München 1985, S. 229–233.

1 ■ **Beschreiben Sie, wie Marius die Nobilität charakterisiert.**

2 ■ **Erläutern Sie, wie Marius seinen eigenen Anspruch auf Führungsämter rechtfertigt.**

3 ■ **Beurteilen Sie die Haltung des Marius.**

Partizipation der römischen Bürger

M 12 Der Historiker Joseph Vogt über den römischen Volkswillen und die Amtsgewalt der Magistrate

Auf den ersten Blick möchte man versucht sein, die demokratischen Züge der republikanischen Verfassung als maßgebend zu bezeichnen. Bestand und Funktion beruhen auf dem Willen der Gemeinde. Dieser äußert sich in der dem Charakter des Gemeindestaats entsprechenden Volksversammlung, in der alle Bürger vertreten sind. Die Bildung der Regierung und die Gesetzgebung sind der Bürgerschaft anheimgegeben. Aber der Gedanke der Volkssouveränität, der hier vorzuliegen scheint, wird vom Volk selbst wieder eingeschränkt oder aufgehoben. [...] In Rom werden nicht die einzelnen Stimmen der ganzen Versammlung gezählt, sondern es wird nach großen Einheiten abgestimmt. Nur innerhalb seiner eigenen Stimmabteilung kann der Bürger sein Votum abgeben; an dem größeren oder geringeren Gewicht, das eine Stimmgruppe im Vergleich zu den übrigen besitzt, vermag er nichts zu ändern. In der Zenturienversammlung werden die Klassen der Wohlhabenden zuerst aufgerufen; ist Stimmenmehrheit erzielt, so werden die unteren Klassen gar nicht mehr gefragt. In der Tribusversammlung[1] haben die ländlichen Bezirke, die zahlenmäßig viel schwächer sind als die städtischen, das Übergewicht und können dies zur Geltung bringen [...]. Geradezu undemokratisch wird die Verfassung durch die Stellung der Magistrate [...]. Die obersten Magistrate, Konsuln und Prätoren, sind Träger des Imperiums, der unbegrenzten staatlichen Hoheit. [...] Die vom Volk gewählten Magistrate sind während ihrer Amtszeit nicht absetzbar und können erst nach Ablauf ihres Amtes zur Rechenschaft gezogen werden. Sie bestätigten in Ausübung ihrer Befehlsgewalt freieste Initiative gegenüber den Komitien und gegenüber dem Senat. [...] Sie führen mit eigener Verantwortung die Verwaltung des Staates. Die Bürgerschaft bringt den Magistraten, die sie, wie das Wort sagt, als „die Höheren" betrachtet, ein unbegrenztes Vertrauen, einen willigen Gehorsam entgegen.

Joseph Vogt, Römische Geschichte, Verlag Karl Alber, München 1973, S. 78 ff.

1 Tribus: in der antiken römischen Bürgerschaft der Bezirk für Wahlen, Steuererhebung und Truppenrekrutierung

1 ■ Erklären Sie, wie Joseph Vogt die Partizipationsmöglichkeiten der römischen Bevölkerung beurteilt.
2 ■ Diskutieren Sie die These des Autors, dass die Mitbestimmung durch das Volk selber wieder vom Volk eingeschränkt würde.
3 ■ **Zusatzaufgabe:** Recherchieren Sie über das Dreiklassenwahlrecht in Preußen und präsentieren Sie Ihre Ergebnisse. Vergleichen Sie anschließend die preußischen und römischen Partizipationsmöglichkeiten der Bevölkerung.

M 13 Cicero über die Volksversammlung in Athen und Rom

Wie vortrefflich sind doch Sitte und Zucht, die wir von den Ahnen übernommen haben – wenn wir uns nur daran halten wollten! Aber schon entgleitet sie, ich weiß nicht wie, unseren Händen. Sie wollten nämlich in ihrer Weisheit und Lauterbarkeit, dass die Urversammlung des Volkes überhaupt keine Initiativgewalt (*vis*) haben sollte: Beschlüsse der *Plebs* oder Anordnungen des Gesamtvolkes (*populus*) sollten erst nach Auflösung der Volksversammlung, nach geschehener Trennung in kleineren Körperschaften [...] und nachdem der Gegenstand viele Tage hindurch verkündet und bekanntgeworden war, beschlossen oder verworfen werden. Bei den Griechen aber werden die ganzen öffentlichen Angelegenheiten im blinden Ungefähr einer einzigen Sitzung des Gesamtvolkes erledigt. Und deshalb ist Altgriechenland, das ehedem durch Wohlstand, Herrschaft und Ruhm blühte, gerade an diesem Übel zusammengebrochen.

Marcus Tullius Cicero, pro flaco 15 f., übers. von Albert Wucher, in: Walter Arend u. a. (Hg.), Geschichte in Quellen, Bd. 1: Altertum, Bayerischer Schulbuchverlag, München 1965, S. 524.

1 ■ Vergleichen Sie die Rolle, welche die Volksversammlungen in Athen und Rom bei der politischen Willensbildung gespielt haben.
2 ■ Erläutern Sie, welche Auffassungen von Politik in diesen Diskrepanzen deutlich werden.

M 14 Jochen Bleicken über den Anteil des Volkes am politischen Leben

Entsprechend der Sozialstruktur, die einer bestimmten Gruppe von Personen bzw. Familien im sozialen und politischen Leben ein großes Gewicht zuteilte, war der Anteil der Massen der römischen Bürger am politischen Leben eingeschränkt. Dem Volk war zwar seit dem Ständekampf eine wichtige Rolle im politischen Leben zugewiesen [...], aber das Volk gewann dadurch – abgesehen nur von gewissen Perioden des Ständekampfes – keinen aktiven Anteil am politischen Regiment. Es blieb im politischen Leben passiv, reagierte lediglich auf die Initiative der Vornehmen. [...] Nachdem das römische Bürgergebiet seit dem Ende des 4. Jahrhunderts v. Chr. sich über weite Gebiete Italiens ausgedehnt und seit dem Bundesgenossenkrieg (81/88 v. Chr.) sich sogar über ganz Italien erstreckte, verlor selbst dieser passive Anteil des Volkes an Gewicht, denn die sich in Rom versammelnden Bürger konnten nur noch sehr eingeschränkt als der *populus Romanus* aufgefasst werden. [...] Wenn die Nobiles sich zu jeder Zeit und selbst in den letzten Jahrhunderten der Republik trotzdem immer wieder an die Volksversammlungen wandten, darf man das aber keineswegs als Heuchelei ansehen, die eine heruntergekommene Institution zur Kaschierung persönlichen Herrschaftswillens noch erhalten wollte, sondern darin eine Verhaltensnorm erkennen, die das römische Volk zu jeder Zeit wie selbstverständlich in das politische Leben einbezog. [...] Denn die Volksversammlung war der einzige Ort, wo die jeweils von der Nobilität vertretene Politik dem Volk als Ganzem vorgestellt werden konnte. [...] Der Entscheidungsspielraum der Volksversammlung ist nach dem Gesagten sowohl formal – durch die Beschränkung des Initiativrechts auf den die Versammlung leitenden Magistrat – als auch durch die in die Abstimmung hineinwirkenden sozialen Abhängigkeiten und Bindungen beschränkt. Man sollte sich aber, etwa unter dem Eindruck moderner Verhältnisse, davor hüten, deswegen den Einfluss der Volksversammlung auf die Politik für vernachlässigenswert zu halten oder dem Volk sogar eine Entscheidungsfähigkeit abzusprechen. Denn insofern auch in der Vorstellung der Nobilität das Volk zu jeder Zeit der republikanischen Geschichte der Resonanzboden aller Politik blieb, und also deren Öffentlichkeit garantierte, hatte der beantragende Magistrat bzw. das einen Gesetzesvorschlag anregende Senatsconsult schon durchweg im Voraus die Stimmung im Volke [...] abgeschätzt und das geplante Gesetzesvorhaben daran ausgerichtet. [...] So gering der Anteil des Volkes am politischen Willensbildungsprozess auch sein mochte, stand es doch nicht völlig außerhalb desselben. So passiv das Volk war, ragte es dennoch in die Entscheidungsprozesse hinein. [...]

Jochen Bleicken, Die Verfassung der Römischen Republik, Schöningh, 7. Aufl., Paderborn 1995, S. 212–214.

1 ■ **Erläutern Sie anhand des Textes die Aussage Bleickens, das Volk rage trotz seiner Passivität in die Entscheidungsprozesse hinein.**

2 ■ **Diskutieren Sie mögliche Maßnahmen, die in der römischen Zeit die Partizipationsmöglichkeiten der Bürger gesteigert hätten.**

Die römische Verfassung: Demokratie, Oligarchie oder Aristokratie?

M 15 Die Historiker Wolfgang Kunkel und Roland Wittmann über die Institutionen der Römischen Republik

a) Über die Volksversammlungen

Die Volkswahl verlieh den Magistraten ihre Gewalt über die Bürger und ihre Legitimation, für die Gesamtheit der Bürger, d.h. für den Staat, zu handeln. Die politische Doktrin der Römer sah in ihr ein spezifisch demokratisches Verfassungselement. In Wahrheit war sie dies jedoch nur in einem sehr beschränkten, mehr formalen als substanziellen Sinne. Die eigentümliche, recht undemokratische Struktur der Volksversammlung, besonders der für die Wahl der Obermagistrate zuständigen Zenturiatkomitien, der Einfluss, den die führenden Familien des Senatsadels durch ihr Ansehen und ihre weit verzweigten Klienteln ausübten, und schließlich auch die Manipulierbarkeit des komplizierten Wahlverfahrens: Diese drei Faktoren schlossen eine wahrhaft demokratische Entscheidung weithin aus. Sie machten die Volkswahl geradezu zu einem Instrument der Senatsoligarchie oder der Fraktionen, die innerhalb dieser Oligarchie um Einfluss und Macht kämpften. Für Außenseiter ohne Ahnen und ohne Helfer aus dem Kreise der mächtigen Politiker war darum die Volkswahl keineswegs ein bequemer Zugang, vielmehr im Gegenteil eine fast unüberwindliche Hürde auf der Bahn zur Magistratur, vor allem zu den höheren Ämtern.

b) Über den Senat und die Ämterlaufbahn

Insgesamt wird man wohl behaupten können, dass dem Senat infolge einer traditionalistischen Handhabung der *lectio*[1] durch die Zensoren bis in die Krisenzeit der Republik[2] seine aristokratische Grundstruktur erhalten geblieben ist. Es gelangten zwar immer wieder neue Elemente in ihn, zumeist wohl durch die Bekleidung der unteren Magistraturen, die eine Anwartschaft und später ein Anrecht auf den Senatssitz begründeten, zu einem kleineren Teil vielleicht aber auch durch freie Auswahl seitens der Zensoren. Einfluss konnten aber solche *homini novi*[3] dank der eigentümlichen Geschäftsordnung des Senats im Allgemeinen nur dann gewinnen, wenn sie in der Ämterlaufbahn bis zu den Obermagistraturen, zur Praetur oder gar zum Konsulat aufstiegen, und dies gelang stets nur wenigen. Wer ein Amt nicht bekleidet hatte und auch später nicht erreichte, verblieb in den Reihen der *pedarii senatores*, die nie um ihre Meinung befragt wurden, sondern nur über die Beschlussvorschläge anderer abstimmen durften.

1 *lectio:* Ernennung der Senatoren, Erstellen der Senatslisten
2 ca. 133–27 v. Chr.
3 *homini novi:* lat. für neuer Mensch; Familienoberhaupt, das als Erstes Senatsmitglied wurde; im engeren Sinne derjenige, der als Erster das Konsulat bekleidete und damit für die Familie die Zugehörigkeit zur Nobilität begründete

c) Über das Volkstribunat

Da sich der Senat gegenüber den Obermagistraten trotz seines Weisungsrechts häufig auf die bloße Weichenstellung oder Koordinierung beschränkte, machte ihm der Umgang mit den weisungsunabhängigen Volkstribunen keine Schwierigkeiten. Die kollegiale Interzession[1] verhinderte einen unangemessenen, den gesamtstaatlichen Rahmen sprengenden Gebrauch der tribunizischen Gewaltbefugnisse und des Rogationsrechtes[2]. Senat und Volkstribunat waren somit zwar als Verfassungsorgane rechtlich voneinander unabhängig, in der politischen Praxis aber aufeinander angewiesen. Die *lex Atinia*[3] zog hieraus auch für die Mitgliedschaft im Senat die notwendige Konsequenz, indem sie die

Aufnahme der ehemaligen Volkstribune in den Senat anordnete.

M 15 a bis c: Wolfgang Kunkel/Roland Wittmann, Staatspraxis in der Römischen Republik, C.H. Beck, München 1995, S. 11, 443 und 638.

1 kollegiale Interzession: Vetorecht eines Amtsträgers gegenüber seinem Kollegen; Magistrate waren in Rom immer zweifach (kollegial) besetzt.
2 Rogationsrecht: Recht der Volkstribune, gegen Gesetzesanträge und Senatsbeschlüsse Einspruch zu erheben
3 *lex Atinia:* 149 v. Chr.

1 ■ Überprüfen Sie, welche Elemente der Demokratie, der Oligarchie und der Aristokratie in der römischen Verfassung enthalten sind.

2 ■ Beurteilen Sie, welcher Verfassungsform die Römische Republik am ehesten entspricht.

Geschichte kontrovers: Warum ging die Römische Republik unter?

M 16 Der Historiker Helmuth Schneider zu den Ursachen des Untergangs der Republik, 1977

Es war keineswegs zwangsläufig, dass die soziale Krise und der politische Konflikt den Zusammenbruch der Republik herbeiführten. [...] Die Popularen wollten die sozialen Probleme durch eine Gesetzgebung, die den materiellen Forderungen der *plebs* entgegenkam und deren soziale Lage verbessern sollte, lösen. Diese Politik zielte im Ansatz auf eine Stabilisierung des republikanischen Systems durch eine partielle Beseitigung sozialer Ungerechtigkeit, also durch die Strategie der Krisenreduktion, ab. Dabei darf aber nicht übersehen werden, dass die Popularen, die im sozialen Konflikt die Interessen der *plebs* wahrnahmen, im Verlauf der politischen Auseinandersetzung durch ihre antisenatorische Agitation die Massen mobilisierten und deren Unzufriedenheit verstärkten. [...] Die Grenze der popularen Politik ist jedoch darin zu sehen, dass sie nie eine grundsätzlich neue Sozialordnung anstrebte. [...]

Der Senat hingegen war nicht bereit, Maßnahmen zu akzeptieren, die den materiellen Interessen der Großgrundbesitzer widersprachen. [...] Um dieses Ziel zu erreichen, verschärfte der Senat seine repressive Politik den Popularen und der *plebs* gegenüber. [...] Eine wesentliche Ursache für den Zusammenbruch der Republik ist darin zu sehen, dass der Senat aufgrund seiner Unfähigkeit, die sozialen Probleme angemessen zu bewältigen, seine Stellung nicht mehr durch positive Leistungen für die Gesellschaft zu legitimieren vermochte und so eine Legitimationskrise auslöste. Der Senat büßte seine politische Autorität ein und verlor seinen Rückhalt bei der Bevölkerung.

Helmuth Schneider, Die Entstehung der Militärdiktatur, Kiepenheuer, Köln 1977, S. 241 f.

M 17 Der Historiker Klaus Bringmann zum Untergang der Republik, 2003

Seit den Gracchen spaltete sich die regierende Klasse über den Sach- und Machtfragen, die auf die politische Tagesordnung kamen, und sie verlor dabei den Zusammenhalt, der die Grundbedingung ihres kollektiven Regiments war. Das politische System setzte den Grundkonsens der regierenden Klasse voraus. Sofern er nicht mehr gegeben war, musste das Gegeneinander des magistratischen Initiativrechts und der ausgeklügelten Interzessions- und Obstruktionsmethoden, die die Verfassung zur Blockierung magistratischer Initiativen an die Hand gab, notwendigerweise entweder in die Handlungsunfähigkeit oder in die politisch motivierte Gewalttätigkeit führen. Unter der progressiven Steigerung von Gewalt sind alle Versuche zu grundlegenden Reformen gescheitert. Die Gewalt durchlief alle Stadien vom politischen Mord über den Terror der Straße bis hin zum Bürgerkrieg im Weltmaßstab. [...] [A]ls Sulla am Ende eines verheerenden Bürgerkriegs das kollektive Regiment seines Senats durch eine Gesetzgebung auf eine feste Grundlage stellen wollte, da geschah das unter einem solchen Exzess von Gewalt und Terror, dass er nicht die Stabilisierung, sondern die Destabilisierung der politischen Ordnung bewirkte. Seitdem Sulla zum Mittel des Bürgerkriegs gegriffen hatte, stand Rom unter der latenten Drohung, dass auch andere sich seiner bedienen würden. Vor allem aber war [...] eine Folge der römischen Weltherrschaft, dass eine Konzentration materieller und militärischer Machtmittel in der Hand derjenigen erfolgte, die in den Besitz der großen außerordentlichen Kommandos gelangte. Die fehlende „Organkontrolle" [...] war in der Tat ein todbringender Mangel. Unter den Bedingungen der römischen Weltherrschaft war die Republik mit der Aufgabe einer effektiven Kontrolle der einzelnen Herrschaftsträger schlicht überfordert. Umso weniger war die in sich zerfallene Senatsaristokratie in der Lage, die in ihren auswärtigen Militärkommandos wie absolute Monarchen schaltenden Konsuln und Prokonsuln zu kontrollieren. [...] Die Alleinherrschaft war [...] das einzige Mittel, das den Bürgerkrieg sistieren[1] konnte und das [...] auch der Reformunfähigkeit der Republik ein Ende setzte.

Klaus Bringmann, Krise und das Ende der Römischen Republik, Akademie, Berlin 2003, S. 93.

1 *sistieren:* unterbrechen

1 ■ Analysieren Sie arbeitsteilig die Darstellungen und vergleichen Sie Ihre Ergebnisse.

2 ■ Diskutieren Sie die These, dass die Nobilität für den Untergang der Römischen Republik mitverantwortlich sei.

Nachwirkungen der römischen Verfassung

M 18 Der Historiker Klaus Roth äußert sich zur Rezeption des Römischen Reiches, 2012

Das römische Denken konnte folglich die Demokratietheorie kaum stimulieren, doch wurde die auf Rechtssicherheit bedachte republikanische Praxis bedeutsam für die Entstehung und Entwicklung des europäischen und amerikanischen Staatensystems, für die Genealogie des bürgerlichen Rechtsstaates und die Verankerung des „aristokratischen" Elements, der elitären Machtstrukturen und des Ämterwesens, in der repräsentativ-demokratischen „Mischverfassung". Als wichtigster Beitrag Roms zur Entwicklung der europäischen Kultur wird gewöhnlich das Römische Recht und die mit ihm befasste Rechtswissenschaft angesehen. Mit ihrer Hilfe wurde im spätmittelalterlichen Europa die Trennung von Religion und Politik, die Verselbstständigung der weltlichen Herrschaft und die Befreiung des politischen Ordnungsdenkens aus der religiösen Umklammerung forciert. Darüber hinaus hatten die Römer in der Republik ein ausgetüfteltes System der *checks and balances*, der Gewaltenteilung und -verschränkung, institutionalisiert, das späteren Zeiten als Vorbild diente und die neuzeitliche Staatstheorie (von Machiavelli bis Montesquieu, von Thomas Jefferson bis Robespierre) inspirierte. Es wurde als Muster einer gelungenen Organisation von Regierung und Verwaltung betrachtet und auf den neuzeitlichen Staat übertragen. [...] Den Römern aber bleibt insgesamt das Verdienst, das Recht auf neue Art systematisiert und eine Ämterlaufbahn kreiert zu haben, die in der Nachwelt zahlreiche Bewunderer fand und in modifizierter Gestalt von den modernen Staaten übernommen wurde.

Antike: Herodot, Platon, Aristoteles, Cicero. Eingeleitet, ausgewählt und interpretiert von Klaus Roth, in: Peter Massing/Gotthard Breit (Hg.), Demokratietheorien. Von der Antike bis zur Gegenwart, Wochenschau, Schwalbach/Ts. 2012, S. 48 und 51.

1 ■ Stellen Sie dar, inwiefern nach Ansicht von Klaus Roth moderne Staatsideen an das Römische Reich anknüpften.

2 ■ **Zusatzaufgabe:** Überprüfen Sie, welche Aspekte der republikanischen Idee Roms sich in der Verfassung der Bundesrepublik Deutschland wiederfinden.

Geschichtskarten analysieren

In unserer Lebenswelt sind Karten ein alltägliches Medium zur räumlichen Orientierung. Journalisten nutzen Kartenskizzen, um ihren Lesern eine bessere geografische oder räumliche Einordnung zu ermöglichen. Auch Tourismus ist ohne Karten unvorstellbar. Die Vorzüge kartografischer Darstellungen liegen auf der Hand: Karten sind anschaulich, übersichtlich, sie reduzieren Tatsachen und Erscheinungen auf das Wesentliche.
Die Geschichtswissenschaft unterscheidet zwischen historischen Karten und Geschichtskarten. **Historische Karten** – wie mittelalterliche und frühneuzeitliche Karten, Postrouten- und Reisekarten, alte Stadtpläne und Propagandakarten – sind Quellen der Vergangenheit, die Weltsichten und Erkenntnisse der jeweiligen Zeit widerspiegeln. Geschichtskarten dagegen stellen auf der Grundlage des heutigen Kenntnisstandes historische Sachverhalte aus Politik, Wirtschaft, Kultur und Gesellschaft dar. Geschichtskarten sind maßstäblich verkleinerte, vereinfachte und verebnete sowie durch verschiedene Zeichen kodierte Raummodelle. Sie stellen häufig einen begrenzten geografischen Raum zu einer bestimmten Zeit dar.
Die Legende erläutert die verwendeten Zeichen: Farbgebung, Symbole, Schrifttypen und Signaturen wie Punkte, Linien oder Pfeile. Dem Verwendungszweck entsprechend werden zum Beispiel Wand-, Atlas- und Schulbuchkarten hergestellt. Digitale interaktive Karten erweitern seit einigen Jahren die Möglichkeiten der Kartennutzung.
Für die Analyse unterscheidet man hinsichtlich der dargestellten Zeit zwischen **statischen (Zustand) und dynamischen Karten (Entwicklung)**, hinsichtlich des Kartentyps zwischen **topografischen und thematischen Geschichtskarten**. Bei der Analyse muss berücksichtigt werden, dass kartografische Darstellungen stark abstrahieren und die historische Wirklichkeit bereits durch die Wahl des Kartenausschnitts und der Zeichen gedeutet wird. Bei der kritischen Analyse solcher Karten geht es daher immer auch um die Aussageabsicht der Karte. Hierfür ist insbesondere der Kontext wichtig, also Fragen wie: Wer hat die Karte entworfen bzw. in Auftrag gegeben? In welchem Zusammenhang ist sie erschienen? An wen richtet sie sich?

Arbeitsschritte

1. Formale Merkmale
- Welchen Titel trägt die Karte?
- Welche Zeichen werden in der Legende verwendet und was bedeuten sie?

2. Inhaltliche Aspekte
- Welcher historische Gegenstand wird thematisiert?
- Welche Zeit stellt die Karte dar?
- Handelt es sich um eine statische oder dynamische Karte?
- Welchen Raum erfasst die Karte?
- Handelt es sich um eine topografische oder eine thematische Karte?

3. Analyse
- Welche Einzelinformationen lassen sich ablesen?
- Welche Beziehung besteht zwischen den Einzelinformationen?
- Welche weitergehenden Schlüsse lassen sich ziehen?

4. Kartenkritik
- Welche kartografischen Informationen fehlen?
- Welche thematischen, zeitlichen und räumlichen Aspekte werden unter- oder übergewichtet, welche fehlen?

5. Fazit
- Welche Gesamtaussage lässt sich formulieren?

Übungsaufgabe mit Lösungshinweisen

M 1 Rom und Karthago zur Zeit des Zweiten Punischen Krieges (218–201 v. Chr.)

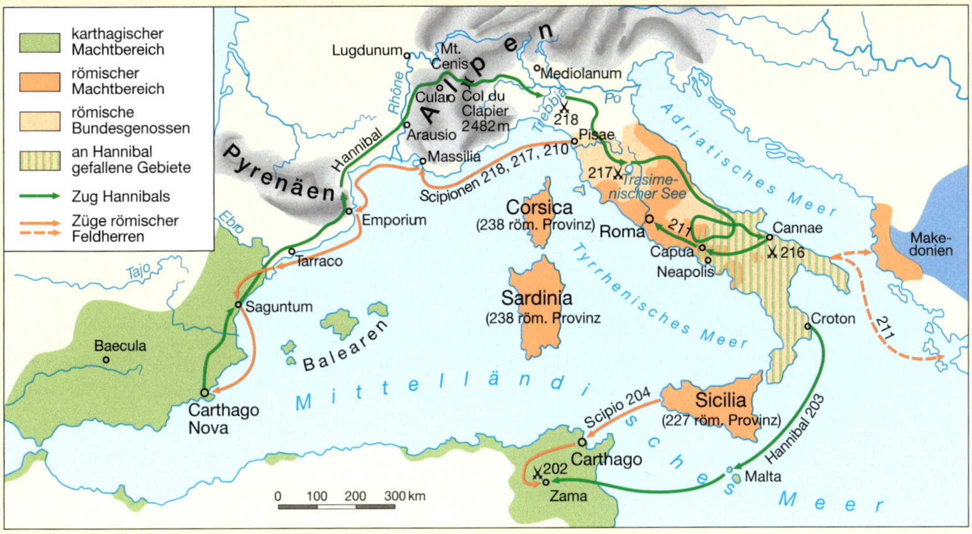

1 ■ Analysieren Sie M 1 mithilfe der Arbeitsschritte.

Zu 1: Formale Merkmale
- *Kartentyp:* Geschichtskarte
- *Kartentitel:* Rom und Karthago zur Zeit des Zweiten Punischen Krieges (218–201 v. Chr.)
- *Zeichen der Legende:* Die Flächenfarben zeigen karthagische bzw. römische Machtbereiche, Gebiete römischer Bundesgenossen und Gebiete, die an den karthagischen Feldherrn Hannibal gefallen sind.

Zu 2: Inhaltliche Aspekte
- *Gegenstand:* die Machtbereiche, Feldzüge und Schlachten während des Zweiten Punischen Krieges
- *Zeit:* Ende des 3. Jahrhunderts v. Chr.
- *Zeitebene:* Bei der Darstellung des karthagischen und römischen Machtbereichs zeigt die Karte den Zustand zu Beginn des Zweiten Punischen Krieges und die Züge Hannibals und der römischen Feldherrn. Die Karte ist deshalb eine dynamische Karte.
- *Raum:* Mittelmeer
- *Kartentyp:* thematische Karte

Zu 3: Analyse
- *Einzelinformationen:* Die Karte zeigt die Züge Hannibals und der römischen Feldherrn im Mittelmeerraum und wichtige Schlachten im Verlauf des Krieges. Außerdem sind die Machtbereiche Karthagos und Roms sowie die römischen Bundesgenossen eingezeichnet. Schließlich sind die im Verlauf des Zweiten Punischen Krieges an Hannibal gefallenen Gebiete zu erkennen. Darüber hinaus sind Feldzüge Roms gegen Makedonien und auf dem Gebiet Griechenlands eingezeichnet.
- *Beziehung zwischen den Informationen:* Die eingezeichneten Züge und Schlachten verdeutlichen den Verlauf des Zweiten Punischen Krieges von Hannibals Zug über die Alpen nach Italien, über die Schlachten im Römischen Reich bis hin zum Rückzug Hannibals nach Afrika und das Ende des Krieges mit der Niederlage in der Schlacht von Zama.
- *Weitergehende Schlüsse:* Der Zweite Punische Krieg begann mit einem Feldzug Hannibals gegen Italien und dehnte sich im Verlauf zu einem Krieg im Mittelmeerraum aus. Er bedeutete eine Zäsur für die Machtverhältnisse zwischen Karthago und Rom.

Zu 4: Kartenkritik
- *Fehlende kartografische Informationen:* Die Schlacht um Carthago Nova ist in der Karte nicht eingezeichnet.
- *Fehlende thematische Aspekte:* Da die Schlacht um Carthago Nova fehlt, gibt die Karte keine Informationen über die Folgen des Zweiten Punischen Krieges für den römischen Machtbereich im Süden Spaniens. Auch die Auswirkungen der Schlacht vom Zama werden in der Karte nicht deutlich, weshalb sich keine Informationen über das Ende des Zweiten Punischen Krieges und die Entscheidung über die Vormachtstellung im Mittelmeerraum zugunsten Roms erkennen lassen.

Zu 5: Fazit

Die Karte zeigt den Verlauf des Zweiten Punischen Krieges, in dem es Hannibal gelang, durch taktisch gut geführte Schlachten Rom an den Rand der Niederlage zu bringen und den Süden Italiens zu unterwerfen. Rom konnte Karthagos Streitmacht zurückdrängen und in der Folge seinen Machtbereich auf Spanien, Nordafrika, Makedonien und Griechenland ausdehnen und schuf die Grundlage für die spätere Vernichtung Karthagos.

Dieser Krieg entschied den Kampf um die Vormachtstellung im Mittelmeerraum zugunsten des Römischen Reiches.

1.3 Herrschaftsformen und ihre gesellschaftliche Grundlage im Mittelalter

Leitfragen:
Nach welchen Kriterien waren die sozialen und wirtschaftlichen Beziehungen zwischen den Menschen geordnet?
Wie war politische Herrschaft legitimiert?
Welche Möglichkeiten der politischen Mitsprache gab es in den Städten?
Wie regelten geistliche und weltliche Macht ihre Beziehungen zueinander?
Wie lebten während des Mittelalters Juden und Christen in Mitteleuropa zusammen?
Wie grenzten sich Juden und Christen voneinander ab?
Wann und aus welchen Gründen wurden Juden verfolgt?

Agrargesellschaft und Ständeordnung

Der Agrarbereich besaß im wirtschaftlichen und gesellschaftlichen Leben des Mittelalters eine vorherrschende Stellung. Im ausgehenden Mittelalter lebten und arbeiteten noch etwa vier Fünftel der Bevölkerung auf dem Lande. Anders als in unserer heutigen modernen Welt standen damals nicht das freie Individuum und die rechtliche und politische Gleichheit der Menschen im Zentrum des Menschenbildes. Das mittelalterliche Denken über den Aufbau der Gesellschaft beruhte stattdessen auf der Annahme einer grundsätzlichen **Ungleichheit von Menschen**. Der soziale Ort des Einzelnen wurde durch Geburt und Recht bestimmt.
Einer der Grundpfeiler der mittelalterlichen Gesellschaft war das **Lehnswesen***, das sich im 7. und 8. Jahrhundert herausbildete. Der König gebot über freie Gefolgsleute (Vasallen), die ihm militärische Dienste und Rat leisteten und die Treue geloben mussten. Als Gegenleistung gewährte ihnen der König Schutz und sorgte für ihren Lebensunterhalt (M 6). Er genügte dieser Pflicht durch Verleihung eines Lehens. Das war meist ein Gut, manchmal ein nutzbares Recht (z. B. Zolleinnahmen) oder ein Amt, wie z. B. das des Herzogs (Vertreter des Königs für ein Stammesgebiet, wie z. B. der Baiern), das des Markgrafen (Inhaber einer Grafschaft in Grenzgebieten) oder das des Pfalzgrafen (Verwalter einer Königsunterkunft). Doch nicht nur der König war Lehnsherr und vergab Lehen an hohe geistliche und weltliche Fürsten. Auch diese Kronvasallen verliehen wieder Lehen an Untervasallen. So entstand, um Kriegs- und Verwaltungsaufgaben zu erledigen, eine komplexe **Lehnspyramide** (M 1).

Lehnswesen
Pflicht- und Treueverhältnis zwischen Herren und Vasallen. Siehe auch S. 13.

M 1 Schaubild einer idealtypischen mittelalterlichen Lehnspyramide

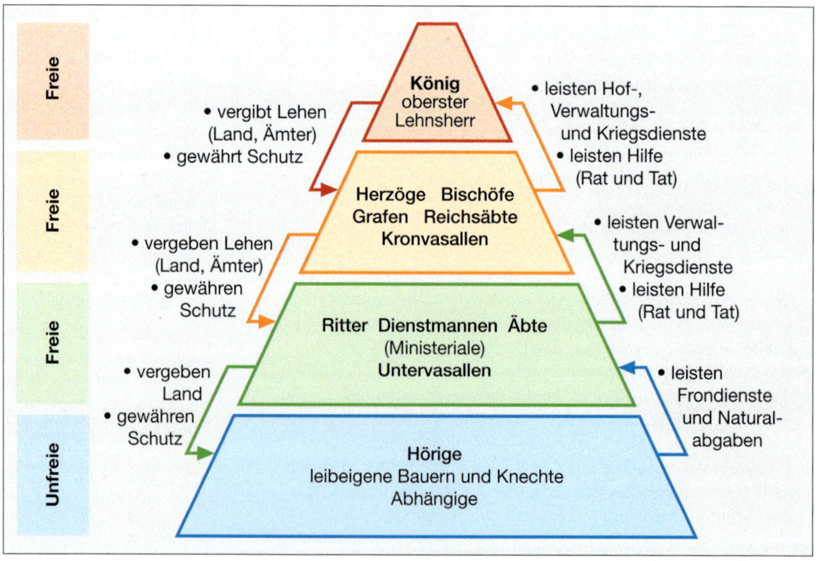

1 ■ Erklären Sie am Beispiel der Lehnspyramide die Grundstruktur der mittelalterlichen Gesellschaft.

Einige Historiker sprechen im Zusammenhang mit dem Lehnswesen von **Feudalismus bzw. Feudalgesellschaft**. Sie beziehen damit die **Grundherrschaft*** als wirtschaftliche Basis des Lehnssystems mit ein, da jeder Herr und Vasall ein Grundherr war. Freie Bauern konnten ihr Land auch in der Rechtsform der Leihe besitzen und standen dann auf der untersten Lehnskette.
Im Frühmittelalter bestimmte die Kirche maßgeblich die Kategorien, in die die Menschen eingeteilt wurden und die ihre Rechte und ihren Sozialstatus festlegten. Dabei grenzte sie **Kleriker und Laien** voneinander ab. Hinzu kam mit den Mönchen und Nonnen noch eine dritte Gruppe, nämlich Laien, die ihr Leben dem Gebet widmeten. Die vielfältige Welt der Laien wurde darüber hinaus untergliedert in Freie und Unfreie. Die Tatsache, ob jemand frei war, also im vollen Umfang über sich und seinen Körper bestimmen oder reisen konnte, oder unfrei, sagt nichts über die wirtschaftliche Situation aus. Es gab arme Freie und wohlhabende Unfreie, und mit der Zunahme sozialer Mobilität während des 9. bis 11. Jahrhunderts auch Auf- und Absteiger. Im 10./11. Jahrhundert setzte sich allmählich eine Ständegliederung* durch, die die Menschen vornehmlich nach ihrer Tätigkeit beurteilte. Für den ländlichen Raum bürgerten sich **Ständemodelle** mit einer Dreiteilung in **Adel, Klerus und Bauern** (M 7 a) ein.
Seit der Mitte des 11. Jahrhunderts veränderten sich **Leben und Struktur des Adels**. Viele der hochadligen Geschlechter, die über großen, weit gestreuten Grundbesitz verfügten, begannen mit dem Bau von Höhenburgen. Sie wollten auf diese Weise nicht nur Land und Herrschaft sichern und verteidigen, sondern auch das gestiegene Selbstbewusstsein ihrer Besitzer verdeutlichen. Bis heute werden diese Adelsgeschlechter – z. B. Hohenzollern, Habsburger, Wittelsbacher – nach ihren Stammburgen benannt.
Unterhalb des Hochadels entstand die Schicht der **Ritter**. Diese soziale Gruppe hatte in den Kriegen des 9. und 10. Jahrhunderts die Schwäche des Königtums und den Mangel an Staatlichkeit ausgenutzt, um sich selbst zu Herren aufzuschwingen. Bei Gefahr verteidigten sie ein Stück Land oder errichteten einen Palisadenzaun zum Schutz von Bauern. Im Hochmittelalter entwickelten sich die Ritter zu einer freien Kriegerelite, die erst über den Anspruch, Gott zu dienen, Anerkennung fand und sich zu einem eigenen Stand entwickelte (M 2). Als Vasallen von Königen, Bischöfen, Äbten und Hochadligen empfingen sie Lehen, die bald als erblicher Eigenbesitz galten, und sie begannen, Burgen zu bauen und sich nach ihnen zu benennen.
Eine neue soziale Gruppe entstand mit den **Ministerialen**. Diese Dienstmannen waren ursprünglich Unfreie aus der Grundherrschaft von Königen und Adligen. Von ihnen wurden sie aufgrund besonderer Fähigkeiten als Aufseher, Verwalter oder auch Krieger zu Pferde eingesetzt. Nach und nach verloren sie die Unfreiheit und stiegen im Spätmittelalter in den niederen Adel auf.
Die mittelalterliche Gesellschaft wies **Männern und Frauen** unterschiedliche Lebensbereiche und Rollen zu. Es gab eine eigene Männerwelt, die nach außen, auf den Lebenserwerb gerichtet war. Die Frauen hatten sich dagegen um den inneren Lebenskreis des Hauses und der Familie zu kümmern. Männer besaßen in der patriarchalischen Gesellschaft des Mittelalters die Vormundschaft über Frauen. Das galt nicht nur für das Familienleben,

Grundherr, Grundherrschaft
Der Grundherr konnte eine Person oder eine Institution sein, also z. B. ein Adliger oder ein Kloster. Er verfügte über das Obereigentum an Grund und Boden und gab diesen an abhängige, oft unfreie Untereigentümer (Hörige) zur Bewirtschaftung. Für den Schutz, den der Grundherr gewährte, waren die Hörigen zu Abgaben und unbezahlten Diensten (Frondienste: Säen, Ernten, Wegebau, Pflügen, Transportieren) verpflichtet.

Stand, Stände
Als Stand bezeichnet man eine Gruppe in einer Gesellschaft, die durch rechtliche Bestimmungen klar umgrenzt ist, die bestimmte Vetorechte hat oder auch von bestimmten Rechten ausgeschlossen ist.

M 2 Zwei Ritter im Zweikampf, flämische Buchmalerei, Brügge, um 1475/80

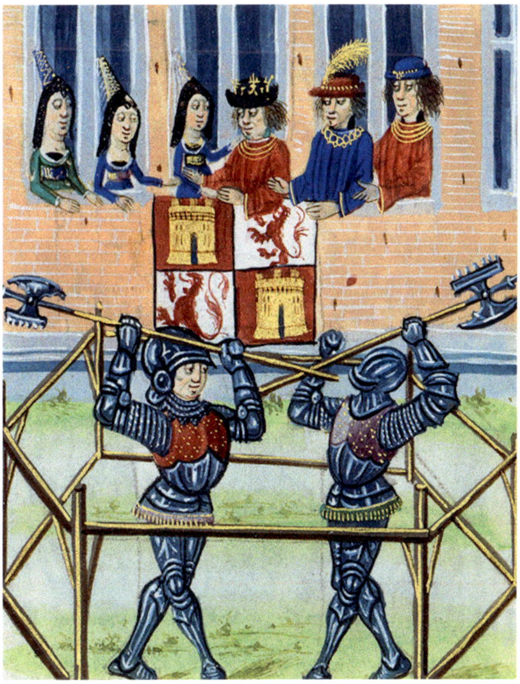

sondern auch für öffentliche Angelegenheiten. So musste der Mann die Frau vor Gericht vertreten. Adlige Frauen blieben allerdings in ihrem Einfluss nicht auf den Haushalt oder karitative Tätigkeiten beschränkt. Sie wirkten durchaus auf das kulturelle Leben ein. Gelegentlich prägten adlige Frauen auch die Politik, so z. B. die Königinnen Adelheid und Theophanu im 10. Jahrhundert oder die Markgräfin Mathilde von Tuscien, die im Investiturstreit zwischen König und Papst vermittelte.

Stadtherrschaft und Gesellschaftsstruktur

Seit dem Ende des 12. Jahrhunderts nahmen Stadtgründungen im mittelalterlichen Europa sprunghaft zu. Die Städte grenzten sich zunehmend durch Palisadenwall, Steinmauer und Graben von der ländlichen Umgebung ab. Auf diese Weise betonten sie, dass sie ein von der adlig-agrarischen Lebenswelt unabhängiger **Rechts- und Friedensbereich** waren, in dem Verwaltungsbefugnisse vorherrschten. Zwar war keine Stadt souverän, doch das Verhältnis zum Stadtherrn konnte sich in rechtlicher und politischer Hinsicht stark unterscheiden. Es gab nach 1200 ungefähr 80 Königs- und Reichsstädte, die durch Privilegien direkt dem König unterstellt waren und damit den Status der **Reichsunmittelbarkeit*** besaßen. Bischofsstädte wie Regensburg, Speyer oder Köln erreichten eine derart hohe Unabhängigkeit gegenüber ihren Stadtherrn, dass sie innerhalb der Reichsverfassung als sogenannte **Freie Reichsstädte** galten. Alle übrigen Städte unterstanden entweder den Fürsten oder waren nicht reichsunmittelbare, einer adligen Obrigkeit unterstellte Städte.

Reichsunmittelbarkeit
Im Heiligen Römischen Reich bezeichnete man so die unmittelbar unter der königlichen, kaiserlichen sowie der Reichsverwaltung stehenden Adligen, Städte und Landesteile.

Ein wichtiges Kennzeichen der Städte war die **Zentralität**. Neben dem Markt als zentralem Handelsplatz übernahmen die Städte je nach Größe und Bedeutung noch andere zentralörtliche Funktionen, z. B. als Bischofssitz, fürstlich-königliche Residenz, als Universitätsstandort oder Sitz von Verwaltungsbehörden und Gerichten.

Innerhalb der spätmittelalterlichen Gesellschaft nahm der städtische **Bürger** eine Sonderstellung ein. Mit dem Bürgereid („Den Bürger macht der Eid") verpflichtete er sich der Stadtgemeinschaft, für die er Steuern zahlte und Wehrdienst leistete; gleichzeitig war damit die persönliche Freiheit verbunden. Aber nicht jeder Bewohner hatte die Möglichkeit, das Bürgerrecht zu erwerben. In einer Stadt wie Konstanz waren nur etwa 30 Prozent der Städter auch Bürger. Die Mehrheit gehörte zu den „Beisassen" („Einwohnern"), die keine politischen Mitbestimmungsrechte besaßen, aber die kommunalen Lasten mitzutragen hatten. Rechtlich privilegiert dagegen war der Klerus.

Die spätmittelalterliche Stadt besaß eine ausgeprägte Hierarchie, die sich jedoch nicht an ökonomischen Kriterien orientierte. Die Herrschaft über die Stadt lag in der Regel in den Händen der alteingesessenen adligen Geschlechter. Grundsätzlich lässt sich die städtische Gesellschaft in drei Schichten einteilen: Hierzu gehörte erstens die **Oberschicht**, die in die ratsfähige Führungsgruppe (Patriziat) und politisch weniger privilegierte Gruppe der Reichen zerfiel. Hinzu kam zweitens die ebenso zweigeteilte kommerzielle (Kaufleute, Krämer usw.) bzw. handwerkliche **Mittelschicht** sowie drittens die Unterschicht, die in größeren Städten nicht weniger als 60 bis 85 Prozent der Gesamtbevölkerung ausmachte. Von dieser Unterschicht abgetrennt waren die **Randgruppen**. Zu ihnen

M3 Ein Tuchmacher raut mit einem Kratzer, einer speziellen Bürste, ein Tuch auf, lavierte Federzeichnung auf Papier, Hausbücher der Nürnberger Zwölfbrüderstiftung, um 1425.
Durch das Aufrauen wurde der Stoff weicher und isolierte die Wärme besser.

zählten u. a. Menschen mit „unehrlichen Berufen“, körperlich wie geistig Beeinträchtigte oder Bettler (M 7 b). Die Zugehörigkeit der Juden zu den Randgruppen ist strittig. Sie lebten in Gemeindeverbänden besonders in den großen und mittleren Städten, aber auch in Dörfern. Ihre Lebensverhältnisse waren von Ort zu Ort sehr unterschiedlich.

Städtische Partizipationsforderungen und -bewegungen

Seit dem 12. Jahrhundert schlossen sich Bürger zu Schwurgemeinschaften zusammen, um dem Stadtherrn weitergehende Rechte (z. B. Steuererhebung) abzutrotzen. Im Spätmittelalter hatten die Bürger, die ihre Forderungen auch mit Waffengewalt durchsetzten, eine weitgehende **Selbstverwaltung** erreicht. An die Stelle des Stadtherrn trat der **Rat der Stadt** unter Leitung eines oder mehrerer Bürgermeister. Die städtische Herrschaft war jedoch nicht demokratisch organisiert, denn zunächst galten nur Patrizier aufgrund ihrer wirtschaftlichen Macht und ihrer Herkunft als ratsfähig.
Erst im 13. und 14. Jahrhundert erkämpften sich Handwerker (Zünfte) und Kaufleute (Gilden) die Mitwirkung an der Stadtherrschaft gegen den Widerstand der Patrizier. Wo die Zünfte, Gilden oder andere Teile der Gemeinde am Rat beteiligt wurden, wandelte sich die Legitimationsgrundlage städtischer Herrschaft: Sie beruhte nicht länger auf adliger Geburt oder stadtherrlicher Funktionsverteilung, sondern auf kommunaler oder zünftischer Repräsentation.
Historiker haben die spätmittelalterlichen Konflikte um die politische Mitsprache in der Stadt mit unterschiedlichen Begriffen bezeichnet: „Zunftkämpfe“ oder „Zunftrevolution“, „Stände- oder Bürgerkämpfe“. Weil es den Protestierenden vor allem um **politische Mitbestimmung** ging, werden sie auch **„Partizipationsbewegungen“** genannt.
Diese Partizipationsbewegungen des 14. Jahrhunderts waren in der Regel Versuche der zu Reichtum und Wohlstand gekommenen, aber noch nicht ratsfähig gewordenen Kaufleute oder Handwerker, einen Anteil an der politischen Macht in der Stadt zu erlangen. Sie verfolgten dabei vor allem eigene Interessen und kämpften für eigene Vorrechte, nicht für die Gleichberechtigung aller Bürger. Häufig wurde nach den Auseinandersetzungen dementsprechend nur die Führungsschicht der Stadt erweitert (M 8). Im Spätmittelalter und in der Frühen Neuzeit gab es vermehrt auch **Gesellenunruhen**, in denen es um soziale und wirtschaftliche Rechte ging. Die Zünfte hatten sich hermetisch abgeschlossen, sodass der Gesellenstatus kein Durchgangs-, sondern ein Dauerzustand geworden war. Dadurch entwickelten sich Spannungen, die sogar zu ersten Streiks der organisierten Gesellenvereine führten.
Ursachen, Verlauf und Folgen der städtischen Konflikte wichen trotz Ähnlichkeiten von Stadt zu Stadt voneinander ab. Aber auch die neu hinzukommenden religiösen Spannungen in der Reformationszeit müssen berücksichtigt werden. Denn die Reformation heizte manche Konflikte an und bestimmte die Frontlinien entscheidend mit.

Politische Herrschaft und Herrschaftslegitimation

Im mittelalterlichen **Personenverbandsstaat*** beruhte Herrschaft auf Beziehungen zwischen dem König auf der einen sowie dem Adel und dem Klerus auf der anderen Seite. Darüber hinaus basierte Herrschaft auf persönlicher Autorität, die der Herrscher immer wieder zur Geltung bringen musste. Das führte zu einer widersprüchlichen **Stellung der mittelalterlichen Könige**. Der Historiker Hartmut Boockmann schreibt dazu: Der König ist „auf der einen Seite eine nur notdürftig geschützte Person. Mit einer kleinen bewaffneten Schar zieht er durch unwirtliche Gegenden, niemals vor dem Gegner ganz sicher. Und doch ist er eine einzigartige Gestalt. Kommt er in ein Kloster oder in eine Bischofsstadt, so ziehen die Geistlichen ihm

Personenverbandsstaat
Mittelalterliche Herrschaftsordnung, die auf der rechtlichen Bindung zwischen Personen beruht. Das moderne Staatsverständnis geht von einem Gebiet aus, das von der durch Beamte ausgeübten Verwaltung einheitlich erfasst wird.

feierlich entgegen, sie besingen seine Ankunft mit liturgischen Gesängen, schwenken Weihrauchfässer, entzünden Kerzen und läuten die Glocken." Die Insignien für seine herausgehobene Position waren Krone, Reichsschwert, Krönungsmantel und Heilige Lanze. Hinzu kamen Reichsapfel und Zepter.

Die Kaiserkrönung Karls des Großen am Weihnachtstag des Jahres 800 (wie auch die Erhebung späterer Könige zum Kaiser) bedeutete nicht nur eine Rangerhöhung, sondern auch einen Zuwachs an Legitimität. Denn mit der Kaiserwürde war die Verpflichtung verbunden, die Kirche zu schützen und das Christentum zu verbreiten.

Die herausgehobene Stellung von König und Kaiser im lateinisch-römischen Kulturraum lässt sich daran verdeutlichen, dass ihnen eine eigene weltliche **Rechtsetzung** zustand. Die Herrscher konnten als Gesetzgeber auftreten und weltliches Recht setzen. Im Übrigen herrschte bis ins Hochmittelalter die Vorstellung vor, dass Recht und Gesetz Bestandteil der göttlichen Schöpfungs- und Weltordnung seien und damit eine vorgegebene überlieferte Ordnung darstellten. Besonders altes Recht besaß nach dieser Auffassung Autorität und Ansehen.

Anders als Karl der Große herrschte Otto I., der Große (Reg. 936–973), nur über einen Teil des Frankenreiches, nämlich über das ostfränkische Reich. Mit seiner Kaiserkrönung in Rom 962 stellte sich Otto I. allerdings bewusst in die Tradition der Karolinger. Schon der Vater Ottos I., Heinrich I. (Reg. 919–936), hatte einen Wandel in der Auffassung und Legitimation des Königtums eingeleitet. Es wurde seitdem als ein **Amt von Gottes Gnaden**, d. h. von Gott verliehen, verstanden.

Seit dem Ende der Stauferherrschaft 1254 standen im Heiligen Römischen Reich – so der offizielle Titel des Reiches seit dem 12. Jahrhundert – schwache Könige an der Spitze, die sich mehr um ihre eigene Hausmacht als um das Reich kümmerten. Hart umkämpfte und umstrittene Königswahlen sowie häufige Dynastiewechsel (Habsburger, Luxemburger, Wittelsbacher) schwächten das Reich zusätzlich. Dazu trug auch der allmähliche Machtzuwachs der Territorialgewalten bei, d. h. der Fürsten und Reichsbischöfe, mit denen sich jeder König auseinanderzusetzen hatte. In Deutschland begann daher die Entwicklung vom Personenverbandsstaat zum modernen **Territorialstaat*** (M 9) mit zentralen Behörden, einem geschlossenen Staatsgebiet und einem einheitlichen Staatsvolk, vor allem in den **Landesfürstentümern**. Zwar besaß auch das **Reich** eigenständige staatliche Strukturen (M 10). Sie begannen sich aber erst allmählich mit der Kontinuität der Habsburgerdynastie (seit 1438) und der **Reichsreform 1495*** zu verfestigen.

Hatte die ältere Geschichtswissenschaft das Spätmittelalter wegen der politischen und militärischen Schwäche des Reiches als eine Zeit des Niedergangs beurteilt, sehen moderne Historiker in der Existenz der vielen politischen und kulturellen Zentren und damit in dem bis heute prägenden **Föderalismus** eine Stärke. Die Konkurrenz der fürstlichen Residenzstädte beispielsweise hatte sich förderlich auf die Kultur ausgewirkt.

Territorialstaat
Er entstand im deutschen Reich seit dem 13. Jh. durch die Zusammenfassung wichtiger Herrschaftsrechte in der Hand der Landesherren. Als Kernstück der Landeshoheit galt in der Frühen Neuzeit die hohe Gerichtsbarkeit. In manchen Territorialstaaten kam es zum Konflikt zwischen den Herrschaftsansprüchen des Landesherrn und den Mitwirkungsrechten der Landstände im Steuer- und Rechtswesen. Typisch für den frühneuzeitlichen Territorialstaat sind der Aufbau einer zentralisierten Verwaltung und das Zurücktreten lehnsrechtlicher Bindungen.

Ergebnisse der Reichsreform von 1495:
- endgültiges Verbot der Fehde,
- die Einsetzung eines obersten Reichsgerichts,
- die Erhebung allgemeiner Reichssteuern,
- aus dem Hoftag wurde der Reichstag.

Verflechtung von weltlicher und geistlicher Macht

Im Mittelalter rangen Kaiser und Papst bzw. Staat und Kirche um Gleichrangigkeit sowie um Über- oder Unterordnung. Diese Auseinandersetzung zwischen weltlicher und geistlicher Gewalt, imperium und sacerdotium, war für den europäischen Kulturraum außerordentlich prägend und hat nachhaltige Spuren hinterlassen.

Zu Beginn des Mittelalters waren geistliche und staatliche Macht eng miteinander verflochten. Es begann im Frankenreich, wo König Chlodwig aus dem Geschlecht der Merowinger 498/99 zum Christentum übertrat und dadurch Bischöfe und Äbte als Stützen für seine Herrschaft gewann. Mit dem Niedergang der Merowinger im frühen 8. Jahrhundert stellte sich die Frage des Dynastiewechsels* und damit der Neubegründung der fränkischen Königsherrschaft. Da die Franken fürchteten, dass das Ende der Dynastie den Untergang des Volkes nach sich ziehen würde, wandten sich die fränkischen Großen an den Papst. Von ihm wollten sie wissen, ob Pippin III. (ca. 715–768) – der nicht zu den Merowingern gehörte, aber schon seit langem als **Hausmeier** die tatsächliche politische Führung innehatte – nicht auch den Titel des „Königs" tragen dürfe, da er ohnehin bereits wie ein König regiere. Der Papst antwortete, es sei „besser, den als König zu bezeichnen, der die Macht habe, statt den, der ohne königliche Macht blieb". Nachdem der Papst Pippin III. 751 als **Pippin I.** zum König erklärt und gesalbt hatte, legitimierte der fränkische Adel die Entscheidung durch die Wahl Pippins zum König. Mit dem Pakt von Quierzy 754 schlossen König und Papst ein Bündnis: Der Papst verlieh Pippin die Würde eines *Patricius Romanorum*, eines Schutzherrn über die römische Kirche. Das schloss militärische Hilfe und die Übergabe einiger italienischer Gebiete an den päpstlichen Stuhl mit ein. Mit der Wiederholung der Königssalbung im Auftrag des Papstes bestätigte die Kirche die gottgewollte Würde des Frankenkönigs. Nicht mehr die **Geblütsheiligkeit**, sondern die **Salbung** galt seitdem als Legitimation königlicher Herrschaft in Europa.

Unter **Karl dem Großen** festigte sich die Verbindung von Kirche und Staat. Indem der Papst Karl den Großen 800 zum Kaiser krönte, erhöhte er den Rang des Frankenkönigs und stärkte dessen Stellung. Karl sorgte im Gegenzug für den Schutz der Päpste in Rom und für die Verbreitung des Christentums. Dabei verwischten sich die Grenzen zwischen weltlicher und geistlicher Herrschaft. Zwar galt der Papst als Haupt der Kirche, jedoch beanspruchte der Kaiser ihre eigentliche Führung: ihre Vertretung nach außen, die Gestaltung der inneren Ordnung, Eingriffe in theologische Fragen. Dieser breite weltliche Herrschaftsanspruch lässt sich am Begriff der **„Eigenkirche"** verdeutlichen: Die Kirchen im Frankenreich gehörten nicht der kirchlichen Organisation, sondern dem Grundherrn, auf dessen Boden sie standen. Begüterte Laien konnten ebenso wie Bischöfe oder Klöster auf ihrem Land Kirchen bauen und dort Priester einsetzen, die für die Seelsorge zuständig waren. Die Gläubigen der Umgebung mussten diese Kirche besuchen und die Dienste dieses Priesters in Anspruch nehmen.

Im ostfränkisch-deutschen Reich blieb das Prinzip der Eigenkirche unter Ottonen und Saliern bestehen und galt auch für den König. Er war Eigenkirchenherr über all jene Kirchen, Klöster und Bistümer, die auf dem Reichsgut lagen. Um diese Kirchen rechtlich von denen der anderen Grundherren zu unterscheiden, sprechen bereits die Quellen von der „Kirche des Reichs". Die Historiker haben den Begriff **„Reichskirche"** übernommen.

Um die enge Verzahnung von Staat und Kirche im ostfränkisch-deutschen Reich zu charakterisieren, spricht man vom **ottonisch-salischen Reichskirchensystem*** (M 11): Der König stützte sich bei seiner Herrschaftsausübung wesentlich auf Äbte und Bischöfe der Reichskirche. Dabei spielte auch eine Rolle, dass Bischöfe und Äbte, anders als die weltlichen Adligen, lesen und schreiben konnten und Latein beherrschten; darüber hinaus besaßen sie Verwaltungserfahrungen und verfügten über eine hohe moralische Autorität. Im Gegenzug stattete sie der König mit Lehen und Privilegien aus, d.h., er überließ ihnen eine eigene Gerichtsbarkeit sowie Forst-, Zoll-, Münz- und Marktrechte. Indem die weltlichen Herrscher das Recht wahrnahmen, Bischöfe und Äbte mit Ring und Stab in ihr Amt einzuführen (**Investitur***), gestalteten sie das kirchliche Leben entscheidend mit. Der Papst und die Bischöfe wiederum verliehen weltlichen Herrschern sakrale Bedeutung, indem sie sie krönten und salbten.

Herrscherdynastien

Merowinger	482–714
Karolinger	714–843
Ottonen	919–1024
Salier	1024–1125
Staufer	1138–1254

Interregnum mit Dynastiewechseln bis zur Wahl Rudolf von Habsburgs 1273

Luxemburger	1346–1400/1410–1437
Habsburger	seit 1438

Reichskirchensystem
Form kirchlicher Organisation, bei der Adlige zugleich die hohen geistlichen Ämter und führenden Funktionen in der weltlichen Herrschaft übernahmen. Seit der Karolingerzeit überließen die Könige den Bischöfen und Äbten große Gebiete, zahlreiche Herrschaftsrechte und hohe Reichsämter, denn bei ihnen war die Gefahr nicht so groß, dass das Übertragene dem königlichen Zugriff entzogen würde. Die Geistlichen konnten im Gegensatz zu weltlichen Herrschern ihre Ämter ja nicht vererben. Die Bischöfe und Äbte waren zur Mitarbeit in der Reichsverwaltung und Stellung von Heeresabteilungen verpflichtet: als Mitglieder der Kanzlei verfassten sie die königlichen Urkunden; der Erzbischof von Mainz war als Reichskanzler höchster Würdenträger nach dem König. Die Reichskirche bestand nur so lange, wie der König Bischöfe und Äbte einsetzen konnte.

Investitur
Einweisung in einen Besitz. Das Kirchenrecht verstand darunter die Übertragung eines Kirchenamtes mit symbolischer Überreichung der Insignien, wobei seit dem Hochmittelalter nur noch die tatsächliche Einweisung in ein Kirchenamt gemeint war. Im Lehnswesen ging es um die Übertragung weltlicher und geistlicher Befugnisse an den gewählten Abt oder Bischof durch den König.

Trennung von geistlicher und weltlicher Gewalt

Die im Frühmittelalter entstandene Verschränkung von kirchlichen Strukturen und weltlicher Herrschaft bekam im **Investiturstreit** tiefe Risse; er leitete die Trennung von geistlicher und weltlicher Macht mit je eigenen Zuständigkeitsbereichen ein (M 12). Die Auseinandersetzung zwischen Kirche und Staat entzündete sich im Hochmittelalter an der Investitur. Der König übernahm bei der Einsetzung von Erzbischöfen und Bischöfen die feierliche Zeremonie. Dadurch verdeutlichte die weltliche Obrigkeit, dass die Bischöfe als geistliche Gefolgschaft eine wichtige Rolle im Königreich spielten.

Dagegen verurteilten die Anhänger der vom **Kloster Cluny** im 10./11. Jahrhundert ausgehenden kirchlichen Reformbewegung die Investitur als nicht hinnehmbare Unterwerfung der Kirche unter Laiengewalt. Die Reformer wollten nicht nur das Leben in den Klöstern wieder an die alten Ideale von Armut, Gebet und Gottesdienst heranführen, sondern Klöster und Kirchen auch von ihrer Einbindung in die weltliche Herrschaft befreien. Sie bestritten den sakralen Charakter des Königtums und kämpften gegen Kauf und Verkauf kirchlich-geistlicher Ämter (Simonie). Außerdem verurteilten sie die Priesterehe (Nikolaitismus); unter Papst Innozenz II. (Reg. 1130–1143) wurde die Ehelosigkeit (Zölibat) zur unabdingbaren Voraussetzung für die Priesterweihe.

Der konkrete Anlass des Investiturstreits war die Einsetzung des Mailänder Erzbischofs durch König Heinrich IV. (Reg. 1056–1106) im Jahre 1075. Vorausgegangen war, dass Heinrich III. Päpste ab- und eingesetzt hatte. In den Augen von Papst Gregor VII. (1073–1085) hatte Heinrich IV. den Bischofssitz einem nicht rechtmäßig gewählten Kandidaten übergeben. Während der König auf seinem Investiturrecht beharrte, verlangte der Papst die Wahl nach dem Kirchenrecht. Als Heinrich IV. gemeinsam mit deutschen und oberitalienischen Bischöfen dem Papst im Januar 1076 den Gehorsam verweigerte, verhängte Gregor VII. einen Monat später den **Kirchenbann**, den Ausschluss aus der kirchlichen Gemeinschaft (Exkommunikation), über Heinrich IV. Diese Maßnahme fand Unterstützer im deutschen Laienadel wie unter den Bischöfen. Auf seinem **Bußgang nach Canossa** 1077 zeigte sich Heinrich IV. als gehorsamer Sohn der Kirche und erlangte so die Lösung des Banns. Obwohl der Papst 1078 ein allgemeines, auch für den König geltendes Laieninvestiturverbot erließ, setzte sich der Streit in Briefen und Pamphleten fort. Auch die Amtsenthebung des jeweiligen Gegners und weitere Bannsprüche gehörten zu den Kampfmitteln.

M 4 **Petrus verleiht Papst Leo die geistliche (in Form des Palliums) und Karl dem Großen die weltliche Macht (in Form einer Fahnenlanze), Wandmosaik im Lateranspalast in Rom, um 800**

Im **Wormser Konkordat 1122** vermittelten deutsche Fürsten einen Ausgleich zwischen Heinrich V. (Reg. 1106–1125) und Papst Calixt II. (1119–1124). Grundlage war die begriffliche Trennung in Temporalien und Spiritualien. Der König wies nur noch in die Temporalien ein. Der Papst setzte den Grundsatz der freien Wahl nach Kirchenrecht durch, doch sicherte sich der König maßgeblichen Einfluss. Es war kaum möglich, einen gewählten Kandidaten zum Bischof zu weihen, wenn der König ihm die Belehnung verweigerte.

Die Auseinandersetzungen zwischen weltlicher und geistlicher Gewalt gingen auch nach dem Investiturstreit weiter. Ein schwerer Konflikt entwickelte sich um 1300 zwischen dem Papst und dem französischen König, der den französischen Klerus ohne Zustimmung des Papstes mehrmals besteuerte und den universalen Herrschaftsanspruch Roms infrage stell-

te. Papst Bonifaz VIII. (1294–1303) forderte daraufhin in seiner Bulle ***„Unam sanctam"*** (1302) die Unterwerfung der weltlichen Macht unter die päpstliche Autorität. Der König blieb bei seiner Auffassung, ließ den Papst verhaften und zwang seine Nachfolger, in Avignon zu residieren (1309–1377). Die Päpste waren nun von Frankreich abhängig. Die avignonesischen Päpste bauten die kurialen Behörden aus und entfalteten eine aufwändige Hofhaltung. Ungeachtet wachsender Kritik wurde beides durch ein ausgeklügeltes System von Steuern und Abgaben finanziert.
Aufgrund einer Doppelwahl besaß die westliche Christenheit seit 1378 zwei sich bekämpfende Päpste – einen in Avignon und einen in Rom. Das **Große Abendländische Schisma** (1378–1417) spaltete nicht nur Europa, sondern gefährdete auch den universalen Herrschaftsanspruch der römischen Kirche. Nach einem ersten missglückten Anlauf kam schließlich unter König Sigmund das **Konstanzer Konzil** (1414–1417) zustande: Das Konzil, das seine Gewalt unmittelbar von Christus herleitete und sich als Repräsentation der Kirche verstand, forderte seine periodische Einberufung und päpstlichen Gehorsam gegenüber seinen Beschlüssen. Obwohl das Schisma in Konstanz beendet wurde, scheiterte der Reformversuch. Die folgenden Päpste mischten sich erneut aktiv in politische Kämpfe um die Vorherrschaft in Italien ein und kümmerten sich mehr um die Interessen ihrer Familien als um die Kirche.

Situation der Juden

Während der Antike lebten in Mitteleuropa, auf dem Gebiet des Römischen Reiches, immer auch Juden – für Köln sind z. B. 312 n. Chr. Juden als römische Bürger bezeugt. Doch ist zunächst nicht von einer kontinuierlichen jüdischen Besiedlung auszugehen. In das nordwestliche Europa wanderten Juden in größerer Zahl wohl erst seit dem 8. und 9. Jahrhundert ein. Dabei handelte es sich überwiegend um **Fernhändler aus Italien und Südfrankreich**, die den Handel mit Seide, Gewürzen, Pelzen und Medikamenten organisierten. Seit dem 10./11. Jahrhundert ließen sich zunehmend auch jüdische Familien an den Haupthandelswegen Mitteleuropas nieder. Bischöfe begünstigten die Ansiedlung von jüdischen Kaufmannsfamilien. Aber auch die Entstehung von großen Märkten, Handelsplätzen und Städten förderte die **Gründung jüdischer Gemeinden**. Dennoch blieben die Juden in der mittelalterlichen Gesellschaft Mitteleuropas stets eine Minderheit.
Juden waren im Mittelalter keine von Anfang an ausgegrenzte und verfolgte Minderheit, die sich mit einer untergeordneten sozialen Stellung begnügen musste. Bis zum Beginn der Kreuzzüge (1095–1291) lebten sie weitgehend ungestört in der christlichen Umwelt. Weder in der Bevölkerung noch bei den Herrschern gab es eine judenfeindliche Grundstimmung. Im Gegenteil, Juden erfreuten sich großer Wertschätzung bei Königen, Fürsten und Stadträten. Gewiss gab es christliche Würdenträger, die den Umgang ihrer Glaubensbrüder mit Juden misstrauisch beobachteten und denen der Einfluss jüdischer Händler bei den Fürsten ein Dorn im Auge war. Die antijüdischen Ressentiments der Kirchenvertreter, die eine stärkere Abgrenzung der beiden monotheistischen Religionen voneinander anstrebten, konnten sich jedoch im 9. und 10. Jahrhundert nicht durchsetzen. Die Juden behielten ihre relativ **gute rechtliche Stellung**: Sie galten insgesamt als freie Menschen, die ihren Wohnsitz selbst bestimmen durften, und sie standen unter dem (begrenzt wirksamen) Schutz von Königen, Landesherren und Städten. In den Städten stellten die Juden eine selbstständige Gemeinde mit eigenem Glauben und Recht dar, eigenen Lebensformen, Institutionen und mit Bauten wie Synagoge, Schule, Mikwe (Ritualbad) oder Tanzhaus; einzelne Juden besaßen sogar das Bürgerrecht. Seit Mitte des 13. Jahrhunderts wurden Judenviertel jedoch immer häufiger zu **Gettos***, die durch Zäune, Mauern oder Gräben abgetrennt waren.

Getto
Judenviertel, in denen Juden zunächst freiwillig, seit 1179 dann zwangsweise lebten. In Venedig wurden die Juden seit 1516 zwangsweise im Stadtteil *Ghetto Nuovo*, das heißt Neue Gießerei, angesiedelt; davon leitete sich der Begriff ab.

M5 Juden werden als Ketzer verbrannt, kolorierter Holzschnitt, aus der Schedelschen Weltchronik, Nürnberg, 1493

Aufgrund ihrer Vermittlerrolle im Fernhandel wurden Juden von den christlichen Herrschern Europas im 10. und 11. Jahrhundert wirtschaftliche und rechtliche Privilegien gewährt (M 14). Häufig übernahmen jüdische Fernhändler auch die Funktion des Geldverleihers, weil den Christen die Zinsnahme lange Zeit untersagt war.

Das Verhalten der christlichen Bevölkerung gegenüber Juden begann sich mit den Kreuzzügen grundlegend zu wandeln. Es entwickelte sich ein fanatischer **Antijudaismus***, der auf solch haltlosen Vorwürfen wie denen beruhte, dass die Juden Wucher betrieben, Ritualmorde begingen (M 15), Brunnen vergifteten, Hostien* schändeten oder sogar eine Weltverschwörung planten. Diese religiösen Vorurteile, aber auch soziale Ängste und wirtschaftliche Krisenerfahrungen sowie schlichte Raublust oder die Absicht, bei Juden gemachte Schulden zu tilgen, motivierten nicht nur Geistliche und Ritter, sondern auch viele Menschen aus anderen Gesellschaftsschichten, gegen „Ungläubige" im eigenen Land, die Juden, vorzugehen. Die judenfeindliche Stimmung entlud sich in **grausamen Verfolgungen**, der Ermordung Tausender von Juden und der Vernichtung vieler jüdischer Gemeinden. Auch setzte sich in der christlichen Bevölkerung die Meinung durch, Juden müssten eine sozial und rechtlich niedrigere Position in der Gesellschaft einnehmen als Christen. Die Judenverfolgungen während der Kreuzzüge (M 16, M 17) markierten einen tiefen Einschnitt im christlich-jüdischen Verhältnis. Seitdem verleumdete die christliche Gesellschaft die Juden immer wieder als „Christusmörder" oder „Ungläubige" und grenzte sie aus.

Antijudaismus
christliche, religiös begründete Judenfeindschaft, die mit der Entstehung des Christentums in der Antike begann und bis ins 19. Jahrhundert reicht

Hostie
(lat. *hostia* ‚Opfer', ‚Opfertier' oder ‚Opfergabe') Bezeichnung für das zum christlichen Abendmahl verwendete Brot

Nach der Kreuzzugszeit führte die Pestepidemie (1348–1351) erneut zu schweren Verfolgungen. Das „große Sterben" löste bei vielen Menschen unbegreifliches Leid und Elend sowie Angst und Schrecken aus. Diese Destabilisierung des gesellschaftlichen Lebens wurde zusätzlich verstärkt durch wirtschaftliche Katastrophen, die wie z. B. die Agrarkrise die Menschen verunsicherten und ihnen als tief greifende Krisen erschienen. Aber auch die Verschuldung von Menschen in den Städten, die eine Folge der Kommerzialisierung und der Ausbreitung der Kreditbeziehungen war, verstärkte das Gefühl der Bedrohung und Unsicherheit. Alle diese Bedrückungen und Ängste entluden sich in Judenverfolgungen. Die Tatsache, dass die Pogrome in der Regel mehr oder weniger gut organisiert abliefen, deutet darauf hin, dass es sich hier nicht nur um eine spontane Reaktion der verängstigten Bevölkerung handelte, sondern dass auch wirtschaftliche, soziale, religiöse und politische Motive eine wichtige Rolle spielten. Die Folgen der Pest für die jüdischen Gemeinden nach 1348 waren katastrophal: Viele Juden wurden aus ihrer Heimat vertrieben, sie starben an der Pest oder wurden ermordet. An einigen Orten wurden die Juden zusammengetrieben und ohne Gerichtsurteil getötet, häufig ist jedoch ein Gerichtsurteil überliefert.

Gegen Ende des 14. und während des 15. Jahrhunderts entwickelte sich die **Vertreibung** zur häufigsten Form der Judenverfolgung. In dieser Zeit organisierte das deutsche Reich zum einen überörtliche Aktionen gegen Juden. Sie wurden u. a. aus der Kur- und Oberpfalz (1390/91), dem Herzogtum Österreich (1420/21) oder der Mark Brandenburg (1510) sowie weiteren Regionen vertrieben. Zahlenmäßig noch bedeutender waren zum anderen die Vertreibungen aus den Städten. Im frühen 16. Jahrhundert bestanden von den mittelalterlichen städtischen Gemeinden nur noch Worms, Würzburg, Frankfurt am Main und Prag. Grundlage dieser

Vertreibungen war die Behauptung, die Juden seien als Feinde des Christentums eine gefährliche Bedrohung für die Gesellschaft. Dieses Argument lässt sich in zwei Motivbündel gliedern: Einerseits beklagten die Christen den religiösen Schaden, den ihre Glaubensgemeinschaft durch die Duldung der Juden erleide. Andererseits lastete die christliche Gesellschaft den Juden wirtschaftliche Verluste durch deren Wucher an. Die konsequente Suche nach Wegen, sich der Juden zu entledigen, entsprang allerdings nicht spontanen Ausbrüchen der „Volkswut". Vielmehr handelte es sich um komplexe innerstädtische, zuweilen auch städtisch-ländliche Auseinandersetzungen zwischen politischen und sozialen Gruppen und Schichten. Bei allen Verfolgungen, besonders aber bei den Vertreibungen erscheint der Beutegewinn ein Motiv von höchstem Stellenwert (M 18).
Mit diesen Verfolgungen begann auf jüdischer Seite eine lange Zeit der Entfremdung von der christlichen Gesellschaft. Das Christentum galt vielen Juden als Sinnbild der Verfolgung und Vernichtung. Das Erschrecken über die Verfolgungen und die Klage über die Toten veränderte darüber hinaus die jüdische Frömmigkeit. Die Neigung zur Verinnerlichung wuchs, an die Stelle lebenszugewandter Beschäftigung mit den religiösen Schriften trat zunehmend die Abkehr von der Welt und demütige Hinnahme des göttlichen Willens, die sich in Märtyrerverehrung niederschlug.

Webcode:
KB645961-053

1 ■ Erläutern Sie Ursachen und Folgen der mittelalterlichen Auffassung von der Ungleichheit der Menschen im ländlichen wie im städtischen Leben.
2 ■ Charakterisieren Sie die rechtlichen und politischen Unterschiede im Verhältnis der mittelalterlichen Städte zum Stadtherrn.
3 ■ Erläutern Sie mithilfe der Begriffe „Personenverbandsstaat" und „Territorialstaat" die Strukturen politischer Herrschaft im Mittelalter.
4 ■ Erörtern Sie Grundlagen und Funktionen der Herrschaftslegitimation im Mittelalter.
5 ■ Beschreiben Sie die Lage der jüdischen Minderheit im mittelalterlichen Mitteleuropa.
6 ■ Charakterisieren Sie die Veränderungen des christlich-jüdischen Zusammenlebens während des Mittelalters.
7 ■ Erörtern Sie am Beispiel der Judenverfolgungen während der Kreuzzüge, der Pest und des 14./15. Jahrhunderts Ursachen, Verlauf und Folgen der Verfolgungen.
8 ■ Diskutieren Sie die These des Historikers Michael Toch, dass „die Juden nie gleichberechtigte ‚Staatsbürger mosaischen Bekenntnisses' waren, es in einem christlich definierten Gemeinwesen auch nach eigenem Willen nicht sein konnten. Selbst in besten Zeiten waren sie als Anhänger einer grundsätzlich verworfenen Religion nur geduldet."

M6 Bischof Fulbert von Chartres über das Lehnswesen, 1020

Bischof Fulbert von Chartres, Theologe und Jurist (gest. 1028), schrieb auf Bitten des Herzogs Wilhelm V. von Aquitanien 1020 eine Art Gutachten über Treue und Lehnswesen:

An Wilhelm, den glorreichen Herzog der Aquitanier, Bischof Fulbert mit einer Fürbitte. Ihr hattet mich gebeten, etwas über das Wesen der Lehnstreue zu schreiben; so habe ich Euch das Folgende, gestützt auf die Autorität der Bücher[1], aufgezeichnet. Wer seinem Herrn den Treueeid leistet, muss folgende sechs Punkte immer im Gedächtnis haben: gesund und unversehrt, sicher, ehrenhaft, nützlich, leicht, möglich. Gesund und unversehrt: dass der Herr durch ihn an seinem Körper keinen Schaden erleide. Sicher: dass er seinem Herrn nicht durch Verrat seines Geheimnisses oder seiner Befestigungen, die seine Sicherheit garantieren, Schaden zufüge. Ehrenhaft: dass er die Gerichtsbarkeit seines Herrn oder andere ihm zustehende und zur Ehre gereichende Rechte nicht antaste. Nützlich: dass er den Besitz seines Herrn nicht antaste. Nützlich: dass er den Besitz seines Herrn nicht schädige. Leicht und möglich: dass er seinem Herrn nicht erschwere, Gutes zu tun, wenn dieser es leicht tun könnte, und dass er nicht unmöglich mache, was seinem Herrn möglich wäre. Es gehört sich von Rechts wegen, dass der Vasall diese Schädigungen vermeide. Aber sein Lehen verdient er damit noch nicht; denn es genügt nicht, sich des Schlechten zu enthalten, sondern man muss das Gute tun. Er soll also die sechs genannten Forderungen so erfüllen, dass er seinem Herrn treu Rat und Hilfe leiht, wenn er seines Lebens würdig erscheinen und seinen Treueschwur halten will. Der Herr muss sich auf allen diesen Gebieten seinem Lehnsmann gegenüber genauso verhalten. Täte er es nicht, so würde er mit gutem Recht für treulos erklärt; ebenso würde sich ein Vasall, den man dabei ertappt, wie er durch Tat oder Bildung seine Pflichten verletzt, der Untreue und des Meineids schuldig machen.

Peter Hilsch, Mittelalter, Athenäum, Frankfurt/M. 1989, S. 93.

1 „Bücher" meint hier Rechtsbücher.

1 ■ Arbeiten Sie aus M6 die Rechte und Pflichten eines Vasallen und eines Lehnsherrn heraus.

2 ■ **Geschichte produktiv:** Verfassen Sie einen kurzen Lexikoneintrag zu der Frage: „Was ist ein Lehen?"

M7 Strukturen der mittelalterlichen Gesellschaft in Europa

a) Ländliche Gesellschaft

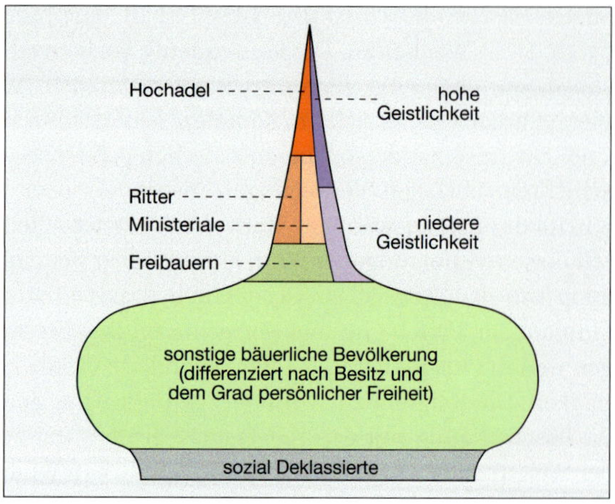

b) Städtische Gesellschaft

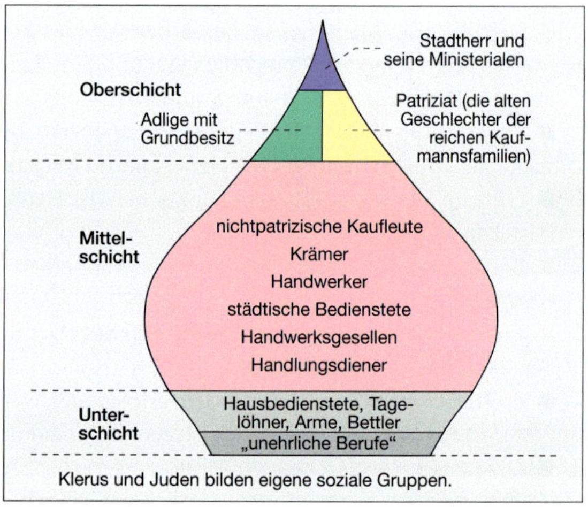

1 ■ Vergleichen Sie die Strukturen der ländlichen und städtischen Gesellschaft (M 7 a und 7 b) miteinander.

M8 Die Historiker Hartmut Boockmann und Heinrich Dormeier über die Ursachen städtischer Aufstände, 2005

In mittleren und großen spätmittelalterlichen Städten wurde so oft gewaltsam um das Stadtregiment gerungen, dass solche Auseinandersetzungen als charakteristisch für den damaligen Verfassungszustand angesehen werden können. Ungeachtet der Verschiedenartigkeit der Hergänge lässt sich ein typischer Verlauf skizzieren. Ausgangspunkt war ein oligarchisches[1] Ratsregiment, also eine Verfassung, in der die Zugehörigkeit zum Rat gewohnheitsmäßig auf die Angehörigen eines kleinen, formal allerdings nicht abgeschlossenen und im Allgemeinen durchaus für Aufsteiger offenen Kreises von Familien beschränkt war. Dieses traditionelle Ratsregiment zog Unmut vor allem dann auf sich, wenn es die Abgaben und Leistungsanforderungen erhöhte, und das war oft die Folge einer expansiven Außenpolitik. Die Stadtfinanzen waren auf unerwartete Anforderungen nicht eingerichtet. Kredite konnten rasch in eine gefährliche Dimension führen. Selbst wenn das „außenpolitische" Engagement einer Stadtregierung erfolgreich war, riefen die finanziellen Folgelasten den Unwillen derer hervor, welche diese zu tragen hatten, zumal der Nutzen dieser Lasten für die Masse der Zahler nicht sichtbar wurde und vielleicht tatsächlich nicht gegeben war. Die Frage, ob eine expansive städtische Politik sich am Ende nicht vor allem für diejenigen als nützlich erwies, die ihr Vermögen in Landbesitz anzulegen in der Lage waren und die städtische Politik bestimmten, ist schwer zu beantworten. Vollends wenn das Engagement einer Stadt nicht zu einem Erfolg geführt hatte, konnte eine für den Rat bedrohliche Unruhe entstehen. Obwohl eine strenge Kontrolle öffentlicher politischer Äußerungen in den Städten praktiziert wurde, kamen in einer derartigen Situation Unzufriedene rasch zusammen, zumal wenn sich Wortführer fanden, die den Unmut zu artikulieren und in politische Forderungen einmünden zu lassen verstanden. Das Ergebnis einer solchen Krise konnte die Unterdrückung der Unzufriedenheit, aber auch der Sieg der Unzufriedenen oder ein Kompromiss sein. Im ersten Falle blieb es bei der oligarchischen Verfassung der alten Art. Im zweiten kam es zu einer Beseitigung des hergebrachten Regiments, während das Resultat eines Kompromisses die Teilung der Macht zwischen den alten Familien und den Aufrührern war. Doch auch ein neues Regiment oder die Beteiligung neuer Gruppen an der Macht nahmen bald oligarchische Züge an. Nur wenige waren „abkömmlich". Das Resultat eines Aufstandes war im Allgemeinen die Erweiterung der regierenden Elite oder deren Ersetzung durch eine andere.

Hartmut Boockmann, Heinrich Dormeier, Konzilien, Kirchen- und Reichsreform (1410–1495), Klett-Cotta, Stuttgart 2005, S. 162–164.

1 oligarchisch: auf der Herrschaft von Wenigen beruhend

1 ■ Arbeiten Sie aus M 8 Ursachen und Folgen der städtischen Aufstände im Spätmittelalter heraus.

M 9 Der Verfassungshistoriker Hans Boldt vergleicht moderne Staaten und mittelalterliche Reiche in Europa, 1984

Staaten im modernen Sinne sind die mittelalterlichen *regna* selbstverständlich nicht gewesen, also Gebilde mit einer souveränen Spitze, einer nicht nur höchsten, sondern auch einzig unabgeleiteten und tendenziell allumfassenden öffentlichen Gewalt, mit einem „Monopol der legitimen Gewaltanwendung" (Max Weber), einer vom gesellschaftlichen Umfeld klar unterscheidbaren Hoheitssphäre und einer darin tätigen und in dieser Tätigkeit aufgehenden Bürokratie. Das mittelalterliche Reich war sicherlich keine Monarchie im klassischen Sinne der Einzel- oder Alleinherrschaft eines Königs mit ihm botmäßigen Amtsträgern über ein Volk. Das, was wir „Volk" nennen, ist im Mittelalter in verschiedene und vielfach selbstständige Herrschaftsbildungen eingebunden und vom König abgeschichtet. Es gibt keinen allgemeinen Untertanenverband. Der hat sich erst im Absolutismus herausgebildet und dann im 19. Jahrhundert zur Gesellschaft prinzipiell gleicher Staatsbürger fortentwickelt. Der mittelalterliche König ist auch nicht souverän. Es gibt [...] Adelsherrschaften von unterschiedlicher Größe, die unter Umständen selbst öffentliche Gewalt begründen und ausüben können. [...]

Nun muss man „Staat" aber nicht notwendigerweise mit „modernem Staat" [...] gleichsetzen. Gerade für die Verfassungsgeschichte als eine politische Systemgeschichte bietet sich vielmehr eine weitergehende Definition dieses Begriffes an, etwa im Sinne von „politischer Ordnung". Wir verstehen unter einer solchen Ordnung oder einem Staat im weiteren Sinne [...] gesellschaftliche Einheiten mit einem identifizierbaren Gebiet und mit einer identifizierbaren Bevölkerung, die nicht mehr einfach nur durch die Bande der Verwandtschaft und durch fraglose Gewohnheiten zusammengehalten werden [...], sondern die über einen kontinuierlich und dauerhaft existierenden Apparat zur Aufrechterhaltung einer nicht nur „gewachsenen", sondern mindestens partiell „gestifteten" Ordnung verfügen, welcher auch und gerade der freie, selbstständige Mitbürger wie ein etwa vorhandener Adel unterworfen sind. In dem hier umrissenen Sinne sind die mittelalterlichen Königreiche zweifellos Staaten gewesen, ihre Könige Oberhäupter von solchen und nicht [...] Anführer von Adelscliquen o. Ä. [...]

Man hat die Besonderheit des mittelalterlichen Staates mit dem Ausdruck „Personenverbandsstaat" zu umschreiben versucht und diesem den spätmittelalterlich-frühneuzeitlichen „institutionellen Flächenstaat" gegenübergestellt (Theodor Mayer). Dagegen ist eingewandt worden, dass auch mittelalterliche Staaten sich über Flächen erstreckt und Institutionen besessen haben. Dies ist sicherlich richtig; dennoch kommt in dem kritisierten Unterscheidungsversuch Wesentliches zur Sprache. Er macht zum einen deutlich, dass man im Mittelalter ganz allgemein nach dem Personalitätsprinzip, d. h. nach dem Recht des Personenverbandes, in den man hineingeboren ist oder dem man standesmäßig zugehört, nicht aber nach dem Territorialprinzip lebt, also nach dem Recht, das in einem räumlich begrenzten Bereich gilt, in dem man sich aufhält. Dementsprechend wird jedermann nach seinem „persönlichen" Recht als Franke, Sachse, Vasall oder Dienstmann behandelt. [...] Ein und dieselbe Person kann von verschiedenen Herren in unterschiedlicher Weise abhängig sein. [...] Ganz in diesem Sinne fasst man auch die Könige zunächst nicht als Herrscher über

ein „Land" auf, sondern über eine Personeneinheit, sind die deutschen Könige reges [...] Teutonicorum. [...]
Auch heute sind Persönlichkeit und persönliches Durchsetzungsvermögen wichtig in der Politik [...]. Aber in unseren [...] Institutionen [...] ist doch die Tendenz spürbar, die Amtsführung vom persönlichen Wollen und Können des Einzelnen unabhängig zu machen. [...] Das eigentlich Besondere des mittelalterlichen Staates [liegt ...] in der mangelnden rechtlichen Regelung möglicher Herrschaftskonkurrenz. Sie lässt Rechtsfragen zu Machtfragen und zu Fragen des Sich-durchsetzen-Könnens werden.

Hans Boldt, Deutsche Verfassungsgeschichte, Bd. 1, dtv, München 1984, S. 83–87.

1 ■ Klären Sie unbekannte Begriffe.
2 ■ Erläutern und beurteilen Sie die Thesen Boldts.

M 10 Der Historiker Frank Rexroth über Staatsbildung im römisch-deutschen Reich, 2005

Warum also verlief die Entwicklung im Reich anders als anderswo? Zum einen blieb das Königtum im Reich bis an die Schwelle zur Neuzeit Wahlkönigtum, woraus sich (jedenfalls im Vergleich zu den Monarchien in der Nachbarschaft) ein Defizit an dynastischer Kontinuität ergab. [...] Wo es aber an dynastischer Kontinuität fehlte, mangelte es zweitens auch an einem stabilen Zentrum der Herrschaft und der Verwaltung, kurz: an einem Know-how des Herrschens, das von Experten hätte weitergegeben werden können. Drittens zeigten die Eliten in den Regionen des Reichs ganz unterschiedliche Affinitäten zu den Königen, sodass Historiker heute zwischen „königsnahen" (z. B. Franken), „königsoffenen" (z. B. dem Oberrhein) und „königsfernen" Landschaften (insbes. dem Norden) unterscheiden. Die Güter, die die Herrscher in der Vergangenheit an Vasallen ausgegeben hatten, waren viertens durch den für die deutsche Geschichte charakteristischen Prozess der Allodialisierung[1] dem König entfremdet worden und gerieten so zur Grundlage eigenständiger Adelsherrschaft. Da die Ministerialen, die in der Herrschaftspraxis staufischer Könige eine wesentliche Rolle gespielt hatten, im niederen Adel aufgingen und sich damit nicht mehr von anderen Vasallen unterschieden, mangelte es den Königen fünftens an einer Funktionselite für die Verwaltung des Reichsgutes, deren Angehörige weisungsgebunden und prinzipiell absetzbar gewesen wären. Ein besonderes Manko bestand aber sechstens in der Finanzschwäche des Königtums. Nach den Anläufen König Rudolfs von Habsburg und seiner unmittelbaren Nachfolger, verlorengegangenes Reichsgut wieder für das Königtum zu sichern [...], setzte mit Ludwig dem Bayern eine Phase der Verpfändung eben jenes Guts ein; Karl IV. sollte so viele Güter verpfänden wie alle seine Vorgänger zusammengenommen. Generell war solches Gut in Deutschland schwer zu verwalten, denn es fehlte an entsprechenden Institutionen. Vom Erlass von Reichssteuern war seit dem 15. Jahrhundert unter dem Einfluss der Hussiten- und Burgunderkriege[2] sowie der sog. „Türkengefahr"[3] immer wieder die Rede, doch scheiterte die Umsetzung dieses Plans selbst noch im Anschluss an den Wormser Reichstag von 1495. Als einträglicher erwies sich die fiskalische Nutzung königlicher Rechte (z. B. des Judenschutzes) und Leistungen (z. B. der Rechtsprechung). Aus alledem ergab sich ein Defizit an Autorität, das andere zu nutzen verstanden. [...] Die Macht der Kurfürsten blieb [...] letztlich begrenzt, da sich um die Mitte des 14. Jahrhunderts im Reich eine Trias von Großdynastien herausschälte: die Habsburger, die Luxemburger (bis 1437) und die Wittelsbacher. Durch die Vereinigung mehrerer Herrschaften in einer Hand entstanden regelrechte Territorienkomplexe die auf Modernisierung und Expansion bedacht waren. [...]
So leistete eine ganze Reihe von Faktoren der Ausprägung einer dualistischen Reichsverfassung Vorschub: die Existenz von Großdynastien (die überdies miteinander rivalisierten), das Kurfürstenkollegium, aber auch Versuche der übrigen Reichsfürsten, sich von den Kurfürsten zu emanzipieren. [...] Bestand in der Geschichtswissenschaft lange Zeit Konsens darüber, dass in jener formativen Phase der Reichsverfassung aus den Territorien des Reichs Territorialstaaten geworden seien, so urteilt man in jüngster Zeit vorsichtiger: Wesentliche Elemente von Staatlichkeit, nämlich das Steuer- und das Heerwesen, konnten im Mittelalter weder im Reich noch in den Territorien etabliert werden.

Frank Rexroth, Deutsche Geschichte im Mittelalter, C. H. Beck, München 2005, S. 84–87.

1 Allodialisierung (*allod* = Eigentum): Umwandlung von Lehen in frei verfügbares adliges Eigentum; formalrechtlich bleiben es aber Lehen.
2 Hussitenkriege (1419–1436): Kämpfe zwischen religiösen Oppositionsgruppen und dem König
Burgunderkriege (1474–1477): Kämpfe, ausgelöst durch den Burgunderherzog Karl den Kühnen, der ein eigenständiges neuburgundisches Reich anstrebte
3 „Türkengefahr": Ausdruck resultierend aus der Angst vor der Expansion des Osmanischen Reiches im 15. Jh. (Eroberung Konstantinopels 1453)

1 ■ Erläutern und bewerten Sie die Thesen Rexroths.

M 11 Der Historiker Jan Dhondt schreibt über das Reichskirchensystem (10./11. Jh.), 1971

Diese Reichskirche war nicht etwa ein genialer Einfall, zu dem es mit einem Schlage gekommen war und der nachher systematisch verwirklicht wurde. Ihr Beginn ging offensichtlich darauf zurück, dass die Krone das Recht beanspruchte, die Bischöfe zu ernennen, und dieses Recht auch ausübte. Diese Handlungsweise war nicht neu, und der deutsche König richtete sich hierin nur nach den Karolingern. Diese hatten ja stets nach eigenem Ermessen über die Bischofssitze verfügt. Ein entscheidender Schritt ist darin zu erblicken, dass Otto I. [Reg. 936–973] mehreren Bischöfen die Grafenrechte in ihrer Residenz und dem von dieser abhängigen Gebiet verlieh. [...] Auch in solchen Verleihungen ist die Weiterentwicklung einer sehr alten Tradition zu sehen; denn die Bischöfe und Äbte genossen seit Jahrhunderten das Vorrecht der Immunität, das heißt der Freistellung von der Kontrolle durch die staatlichen Beamten und der Anerkennung ihres Herrschaftsbereiches als rechtlich weitgehend selbstständigen, durch die Autorität der Kirche befriedeten Bezirk. [...] Den entscheidenden Schritt tat Otto I. schließlich damit, dass er den Bischöfen die gesamten Grafenrechte überließ. [...]

Der wesentliche Punkt bei all diesen Maßnahmen war die in ihnen liegende enge Bindung des betreffenden Bischofs an die Interessen des Herrschers; denn die Gegner, die zum Schaden der bischöflichen Grafen die diesen verliehenen Rechte, die kirchlichen Domänen und die Befugnis zur Bestimmung der Nachfolger bei der Besetzung hohe Kirchenämter an sich reißen wollten, waren die Aristokraten, die gleichzeitig auch für den Monarchen gefährlich waren. Die Herzöge, die Grafenfamilien, die großen Grundherren – kurz, all diejenigen Gruppen, gegen die sich die Kaiser durch die Reichskirche sichern wollten. Von diesen weltlichen und regionalen Kräften bedroht, wandten die Bischöfe sich immer wieder dem Kaiser zu, der ja eine Verbindung mit den regionalen Gewalten verhindern wollte und deshalb fast immer sorgfältig darauf achtete, dass er zum Bischof eines Gebietes einen Mann ernannte, der nicht diesem, sondern einem anderen Gebiet entstammte. So kam es dahin, dass die Bischöfe in ihrem eigenen Interesse die Gegner der kaiserlichen Gewalt bekämpften.

Das System der ottonischen Reichskirche lief also darauf hinaus, eine aus mächtigen Männern bestehende Schicht zu schaffen, deren Interesse mit dem der Krone völlig übereinstimmte. Diese Männer, die eigentlich Fremde in der von ihnen verwalteten Region waren, bildeten innerhalb des Staates eine Gruppe, die an den Kaiser, nicht aber an einen Gebietsteil gebunden war und deren meistens im Zölibat lebende Mitglieder auch nicht durch Erblichkeit dort verwurzeln konnten, wo sie herrschten. Nirgends und zu keiner Zeit hat es im frühen Mittelalter ein territoriales Verwaltungssystem gegeben, das die Herrschaft des Monarchen in einem solchen Maße sicherte.

Jan Dhondt, Das frühe Mittelalter, Fischer, Frankfurt/M. 1971, S. 200 f.

1 ■ Charakterisieren Sie anhand von M 11 das Reichskirchensystem aus der Sicht eines Königs, eines (weltlichen) Grafen und eines Reichsbischofs.

2 ■ Analysieren und beurteilen Sie das Verhältnis von „Staat" und Kirche in der Ottonenzeit.

M 12 Der Rechtswissenschaftler und Historiker Ernst-Wolfgang Böckenförde über den Investiturstreit, 1967

Was bewirkte der Investiturstreit für diese religiös-politische Einheitswelt? Das Prinzip, das diesen Kampf innerlich ermöglichte und über eine Machtauseinandersetzung hinausführte, weil es ihm die geistige Begründung verlieh, war die Trennung von „geistlich" und „weltlich". Von der jungen theologischen Wissenschaft erarbeitet, wurde diese Trennung die eigentliche geistige Waffe im Investiturstreit. [...] Die Träger des geistlichen Amtes beanspruchten alles Geistliche, Sakrale, Heilige für sich und die von ihnen gebildete *„ecclesia"*. [...] Der Kaiser, ja das Herrscheramt überhaupt, wurde aus dieser neuen *ecclesia* hinausgewiesen, verlor seinen geistlichen Ort und wurde in die Weltlichkeit entlassen. Der Kaiser war nicht länger geweihte Person, sondern Laie wie jeder andere Gläubige auch, er unterstand hinsichtlich der Erfüllung seiner Christenpflichten wie jeder andere dem Urteil der geistlichen Instanz, die ihrerseits dem Urteil einer weltlichen Instanz nicht unterworfen war. Das ist der neue *„ordo"*, den der *Dictatus papae* zum Ausdruck bringt.

Die Revolution, die sich hier vollzog, bedeutete mehr als nur die Entsakralisierung des Kaisers. Mit ihm wurde zugleich die politische Ordnung als solche aus der sakralen und sakramentalen Sphäre entlassen; sie wurde in einem wörtlichen Sinn entsakralisiert und säkularisiert und damit freigesetzt auf ihre eigene Bahn, zu ihrer eigenen Entfaltung als weltliches Geschäft. Was als Entwertung gedacht war, um kaiserliche Herrschaftsansprüche im Bereich der *ecclesia* abzuwehren, wurde in der unaufhebbaren Dialektik geschichtlicher Vorgänge zur Emanzipation: Der Investiturstreit konstituiert Politik als eigenen, in sich stehenden Bereich; sie ist nicht mehr einer geistlichen, sondern einer weltlichen, das heißt naturrechtlichen Begründung fähig und bedürftig.

Ernst-Wolfgang Böckenförde, Die Entstehung des Staates als Vorgang der Säkularisation, in: ders., Staat, Gesellschaft, Freiheit. Studien zur Staatstheorie und zum Verfassungsrecht, Suhrkamp, Frankfurt/M. 1976, S. 45 ff.

1 ■ Klären Sie zunächst Fremdwörter, lateinische und Fachbegriffe (z. B. mithilfe von Wörterbüchern, Fachlexika).

2 ■ Arbeiten Sie heraus, welche historische Bedeutung der Autor dem Investiturstreit beimisst.

M 13 Andrea Bonaiuti (1337–1377), „Auftrag und Triumph der Kirche", Fresko, um 1356.

Das Fresko befindet sich in der „Spanischen Kapelle" der Kirche Santa Maria in Florenz. Dargestellt sind u.a.: Dom von Florenz; Papst; Kaiser; weltliche Würdenträger; Geistliche, darunter Dominikanermönche (weiße Tunika mit schwarzem Mantel); Schafe, bewacht von schwarz-weiß gefleckten Hunden (lat. domini canes = Hundes des Herrn, ein ursprünglich verächtlich gemeintes Wortspiel); städtische Bevölkerung.

1 ■ Interpretieren Sie die Bildquelle M 13.

M 14 Auszug aus dem Privileg, das Kaiser Heinrich III. (gemeint Heinrich IV., 1056–1106), den Juden von Speyer erteilt hat, 19. Februar 1090

Allen Bischöfen, Äbten, Herzögen, Grafen sowie allen denen, die den Gesetzen unserer Herrschaft unterworfen sind, sei's bekanntgegeben, wie einige Juden [...] nach Speyer gekommen sind und gebeten haben, dass wir sie mit ihren Kindern oder allen denen, welche durch sie auf die Gesetze Anspruch machen, in unsern Schutz aufnehmen und behalten sollten; dass wir dies also getan, mögen alle unsere Getreuen erfahren. Auf die Verwendung und die Bitte des Bischofs Huozmann von Speyer also haben wir diese unsere Urkunde ihnen zu gestatten und zu geben befohlen; wonach wir durch die Gewalt unserer Hoheit gebieten und befehlen, dass fernerhin keiner, der unter unserer königlichen Gewalt mit irgendeiner Würde oder Macht begabt ist, [...] sie durch irgend ungerechte Forderungen zu beunruhigen oder anzufechten sich unterstehe, noch wage, von ihrem Eigentume, das sie an Ländereien, Gebäuden, Gärten, Weinbergen, Äckern, Sklaven oder anderen beweglichen und unbeweglichen Dingen besitzen, ihnen etwas zu entreißen. Wer aber gegen dieses Edikt ihnen irgendeine Gewalttat zufügen wird,

der wird gezwungen werden, an die Schatzkammer unserer Pfalz oder an die bischöfliche Kammer ein Pfund Goldes zu zahlen und den entrissenen Gegenstand doppelt wiederzuerstatten. Sie sollen auch das freie Recht haben, ihre Besitztümer mit jedem beliebigen Menschen auf ehrliche Weise zu verwechseln und innerhalb unseres Reiches frei und friedlich umherzuziehen, Handel und Geschäft zu treiben, zu kaufen und zu verkaufen, und keiner soll von ihnen Warenzoll verlangen und irgendwelche öffentliche oder Privatsteuern ihnen auferlegen. In ihre Häuser darf kein Fremder wider ihren Willen gelegt werden. Keiner darf von ihnen zur Reise des Königs oder des Bischofs ein Pferd oder zu einem königlichen Kriegszuge ein Fuhrwerk verlangen. Wenn aber ein gestohlenes Gut bei ihnen gefunden wird und der Jude aussagt, er habe es gekauft, so soll er durch einen nach ihrem Gesetze zu leistenden Eidschwur dartun, für wie viel er es gekauft hat, ebenso viel soll er dann erhalten und das Gut dem Eigentümer zurückstellen. Keiner unterfange sich, ihre Söhne oder Töchter wider Willen zu taufen; wer sie aber durch Zwang oder diebischen Raub oder gewaltsame Gefangennahme zur Taufe treibt, der soll zwölf Pfund Goldes an die Schatzkammer des Königs oder des Bischofs bezahlen. Will sich aber einer von ihnen aus freien Stücken taufen lassen, so soll er drei Tage bewahrt werden, damit man deutlich erkenne, ob er wirklich der christlichen Religion halber oder wegen eines ihm zugefügten Leides sein Gesetz abschwöre; und wie er das Gesetz seiner Väter verließ, so soll er auch ihre Besitztümer verlassen. Ihre heidnischen Sklaven soll keiner unter Vorgeben der christlichen Religion durch die Taufe von ihrem Dienst entbinden; wer dieses tut, der soll einen Bann, das heißt drei Pfund Silbers durch richterliche Gewalt gezwungen bezahlen und außerdem ohne Verzug den Sklaven seinem Herrn wiedergeben [...].
Es soll ihnen auch freistehen, Christen zur Verrichtung ihrer Geschäfte zu mieten, außer an Fest- und Sonntagen; einen christlichen Sklaven dürfen sie jedoch nicht kaufen. Wenn ein Christ gegen einen Juden oder ein Jude gegen einen Christen wegen einer Sache einen Rechtsstreit hat, so soll jeder von beiden, je nachdem sich die Sache verhält, nach seinem Gesetze seine Sache führen und seine Aussage erproben. Keiner soll den Juden zur Bewahrheitung seiner Aussage durch glühendes Eisen oder durch heißes oder kaltes Wasser zwingen, noch ihn geißeln, noch ins Gefängnis werfen. Er braucht nur zu schwören, und zwar, wie es sein Gesetz befiehlt, nach vierzig Tagen; durch Zeugen kann er auch keinerlei Sache überführt werden. Wer wider dieses unser Edikt sie zwingen wird, soll einen Bann, das heißt drei Pfund Silbers, zu zahlen gezwungen werden. Wer ihn aber verwunden wird, jedoch nicht zu Tode, der soll ein Pfund Gold erlegen; ist aber derjenige, welcher einen Juden tötet oder verwundet, ein Sklave, so soll sein Herr entweder das oben angegebene Wehrgeld zahlen oder den Sklaven zur Strafe ausliefern. Kann aber einer aus Armut die vorgeschriebene Summe nicht erlegen, so soll er diejenige Strafe erleiden, mit welcher jener belegt wurde, der zur Zeit Kaiser Heinrichs, meines Vaters, einen Juden tötete, nämlich: die Augen sollen ihm ausgerissen und die rechte Hand abgeschlagen werden. Haben Juden unter sich einen Rechtsstreit, so sollen sie von ihresgleichen und nicht von anderen überführt und gerichtet werden. Wenn ein Treuloser von ihnen die Wahrheit der verhandelten Sache wird verbergen wollen, so soll er von dem, der vonseiten des Bischofs der Synagoge vorsteht, nach ihrem Gesetze gezwungen werden, die Wahrheit zu bekennen. Sind aber unter ihnen selbst oder gegen sie schwere Klagen und Streitigkeiten erhoben worden, so sollen sie, ohne dass dadurch ihr Friede gestört werde, vor den Bischof gebracht werden, damit sie nach seinem Urteil die Entscheidung erlangen. – Außerdem können sie ihren Wein, ihre (aus Honig und Gewürzen) gemischten Getränke und medizinischen Mittel an Christen verkaufen.

Zit. nach: Julius Höxter, Quellenbuch zur jüdischen Geschichte und Literatur, hg. u. erg. v. Michael Tilly, Marix Verlag, Wiesbaden 2009, S. 255–257.

1 Analysieren Sie mithilfe von M 14 die rechtliche und soziale Stellung der Juden:
■ a) Arbeiten Sie heraus, welche Rechte und soziale Rolle der Kaiser den Juden verleiht.
■ b) Erläutern Sie die Bedeutung des kaiserlichen Schutzes für die Juden.

2 ■ Erörtern Sie, in welche rechtliche und soziale Position die Juden kommen, wenn der kaiserliche Schutz wegfällt bzw. der Kaiser von den Juden vor allem Steuern haben will.

M 15 Der jüdische Historiker R. Joseph ha Cohen (1496–1575) über die Beschuldigung im Trienter Ritualmordprozess, 1475

In jener Zeit, am Mazzotfeste[1], erschlug der Bösewicht Enzo in Trient in Italien ein zweijähriges Kind [...] und warf es insgeheim in den Teich am Hause des Juden Samuel [...]. Da beschuldigten sie die Juden nach ihrer Gewohnheit und begaben sich auf Geheiß des Bischofs in deren Häuser, kehrten aber, da sie das Kind nicht fanden, bald wieder heim. Als es jedoch später gefunden wurde, gingen sie auf Befehl des Bischofs hin, das Kind an Ort und Stelle zu besichtigen, worauf er alle Juden ergreifen ließ und ihnen das Leben unerträglich machte. Man folterte sie, sodass sie gestanden, was ihnen niemals zu tun in den Sinn gekommen war. [...] Zwei gelehrte, gesetzeskundige Christen aus Padua waren hingekommen, um zu erfahren, welche Bewandtnis es mit der Sache habe, aber der Zorn der Bewohner des Landes ward wider sie rege, und man wollte sie töten. Hierauf verurteilte der Bischof die Juden, man machte ihnen das Leben unerträglich, indem man sie mit Zangen zwickte und dann verbrannte, [...] worauf der Bischof, seinem Plane gemäß, sich alle ihre Habe zueignete und seine Wohnung mit Zerrissenem [Beute] füllte. Alsdann hieß es, das Kind sei heilig und tue Wunder. Der Bischof ließ dies auch in allen Ortschaften bekanntmachen, worauf das Volk sich herandrängte, es zu sehen, und man kam dabei nicht mit leeren Händen. Es erfüllte damals die Bevölkerung des Landes Hass gegen die Juden überall, wo sie wohnten [...]. Später forderte der Bischof den Papst auf, das Kind heiligzusprechen, [...] worauf der Papst einen seiner Kardinäle, der den Titel Legat führte, hinschickte, damit er die Sache genau untersuchen sollte. Als dieser gekommen war, die Sache untersuchte und genau erforschte, sah er, dass es eitles Blendwerk und Torheit war, und auch die Leiche des Kindes untersuchte er, und siehe da, sie hatten sie mit Gewürzen und Leichenparfümerien einbalsamiert. Hierauf spottete er ihrer, und als er in Gegenwart des Volkes die ganze Sache für unwahr erklärte, wurde der Zorn des Volkes gegen ihn rege, sodass er vor ihnen fliehen und sich in eine in der Nähe von Trient gelegene Stadt zurückziehen musste. Dann ließ er sich die Akten über das, was jene armen Juden eingestanden hatten und was über sie beschlossen worden war, bringen. Hierauf ließ er einen der Diener jenes Bösewichts, der das Kind ermordet hatte, ergreifen, der dann auch gestand, dass jene Schändlichkeit auf Befehl des Bischofs verübt worden sei, welcher die Juden zu verderben beabsichtigt hätte. Diesen Diener führte er mit nach Rom, berichtete demgemäß dem Papste, der daher auch das Kind nicht heiligsprach, wie der Bischof tagtäglich von ihm begehrt hatte.

Zit. nach: Julius Höxter, Quellenbuch zur jüdischen Geschichte und Literatur, hg. u. erg. v. Michael Tilly, Marix Verlag, Wiesbaden 2009, S. 343 f.

1 Mazzotfest: jüdisches Fest, bei dem an den Auszug des jüdischen Volkes aus Ägypten erinnert wird

1 ■ Charakterisieren und erklären Sie das Verhalten der Kirche gegen die Juden: Vergleichen und deuten Sie die unterschiedlichen Verhaltensmuster von Bischof und Papst bzw. seinem Beauftragten.

M 16 Der Historiker František Graus über die Bedeutung der Juden-Pogrome im Mittelalter, 1985

Während des ersten Kreuzzuges tauchen bereits alle typischen Grundzüge der mittelalterlichen Pogrome auf. Das Wort selbst ist allerdings erst neuzeitlich, aus dem Russischen übernommen. Bezeichnend für Pogrome ist, dass die Feindschaft nicht bloß gegen Einzelpersonen oder Einzelgruppen [...] gerichtet wird, sondern gegen alle Mitglieder einer Minderheit, im konkreten Fall gegen alle Juden und Jüdinnen. [...] Der zweite charakteristische Zug eines Pogroms ist die Koppelung des Mordens mit Raub und Plünderung, der Verbindung von Hass und Neid entsprechend [...]. Spezifisch für die Judenpogrome war, dass die Opfer vor die Wahl Tod oder Taufe gestellt wurden. Vom Standpunkt des kanonischen Rechts war dieses Vorgehen absolut unzulässig. Es war strikt verboten, jemanden mit Gewalt oder unter Todesandrohung zu taufen, und diese Verbote wurden von Päpsten, von Theologen und von Kanonisten immer wieder in Erinnerung gerufen. Da aber die Taufe als Sakrament galt, war ihr Charakter unwiderruflich. Selbst wenn die Taufe erzwungen war und daher eigentlich nicht hätte vorgenommen werden dürfen, war sie – einmal formgerecht vollzogen – „für alle Ewigkeit" gültig. Der Zwangsgetaufte war genauso Christ wie jemand, der sich freiwillig und aus Überzeugung taufen ließ. Im 11. und 12. Jahrhundert wurde die Rückkehr der Zwangsgetauften zu ihrem alten Glauben von der kirchlichen Hierarchie stillschweigend gestattet; manchmal bewilligten sie einzelne Bischöfe sogar ausdrücklich. Seit dem 13. Jahrhundert wurde die Praxis gegenüber „Renegaten" jedoch immer rigoroser geübt, und vor allem die Inquisitionstribunale begannen immer mehr Zwangsgetaufte, die zum Judentum zurückgekehrt waren, als abtrünnige Christen zu verfolgen und dem Scheiterhaufen zu überantworten. [...] Im Mittelalter kamen zu den religiös-geistigen Folgen der Taufe handgreifliche ökonomische Konsequenzen hinzu: Der Täufling ging oftmals seiner väterlichen Erbschaft verlustig. Er sollte seine Habe, die ja „unrechtmäßig" erworben war, das heißt gegen das kanonische Zinsverbot, der Kirche übergeben. Er musste nicht nur nach einem neuen und ungewohnten Rhythmus leben, sondern auch einen neuen Beruf wählen. Die Taufe war absolut keine formale Angelegenheit [...] – sie war ein wirklicher Bruch mit der gesamten bisherigen Existenz. Dennoch sind immer wieder Taufen aus echter, aufrichtiger Überzeugung vorgekommen [...].

František Graus, Judenfeindschaft im Mittelalter, in: Herbert A. Strauss/Norbert Kampe (Hg.), Antisemitismus, Bundeszentrale für politische Bildung, Bonn 1985, S. 33 f.

1 ■ Fassen Sie die Kernthesen von Graus zusammen.
2 ■ Überprüfen Sie die Thesen von Graus anhand des Darstellungstextes und der Materialien.

M 17 Aus dem Bericht des jüdischen Dichters und Gesetzesgelehrten Elieser bar Natan über die Leiden der Juden während des ersten Kreuzzuges, 1096

Es war im Jahre 4856 nach Erschaffung der Welt (1096), [...] da trafen uns viele und schwere Leiden, die in diesem Reiche, seitdem es gegründet wurde, bis jetzt noch nicht vorgekommen waren [...]. Denn es erhoben sich freche Menschen, fremdländisches Volk, eine grimmige, ungestüme Schar von Franzosen und Deutschen aus allen Ecken und Enden, die sich vorgenommen hatten, nach der heiligen Stadt (Jerusalem) zu ziehen, um dort das Grab ihres Heilandes aufzusuchen, die Ismaeliten von dort auszutreiben und sich des Landes zu bemächtigen. Sie hefteten als ihr Erkennungszeichen ein Kreuz an ihre Kleider, sowohl Mann wie

Frau, alle, die sich bereit fanden, dorthin zu ziehen, sodass sie zahlreicher als die Heuschrecken waren, Männer, Frauen und Kinder und über sie ist das Wort gesagt: „Keinen König haben die Heuschrecken". Als sie nun auf ihrem Zuge durch die Städte kamen, in denen Juden wohnten, sprachen sie in ihrem Herzen: „Sehet, wir ziehen dahin, das heil. Grab aufzusuchen und Rache an den Ismaeliten zu üben; und hier sind die Juden, die ihn umgebracht und gekreuzigt haben ohne Grund. Lasset zuerst an ihnen uns Rache nehmen und sie austilgen, sodass sie kein Volk mehr bilden, dass der Name Israel nicht mehr erwähnt werde; oder sie sollen unseresgleichen werden und zu unserem Glauben sich bekennen. Als die Gemeinden solches hörten, da überfiel sie Angst und Zittern und Wehe, und sie griffen zu der Handlungsweise ihrer Väter, nämlich: zum Gebete, zur Wohltätigkeit und zur Buße; sie setzten Fasten ein, einzelne sowohl, als drei Tage hintereinander folgend, Nacht und Tag, und schrien zum Ewigen auf in ihrer Not [...].
[...] Am Sabbat, den 8. Ijar, überfielen die Feinde die Gemeinde Speyer und erschlugen zehn heilige Personen. Diese waren die ersten, die ihren Schöpfer heiligten, und sie taten es am heiligen Sabbattage, da sie sich nicht taufen lassen wollten. Darunter befand sich auch eine fromme Frau, die sich zur Heiligung des göttlichen Namens selbst schlachtete. Sie war die Erste von denen, die sich selbst schlachteten oder schlachten ließen. Die übrigen wurden, ohne Taufe, von dem Bischof gerettet.
Am 23. Tage in Ijar überfielen die Wölfe der Wüste die Gemeinde Worms. Die Gemeinde teilte sich in zwei Gruppen; einige blieben in ihren Häusern, andere hielten sich in den Gemächern des Bischofs auf. Da erhoben sich die Feinde und Dränger gegen die Juden, die in ihren Häusern waren, überfielen sie und brachten sie um, Männer, Frauen und Kinder, Jünglinge und Greise; sie rissen die Häuser nieder, stürzten die Treppen um, machten Beute und plünderten. Sie nahmen die heilige Tora, traten sie in den Straßenkot, zerrissen und zerfetzten sie, schändeten sie und trieben Spott und Scherz mit ihr.
Nach sieben Tagen, am Neumondstage des Siwan[1], am Tage, an dem Israel zum Sinai gekommen war, um die Tora zu empfangen, wurden auch diejenigen, die sich im bischoflichen Palaste befanden, aufgeschreckt. Die Feinde verfuhren mit ihnen, wie sie mit den früheren verfahren hatten, misshandelten sie und übergaben sie dem Schwerte. Diese, durch das von ihren Brüdern gegebene Beispiel gestärkt, heiligten noch mehr den Namen ihres Schöpfers, sie legten nämlich Hand an sich. Alle nahmen ungeteilten Herzens das himmlische Verhängnis an, und indem sie ihre Seele ihrem Schöpfer übergaben, riefen sie: „Höre Israel, der Ewige ist unser Gott, der Ewige ist einzig!" Die Feinde zogen sie nackt aus und schleiften und warfen sie umher, und am Neumondstage blieben wenige am Leben. An achthundert betrug die Zahl der an jenen beiden Tagen um der Heiligung des göttlichen Namens willen Umgekommenen; sie wurden alle zu Grabe gebracht [...].

Zit. nach: Julius Höxter, Quellenbuch zur jüdischen Geschichte und Literatur, hg. u. erg. v. Michael Tilly, Marix Verlag, Wiesbaden 2009, S. 300–302.

1 Nach dem Bericht des Mainzer Anonymus war der Überfall auf die erste Gruppe am 10. Ijar (5. Mai), auf die zweite Gruppe am 25. Ijar (20. Mai 1096).

1 ■ Charakterisieren und erläutern Sie am Beispiel der Judenverfolgungen während des ersten Kreuzzuges Motive, Vorgehen und Folgen der Judenpogrome.

M 18 Der Historiker František Graus über die Pogrome des 14. Jahrhunderts, 1981

Die Judenverfolgungen des 14. Jahrhunderts gehen sicher auch auf wirtschaftliche und soziale Gründe zurück, die mancherlei Aspekte erklären. Sie sind aber in ihrer Erscheinungsform und ihrer Virulenz[1] der Bestandteil von Maßnahmen einer sozial (im Vergleich zur Vergangenheit) unstabilen und daher ständig sich bedroht fühlenden und dabei zutiefst verunsicherten Gesellschaft, einer Gesellschaft, die auf wirkliche und vermeintliche Bedrohungen panisch, geradezu hysterisch reagiert. Alte Vorstellungen und Werte geraten ins Wanken, die Wirtschaftslage wird öfter durch Verschuldung besonders prekär, die Lage unsicher, die gesellschaftlichen Zustände immer undurchschaubarer. Zunehmend beherrschten nun (im Vergleich zu den vorangehenden Epochen) anonyme Kräfte den Markt, das politische und soziale Leben. In dieser Situation der allgemeinen Verunsicherung, des beginnenden Verlustes traditioneller Werte, suchte man begreiflicherweise, wie schon zuweilen vorher und wie auch Jahrhunderte später, nach „Schuldigen", denen man all diese Übel anlasten könnte – und wer wäre da geeigneter, um als Blitzableiter zu dienen, als der Jude in der Rolle des universalen Sündenbockes, noch dazu, wenn sich seine Verfolgung gleichzeitig sehr konkret durch Rauben nutzen lässt. Die übliche Dämonisierung der Juden erleichterte den allgemeinen Glauben an eine unheilvolle Verschwörung dieser Satansrotte; sobald die üblichen sozialen Ventile zu versagen drohten, war es naheliegend, den „Volkszorn" zu steuern – erinnert sei daran, dass die Pogromwelle von 1348 bis 1350 unverkennbar Züge von Regie verraten.

František Graus, Judenpogrome im 14. Jahrhundert: Der Schwarze Tod, in: Bernd Martin/Ernst Schulin (Hg.), Die Juden als Minderheit in der Geschichte, dtv, München 1981, S. 82.

1 Virulenz: Heftigkeit

1 ■ Fassen Sie die Interpretation von Graus in kurzen Thesen zusammen.

2 ■ Nehmen Sie Stellung zu den Thesen und beurteilen Sie diese.

3 ■ Diskutieren Sie Graus' These, die Juden seien „Blitzableiter" und „Sündenböcke" gewesen.

Mittelalterliche Herrscherbilder interpretieren

Neben schriftlichen Quellen gehören Bildquellen zu den wichtigsten Quellen, aus denen Historiker Erkenntnisse gewinnen. Sie ermöglichen vielfältige Einblicke in die Vergangenheit:
- Bilder dokumentieren **historische Ereignisse**,
- geben Auskunft über die **Alltagskultur**,
- liefern Informationen über gesellschaftliche **Wertvorstellungen** oder
- über das **Selbstverständnis eines Herrschers.**

Hinsichtlich des Malgrundes und Farbstoffes unterscheidet man zwischen Höhlen-, Wand-, Vasen-, Mosaik-, Buch-, Aquarell-, Glas- sowie Mosaikmalerei und hinsichtlich des Bildinhalts zwischen Historien-, Landschafts-, Porträt-, Herrscher-, Architektur-, Stillleben-, Tier- und Genremalerei.

Anders als im **Porträt**, das seit der Renaissance des 15. Jahrhunderts die **Individualität** eines Menschen erfassen und darstellen will, geht es den Künstlern mittelalterlicher **Herrscherbilder** vor allem um die Stellung des Herrschers im politischen, sozialen und kirchlichen Leben sowie um die Herrschaftslegitimation. Im Mittelalter spielten Herrscherbilder bei der Vermittlung politischer und religiöser Botschaften eine wichtige Rolle. Denn nur wenige Menschen konnten damals lesen und schreiben. Wie bei allen Bildinterpretationen muss man auch bei Herrscherbildern vorab auf folgende Unterscheidung achten:

1. **Zeitgenössische Bilder** sind in der Lebenszeit des Herrschers/der Herrscherin bzw. relativ kurze Zeit danach entstanden. Sie können etwas aussagen über das Selbstverständnis von Herrschenden und/oder über die politischen, sozialen oder religiösen Verhältnisse jener Epoche.
2. **Historienbilder** hingegen stellen eine Person oder ein historisches Ereignis aus einer großen Distanz dar. Sie sagen meist mehr über die Zeit aus, in der sie entstanden, als über die Person bzw. die Epoche, die sie beschreiben.

Arbeitsschritte für die Interpretation

1. Leitfrage
- Welche Fragestellung bestimmt die Untersuchung des Porträts?

2. Formale Aspekte
- Wer ist der Maler/Künstler und Auftraggeber?
- Für welchen Zweck wurde das Bild gemalt/Werk geschaffen?
- Wann ist das Gemälde/Werk entstanden?
- Um welche Art von Gemälde/Werk handelt es sich?
- Gibt es einen Titel?
- Wer ist der Adressat bzw. sind die Adressaten?

3. Inhaltliche Aspekte

Beschreibung
- Wie sind die Personen (Mimik, Gestik, Körperhaltung, Kleidung) dargestellt?
- Wie ist die Bildkomposition (Personen, Umgebung, Gegenstände, Situation, Symbole in ihren Relationen) angelegt?
- Welche Darstellungsmittel (Technik, Farben, Licht, Perspektive) werden eingesetzt?

Deutung
- Welche symbolische Bedeutung haben die Personendarstellung, die Bildkomposition und der Einsatz der Darstellungsmittel?

4. Historischer Kontext
- Wie sind die Bildelemente in Bezug auf den historischen Zusammenhang zu deuten?

5. Bewertung
- Wie lässt sich die historische Bedeutung des Werkes zusammenfassen?

Übungsbeispiel

M1 Christus segnet und krönt Otto II. und Theophanu, Relief, Elfenbein, 19 × 11 cm, 972 (Inschriften um 982 ergänzt)

1 ■ Interpretieren Sie das Herrscherbild mithilfe der Arbeitsschritte von S. 62.

Lösungshinweise

1. Leitfrage
Welches Herrschaftsbild und politisches wie religiöses Selbstverständnis zeichnet das Bild?

2. Formale Aspekte
- *Künstler bzw. Auftraggeber:* nicht bekannt
- *Entstehungszeit:* 972 bzw. Inschriften um 982
- *Werkart:* Relief, Elfenbein
- *Zweck der Entstehung/Adressaten:* Das Relief war möglicherweise ein Geschenk für Johannes Philagothos, Kanzler (980) und Erzbischof (988) in Italien und Vertrauter der Kaiserin.

3. Inhaltliche Aspekte
Beschreibung
Das Relief enthält abgekürzte lateinische und griechische Inschriften. Am Strahlenkranz: *IC XC* (Jesus Christus). Auf der Seite Ottos: *OTTO IMP(erator) R(o)MAN(orum) A(u)G(ustus)*. Auf der Seite Theophanus: *THEOPHANU IMP(eratix) A(u)G(usta)*. Zwischen Christus und Otto (übersetzt): *Herr, behüte deinen Diener Johannes, den Mönch. Amen!* Die Inschriften verdeutlichen, welche Personen dargestellt werden. Im Mittelpunkt steht Jesus Christus, der Otto und Theophanu an Körpergröße weit überragt, von einem Heiligenschein umgeben ist und sich durch sein Gewand vom Königspaar abhebt. Je eine Hand von Christus liegt auf dem Haupt von Otto und Theophanu, die so gesegnet und gekrönt werden. Die Hände verdeutlichen auch, dass das Königspaar durch Christus und damit von Gott geschützt und behütet wird. Zur Rechten und zur Linken von Christus stehen Otto und Theophanu, die ihm nur bis zur Taille reichen. Beide sind mit ihren königlichen Gewändern bekleidet und halten eine Hand an ihr Herz. Ein weiteres Bildelement sind die Podeste, auf denen die Personen stehen. Christus erhebt sich über dem größten, Otto über einem kleineren Podest. Auf dem Podest Ottos ist ein Mann abgebildet, der sich in tiefster Unterwerfung (*Proskynese*) verneigt.
Deutung
Das Bild verdeutlicht die Herrscherlegitimation Ottos und Theophanus: Mit der Segnung und Krönung durch Christus erhalten Otto und Theophanu die gottgewollte Würde des Königspaars. Dadurch besaß das Königspaar sakralen Charakter. Das Gottesgnadentum bzw. die priesterähnliche Stellung des Königs und seiner Gemahlin als *rex et sacerdos* (König und Priester) beruhte auf ihrer Erwählung durch Gott, ihrer Stellvertretung Gottes und ihrer priestergleichen Verantwortung vor Gott.

4. Historischer Kontext
Ebenso wie Karl der Große im Jahre 800 trat Otto I. bei der Übernahme des Kaisertitels für das Heilige Römische Reich im Jahre 962 in Konkurrenz zum Kaiser in Byzanz, d. h. zum Herrscher über den griechisch-orthodoxen Kulturraum. Nach kriegerischen Auseinandersetzungen gelang es, den Konflikt beizulegen. 972 arrangierte Otto I. sogar eine Heirat zwischen seinem Sohn, dem späteren Otto II., und der byzantinischen Prinzessin Theophanu, einer Nichte des byzantinischen Kaisers Johannes I. Tzimiskes.
In Byzanz war es üblich, dass Kaiserinnen im Witwenstand die Regentschaft eines unmündigen Thronfolgers ausübten (Kaiserin Irene hatte nach dem Tode ihres Gatten sogar die Stellung eines byzantinischen Kaisers ausgefüllt). Nach dem frühen Tod ihres Gatten Otto II. übernahm Theophanu tatkräftig die Regierung für ihren kleinen Sohn, den späteren Otto III., und hat dadurch die Stellung der Herrscherinnen im Reich geprägt. Denn fortan galt die Regentschaft für den unmündigen Thronfolger als Aufgabe und Recht der Kaiserin (lat. *consors regni*). Neben dem Titel *consors regni* führte Theophanu auch den der *coimperatrix*, der Mitkaiserin; diese Position hat jedoch keine andere mittelalterliche Kaiserin eingenommen. Nach 1050 wurde die Funktion der Kaiserinnen im Reich auf die Repräsentation reduziert.

5. Bewertung
In diesem Herrscherbild kommt der Anspruch von Otto II. und Theophanu zum Ausdruck, dass ihre Herrschaft von Jesus Christus bzw. von Gott legitimiert sei. Sie erschienen als von Gott ausgewählt, als Stellvertreter Gottes auf Erden zu leben und mit gottgewollter Würde und Autorität zu herrschen. Auf dieser Sakralisierung des Königtums beruhte auch ihre Herrschaft über die Kirche: Die Ottonen und frühen Salier waren die Herren über alle Kirchen, Klöster und Bistümer, die auf dem Reichsgut lagen. Um diese Herrschaft auszuüben, konnten sie sich auf die Segnung und Krönung durch Christus berufen.

Anwendungsaufgabe: Interpretation einer sprachlichen historischen Quelle mit gegliederter Aufgabenstellung

M1 Der griechische Historiker Polybios (ca. 200 bis 120 v. Chr.) klassifiziert die Verfassungstypen

Die meisten, die uns über die Staatsverfassungen (*politeiai*) belehren wollen, markieren diesbezüglich drei Arten, die sie Königsherrschaft (*basileia*), Aristokratie und Demokratie nennen. Meiner Meinung nach muss man ihnen füglich die weiterführende Frage stellen, ob sie diese als die einzigen oder gar die besten Verfassungen einführen. In beider Hinsicht scheinen sie mir Unkenntnis zu verraten. Es ist nämlich offensichtlich, dass man als beste Verfassung die aus den erwähnten Typen zusammengesetzte anzusehen hat. Außerdem darf man nicht annehmen, dass diese die Einzigen sind. Denn wir haben schon einige monarchische und tyrannische Verfassungen gesehen, die sich erheblich von der Königsherrschaft unterscheiden, und doch dieser ähnlich erscheinen, von denen sie sich doch […] massiv unterscheiden. Dasselbe gilt für die Demokratie.

Dass diese Aussagen wahr sind, ist hieraus offensichtlich. Denn man darf ja wohl nicht jede Monarchie leichthin Königsherrschaft nennen, sondern allein die, welche freiwillig eingeräumt ist und mehr mit Zustimmung als durch Furcht und Gewalt gelenkt wird. Und ebenso ist nicht jede Oligarchie für eine Aristokratie zu halten, sondern nur die, welche nach entsprechender Auswahl von den gerechtesten und vernünftigsten Männern regiert wird. Ähnlich sollen wir nicht von der Demokratie sprechen, wenn in einer Verfassung die gesamte Masse Herr ist zu tun, was sie selbst will und vorhat. Solche Ordnungen dagegen, in denen es traditioneller Brauch ist, Götter zu verehren, die Eltern zu achten, die Älteren zu respektieren sowie den Gesetzen zu gehorchen, und in denen der Wille der Mehrheit entscheidet, wollen wir Demokratie nennen. Deswegen darf man von sechs Arten von Verfassungen sprechen, von den dreien, die alle im Munde führen und die oben erwähnt sind, und von den drei anderen, die mit diesen verwandt sind, ich meine Monarchie, Oligarchie und Ochlokratie (= Pöbelherrschaft).

Polybios, Historien 6, 3,5–4,6, übers. von Hans Joachim Gehrke, zit. nach: Hans-Joachim Gehrke/Ernst Steinecke, Demokratie in Athen, Cornelsen, Berlin 2002, S. 143 f.

M2 Moderne Rekonstruktion einer athenischen Losmaschine (*kleroterion*), 1939.

Mithilfe der Beschreibung des Aristoteles und von Funden ähnlicher Geräte wurde diese Losmaschine rekonstruiert. Die Täfelchen der Richter sind nach den Buchstaben A bis K in den Schlitzen sortiert. In die Röhren auf der linken Seite wurden durch Zufallsmischungen die weißen und schwarzen Kugeln gefüllt. Durch die Öffnung wurde mittels einer Kurbel die Kugel entnommen. War sie weiß, waren die Richter dieser Reihe ausgelost.

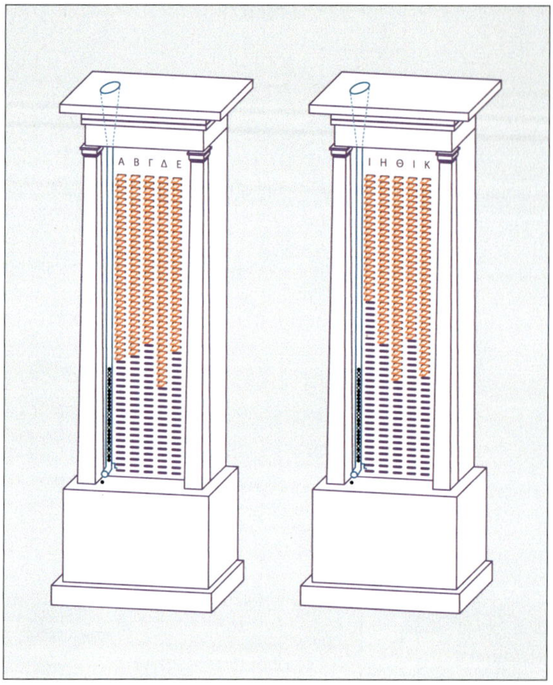

Interpretieren Sie die Quelle, indem Sie diese

1 analysieren,
2 in den historischen Kontext einordnen und
3 auf der Grundlage der Arbeitsergebnisse die Aussage des Polybios, dass man als beste Verfassung die aus den drei zu Anfang erwähnten Typen zusammengesetzte anzusehen habe (Z. 2 ff.), diskutieren.

Überprüfen Sie Ihre Kompetenzen

M 3 „Wie es damals in Athen NICHT lief", von Heiko Sakurai aus der Zeitschrift „Cicero", 20. Mai 2012

Wahrnehmungskompetenz

1 Skizzieren Sie die Verfassung der attischen Demokratie.
2 Erläutern Sie die Partizipationsmöglichkeiten der römischen Bevölkerung in der Römischen Republik und vergleichen Sie mit denen in der attischen Demokratie.
3 Erläutern Sie in Grundzügen die Merkmale und Entwicklungen der politischen Herrschaft während des Mittelalters. Gehen Sie dabei auch auf Unterschiede zwischen ländlicher und städtischer Welt ein.
4 Charakterisieren Sie das Zusammenleben von Christen und Juden im Mittelalter.

Analysekompetenz

5 Interpretieren Sie die Karikatur M 3.

Urteilskompetenz

6 Beurteilen Sie das Prinzip der Losung zur Besetzung der Gerichte in Athen als Element einer demokratischen Verfassung (M 2).
7 Beurteilen Sie das Verhältnis von Kirche und Staat im Mittelalter.

Orientierungskompetenz

8 Beurteilen Sie, inwiefern die Wurzeln moderner Demokratien in der Antike liegen.
9 Erörtern Sie die These, bereits im Mittelalter habe es einen Staat gegeben, der mit dem heutigen vergleichbar ist.

Zentrale Begriffe

Antijudaismus
Christentum
Demokratie
Eigenkirche
Herrschaft
Idealstaat
Investiturstreit
Judentum
Judenverfolgung
Klerus
Kreuzzüge
Lehnswesen
Ministerialien
Monotheismus
Partizipation
Territorialstaat
Verfassung

2 Interkulturelle Begegnungen und europäische Aufbrüche

M1 Alhambra, Löwenhof, erbaut im 13. und 14. Jahrhundert.
Die weltberühmte Alhambra verdeutlicht, auf welchem Kulturstand sich die muslimischen Eroberer Spaniens befanden. Die Kulturleistungen und die wissenschaftlichen Errungenschaften der islamischen Welt riefen im übrigen Europa trotz aller Konflikte Bewunderung hervor und befruchteten ihrerseits die Geistesströmungen in den christlichen Herrschaftsgebieten.

610
Öffentliches Auftreten Muhammads: Verkündung der göttlichen Botschaft

622
Auswanderung Muhammads nach Medina (*Hidschra*); Beginn der muslimischen Zeitrechnung

711
Landung der Araber in Spanien

756–1031 Dynastie der Umaiyaden in al-Andalus

nach 1031
Zerfall von al-Andalus in viele kleine Fürstentümer (*Taifas*)

600 700 800 900 1000 1100

Im europäischen Mittelalter lebten nicht nur Juden und Christen, sondern auch Christen und Muslime zusammen. Keine dieser Religionen hat Europa jemals ganz beherrscht – zumal Islam und Christentum zahlreiche konkurrierende Strömungen in sich bargen – und jede hat umgekehrt Einfluss über Europa hinaus ausgeübt. Die interkulturellen Beziehungen zwischen Muslimen und Christen waren teilweise durch gewaltsame Konflikte geprägt. Das gilt für die Zeit der Kreuzzüge oder für die Kämpfe um Konstantinopel. Es gab aber auch Perioden des friedfertigen Neben- und Miteinanders, in denen alle von Handel, Koexistenz und kulturellem Austausch profitierten. Solch intensive friedliche Kontakte pflegten Christen und Muslime zeitweilig in Spanien. Christliche Herrscher eroberten jedoch die seit dem 8. Jahrhundert von den Muslimen beherrschten spanischen Gebiete und beendeten 1492 die muslimische Herrschaft Spaniens. Das führte zur Rechristianisierung der spanischen Halbinsel. Aber auch andere Entwicklungen veränderten in Europa das Leben der Menschen von Grund auf. Mit dem Durchbruch der Renaissance und des Humanismus löste sich allmählich das mittelalterliche Weltbild auf, das von Kirche und Glaube bestimmt wurde. An ihre Stelle sollten nun Wissenschaft, Kunst und Literatur treten. Das Ideal war der umfassend gebildete Mensch, der sein Leben selbstbewusst und vernünftig gestaltete. Zur Erweiterung des geistigen Horizonts trug außerdem die Errichtung von Kolonialreichen seit dem ausgehenden 15. und während des 16. Jahrhunderts bei. So „entdeckten" die Europäer Amerika. Das führte nicht nur zu weitreichenden Umwälzungen in den Kolonien, sondern veränderte auch das europäische Selbstverständnis. Mit dem Erwerb des südamerikanischen Kontinents und der Begegnung unbekannter Kulturen öffnete sich Europa nicht nur fremden Welten, sondern schuf mit seiner weltumspannenden kolonialen Wirtschaftspolitik auch ein globales Handelssystem.

Nach Bearbeitung dieses Kapitels können Sie ...

- Welt- und Menschenbilder der Christen und Muslime im Mittelalter vergleichen,
- den Einfluss des Islam auf die Kultur des Abendlandes darstellen,
- die Herrschaftsansprüche von Islam und Christentum charakterisieren und ihre politischen und kulturellen Folgen für das mittelalterliche Europa erläutern,
- die Überwindung mittelalterlicher Denkweisen und die Entstehung eines neuen Menschen- und Weltbildes durch Renaissance und Humanismus darstellen,
- den Erwerb von amerikanischen Kolonien und deren Rückwirkungen auf das Selbstverständnis der europäischen Kolonialmächte erörtern.

1236 Eroberung Córdobas durch christliche Truppen

14. Jh. In Italien beginnen Humanismus und Renaissance

1237–1492 Ausrufung des Königreichs von Granada; Herrschaft der Nasriden

1333–1391 Bau der Alhambra

1492 „Entdeckung" Amerikas durch Kolumbus

1494 Vertrag von Tordesillas: Aufteilung der überseeischen Gebiete zwischen Spanien und Portugal

1501 Beginn der Vertreibung der Mauren aus Kastilien

1519–1521 Eroberung des Azteken-Reiches durch die Spanier unter Cortés

1532–1534 Eroberung des Inka-Reiches durch die Spanier unter Pizarro

Ende des 16. Jh. Spanisches Weltreich: Höhepunkt der territorialen Ausdehnung

17. Jh. Verlust der Vormachtstellung Spaniens in Europa und Übersee

1200 | 1300 | 1400 | 1500 | 1600 | 1700

Christentum
Die auf Jesus Christus (= der Gesalbte), sein Leben und seine Lehre gegründete Religion, die sich seit ihrer Entstehung als monotheistisch versteht. Zentraler Glaubensinhalt ist die „Frohe Botschaft“ vom Reich Gottes, das durch die Person des Gottessohnes Jesus begonnen habe, und von der Erlösung der Menschen durch seinen Tod am Kreuz und seine Auferstehung von den Toten. Weitere Grundsätze sind: die aus der Nachfolge Jesu hervorgegangene Gemeinschaft der Gläubigen, ethische Normen (z. B. Nächstenliebe) und Sakramente (z. B. Taufe). Das Christentum breitete sich seit dem 1. Jh. n. Chr. im Römischen Reich aus, im 4. Jh. wurde es dort Staatsreligion und ging später durch Missionierung auch auf die germanischen und slawischen Völker über.

M1 Bernardino Pinturiccio (1454–1513), Krönung des Dichters Enea Silvio Piccolomini zum *„poeta laureata“*, Fresko, 1507.

In der Renaissance wurde der antike Brauch wieder aufgenommen, hervorragende Dichter mit einem Lorbeerkranz zu ehren.

„Entdeckung“ Amerikas
Im Jahr 1492 unternahm der Genueser Christoph Kolumbus im Auftrag des spanischen Königs eine Expedition, um den Seeweg nach Indien zu suchen. Als Kolumbus am 12. Oktober 1492 an Land ging, betrat er nicht – wie er irrtümlich annahm – indischen Boden, sondern er hatte einen bis dahin in Europa nicht bekannten Kontinent, den man später Amerika nannte, entdeckt. Diese Entdeckung war so bedeutend, dass sie als Beginn eines neuen Zeitalters (Neuzeit) gilt.

Humanismus
Mit dem Begriff wird eine Lebensanschauung bezeichnet, die unter den Gelehrten im Zeitalter der Renaissance vorherrschte. Die Humanisten traten für eine umfassende Bildung des Menschen ein. Sie studierten die Literatur der antiken Schriftsteller und beschäftigten sich wissenschaftlich mit Sprachen, Geschichte und Philosophie. Der Humanismus entstand im 14. Jahrhundert in Italien und breitete sich von dort im Laufe der beiden folgenden Jahrhunderte nach Frankreich, Spanien, England und Deutschland aus.

Islam
Ein Gläubiger wird Muslim genannt, das heißt übersetzt „Der sich Gott unterwirft“. Der Islam (arab. Islam = Hingabe an Gott, Ergebung in Gottes Willen) bekennt sich wie Judentum und Christentum zu einem Gott. Grundlage des Islam ist der Koran („Verkündigung“), der in 114 Suren (= Abschnitte) geteilt ist und Erzählungen, Lobpreisungen und Gleichnisse enthält. Wer fromm leben will, hat die fünf Grundpflichten des Islam zu erfüllen: 1. das Glaubensbekenntnis: „Es gibt keinen Gott außer Allah, und Muhammad ist sein Prophet!“, 2. die täglichen Pflichtgebete: am Morgen, Mittag, Nachmittag, bei Sonnenuntergang und in der Nacht mit Blick gen Mekka, 3. das gesetzliche Almosengeben für die Armen, 4. das Fasten im Monat Ramadan – von Sonnenaufgang bis Sonnenuntergang, 5. die Pilgerfahrt nach Mekka, die jeder Muslim einmal im Leben zur Kaaba unternehmen soll, sofern er sie sich finanziell leisten kann.

Konquista
(span. Eroberung) Mit dem Begriff wird die Eroberung und Unterwerfung Mittel- und Südamerikas durch die Spanier bezeichnet. Die eroberten Gebiete der indianischen Hochkulturen wurden dem spanischen Königreich einverleibt und bildeten die Grundlage für die Jahrhunderte dauernde Herrschaft der Spanier in Mittel- und Südamerika. Die bekanntesten Anführer der Konquistadoren waren die spanischen Generäle Hernan Cortés und Francisco Pizarro.

Kreuzzug
Im weiteren Sinne ist unter einem Kreuzzug ein von der Kirche im Mittelalter geförderter Kriegszug gegen „Heiden“ (Ungläubige) und Ketzer (vom rechten Glauben abgewi-

chene) zu verstehen. Ziel war die Ausbreitung oder Wiederherstellung des katholischen Glaubens. Vom Ende des 11. (1095 Kreuzzugsaufruf Papst Urbans II.) bis zum Ende des 13. Jahrhunderts (1291 völlige Vertreibung der Kreuzritter aus Palästina) waren die Kreuzzüge kriegerische Unternehmungen, um das Heilige Land zurückzuerobern. In der Kreuzzugsidee verband sich der Gedanke der Pilgerfahrt und des Kampfes gegen die „Heiden" mit dem Ziel, das Heilige Grab in Jerusalem zu befreien. Militärische Gewalt und der „Opfertod" wurden dabei als Akt der Buße gerechtfertigt.

Renaissance
Bezeichnung für die Wiederentdeckung der antiken Sprache und Kultur. Die Renaissance entstand im ausgehenden 13. Jahrhundert in Italien und breitete sich in den folgenden 300 Jahren in ganz Europa aus. Maler, Bildhauer und Architekten schufen einen neuen Kunststil, der die möglichst wirklichkeitsnahe Darstellung von Körper und Bewegungen forderte. Die Zeit der Renaissance wird heute als Übergang vom Mittelalter zur Neuzeit gesehen.

M2 Karikatur aus „Die erste neue Chronik und gute Regierung" von Poma de Ayala/Felipe Huaman, um 1600

Grundwissentraining

1 Wissen wiederholen – mithilfe einer Tabelle

a) Legen Sie eine vierspaltige Tabelle an: Daten – Ereignisse – Grundbegriffe – Erläuterungen

b) Ordnen Sie die Grundwisseninformationen dieser Doppelseite sinnvoll in die Tabelle ein.

2 Zusammenhänge herstellen – mit einer Mindmap

a) Erstellen Sie unter Verwendung der Grundwissensbegriffe eine Mindmap um die Zentralbegriffe „Christentum und islamische Welt", „Renaissance" und „Entdeckung Amerikas". Ergänzen Sie gegebenenfalls weitere Aspekte, die Ihnen wichtig erscheinen.

b) Vergleichen Sie Ihr Ergebnis mit mindestens einem Mitschüler/einer Mitschülerin.

3 Anwendungsaufgaben

a) Erarbeiten Sie anhand des Bildes M 1 Grundelemente der Renaissance-Kultur.

b) Beschreiben Sie mithilfe der Karikatur M 2 die Machtbeziehungen zwischen dem spanischen Militär und den Inka.

c) Diskutieren Sie am Beispiel Renaissance und Humanismus über die Modernität dieser historischen Bewegungen. Erörtern Sie, inwieweit Renaissance und Humanismus alte Denk- und Handlungsweisen überwunden bzw. neue, moderne Einstellungen und Verhaltensformen hervorgebracht haben. Profitieren wir heute noch von diesen Bewegungen?

2.1 Christentum und islamische Welt im Mittelalter – Konfrontation, Koexistenz und Kooperation

Leitfragen:
Welche politischen, wirtschaftlichen, sozialen und kulturellen Faktoren bestimmten die islamische Welt des Mittelalters?
Welche Faktoren prägten die Geschichte der Kreuzzüge?
Welche Besonderheiten kennzeichneten das Aufeinandertreffen und Zusammenleben unterschiedlicher Religionen und Kulturen im maurischen Spanien?

Die Entstehung des Abbasidenreiches

Nach dem Tode des Propheten Muhammad 632 übernahmen seine Nachfolger, die sogenannten **Kalifen**, die religiöse und weltliche Herrschaft über die muslimische Gemeinschaft (*umma*). Bis zum Jahre 642 eroberten sie das Perserreich der Sassaniden und die byzantinischen Provinzen Ägypten, Palästina, Syrien und Armenien; sie drangen bis zum Jahre 750 weiter an der afrikanischen Küste bis Gibraltar vor, eroberten das Westgotenreich im ehemals römischen Hispanien und stießen im asiatischen Osten bis zum Indus vor. Um 750 kam die **Expansion** der muslimischen Araber zum Abschluss und setzte die politische Konsolidierung islamischer Herrschaft unter dem Kalifat der Abbasiden ein.

Herrschaftsauffassung

Die muslimische Gemeinschaft bestimmte den Kalifen zunächst nach unterschiedlichen Kriterien, beispielsweise nach Verdienst wie bei Abu Bakr (Reg. 632–634) oder nach der Abstammung von der Prophetenfamilie wie im Falle Uthmans (Reg. 644–656). Nach dem gewaltsamen Tod des vierten Kalifen Ali übernahm die Familie der Umaiyaden (Reg. 661–750) die Macht; sie führte das Prinzip der erblichen Nachfolge ein und gab dem **Kalifat monarchische Züge**. Diese Ansätze setzten die Abbasiden, die die Umaiyaden 750 gestürzt hatten, fort. Sie bildeten eine Dynastie, deren Rechtmäßigkeit sie mit ihrer Abstammung von der Prophetenfamilie erklärten. Sie gründeten Bagdad als Residenz und ließen sich Herrscher der Gläubigen sowie Stellvertreter Gottes nennen, eine göttliche Legitimation (M 11, M 12). Ihr Auftrag war es, die muslimischen Untertanen zu schützen, staatliche Gesetze zu erlassen, den Glauben zu bewahren und der **Scharia*** Geltung zu verschaffen. Demgegenüber war es Aufgabe der **Ulama**, der muslimischen Rechts- und Schriftgelehrten, die rechtmäßige Auslegung und Anwendung der Scharia zu überwa-

Scharia
Rechtsgrundsätze für alle Bereiche des täglichen Lebens, aus Koran und Sunna (= Worte und Taten des Propheten) abgeleitet und insofern offenbartes Recht. Es entstanden verschiedene Rechtsschulen.

M 1 Ausbreitung des Islam bis um 750

1 ■ Skizzieren Sie die geografische Verteilung des islamischen und christlichen Kulturraumes.
2 ■ Zeigen Sie anhand der Karte und mithilfe des Darstellungstextes die Entstehung des Abbasidenreiches auf.

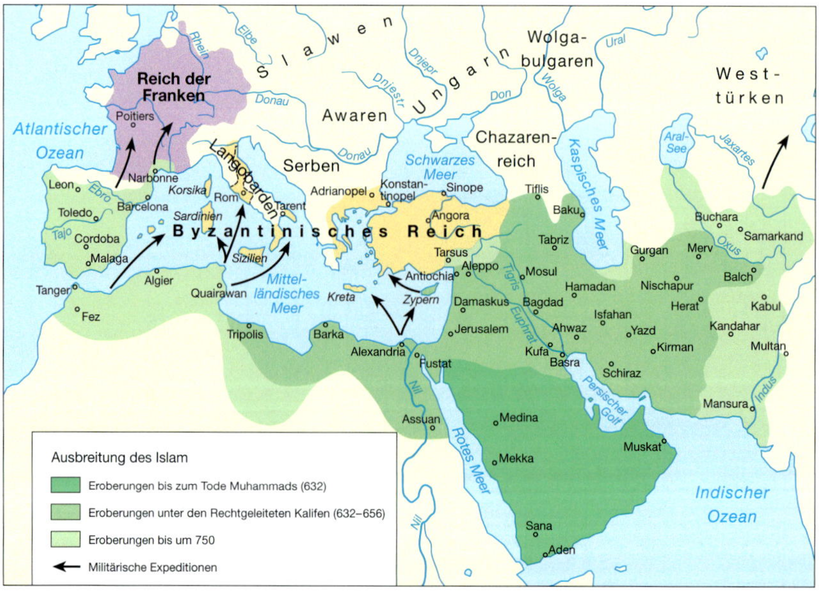

chen. Das Kalifat wurde als universale Macht (ein Gott, eine *Umma*, ein Kalif) in der islamischen Welt aufgefasst.
Als um die Mitte des 9. Jahrhunderts der Niedergang des abbasidischen Kalifats einsetzte, entstanden Gegenkalifate: auf der Iberischen Halbinsel als Kalifat von Córdoba 929, in Ägypten 969 als Kalifat der Fatimiden*. Formell blieb zwar das abbasidische Kalifat bestehen, tatsächlich herrschte aber seit 945 die persische Dynastie der Buyiden, die ihrerseits seit 1055 durch die türkischen Seldschuken* abgelöst wurde. Für die Herrscher der verschiedenen islamischen Teilreiche setzte sich allmählich der Titel Sultan durch, der wie der Kalif religiöse und weltliche Funktionen in seinem Amt vereinte. Nachdem 1258 die Herrschaft der Abbasiden durch den Einfall der Mongolen in Bagdad erloschen war, bezeichnete sich der Mamlukenherrscher* in Ägypten als Sultan und Kalif (Reg. 1250/1261–1517).

Der islamische Kulturraum

Die Islamisierung der abbasidischen Herrschaft wurde durch die Übernahme der persischen Verwaltungsstrukturen und die Beteiligung der Neumuslime *(mawali)* an den Staatsgeschäften gefördert. Ebenfalls kam es nach den Eroberungen zu einer Neuordnung von Grundbesitz und Besteuerung. Das Arabische, Sprache des Korans, verbreitete sich als Verkehrssprache. Nach dem Zerfall des Abbasidenreiches blieb ein islamischer Kulturraum mit gemeinsamen wirtschaftlichen, sozialen und kulturellen Strukturen bestehen. Für die weitere Integration der eroberten Bevölkerung spielte die Duldung der Schriftbesitzerreligionen *(dhimmi)*, der Christen, Juden und Zoroastrier*, die nach islamischem Recht geschützt waren (M 13–M 15), eine wichtige Rolle.

Wirtschaft

In den islamischen Reichen setzte eine prosperierende Landwirtschaft ein. In der Antike angelegte Bewässerungssysteme wurden instand gesetzt, technische Neuerungen eingeführt. Ein System von Grundwasserkanälen *(Quanate)*, die Verbesserung des antiken Wasserrades und die Erfindung einer effizienten Zisternenkonstruktion zählen zu den besonderen Leistungen. Mit Erfolg wurden neue Nutzpflanzen angebaut und exportiert, z. B. Zuckerrohr, Reis und Baumwolle. Die Erträge konnten deutlich gesteigert und landwirtschaftliche Überschüsse erwirtschaftet werden. Der Aufschwung in der Landwirtschaft bewirkte ein Bevölkerungswachstum und wurde zur Basis für die Stadtentwicklung.
Der Fernhandel bildete eine weitere Säule der Wirtschaft. Die islamische Welt hatte Anschluss an die großen ost-, süd- und zentralasiatischen Handelsrouten, deren Zugang sie für die christlichen Kaufleute sperrte. Auf diese Weise wurde der islamische Kulturraum zur Drehscheibe für den Handel zwischen Asien und Europa (M 3). Luxuswaren wie z. B. Seide und Gewürze (M 2) wurden über die Handelsrouten der Seidenstraße oder über den Persischen Golf oder das Rote Meer in den Mittelmeerraum transportiert. Dabei war das Zusammenspiel von nomadisierenden Viehzüchtern, Landwirten, städtischen Kaufleuten, Handwerkern und regionalen Herrschern für die Instandhaltung und Sicherheit der Routen von großer Bedeutung. Karawansereien waren im Abstand von 30 Kilometern, etwa einer Tagesreise, eingerichtet und dienten zur Unterbringung von Reisenden, Waren und Tieren. Die Muslime kontrollierten die Schifffahrt im Mittelmeer, bis ihnen die italienischen Seestädte im 11. Jahrhundert diese Dominanz streitig machten. Im Besitz einer Goldwährung, eingeführt unter dem Kalifen Abd al-Malik (Reg. 685–705), sowie der Goldreserven aus dem Transsaharahandel beherrschten die Muslime bald die Finanzmärkte vom süd- und südwestlichen Mittelmeerraum bis nach Indien. Auch bargeldloser Zahlungsverkehr wurde praktiziert.

Fatimiden
Schiitische Dynastie, die sich auf die Tochter Muhammads, Fatima, zurückführen lässt. Sie herrschte in Ägypten von 969 bis 1171. Die Bildung eines Kalifates unter einer schiitischen Dynastie stellt eine Ausnahme dar.

Seldschuken
Alttürkisches Herrschergeschlecht, andere Bezeichnung Turkmenen; 1071 Sieg über die Byzantiner bei Manzikert und Einnahme Jerusalems; 1078 Eroberung von Syrien und Palästina; 1098 Verlust von Jerusalem an die Fatimiden.

Mamluken
Militärsklaven, nach sorgfältiger Ausbildung und Bekehrung zum Islam freigelassen. Generäle der Mamluken ergriffen 1250 in Ägypten die Macht. Die Mamlukenherrscher konnten 1260 die Mongolen in Palästina abwehren und in der Folge die letzten Stützpunkte der Kreuzfahrer in Syrien und Palästina erobern.

Zoroastrier
Anhänger der in Persien vermutlich um 1000 v. Chr. entstandenen Religion des Zoroastrismus; wichtigste Religion des Sassanidenreiches vom 3. bis 7. Jh.

M 2 Pfeffergewinnung, Miniatur aus dem Reisebericht des Marco Polo, Frankreich, 15. Jh.

An der linken Seite sind Pfefferbäume abgebildet.

M3 Mittelmeerhandel und Karawanenrouten nach Asien im 12. und 13. Jahrhundert

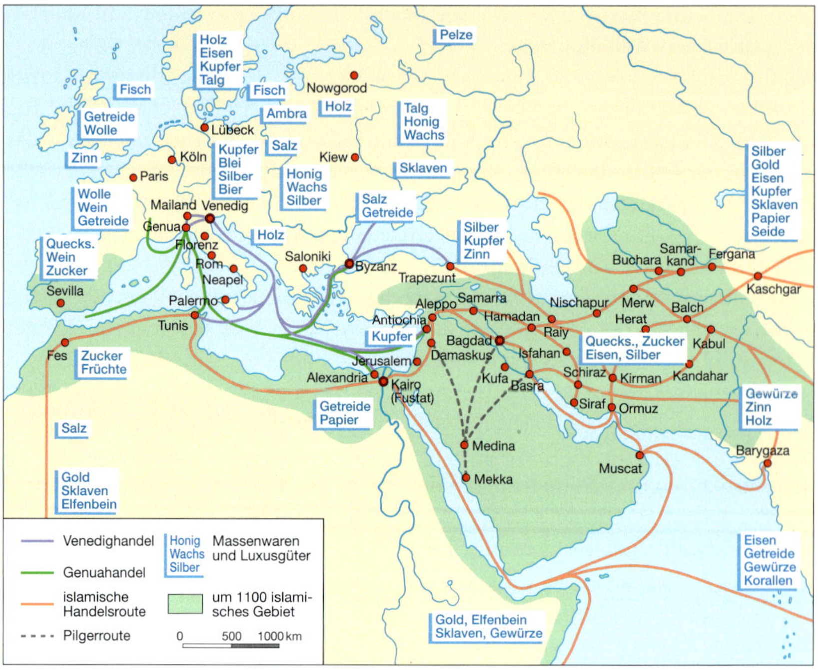

1 „Der islamische Kulturraum wurde zur Drehscheibe für den Handel zwischen Asien und Europa." Belegen Sie diese These, indem Sie die Handelswege und Warenströme in der Karte M3 untersuchen und erklären.

M4 Das Innere einer öffentlichen Bibliothek, Buchillustration von Yahya al-Wasiti aus dem 13. Jh.

Kadi
Richter nach islamischem Recht

Hadith
Arab. wörtl. Bericht. Schriftliche Überlieferung der Taten und Aussprüche des Propheten Muhammad *(sunna)*. Diese Überlieferung wurde auf ihre Quellen und Tradierung hin kritisch geprüft. Der Hadith ist nach dem Koran die zweite Quelle für das islamische Recht.

Stadtentwicklung und Gesellschaft

Mit dem Agrar- und Handelsaufschwung entfaltete sich die Gewerbeproduktion. Textil-, Glas- und Keramikherstellung wurden verfeinert und Papier- und Zuckermanufakturen eingerichtet. Bagdad wuchs als Hauptstadt der Abbasiden zu einem **hochentwickelten Wirtschafts- und Kulturzentrum** heran, ebenso wie Córdoba im maurischen Spanien oder Kairo unter den Fatimiden und Mamluken: Die Vielzahl der Großstädte mit mehr als 200 000 Einwohnern war beeindruckend und das Zivilisationsniveau übertraf dasjenige der Antike. Die Untertanen der muslimischen Herrscher waren **persönlich frei**, eine religiös begründete Ständelehre wie im lateinisch-römischen Westen gab es nicht. Allerdings war die Sklaverei ein wichtiger Bestandteil der muslimischen Gesellschaft; die Versklavung von Muslimen und Musliminnen war jedoch verboten. Die Bauern lebten zumeist als Pächter auf den Gütern der Großgrundbesitzer, der **Notablen**, die sich meist in den Städten aufhielten und häufig als islamische Rechtsgelehrte, Kaufleute oder Literaten tätig waren. Ein Feudalsystem wie im christlichen Europa existierte nicht, jedoch übernahmen die Notablen herrschaftliche Aufgaben. Der Kalif oder Sultan vergab das **Amt des Wesirs**, einer Art Kanzler, des **Provinzgouverneurs** und des **Emirs**, seines Heerführers, an ihm genehme Notablen. In den Kreis der *Ulama* konnten Stadtbewohner bei entsprechender Bildung aufsteigen und wichtige Ämter wie das des Kadis* besetzen. Entsprechende Schulen *(Medresen)* übernahmen die Ausbildung.

Kulturelle Leistungen

Durch die islamische Welt kamen zahlreiche Kulturgüter nach Europa. Viele zuvor unbekannte Nutzpflanzen wie die Aprikose wurden in Andalusien heimisch, Stoffe wie Baumwolle wurden dort produziert. Eine erste Papiermühle wurde im 8. Jahrhundert in Bagdad errichtet. Von besonderer Bedeutung war das **wissenschaftliche Interesse** der Muslime. Außer dem Studium von Koran, Hadith* und islamischem Recht wandte man sich auch weltlichen Wissenschaften zu. Die Muslime nahmen Anregungen aus China, Indien und Persien auf und eigneten sich die antike griechische Wissenschaft an, bewahrten deren Überlieferung und entwickelten das antike

Erbe weiter. Über wissenschaftliche Zentren z. B. in Bagdad und in Toledo wurden den christlichen Gelehrten des Mittelalters antike Schriften und insbesondere die des Aristoteles (M 16–M 18) erhalten und überliefert. Bahnbrechend waren auch die wissenschaftlichen Leistungen der islamischen Welt in vielen anderen Disziplinen, beispielsweise in der Mathematik, Medizin oder Astronomie.

Der Kreuzzugsgedanke

Im Jahre 1095 hielt Papst Urban II. (Reg. 1088–1099) während eines Konzils außerhalb der Stadt Clermont in Frankreich eine wortgewaltige Rede. Seine Ausführungen sind nur in vier späteren, unterschiedlichen Fassungen überliefert (M 19). Demnach rief er die Ritterschaft dazu auf, sich zu bewaffnen und Glaubensbrüdern im Orient zu Hilfe zu eilen. Papst Urban reagierte damit auf ein Hilfegesuch des byzantinischen Kaisers Alexios (Reg. 1081–1118), der durch das Vordringen der muslimischen Seldschuken bedrängt war. Auch kursierten Gerüchte von Übergriffen auf christliche Pilger. Wahrscheinlich bereits in dieser Rede – auf jeden Fall aber in späteren Briefen – propagierte der Papst als Ziel, das Grab Christi, das **Heilige Grab** in Jerusalem, zu befreien. Dieses Ziel wurde zum zentralen Bestandteil des Kreuzzugsgedankens. Die **Jerusalemverehrung** spielte im Bewusstsein der Christen bereits seit Jahrhunderten im Rahmen der Pilgerfahrt eine große Rolle. Sowohl Pilger als auch Kreuzfahrer legten als Pilgerzeichen ein Kreuz an und ein Gelübde ab. Neu war jedoch, dass die Läuterung des Sünders durch den **bewaffneten Kampf** erfolgen konnte. In diesem Sinne verkündete der Papst den Nachlass der Sünden, einen vollkommenen Ablass. Ein solcher Kampf wurde als **Heiliger Krieg** angesehen, weil er angeblich auf dem Willen Gottes beruhte. Diese Vorstellung wurde mit der ritterlichen Aufgabe des Herrendienstes verknüpft. Der einflussreiche Zisterzienserabt und spätere Kreuzzugsprediger Bernhard von Clairvaux (um 1090–1153) bezeichnete Palästina als Eigentum des Herrn Jesu und forderte jeden Ritter des Herrn *(miles christi)* auf, in den Kampf zu ziehen, um seinen obersten Herren wieder in sein Recht einzusetzen (M 5).

M 5 Ein Kreuzfahrer begibt sich in den Schutz Gottes und nimmt als *miles christi* die Kreuzfahrt auf sich, englische Buchmalerei aus dem *„Westminster Abbey Psalter“*, 1175

Beweggründe der Kreuzfahrer

Mit seinem Aufruf hatte sich der Papst an die Ritter und nicht an Kaiser und Könige gewandt. Denn seit 1075 befand sich das Papsttum mit dem französischen, römisch-deutschen und englischen König im **Streit um die Investitur*** der Bischöfe und Äbte. Der römisch-deutsche König, der Salier Heinrich IV. (1056–1106), war seit 1080 gebannt und sollte es bis zu seinem Tode bleiben, weil er auf die Investitur der deutschen Reichsbischöfe nicht verzichten wollte. Den französischen König Philipp I. (Reg. 1060–1108) hatte Urban 1094 durch den Klerus wegen eines ehebrecherischen Verhältnisses exkommunizieren lassen. In diesen Konflikten wurde das bisherige Verhältnis von geistlicher und weltlicher Gewalt im römisch-lateinischen Westen infrage gestellt. Auch mit seiner Rede in Clermont demonstrierte der Papst, dass er die führende Rolle in der lateinischen Christenheit beanspruchte.

Investitur
siehe S. 49

Der Aufruf Papst Urbans fand großen Widerhall. Die **Gründe** dafür werden unterschiedlich diskutiert. Einige Historiker heben **soziale Faktoren** hervor. In der feudalen Gesellschaft Europas war die Macht der lokalen Herren gestärkt worden, während die Belastungen der niederen Ritter und Bauern drückender wurden. Auch gab es in Westeuropa einen Bevölkerungsanstieg. Die daraus entstandene Landknappheit führte z. B. beim französischen Adel zu Beschränkungen bei der Erbfolge und Heirat, was in Einzelfällen die Annahme des Kreuzes begünstigte. Einige Anführer des ersten Kreuzzuges erstrebten zudem eine eigene Herrschaft im Heiligen Land. Entscheidend für die Teilnahme am Kreuzzug waren aber offenbar **religiöse Gründe**. Das ausgehende 11. Jahrhundert war eine religiös bewegte Zeit, in der viele Menschen vom Glauben an einen Heiligen Krieg, an den rit-

Nachfolge Christi *(imitatio christi)*
Dazu gibt das Matthäus-Evangelium den Beleg: „Wenn einer mir nachfolgen will, der verleugne sich selbst, nehme sein Kreuz auf sich und folge mir nach."

terlichen Dienst als *miles christi*, vom Ideal einer **Nachfolge Christi** *(imitatio Christi)**, von Jerusalemsehnsucht und dem Buß- und Ablassgedanken erfasst wurden.

Der Verlauf des ersten Kreuzzuges

1096 traten verschiedene soziale Gruppen von Kreuzfahrern, begleitet von Frauen und Kindern, den Weg ins Heilige Land an. Als erste Gruppe brach der **Volkskreuzzug** auf, dessen Teilnehmer aus allen Schichten der Bevölkerung stammten. Ein erster Haufen wurde 1096 bei Nikäa von den Seldschuken vernichtet, ein zweiter bereits in Ungarn aufgerieben. Bei der anderen Gruppe handelte es sich um mehrere wohlausgerüstete **Ritterheere**, deren hochadlige Fürsten aus Frankreich, Flandern und dem süditalienischen Normannenstaat kamen. In mehreren Schüben zogen sie bis Konstantinopel und vereinigten sich 1097 auf der kleinasiatischen Seite des Bosporus. Unter hohen Verlusten gelangten sie 1099 nach **Jerusalem**. Im Juli nahmen sie die Stadt ein und töteten dabei fast alle muslimischen und jüdischen Bewohner in einem grausamen Blutbad – Schätzungen gehen von 20 000 Opfern aus (M 20).

Judenpogrome vom Sommer 1096

Einige Gruppen des Volkskreuzzuges zerstörten zu Beginn ihres Aufbruches im Sommer 1096 in einer Serie von **Massakern** die blühenden rheinischen und lothringischen jüdischen Gemeinden und überfielen auch diejenigen in Regensburg und Prag. Damit kamen latente Spannungen gegenüber den Juden, die bei den Christen als Mörder Jesu angesehen wurden und deren teilweiser Wohlstand sozialen Neid hervorgerufen hatte, offen zum Ausbruch. Die Kreuzzügler bezogen die Forderung des Papstes, zunächst die Feinde Christi im eigenen Land zu bekämpfen, auf die Juden. Obwohl die geistlichen und weltlichen Stadtherren meist versuchten, die Juden zu schützen, wurden die jüdischen Gemeinden von **Rouen, Metz, Speyer, Mainz, Worms und Köln** vernichtet. Infolge dieser Katastrophe stellten die Päpste die Juden zwar unter ihren Schutz und garantierten deren ungestörte Religionsausübung, ebenso intensivierten die weltlichen Herrscher ihre Schutzbeziehungen. Gleichzeitig wurden die Juden aber durch neue Gesetze von beiden Gewalten rechtlich stärker isoliert und benachteiligt. Das Verhältnis zwischen Juden und Christen blieb durch die Ausschreitungen im Zuge des ersten Kreuzzuges nachhaltig belastet und in der Folgezeit, als sich die Gemeinden zum Teil neu bildeten, wurden von den Christen verleumderische Legenden zur eigenen Entlastung bei erneuten Übergriffen erfunden, wie die Vorwürfe des **Ritualmordes***, des **Hostienfrevels*** oder der Brunnenvergiftung (s. S. 52 f.).

Ritualmordlegende
Christen beschuldigten fälschlicherweise die Juden, ein Christenkind getötet zu haben, um an ihm die Passion Christi nachzuvollziehen oder aber sein Blut zur magischen Entsühnung zu verwenden.

Hostienfrevellegende
Juden wurden verleumdet, im Beisein von Glaubensgenossen die Hostie „gemartert" zu haben, sodass Blut herausgetreten sei; nach dem Glauben der Christen war dies das Blut Christi.

Die Lage der islamischen Staatenwelt im Nahen Osten

Als eine Folge des ersten Kreuzzuges entstanden christliche Kreuzfahrerstaaten: das Königreich Jerusalem, das Fürstentum Antiochia und die Grafschaften Edessa und Tripolis. Dass es zu diesen christlichen Herrschaften kommen konnte, lag auch an der Konstellation der islamischen Mächte im Nahen Osten. Der Abbasidenkalif in Bagdad wurde zwar weiterhin als religiöse Macht des sunnitischen Islam respektiert und repräsentierte als solcher die Einheit der *Umma*. Jedoch lag die reale Macht seit 1055 bei dem islamischen Sultan Melikschah (Reg. 1072–1092) und seinem bedeutenden Wesir Niza al-Mulk (Reg. 1018–1092), die ein **seldschukisches Großreich** (M 7) mit Sitz in Isfahan, weit entfernt von Palästina, regierten. Ab 1077 verselbstständigte sich in Anatolien das Reich der **Rumseldschuken*** (1077–1243). Das ägyptische **Reich der Fatimiden** (969–1171) bildete die zweite Großmacht, dessen schiitische* Kalifen jedoch die Legitimität des sunnitischen Kalifen in Bagdad bestritten. Politische Zersplitterung und Rivalität sowie religiöse Gegensätze verhinderten somit ein einheitliches Vorgehen gegen die Kreuzfahrer.

Rumseldschuken
Abspaltung vom Reich der Seldschuken; das Reich in Anatolien wurde um 1080 unter Führung des seldschukischen Prinzen Süleyman gegründet. Der Name *Rum* bezieht sich auf die Rhomäer, die Byzantiner, denen sie sehr zusetzten.

Schiiten
Abgeleitet von *Schiat Ali*, d. h. Partei Alis. Die Schiiten erkennen nur Ali und seine Nachkommen als rechtmäßige Imame an. So stehen sie den Sunniten ablehnend gegenüber. Sie bilden ca. 10–15 % der Muslime.

M6 Europa und der Nahe Osten Ende des 12. Jahrhunderts

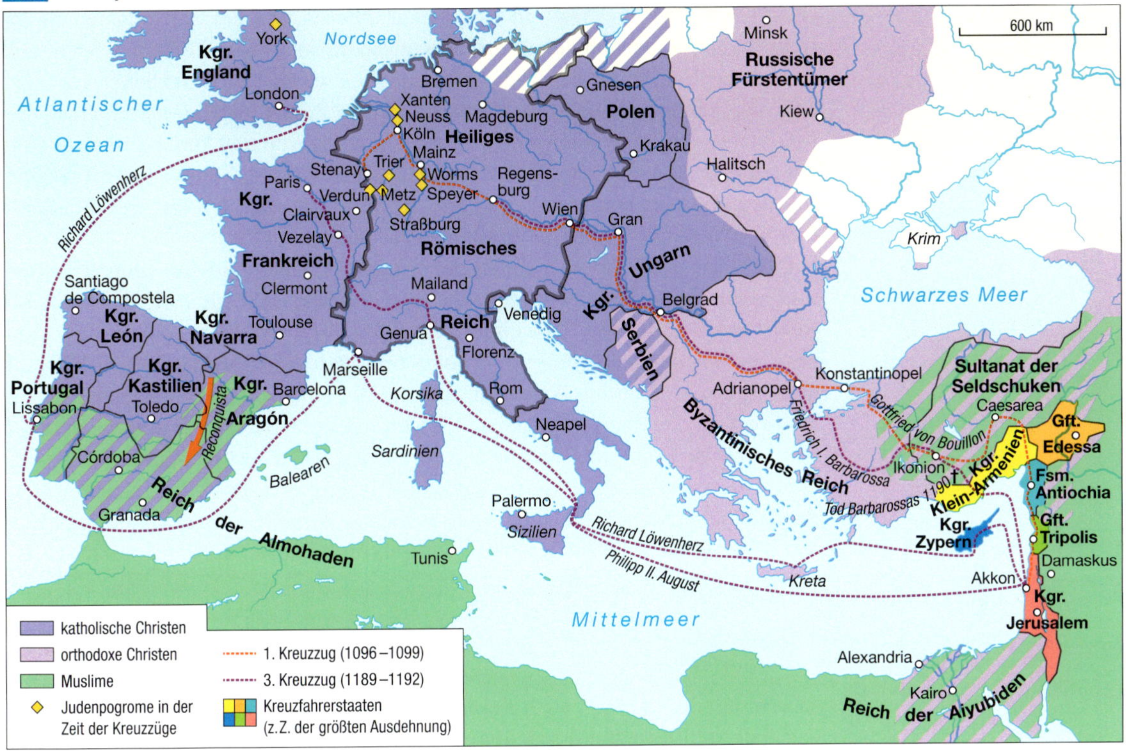

M7 Die Seldschuken und die späten Abbasiden im 11.–13. Jahrhundert

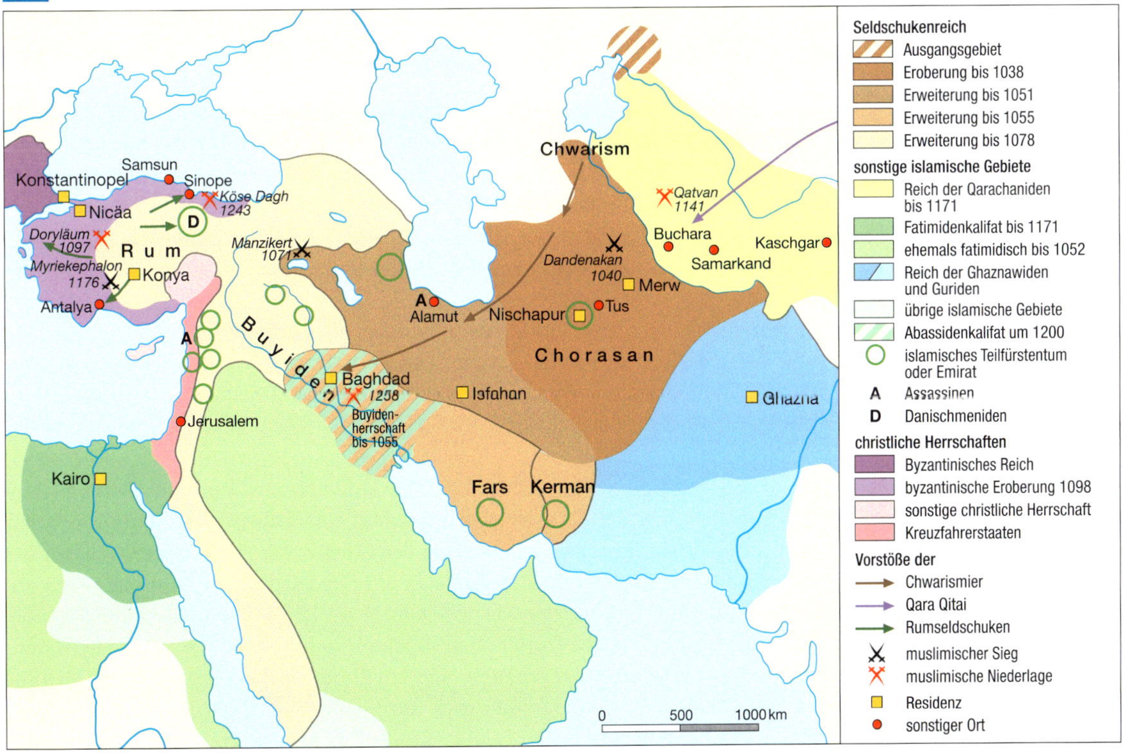

Das Leben in den Kreuzfahrerstaaten

In der Folgezeit konnten sich die Kreuzfahrerstaaten in Palästina etablieren. Mit der Zeit bildeten sie jeweils eigene Dynastien aus und machten das westeuropäische Lehnssystem zur Grundlage ihrer Herrschaft. Aus Landknappheit wurden auch Geldlehen ausgegeben. Die adlige Führungsschicht wurde durch Zuzug aus Europa ergänzt. Die Kreuzfahrerstaaten waren von einer starken **ethnischen und konfessionellen Vielfalt** geprägt (M 25–M 28). Nach einigen Jahren setzten die Eroberer im Umgang mit den anderen Konfessionen ältere islamische Traditionen fort und übernahmen im Wesentlichen das **Dhimmi-System**.
Hinsichtlich ihrer Rechte standen die übrigen christlichen Religionen, Muslime und Juden hinter den lateinischen Christen zurück, auch wenn sie ihre Religion weiter ausüben durften. Teilweise mussten Muslime christlichen Herren als Sklaven dienen. Die **Landwirtschaft, Binnen- und Fernhandel** sowie das **Geschäft mit den Pilgern** prägten die Wirtschaft, die durch Handelskontakte zur islamischen Welt und zu den oberitalienischen Adelsrepubliken Pisa, Genua und Venedig sowie durch die Eroberung und Sicherung eigener Küstenstädte blühte. Zur Verteidigung der Herrschaften wurden **Ritterorden** gegründet. Diese Ritterschaft war in der Lebensführung an die Regeln von Mönchsgemeinschaften gebunden. Als erster Orden wurde 1120 der Templerorden gegründet, später entstanden Johanniterorden und Deutscher Orden.

Aiyubiden
ägyptisch-syrisches Herrschergeschlecht kurdischen Ursprungs

Das Ende der Kreuzfahrerstaaten

Der erste Kreuzzug von 1096 bildete den Auftakt für weitere, die die Herrschaft im Heiligen Land sichern sollten. Hierzu nahmen auch Könige und Kaiser das Kreuz. Eine Wende für die Sache der Muslime trat durch den Aiyubiden* Salah ad-Din (in Europa „Saladin" genannt) ein. Als Nachfolger der Fatimiden und Sultan über Ägypten und Syrien (Reg. 1175–1193) mit den Städten Damaskus und Aleppo erkannte er die Oberhoheit des sunnitischen Kalifen von Bagdad an. Durch einen Vertragsbruch provoziert, propagierte er den Dschihad und konnte 1187 Akkon und Jerusalem erobern (M 21–M 23).
Die Kreuzzugsbewegung wurde auch durch Spannungen mit dem byzantinischen Reich geschwächt. 1204 führte der vierte Kreuzzug zur **Eroberung von Konstantinopel** durch ein Kreuzfahrerheer und zur **Gründung des lateinischen Kaiserreiches**, das bis 1261 Bestand hatte. Durch weitere Kreuzzüge, Kriege und Vertragspolitik konnten die Kreuzfahrerstaaten Terrain zurückgewinnen, bis sich ihnen mit dem ägyptischen Mamlukenstaat unter dem Sultanat Baibars (Reg. 1260 bis 1277) und seines Nachfolgers Qalawun (Reg. 1279–1290) eine starke Zentralmacht entgegenstellte, die Städte und Festungen der Kreuzfahrerstaaten völlig zerstörte und die christlichen Bewohner vernichtete. 1291 fiel als letzte Festung **Akkon** (M 24). Die Verteidiger wurden getötet, Frauen und Kinder in die Sklaverei verkauft.

M8 Kaiser Friedrich II. (Reg. 1220–1250) und Sultan al-Kamil (Reg. 1218 bis 1238) schließen den Vertrag von Jaffa, 2. Hälfte des 13. Jahrhunderts.
Kaiser Friedrich II. verzichtete während der Kreuzzüge 1228 auf ein militärisches Vorgehen und schloss mit Sultan al-Kamil 1229 den Vertrag von Jaffa, der den Christen auf zehn Jahre die Herrschaft über Jerusalem und weitere Städte einräumte.

Das Kalifat von Córdoba

Im Jahre 711 landeten muslimische Truppen aus Nordafrika unter dem Berberoffizier Tariq ibn Ziyad im Auftrag des arabischen Gouverneurs der Provinz Ifriqija, Musa ibn Nusair, bei Gibraltar. In der anschließenden Schlacht am Fluss Guadalete wurde der Westgotenkönig Roderich (Reg. 710–711) besiegt. Von 712 bis 715 eroberten Tariq und Musa, der mit weiteren Truppenkontingenten gefolgt war, das Westgotenreich, wobei es nicht zu einer dauerhaften Herrschaft im Norden der Iberischen Halbinsel kam. Auf diese Weise konnten sich nördlich der Flüsse Duero und Ebro kleinere christliche Fürstentümer bilden. Einige Jahrzehnte lang war die Herrschaft im arabisch-muslimischen Teil, der **al-Andalus** genannt wurde, bedingt durch Rivalitäten und Fehden zwischen den arabischen Heerfürsten wenig stabil.

Erst der Umaiyadenprinz Abd ar-Rahman (Reg. 756–788), der aus dem Gebiet des heutigen Irak vor seinen abbasidischen Verfolgern flüchten musste und sich mit seiner Streitmacht sowie durch Verhandlungen 756 in al-Andalus durchsetzen konnte, gründete einen islamischen Staat, das Emirat von Córdoba. Neben militärischer Stärke bedingten eine kluge Diplomatie und Wirtschaftspolitik sowie die Pflege der Kultur- und Handelsbeziehungen zur muslimischen Welt den Reichtum des Landes. Seine Blütezeit erreichte Córdoba unter Abd ar-Rahman III. (Reg. 912–961), der Córdoba 929 zum Kalifat erhob, sowie unter seinem Sohn und Nachfolger Al-Hakam II. (Reg. 961–976). In dieser Zeit bestand Frieden im Innern sowie Sicherheit nach außen (M 29, M 30, M 33). Die christlichen Reiche wurden nicht nur militärisch kontrolliert, sondern sie huldigten den beiden Kalifen sogar. Christen und Juden erhielten als *Dhimmis* Religionsfreiheit, zahlten dafür entsprechende Steuern und durften interne Angelegenheiten weitgehend selbst regeln. Viele Christen traten freiwillig zum Islam über; diejenigen, die sich lediglich kulturell arabisierten, wurden **Mozaraber** genannt. Juden wie Christen konnten bedeutende Ämter am Hofe einnehmen. Großartige Bauwerke der Hauptstadt Córdoba wie die Moschee und die **Palaststadt Medina az-Zahra** legen noch heute Zeugnis ab von einer der bedeutendsten Kulturen in Europa. Nur Konstantinopel, Bagdad sowie die chinesische Hauptstadt Chang-an waren weltweit mit Córdoba vergleichbar. Al-Hakam II. förderte in besonderem Maße Wissenschaft und Künste. Er ließ ein Schulwesen für alle Bevölkerungsschichten aufbauen und eine Bibliothek, die 400 000 Bände beherbergte, einrichten.

Nach seinem Tod konnte Muhammad ibn Abi Amir (Reg. 977–1003), genannt **al-Mansur,** d. h. der „Siegreiche“, als Günstling der Sultanin für deren unmündigen Sohn Hisham die Herrschaft an sich ziehen. Al-Mansur und dessen Sohn Abd al-Malik (Reg. 1002–1008) regierten mithilfe berbischer Söldner und führten etwa fünfzig Kriegs- und Beutezüge gegen die christlichen Reiche. Al-Mansur war aber auch ein geschickter Diplomat, sodass die christlichen Fürsten bereitwillig mit ihm paktierten. Jedoch ließ er einen Teil der Bibliothek al-Hakams verbrennen, insbesondere Bücher mit philosophischen und wissenschaftlichen Inhalten, die er als nicht vereinbar mit dem Islam erachtete.

Die Herrschaft der Taifa-Könige

Nach der Regierungszeit Abd al-Maliks zerfiel das Reich aufgrund eines Bürgerkrieges und löste sich in eine Vielzahl von Klein- und Kleinststaaten, den Taifa*-Königreichen, auf. Waren einst die christlichen Fürsten in Nordspanien dem Kalifen tributpflichtig gewesen, so kehrte sich jetzt das Abhängigkeitsverhältnis, zumindest in den Grenzregionen, um. Die Taifa-Könige zahlten Schutzgebühren an die christlichen Könige. Insgesamt wechselten jedoch ständig die Allianzen, auch über die religiösen Grenzen hinweg. Die Epoche der Taifa-Könige war eine Zeit des Austausches und der kulturellen Blüte, da die einzelnen Höfe sich als **Mäzene der Künste und Wissenschaften** profilierten. Das 11. und 12. Jahrhundert brachte eine Blüte der arabischen und hebräischen Dichtkunst hervor. Ethnische Herkunft, Religion und Sprache waren vielfältig. Arabisch dichtende Goten gab es ebenso wie arabisch philosophierende Juden. Das dialektale Umgangsarabisch war die von allen verstandene Alltagssprache.

Taifa
arab. *taifa* = Fraktion

Die Reconquista

Als der christliche König Alfons VI. von Kastilien im Jahre 1085 Toledo erobern konnte, riefen die Taifa-Könige die Berber-Dynastie der Almoraviden aus Nordafrika zu Hilfe. Im Jahre 1089 übernahm diese die Herrschaft in al-Andalus und machte es zur Provinz ihres Reiches. Für die Geschichte der Iberischen Halbinsel wurden nun zwei Strömungen bestimmend: Auf der einen Seite vertraten die Almoraviden einen stren-

Reconquista
span. Rückeroberung; Bezeichnung für die Kriege christlicher Heere im mittelalterlichen Spanien und Portugal zur Eroberung des muslimischen Teils der Iberischen Halbinsel

gen Islam, getragen von asketischen Kriegermönchen, die auf der Einhaltung der Regeln der Scharia bestanden und den Dschihad gegen die christlichen Herrscher betrieben. Auf der anderen Seite nahm der europäische Kreuzzugsgedanke auf der Iberischen Halbinsel die Form der Reconquista* an. Die christlichen Staaten sahen sich als legitime Erben des ehemaligen Westgotenreiches, das sie im Kampf gegen die Mauren wieder erobern wollten. Man betrachtete in beiden Lagern die bisherigen Nachbarn, zuvor sowohl Gegner als auch Verbündete, nun in erster Linie als Feinde, die es zu unterwerfen galt. Die Almoraviden wiesen 1128 die Mozaraber aus, bald danach die Juden. Sie verfolgten den Theologen al-Ghazali und die Sufis*. Im Jahre 1147 wurden die Almoraviden in Afrika durch eine weitere Berber-Dynastie, die **Almohaden**, gestürzt. Gleichzeitig büßten sie ihre Macht in al-Andalus ein. Die christlichen Fürsten nutzten die Schwäche der islamischen Gegner und dehnten ihre Herrschaft weiter aus. Die Almohaden, ebenfalls organisiert als militärisch-religiöse Bruderschaft, erkämpften sich die Herrschaft in al-Andalus, nahmen 1171 Sevilla als neue Hauptstadt ein und konnten ihre Macht stabilisieren. Ihr Ziel war es, dem Islam in al-Andalus in seiner „ursprünglichen“ Form wieder Geltung zu verschaffen und die strikte Einhaltung von Geboten und Verboten unter Berufung auf den Koran und die Sunna durchzusetzen. Im Unterschied zu den Almoraviden förderten sie unter dem Kalifen Yusuf I. Dichtung und

Sufis
Muslimische Mystiker; die Bewegung der Sufis wird Sufismus genannt. Als einer der größten Sufis gilt Ibn al-Arabi (1165–1240), der in Andalusien aufwuchs.

M 9 Alhambra, Comarespalast, entstanden unter Muhammad V., Fotografie, 2006

M 10 Phasen islamischer Herrschaft in Spanien vom 8. bis 15. Jahrhundert

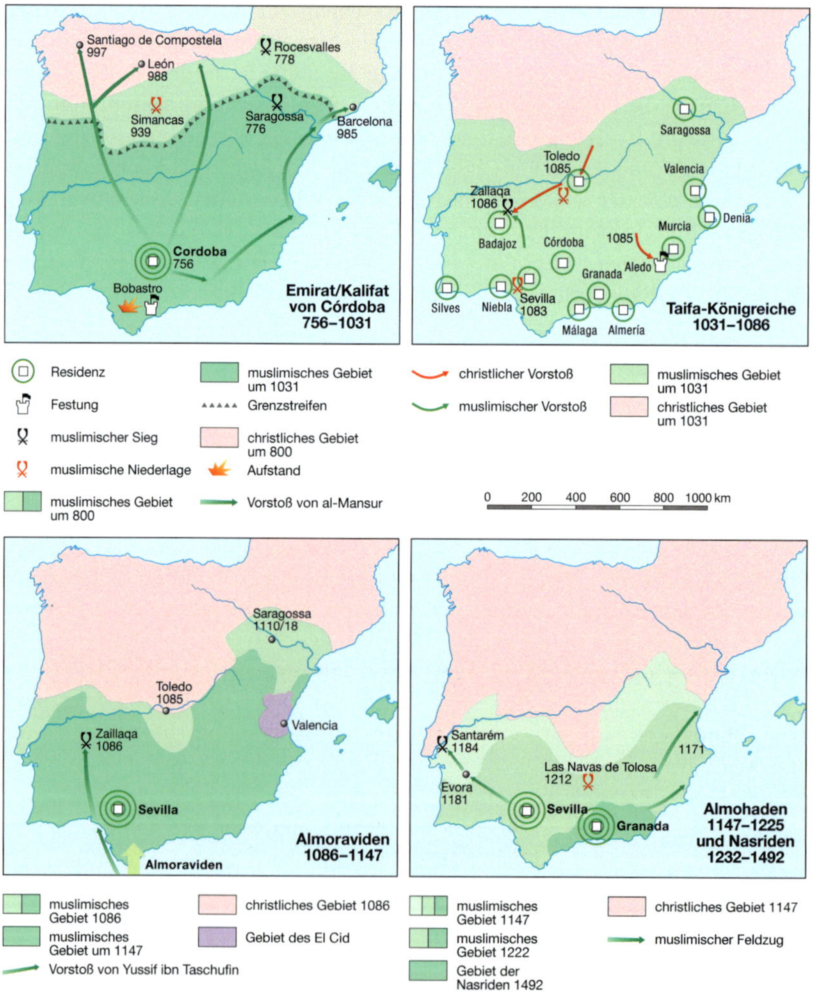

Wissenschaft, u.a. den größten Philosophen jener Zeit, **Ibn Rushd**. Gleichzeitig führten sie den Dschihad gegen die christlichen Staaten fort. Im Jahre 1212 kam es zur entscheidenden Auseinandersetzung: Auf Ersuchen des kastilischen Königs hatte Papst Innozenz III. zum Kreuzzug auf der Pyrenäenhalbinsel aufgerufen und Zehntausende Krieger aus dem christlichen Europa folgten diesem Appell. Die vereinigten Heere der Könige von Aragon, Kastilien, Leon und Navarra besiegten diejenigen der Almohaden in der **Schlacht von Las Navas de Tolosa.**

Der Nasridenstaat von Granada

Durch den Sieg bei Las Navas de Tolosa war ein Wendepunkt eingetreten. In den folgenden Jahren konnten die christlichen Reiche die muslimische Herrschaft fast ganz von der Iberischen Halbinsel verdrängen. Als letzter muslimischer Staat bildete sich im Jahre 1237 das Sultanat von Granada unter der Dynastie der Nasriden (M 31, M 32). Durch die Anerkennung eines Vasallitätsverhältnisses zu Kastilien und die Zahlung hoher Tribute konnte dieser muslimische Staat eine Zeit lang bestehen und eine neue Blütezeit erleben. Der Ausbau und die Vollendung der Alhambra* (M 9 sowie S. 90 f.) und ein erneuter Aufschwung der Wissenschaften und Bildung fielen in die Zeit Muhammads V. (Reg. 1354–1359; 1362–1391). Danach zerfiel Granada, bis es 1492 unter den katholischen Königen Isabella von Kastilien (Reg. 1474 bis 1504) und Ferdinand von Aragón (Reg. 1479–1516) eingenommen werden konnte. Der Kapitulationsvertrag sicherte den Mudejaren* zunächst freie Religionsausübung zu. Doch wurden diese Rechte bereits 1502 aufgehoben. **Taufe oder Exil** lauteten nun die Alternativen. Die meisten wählten die Taufe und praktizierten heimlich ihren alten Glauben weiter; deshalb wurden sie **Morisken**, kleine Mauren, genannt. Auch die **Juden** wurden vor diese Entscheidung gestellt: Wer sich nicht taufen lassen wollte, wurde **1492 ausgewiesen**. In den folgenden Jahren überprüfte die **Inquisition*** die Gesinnung und unterdrückte jede aus dem Islam oder Judentum stammende religiös motivierte Lebensweise. Verlangt wurde die völlige Assimilation an die christliche Gesellschaft. 1565 folgte die Enteignung der Morisken von Granada, nach der Niederschlagung ihres Aufstandes deren zwangsweise Umsiedlung. 1609 wurden alle Morisken aus Spanien deportiert.

Alhambra
arab. *Al-hamra* = die Rote, da der Palast der Nasridenherrscher im Abendlicht rötlich schimmert

Mudejaren
unter christlicher Herrschaft lebende Muslime

Inquisition
gerichtliche Untersuchung; Vorgehen der katholischen Kirche gegen Ketzer; ursprünglich Sache der Bischöfe; seit dem 13. Jahrhundert unter päpstlicher Hoheit und in einer zentralen Behörde organisiert mit beauftragten Inquisitoren

Webcode:
KB645961-079

1 ■ Untersuchen Sie das Verhältnis von Religion und Herrschaft im abbasidischen Kalifat.

2 ■ Erarbeiten Sie die Gründe für die wirtschaftliche Prosperität des islamischen Kulturraumes.

3 ■ Vergleichen Sie die muslimische Gesellschaftsordnung mit derjenigen der christlichen Staaten Mitteleuropas.

4 ■ Arbeiten Sie die Gründe heraus, die die Ritter zur Kreuzfahrt veranlasst haben.

5 ■ Erklären Sie die politischen Kräfteverhältnisse im christlichen Westen und islamischen Nahen Osten und deren Auswirkungen.

6 ■ Begründen Sie das Urteil, durch den ersten Kreuzzug sei das Verhältnis zwischen Juden und Christen nachhaltig belastet worden.

7 ■ **Geschichte produktiv:** Erarbeiten Sie anhand des Darstellungstextes und der Karten (M 10) ein Strukturschema zu den Epochen der Geschichte von al-Andalus. Erläutern Sie deren Besonderheiten.

8 ■ **Zusatzaufgabe:** Erklären Sie das islamische Dhimmi-System und seine Bedeutung für das Zusammenleben der Kulturen in Andalusien.

Zur Herrschaftsauffassung der Abbasiden

M 11 Abu Yusuf (731–798), Rechtsgelehrter und Oberrichter des Abbasiden-Kalifen Harun ar-Raschid (Reg. 786–809), in seinem Werk „Guter Rat für einen Kalifen"

Folgendes schrieb Abu Yusuf – Gott erbarme sich seiner – an Harun ar-Raschid, den Herrscher der Gläubigen:

Gott schenke dem Herrscher der Gläubigen ein langes Leben, er vermehre seinen Ruhm in der Fülle des Genusses und dem Fortbestand der Ehre und lasse, was er ihm gewährt, fortdauern in den Segnungen des Jenseits, die sich weder erschöpfen noch schwinden, und in der Gesellschaft des Propheten – Gott segne und bewahre ihn! [...]

Gott ernannte in seiner Gnade und seiner Güte die Herrscher zu Stellvertretern (*chalifa*) auf seiner Erde und verlieh ihnen ein Licht, damit sie ihren Untertanen in unklaren Angelegenheiten leuchten und die Pflichten, über welche sie im Zweifel sind, klären könnten. Die Erleuchtung des Machthabers besteht darin, dass er Strafen für Übertretungen (*hadd*) durchsetzt und dass er jedem das Seine verschafft, mit Nachdruck und klarem Befehl. Die Belebung der überlieferten Praxis (*sunna*), welche gottesfürchtige Männer eingerichtet haben, ist von größter Bedeutung, denn die Belebung der Überlieferung ist eine jener guten Taten, welche leben und nicht sterben. Die Tyrannei des Hirten ist der Untergang der Herde; verlässt er sich auf unwürdige und schlechte Menschen, ist das der Untergang der Gemeinde. Herrscher der Gläubigen, vervollkommne die dir von Gott gewährten Wohltaten, indem du sie gut gebrauchst, und trachte sie nicht zu vernichten, indem du dich dafür dankbar zeigst; denn Gott, der Allmächtige, sagt in seinem Buch: „Wenn ihr dankbar seid, werde ich euch noch mehr Gnade erweisen. Wenn ihr aber undankbar seid (werdet ihr es büßen müssen). Meine Strafe ist heftig" [Koran, Sure 14, 7]. Nichts ist Gott lieber als gute Taten, nichts ihm verhasster als Übeltaten. Sünden begehen heißt seine Wohltaten leugnen. Wahrlich, es gab wenige, die, wegen ihrer Undankbarkeit für Gottes Wohlraten, nicht ihrer Macht beraubt und von Gott der Herrschaft ihrer Feinde unterworfen wurden, wenn sie nicht doch noch voller Schrecken bereuten.

Bernard Lewis (Hg.), Der Islam von den Anfangen bis zur Eroberung von Konstantinopel, Bd. 1, übers. aus dem Engl. von Hartmut Fähndrich, Artemis, Zürich 1981, 224–247.

1 ■ Untersuchen Sie, wodurch Abu Yusuf das Kalifat Haruns als legitimiert ansieht.

2 ■ Arbeiten Sie heraus, welche Funktionen der Kalif nach Abu Yusuf im Rahmen einer islamischen Herrschaft ausüben soll.

3 ■ Charakterisieren Sie das Selbstverständnis des Autors, das in dem vorliegenden Schreiben an Harun zum Ausdruck kommt.

M 12 Geschenkmünze des abbasidischen Kalifen al-Mutawakkil (Reg. 847–861), Silber, 855

Vorderseite: Porträt des Herrschers, Ornat nach persischem, auch altorientalischem Vorbild; Inschrift: „Im Namen Gottes, Muhammad ist der Gesandte Gottes, al-Mutawakkil ala'allah" [der auf Gott Vertrauende]

Hinterseite: Bild eines Mannes mit geführtem Dromedar; Inschrift: „al-Mu'tazz bi-allah" [der durch Gott Mächtige]

Erläuterungen: Derartige Geschenkmünzen wurden bei festlichen Anlässen unter das Volk gestreut. Es wird berichtet, al-Mutawakkil habe fünf Millionen Silbermünzen prägen lassen, um sie wie Rosenblütenblätter über die versammelte Festgesellschaft zu verstreuen. Die Medaille dürfte als Gedenkmünze konzipiert worden sein; das Bild auf der Hinterseite bezieht sich wahrscheinlich auf die Unterwerfung der im Sudan ansässigen, Kamel reitenden bigah [eines sudanesischen Volksstamms] durch den zweiten Sohn al Mutawakkils, al-Mu'ttaz.

1 ■ Erklären Sie, welche kulturellen Einflüsse sich in der Münzdarstellung kreuzen.

2 ■ Beurteilen Sie, warum al-Mutawakkil diese Form der Herrscherdarstellung gewählt hat.

3 ■ **Zusatzaufgabe:** Diskutieren Sie die Funktion der Münze als Geschenk- und Gedenkmünze.

Der Status der Dhimmis im islamischen Kulturraum

M 13 Abu Yusuf (731–798), Rechtsgelehrter und Oberrichter des Abbasidenkalifen Harun ar-Raschid (Reg. 786–809), über die Stellung von Nicht-Muslimen

Umar[1] schrieb an Abu Ubaida[2]: [...] Lass das Land, welches Gott dir als Beute gewährt hat, in den Händen seiner Bewohner, und auferlege ihnen, nach Maßgabe ihrer Möglichkeit, die Kopfsteuer (*dschizya*) und verteile sie unter die Muslime. Sie sollen das Land bebauen, denn sie verstehen mehr davon und sind uns darin überlegen. Keiner, weder du noch die Muslime bei dir, darf sie als Beute betrachten und sie verteilen, weil zwischen dir und ihnen Friede geschlossen wurde und du von ihnen, nach Maßgabe ihrer Möglichkeit, Kopfsteuer erhebst. Gott hat das für uns und für euch in seinem Buch klar dargelegt: „Kämpft gegen diejenigen, die nicht an Gott und den jüngsten Tag glauben und nicht verbieten, was Gott und sein Gesandter verboten haben, und nicht der wahren Religion angehören – von denen, die die Schrift erhalten haben – (kämpft gegen sie), bis sie kleinlaut aus der Hand Tribut entrichten" [Koran, Sure 9, 29]. [...]
Hast du dir überlegt, was den Muslimen nach uns bliebe, wenn wir sie als Sklaven nähmen und sie verteilten? Bei Gott, die Muslime fänden niemanden, mit dem sie reden oder aus dessen Hände Arbeit sie Nutzen ziehen könnten. Die Muslime werden von der Arbeit jener Menschen zehren, solange sie leben; doch wenn wir und sie dahingegangen sind, werden unsere Söhne für immer von ihren Söhnen zehren, solange sie leben, denn sie sind die Diener der Muslime, solange der Islam siegreich ist. Auferlege ihnen also die Kopfsteuer, aber mache sie nicht zu Sklaven und verbiete den Muslimen, sie zu unterdrücken, ihnen Schaden zuzufügen oder ihren Besitz zu verzehren, es sei denn im erlaubten Ausmaß. [...]

Bernard Lewis (Hg.), Der Islam von den Anfängen bis zur Eroberung von Konstantinopel, Bd. 2, übers. von Hartmut Fähndrich, Artemis, Zürich 1982, S. 279.

1 Umar: der Zweite in der Reihe der Rechtgeleiteten Kalifen (Reg. 634 bis 644)
2 Abu Ubaida (583–639): einer der Gefährten Muhammads

1 ■ Analysieren Sie, welche Ratschläge der Kalif erteilt und wie er diese begründet und erläutert.
2 ■ Recherchieren und erklären Sie, inwiefern sein Schreiben für die spätere Praxis im Umgang mit Angehörigen anderer Religionen in den eroberten Ländern bedeutsam geworden ist.
3 ■ Diskutieren Sie, ob und inwieweit das von Umar vertretene Konzept der Behandlung der besiegten Bevölkerung zur Akkulturation von Siegern und Besiegten beitragen konnte.

M 14 Aus den Annalen des Geschichtsschreibers und Theologen at-Tabari (839–923) über Vorschriften für Nicht-Muslime in der Zeit der Abbasidenherrschschaft

In diesem Jahr [235 H = 849/50] befahl [der Abbasidenkalif] al-Mutawakkil [Reg. 847 bis 861] den Christen und allen [anderen nicht-islamischen] Schutzbefohlenen Folgendes: Sie sollten honigfarbene Schals und die [althergebrachten] Gürtel tragen. Sie sollten auf Sätteln mit hölzernen Steigbügeln reiten und an deren Rückseite zwei Kugeln anbringen. Sie sollten zwei Knöpfe an den hohen Mützen anbringen und solche tragen, die eine andere Farbe als die der Muslime haben. Sie sollten zwei Flecken an der Kleidung ihrer Sklaven befestigen, die sich in der Farbe von der sonstigen oberen Kleidung unterscheiden sollten, wobei der eine Fleck vorn an der Brust und der andere am Rücken befestigt werden sollte und jeder Fleck vier Fingerbreit und honigfarben sein sollte. Wer aber von ihnen einen Turban trägt, dessen Farbe sollte auch honigfarben sein. Wenn sich ihre Frauen in der Öffentlichkeit zeigten, sollten sie es nur tun, wenn sie einen honigfarbenen Überwurf trugen. Ihre Sklaven sollen die [althergebrachten] Gürtel tragen und durften nicht Gürtel [wie die Muslime] umbinden.
Ihre neu errichteten Kirchen sollten zerstört werden, und von ihren Wohnstätten sollte der Zehnt erhoben werden. Wenn der Platz [an dem die Kirche stand] groß genug war, sollte er als Moschee verwendet werden. Eignete er sich aber nicht für eine Moschee, sollte er frei gelassen werden. An die Türen ihrer Häuser sollten sie hölzerne Bilder von Teufeln nageln, um ihre Häuser von denen der Muslime zu unterscheiden. Sie durften nicht in den Verwaltungsstellen und den Bezirken des Reiches beschäftigt werden, wo sie den Muslimen Vorschriften machen konnten. Ihre Kinder sollten nicht in den Schulen der Muslime und nicht durch einen Muslim unterrichtet werden. Bei ihrem Palmsonntag sollten sie keine Kreuze zeigen und auf der Straße keine Kerzen tragen. Ihre Gräber sollten eingeebnet werden, damit sie den Gräbern der Muslime nicht glichen.

Bernard Lewis (Hg.), Der Islam von den Anfängen bis zur Eroberung von Konstantinopel, Bd. 2, übers. von Hartmut Fähndrich, Artemis, Zürich 1982, S. 218 f.

M 15 Aus den Annalen des Chronisten Yahya al-Antaki (um 980–1066?) über einen Erlass des ägyptischen Fatimidenkalifen az-Zahir (Reg. 1021–1036)

Az-Zahir verfasste einen Erlass [...], welcher der Bevölkerung verlesen wurde. Darin äußerte er seine positive Haltung allen gegenüber und bekräftigte, dass jedermann, der im Staatsdienst oder in der Rechtsprechung ein Amt bekleide, sich bei allen seinen Tätigkeiten und Pflichten an das Recht halten und auf Gerechtigkeit bedacht sein müsse und dass er die Friedfertigen und Rechtschaffenen zu schützen, die Unruhestifter und Missetäter zu verfolgen habe. Außerdem erwähnte er darin, er habe von der Sorge einiger *Dhimmis*, Christen und Juden, erfahren, sie könnten zum Übertritt zum Islam gezwungen werden, und auch von ihrem Unmut deswegen, zumal es ja in der Religion keinen Zwang geben sollte [Koran, Sure 2, 256]. Er forderte sie auf, sich von diesen Hirngespinsten freizumachen und versichert zu sein, dass sie Schutz und Fürsorge genössen und weiterhin ihre Stellung unter der Obhut der Muslime behielten. Wer aus eigener Wahl und durch die Gnade Gottes, nicht aber in der Absicht, seine Stellung zu verbessern, dem Islam beitreten wolle, könne das tun und werde willkommen sein; wer hingegen seiner Religion treu bleiben wolle – das gelte jedoch nicht für vom Islam Abgefallene –, stehe unter dem Schutz und der Obhut, und es sei die Pflicht der Muslime, ihm Schutz und Sicherheit zu gewähren.

Bernard Lewis (Hg.), Der Islam. Von den Anfängen bis zur Eroberung von Konstantinopel, Bd. 2, übers. von Hartmut Fähndrich, Artemis, Zürich 1982, S. 283.

1 ■ Arbeiten Sie arbeitsteilig in M 14 und M 15 heraus, wie die beiden Kalifen den Rechtsstatus der Dhimmis in der Praxis auslegen und gestalten wollen.
a) Analysieren Sie die Aussagen des Kalifen az-Zahir und charakterisieren Sie seine Position.
b) Untersuchen Sie die Regelungen des Kalifen al-Mutawakkil und arbeiten Sie deren Tendenz im Umgang mit den Dhimmis heraus.
2 ■ Präsentieren Sie Ihre Arbeitsergebnisse im Plenum.
3 ■ Diskutieren Sie, ausgehend von den Quellen, über das Verhältnis von Rechtsstatus und sozialer Praxis.
4 ■ **Zusatzaufgabe:** Beurteilen Sie, ob das Dhimmikonzept als Beispiel für religiöse Toleranz gelten kann.

Antike griechische, arabische und westeuropäische Philosophie im Mittelalter

M 16 Der Gelehrte Ibn Chaldūn (1332–1406) in seiner Universalgeschichte über die wissenschaftliche Beschäftigung der Muslime mit dem Werk des Philosophen Aristoteles (384–322 v. Chr.)

Daraufhin brachte Gott den Islam, zu dessen Erscheinen es für seine Anhänger nichts Vergleichbares gibt. Sie enthoben die Byzantiner und andere Völker ihrer Herrschaft. Zu Anfang lebten sie in einfachen Lebensverhältnissen und gleichgültig gegenüber den angewandten Künsten, bis sich dann ihre Macht und ihr Reich festigte und die Kultur in einer Art und Weise gedieh, wie es bisher noch kein Volk erlebt hat. So widmeten sie sich den angewandten Künsten und den Wissenschaften. Sie entwickelten dann das Verlangen, sich eingehend mit den philosophischen Wissenschaften zu befassen, von denen sie dank der ihnen [im Rahmen der Unterwerfung] vertraglich verpflichteten Bischöfe und Priester Einiges gehört hatten [...]. Diejenigen unter den Muslimen, die sich mit theoretischen Fragen beschäftigen, setzten sich mit diesen Künsten auseinander und wurden darin sehr bewandert. Sie widerlegten zahlreiche Behauptungen des ersten Meisters [gemeint ist Aristoteles, Anm. d. Übers.]. Wegen seiner großen Berühmtheit setzten sie sich besonders mit ihm auseinander, sei es, um ihn zu widerlegen oder ihn zu bestätigen. Sie verfassten zahlreiche Traktate und übertrafen ihre Vorgänger in diesen Wissenschaften. Unter den Muslimen, die den ersten Rang in dieser Denkrichtung (*milla*) einnahmen, waren Abū Naṣr al-Fārābī und Ibn Sīna [Avicenna] – beide aus dem Orient stammend, ebenso der Richter Abū l-Walīd b. Ruschd [Averroes] und der Wesir Abū Bakr bin aṣ-Ṣā'igh [Ibn Baddscha, lat. Avempace] – beide aus al-Andalus stammend, aber auch andere, die zum höchsten Grad der Erkenntnis dieser intellektuellen Wissenschaften aufstiegen. Auch erlangten sie Berühmtheit [...]. Diese Art der Wissenschaften, ebenso wie ihre Vertreter verbreiteten sich und faszinierten viele Menschen so, dass sich viele ihnen anschlossen und ihren Postulaten Folge leisteten. [...]

Zit. nach: Daniel König, Arabisches Erbe und europäische Identität. Ein kritischer Kommentar zu Sylvain Gouguenheim, in: Sylvain Gouguenheim, Aristoteles auf dem Mont Saint-Michel. Die griechischen Wurzeln des Abendlandes, WBG, Darmstadt 2011, S. 229–257, hier S. 236 (übers. v. Daniel König).

M 17 Aristoteles mit Schüler, Darstellung in einer arabischen Handschrift, 13. Jahrhundert

1 ■ Analysieren Sie, wie sich die arabischen Wissenschaftler nach Ibn Chaldun mit der antiken griechischen Philosophie befasst haben.
2 ■ **Zusatzaufgabe:** Informieren Sie sich über die in der Quelle genannten Philosophen und den Autor.
3 ■ Beurteilen Sie, wie Ibn Chaldun den Rezeptionsprozess durch die arabischen Wissenschaftler einstuft: Verlief dieser seiner Ansicht nach eher rezeptiv oder eher kreativ und produktiv?

M 18 Der Historiker Friedrich Prinz zur Bedeutung des arabisch-andalusischen Philosophen Ibn Ruschd (1126–1198), latinisiert Averroes, 2000

Zwar gab es schon seit der christlichen Spätantike eine wirksame Weitergabe einzelner aristotelischer Schriften, vor allem der Logik, im lateinischen Westen. Hierbei spielte der Politiker, Philosoph und Dichter Anicius Boethius (475/80 bis 524) eine wichtige Rolle […]. Seit der Mitte des 12. […] und noch intensiver im 13. Jahrhundert kam es dann zu einer unmittelbaren Übernahme aristotelischer Philosophie durch die Vermittlung und grundlegende Kommentierung des antiken Philosophen aus der Feder islamisch-arabischer Gelehrter. Hier ist der berühmte Arzt und Philosoph Avicenna (973/80–1037) zu nennen, desgleichen der in Córdoba wirkende islamische Theologe, Rechtsgelehrte, Arzt und Philosoph Averroes (Ibn Ruschd, 1126–1192), der bedeutendste […] Kommentator und Interpret des Aristoteles. Es spricht für sich, dass seine philosophischen Schriften sowohl im islamischen Bereich zeitweise von orthodoxen Theologen verboten und verbrannt wurden als auch im 13. Jahrhundert an der Pariser Universität heftige Kontroversen auslösten. Es war auch dort nicht ungefährlich, averroistische Positionen zu vertreten. Die maßgeblichen Vertreter des Averroismus waren in Paris Siger von Brabant (verst. 1282) und Boethius de Dacia (verst. nach 1277), die mit weitgehend rationalistischen Denkansätzen für die Geistesgeschichte Europas neue Argumentationsmodelle entwickelten. Es war unter anderem ihre Lehre von der Möglichkeit und Berechtigung einer „doppelten Wahrheit", der philosophisch-logischen und der christlichen Glaubenswahrheit. Diese Trennung von Vernunft und Glauben kam folgerichtig aus dem Ansatz des Averroismus, ein – widersprüchliches! – Nebeneinander von Philosophie und Theologie sei möglich und notwendig. Mit der Aufgabe des Axioms der einen Wahrheit von Glauben und Wissen […] verlor seither die Theologie ihr bislang unangefochtenes Monopol der Weltdeutung, denn die Annahme einer „doppelten Wahrheit" gemäß der averroistischen Position (*„post fidem" – „post rationem"*: nach dem Glauben – nach der Vernunft) eröffnete erstmals in der Geschichte Europas einen Freiraum für rationale Diskussion und damit für ein zwar stets bedrohtes, aber immer wieder angesteuertes Philosophieren ausschließlich nach den Regeln der Vernunft.

Friedrich Prinz, Von Konstantin zu Karl dem Großen. Entfaltung und Wandel Europas, Patmos, Düsseldorf 2000, S. 115 ff.

1 ■ Zeigen Sie auf, über welche Stationen nach Prinz die Philosophie des Aristoteles ins christliche Westeuropa vermittelt wurde.

2 ■ Benennen und erläutern Sie den Konflikt, in dem sich sowohl die islamischen als auch die christlichen Anhänger des Ibn Ruschd/Averroes befanden.

3 ■ Arbeiten Sie heraus, welche historische Bedeutung Prinz der Philosophie des Ibn Ruschd/Averroes und seiner Rezeption im lateinischen Westen beimisst.

4 ■ Diskutieren Sie seine Beurteilung und Bewertung der wissenschaftsgeschichtlichen Zusammenhänge.

Präsentationsvorschlag

Leistungen arabischer Denker in Astronomie, Medizin oder Mathematik – Bausteine moderner Wissenschaft?

Wählen Sie eine Fachrichtung für Ihren Vortrag aus.

Literaturtipps:

Paul Benoît u. a., Die Araber als Vermittler?, in: Michel Serres (Hg.), Elemente einer Geschichte der Wissenschaften, Suhrkamp, Frankfurt/M. 1994, S. 269–314.

Georg Bossong, Das maurische Spanien, C. H. Beck, München 2007, S. 79–88.

William Montgomery Watt, Der Einfluss des Islam auf das europäische Mittelalter, Wagenbach, 2. Aufl., Berlin 2010, besonders S. 49–61.

Günter Kettermann, Atlas zur Geschichte des Islam, WGB, Frankfurt/M., S. 40 f.

Die Kreuzzüge: zur Problematik von Krieg und Gewalt

M 19 Kreuzzugsaufruf von Papst Urban II. von 1095

Wiedergabe der Rede von Clermont in der Version des Benediktiners Robert von Reims, aufgezeichnet um 1107:

„Ihr Volk der Franken, ihr Volk nördlich der Alpen, ihr seid, wie eure vielen Taten erhellen, Gottes geliebtes und auserwähltes Volk, herausgehoben aus allen Völkern durch die Lage des Landes, die Katholizität des Glaubens und die Hochschätzung für die heilige Kirche. An euch richtet sich unsere Rede, an euch ergeht unsere Mahnung; wir wollen euch wissen lassen, welcher traurige Anlass uns in euer Gebiet geführt, welche Not uns hierher gezogen hat; sie betrifft euch und alle Gläubigen. Aus dem Land Jerusalem und der Stadt Konstantinopel kam schlimme Nachricht und drang schon oft an unser Ohr: Das Volk im Perserreich, ein fremdes Volk, ein ganz gottfernes Volk, eine Brut von ziellosem Gemüt und ohne Vertrauen auf Gott (Psalm 77,8), hat die Länder der dortigen Christen besetzt, durch Mord, Raub und Brand entvölkert und die Gefangenen teils in sein Land abgeführt, teils elend umgebracht; es hat die Kirchen Gottes gründlich zerstört oder für seinen Kult beschlagnahmt. Sie beflecken die Altäre mit ihren Abscheulichkeiten und stürzen sie um; sie beschneiden die Christen und gießen das Blut der Beschneidung auf die Altäre oder in die Taufbecken. Denen, die sie schändlich misshandeln und töten wollen, schlitzen sie den Bauch auf, ziehen den Anfang der Gedärme heraus, binden ihn an einen Pfahl und treiben sie mit Geißelhieben so lange rundherum, bis die Eingeweide ganz herausgezogen sind und sie am Boden zusammenbrechen. […] Wem anders obliegt nun die Aufgabe, diese Schmach zu rächen, dieses Land zu befreien, als euch? Euch verlieh Gott mehr als den übrigen Völkern ausgezeichneten Waffenruhm, hohen Mut, körperliche Gewandtheit und die Kraft, den Scheitel eurer Widersacher zu beugen. […] Tretet den Weg zum Heiligen Grab an, nehmt das Land dort dem gottlosen Volk, macht es euch untertan! Gott gab dieses Land in den Besitz der Söhne Israels; die Bibel sagt, dass dort Milch und Honig fließen (2. Buch Moses 3,8). Jerusalem ist der Mittelpunkt der Erde, das fruchtbarste aller Länder, als wäre es ein zweites Paradies der Wonne. Der Erlöser der Menschheit hat es durch seine Ankunft verherrlicht, durch seinen Lebenswandel geschmückt, durch sein Leiden geweiht, durch sein Sterben erlöst, durch sein Grab ausgezeichnet. Diese Königsstadt also, in der Erdmitte gelegen, wird jetzt von ihren Feinden gefangen gehalten und von denen, die Gott nicht kennen, dem Heidentum versklavt. Sie erbittet und ersehnt Befreiung, sie erfleht unablässig eure Hilfe. […] Schlagt also diesen Weg ein zur Vergebung eurer Sünden; nie verwelkender Ruhm ist euch im Himmelreich gewiss." Als Papst Urban dies und derartiges mehr in geistreicher Rede vorgetragen hatte, führte er die Leidenschaft aller Anwesenden so sehr zu einem Willen zusammen, dass sie riefen: „Gott will es, Gott will es!"

Arno Borst, Lebensformen im Mittelalter, Ullstein, Frankfurt/M. 1979, S. 318–320.

1 ■ Analysieren Sie, welche Forderung der Papst laut Überlieferung aufstellt und wie er diese begründet.
2 ■ Erläutern Sie die Quelle im Hinblick auf zentrale Elemente des Kreuzzugsgedankens.
3 ■ Erarbeiten Sie die Funktion stilistischer Mittel.
4 ■ Charakterisieren Sie die Art seiner Darstellung.
5 ■ Beurteilen Sie, welche Intentionen Robert mit seiner Art der Darstellung verbindet.

M20 Der Geschichtsschreiber Wilhelm von Tyrus zur Einnahme Jerusalems im Jahre 1099 durch die Kreuzfahrer

Wilhelm wuchs im Königreich Jerusalem auf und war Kanzler König Balduins IV. von Jerusalem; Text von 1169.

Es wurden aber in der Stadt so viele Feinde erschlagen und so viel Blut vergossen, dass die Sieger selber mit Ekel und Schrecken erfüllt werden mussten. Der größte Teil der Bevölkerung hatte sich in den Tempelhof geflüchtet. […] Diese Flucht brachte den Leuten zwar keine Rettung; denn sogleich begab sich Herr Tankrad mit dem größten Teil des Heeres dorthin. Er brach mit Gewalt die Tempel ein und machte Unzählige nieder. Er soll auch eine unermessliche Menge von Gold, Silber und Edelsteinen weggenommen haben, nachher jedoch, als das Getümmel sich gelegt hatte, alles an den alten Platz zurückgebracht haben. Sofort gingen auch die übrigen Fürsten, nachdem sie niedergemacht hatten, was ihnen in anderen Stadtteilen unter die Hände gekommen war, nach dem Tempel, hinter dessen Einfriedung sich die Bevölkerung, wie sie (das) gehört, geflüchtet hatte. Sie drangen mit einer Menge von Reitern und Fußgängern hinein und stießen, was sie dort fanden, mit den Schwertern nieder, ohne jemand zu schonen, und erfüllten alles mit Blut. Es geschah sicherlich nach gerechtem Urteil Gottes, dass die, welche das Heiligtum des Herrn mit ihren abergläubischen Gebräuchen entweiht und dem gläubigen Volk entzogen hatten, es mit ihrem eigenen Blut reinigen und den Frevel mit ihrem Blut sühnen mussten. […] Als endlich auf diese Weise die Ordnung in der Stadt hergestellt war, legten sie (die Franken) die Waffen nieder, wuschen sich die Hände, zogen reine Kleider an und gingen dann demütigen und zerknirschten Herzens, unter Seufzen und Weinen, mit bloßen Füßen an den ehrwürdigen Orten umher, welche der Erlöser durch seine Gegenwart heiligen und verherrlichen mochte, und küssten sie in großer Andacht. Bei der Kirche zu den Leiden und der Auferstehung des Herrn kamen ihnen sodann das gläubige Volk der Stadt und der Klerus, welche beide seit so vielen Jahren ein unverschuldetes Joch getragen hatten, voll Dankes gegen ihren Erlöser, der ihnen wieder die Freiheit geschenkt, entgegen und geleiteten sie unter Lobliedern und geistlichen Gesängen nach der vorgenannten Kirche.

Wilhelm von Tyrus, Geschichte der Kreuzzüge, III, in: Wolfgang Lautemann u.a. (Hg.), Geschichte in Quellen, Bd. 2, 2. Aufl., bsv, München 1978, S. 369 f., übers. v. E. u. R. Kausler.

1 ■ Analysieren Sie die dargestellten Vorgänge und ordnen Sie diese in den historischen Kontext ein.
2 ■ Charakterisieren Sie die Perspektive des Autors.
3 ■ Beurteilen Sie das Verhalten der Kreuzfahrer.
4 ■ Bewerten Sie dieses aus heutiger Sicht.

M21 Der Theologe Hans Küng erklärt die Bedeutung des Begriffes Dschihad im Koran, 2004

Das arabische Wort *dschihad* meint nicht die beiden deutschen Worte „Heiliger Krieg", sondern deckt ein weites Bedeutungsfeld ab. Es bedeutet zunächst nur „Anstrengung" und wird an manchen Stellen des Koran als moralisches „Sichabmühen" auf dem Wege Gottes verstanden […]. Die Wortkombination „Heiliger Krieg" kommt im Koran nicht vor: Krieg kann in islamischer Auffassung nie heilig sein. Aber an anderen Stellen wird das Wort Dschihad als gewaltsamer „Kampf" verstanden im Sinne einer kriegerischen Auseinandersetzung: „Ihr müsst an Gott und seinen Gesandten glauben und mit eurem Vermögen und in eigener Person um Gottes Willen euch abmühen", wofür unmittelbar das Eingehen in das Paradies versprochen wird.

Hans Küng, Der Islam, Piper, München 2004, S. 710 f.

M 22 Der Religionshistoriker James Turner Johnson zur Entwicklung der Vorstellung vom Dschihad, 2002

Für den Krieg wird im Koran nie das Wort *Dschihad* verwendet, sondern immer der Ausdruck *„qital"* (Kampf). Die spezifische Anbindung der Idee des *Dschihad* an den Krieg stammt [...] aus der Zeit nach der Niederschrift des Korans [...] Ende des achten Jahrhunderts. Diese Lehre vertritt zunächst die Auffassung, wonach die islamische Gemeinschaft (*Umma*) eine zugleich religiöse und politische Einheit bildet, die nur von einem Führer geleitet werden kann, der in der Nachfolge des Propheten Muhammad steht. [...] Jene Gemeinschaft bewohnt ein bestimmtes Gebiet, die *Dar-al-islam*. Dieses Gebiet sei dadurch gekennzeichnet, dass es in Einklang mit dem göttlichen Gesetz regiert werde. Schon aus der Definition ergab sich, dass es ein Gebiet des Friedens sei, denn die Unterwerfung unter das Gesetz Gottes bringe Frieden mit sich. Die gesamte übrige Welt wurde mit dem „Gebiet des Krieges" (*Dar-al-harb*) gleichgesetzt, das nach dieser Vorstellung wesensgemäß mit sich selbst und mit der *Dar-al-islam* im Krieg liegt. Nach dieser Beschreibung rührt jeder Konflikt aus der *Dar-al-harb* her. [...] Dementsprechend stellten die frühislamischen Rechtsgelehrten eine Definition auf, wonach es zwei Formen des *Dschihad* gibt. Die erste ist eine offensive, expansionistische Form. Über sie wird vom Kalifen/Iman mit der ihm zukommenden Autorität entschieden. Sie gilt als kollektive Pflicht der gesamten Gemeinde und wird von der Gemeinschaft als ganzer geführt. Die zweite Form ist eine durch die Notlage ausgelöste Reaktion zur Verteidigung der *Dar-al-islam* gegen eine bestimmte Aggression von Seiten der *Dar-al-harb*. Sie wird als individuelle Pflicht derjenigen aufgefasst, die in unmittelbarer Nachbarschaft des Angriffsorts wohnen und sich mit Waffen dagegen wehren können.

James Turner Johnson, Religion und Gewalt, in: NZZ Nr. 51, 2002, S. 51.

1 ■ Arbeiten Sie anhand von M 21 und M 22 Herkunft, Bedeutung und rechtliche Ausprägung des Begriffes Dschihad für das Mittelalter heraus.

M 23 Der Literat Imad ad-Din (1125–1201) über den Dschihad Saladins und die Eroberung Jerusalems 1187

Imad ad-Din, Sekretär und enger Vertrauter Saladins, Zeitzeuge, verfasste den folgenden Jahresbericht (Risala).

Nachdem nun [...] ein jeder die Vereinigung mit den Seinen erreicht hatte, zogen wir nach Karak[1] mit den Emiren und der ausgesuchten Leibgarde, zum Dschihad paarten wir um Gottes Sache willen die Fatiha[2] mit (der Sure) al-Ihlas[3]. Vorher hatten wir die Soldaten und Heerscharen zum Dschihad von allen Seiten zusammengerufen und deren vollzähliges Eintreffen zum festgesetzten Termin abgewartet. [...] Nachdem wir dann noch Asqalan[4] erobert hatten, schritten wir zur Belagerung von al-Quds[5], und zwar am Freitag, den 13. Ragab[6]. Dort zitterte und klopfte das Herz des Unglaubens; seine Einwohner meinten, sie befänden sich in guter Hut und seien vor unserem Ansturm sicher. Wir aber stellten Belagerungsmaschinen gegen sie auf, die die Mauerwände durch den Ansprung ihrer Steine zerbrachen. [...] Die geschleuderten Felsblöcke erfüllten dem Felsendom gegenüber ihre Beistandspflicht. [...] Man legte Brechen und brach die Mauern; die Steinblöcke warfen die Seiten jener Umwallung nieder – da „merkten die Ungläubigen, für wen der Lohn der (paradiesischen) Wohnstätte bestimmt war"[7]. Des Todes und der Gefangenschaft waren sie sicher, da kamen ihre Anführer heraus, sich in Unterwerfung demütigend und inständig um Gnade flehend; wir aber ließen uns auf nichts anderes ein als darauf, der Männer Blut zu vergießen und Kinder und Frauen gefangen wegzuführen: Da drohten sie mit Tötung der (muslimischen) Gefangenen, Zerstörung (alles) Aufgebauten und Einreißung der Gebäude; hierauf (erst) nahmen wir ihre Kapitulation an unter der Bedingung (der Abführung) einer Kontribution, die ihrem Kaufpreis im Falle ihrer Gefangennahme entsprochen hätte. So blieben sie davor bewahrt, (gefangen) weggeschleppt zu werden; während sie in Wirklichkeit doch ganz ausgeplündert waren. Wer von ihnen das Lösegeld erlegt hatte, durfte durch das Freilassungsdekret abziehen, wer es nicht bezahlen konnte, musste unter das Sklavenjoch treten.

Jörg Kraemer, Der Sturz des Königreichs Jerusalem (1187) in der Darstellung des Imad ad-Din al-Katib al-Isfahan, Verlag Otto Harrasowitz, Wiesbaden 1952, S. 12, 18; übers. v. Jörg Kraemer.

1 Karak: heute Kerak, Kreuzfahrerburg, auch *Crac des Moabites* genannt
2 Fatiha: Sure 1
3 al-Ihlas: Sure 112; in beiden Suren wird Gott gepriesen
4 Asqalan: Askalon
5 al-Quds: Jerusalem
6 Ragab: 7. Monat des islamischen Kalenders, die Kapitulation Jerusalems erfolgte am 2. Oktober 1187 christlicher Zeitrechnung
7 Zitat: Anspielung auf Koransure, s. z. B. 4, 95

1 ■ Zeigen Sie auf, wie der Autor den Ablauf der Eroberung Jerusalems darstellt.
2 ■ Recherchieren Sie den Verlauf und das Ergebnis des gesamten Feldzuges von Salah ad-Din.
3 ■ Arbeiten Sie die Einstellung des Autors gegenüber den Kreuzfahrern heraus.
4 ■ **Zusatzaufgabe:** Vergleichen Sie ad-Dins Sicht des Dschihad mit den Formen, die das islamische Recht definiert hat.
5 ■ **Geschichte produktiv:** „Saladin – Mythos und Realität": Recherchieren Sie, welches Bild von Saladin in den Medien, Film, Internet und Literatur (z. B. Lessing, Nathan der Weise) gekennzeichnet wird, und konzipieren Sie einen Kurzbeitrag für ein Schulbuch.

M24 Der Geschichtsschreiber Abu'l-Fida (1273 bis 1331) über den Fall von Akkon 1291

Der Autor war Teilnehmer am Feldzug des Mamlukensultans al-Malik al-Asraf (Reg. 1290–1293).

Der Belagerungsgürtel zog sich immer enger zusammen, bis Gott schließlich Freitag, den 17. Gumada II (426) (17. Juni 1291), den Angreifern erlaubte, die Stadt im Sturm zu erobern. Als die Muslime eindrangen, floh ein Teil der Bevölkerung auf den Schiffen, während viele andere sich in einigen stark befestigten Türmen der Stadt verschanzten. Die Muslime richteten in Akkon ein ungeheures Blutbad an und machten unermessliche Beute. Der Sultan zwang alle, die sich in den Türmen verschanzt hatten, zur Übergabe; sie kamen heraus und wurden bis auf den letzten Mann vor der Stadt enthauptet.[1] Darauf ließ er die Stadt selbst zerstören und dem Erdboden gleichmachen. Eine wunderbare Fügung war, dass die Franken Akkon um die Mittagszeit am Freitag, dem 17. Gumada II 587 (17. Juni 1191), Saladin entrissen und alle Muslime gefangengenommen und umgebracht hatten, die sie gefunden hatten; Gott, der alles vorausweiß, bestimmte, dass es in diesem Jahr am Freitag, dem 17. Gumada II, durch die Hand eines anderen Saladin[2], Sultan al-Malik al-Asrafs 426 (1291), zurückerobert werde.

Zit. nach: Francesco Gabrieli (Hg. und Übers.), Die Kreuzzüge aus arabischer Sicht, Bechtermünz, Augsburg 2000, S. 409.

1 Der Autor verschweigt den Wortbruch des Sultans, der freien Abzug zugesagt hatte.
2 trug auch den Namen Salah ad-Din wie sein berühmter Vorgänger

1 ■ Recherchieren Sie die Geschichte der Stadt und Festung Akkon im Rahmen der Kreuzzüge und legen Sie eine Datentabelle an.
2 ■ Analysieren Sie das Vorgehen des Sultans.
3 ■ Beurteilen Sie den Bezug des Autors auf Saladin.
4 ■ Heiliger Krieg und Dschihad: Beurteilen Sie vergleichend die Konzepte und bewerten Sie das Handeln der muslimischen Herrscher.

Zu Akkulturation und Assimilation

M25 Der Geschichtsschreiber Fulcher von Chartres über das Leben der Christen im Heiligen Land, ca. 1100

Fulcher war Kreuzritter im Heer des Stephan von Blois, seit 1097 Kaplan Balduins I. in Edessa, später in Jerusalem.

Wir, die wir Abendländer waren, sind Orientalen geworden; dieser, der Römer oder Franke war, ist hier Galiläer oder Bewohner Palästinas geworden; jener, der in Reims oder Chartres wohnte, betrachtet sich als Bürger von Tyrus oder Antiochia. Wir haben schon unsere Geburtsorte vergessen [...]. Manche von uns besitzen in diesem Land Häuser und Diener, die ihnen gehören wie nach Erbrecht; ein anderer hat eine Frau geheiratet, die durchaus nicht seine Landsmännin ist, eine Syrierin oder Armenierin oder sogar eine Sarazenin, die die Gnade der Taufe empfangen hat; [...] sie sprechen verschiedene Sprachen und haben es doch alle schon fertig gebracht, sich zu verstehen.

Régine Pernoud (Hg.), Die Kreuzzüge in Augenzeugenberichten, Karl Rauch Verlag, Düsseldorf 1961, S. 125.

M26 Der arabische Schriftsteller und Diplomat Usama ibn Munqidh (1095–1188) zum Leben der Franken

Es gibt unter den Franken einige, die sich im Lande angesiedelt und begonnen haben, auf vertrautem Fuße mit den Muslimen zu leben. Sie sind besser als die anderen, die gerade neu aus ihren Heimatländern gekommen sind, aber jene sind eine Ausnahme und man kann sie nicht als Regel nehmen. Hierzu so viel: Einmal schickte ich einen Gefährten in ein Geschäft nach Antiochia, dessen Oberhaupt Todros (der Grieche) ibn as-Safi war, mit dem ich befreundet war und der in Antiochia eine wirksame Herrschaft ausübte. Er sagte eines Tages zu meinem Gefährten: „Ein fränkischer Freund hat mich eingeladen. Komm doch mit, dann siehst du ihre Gebräuche." „Ich ging mit", erzählte mein Freund, „und wir kamen zum Hause eines der alten Ritter, die mit dem ersten Zug der Franken gekommen waren. Er hatte sich von seinem Amt und Dienst zurückgezogen und lebte von den Einkünften seines Besitzes in Antiochia. Er ließ einen schönen Tisch bringen mit ganz reinlichen und vorzüglichen Speisen. Als er sah, dass ich nicht zulangte, sagte er: ‚Iss getrost, denn ich esse nie von den Speisen der Franken, sondern habe ägyptische Köchinnen und esse nur, was sie zubereiten. Schweinefleisch kommt mir nicht ins Haus!' Ich aß also, sah mich aber vor, und wir gingen. Später überquerte ich den Markt, als eine fränkische Frau mich belästigte und in ihrer barbarischen Sprache mir unverständliche Worte hervorstieß. Eine Menge Franken sammelten sich um mich und ich war schon meines Todes sicher: Da erschien der Ritter, erkannte mich, kam herbei und sagte zu der Frau: ‚Was hast du mit diesem Muslim?' ‚Er hat meinen Bruder Urso getötet!', erwiderte sie. Dieser Urso war ein Ritter aus Apamea, der von einem Soldaten aus Hama getötet worden war. Er fuhr sie an: ‚Das hier ist ein Bürger, ein Kaufmann, der nicht in den Krieg zieht und sich nicht aufhält, wo man kämpft.' Dann herrschte er die Menge an, die sich angesammelt hatte. Sie zerstreute sich und er nahm mich bei der Hand. So hatte die Tatsache, dass ich bei ihm gespeist hatte, zur Folge, dass mir das Leben gerettet wurde."

Francesco Gabrieli, Die Kreuzzüge aus arabischer Sicht, Bechtermünz-Verlag, Augsburg 2000, S. 121 f.

1 ■ Skizzieren Sie die in M 25 und M 26 dargestellten Erfahrungen zum Leben in den Kreuzfahrerstaaten.
2 ■ Diskutieren Sie im Plenum, inwieweit Prozesse von Akkulturation bis zur Assimilation zu erkennen sind.

Positionen der Forschung

M27 Die Sicht des Historikers Franco Cardini, 2000

Trotzdem entwickelte sich im Lauf der Zeit eine Kultur der Verständigung und des Dialogs mit der muslimischen Welt. Die frisch aus Europa eintreffenden Krieger und Pilger empörten sich über diese Gesellschaft von *poulains*, von „Bastards", die sich nicht selten mit syrischen und armenischen Familien verschwägert hatten, die arabisch, armenisch und griechisch sprachen und sich ortsüblichen Bräuchen entsprechend kleideten, aßen und lebten. Die Europäer, die jede neue Kreuzzugsexpedition als Kampf ohne Pardon ansahen, betrachteten diese „koloniale" Kreuzfahrergesellschaft als korrupt und islamisiert. Die „überseeischen Franken", die zweihundert Jahre lang immer wieder auf den Beistand ihrer europäischen Glaubensbrüder angewiesen waren, betrachteten wiederum die Europäer als unkultiviert und gefährlich und bemühten sich lieber um eine möglichst weit gehende diplomatische Verständigung mit den Sarazenen, als den Westen um militärischen, vom Papst sanktionierten Beistand zu bitten. Denn die Anführer der Kreuzfahrer aus dem Westen, Fürsten und Abenteurer, waren eher begierig, Beute zu machen, als den Rat zur Mäßigung anzunehmen. Sie schlugen alle taktischen und logistischen Anregungen in den Wind.

Franco Cardini, Europa und der Islam, C.H.Beck München 2000, S. 86ff.

M28 Die Sicht des Historikers Rudolf Hiestand, 1997

Durch ihre Entstehung und ihre Struktur waren die Kreuzfahrerstaaten in mehrfacher Hinsicht eine multikulturelle Gesellschaft. Zuerst galt dies für die fränkischen Bewohner, die aus allen Teilen des Abendlandes kamen, Franzosen, Italiener, Engländer, Deutsche, Spanier, Ungarn usw. Mit dem Französischen als Umgangssprache wohnten sie Seite an Seite und rasch gingen sie untereinander Ehen ein. Daneben gab es in großer Zahl Griechen, christlich-orthodoxe Araber sowie Angehörige der orientalischen Nationalkirchen, Armenier, Jakobiten und Maroniten, darüber hinaus in Galiläa jüdische und um Nablus samaritanische Siedlungen. Dazu kamen Muslime, vor allem auf dem Land, wo sie teilweise die Mehrheit stellten. Alle genossen die freie Ausübung ihres Glaubens, wenn sie auch nicht gleichberechtigt waren, weil die Franken sich die Lehen vorbehielten und auch die Gerichtsbußen abgestuft waren.

An den Muslimen wurde der innere Widerspruch der Kreuzfahrerstaaten sichtbar. Ideologisch bildete der Kampf gegen die Glaubensfeinde ihre Basis. Andererseits musste man sich in die neue Umgebung eingliedern. Gesandte gingen hin und her, vornehme Muslime zogen mit dem König auf die Jagd, brachten und empfingen Geschenke und fanden in Krisenzeiten monatelang Aufnahme. Erst recht musste man mit den Muslimen im Inneren, die wirtschaftlich unentbehrlich waren, einen Modus vivendi[1] herstellen, was den lateinischen Klerus ärgerte, neu ankommende Kreuzfahrer empörte und für westliche Chronisten ein Tabu darstellte.

Rudolf Hiestand, „Wir sind Orientalen geworden", in: Damals, Nr. 10, 1997, S. 25f.

1 *Modus vivendi* (lat.): Form eines erträglichen Zusammenlebens

1 ■ **Analysieren Sie die Positionen der Historiker zur Problematik der Akkulturationsprozesse.**

2 ■ **Setzen Sie sich mit den Positionen auseinander vor dem Hintergrund Ihrer Ergebnisse aus den Aufgaben 1 und 2 zu M25/M26.**

3 ■ **Geschichte produktiv: Verfassen Sie einen kurzen Beitrag zu der Frage: Die Kreuzfahrerstaaten – eine beispielhafte „multikulturelle Gesellschaft"?**

Zur Geschichte von al-Andalus

M29 Der Romanist Georg Bossong beschreibt die Hauptstadt des Kalifates von al-Andalus, 2007

Die Hauptstadt Córdoba war eine Großstadt mit mehreren hunderttausend Einwohnern und modernster Infrastruktur. [...] Der kosmopolitischen Einwohnerschaft der Stadt standen über 2000 öffentliche Bäder, ungezählte Moscheen mit den daran angeschlossen Schulen sowie umfangreiche Bibliotheken mit dem Wissen der damaligen Welt zur Verfügung. Die Handelsbeziehungen umfassten den ganzen Mittelmeerraum, Waren und Moden aus aller Welt kamen in Córdoba zusammen. Gelehrte, Künstler und Dichter kamen von weit her und brachten ihr Wissen und Können in die Stadt. [...]

Nach dem Tod des großen Herrschers [Abd ar-Rahman III. (Reg. 912–961)] ging die Macht auf seinen Sohn al-Hakam II. über (961–976). [...] Seine Herrschaftszeit war die längste Friedenszeit in der 800-jährigen Geschichte von al-Andalus, von keinen Kriegen oder Konflikten überschattet. Mehr als sein Vater war al-Hakam II. ein Förderer von Kunst und Wissenschaft; seine Bibliothek umfasste nach glaubwürdigen Quellen 400000 Bände, gewiss die mit weitem Abstand größte ihrer Zeit in Europa. [...] Wie viel Bedeutung al-Hakam II. den Künsten beimaß, zeigt sich daran, dass er unmittelbar nach seiner Thronbesteigung die große Moschee von Córdoba, die Mezquita, ausbauen ließ. Diese Moschee mit ihrem berühmten Säulenwald war bereits im 9. Jahrhundert erweitert worden, um der wachsenden Zahl der Gläubigen Platz zu bieten. [...] Erst mit der Ausgestaltung durch al-Hakam II. wurde die Mezquita zum Kunstwerk. Die ästhetischen Vorlieben des Kalifen spiegeln sich darin ebenso wider wie sein Wille, Macht und Glanz des Kalifats in Stein zu verewigen.

Georg Bossong, Die Zierde des Erdkreises, in: Damals 9/2007, S. 19–22.

M 30 Der Historiker Klaus Herbers über die wirtschaftliche Situation im Kalifat, 2006

Trotz eines florierenden Städtewesens lebte der größte Teil der Bevölkerung auf dem Land. Das agrarische Leben im Emirat und Kalifat ist unter anderem im sogenannten Kalender von Córdoba anschaulich belegt. [...]. Außerdem förderten die Muslime neben der Obstwirtschaft und der dazugehörigen Bienenzucht auch den Anbau von Reis oder Safran. In der Viehzucht spielte die Schweinemast schon aus religiösen Gründen eine untergeordnete Rolle, dafür gewann vor allem durch die Traditionen der Berber die Schafzucht an Bedeutung [...]. Nach orientalischem Vorbild kam es zu technischen Neuerungen. So wurde das Schöpfrad (*noria*) eingeführt. Ausgeklügelte Bewässerungssysteme unterstützten den Anbau in klimatisch nicht immer begünstigten Gebieten, die teilweise durch zugehörige Kanalanlagen weitflächig mit Wasser versorgt wurden. Die Pflege von Baumkulturen gehört ebenso in diesen Zusammenhang. Neue Früchte wie Apfelsinen, Pampelmusen, Reis und Zuckerrohr wurden schon um diese Zeit in Spanien heimisch. Baumwolle baute man bei Sevilla an, und in den Gegenden von Baeza, Jaén und in den Alpujarras gab es sogar Seidenraupenkulturen. Trotz Warnungen des Korans vor dem Weinkonsum wurde weiterhin Wein gekeltert; Olivenöl blieb vor allem Exportprodukt. Die Ausbeutung von natürlichen Ressourcen nahm wieder zu: Dies betraf Salz, Holz, Steine (zum Bau) oder Mineralien. [...] Als wichtige Zentren des ökonomischen Lebens erscheinen die Städte. Besonders im 10. Jahrhundert ging hier mit wirtschaftlicher Prosperität auch die Entfaltung des geistigen Lebens einher. In den Städten wurden vor allem Luxusgüter produziert, am bedeutendsten war die Textilindustrie (Seide, Brokat, Barchent, Damast), weiterhin nennen die Quellen veredelte Gerberarbeiten, Glas- und Keramikproduktion. Das Spiegelglas war um die Mitte des 9. Jahrhunderts entdeckt worden. Sogar die Papierherstellung war in al-Andalus schon im 10. Jahrhundert bekannt. [...] Zu den herrscherlichen Einnahmequellen in al-Andalus traten neben die Steuern, die es sonst im westlichen Europa kaum noch gab, vielfach die Tribute benachbarter christlicher Reiche. [...] Der zurückgegangene Handel mit dem Osten wurde so erneut intensiviert.

Klaus Herbers, Geschichte Spaniens im Mittelalter. Vom Westgotenreich bis zum Ende des 15. Jahrhunderts, Kohlhammer, Stuttgart 2006, S. 90 f.

1 ■ Untersuchen Sie die Darstellungen M 29 und M 30 unter der Leitfrage: Das Kalifat von Córdoba – eine politische, wirtschaftliche und kulturelle Blütezeit von al-Andalus?

2 ■ Welche Schlussfolgerungen lassen sich anhand Ihrer Einsichten auf das politische, wirtschaftliche und kulturelle Niveau im maurischen Spanien ziehen? Nutzen Sie dazu auch den Darstellungstext.

M 31 Der Historiker und Dichter Abdallah ibn al-Khatib (1313–1375) schrieb über Málaga

Gehen wir aber zum nächsten Kapitel über: „Produktivität". Da stellen wir sogleich fest, dass Málaga – Allah schütze es! – Herkunftsort golddurchwirkter Stoffe ist; Fabrikationsstätte ausgesuchter Lederwaren; Ursprungsgebiet einer Keramik, die in alle Welt geht; [auch gibt es] Walkmühlen zur Herstellung feinen Musselins für Hauben und Turbane, Plätze, wo sich die großen Scheibenräder drehen. [...]

Da müssen wir nun sagen, dass Gott Málaga besonders ausgezeichnet hat, gab Er ihm doch alles zusammen, was Er den übrigen Städten bloß einzeln zuwies [...]. In Málaga findest du alles vereint: den glatten Strand, die lieblichen Berge, fruchtbare Felder, eine Kornkammer, mit allem Notwendigen großzügig versehen, dazu noch die Vorzüge des Meeres mit einer Küste, frei von Klippen, reich an guten Häfen und Anlegestellen mit Fischgründen erster Güte. Die Berge voller Mandel- und Feigenbäume; in den Ebenen große Höfe und Gärten; vor der Küste ein Fischreichtum, der zu jeder Jahreszeit Nahrung liefert. Selbst in schlechten Jahren wirft das bebaute Land [reiche] Ernten ab [...]. Zuletzt noch [Málagas] großer Fluss: Süßwasser bester Qualität [...]. Und die Obstbaum-Alleen [...].

Sprechen wir nun in ausgewählten Beispielen vom Reichtum Málagas [...]: Juwelen, Parfüms, Tuniken aus Brokat, Djellabas [d. h. Kapuzenmäntel der Berber]; zauberhafte Gärten, Burgen auf Felsvorsprüngen der Berge kühn erbaut, Schatten spendende Landvillen mit murmelnden Brunnen süßen, klaren Wassers; oder die Eleganz, mit der man Stoffe um schöne Körper schlingt, Körper biegsam wie Zweige; schließlich prachtvolle Hochzeiten, Zeugen der Wohlhabenheit, mit Aussteuern, deren Wert in die Tausende geht. [...] Málaga innerhalb der Mauern ist dicht verbaut. Alle Teile der Stadt sind [durch Verkehrswege] miteinander verbunden, [Wege, die] die Stadt zugleich symmetrisch [in Viertel] aufteilen – ein ganzes [Straßen-]Netz. Groß ist die Zahl der Häuser, ihre Moscheen sind bemerkenswert. [...] Die Straßen sind voller Menschen und in den Suks drängt sich Geschäft an Geschäft.

Gottfried Liedl, Dokumente der Araber in Spanien, Bd. 2, Turia & Kant, Wien 1993, S. 232 ff.

M 32 Die Wirtschaftshistoriker Peter Feldbauer und Gottfried Liedl zur Ökonomie im Nasridenstaat, 2008

In das ökonomische Schema des 13., 14. und 15. Jahrhunderts passt Granadas Wirtschaft perfekt. Vom Aufkommen eines christlich dominierten Handels mit Massengütern – nämlich Rohmaterialien und Halbfertigprodukten – profitierte von allen Staaten der Iberischen Halbinsel das Emirat am meisten. Nicht nur beruhten seine wirtschaftlichen Grundlagen – von seiner Rolle als Stapelplatz afrikanischen Goldes einmal abgesehen – auf dem Dreiklang aus Seide, Zucker und Trockenfrüchten: Güter des Massenkonsums, die auf den neuen Märkten zählten. Auch die inner-iberische Konkurrenz auf dem Sektor der Luxus- und Hochpreisgüter-Produktion war weitgehend verschwunden. Von den Massenwaren liefert Keramik ein schönes Beispiel: [...] Als preiswerte Massenware war [die sogenannte „goldene" Lüsterware[1]] nicht nur in den östlichen Mittelmeerländern, sondern auch auf vielen Märkten Europas, in den Niederlanden ebenso wie in England und Italien, konkurrenzlos. [...] Wenn Granada einen Bundesgenossen hatte, der es durch Höhen und Tiefen treu begleitete, dann war das Genua. Von 1279 datiert ein erster Friedens- und Freundschaftsvertrag zwischen dem muslimischen Emirat und der christlichen Seerepublik – von 1478 der letzte, ein Jahrzehnt vor Granadas endgültigem Abtritt von der Bühne der Geschichte. Dazwischen lag eine Kette ähnlicher Verträge und Abkommen, mit zahlreichen Hilfeleistungen der Genuesen an das Emirat, besonders auf dem Gebiet des Seekriegs: vom Galeerenverleih bis zum direkten militärischen Eingreifen auf Seiten der Muslime. Dazwischen lagen zwei Jahrhunderte reger Präsenz genuesischer Kaufleute und Handelshäuser im arabisch-spanischen Fürstentum. Um Granadas Rolle im genuesischen Konzept zu verstehen, genügt es, sich seine privilegierte geopolitische Lage am Ausgang des Mittelmeers zum Atlantik in Erinnerung zu rufen. In Málaga trafen die Hauptrouten der Mittelmeer-Seefahrt zusammen, von wo sie gebündelt in den Atlantik weiterführten. Einerseits das Levante-Itinerar Genua–Barcelona–Valencia; andererseits als Ersatz dafür – in Zeiten verschärfter Konkurrenz mit Aragón, in dessen Hoheitsgewässern sich aufzuhalten für Genuas Schiffe dann nicht unbedingt bekömmlich war – weiter östlich davon die Achse Genua–Tunis–Hunayn – wo das sudanesische Gold auf seinen Transport nach Europa via Málaga wartete. Von Málaga, dem Verladehafen für Seide, Zucker und Trockenfrüchte, ging es manchmal über Cádiz und Sevilla, meist aber direkt und ohne diese Stationen anzulaufen nach den westeuropäischen Atlantikdestinationen, nach Southampton, Dover, Brügge. [...] Durch solche Umstände begünstigt, war Granadas Handelsbilanz fast immer positiv. So betrug etwa im Jahr 1453 der Wert des granadinischen Handelsaufkommens allein mit Genua 43 000 Golddukaten — nach heutiger Kaufkraft etliche Millionen US-Dollar.

Peter Feldbauer, Gottfried Liedl, Die islamische Welt 1000–1517, Wirtschaft, Gesellschaft, Staat, Mandelbaum-Verlag, Wien 2008, S. 144–146.

1 Lüsterware: metallisch glänzende Keramik

1 ■ Untersuchen Sie Quelle und Darstellung (M 31/M 32) zum Nasridenstaat unter einer selbst gewählten Leitfrage.

2 ■ Welche Schlussfolgerungen lassen sich anhand Ihrer Erkenntnisse zum Nasridenstaat im Hinblick auf die Geschichte von al-Andalus ziehen? Nutzen Sie auch den Darstellungstext.

M 33 Der Züricher Romanist Georg Bossong äußert sich zum Thema „al-Andalus, ein Mythos?", 2007

Aber die Idee von al-Andalus als einem Ort des Miteinanders, der *convivencia*, ist mehr als ein Mythos; sie war, zumindest zeitweise, konkrete historische Realität. [...] Im Zeitalter der Taifa-Königreiche entstand eine andalusische Kultur, ein andalusisches Lebensgefühl, das die Religionsgrenzen überstieg und ein – keineswegs immer harmonisches, aber doch insgesamt kooperatives – Zusammenleben von Muslimen, Juden und Christen ermöglichte. [...] Das maurische Spanien war ein Höhepunkt der islamischen Zivilisation, gerade dort, wo es die Grenzen der islamischen Zivilisation überschritten hat. Mehr als irgendwo sonst in der islamischen Welt gab es in al-Andalus Ansätze zur Überwindung engstirniger Dogmen, der Unterdrückung der Frau, der Ausgrenzung anderer Religionen. [...] Mehr als irgendwo sonst durchdrangen sich islamische, jüdische und christliche Kultur in einer fruchtbaren Symbiose.

Wenn die islamische Welt dem Beispiel Spaniens gefolgt wäre, [...] dann hätte die Geschichte einen anderen Verlauf genommen. Das al-Andalus der Taifa-Zeit wurde zerrieben zwischen christlichem und islamischem Fundamentalismus. Die Konfrontation zwischen den Religionen hat die Oberhand behalten, es kam zu einem gnadenlosen Kampf zwischen einem europäisch radikalisierten Christentum und einem afrikanisch radikalisierten Islam; Kreuzzug stand gegen Dschihad. [...] Nur einen kurzen Moment lang hatte die *convivencia*, das kooperative, auf gegenseitige Befruchtung angelegte Zusammenleben von Angehörigen der drei monotheistischen Religionen eine reale Chance. Die Vernichtung von al-Andalus durch islamische wie christliche Intoleranz hatte katastrophale Folgen. In der spanischen Volksseele hat sie tiefe, jahrhundertelang schwärende Wunden hinterlassen. Für den Islam war die Abkehr von der Aufklärung, wie sie in al-Andalus angelegt war, eine Katastrophe, denn fehlende Rationalität ermöglicht bis heute immer wieder die Wiederbelebung eines ungezähmten, gewaltbereiten Ur-Islam. Die Vernichtung von al-Andalus war eine Tragödie, deren Ursachen und Auswirkungen wir stets vor Augen haben sollten, wenn wir über das Verhältnis der drei monotheistischen Religionen nachdenken. Hilft die Rückbesinnung auf die Werte von al-Andalus auf dem Weg zum Frieden zwischen Christen, Juden und Muslimen?

Georg Bossong, Das maurische Spanien, C. H. Beck, München 2007, S. 120ff.

1 ■ Analysieren Sie, wie Bossong die andalusische Geschichte unter dem Aspekt der „*convivencia*" beurteilt.

2 ■ Erläutern Sie seine Argumentation.

3 ■ Diskutieren Sie Bossongs abschließende Frage vor dem Hintergrund der aktuellen politischen Entwicklung.

Die Alhambra – Weltkulturerbe

Die Alhambra, Palaststadt und Regierungssitz der Nasridenherrscher in Granada (1232–1492), kann als Höhepunkt und Ausklang der mittelalterlichen islamischen Kultur auf der Iberischen Halbinsel betrachtet werden und zählt daher seit 1984 zum Weltkulturerbe. Ihre Geschichte reicht bis ins 9. Jahrhundert zurück. Doch wird unser heutiges Bild von der im Abendlicht rötlich schimmernden Burg (arab. *al-hnwnra* = die Rote) von den Bauten der Blütezeit im 14. Jahrhundert bestimmt, die zeitgleich mit dem Kölner Dom, der Westminster Abbey in London oder den Rathäusern von Brügge und Prag errichtet wurden.
Von außen eine verschlossene, hoch über der Stadt liegende Festung, birgt sie im Inneren eine prächtige Ansammlung von Gebäuden und Gärten, die jährlich Millionen von Besuchern anlockt. Sie erstreckt sich über eine Länge von 720 Metern und eine Breite von 220 Metern. Einst umschlossen Mauern mit 23 Türmen die Palaststadt, die im 13./14. Jahrhundert Wohnungen, Höfe, Gärten, Bäder, Verwaltungsgebäude, Werkstätten, Kasernen, Stallungen, Gefängnisse, eine Münze und eine Moschee beherbergte. Die Anlage von Zisternen und Aquädukten schuf die Voraussetzung für eine ausreichende Wasserversorgung.
Im Zuge der Reconquista wurde unter Karl V. (Reg. 1519–1556) ein kaiserlicher Palast direkt neben den maurischen Repräsentationsräumen errichtet, außerdem wurden das Kloster San Francisco und die Kirche Santa Maria an der Stelle der Moschee erbaut. Das übrige Bauensemble blieb jedoch weitgehend erhalten.

Webcode:
KB645961-090

1 ■ Recherchieren Sie im Internet das Konzept des Welterbes, speziell des Weltkulturerbes, im Hinblick auf seine historischen Anfänge, seine Begründungen und seine organisatorische Ausprägung.

2 ■ Präsentieren Sie Ihre Ergebnisse als Vortrag.

M 1 Die Alhambra in Granada, Regierungssitz des Sultans, Fotografie, 1999

Präsentationsvorschlag

Die Alhambra als islamisches Baudenkmal – Symbol des Paradieses?

Beschreiben und deuten Sie

a) den Löwenhof,

b) die Mukarnaskuppeln, Wanddekorationen und Säulengestaltung an ausgewählten Beispielen oder

c) den Generalife.

Literaturtipps:

Rolf Legler, Das gebaute Paradies, Die Alhambra, in: ders., Andalusien, Maurische Pracht in Spaniens Süden, Belser, Stuttgart 2006, S. 82 ff.

Jesus Bermudez Lopez, Die Alhambra, in: Markus Hattstein, Peter Delius (Hg.), Islam und Architektur, Könemann, Köln, o. J., S. 278 ff.

M2 Der Journalist Rainer Traub zur Haltung der Spanier gegenüber dem muslimischen Erbe, 1998

„*Eres parte del Legado. Vivelo*", mahnt ein von der Regionalregierung autorisiertes Plakat, das dem Andalusien-Reisenden überall wieder begegnet: „Du bist Teil deines Erbes. Lebe es!" In Spanien ist die Idee, dass zu diesem Erbe vor allem die hispano-muslimische Kultur gehören könnte, alles andere als selbstverständlich. Nach dem Triumph der christlichen Reconquista wurden hier, in einer nationalen Selbstverstümmelung ohnegleichen, nicht nur Muslime und Juden zur Konversion gezwungen oder außer Landes gejagt, ihre Bücher verbrannt, ihre Gotteshäuser und ihre Kunstwerke zerstört. Die Sieger diktierten auch eine Geschichtsschreibung, welche die Ära einer glanzvollen Symbiose dreier Religionen und Kulturen aus dem kollektiven Gedächtnis tilgte. Das ewige Wesen Spaniens, so lautete fortan das spanische Credo, sei unberührt vom Islam geblieben; der Angriff der „Sekte Mohammeds" auf die christliche Gesittung eines abendländischen Volkes sei mit Gottes Hilfe zurückgeschlagen worden.

Generalissimus Franco brachte die Mission seines Landes auf die Formel, „dass uns Europa das Leben schuldet. Denn Spanien war der europäische Wellenbrecher, an dem die größte Gefahr aller Zeiten zerbrach: die islamische Flut". Bis zum Tode des Diktators im Jahre 1975 wurde dieses Zerrbild der eigenen Vergangenheit als spanische Geschichte ausgegeben. […] Erst das demokratische Spanien begann vor 20 Jahren endlich, sein Verhältnis zur Geschichte des eigenen Landes zu revidieren.

Rainer Traub, Andalusische Spurenlese, in: Spiegel special Nr. 1, 1998: „Rätsel Islam", S. 88.

1 ■ Analysieren Sie, welche Positionen das offizielle Spanien nach der Reconquista gegenüber dem kulturellen muslimischen Erbe bezogen hat.

2 ■ Charakterisieren Sie das jeweilige kulturelle Selbstverständnis.

3 ■ Setzen Sie sich kritisch mit dem Selbstverständnis vor der Demokratisierung auseinander.

M3 Allgemeine Erklärung zur kulturellen Vielfalt der 31. UNESCO-Generalkonferenz, Paris 2001, Auszug

Artikel 1 – Kulturelle Vielfalt: das gemeinsame Erbe der Menschheit

Im Laufe von Zeit und Raum nimmt die Kultur verschiedene Formen an. Diese Vielfalt spiegelt sich wider in der Einzigartigkeit und Vielfalt der Identitäten, die die Gruppen und Gesellschaften kennzeichnen, aus denen die Menschheit besteht. Als Quelle des Austauschs, der Erneuerung und der Kreativität ist kulturelle Vielfalt für die Menschheit ebenso wichtig wie die biologische Vielfalt für die Natur. Aus dieser Sicht stellt sie das gemeinsame Erbe der Menschheit dar und sollte zum Nutzen gegenwärtiger und künftiger Generationen anerkannt und bekräftigt werden.

Artikel 2 – Von kultureller Vielfalt zu kulturellem Pluralismus

In unseren zunehmend vielgestaltigen Gesellschaften ist es wichtig, eine harmonische Interaktion und die Bereitschaft zum Zusammenleben von Menschen und Gruppen mit zugleich mehrfachen, vielfältigen und dynamischen kulturellen Identitäten sicherzustellen. Nur eine Politik der Einbeziehung und Mitwirkung aller Bürger kann den sozialen Zusammenhalt, die Vitalität der Zivilgesellschaft und den Frieden sichern. Ein so definierter kultureller Pluralismus ist die politische Antwort auf die Realität kultureller Vielfalt. Untrennbar vom demokratischen Rahmen führt kultureller Pluralismus zum kulturellen Austausch und zur Entfaltung kreativer Kapazitäten, die das öffentliche Leben nachhaltig beeinflussen.

Artikel 3 – Kulturelle Vielfalt als Entwicklungsfaktor

Kulturelle Vielfalt erweitert die Freiheitsspielräume jedes Einzelnen; sie ist eine der Wurzeln von Entwicklung, wobei diese nicht allein im Sinne des wirtschaftlichen Wachstums gefasst werden darf, sondern als Weg zu einer erfüllteren intellektuellen, emotionalen, moralischen und geistigen Existenz.

http://www.unesco.de/erklaerung_vielfalt.html (Download vom 14. April 2015); nicht-offizielle Übersetzung durch das Sekretariat der Kultusministerkonferenz und die Deutsche UNESCO-Kommission (revidierte Textfassung vom 8. Juli 2002).

1 ■ Analysieren Sie, wie in der Erklärung die Vielfalt der menschlichen Kultur bewertet wird.

2 ■ Untersuchen Sie, wie der Zusammenhang von Identität und kultureller Vielfalt gesehen wird.

3 ■ **Geschichte produktiv:** Setzen Sie sich mit dem Gedanken eines vielfältigen Weltkulturerbes und mit der Arbeit der UNESCO im Rahmen einer Podiumsdiskussion auseinander.

2.2 Die Renaissance

Leitfragen:
Wie veränderten Humanismus und Renaissance das mittelalterliche Menschen- und Weltbild sowie Kunst, Philosophie und Wissenschaft?
Wie veränderte der Humanismus die Kultur der breiten Bevölkerung bzw. die der Eliten?
Welche Bedeutung besaßen Volksfrömmigkeit, Aberglaube und Hexenverfolgung in der Frühen Neuzeit?

Entstehung von Renaissance und Humanismus

Beim Übergang vom Mittelalter zur Neuzeit, der sich in einer breiten Epochenwende vom späten 15. bis in die Mitte des 16. Jahrhunderts vollzog, lösten Renaissance und Humanismus weitreichende Modernisierungsschübe aus. Mit der Verbreitung dieser geistig-kulturellen Bewegungen verlor das von Kirche und Glaube beherrschte mittelalterliche Welt- und Menschenbild allmählich an Bedeutung. An seine Stelle traten zunehmend Wissenschaft, Kunst und Literatur, ohne jedoch Kirche und Glauben vollständig aufzugeben.

In der mittelalterlichen Ständeordnung waren die Menschen von Geburt an rechtlich ungleich. Das irdische Leben galt vielen als Bestrafung für das Sündigwerden des Menschen und als Prüfstein für das ewige Leben. Diese Sicht begann sich bereits im 14. Jahrhundert zu wandeln. Ausgangspunkt des geistig-kulturellen Aufbruchs waren die oberitalienischen Stadtstaaten, vor allem Mailand, Pisa, Venedig und Florenz. Sie hatten sich im Spätmittelalter ihre kommunale Freiheit erkämpft und zu europäischen Handels- und Gewerbezentren entwickelt. Das politische Selbstbewusstsein und die wirtschaftliche Stärke der städtischen Oberschichten bildeten die geistige und materielle Basis für eine dauerhafte Förderung von Bildung und Kultur. Von Oberitalien ausgehend breiteten sich um 1500 die Gedanken der **Renaissance*** (dt.: Wiedergeburt) und des **Humanismus*** (von lat. *humanus* = menschlich) auch nördlich der Alpen aus. Diese geistig-kulturellen Bewegungen mit ihrer **Antikenbegeisterung** waren allerdings **Elitenkulturen**, große Teile der Bevölkerung blieben davon unberührt.

Renaissance
Das französische Wort „Renaissance" bezeichnete seit dem 16. Jahrhundert zunächst die Wiederentdeckung und Pflege der griechischen und der römischen Sprache, der antiken Kunst und Wissenschaft sowie ein neues Bildungsideal. Erst im 19. Jahrhundert verwendeten es Historiker als Epochenbegriff für die Zeit des Übergangs vom Mittelalter zur Neuzeit, in der sich der Mensch aus der kirchlichen und geistigen Ordnung des Mittelalters löste.

Humanismus
In Italien entstandene Bildungsbewegung vom 14. bis zum 16. Jh. Ausgehend vom Ideal des edlen Menschen, das die Humanisten in der von ihnen gesammelten Literatur der Antike fanden, kritisierten sie vor allem die Theologie und die kirchliche Bildungstradition. Ziel der Humanisten war eine am Vorbild der Antike geformte Bildung, die die Entfaltung der Persönlichkeit und eine individuelle Lebensgestaltung ermöglichen sollte.

Menschenbild

Die Renaissance wollte das in ihren Augen „dunkle Zeitalter" des Mittelalters durch eine kulturelle Erneuerung der Gegenwart überwinden, die allein durch eine **Rückbesinnung auf die Antike** möglich sei. Die Moderne sollte also durch Tradition gewonnen werden (M 4). Das Diesseits stand nun im Zentrum und mit ihm der eigenverantwortliche, schöpferische und vielseitig gebildete Mensch, der sich unabhängig von kirchlichen Dogmen in freier Selbstbestimmung entwickeln sollte.

Auch der Humanismus wollte den Menschen kultivieren und sittlich veredeln sowie zum richtigen Handeln anregen. Diese wichtigste und wirkungsmächtigste Bildungsbewegung vor der Aufklärung wollte wissenschaftliche Bildung von der kirchlichen Theologie trennen und den Menschen mit seinen Erfahrungen als das vollkommenste Geschöpf Gottes in den Mittelpunkt rücken. Die Humanisten begriffen den Einzelnen als eigenverantwortliches, schöpferisches Individuum, das sein Leben selbstbewusst und vernünftig gestaltete. Ihr Ideal war der mithilfe der antiken griechischen und römischen Literatur umfassend gebildete Mensch. Forscher haben diesen Prozess als **Entdeckung des Individuums** bezeichnet. Tatsächlich ist die Idee der individuellen Selbstbestimmung und Selbstverwirklichung als Lebensziel eine entscheidende Errungenschaft der modernen westlichen Gesellschaft. Der Begriff „Individualisierung" kennzeichnet den umfassenden geschichtlichen Prozess, bei dem sich der Einzelne befreit aus historisch vorgegebenen und zugewiesenen Bindungen und Rollen. Mit der Ausbreitung des Humanismus blieb Bildung nicht länger ein Privileg des Klerus, sondern erfasste zunehmend auch die Laien, allen voran das Stadtbürgertum.

Wie ihre antiken Vorbilder konzentrierten die Humanisten ihre Studien auf Geschichte, Rhetorik, Philologie und Philosophie und stellten sie den bereits geachteten Fakultäten der Theologie, Jurisprudenz und Medizin gleich. Die Hinwendung zu den antiken Sprachen und klassischen Schriften bedeutete jedoch keine Ablehnung des christlichen Glaubens; die Humanisten wollten Christentum und Kirche von den „Verirrungen“ des Mittelalters befreien und mit der Antike verbinden. Dass die Europäer die griechisch-römische Kultur wiederentdecken konnten, verdanken sie auch arabisch-islamischen und jüdischen Gelehrten des 10. bis 12. Jahrhunderts, die eine Vielzahl griechischer Texte zunächst ins Arabische und dann ins Lateinische übersetzt hatten.

Kunst, Philosophie und Wissenschaft

Das neue Menschenbild der Renaissance veränderte vor allem die **Kunst**. Auch der **Künstler** – Maler, Bildhauer, Architekt – verstand sich nun als Mensch, der seine Werke als individuelle Schöpfung betrachtete. Auf der Grundlage von genauen Naturbeobachtungen und Erkenntnissen der Anatomie wurden Menschen mit individuellen Charakterzügen realistisch dargestellt. Als bedeutendster Künstler gilt hier der Universalgelehrte **Leonardo da Vinci*** (M 1, M 3 b). Die radikalste Veränderung im Bereich des künstlerischen Ausdrucks war der Übergang zur Zentralperspektive: Die Bilder zeigten jetzt eine Wirklichkeit, die vom Maler geplant und nach einem System mathematisch festgelegter Bezugspunkte konstruiert und gestaltet ist. Der Architekt Filippo Brunelleschi verhalf der neuen Architektur durch die Übernahme antiker Formen und des Zentralbaus zum Durchbruch.
Renaissance und Humanismus beeinflussten auch die **politische Philosophie**. In Auseinandersetzung mit der griechischen Polis und der Römischen Republik entwickelten die Humanisten eine neue Staatstheorie. Politik wurde nun als eine rational zu betreibende Strategie verstanden, die nüchtern die eigenen Interessen definierte und verfolgte. Der bedeutendste Vertreter dieser Sichtweise war der florentinische Diplomat und Staatstheoretiker **Niccolò Machiavelli*** (1469–1527) (M 2). In seinem berühmten Werk *„Il Principe“* (dt. „Der Fürst“) untersuchte er auf der Grundlage seiner Analyse der innerstädtischen Konflikte in seiner Heimatstadt Florenz und der europäischen Auseinandersetzungen um die Vorherrschaft auf der Apenninenhalbinsel die Bedingungen erfolgreicher Machtpolitik. Im Mittelpunkt stand die Frage, wie der Fürst politische Macht gewinnen und erhalten könne. Dabei müsse er vorgeblich die traditionelle Moral wahren können, er dürfe im Interesse des Staates jedoch auch nicht vor Gewalt und Terror zurückschrecken (M 5).
Humanismus und Renaissance bildeten auch die Grundlagen der **„neuen Wissenschaften“** – ein Begriff, der in der Mitte des 16. Jahrhunderts in Italien entstand. Das humanistische Ideal der moralisch-geistigen Autonomie des Menschen, der Glaube an die Möglichkeit vernunftbestimmter Erkenntnis sowie die Wiederentdeckung der Antike wurden zur Basis des wissenschaftlich-technischen Aufbruchs in der Frühen Neuzeit. Empirische Beobachtung, mathematische Methoden und kritische Überprüfung entwickelten sich in dieser Zeit erstmals zur Grundlage allen Wissens. Europa zeigte in dieser Zeit eine zivilisatorische Dynamik, die dem Kontinent eine Überlegenheit gegenüber anderen Kulturen verschaffte – selbst mit Blick auf China, das Europa während des Mittelalters in Wissenschaft und Technik weit voraus gewesen war.

Weltbild

Bis in die Frühe Neuzeit hinein blieb das **geozentrische Weltbild** gültig. Dieses in der Antike von dem griechischen Philosophen Aristoteles (384–322 v. Chr.) vertretene und von dem Astronomen Claudius Ptolemäus (um 100–nach 160 n. Chr.) ausgearbeitete Bild des Universums, das die Erde in den Mittelpunkt der Welt stellte, entsprach den Vorstellungen der Bibel und der katholischen Kirche. Für sie musste der Mensch als göttliches Geschöpf im Zentrum des von Gott geschaffenen Universums ste-

M 1 Männerkopf mit Proportionsschema, Zeichnung von Leonardo da Vinci (1452–1519), o. J.

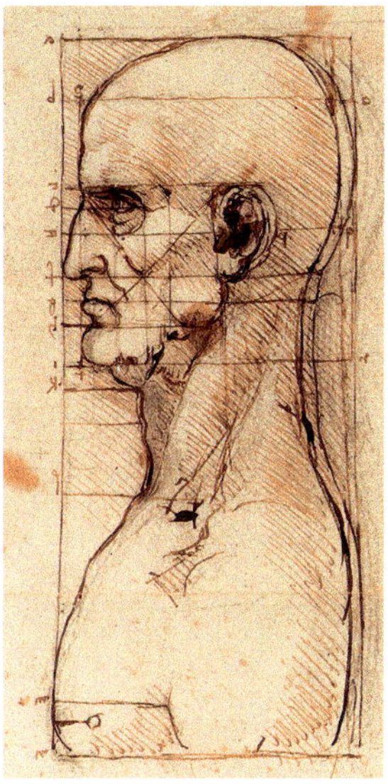

M 2 Niccolò Machiavelli (1469–1527), Porträt, o. J.

hen. Wer an diesem Weltbild zweifelte, stellte Gott und die gesamte Glaubenslehre der christlichen Religion infrage. Der Mathematiker und Astronom Nikolaus Kopernikus (1473–1543) revolutionierte dieses Weltbild als Erster: Nicht die Erde sei Mittelpunkt, sondern die Sonne, um die die Erde und die anderen Planeten kreisten (**heliozentrisches Weltbild**). Die **„kopernikanische Wende“** war jedoch eher die wissenschaftliche Leistung des Astronomen Johannes Kepler (1571 bis 1630). Er wies nach, dass sich die Planeten nicht kreisförmig, sondern in elliptischen Bahnen um die Erde bewegten. Der Mathematiker und Philosoph Galileo Galilei (1564–1642) bewies die Richtigkeit des kopernikanischen Systems. Aufgrund seiner Forschungen mit einem selbst konstruierten Fernrohr schloss er, dass die Zahl der Sterne unendlich groß und das Weltall grenzenlos sein müsse. Als Galileo seine Erkenntnisse veröffentlichte, wurde er 1633 von der römischen Inquisition angeklagt und unter Androhung der Folter zum Widerruf seiner „Ketzereien“ gezwungen. Seine Leistungen erkannte die katholische Kirche erst 1979 an.

Volksfrömmigkeit, Volksglauben
Diese Begriffe bezeichnen die Gesamtheit der Denk- und Verhaltensweisen, die sich die Mehrheit der Bevölkerung über eine Welt jenseits der Alltagserfahrung vorstellt oder einbildet. Volksfrömmigkeit bzw. Volksglauben schließen religiösen Glauben im modernen Sinne, also auch das Bekenntnis zu einer Kirche nicht aus. Hinzu kommen jedoch auch andere Glaubensformen wie Schicksalsglauben, Geisterglauben oder Glauben an die Wirksamkeit von Magie.

Volksfrömmigkeit

Religion bedeutete für die Menschen der frühneuzeitlichen Gesellschaft Unterschiedliches. Öffneten sich besonders die Handwerker in den Städten spiritualistischen Bewegungen, neigte die Landbevölkerung mehr zu magisch-abergläubischen Frömmigkeitsformen. Vor allem im ländlichen Bereich der protestantischen Territorien blieb noch lange katholisches Brauchtum lebendig. Dies gilt in erster Linie für Wallfahrten und Heiligenkulte sowie für alle Formen des Aberglaubens wie Zauberei oder Wahrsagerei, denen Kirche und Obrigkeit den Kampf ansagten.
In den Gemeinden ließ nach dem spontanen Bekenntnis zur Reformation die Begeisterung des Volkes rasch nach und ein Mangel an religiösem Eifer machte sich breit. Die neue evangelische Frömmigkeit blieb noch lange in die traditionelle Volkskultur eingebunden. Mischformen der Frömmigkeit, die weder von altgläubigen Riten noch von abergläubischen Praktiken deutlich zu trennen waren, hielten sich in der religiösen Praxis. Dennoch löste die **Reformation** in den protestantischen Gebieten einen weitreichenden **Wandel der Volksfrömmigkeit*** aus: Die neue evangelische Frömmigkeit beruhte weitgehend auf dem Wort des Evangeliums und führte zwangsläufig zu einer Entsinnlichung und Entsakralisierung religiösen Handelns. Zwar lebte diese Frömmigkeit von populären Lebensvorstellungen, sie wurde allerdings stärker von theologischen und disziplinierenden Interessen der protestantischen Kirche bestimmt. Obwohl unter den katholischen Gläubigen Marienkulte und das Andachts- und Wallfahrtswesen wieder aufblühte, änderte sich mit der Reformation auch innerhalb der **katholischen Kirche** die Grundstruktur der Frömmigkeit. Wie die evangelische verdrängte die katholische Kirche weltliches und alltägliches Handeln sowie abergläubische Denkmuster aus dem religiösen Leben, wenngleich die ethischen Normen der Katholiken den Entfaltungsspielraum für das gemeine Volk weniger einschränkten.

Aberglaube und Hexenverfolgung

Im 16. und 17. Jahrhundert bestimmten nicht nur die christliche Lehre und der offizielle Glauben der Kirche, sondern auch magische und abergläubische Vorstellungen das religiöse Leben. Der frühneuzeitliche Aberglaube war jedoch weder heidnisch-vorchristlichen Ursprungs noch mit der christlichen Lehre oder der rationalen Wissenschaft unvereinbar. Vielmehr lebten magisches, religiös-christliches und wissenschaftliches Denken neben- und miteinander. Nur so konnte sich der Hexenglaube verbreiten, den Theologen, Wissenschaftler, Fürsten und einfache Bauern teilten. Ihre magische Weltsicht und Praxis kann nicht aus Lehrsätzen und schriftlich formulierten Erkenntnissen abgeleitet werden, sondern lässt sich nur an **rituellen Handlungen**

und Lebensregeln festmachen. Sie dienten alle dazu, Unheil abzuwehren, Sicherheit zu vermitteln und das Überleben zu garantieren. So gab es die unterschiedlichsten Segenssprüche, Beschwörungsformeln und Zeremonien, um spezielle Krankheiten bei Mensch und Vieh oder Unwetter, Unfälle und Brand sowie Taten „böser" Menschen abzuwehren. Die Wahrsagerei galt zwar als anrüchig, konnte aber von kundigen Magiern durchgeführt werden.

Hexen* und Hexenverfolgung gab es zwar bereits im Mittelalter. Aber erst in der durch Volksglauben, Zauber und magische Kulte geprägten frühneuzeitlichen Gesellschaft eskalierte die Verfolgung. Mit dem **„Hexenhammer"**, einem „Handbuch" der Hexenlehre aus dem Jahre 1486/87, wurde die Bekämpfung der Hexen in ein wirksames System gebracht. Dieses System und das damit verbundene Hexenbild wurde seit dem 15./16. Jahrhundert von der offiziellen Kirche wie der weltlichen Obrigkeit angenommen (M 6, M 7). Da es bis weit ins 17. Jahrhundert mehr Befürworter – ja, fanatische Hexenjäger – als Kritiker und Skeptiker gab, besaßen die Gegner der Hexenverfolgung kaum eine Chance. Zusätzlich verschärft wurde die Hexenverfolgung durch den Einsatz der Folter, die als legitimes Mittel der Wahrheitsfindung galt. Mithilfe der Folter konnten verdächtige Personen nicht nur zu einem Geständnis gezwungen, sondern auch zur Angabe von Helfern genötigt werden.

Trotz der weiten Verbreitung der spezifischen Hexenbilder und der allseitigen Verwendung der Folter kam es nicht in allen Ländern des Deutschen Reiches zu **Hexenverfolgungen**. In den Jahren 1580–90 fand eine erste große Verfolgung statt, eine zweite um die Jahre 1620–30 und eine dritte um 1660. Frauen waren die Hauptopfer der Verfolgungen (ca. 80 % der Opfer), aber auch Männer und Kinder waren betroffen. Historiker schätzen, dass in Europa insgesamt zwischen 40 000 und 60 000 Menschen als Hexen hingerichtet wurden, davon etwa 25 000 im Heiligen Römischen Reich.

Die Hexenverfolgungen, die durch die Zusammenarbeit der Fürsten und ihrer Berater sowie der Rechtsgelehrten und Richter mit den Untertanen entstanden, haben vielfältige Ursachen. Angezettelt durch Gerüchte und üble Nachrede begann die Verfolgung dort, wo man sich durch Hexen und ihren Schadenszauber bedroht fühlte und nach Schuldigen an Missernten, Hunger und Seuchen suchte. Der Hexenwahn leitete also Aggressionen auf Sündenböcke ab und war auch ein Ventil für eine latente und offene Frauenfeindschaft. Hexenverfolgungen, die sich in Jahren wirtschaftlicher Not ausbreiteten, lieferten Schuldzuschreibung und Erklärung für die Krisen der frühneuzeitlichen Gesellschaft und entlasteten die Bevölkerung. Hinzu kam, dass sich in Krisenjahren die Polarisierung zwischen Arm und Reich verstärkte und dadurch vermehrt Ängste und Aggressionsbereitschaft erzeugt wurden. Auch für diese Verschlechterung der Lebensverhältnisse bot das Hexenbild einfache und emotional wirksame Erklärungen. Die Konfessionalisierung mit ihrem Klima der Ausgrenzung stimulierte ebenfalls die Verfolgungsbereitschaft. Ebenso hielt die von professionalisierten Stadt- und Territorialgerichten ausgeübte Gerichts- und Strafpraxis die Verfolgung in Gang. Die ohnehin gnadenlose Härte der Strafjustiz in den Jahrzehnten um 1600 entgleiste bei der Verfolgung vermeintlicher Hexen zu unglaublicher Grausamkeit.

Hexe
Der Begriff, dem uralte Vorstellungen zugrunde liegen, wurde durch die kirchliche und staatliche Gesetzgebung inhaltlich festgelegt. Hierzu gehörten päpstliche Bullen oder der „Hexenhammer", der zwischen 1487 und 1669 29-mal gedruckt wurde. Der Hexenhammer löste eine Welle von Hexenprozessen im Heiligen Römischen Reich aus, die nach den Anweisungen des Buchs durchgeführt wurden. Ein Hexenverbrechen bestand danach in folgenden Taten: dem Pakt oder der „Buhlschaft" mit dem Teufel, der Ausübung des Schadenszaubers, dem „Hexenflug" und der Teilnahme an der Hexenversammlung, dem „Hexensabbat". Auch im Volksglauben mit seinen magischen Denk- und Verhaltensweisen gab es Hexenvorstellungen. Als Hexe galt eine mit Zauberkräften ausgestattete Person, die mit Dämonen oder dem Teufel im Bunde stand und heil- oder unheilbringende Fähigkeiten besaß.

Webcode:
KB645961-095

1 ■ Erarbeiten Sie eine Definition der Begriffe „Humanismus" und „Renaissance".
2 ■ Erläutern Sie die Wirkungen von Humanismus und Renaissance in den Bereichen Kunst, Philosophie und Wissenschaft.
3 ■ Beschreiben Sie die Wirkungen der Reformation auf die Volksfrömmigkeit.
4 ■ Analysieren Sie Ursachen und Folgen der frühneuzeitlichen Hexenverfolgungen.

M3 Das letzte Abendmahl

Das letzte Abendmahl, das Jesus mit seinen Jüngern abgehalten hat, bevor er gekreuzigt wurde, ist ein häufiges Motiv in der Kunst des christlichen Abendlandes.

a) Buchmalerei aus dem Kloster Reichenau, um 1000

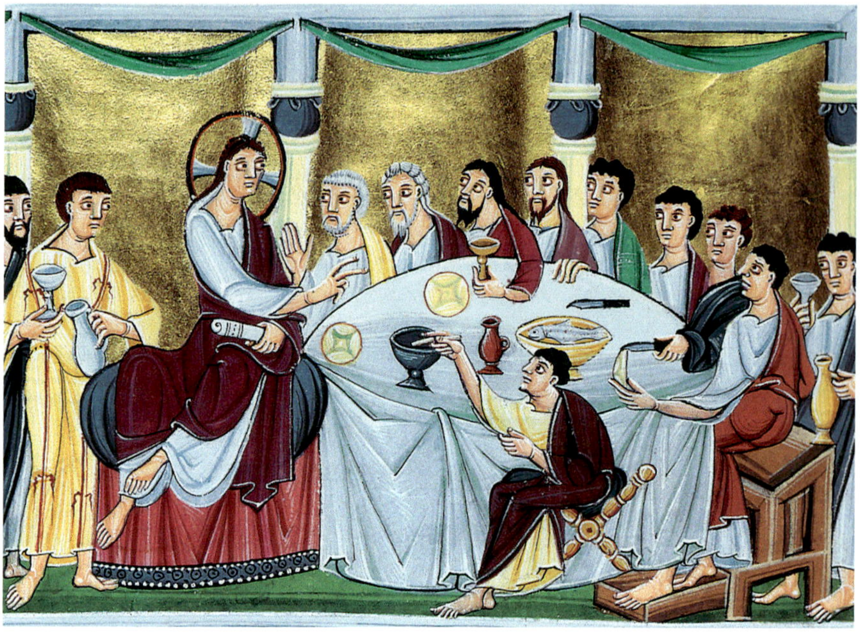

b) „Mailänder Abendmahl", Wandgemälde von Leonardo da Vinci im Kloster Santa Maria delle Grazie in Mailand, 1495–1497

1 ■ Beschreiben und vergleichen Sie die Bilder M3a und M3b. Zeigen Sie Unterschiede und Gemeinsamkeiten zwischen dem Bild aus dem Mittelalter und dem Renaissancebild auf und erklären Sie diese aus dem historischen Kontext. Lesen Sie ggf. in Kapitel 1.3, S. 44 ff., nach.

2 ■ Erläutern Sie, wie die Renaissance die Malerei im Vergleich zum Mittelalter modernisiert hat.

M4 Der humanistische französische Schriftsteller François Rabelais über das Studium, 1532

François Rabelais verfasste 1532–1564 den fünfbändigen Romanzyklus „Gargantua und Pantagruel". In Band 1 (1532) lässt er den Riesen Gargantua einen Brief an den Sohn Pantagruel schreiben, der in Paris studiert:

[Es] wird dir nützlich und heilsam sein, wenn du dich daran erinnerst, dass ich nichts an dir gespart, wohl aber alles, was in meinen Kräften stand, für dich getan habe [...]. [D]urch göttliche Gnade wurden während meiner Lebenszeit der Wissenschaft Licht und Würde zurückgegeben, und sie nahm einen solchen Aufschwung, dass ich, der ich als junger Mann nicht mit Unrecht für einen der Gelehrtesten meiner Zeit galt, jetzt kaum in die erste Klasse der Abc-Schüler aufgenommen werden würde. [...]

Jetzt sind alle Lehrfächer wieder eingeführt, die Sprachen neu belebt: Griechisch, ohne welches heutzutage niemand auf den Namen eines Gelehrten Anspruch erheben kann, Hebräisch, Chaldäisch und Lateinisch. Schöne, einwandfreie Drucke sind überall im Gebrauch, deren Herstellung erst zu meiner Zeit durch göttliche Eingebung erfunden wurde wie umgekehrt die Feuerwaffen durch satanische. Überall findet man eine Menge gelehrter, hochstudierter Professoren, reiche Bibliotheken [...]. Ja, was soll ich sagen? Frauen selbst und Mädchen streben nach dem Ruhm und himmlischen Manna der Gelehrsamkeit. [...]

Deinen Stil im Griechischen bilde nach Platon, im Lateinischen nach Cicero. Die Historie musst du unbedingt vollständig im Gedächtnis haben, wozu dir die Kosmografien derer, die darüber geschrieben, von Nutzen sein werden. Für die Freien Künste, für Geometrie, Arithmetik und Musik habe ich dir bereits Geschmack beigebracht, als du noch ein kleiner Bube von sechs Jahren warst. Setze das nun weiter fort und erlerne die Astronomie in all ihren Gesetzen. Aber um die wahrsagerische Astrologie [...] bekümmere dich nicht. Vom Zivilrecht will ich, dass du die trefflichen Texte auswendig wissest und sie philosophisch zu analysieren verstehst. Es ist mein Wunsch, dass du dich mit den Dingen der Natur eingehend beschäftigst, sodass es kein Meer, keinen Fluss, kein Bächlein gebe, von dem du die Fische nicht kenntest. Kein Vogel der Luft, kein Baum oder Strauch, keine Staude, kein Kraut des Feldes, kein Metall im Schoß der Erde, kein Edelstein des Morgen- oder Mittaglandes darf dir unbekannt bleiben. Sorgfältig durchforsche die Schriften der griechischen, arabischen und lateinischen Ärzte und vernachlässige auch nicht die Talmudisten[1] und Kabbalisten[2]. Durch häufige Übungen in der Anatomie erwirb dir eine umfassende Kenntnis der kleinen Welt, Mensch genannt. Jeden Tag verwende einige Stunden darauf, die Heilige Schrift zu studieren, zuerst in griechischer Sprache das Neue Testament und die apostolischen Briefe, dann in hebräischer Sprache das Alte Testament. In summa, mache dich zu einem Abgrund des Wissens [...]. Und um es kurz zu sagen, ich will, dass du auch zeigtest, was du gelernt hast, welches nicht besser geschieht, als wenn du öffentlich mit und gegen jedermann disputierst und mit den gelehrten Leuten sowohl in Paris als an anderen Orten lebhaften Verkehr unterhältst.

François Rabelais, Gargantua und Pantagruel, hg. v. Horst Heintze/Edith Heintze, Insel, Frankfurt/M. 1974, Bd. 1, S. 210–220.

1 Talmudisten: beschäftigen sich mit der Heiligen Schrift der Juden
2 Kabbalisten: beschäftigen sich mit jüdischer Geheimlehre und Mystik

1 ■ **Diskutieren Sie, inwieweit M4 eine historische Quelle ist, in der humanistische Ideen formuliert werden.**

2 ■ **Beurteilen Sie das humanistische Studienprogramm.**

M5 Aus der Schrift „Der Fürst" von Niccolò Machiavelli, 1513

Kap. 18: Wie rühmlich es für einen Fürsten ist, die Treue zu halten und redlich, ohne Falsch, zu leben, sieht jeder ein. Nichtsdestoweniger lehrt die Erfahrung, dass [...] die Fürsten Großes ausgerichtet haben, die es mit der Treue nicht genau nahmen [...]; und schließlich haben sie die Oberhand gewonnen über die, welche es mit der Redlichkeit hielten. [...] Ein kluger Fürst kann und darf demnach sein Wort nicht halten, wenn er dadurch sich selbst schaden würde oder wenn die Gründe weggefallen sind, die ihn bestimmten, es zu geben. Wenn alle Menschen gut wären, wäre diese Vorschrift nicht gut; da sie aber schlecht sind und dir die Treue nicht halten würden, brauchst du sie ihnen auch nicht zu halten. [...] So muss der Fürst Milde, Treue, Menschlichkeit, Redlichkeit und Frömmigkeit zur Schau tragen und besitzen, aber wenn es nötig ist, imstande sein, sie in ihr Gegenteil zu verkehren. Es ist wohl zu beachten, dass ein Fürst, zumal ein neuer, nicht alle Tugenden befolgen kann, die den guten Ruf der Menschen begründen, da er oft genötigt ist, gegen Treue, Barmherzigkeit, Menschlichkeit und Religion zu verstoßen, um seine Herrschaft zu behaupten. Deshalb muss er verstehen, sich zu drehen und zu wenden nach dem Winde und nach den Wechselfällen des Glückes, und am Guten festhalten, soweit es möglich ist, aber im Notfall vor dem Schlechten nicht zurückschrecken.

Niccolò Machiavelli, Il Principe, in: Opere, hg. v. M. Bonfantini, Mailand 1954, S. 49ff., 56ff., zit. nach: Geschichte. Dauer und Wandel, hg. v. Franz-Josef Schütz, Cornelsen, Berlin 1993, S. 292f.

1 ■ **Erarbeiten Sie Machiavellis Kriterien erfolgreicher Politik.**

2 ■ **In der Gegenwart bezeichnet „Machiavellismus" eine Machtpolitik, die keine Skrupel bei der Wahl ihrer Mittel kennt. Beurteilen Sie dieses Begriffsverständnis.**

M6 Theophrastus Paracelsus (1493–1541) über „Die Gefährlichkeit der Hexen", 1531

Aber da ist Aufmerkens hoch vonnöten, dass derselbige [Glaube] nicht zu einem Aberglauben oder Missbrauch werde, dem Menschen zum Verderben und Schaden. Denn so wird eine Zauberei daraus, und wird alsdann von männiglich nit unbillig Zauberei genannt. Wie denn alle Hexen tun, die sich in diese Kunst eingeflickt, sich darinnen geübt und sich mit ihr umgeben, wie eine Sau im Kot. So ist sie durch sie zur Zauberei geworden, und es ist nicht unbillig noch unrecht, dass man sie und alle Zauberer mit dem Feuer hinrichtet. Denn sie sind die schädlichsten Leut und die bösesten Feind, so wir auf Erden haben, wenn sie jemand übel wollen. Vor einem gegenwärtigen leiblichen Feind, der einen andern mit bösen Waffen, Geschoss oder Werfzeug verfolgt, kann man sich in etwas hüten und sich auch vor ihm vorsehen und sich gegen ihn mit Panzer, Harnisch, Waffen und Geschoss rüsten oder gar eben daheim im Haus bleiben und niemand zu sich hineinlassen, außer dem, der einem wohl gefällt. Aber gegen diesen [Feind] kann man sich nicht so praeservieren, es hilft gegen sie kein Panzer, kein Harnisch, keine Tür noch Schloss, sie dringen durch alles durch, es steht ihnen alles offen. Und ob einer schon in eiserne oder stählerne Kisten eingeschlossen wäre, so wäre er doch vor ihnen nicht sicher. Wiewohl sie selbst mit ihrem eigenen Leibe keinen Schaden tun, aber die Geister und Ascendenten können sie einem durch ihren falschen Glauben auf den Hals schicken, und einen Abwesenden oder über hundert Meil Entfernten an seinem Leib verletzen und beschädigen, oder wie denn auch wollen, schlagen, stechen oder gar töten, – wiewohl man äußerlich keine Verwundung des Leibes sieht oder empfindet, denn sie können das Fleisch oder den auswendigen Menschen nit verwunden oder verletzen, allein den inwendigen Menschen, den Geist des Lebens. Darum kann auch kein Panzer oder Harnisch, wie gut er sei, dawider Hilfe tun, sondern es muss dawider ein anderer Harnisch angezogen werden, der durch den Glauben, das ist ein Pfaid oder das innere leinene Gewand; wenn dasselbe gebsch, das ist links, angezogen wird, nachdem es vielmals rechts getragen worden ist, das tut hiergegen mehr Hilf als alle Harnische, Panzer, Elendshäute, englische Hauben oder nasse Kittel.

Zit. nach: Wolfgang Behringer (Hg.), Hexen und Hexenprozesse in Deutschland, 7. Aufl., dtv, München 2010, S. 104–106, Nr. 62.

1 ■ Analysieren Sie mithilfe von M6 das frühneuzeitliche Hexenbild.
a) Beschreiben Sie den Zusammenhang zwischen Aberglauben und Zauberei.
b) Erläutern Sie die Gründe, warum Hexen als gefährlich galten.
c) Erörtern Sie, welche Mittel es gegen Hexen und ihren Zauber bzw. den Glauben daran gibt.

M7 Johann Linden über den Beginn der großen Hexenverfolgung im Kurfürstentum Trier, o. J.

Kaum einer der Erzbischöfe hat mit so großer Beschwernis, mit solchem Verdruss und unter solcher Not die Diözese regiert wie Johann [= Erzbischof Johann VII. von Schönenberg, 1581–1599]. [...] Dazu musste er in der ganzen Zeit seiner Regierung den ständigen Mangel an Brotgetreide, die Unbill der Witterung und den Misswachs auf den Feldern mit seinen Untertanen aushalten. Denn nur zwei Jahre von den neunzehn waren fruchtbar, die Jahre 1584 und 1590 [...]. Weil man allgemein glaubte, dass der durch viele Jahre anhaltende Misswachs durch Hexen und Unholde aus teuflischem Hass verursacht werde, erhob sich das ganze Land zur Ausrottung der Hexen. Diese Bewegung unterstützten viele Amtspersonen, die sich aus den Verbrennungen dieser Art Gold und Reichtum erhofften. Daher traten in der ganzen Diözese, in Städten und Dörfern, bei den Gerichtshöfen ausgesuchte Ankläger auf, Untersuchungsrichter, Gerichtsboten und Schöffen, Richter und Henkersknechte, die Menschen beiderlei Geschlechts vor Gericht und zum Verhör schleppten und in großer Zahl verbrannten. Kaum einer von denen, die angeklagt wurden, entging der Hinrichtung. Auch die Vornehmen wurden in der Stadt Trier nicht verschont. Denn ein Schultheiß wurde mit zwei Bürgermeistern, einigen Ratsherren und Schöffen verbrannt. Kanoniker verschiedener Stifte, Pfarrer, Landdechanten verfielen derselben Verurteilung. Schließlich war die Unvernunft des wütenden Volkes und der Richter, die nach Blut und Beute lechzten, so ausgeartet, dass kaum einer gefunden werden konnte, der nicht von irgendeinem Makel dieses Verbrechens gekennzeichnet war. Inzwischen wurden die Notare, Schreiber und Schankwirte reich. Der Scharfrichter ritt auf einem edlen Pferd einher wie ein vornehmer Hofmann, in Gold und Silber gekleidet. Sein Weib wetteiferte im Kleiderluxus mit den Adligen. Die Kinder der Hingerichteten wanderten aus, ihr Besitz wurde eingezogen. Es fehlte an Bauern und Winzern, daher kam der Misswuchs. Kaum schlimmer kann die Pest oder ein überaus grausamer Feind im Trierer Land gewütet haben als diese Art einer maßlosen Inquisition und Verfolgung. Es gab sehr viele Beweise dafür, dass nicht alle schuldig waren.

Diese Verfolgung dauerte mehrere Jahre, und es gab Richter, die sich der vielen Pfähle rühmten, an deren jedem je ein Menschenleib dem Feuer übergeben worden war. Schließlich, da diese Hefe durch das ständige Verbrennen nicht ausgeschöpft wurde und da die Untertanen verarmten, wurden Gesetze für die peinliche Befragung und die Inquisitoren und deren Einnahmen und Ausgaben erlassen und angewandt. Und plötzlich, wie wenn im Kriege der Strom des Geldes versiegt, verschwand der wilde Eifer der Inquisitoren. Es wurde beobachtet, dass nur wenige, die sich bei dieser Schlachtbank bereichert haben, ihren Besitz auf die dritte Generation vererbten.

Zit. nach: Wolfgang Behringer (Hg.), Hexen und Hexenprozesse in Deutschland, 7. Aufl., dtv, München 2010, S. 196 f., Nr. 196.

1 ■ **Analysieren Sie mithilfe von M 7 Ursachen und Folgen der Hexenverfolgung im Kurfürstentum Trier.**

2 ■ **Arbeiten Sie heraus, welche sozialen Gruppen nach M 7 von der Hexenverfolgung profitierten.**

3 ■ **Diskutieren Sie die Thesen von M 7. Nennen Sie Ursachen und Folgen der Hexenverfolgung, die in der Quelle nicht genannt werden. Ergänzen Sie die Quelle.**

M 8 Der Jesuit Friedrich Spee über die Verbreitung der Hexenverfolgungen im 17. Jahrhundert, 1631

Es lehren auch die Mediziner, dass das Vieh nicht minder als die Menschen seine Krankheiten hat; dass bei Mensch und Tier häufig mancherlei neue Leiden auftreten, die von den Ärzten noch nicht genügend erforscht sind; dass die Natur viel Wunderbares birgt, das dann zum Erstaunen derer ans Tageslicht kommt, die nichts ahnen von ihrem Reichtum; und dass auch die größten Gelehrten der vergangenen Jahrhunderte nicht den ganzen Umfang ihrer Kräfte haben ermessen können. Aber lass einmal irgendsoetwas in Deutschland, besonders unter der Landbevölkerung, sich zeigen; bewölkt sich der Himmel, und stürmt es einmal heftiger als gewöhnlich; kennt einmal der Arzt nicht eine neue Krankheit, oder weicht ein altes Leiden nicht gleich unter seiner Behandlung; – kurz, lasst irgendein Unglück sich ereignen, das ungewöhnlich erscheint –, und schon überlässt man sich Gott weiß welchem Leichtsinn, Aberglauben und Unsinn, denkt nur an Hexenwerk und schiebt die Schuld auf die Zauberer. Da behauptet man denn, den wahren Schlüssel in der Hand zu halten. Sah man sodann vielleicht jemanden unterdes vorbeigehen, in der Nähe herumstehen oder kommen, der dies oder das sagte oder tat (irgendetwas muss ja doch immer vorhergegangen, gleichzeitig oder hinterher geschehen sein), so legt man alles übel aus, erklärt ihn für den Schuldigen und trägt in seiner Nichtswürdigkeit die Verdächtigung in der ganzen Nachbarschaft umher. Da ist es denn kein Wunder, wenn das immer mehr um sich greifende Gerede uns in wenig Jahren Hexen in so reichlicher Anzahl schafft, zumal Prediger und Geistliche nichts hiergegen unternehmen, sondern eher noch selbst mit Schuld daran sind, und sich, soviel ich weiß, noch keine Obrigkeit in Deutschland gefunden hat, die ihr Augenmerk auf diese unseligen Klatschereien gerichtet hätte [...]. In anderen Ländern ist man da vorsichtiger, und wir sollten uns schämen, ihnen hierin nachzustehen. Denn wenn dort ein Kind oder ein Stück Vieh krank wird, ein Baum vom Blitz getroffen wird, die Ernte missrät, die Witterung eine Not verursacht, Heuschrecken oder Mäuse die Felder kahl fressen, so suchen sie des ganzen Unglücks Ursprung bei Gott oder in der Natur und führen dann einzig nur das auf Zauberei zurück, was unverkennbar und nach dem Urteil der Wissenschaft den Gesetzen der Natur widerspricht.

Zit. nach: Wolfgang Behringer (Hg.), Hexen und Hexenprozesse in Deutschland, 7. Aufl., dtv, München 2010, S. 277 f., Nr. 177.

1 ■ **Analysieren Sie, wie der Jesuit Spee die Verbreitung der Hexenverfolgungen erklärt.**

2 ■ **Erörtern Sie, ob und inwieweit die These Spees tragfähig ist. Differenzieren oder ergänzen Sie seine These.**

2.3 Die Eroberung Amerikas

Leitfragen:
Wie haben die Spanier die Eroberung und Kolonisierung Amerikas gerechtfertigt oder gab es auch Kritik an ihrer Politik?
Welches Herrschaftssystem errichteten die Spanier mit welchen Folgen?
Wie entwickelten sich die weltwirtschaftlichen Verflechtungen zwischen Amerika und Europa?
Wie veränderten sich Selbst- und Fremdbilder mit der Entstehung und dem Aufbau des spanischen Kolonialismus?

Entdeckungen und Eroberungen

Seit der Frühen Neuzeit trat Europa aus seinem eigenen Schatten heraus und begann, in die Welt hinein zu wirken. Die Europäer überwanden um 1500 die traditionellen Grenzen der Mittelmeerwelt und versuchten, ihren Herrschaftsanspruch über die entdeckten und eroberten Gebiete und Völker in Übersee durchzusetzen. Diese Entwicklung besaß globalen Charakter und führte zur **Europäisierung der Erde**.
Den Auftakt der europäischen Expansion bildeten im ausgehenden 15. und 16. Jahrhundert die großen Entdeckungsfahrten der **Spanier** und **Portugiesen**. Portugiesische Seefahrer erkundeten die Westküste Afrikas. Dabei entdeckte 1497/98 Vasco da Gama den um das Kap der Guten Hoffnung führenden Seeweg nach Indien. Bereits 1492 hatte der vom spanischen Königshaus unterstützte **Christoph Kolumbus*** (1451–1506) auf dem Westweg über den Atlantik Indien zu erreichen versucht und dabei 1492 die Küste Amerikas wiederentdeckt. Der „neue“ Kontinent erhielt seinen Namen jedoch nach dem weniger bekannten italienischen Seefahrer Amerigo Vespucci, der als Erster zu Recht vermutete, dass es sich bei dem entdeckten Land nicht um Asien handelte. Aber aus dem Entdecker Kolumbus entwickelte sich der Eroberer: Er taufte die Insel, auf der er auf seiner ersten Fahrt gelandet war, „San Salvador“ (span. „Heiliger Retter“) und nahm sie für die spanische Krone in Besitz. Die Unterwerfung der entdeckten Gebiete in Übersee ebnete den Weg für die Kolonisation. Der Spanier **Hernán Cortés** (1485 bis 1547) (M 1) eroberte 1519–1521 das Aztekenreich in Mexiko, sein Landsmann **Francisco Pizarro** (1478–1541) brachte 1532–1534 in Peru das Inka-Reich unter seine Herrschaft. Diese Landnahmen führten zur Zerstörung der beiden Hochkulturen und begründeten die spanische Kolonialherrschaft in Mittel- und Südamerika.
Schon sehr früh kam es zu Konflikten zwischen Portugal und Spanien in Übersee, die direkte Verhandlungen der Kontrahenten erforderten. Im **Vertrag von Alcárçovas-Toledo** einigten sich die iberischen Königreiche 1479 über eine erste Aufteilung der überseeischen Interessengebiete: Spanien sicherte sich die Kanaren und Portugal erhielt dafür freie Hand in Afrika. Im **Vertrag von Tordesillas*** von 1494 erreichte Portugal dann eine beträchtliche Verschiebung der Demarkationslinie zwischen beiden Einflussbereichen. Und 1529 legte der **Vertrag von Zaragoza** eine neue Linie entlang des 130. östlichen Längengrades fest. Spanien erhielt die Gebiete östlich, Portugal die Territorien westlich dieser Linie. Die Verträge von Tordesillas und Zaragoza fixierten die kolonialen Ansprüche der beiden führenden Seemächte Europas (M 2) und markierten, so der Historiker Peter E. Fässler, „den frühen Kristallisationspunkt einer globalen Raumordnung“.

Christoph Kolumbus (1451–1506)
Der Seefahrer aus Genua stieß 1492 auf Amerika, als er in spanischen Diensten eine Westroute nach Indien suchte. Damit legte er den Grundstein für die spanische Konquista und gilt als „Entdecker Amerikas“.

Vertrag von Tordesillas
Das unter Vermittlung des Papstes Alexander VI. zwischen Portugal und Spanien am 7. Juni 1494 geschlossene Abkommen beinhaltet die vertragliche Abgrenzung der überseeischen Beziehungen. Die Trennlinie verlief – von Pol zu Pol – 370 Meilen westwärts der Kapverdischen Inseln. Amerika fiel mit Ausnahme Brasiliens an Spanien, Portugal sicherte sich Brasilien, Afrika und Asien – mit Ausnahme der Philippinen – als Interessensphäre.

Ursachen der europäischen Expansion

Ein Grund für die erfolgreichen Vorstöße der Europäer über die Weltmeere war die Verbesserung der **Schiffs- und Navigationstechnik** nach 1400. Der portugiesische Plan, Asien durch die Umsegelung Afrikas zu erreichen, war für Westeuropäer neu, aber nicht revolutionär. Schon im 14. Jahrhundert gingen arabische Kartografen von einer Verbindung zwischen Atlantischem und Indischem Ozean aus. Zwar hatte sich im Europa des 14. und 15. Jahrhunderts ein stabiles Wirtschaftsgefüge mit regem Fernhandel entwickelt, aber den Europäern fehlten zunehmend **Edelmetalle**. Große Geldsummen benötigten nicht nur die Landesfürsten und Könige in den sich herausbildenden frühmodernen Staaten für den Aufbau von Verwaltungen, für Hofhaltung, Heere und Kriege, sondern auch die Händler. Bei den Adligen und den Bürgern in den Städten waren außerdem Seide und Gewürze begehrte Luxuswaren. Da die Osmanen in den Nahen Osten und bis auf den Balkan vorgestoßen waren, schnitten sie die Europäer vom Landweg in den Orient und damit vom Handel mit Asien ab. Wollten die Händler dieses Hindernis umgehen, konnten sie nur auf den bis dahin bekannten, sehr langen Landweg der Seidenstraße oder die Umsegelung Afrikas ausweichen. Immer häufiger dachten Gelehrte und Seefahrer daher über Möglichkeiten nach, Asien über eine Westroute zu erreichen, die ihrer Meinung nach kürzer war.

Gründung und Ausbau des Kolonialreiches

Die spanische Krone wollte die Eigenmächtigkeiten der **Konquistadoren*** in Amerika eindämmen und dem eigenen Herrschaftswillen unterordnen. Deswegen regelten die spanischen Könige detailliert die weiteren Fahrten von Kolumbus durch eine Reihe von Instruktionen. Ende des 15. Jahrhunderts begann das spanische Königshaus, das zunächst Kolumbus und seinen Vertretern vorbehaltene Entdeckungs- und Handelsmonopol aufzuweichen und anderen Interessierten die Überfahrt zu gestatten. Die folgenden Fahrten dienten nicht nur der Erforschung und Erschließung, sondern auch der **Besiedlung**. Mit der Gründung erster Siedlungen verdeutlichte die Krone ihr Interesse an einer langfristigen Nutzung der entdeckten Gebiete und schuf gleichzeitig die Voraussetzung für deren nachhaltige Integration in ein künftiges spanisches Weltreich.

Wie die Spanier bei der Gründung und dem Ausbau ihres Kolonialreiches vorgingen, lässt sich exemplarisch an der **Geschichte des Aztekenreiches** zeigen. Cortés zeichnete sich bei der Eroberung dieser Hochkultur durch rücksichtsloses Streben nach Reichtum und Prestige, Risikobereitschaft und Missionseifer aus und repräsentierte damit den Prototyp des Konquistadoren. Ausgehend von Kuba eroberten Cortés und seine Begleiter etappenweise ganz Mittelamerika. Nach der Zerstörung des Inka-Reiches durch Pizarro wurden das westliche Kolumbien, Chile, Bolivien erobert und schließlich von Santiago de Chile aus eine Verbindung über die Anden zu den spanischen Gebieten in Argentinien im Osten Südamerikas hergestellt. Damit hatte das spanische Kolonialreich seine grundlegende Gestalt erreicht.

Für die Errichtung des weitreichenden spanischen Kolonialreiches gibt es verschiedene Gründe. Entscheidend für den Erfolg von Cortés war, dass die Spanier trotz ihrer zahlenmäßigen Unterlegenheit die Konflikte innerhalb der altamerikanischen Gesellschaften geschickt ausnutzen konnten. Ein wesentlicher Grund für den Sieg der Europäer war zudem die technische und taktische Überlegenheit der mit einer besseren Panzerung und Bewaffnung ausgestatteten Spanier. Während diese Feuerwaffen besaßen, kämpften die Azteken hauptsächlich mit Pfeil und Bogen sowie mit Wurfspeeren und Schilden. Hinzu kam die äußerst skrupellose und brutale Kriegsführung der Spanier. Es gibt aber auch kulturelle und biologische Ursachen für den spanischen Erfolg. Die Azteken standen dem Angriff der Europäer so hilflos gegenüber, weil sie sich deren Herkunft, Ziele und Absichten nicht erklären konnten. Das führte zur Desorientierung und Lähmung. Dem kulturellen Schock über den Sieg der Europäer folgte der „biologische Schock“. Die Altamerikaner besaßen keine Immunität gegen die von den Spaniern eingeschleppten Krankheiten der „Alten Welt“ und starben in großer Zahl an Seuchen wie Pocken, Masern oder Typhus.

Konquistador
Sammelbegriff für die spanischen und portugiesischen Entdecker, Abenteurer und Soldaten, die während des 16. und 17. Jahrhunderts große Teile Mittel- und Südamerikas und der Philippinen als spanische Kolonien in Besitz nahmen. Den über ein Jahrhundert dauernden Prozess der Eroberung und Erschließung des mittel- und südamerikanischen Festlandes bezeichnet man als Konquista.

Rechtfertigung und Kritik der Eroberungen

Mit Gutachten, Verträgen und päpstlichen Edikten begründeten die Europäer ihren Rechtsanspruch auf die „Neue Welt“ und legitimierten damit die Eroberung, die **Konquista**. Zu den bekanntesten Rechtfertigungen gehört das 1513 von Palacios Rubios veröffentlichte Gutachten, das sogenannte **Requerimiento**. Der spanische Jurist argumentierte, Gott habe als Schöpfer der Welt durch den Papst als seinen Stellvertreter die entdeckten Länder den spanischen Königen geschenkt. Die Urbevölkerung müsse die neuen Herren daher anerkennen und sich zum Christentum bekehren lassen; weigere sie sich, sei mit Krieg und Versklavung zu drohen. Diese Beweisführung diente in den folgenden Jahrzehnten immer wieder zur Legitimation der Konquista. Allerdings war die Versklavung weder vereinbar mit der **staatsrechtlichen Stellung** der eroberten Gebiete als „freies Kronland“, wonach die dort lebende Bevölkerung als grundsätzlich frei angesehen wurde, noch mit dem kirchlichen Missionierungsanspruch. Daher übten einige Zeitgenossen Kritik an dieser Rechtfertigungslehre. Einer ihrer prominentesten Gegner war Francisco de Vitoria (1480–1546). Der Theologieprofessor in Salamanca formulierte 1538 eine entschiedene Gegenposition, die von einer gewissen **Gleichberechtigung der Völker** ausging und die Herrschaftsansprüche von Papst und Kaiser begrenzte. Er gehörte deswegen auch zu den Begründern des modernen Völkerrechts.

Selbst- und Fremdbilder

Weil Kolumbus glaubte, in Indien gelandet zu sein, bezeichnete er die Ureinwohner Amerikas mit dem Sammelbegriff **„Indios“** bzw. **„Indianer“**. Diesen Namen übernahm man auch in Europa. Doch Süd- und Mittelamerika war schon vor etwa mindestens 13 000 Jahren durch andere Einwanderer besiedelt worden. Diese Menschen hatten eine Vielfalt von Lebensformen entwickelt. Hierzu gehörten die Wildbeuter- und Stammesgesellschaften der **Kariben** in der mittelamerikanischen Inselwelt. In Mittelamerika hatten die **Maya** und die **Azteken**, in Südamerika die **Inka** Hochkulturen aufgebaut. Wie andere Kulturen auch, kannten diese Völker und Stämme Freiheit und Unfreiheit, Religionen, Frauen- und Männerrollen, eine Vielfalt von Herrschaftslegitimationen, interne Spannungen und Elitenkonflikte, Stadt- und Landleben, Warentausch und den Austausch von Ideen und Informationen. Amerika besaß vor der europäischen Eroberung eine reichhaltige und vielfältige Geschichte.

Die Kolonisierung hatte weitreichende Folgen für die unterschiedlichen einheimischen Bevölkerungen. Wegen ihrer unerwarteten und unverständlichen Niederlage gegen die Spanier war das Leben für viele **Indigene*** nicht nur zum Alptraum geworden, sondern auch ihre Götter schienen versagt zu haben. Mit dem Zusammenbruch der alten kulturellen Orientierungsmuster und der politisch-gesellschaftlichen Ordnungen verbreitete sich ein Gefühl der Hilflosigkeit, des Ausgeliefertseins und der **Unterlegenheit**. Das Selbstbewusstsein der indigenen Völker war nachhaltig zerstört.

Indigene (auch autochthone) Völker
Indigene (lat. *indiges* = eingeboren) sind Nachkommen einer Bevölkerung vor einer Eroberung oder Kolonisation eines Staates oder einer Region. Sie verstehen sich als eigenständiges Volk und wollen ihre sozialen, wirtschaftlichen und kulturellen Institutionen beibehalten.

Bei den **Spaniern** entwickelte sich dagegen ein starkes **Überlegenheitsgefühl**. Die indigenen Bevölkerungen erschienen den Europäern zunächst fremd und übten doch eine ambivalente Faszination auf sie aus. Die indianischen Menschen galten einerseits als rückständig und wurden aufgrund ihrer Praxis der Menschenopfer als „Menschenfresser“ oder „Barbaren“ bezeichnet. Andererseits findet sich in den Beschreibungen der „Neuen Welt“ auch das Bild des in paradiesischer Unschuld und Naturnähe lebenden „edlen Wilden“. Die Behauptung des Kannibalismus diente den Europäern als zentrales Argument für die Rechtfertigung der Konquista, insbesondere für die Ausbeutung und Versklavung der indigenen Bevölkerung.

Bei der Suche nach Ursachen für ihr erlittenes Trauma entwickelten die später christianisierten Indigenen ein Erklärungsmuster, das ihr Schicksal als Werk Gottes darstellte. Da ihre heidnischen Vorfahren teuflische Götzen angebetet hätten, habe der christliche Gott ihnen glauben gemacht, die Spanier seien „Weiße Götter“ gewesen. Diese Einsicht habe die Indigenen gelähmt, sodass sie den spanischen Eroberern keinen wirksamen Widerstand hätten entgegensetzen können. Das habe es den Spaniern ermöglicht, in Süd- und Mittelamerika den christlichen Glauben zu verbreiten.

Herrschaftssysteme

Nach der Entdeckung, Eroberung und Besiedlung der Kolonien wollte Spanien seinen umfassenden Herrschaftsanspruch nachhaltig absichern. Die unterworfenen Länder und Gebiete galten zwar als gleichberechtigte und selbstständige Teilreiche der spanischen Krone, doch faktisch handelte es sich um spanische Kolonien. Deren **Verwaltung** war streng hierarchisch gegliedert. An der Spitze des zentralisierten Apparates stand das spanische Königspaar, das mithilfe zweier Kolonialbehörden regierte: Der 1524 gebildete **Indienrat** in Madrid war die oberste Verwaltungs-, Gerichts-, Finanz- und Kircheninstanz, während das bereits 1503 geschaffene **Königliche Handelshaus** die handels- und wirtschaftspolitischen Aufgaben übernahm und dem Indienrat unterstellt wurde. Mitte des 16. Jahrhunderts führte die spanische Monarchie das Vizekönigtum in Mittel- und Südamerika ein. Die eingesetzten **Vizekönige*** waren Amtspersonen ohne Erbrechte, die abberufen werden konnten, und sie unterstanden der spanischen Krone. Die Praxis der Kolonialherrschaft beruhte auf zwei Säulen: Das System des **Repartimiento*** teilte den Siedlern eine bestimmte Anzahl von Indigenen zum Arbeitseinsatz zu. Die **Encomienda*** (Schutzauftrag) verpflichtete sie gleichzeitig, diese angemessen unterzubringen, zu versorgen und zu entlohnen sowie in christlicher Religion zu unterweisen. Auf dieser Basis ließen die Spanier die Ureinwohner und später auch afrikanische Sklaven auf Plantagen und in Silberbergwerken zwangsweise arbeiten. Die Encomienda trug wesentlich zur Auflösung des indigenen Sozialsystems und zur Durchsetzung einer spanischen Kolonialgesellschaft bei (M 3 und M 4).

Ein weiterer Grund für die Durchsetzung der spanischen Kolonialherrschaft waren außer dem Encomienda-System die **Städte**. Sie dienten zum einen als strategische Ausgangspunkte für die Eroberung weiteren Kolonialbesitzes und bildeten gleichzeitig sichere Rückzugsorte bei Angriffen der einheimischen Bevölkerung. Zum anderen waren die Städte die unterste Organisationseinheit der kolonialen Verwaltung. Sie entwickelten sich zum Mittelpunkt der politischen und kirchlichen Verwaltung sowie zu regionalen Wirtschafts- und Kulturzentren. War die Stadt spanisch, blieb das Land indigen. Miteinander verbunden waren beide Bereiche durch die Encomienda.

Einen weiteren Stützpfeiler des kolonialen Herrschaftssystems bildete die Kirche mit ihrer „Armee“ der Missionare und Helfer. Sie erfüllten sowohl ihren Glaubensauftrag als auch wichtige Funktionen bei der Kontaktaufnahme zur indianischen Bevölkerung. Ihre Missionsmethode bestand lange Zeit in der Beseitigung einheimischer Kulte und Kultstätten. Allerdings fand die indigene Bevölkerung unter den Missionsorden auch Fürsprecher.

Vizekönige
wurden 1535 für Neuspanien mit Sitz in Mexiko, 1543 für Peru in Lima, 1739 für Neugranada in Bogotá und 1776 für Río de la Plata in Buenos Aires eingesetzt.

Die Begriffe „**Repartimiento**“ (von lat. *repartire* „verteilen, zuteilen“) und „**Encomienda**“ (von span. *encomendar* „anvertrauen“) wurden teilweise synonym gebraucht.

Spanische Kolonialherrschaft und die Eroberten

Konquistadoren und Siedler verwalteten die eroberten Gebiete zu Beginn der Kolonisation zunächst weitgehend auf eigene Faust, indem sie Land und Bewohner unter sich aufteilten. In einem königlichen Erlass von 1503 duldete Spanien dieses System, verpflichtete die Siedler jedoch zugleich dazu, ihre Arbeitskräfte angemessen unterzubringen, zu versorgen und zu entlohnen sowie in christlicher Religion zu unterweisen.

Diese Bestimmungen wurden allerdings weitgehend ignoriert und die Kolonisten beuteten die indigene Bevölkerung hemmungslos aus (M 5). Besonders die in Amerika lebenden Dominikanermönche, an erster Stelle ist hier **Bartolomé de Las Casas** (1474–1566) zu nennen, klagten die spanischen Kolonisten an und verteidigten die Indios. Die Kritik führte zu einer öffentlichen Grundsatzdebatte über die Legitimität der Eroberung und über den Umgang mit der indigenen Bevölkerung. Papst und spanische Krone reagierten auf die Diskussion mit Erklärungen bzw. Gesetzen. Der Papst verkündete 1537, Indios seien „wahre Menschen" und dürften „das Recht auf Besitz und Freiheit" ausüben, auch wenn sie den christlichen Glauben nicht angenommen hätten. Und der spanische König verbot die Sklaverei 1542/43 grundsätzlich. Weil die Regelung auf heftigen Widerstand der Kolonisten stieß, nahm der König entscheidende Passagen der Gesetze, besonders zur Abschaffung des Encomienda-Systems, bereits 1545 wieder zurück.

Weltwirtschaftliche Verflechtungen und „Dreieckshandel"

Die wirtschaftlichen Aktivitäten der Spanier beschränkten sich zu Beginn der Konquista auf den Tauschhandel, größtenteils jedoch auf Raub und Plünderung von Gebrauchs-, Kunst- und Kultgegenständen der indigenen Bevölkerung. Das bestimmende Motiv der spanischen Monarchie und der Eroberer war jedoch die Jagd nach Edelmetallen. Als in den 1540er-Jahren die Quellen des „Eingeborenengoldes" allmählich versiegten, begannen die Siedler die großen Silbervorkommen in Mexiko und im heutigen Bolivien durch Bergbau zu erschließen. Der **Abbau und die Verhüttung von Edelmetallen** – weltberühmt wurde die Mine in Potosí* – entwickelten sich zum wichtigsten **Produktionszweig** der kolonialen Wirtschaft. Der stetige Strom von Edelmetallen lockte nicht nur neue Einwanderer aus Spanien nach Amerika, sondern förderte auch die Einfuhr von Sklaven aus Afrika. Außerdem gehörten amerikanische Luxus- und Genussgüter zu den wichtigsten Handelsgütern. Zu diesen **„Kolonialwaren"** zählten Farbstoffe, Agrarprodukte wie Häute und Felle sowie Produktionsgüter wie Zinn und Blei, aber auch Kräuter und Gewürze. Die Lebens- und Genussmittel wie Kartoffeln, Tomaten und Tabak beeinflussten zwar die Essgewohnheiten der Europäer, setzten sich jedoch nur langsam durch.

Potosí
liegt im bolivianischen Hochland am Fuß des Berges Cerro Rico, dessen Silberreichtum die Stadt im frühen 17. Jahrhundert zu einer der größten Städte der Welt machte. Noch heute ist der Ausdruck *„vale un Potosí"* – „das ist ein Vermögen wert" – im Spanischen geläufig. Gleichzeitig wurde Potosí zu einem Symbol für die brutale Ausbeutung der indigenen Bevölkerung durch die Konquistadoren. Die Einheimischen mussten im Silberbergbau Zwangsarbeit leisten.

Mit dem europäisch-amerikanischen Seehandel entwickelte sich allmählich der klassische **„Dreieckshandel"** zwischen Europa, Afrika und Amerika (M 6). Dabei wurden billige europäische und asiatische Fertigwaren nach Afrika gebracht und zum Kauf angeboten. Auf dem afrikanischen Kontinent kauften die Händler Sklaven, die sie nach Amerika exportierten und gegen Rohstoffe und Lebensmittel für den Verkauf in Europa eintauschten. Das Handelsmonopol für Sklaven besaß der spanische König. Allerdings verlieh er das Handelsrecht an reiche Kaufleute und Kapitäne, besteuerte den Sklavenhandel kräftig und profitierte so vom Sklavenhandel. Mit dem weltweiten Handel bildete sich ein globales Kommunikations- und Verkehrssystem heraus, das wiederum einen weltumspannenden Personen- und Warenaustausch ermöglichte. Während die Portugiesen Brasilien mit Afrika und Indien verbanden, vernetzten die Spanier im pazifischen Raum den amerikanischen mit dem asiatischen Kontinent. Diese übernationalen Vernetzungen und Handelsströme waren zentrale Elemente der beginnenden Globalisierung.

Rückwirkungen des Kolonialismus auf Europa

Die Eroberung, Kolonisierung und Erschließung Süd- und Mittelamerikas erweiterte das **Wissen der Europäer** über die Welt, über ihre geografische Vielfalt sowie über andere Völker, deren Kultur und Religion. Die Diskussion über den Rechtsanspruch der Europäer auf die „Neue Welt" sowie die Kontroversen über den Indianerschutz trugen wesentlich zur Entstehung des modernen Völkerrechts bei.

Auf **wirtschaftlichem Gebiet** verdrängte der spanische Kolonialismus den traditionellen arabischen Überland- und Umschlagsverkehr durch den neuen transatlantischen Handel Europas. Sein wirtschaftlicher Schwerpunkt verschob sich langfristig vom Mittelmeer in die Anrainerstaaten des Atlantiks (M 7). Zentren der Weltwirtschaft wurden zunächst Lissabon und Sevilla, dann Antwerpen und Amsterdam, im 18. Jahrhundert London. In Lateinamerika brachten die Ausbeutung der Silberminen sowie der Export von Kolonialwaren hohe Gewinne, die wiederum das spanische Kolonialsystem stützten. Die Palette der ökonomisch attraktiven Nahrungs- und Genussmittel in Europa erweiterte sich. Und der Edelmetallfluss führte zur Entstehung globaler Wirtschaftsräume. Allerdings beschleunigte der Zustrom der amerikanischen Edelmetalle auch zunächst die Inflation und verschärfte soziale Spannungen.
In Europa verschoben sich außerdem die **politischen Machtverhältnisse**. Besaßen die iberischen Mächte im 16. Jahrhundert eine Vormachtstellung, mussten sie diese im 17. und 18. Jahrhundert an England, die Niederlande und Frankreich abgeben. Diese „jüngeren" Kolonialmächte wollten die Hegemonie der iberischen Staaten nicht hinnehmen. Die Übersee-Expansion schuf daher neue Konflikte zwischen den Europäern. Die Auseinandersetzungen zwischen den europäischen Großmächten wurden dabei auch in den Kolonien ausgetragen.

Webcode:
KB645961-105

1 ■ Nennen Sie wesentliche Voraussetzungen und Motive für die spanische Entdeckung, Eroberung und Kolonisierung Süd- und Mittelamerikas.
2 ■ Beschreiben Sie, welche Selbst- und Fremdbilder spanische Kolonisten und einheimische Bevölkerung entwickelten.
3 ■ Charakterisieren Sie die spanischen Herrschaftssysteme und ihre Folgen für die Eroberten.
4 ■ Analysieren Sie die wirtschaftlichen Verflechtungen der spanischen Kolonialmacht mit anderen Wirtschaftsräumen und erläutern Sie deren Bedeutung für Europa. Richten Sie Ihre Aufmerksamkeit dabei auf den „Dreieckshandel".
5 ■ Diskutieren Sie über die Eroberung Amerikas und dessen Rückwirkungen auf das europäische Selbstverständnis.

M 1 Die Ankunft der Spanier unter Cortés in Veracruz 1519, Freskogemälde des Mexikaners Diego Rivera (1886–1957), fertiggestellt 1951 (Ausschnitt)

1 ■ Interpretieren Sie mithilfe des Bildes die Beziehungen zwischen den Spaniern und den Indios.

M2 **Spanische und portugiesische Stützpunkte in Mittel- und Südamerika im 16. Jahrhundert**

1 ■ Erläutern Sie mithilfe von M 2 den Prozess der Entdeckung, Eroberung und Kolonisierung der altamerikanischen Gebiete und Kulturen.

M3 **Die Herrschaft der Spanier in Amerika – das Encomienda-System**

Verfügung der spanischen Königin Isabella vom 20. Dezember 1503:

Isabella, von Gottes Gnaden Königin von Kastilien und Leon etc.: Da der König, Mein Herr, und Ich durch die Instruktion, die Wir dem Don Nicolas de Ovando zur Zeit seiner Statthalterschaft auf den Inseln und dem Festland des Ozeans erteilen ließen, befohlen haben, dass die auf der Insel Espaniola [Haiti] ansässigen Indianer freie Menschen und keiner Dienstbarkeit unterworfen sein sollten […], Ich jetzt aber erfahren habe, da die Indianer infolge der ihnen gegebenen reichlichen Freiheit die Christen fliehen, Gespräch und Umgang mit ihnen meiden, auch gegen Lohn nicht arbeiten wollen und sich müßig herumtreiben, geschweige denn sich dazu gewinnen lassen, belehrt und zu unserem heiligen katholischen Glauben bekehrt zu werden, dass deshalb die dort auf der Insel wohnenden Christen keine Arbeitskräfte für ihre Farmen und für die Goldgewinnung finden können, wodurch den einen wie den anderen Schaden erwächst, und weil Wir wünschen, dass die genannten Indianer sich zu unserem heiligen katholischen Glauben bekehren und darin unterrichtet werden, dies sich aber besser tun lässt, wenn die Indianer mit den auf der Insel wohnenden Christen in Berührung kommen, mit ihnen umgehen und zu tun haben, beide einander helfen und so die Insel kultiviert, bevölkert und ertragreich gemacht wird, auch Gold und andere Metalle gefördert werden und Meine Königreiche und deren Bewohner daraus Nutzen ziehen, so habe Ich diese Verfügung wie folgt ausfertigen lassen und befehle hiermit Euch, Unserem Gouverneur, dass Ihr von dem Tage an, wo Ihr diese Meine Verfügung erhaltet, künftig die Indianer nötigt und antreibt, mit den Christen der genannten Inseln Umgang zu pflegen, in ihren Häusern zu arbeiten, Gold und andere Metalle zu schürfen und Landarbeit für die auf der Insel ansässigen Christen zu leisten, und dass Ihr jedem für den Arbeitstag Tagelohn und Unterhalt geben lasst, wie sie Euch nach der Beschaffenheit des Bodens, des Arbeiters und der Tätigkeit angemessen erscheinen, dass Ihr jedem Kaziken [Häuptling] auferlegt, eine bestimmte Anzahl Indianer bereitzuhalten, um sie jeweils da, wo es nötig ist, zur Arbeit einsetzen zu können, und damit sie sich an den Festtagen und wann es sonst erforderlich scheint zusammenfinden, um an den dafür bestimmten Orten über die Dinge des Glaubens zu hören und darin unterrichtet zu werden, dass jeder Kazike die von Euch jeweils vorgeschriebene Zahl von Indianern beibringt und an die von Euch benannten Personen zur Arbeit überlässt, gemäß näherer Anweisung dieser Personen und gegen einen von Euch festzusetzenden Tagelohn.

Die genannten Verpflichtungen sollen sie als freie Personen leisten, die sie ja sind, nicht als Sklaven. Ihr habt dafür zu sorgen, dass diese Indianer gut behandelt werden, und zwar diejenigen unter ihnen, die Christen sind, besser als die anderen; Ihr dürft nicht dulden oder Anlass geben, dass irgendjemand ihnen Leid oder Schaden zufügt oder sie ungebührlich behandelt; dass keiner sich irgendetwas der Art unterstehe, bei Meiner Ungnade und bei Geldstrafe von 10 000 Maravedis im Fall der Zuwiderhandlung.

Fritz Dickmann (Bearb.), Geschichte in Quellen, Bd. 3, 2. Aufl., bsv, München 1976, S. 68.

1 ■ Arbeiten Sie Merkmale und Ziele des Encomienda-Systems heraus.

2 ■ Untersuchen Sie Ursachen und Motive des Systems.

3 ■ Beurteilen Sie das Encomienda-System.

4 ■ Erörtern Sie, inwieweit die Verfügung der spanischen Königin die Macht, z. B. eines spanischen Bergwerksunternehmers, gegenüber indianischen Arbeitern und Arbeiterinnen ausweitete oder begrenzte.

M4 Die Praxis des Encomienda-Systems

Bartolomé de Las Casas (1474–1566), Dominikanermönch und Bischof von Chiapa (Mexiko), beschreibt in seiner „Historia de las Indias" das Encomienda-System:

Es ist nun zu berichten, wie der Gouverneur die Verfügung auslegte oder vielleicht auch nicht auslegte, sondern wie er sie durchführte. Was die erste und wichtigste Sache betrifft, die die Königin sich zum Ziel gesetzt hatte und zu setzen verpflichtet war, nämlich die Erziehung, Belehrung und Bekehrung der Indianer, so habe ich schon oben gesagt [...], dass der Missionierung und Bekehrung dieser Menschen nicht mehr Aufmerksamkeit und Mühe zugewendet, nicht mehr Nachdenken und Sorgfalt gewidmet wurde, als wenn die Indianer Klötze oder Steine, Katzen oder Hunde gewesen wären. [...]

Die zweite Vorschrift, dass jeder Kazike eine bestimmte Anzahl von Leuten zu stellen habe, führte der Gouverneur so aus, dass er die zahlreiche Bevölkerung dieser Insel vernichtete; er übergab nämlich jedem Spanier, der den Wunsch dazu äußerte, dem einen 50, dem anderen 100 Indianer, [...] darunter Kinder und Greise, schwangere Frauen und Wöchnerinnen, Hohe und Niedere, ja selbst die Herren und angestammten Könige dieser Völker und dieses Landes. Diese Art der Verteilung der eingeborenen und ansässigen Indianer nannte er und nannte man allgemein Repartimiento. Auch dem König gab er an jedem Ort sein Repartimiento wie einem Einheimischen, der seine Landgüter und Besitzungen bewirtschaftet, auch ließ er für den König Gold graben. [...]

Viertens sollten die Indianer nur auf einige Zeit und nicht für die Dauer verdingt werden und mit Milde und Güte behandelt werden. Der Gouverneur aber überlieferte sie [den Spaniern] zur ständigen Arbeitsleistung, ohne ihnen eine Ruhepause zu gewähren, wie sich aus der Repartimiento-Bescheinigung ergibt. [...]

Ferner ließ er über die unerträgliche Arbeitsbelastung hinaus noch zu, dass man spanische Aufseher über sie setzte, die sich durch Grausamkeit hervortaten; bei den Minenarbeitern waren es die sogenannten Mineros, und bei denen, die auf den Farmen und Landgütern arbeiteten, die Estancieros. Die behandelten sie mit solcher Strenge und Härte und derart unmenschlich, dass man sie nur für Teufelsknechte halten konnte, und ließen ihnen Tag und Nacht nicht einen Augenblick Ruhe. Sie gaben ihnen Stock- und Rutenhiebe, Ohrfeigen, Peitschenschläge, Fußtritte und nannten sie nie anders als Hunde. Bei der fortgesetzten unmenschlich harten Behandlung durch die Estancieros und Mineros, der pausenlosen unerträglichen Arbeit, bei der man sie niemals ausruhen ließ, und da sie genau wussten, dass nur der Tod sie davon befreien werde, wie ihre Leidensgenossen, die sie neben sich sterben sahen, ergriff sie eine Verzweiflung wie die Verdammten im Höllenfeuer, und Einzelne flohen in die Berge, um sich dort zu verstecken. Darauf setzte man Häscher ein, die nach ihnen jagten und sie wieder herbeibrachten.

Wolfgang Lautemann/Manfred Schlenke (Hg.), Geschichte in Quellen, Bd. 3, 2. Aufl., bsv, München 1976, S. 69 f.

1 ■ Vergleichen Sie die Praxis des Encomienda-Systems mit den königlichen Verfügungen (M 3). Ziehen Sie dazu Ihre Ergebnisse für den Arbeitsauftrag 4 zu M 3 heran. Stellen Sie dabei Anspruch und Wirklichkeit der spanischen Kolonialherrschaft gegenüber. Berücksichtigen Sie auch M 5.

M5 Toribo de Benavente (ca. 1490–1569) über die Folgen der spanischen Herrschaft für die amerikanische Urbevölkerung, um 1550

Gott verwundete und bestrafte dieses Land und seine Bewohner, sowohl einheimische als auch fremde, mit zehn verheerenden Plagen. Die erste waren die Pocken [...]. Die zweite Plage war die Konquista, durch die viele starben, besonders in der Stadt Mexiko [...].

Die dritte Plage war eine große Hungersnot, die nach der Einnahme der Stadt ausbrach. Denn da sie infolge des Krieges, bei dem die einen den Mexikanern halfen, das Land zu verteidigen, während andere auf der Seite der Spanier kämpfen, die Felder nicht bestellen konnten oder aber die Felder, die die einen bepflanzten, von den andern zerstört wurden, gab es nichts zu essen [...].

Die vierte Plage waren die *calpixques* oder Aufseher und die Neger, die, nachdem man das Land aufgeteilt hatte, die Konquistadoren in ihren Besitzungen und Dörfern, mit denen sie betraut worden waren, einsetzten, damit sie die Tribute überwachten und auf ihren Ländereien nach dem Rechten sahen. Diese Aufseher wohnen in den Dörfern, und obwohl sie zumeist Arbeiter sind, die aus Spanien eingewandert sind, führen sie sich in diesem Lande wie Herren auf und springen mit den einheimischen Fürsten um, als seien es ihre Sklaven. [...]

Die fünfte Plage waren die hohen Abgaben und Dienstleistungen, die die Indianer erbringen mussten. Da sie in ihren Tempeln und in vielen Gräbern ihrer Fürsten und Herren eine große Menge Gold aufbewahrt hatten, das sie abliefern konnten, legte man ihnen hohe Tribute auf, und die Indianer, die seit den Zeiten des Krieges große Furcht vor den Spaniern hegten, gaben alles, was sie hatten. Da aber die Tribute immer weiter gefordert wurden, gewöhnlich alle achtzig Tage, mussten sie, um die Zahlungen einhalten zu können, ihre Kinder und Ländereien an Kaufleute und Händler verkaufen, und wenn sie ihre Tribute nicht einhielten, bedeutete das für viele den Tod [...].

Die sechste Plage waren die Goldminen, denn außer den Tributen und Dienstleistungen, die die Spanier aus ihren Dörfern bezogen, begannen sie auch, nach Minen zu suchen; und die Zahl der indianischen Sklaven, die darin zu Tode kamen, ist so groß, dass man sie nicht zählen kann. [...]

Die siebte Plage war der Wiederaufbau der Stadt Mexiko. [...] Und bei diesen Arbeiten [...] starben viele Indianer.

Die achte Plage war die Jagd auf Sklaven, die sie für die Minen benötigten. Es gab Jahre, da gingen sie mit solchem Eifer ans Werk, dass die Sklaven wie große Herden von Schafen aus allen Teilen des Landes in Mexiko zusammenströmten, wo sie gebrandmarkt wurden. [...]

Die neunte Plage war der Arbeitsdienst in den Minen, zu denen die Indianer bis zu einer Entfernung von sechzig Leguas [ca. 300 km] und mehr Versorgungsgüter bringen mussten. Der Weg war manchmal so weit, dass das Essen, das die Träger für sich selbst mitführten, kaum reichte, um zu den Minen zu gelangen, geschweige denn, um den Rückweg anzutreten; außerdem hielten sie die Minenbesitzer nicht selten für einige Tage zurück, damit sie ihnen beim Roden halfen. Auch setzten sie sie beim Häuserbau ein oder bedienten sich auf sonstige Weise ihrer Hilfe, wodurch ihre eigenen Vorräte so sehr schwanden, dass sie entweder in den Minen oder auf dem Rückweg starben. [...] Andere kehrten so entkräftet in ihre Dörfer zurück, dass sie bald darauf starben, und von diesen und den Sklaven, die in den Minen umkamen, ging ein solcher Gestank aus, dass es die ganze Umgebung verpestete [...].

Die zehnte Plage war der Streit, der zwischen den Spaniern in Mexiko ausbrach und die Gefahr heraufbeschwor, das ganze Land zu verlieren, was unzweifelhaft geschehen wäre, wenn Gott die Indianer nicht in Blindheit gehalten hätte.

Toribo de Benavente, Geschichte der Indios von Neu-Spanien, zit. nach: Wilfried Westphal, Der Adler auf dem Kaktus, Westermann, Braunschweig 1990, S. 225–228.

1 ■ **Beschreiben Sie die Auswirkungen der spanischen Kolonisation auf die Lebenssituation der indianischen Bevölkerung.**

M6 Der Historiker Peter E. Fässler über den atlantischen Dreieckshandel, 2007

Neben den Kolonialherrschaften etablierten sich im Laufe der Protoglobalisierung[1] komplexe Regionalsysteme, die für die weitere Entwicklung von großer Bedeutung waren. Am Beispiel des atlantischen Dreieckshandels lässt sich exemplarisch nachvollziehen, wie eng die wirtschaftlichen mit den politischen und sozialen Strukturen verknüpft waren.

Nachdem der atlantische Raum durch die Entdeckungsfahrten bis Anfang des 16. Jahrhunderts als Handlungsfeld abgesteckt war, setzte zwischen den drei Eckpfeilern Europa – Westafrika – Mittel-/Südamerika ein reger Warentransport ein. Die spanischen Vizekönigreiche in der „Neuen Welt" lieferten anfangs vornehmlich Gold und Silber nach Europa. Schon bald kamen landwirtschaftliche Produkte hinzu, allen voran der begehrte Zucker. Um aber die großen Plantagen auf den Karibischen Inseln bzw. in Südamerika erfolgreich bewirtschaften zu können, bedurfte es zahlreicher Arbeitskräfte.

Die indigene Bevölkerung, ohnehin gewaltig dezimiert, verweigerte sich meist einer solchen Tätigkeit, und so bemühten sich die Plantagenbesitzer, afrikanische Sklaven als Feldarbeiter einzusetzen. Den Erwerb von Sklaven an Afrikas Westküste übernahmen europäische Kaufleute, die sie bei afrikanischen Zwischenhändlern gegen Metallwaren, Waffen, Alkohol, Tabak u. a. m. eintauschten. Geschätzte 11 Mio. Personen wurden gegen ihren Willen zwischen 1550 und 1800 auf der berüchtigten middle passage von der Westküste Afrikas nach Süd- und Mittelamerika transportiert. Die Hochphase dieser traurigen Praxis datiert auf die 1780er-Jahre, als knapp 80 000 Sklaven pro Jahr verschifft wurden.

Die gesellschaftlichen und ökonomischen Folgen des atlantischen Dreieckshandels werden zwar im Detail kontrovers diskutiert, in der Gesamtschau aber als sehr weit reichend eingestuft. Das afrikanische Sozial- und Machtgefüge dürfte sich durch den demografischen Aderlass massiv verändert haben. Plausible Schätzungen gehen davon aus, dass die tatsächliche Bevölkerungszahl Mitte des 19. Jahrhunderts um die Hälfte unter der bei ungestörter Entwicklung zu erwartenden lag. Während weite Landstriche im Innern des Kontinents unter den Menschenjagden litten und die Agrarwirtschaft einen Niedergang erfuhr, profitierten jene küstennahen Stämme, die als Zwischenhändler im Sklavenhandel Waffen und metallene Gerätschaften von den Europäern erwarben.

In der Karibik bildete sich eine streng hierarchische Gesellschaftsformation heraus, wobei die politisch-militärische und wirtschaftliche Macht bei einer zahlenmäßig verschwindend geringen weißen Pflanzeraristokratie lag. Beispielsweise standen in Jamaika 1808 den 17 000 Weißen rund 350 000 Farbige gegenüber. Bis zum heutigen Tag leiden diese Gesellschaften an den Folgen der damals etablierten sozio-ökonomischen Strukturen. Den wohl größten

Nutzen aus dem transatlantischen Dreieckshandel zog Europa. Mittels umfangreicher Gold- und Silberlieferungen amerikanischen Ursprungs finanzierten Klerus, Adel und wohlhabende Bürger teure Warenlieferungen aus Asien. Das Luxusgut Zucker verlor mit zunehmender Verfügbarkeit nach und nach seinen exklusiven Status und gelangte immer häufiger auf den Tisch auch ärmerer Schichten.

Peter E. Fässler, Globalisierung. Ein historisches Kompendium, Böblau, Wien 2007, S. 63 ff.

1 Protoglobalisierung: Wortbildungselement mit der Bedeutung „an erster Stelle", hier also gemeint: Beginn der Globalisierung

1 ■ Beschreiben Sie den atlantischen Dreieckshandel.
2 ■ Erläutern Sie die gesellschaftlichen und ökonomischen Folgen des Dreieckshandels.

M7 Der Historiker Reinhard Wendt über die Rückwirkung der Eroberung Amerikas auf Europa, 2006

Die Kontakte mit der überseeischen Welt bedeuteten für Europa weder Zerstörung noch Überformung. Tief greifende Veränderungen jedoch sind sehr wohl auszumachen. Zwischen 1500 und 1800 wurden schätzungsweise 85 000 bis 90 000 Tonnen Edelmetall von Amerika nach Spanien verschifft, 80–85 % der damaligen Weltproduktion. Es floss in den opulenten Schmuck von Kirchen, in staatliche Kassen und in private Taschen, vermehrte die Geldmenge, förderte besonders in Spanien die Inflation, landete letztlich aber zu einem erheblichen Teil in Italien und besonders in den Niederlanden, wo Spanien die überseeischen Reichtümer für seine kostspieligen Kriege ausgab und einen guten Teil der Waren bezog, die es für die Erschließung der Neuen Welt benötigte. Vom Gewürzgeschäft profitierten die Nordwesteuropäer gleichfalls in zunehmendem Maße. Zunächst entwickelte sich Antwerpen zum zentralen Umschlagplatz, und nach der Zerschlagung des portugiesischen Handelsreiches wurden die Niederländer zu den wichtigsten Importeuren.

Die Nachfrage nach Gewürzen hatte den Prozess der europäischen Expansion wesentlich beflügelt, und nachdem nun Direktkontakte zu den Produktionsgebieten etabliert worden waren, stieg der Import im Laufe des 16. Jahrhunderts um das Doppelte. Da die Suche nach neuen ökonomisch attraktiven Nahrungs- und Genussmitteln zu den konstituierenden Komponenten der Expansion gehörte, spielte sie bei der westlichen Erkundung der überseeischen Welt stets eine wichtige Rolle. Zunehmende Asienkontakte und die fortschreitende Erschließung der Neuen Welt erweiterten die Palette dieser Handelsgüter erheblich. Daneben lernte man bislang unbekannte Feldfrüchte, Gemüse und Obstsorten kennen, die in Europa heimisch gemacht werden konnten. Importierte wie akklimatisierte Nahrungs- und Genussmittel bescherten Europa in den nächsten Jahrhunderten nicht nur neue Konsumgewohnheiten, sondern auch neue Lebensformen, den *„five o'clock tea"* etwa, die Zigarettenpause oder den Kommunikationsraum „Kaffeehaus".

Für das europäische Geistesleben gingen von der Erschließung der überseeischen Welt ebenfalls eine Reihe wichtiger Anstöße aus. Das Wissen über die Welt, ihre geografische Gestalt, ihre naturräumliche Vielfalt, über die Menschen, Kulturen und Religionen der verschiedenen Erdteile nahm zu. [...] Die von Missionaren begonnene Debatte um den Schutz der Indianer führte zur Definition von Kriterien, die die Rechtmäßigkeit der Konquista zu begründen suchten und dabei wesentlich zur Entstehung des modernen Völkerrechts beitrugen. Eine zentrale Rolle spielte dabei Las Casas' Ordensbruder Francisco de Vitoria (ca. 1492–1546), der lediglich drei naturrechtliche Grundprinzipien gelten ließ, die die Spanier zur Herrschaftsausübung in der Neuen Welt berechtigten: Es musste ihnen erlaubt sein, in den indianischen Gebieten frei leben, reisen und Handel treiben zu können. Zum zweiten durfte die Verkündung des Evangeliums nicht behindert werden. War beides nicht gegeben, konnten die Spanier ihre diesbezüglichen Rechte mithilfe der Eroberung durchsetzen. Drittens verstießen tyrannische, inhumane Regime gegen das Naturrecht und forderten zur Intervention heraus. Während den Spaniern das Naturrecht prinzipielle Handlungsfreiheit einräumte, konnten sie diese in ihrem Herrschaftsbereich anderen Nationen verweigern, da der päpstliche Missionsauftrag Verpflichtungen mit sich brachte und Kosten verursachte, die gedeckt werden mussten. Der Legitimationscharakter dieser Positionen sowie ihre geringen praktischen Folgen hinterlassen heute einen schalen Beigeschmack. Dennoch ist festzuhalten, dass spätere Kolonialmächte nicht einmal eine solche Diskussion für nötig hielten.

Reinhard Wendt, Begegnung der Kulturen, in: Anette Völker-Rasor (Hg.), Frühe Neuzeit, 2. Aufl., Oldenbourg, München 2006, S. 69–86, hier S. 82 ff.

1 ■ Analysieren Sie die politischen, wirtschaftlichen Folgen des Kolonialismus für Europa.
2 ■ Erörtern Sie die Folgen des Kolonialismus für das europäische Selbstverständnis.

Anwendungsaufgabe
Interpretation eines geschichtswissenschaftlichen Textes mit gegliederter Aufgabenstellung

M 1 Der englische Historiker Peter Burke über den Mythos vom Beginn der Moderne in der Renaissance, 1990

Beim Klang des Wortes „Renaissance“, so bemerkte der holländische Historiker Johan Huizinga, „sieht der Träumer vergangener Schönheit Purpur und Gold“. [...] Dieses Bild der Renaissance – mit bestimmtem Artikel – geht auf die Mitte des neunzehnten Jahrhunderts zurück, [...], vor allem [...] auf den Schweizer Kulturhistoriker Jacob Burckhardt, dessen berühmtes Werk Die *Kultur der Renaissance* in Italien von 1860 die Epoche durch die beiden Begriffe „Individualismus“ und „Moderne“ definierte. „Im Mittelalter“, meinte Burckhardt, „lagen die beiden Seiten des Bewusstseins [...] wie unter einem gemeinsamen Schleier träumend oder halbwach; [...] der Mensch [...] erkannte sich nur als Rasse, Volk, Partei, Korporation, Familie oder sonst in irgendeiner Form des Allgemeinen.“ „Im Italien der Renaissance jedoch verweht dieser Schleier in die Lüfte; [...] der Mensch wird geistiges Individuum und erkennt sich als solches.“ Die Renaissance bedeutete den Anbruch der Moderne. Die Italiener waren, so Burckhardt, „die Erstgeborenen unter Europas Söhnen“. [...] Dieses Bild der Renaissance ist ein Mythos. [...]

Erstens war die Renaissance von Burckhardt als der Anbruch der Moderne definiert worden, eine These, über die die Historiker im Laufe der Zeit immer weniger glücklich sind. Dies liegt teils daran, dass Burckhardt von einem einfachen evolutionistischen Modell des kulturellen Wandels ausgeht, das in dieser Form heute fast niemanden mehr überzeugt, teils an dem veränderten Selbstverständnis der westlichen Intellektuellen, die im Laufe der letzten Generation mehr oder weniger zähneknirschend zu der Überzeugung gelangt sind, dass sie in einer „postmodernen“ Welt leben. Jedem, der diese Überzeugung teilt, muss die Renaissance zwangsläufig ferner liegen denn je zuvor. Zweitens fällt es uns doch viel schwerer als noch zu Burckhardts Tagen, die Errungenschaften der Renaissance gegen die des Mittelalters auf der einen und des siebzehnten und achtzehnten Jahrhunderts auf der anderen Seite abzugrenzen [...]. [...]

Was also bleibt uns? Es besteht in der Geschichtsforschung keine Einigkeit. Manche Historiker der immer noch „Renaissanceforschung“ genannten Disziplin arbeiten weiter, als wäre nichts geschehen. Andere, auch der Autor dieses Essays, bemühen sich, die Ereignisse im Florenz des vierzehnten, im Italien des fünfzehnten und im Europa des sechzehnten Jahrhunderts in eine Sequenz von miteinander verknüpften Veränderungen zu stellen, die etwa vom Jahr 1000 bis zum Jahr 1800 reicht. Diese langfristigen Entwicklungen könnte man als „Verwestlichung des Abendlandes“ bezeichnen. Gemeint ist, dass sich zumindest die oberen Klassen Europas im Laufe dieser Entwicklungen zunehmend von anderen Menschen zu unterscheiden begannen, wie an der Geschichte der sogenannten „Entdeckung“ und Eroberung des restlichen Globus abzulesen ist. Manche dieser Entwicklungen waren technischer Natur: die Erfindung der Feuerwaffen, mechanischer Uhren, des Buchdrucks, neuer Typen von Segelschiffen und von Maschinen, die das Spinnen und Weben beschleunigten.

Peter Burke, Die Renaissance, Wagenbach, Berlin 1990, S. 7, 101 f.

Interpretieren Sie die Darstellung M 1, indem Sie

1 die Argumentation des Autors über die Renaissance als Beginn der Moderne analysieren,
2 seine Überlegungen erläutern, warum dieses Bild problematisch geworden ist, und
3 den gegenwärtigen Forschungsstand und die Position des Autors charakterisieren.
4 Beurteilen und bewerten Sie die Position des Autors.

Überprüfen Sie Ihre Kompetenzen

M2 Madonna des Kanzlers Nicolas Rolin, Ölgemälde von Jan van Eyck, um 1434/36

■ **Wahrnehmungskompetenz**

1 Die Beziehungen zwischen Islam und Christentum im europäischen Mittelalter waren bestimmt durch Krieg, Koexistenz und Kooperation. Erläutern Sie an ausgewählten Beispielen Ursachen und Folgen dieser vielfältigen Verhältnisse.

2 Renaissance und Humanismus haben Modernisierungsschübe ausgelöst. Analysieren Sie, welche traditionellen Welt- und Menschenbilder und Strukturen sie überwanden. Zeigen Sie die Neuerungen und benennen Sie deren Modernität.

3 Erläutern Sie die Bedeutung der amerikanischen Kolonien für die spanische Kolonialmacht und beschreiben Sie den Herrschaftsapparat der Spanier.

■ **Analysekompetenz**

4 4 Die radikalste Veränderung im Bereich des künstlerischen Ausdrucks während der Renaissance war der Übergang zur Zentralperspektive. Die Bilder zeigten nun eine Wirklichkeit, die vom Maler geplant und nach einem System mathematisch festgelegter Bezugspunkte konstruiert und gestaltet ist. Erläutern Sie mithilfe von M 2 den Begriff der Zentralperspektive.

■ **Urteilskompetenz**

5 Beurteilen und bewerten Sie die Beziehungen zwischen Christentum und Islam im mittelalterlichen Europa. Benutzen Sie dafür die Begriffe „Begegnung", „Kooperation" und „Konfrontation".

6 Beurteilen Sie den Umgang der Spanier mit der indigenen Bevölkerung.

■ **Orientierungskompetenz**

7 Erarbeiten Sie einen Leitfaden, welche Grundsätze Sie für ein friedliches Miteinander kultureller Vielfalt für wichtig halten und welche Möglichkeiten Sie sehen, das Zusammenleben der Kulturen mitzugestalten. Präsentieren und diskutieren Sie Ihre Ergebnisse im Plenum.

Zentrale Begriffe

Akkulturation
al-Andalus
Dhimmi-Konzept
„Dreieckshandel"
Dschihad
Encomienda
Entdeckung
Eroberung
Globalisierung
Heiliger Krieg
Humanismus
Indigene
Individualisierung
Kolonie
Konquista
Modernisierung
Reconquista
Renaissance

3 Die Französische Revolution – Verwirklichung von „Freiheit, Gleichheit, Brüderlichkeit“ in Europa?

M1 Französisches Schmuckplakat aus dem ersten Koalitionskrieg (1792–1797), 1792

1775–1783 Amerikanischer Unabhängigkeitskrieg

1776 Amerikanische Unabhängigkeitserklärung

1787 Verfassung der USA

14. Juli 1789 Sturm auf die Bastille in Paris

26. August 1789 Erklärung der Menschen- und Bürgerrechte in Frankreich

1791 Erste französische Verfassung

1792 Frankreich wird Republik

1793–1794 Terrorherrschaft des Sicherheits- und Wohlfahrtsausschusses

1780

1790

„Freiheit, Gleichheit, Brüderlichkeit“ war während der Französischen Revolution eine Parole unter anderen. Erst nach 1870 erhoben die Franzosen diese Forderungen zu dem entscheidenden Motto der Revolution. Seitdem geht von diesen drei Begriffen eine besondere Anziehungskraft aus – nicht nur für Franzosen. Viele Menschen sehen in diesen Idealen nach wie vor Grundwerte, die für sie sinnstiftend sind und ihnen Orientierung geben. In den letzten beiden Jahrhunderten blieb die Wirklichkeit zwar immer wieder hinter den revolutionären Ankündigungen, Erwartungen und Hoffnungen zurück. Aber deswegen wurde der Ruf nach „Freiheit, Gleichheit, Brüderlichkeit“ nicht unglaubwürdig. Im Gegenteil: Die Revolutionsparole lebt in der Erinnerung weiter und stachelt die schöpferische Energie der Menschen bei der Verbesserung der Welt an.
Im Revolutionszeitalter gab es nicht nur Fortschritte, sondern auch Stillstand und Rückschritte. So ging die Staatsführung zwar von der alten Aristokratie auf die neue, immer selbstbewusster auftretende Schicht des Bürgertums über. Bestimmten in der vorrevolutionären feudalständischen Gesellschaft Geburt und rechtliche Ungleichheit die Stellung des Einzelnen, ersetzte die sich herausbildende bürgerliche Ordnung diese Kriterien durch Besitz und Bildung, Leistung und Beruf. Allen Bürgern sollten die gleichen Rechte und Pflichten zustehen. Der Grundsatz der Gleichheit galt aber nicht für die Frauen, die Menschenrechte fanden zeitweilig keine Anwendung auf die Sklaven und das Wahlrecht wurde durch Zensusbestimmungen eingeschränkt. Diese „Gleichzeitigkeit des Ungleichzeitigen“ prägte die Modernisierungs- und Rationalisierungsvorgänge der Epoche.

Kompetenzerwerb: Nach Bearbeitung dieses Kapitels können Sie ...
- die Ursachen der Französischen Revolution skizzieren,
- die Phasen der Revolution aufzeigen,
- die Träger der Revolution, ihre Interessen und die Widerstände gegen die Revolution darstellen,
- die Umsetzung der Revolutionsparole „Freiheit, Gleichheit, Brüderlichkeit“ und der Menschen- und Bürgerrechte in den verschiedenen Phasen der Revolution verdeutlichen und beurteilen,
- den Kampf zwischen Gemäßigten und Radikalen sowie die Radikalisierung der Revolution erklären,
- die Widerstände gegen die Revolution, die Emigration aus Frankreich und die Revolutionskriege erläutern,
- die Bedeutung der napoleonischen Herrschaft für die Revolution untersuchen,
- die Auswirkungen der Revolution und der napoleonischen Herrschaft auf Europa beschreiben,
- Verfassungsschaubilder analysieren sowie
- die Geschichtskultur eines Staates bewerten.

'95–1799
errschaft des Direktoriums

1799
Napoleon Bonaparte übernimmt Herrschaft in Frankreich
Bonaparte lässt sich als Napoleon I. zum „Kaiser der Franzosen“ krönen

1806
Ende des Heiligen Römischen Reiches deutscher Nation
Gründung des Rheinbundes

1807–1814
Preußische und rheinbündische Reformen

1814/15
Der Wiener Kongress beendet die napoleonische Ära

1800

1810

14. Juli 1789: Beginn der Französischen Revolution
Die Erstürmung der Bastille am 14. Juli 1789 sahen Zeitgenossen und Nachwelt als Auftakt und Symbol der Französischen Revolution. Die Bastille, seit der Ära des Kardinals Richelieu (1585–1642) ein berüchtigtes Staatsgefängnis, wurde unter Ludwig XVI. kaum noch benutzt. Die Revolutionäre stürmten sie als Sinnbild der königlichen Tyrannei und zerstörten sie; die schwache Besatzung wurde niedergemacht.

Revolution
Eine Revolution (lat. *revolutio* = Umwälzung) ist ein absichtlicher, meist gewaltsamer und rascher Umsturz einer bestehenden politischen und gesellschaftlichen Ordnung. Sie bedeutet für alle Beteiligten eine tief greifende Veränderung ihrer Lebensverhältnisse. In der Geschichtsschreibung wird die Französische Revolution nicht als einheitliche Bewegung gesehen, vielmehr werden verschiedene Ebenen und Trägergruppen unterschieden:

1. Verfassungsrevolution: Die Nationalversammlung beendete den Ständestaat, indem sie nach dem Grundsatz der Gleichberechtigung aller Franzosen eine Verfassung erzwang, die die Stände beseitigte.
2. Städtische Revolution: Wie in Paris vertrieben die Bürger auch in anderen französischen Städten die Amtsträger des Königs und setzten eine neue, aus den gewählten Vertretern bestehende Verwaltung ein.
3. Bauernrevolution: Die Bauern erreichten, dass die Nationalversammlung die Leibeigenschaft aufhob sowie die finanzielle Ablösung der bäuerlichen Abgaben und Fronlasten sowie die Steuerpflicht für alle Franzosen festlegte.

Privilegien
Sonderrechte, die ein Herrscher Einzelnen oder Gruppen verlieh. Dazu gehörten z. B. die vollständige oder teilweise Befreiung von Steuern und Zöllen oder die Besetzung hoher Posten in Heer, Verwaltung oder Wirtschaft. Privilegien galten als Auszeichnung und wurden mit der Zeit erblich.

M 1 „Bilder von Denkwürdigkeiten, die sich in der Revolution zugetragen haben, welche Frankreich in den Jahren 1789, 90 und 91 erlebt hat“, kolorierter Holzschnitt, 1790/91

Nationalversammlung
Bezeichnung für eine gewählte Volksvertretung, die in den meisten Fällen eine Verfassung für den Staat erarbeiten soll.

Volkssouveränität
Ein Grundprinzip der Demokratie: Alle Staatsgewalt geht vom Volk aus, das seinen Willen direkt oder indirekt über gewählte Abgeordnete zur Geltung bringt. Die Volkssouveränität wird nur durch die in der Verfassung festgelegten Menschenrechte beschränkt.

Bürgertum
In Mittelalter und Früher Neuzeit die freien, vollberechtigten Stadtbewohner, meist Kaufleute und Handwerker; ab dem 18. Jahrhundert Angehörige einer durch Besitz, Bildung und Einstellungen gekennzeichneten Schicht, die sich von Adel, Klerus, Bauern und Arbeitern abhob. Im 19. und 20. Jahrhundert gelten Unternehmer und Geschäftsleute als Besitzbürger, zu den Bildungsbürgern zählen Freiberufler, höhere Beamte oder Angestellte mit akademischer Bildung; Kleinbürger sind Handwerker oder Kleinhändler. Der Begriff „Staatsbürger" meint dagegen alle Einwohner eines Staates mit gleichen „bürgerlichen" Rechten, z. B. vor Gericht oder bei Wahlen.

Menschen- und Bürgerrechte
Rechte, die jeder Mensch unabhängig von seiner Stellung in Staat, Gesellschaft, Familie, Beruf besitzt. Die Menschenrechte werden weder durch Merkmale, wie Hautfarbe, Geschlecht, Sprache, politische oder weltanschauliche Vorstellungen, noch durch nationale oder soziale Herkunft beschränkt. Bürgerrechte sind an die Staatsbürgerschaft gebunden, zu ihnen gehört z. B. das Wahlrecht.

Kaisertum Napoleons
Nach einer Volksabstimmung krönte sich Napoleon Bonaparte 1804 zum „Kaiser der Franzosen". Frankreich wurde damit nach den Revolutionsjahren wieder Monarchie. Napoleon sah sich als Nachfolger Kaiser Karls des Großen und wollte mit dem Kaisertitel auch seine Macht nach außen demonstrieren. Nach militärischen Niederlagen wurde Napoleon 1814 als Kaiser abgesetzt und nach Elba, ein Jahr später, nach einem erfolglosen Versuch wieder an die Macht zu gelangen, nach St. Helena verbannt, wo er auch starb.

Code civil
Französisches Gesetzbuch von 1804, nach dem Auftraggeber auch „Code Napoleon" genannt. Der Code civil garantierte wichtige Errungenschaften der Französischen Revolution wie die persönliche Freiheit und die Gleichheit vor dem Gesetz und beeinflusste viele bis heute gültige Gesetzbücher, z. B. das Bürgerliche Gesetzbuch der Bundesrepublik Deutschland.

1806: Ende des Heiligen Römischen Reiches
1806 verbündeten sich 16 deutsche Staaten politisch und militärisch unter dem Druck Napoleons im „Rheinbund" und erklärten ihren Austritt aus dem Heiligen Römischen Reich deutscher Nation. Der deutsche Kaiser Franz I. legte nach einem Ultimatum Frankreichs die Kaiserkrone nieder und nannte sich nur noch „Kaiser von Österreich". Damit endete das „Alte Reich" Karls des Großen (800 zum Kaiser gekrönt) bzw. Ottos des Großen (962). Es war seit dem ausgehenden Mittelalter ohnehin schon durch den wachsenden Machtanspruch der souveränen deutschen Einzelstaaten geschwächt.

Grundwissentraining

1 Wissen wiederholen – mithilfe eines Zeitstrahls

a) Legen Sie einen Zeitstrahl zur Französischen Revolution an. Achten Sie auf einen sinnvollen Maßstab.

b) Tragen Sie die in den Grundwissensbegriffen genannten Vorgänge, Ereignisse und Handlungen in den Zeitstrahl ein.

2 Zusammenhänge herstellen – mit einer Mindmap

a) Erstellen Sie arbeitsteilig zu folgenden Grundwissensbegriffen eine Mindmap: Revolution, Menschen- und Bürgerrechte, Napoleon.

b) Präsentieren Sie Ihre Ergebnisse im Plenum.

c) Diskutieren Sie Ihre Ergebnisse.

3 Anwendungsaufgabe

a) Beschreiben Sie die einzelnen Szenen auf dem Bilderbogen (M 1).

b) Ordnen Sie die dargestellten Vorgänge und Personen begründet den Etappen der Französischen Revolution zu.

3.1 Ursachen, Träger, Interessen und Widerstände in den Phasen der Französischen Revolution bis 1799

Leitfragen:
Warum entstand in Frankreich 1789 eine Revolution?
Welche politisch-sozialen Gruppen gestalteten die Revolution?
Welche Interessen verfolgten sie und gab es Widerstände gegen die Revolution?

Ancien Régime
Bezeichnung für Frankreich vor der Revolution 1789. Es war politisch vom Absolutismus und sozial von der ständischen Privilegiengesellschaft geprägt.

Dritter Stand
Im Ancien Régime war der Dritte Stand (franz. *Tiers État*) ein Sammelbegriff für die gesamte Bevölkerung (ca. 24 Mio. Personen), die nicht den privilegierten Ständen des Klerus (= Geistlichkeit; ca. 0,12 Mio. Personen) oder des Adels (ca. 0,35 Mio. Personen) angehörten; zugleich war es eine Bezeichnung für die Vertretung dieses Bevölkerungsteils bei der Versammlung der Generalstände.

Generalstände
Die beratende Versammlung (franz. *États généraux*) im alten Frankreich, die sich aus drei Ständen zusammensetzte: Geistlichkeit, Adel und Dritter Stand. Sie war zuletzt 1614 einberufen worden, dann erst wieder im Mai 1789. Die Abstimmung erfolgte nach Kammern, sodass Klerus und Adel den Dritten Stand immer mit 2:1 überstimmen konnten.

Ursachen der Revolution

Die Ursachen, die 1789 in Frankreich zum Ausbruch der Revolution führten, lassen sich an drei Problembereichen aufzeigen: Die **Krise des Ancien Régime*** zeigte sich – erstens – deutlich an den enormen **Schulden des französischen Staates.** Reformvorschläge mehrerer vom König bestellter Finanzminister zur Sanierung der Staatsfinanzen und zur Liberalisierung der Wirtschaft scheiterten. Widerstand leisteten der Adel, der hohe Klerus, aber auch die bürgerlichen Eliten (z. B. Großkaufleute, Fernhändler, hohe Beamte) aus dem **Dritten Stand***. Klerus und Adel zeigten sich nicht bereit, durch die Aufgabe von Privilegien – etwa ihrer weitgehenden Steuerbefreiung – zur Sanierung der Staatsfinanzen beizutragen. Der König gab schließlich dem öffentlichen Druck nach und ließ für den 5. Mai 1789 die **Generalstände*** einberufen.

Die **Aufklärung** hat – zweitens – die Französische Revolution beeinflusst und eine **„zunehmende Autoritätskrise“** (Hans-Ulrich Thamer) ausgelöst. Ausschlaggebend waren dabei weniger die philosophischen Schriften Voltaires, Montesquieus oder Rousseaus, sondern vielmehr deren volkstümliche Verbreitung. Reden und Flugblätter übersetzten die Philosophie der Aufklärung in eingängige Schlagworte wie „Freiheit“, „Gleichheit“, „Glück“ oder „repräsentative Regierung“. Begriffe wie „Nation“, „Staat“ oder „Volk“ traten an die Stelle vom „Monarchen“ und „seinen Untertanen“. Eine allmähliche Auflösung des christlich-religiösen Weltbildes, die auch die Menschen auf dem Land erfasste, rührte an der religiösen Begründung des Ancien Régime. Vorstellungen wie die vom „König von Gottes Gnaden“ oder dass jeder in eine gottgewollte Position, einen Stand, hineingeboren sei, gerieten ins Wanken. Die Amerikanische Revolution (s. S. 202 ff.) bereitete die Französische Revolution mit vor, indem sie die praktische Verwirklichung aufklärerischer Ideen zeigte.

Die politische Krise und die Autoritätskrise wurden 1788/89 – drittens – von einer **Wirtschaftskrise** überlagert. Durch witterungsbedingte Missernten stiegen seit Frühjahr 1789 die Getreidepreise. Die Brotpreise erreichten im Juni/Juli, kurz vor der neuen Ernte, den Höchststand des Jahrhunderts. Immer häufiger führten die Teuerungen zu Unruhen in den bäuerlichen und städtischen Unterschichten.

Beschwerden des Volkes und Reformwillen

Äußerst ergiebig für die Erforschung der Meinung der Franzosen vor dem Ausbruch der Revolution von 1789 sind die **Beschwerdebriefe** bzw. **Beschwerdehefte**, die *„Cahiers de doléances“*. Nahe am Ohr der Bevölkerung zeigen die 60 000 heute noch erhaltenen *Cahiers* die unmittelbaren Nöte des Volkes und geben Auskunft über die vorrevolutionäre Lage auf dem Land (M 5). Die in den einzelnen Gemeinden gesammelten Beschwerdeschriften vermittelten den Abgeordneten in Paris Richtlinien für ihre Beratungen.

Im ausgehenden 18. Jahrhundert lassen sich aus den *Cahiers*, die auch von Adel und Klerus in ihren Wahlbezirken erstellt wurden, neben gegensätzlichen Interessen – z. B. bei der Besteuerung oder der Forderung nach Abschaffung der Feudallasten – auch durchaus Gemeinsamkeiten in den Forderungen der drei Stände entnehmen. Weitgehend einig war man sich in dem Wunsch nach Einschränkung der königlichen Macht durch eine **Verfassung** und in der Forderung nach Einrichtung einer dauerhaften **Nationalversammlung**, die über Steuern beraten und Gesetze verabschieden sollte. Vorbild dafür war für viele die parlamentarische Monarchie Englands. Auch die Notwendigkeit einer Finanzreform wurde allgemein gesehen und eine Beteiligung an den Steuern unter veränderten politischen Rahmenbedingungen vom Adel letztlich akzeptiert. Die Bereitschaft für eine Veränderung der französischen Gesellschaft durch grundlegende Reformen war groß, die Erwartungen an die Nationalversammlung entsprechend hoch.

Verfassungsrevolution

Drei Ereignisse prägten die Französische Revolution im Sommer 1789: Das waren die Verfassungsrevolution in Versailles bzw. Paris, die Revolution der städtischen Unter- und Mittelschichten und die Revolution der Bauern auf dem Lande. Die beteiligten Bevölkerungsgruppen handelten jeweils aus unterschiedlichen Motiven. Doch erst die **Verschränkung dieser drei Teilrevolutionen** ermöglichte den grundlegenden Wandel der Gesellschaftsordnung in Frankreich.

Als die Generalstände am 5. Mai 1789* in Versailles zusammentraten, verlangten die Vertreter des Dritten Stands als Erstes einen neuen Abstimmungsmodus. Um nicht mehr von Adel und Klerus überstimmt werden zu können, forderte der von 300 auf fast 600 Delegierte erweiterte Dritte Stand (M 6) von 1789 die Abstimmung nach „Köpfen“. So hätte er die Mehrheit über die privilegierten Stände erlangt und zudem seinen Anspruch, die größte Gruppe der Nation zu repräsentieren, verdeutlicht. Als diese Forderung auf den Widerstand des Königs und großer Teile des Adels stieß, erklärte sich der Dritte Stand am 17. Juni 1789 in einem revoluti-

Generalstände von 1789
Zusammensetzung:
Adel: 270
Klerus: 291
Dritter Stand: 578
Repräsentierte Bevölkerung:
In der Bevölkerung umfasste der Erste Stand (Klerus) damals ca. 120 000 Personen, der Zweite Stand (Adel) ca. 350 000 Personen, der Dritte ca. 24 Mio. Menschen, darunter über 20 Mio. Bauern.

M 1 Der Schwur im Ballhaus in Versailles am 20. Juni 1789, anonymes zeitgenössisches Gemälde nach der Federzeichnung von Jacques-Louis David (1748–1825) von 1791.

David, selbst Revolutionär und Mitglied des Jakobinerklubs (s. S. 119), wurde von diesem 1790 beauftragt, den „Ballhausschwur“ in einem großen Wandgemälde darzustellen, doch beendete er das Gemälde nie.

onären Akt zur **Nationalversammlung**, der das **Recht auf die Gesamtrepräsentation** der Franzosen zustehe. Diese **Erklärung des Dritten Standes zur Nation** war der erste revolutionäre Akt in der Geschichte der Französischen Revolution. Der Dritte Stand hatte aus eigener Machtvollkommenheit heraus eine neue, von König und Regierung unabhängige Gewalt geschaffen, die sich als Vertretung des Nationalwillens (*volonté nationale*) verstand. Danach konnte der König das Zusammentreten der Nationalversammlung nicht mehr verhindern. Die Abgeordneten zogen sich am 20. Juni 1789 in das Ballhaus von Versailles zurück und leisteten dort den **Ballhausschwur** (M 1): Sie wollten erst wieder in ihre Provinzen zurückkehren, wenn das Königreich eine Verfassung habe. Am 9. Juli erklärte sich die Nationalversammlung zur Verfassunggebenden Versammlung (*„Assembleé Nationale Constituante“*). Das war der erste große Sieg der Revolution.

Revolution der städtischen Unter- und Mittelschichten

Die Wirtschaftskrise verstärkte seit 1788 in Paris die allgemeine Unzufriedenheit der Menschen. Steigende Brotpreise und bedrohliche Truppenkonzentrationen mobilisierten kleinbürgerliche Unterschichten (Gesellen, Tagelöhner, kleine Handwerker und Händler). Nach der Einberufung einer neuen, konservativen Regierung durch den König steigerte sich die politische Unruhe bis zum Ausbruch spontaner Gewalt. Am 14. Juli 1789 belagerten und eroberten die Aufständischen die alte Pariser Stadtfestung, die **Bastille**, um sich mit Waffen zu versorgen. Dieses Ereignis besaß vor allem eine große Symbolkraft, denn die Unruhen bekamen nun auch aus der Sicht der Regierung eine politische Dimension.

Ähnliche Aufstände ereigneten sich ebenfalls in anderen französischen Städten. Die Historiker sprechen in diesem Zusammenhang von einer **„Munizipalrevolution“** (lat. *municipium:* autonome Stadtgemeinde), denn die politischen Folgen der städtischen Unruhen waren in vielen Städten die Absetzung der alten königlichen Magistrate und die Bildung neuer bürgerlicher Stadträte. Diese organisierten zum Schutz des Erreichten und zur Abwehr weiterer Übergriffe der Unterschichten meist eigene Bürgermilizen.

Unter dem Druck der allgemeinen Mobilisierung und Politisierung erkannte der König die Nationalversammlung formal an und zog seine Truppen zurück. Die gegenrevolutionäre Partei des höfischen Adels zerfiel und zahlreiche Adlige emigrierten, um aus dem Ausland heraus gegen die Revolution zu arbeiten. Die Macht in Paris übernahmen ein bürgerlicher Wahlmännerausschuss und die Bürgermiliz, die bald als **Nationalgarde** fest installiert wurde. Der König ließ sich im Pariser Rathaus von der neuen Stadtregierung empfangen und zeigte sich öffentlich mit der blau-weiß-roten **Kokarde*** (M 2).

M 2 Kokarde, 1789

Seit 1789 war die Kokarde das Abzeichen der französischen Revolutionäre. Im inneren Kreis ist die Aufschrift „Ègalité. Liberté“ zu sehen. Diese beiden Tugenden wurden erst 1791 um die „Fraternité“ erweitert.

Revolution der Bauern

Die Missernte von 1788 und der Mangel an Beschäftigung verschärften auf dem Land die Spannungen zwischen den Bauern und den Abgaben einfordernden Grundherren. Gerüchte über ein angebliches Komplott der emigrierten Aristokratie gegen die Reformbemühungen der Nationalversammlung riefen Ende Juli 1789 die „Große Angst“ (*grande peur*) der Bauern hervor, die sich in Angriffen auf Adelssitze und vor allem auf grundherrliche Archive entlud. Dabei zerstörten die Bauern Urkunden über Grundrechte und Abgaben, übernahmen Gemeindeverwaltungen und weigerten sich, Abgaben zu zahlen. Bis auf wenige Ausnahmen (Bretagne, Elsass, Lothringen) wurde in kurzer Zeit ganz Frankreich von dieser ländlichen Aufruhrbewegung erfasst. Sie löste im Bürgertum und der Nationalversammlung Furcht aus. Denn ein großer Teil der Abgeordneten gehörte selbst zu den Besitzenden und forderte daher eine rasche Wiederherstellung der „alten Ordnung“. Weil aber die Nationalversammlung die bäuerliche Revolution zur Durchsetzung ihrer Ziele benötigte, hätten militärische Aktionen gegen die Bauern die gesamte Revolution gefährdet. Stattdessen gaben die reformorientierten Abgeordneten der beiden oberen Stände der Nationalversammlung in der Nachtsitzung vom 4. auf den 5. August 1789 in „einer eigentümlichen Atmosphäre der Panik, des Selbstverzichts und der großen Gebärde“ (Hans-Ulrich Thamer) alle steuerlichen Privilegien auf und verzichteten auf die feudalen Abgaben. Der erste Artikel des Abschlussdekrets lautete: „Die Nationalversammlung vernichtet die Feudalordnung völlig“. Allerdings wurden nur die „persönlichen Rechte“ (z. B. Jagdprivilegien des Adels, grundherrliche Gerichtsbarkeit, Ämterkäuflichkeit) unwiderruflich abgeschafft; „sächliche Rechte“ wie Grundbesitz sollten dagegen lediglich durch Geldzahlungen der Bauern abgelöst werden können. Diese Vorschriften wurden in den folgenden Monaten gesetzlich geregelt (M 7) und waren für die betroffenen Bauern außerordentlich ungünstig. Bauernunruhen und -revolten erzwangen drei Jahre später die vollständige und entschädigungslose Aufhebung der Feudallasten. Doch bereits die Aufhebung der Privilegien in der Nacht des 4. August hatte in Frankreich das **Ende der Feudalherrschaft** besiegelt.

Radikalisierung der Revolution

Die Verabschiedung der Verfassung von 1791 (s. S. 128 f.) führte nicht zur Beruhigung der politischen Situation. Im Gegenteil: Die Revolution radikalisierte sich und mündete in eine Terrorherrschaft. Verursacht wurde diese Entwicklung durch eine Reihe außen- und innenpolitischer Faktoren:

Bewährungsprobe der Verfassung von 1791: Die 1791 eröffnete Nationalversammlung bestand aus neuen, meist jüngeren Abgeordneten, die nach dem Zensuswahlrecht der neuen Verfassung gewählt worden waren. Die Volksvertreter stammten meist aus der etablierten Bürgerschicht und waren ausschließlich Anhänger der Verfassungsrevolution. Ihnen gelang es jedoch nicht, die politischen Verhältnisse zu stabilisieren. Zu stark lastete auf den Abgeordneten der Druck der sich politisierenden und radikalisierenden Volksbewegung, unter deren Einfluss sie zunehmend gerieten. Dadurch wurde vor allem die Linke im Parlament gestärkt. Ihr Machtzuwachs war außerdem das Ergebnis von Krieg, Konterrevolution und Wirtschaftskrise, die die Abgeordneten ebenfalls sehr stark in Anspruch nahmen.

Politik des Königs und der Aristokratie: König, Hof und teilweise die Aristokratie stellten sich nur mit inneren Vorbehalten auf den Boden der neuen Ordnung. Seit dem 14. Juli 1789, als verdächtige Truppenkonzentrationen den Sturm der Pariser auf die Bastille auslösten, verbreitete sich in der hauptstädtischen Bevölkerung der Wille zur Bestrafung von König und Aristokratie; überdies verlangten die Menschen die Sicherung ihrer Lebensmittelversorgung und billiges Brot. Außerdem arbeitete der König gegen die Umsetzung der neuen Verfassung. Das und die Flucht der königlichen Familie aus Paris schwächte das Königshaus zusätzlich. Der König, der die Entwicklung in Frankreich vom Ausland her und mit dessen Hilfe rückgängig machen wollte, wurde am 20. Juni 1791 in Varennes (Champagne) festgehalten und nach Paris zurückgebracht. Am 20./21. 6. entband man ihn von seinen Aufgaben, setzte ihn jedoch am 15. 7. wieder in seine Funktionen ein.

Krieg und Revolution: Der Krieg des revolutionären Frankreich gegen die Monarchien Europas führte zu einer Zunahme der inneren Spannungen zwischen den verschiedenen gesellschaftlichen und politischen Gruppen (M 9). Seit dem Herbst 1791 arbeiteten der König, die Feuillants und die als Girondisten bezeichneten gemäßigten **Jakobiner*** bewusst auf einen Krieg hin, allerdings mit unterschiedlichen Zielen: Der **König** hoffte, dass durch eine – von ihm erwartete – Niederlage Frankreichs auch die Revolution besiegt und die alten Verhältnisse wiederhergestellt werden könnten. Die **Konstitutionellen** (oder **Feuillants**) wollten von den

Jakobiner
Die radikalen Republikaner benannten sich nach ihrem Versammlungsort, dem Dominikanerkloster St. Jakob in Paris. Unter der Leitung Robespierres übten sie 1793/94 eine terroristische Diktatur aus, die sogenannte Schreckensherrschaft. Nach Robespierres Hinrichtung 1794 wurden sie bedeutungslos.

wirtschaftlichen Problemen ablenken und im Krieg die Jakobiner innenpolitisch zähmen. Und die gemäßigte Linke, die **Girondisten,** beabsichtigte, in einem erfolgreichen Krieg die rechten und linken Gegner der liberalen Verfassungsrevolution auszuschalten, den erreichten Zustand zu stabilisieren und für die Ausbreitung der Revolution in Europa zu sorgen.

Seit dem Sommer 1791 wuchs auch bei den europäischen Monarchen die Bereitschaft zum Krieg. Die französischen **Emigranten** unter der Führung des jüngsten Bruders des Königs, des Comte d'Artois, drängten, die Revolution durch eine militärische Intervention von außen niederzuwerfen. Als im August 1791 Österreich einen Einmarsch in Frankreich in Aussicht stellte, wenn sich andere europäische Mächte anschließen würden, fasste das Frankreich als Einmischung in seine inneren Angelegenheiten auf. Die an einem Krieg interessierten politischen Gruppen nutzten diese Gelegenheit, das Parlament und die Bevölkerung zu mobilisieren. Im April 1792 erklärte Frankreich Österreich den Krieg.

Nach dem Beginn der **Koalitionskriege** (1792–1809) zwischen Frankreich und den europäischen Großmächten beschleunigten sich die Ereignisse in Frankreich: Im August 1792 stürmten **Sansculotten*** die Tuilerien, das königliche Stadtschloss, nahmen die Königsfamilie fest und zwangen die Legislative, Neuwahlen zu einem Nationalkonvent auszurufen. Der neue Nationalkonvent, der am 21. September 1792 erstmals zusammentrat, erklärte die **Abschaffung der Monarchie** sowie die **Errichtung der „unteilbaren Republik“.** Und er verurteilte den König wegen „Verschwörung gegen die Freiheit“ zum Tode und ließ ihn am 21. Januar 1793 öffentlich hinrichten. Die neue Verfassung von 1793 sah ein allgemeines Wahlrecht und Elemente der direkten Mitbestimmung vor, trat jedoch nicht in Kraft, weil die Jakobiner eine revolutionäre Diktatur errichteten (s. S. 121).

Sansculottes
Das französische Wort bedeutet wörtlich „ohne Kniebundhose“. So wurden während der Revolution politisierte Arbeiter und Kleinbürger bezeichnet, die im Gegensatz zu den von Adligen und Klerus getragenen Kniebundhosen (sog. Culottes) lange Hosen trugen, die zur Arbeit geeignet waren.

Wirtschaftliche und soziale Krise: Der Werteverfall des Geldes, die Arbeitslosigkeit und die weiterhin steigenden Lebensmittelpreise verschärften die soziale Krise und führten zu „Teuerungsunruhen“ (M 8). Eine Folge waren Tumulte, Plünderungen, eigenmächtige Preisfestsetzungen durch das Volk und die Forderung nach staatlicher Preisregulierung. Die Gironde als dominierende Partei des Nationalkonvents machte sich mit ihrer Ablehnung einer ökonomischen Intervention bei der Pariser Bevölkerung verhasst. Die radikalen Jakobiner, die inzwischen die Verwirklichung der politischen und sozialen Gleichheit anstrebten, nutzten diese Unzufriedenheit im Machtkampf mit der Gironde. Am 2. Juni 1793 kam es zu einer Belagerung des Konvents durch 80 000 mit Kanonen ausgerüstete Nationalgardisten. Unter dem Druck der Straße beschlossen die Abgeordneten die Verhaftung von 29 girondistischen Abgeordneten und zwei ihrer Minister, die im Oktober auf der Place de la Révolution hingerichtet wurden. Das bedeutete eine schwere Niederlage für das junge parlamentarische System.

Widerstand und Bürgerkrieg

Im Frühjahr 1793 weitete sich ein **Aufstand im westfranzösischen Departement Vendée** aus. Er hatte sich zunächst an der Aushebungspraxis zur Revolutionsarmee entzündet, entwickelte sich sodann zu einer Rebellion in großen Teilen Frankreichs und nahm gegenrevolutionäre Züge an. Im Herbst 1793 beteiligten sich zwei Drittel der Departements an der Revolte, die nach der gewaltsamen Entmachtung der Gironde im Konvent vor allem eine föderalistische Erhebung gegen den Dirigismus der „Pariser“ Revolution war. Die Niederschlagung der Unruhen erfolgte durch ein massives Aufgebot an Truppen des Konvents.

Jakobinerdiktatur und Terreur

In den Jahren 1793/94 entwickelten sich die Jakobiner zu den entscheidenden politischen Akteuren. Gemeinsam mit den Sansculotten machten sie die Girondisten für die Koalitionskriege sowie für königstreue Bauernaufstände verantwortlich und entmachteten sie. Am 6. April 1793 errichteten die Jakobiner einen **Wohlfahrtsausschuss.** Unter der Führung **Maximilien de Robespierres*** (M 3) übernahm diese Institution die Regierungsgewalt, zog immer mehr Macht an sich und übte eine „Schreckensherrschaft" (*„La Terreur"*) aus (M 10). Sie war gekennzeichnet durch Einschränkungen der Bürgerrechte sowie durch Revolutionstribunale, die Zehntausende zum Tode verurteilten. Robespierre legitimierte die **Revolutionsdiktatur** mit dem zentralen Argument, sie sei nur vorläufig. Die Republik müsse sich mithilfe von Terror gegen die militärische Belagerung von außen und die Konterrevolution im Innern behaupten. Dieser Terror unterscheide sich vom Despotismus, weil er sich auf die Tugend stütze. Anonyme Schriften verurteilten den Terror der Jakobinerdiktatur und verteidigten die Bürger- und Menschenrechte (M 11).

Zu den Kennzeichen der Schreckensherrschaft gehörten aber auch die **Verkündung sozialer Grundrechte,** z. B. das Recht auf Arbeit und Bildung, sowie eine Reihe sozialpolitischer Maßnahmen wie die Festsetzung von Höchstpreisen für Getreide und die öffentliche Unterstützung von Armen und Kranken. Robespierre, der als kompromissloser Verfechter der Gleichheitsidee galt, berief sich dabei auf Aufklärer wie Montesquieu und Rousseau, die in der Forderung nach Gleichheit nicht nur ein rechtliches, sondern auch ein soziales Problem erkannt hatten. Sie vertraten die Meinung, dass der Schutz des privaten Eigentums zwar Aufgabe des Staates sein sollte, ungleiche Besitzverteilung jedoch eine Gefahr für die Demokratie darstellte. Die Diskussion über die Frage, wie soziale Gleichheit zu verwirklichen sei, reichte von der Einschränkung des Privateigentums (Jakobiner) bis zur Herstellung möglichst gleicher Besitzverhältnisse (Sansculotten).

Ende der Jakobinerherrschaft und Direktorium

Mit den militärischen Erfolgen des Volksheeres gegen die europäischen Monarchien ließ sich die Diktatur nicht mehr rechtfertigen. Als der Terror zunehmend auch Konventsmitglieder bedrohte, formierte sich eine Opposition gegen Robespierre, der am 27. Juli 1794 verhaftet und am nächsten Tag mit 21 seiner engsten Anhänger guillotiniert wurde. Nach dem Ende der Jakobinerdiktatur begann die Herrschaft des Direktoriums (1794–1799), in der das Besitzbürgertum seine Macht wiederherstellte. Der Konvent erarbeitete und verabschiedete am 22. August 1795 eine neue Verfassung. Sie sah ein **Direktorium von fünf Männern** als Exekutive vor und bildete zwischen dem Oktober 1795 und November 1799 die konstitutionelle Grundlage der französischen Politik. Die Direktorialverfassung garantierte die Gewaltenteilung, allerdings wurde das Wahlrecht wieder an das Einkommen gebunden (Zensuswahlrecht) und die unter den Jakobinern eingeführten sozialen Grundrechte wurden abgeschafft. Die neue Regierung, das Direktorium, stützte sich primär auf das Militär. In der Bevölkerung besaß es jedoch nur wenig Rückhalt. Als im Sommer 1799 die royalistische Opposition in der Armee und der jakobinische Widerstand in den Städten zunahm, stürzte General **Napoleon Bonaparte*** (1769–1821; M 4) am 9. November 1799 das Direktorium und übernahm die Regierungsgewalt.

Napoleon und das „Ende der Revolution"

„Ich bin die Revolution", verkündete Napoleon nach dem Staatsstreich des 18. Brumaire (9./10. November 1799), um sich schon bald danach zu widersprechen (M 12). Bei der Verabschiedung der Konsulatsverfassung am 14. Dezember 1799 erklärte er: „Die Konstitution gründet auf den heiligen Rechten des Eigentums, der Gleichheit, der Freiheit ...

M 3 Maximilien de Robespierre (1758–1794), Gemälde, um 1790

Der Rechtsanwalt Robespierre wurde 1789 für den Dritten Stand in die Nationalversammlung gewählt. Als führendes Mitglied der Jakobiner und des Wohlfahrtsausschusses war er 1792/93 maßgeblich für die Terrorherrschaft verantwortlich. 1794 wurde er hingerichtet.

M 4 Napoleon Bonaparte (1769–1821), Gemälde, um 1800

Napoleon, ein aus Korsika stammender französischer Offizier, siegte 1796 als Oberbefehlshaber der französischen Truppen gegen die österreichischen Heere. 1799 stürzte er das Direktorium und regierte als Erster Konsul faktisch allein und ließ sich 1804 zum Kaiser der Franzosen krönen. Nach der Dreikaiserschlacht von Austerlitz 1805 gegen Österreich und Russland bestimmte er bis zur Völkerschlacht von Leipzig 1813 die europäische Politik. 1814/15 geschlagen, wurde er von den Engländern auf die Insel St. Helena verbannt, wo er 1821 starb.

Bürger, die Revolution ist an die Prinzipien gebunden, nach denen sie angetreten ist. Die Revolution ist beendet."

Tatsächlich legte die neue, von Napoleon erlassene autoritäre Konsulatsverfassung die unbeschränkte Exekutivgewalt in die Hand der Regierung. Napoleon war als „Erster Konsul" auf zehn Jahre ernannt und stand an der Spitze der Regierung. Nach und nach baute er seine Machtstellung aus, indem er seine zwei Mitkonsuln an den Rand drängte. Seine Herrschaft sicherte er dabei geschickt durch Volksabstimmungen, die durch eine wirksame Propaganda gesteuert wurden. Das Konsulat ließ sich Napoleon 1802 auf Lebenszeit übertragen und dieses schließlich 1804 durch Senatsbeschluss und Plebiszit in ein erbliches Kaisertum umwandeln. Napoleons Machtbasis war die **Armee**. Seine hohe Akzeptanz in der Bevölkerung beruhte vor allem auf seinen militärischen Leistungen. Er baute das französische Imperium in Europa aus und wurde unumschränkter Hegemon über den Kontinent. Außerdem galt er als ein General der Revolution. Durch die Niederschlagung des Royalistenaufstands in Paris 1795 war er des Verdachts konterrevolutionärer Absichten enthoben.

Napoleon gelang es, die politischen Verhältnisse in Frankreich zu beruhigen. Neben seiner Währungs- und Steuerreform trugen die Einkünfte aus den besetzten Ländern zu einer zügigen Sanierung der Staatsfinanzen bei. Den Streit mit der katholischen Kirche, der den Jakobinern viel innerfranzösischen Widerstand eingebracht hatte, löste Napoleon durch ein **Konkordat** mit dem Papst. Er forderte die Emigranten zur Rückkehr nach Frankreich auf und stellte ihnen die Rückgabe des noch nicht verkauften Landes in Aussicht. Die stärkste politische Wirkung ging von Napoleons Rechtspolitik aus, die zentrale **Grundsätze der liberalen Phase der Revolution kodifizierte** und dadurch vor allem das französische Zivilrecht vereinheitlichte. In diesem auch *„Code Napoléon"* genannten *„Code civil des Français"* von 1804 wurden die Gleichheit vor dem Gesetz, die Freiheit des Eigentums und die Trennung von Kirche und Staat durch die Einführung der Zivilehe anerkannt (M 13). Das Zivilprozessbuch von 1806 und das Strafprozessbuch von 1808 schrieben die Prinzipien der mündlichen und öffentlichen Gerichtsverhandlungen vor und schafften den schriftlichen Inquisitionsprozess ab. Über die Einführung in den besetzten Gebieten (s. S. 140 ff.) wirkten diese Gesetzbücher weit über Frankreich hinaus und beeinflussten die Rechtsentwicklung in ganz Europa.

Webcode:
KB645961-122

1 ■ a) **Geschichte produktiv:** Stellen Sie in einem Schaubild die Phasen der Französischen Revolution dar: Stellen Sie dabei die Träger der Revolution und ihre Interessen sowie die Widerstände der Revolution und deren Ziele heraus.
■ b) Untersuchen Sie die drei Teilrevolutionen im Sommer 1789, indem Sie Träger, Motive und Ergebnisse gegenüberstellen.
■ c) Nehmen Sie Stellung zu der Frage: „Gab es 1789 eine Revolution oder waren es drei?"

2 ■ a) Erörtern Sie die Ursachen und Folgen der Radikalisierung der Revolution.
■ b) Beurteilen Sie die Politik Napoleons: Beendete er die Revolution oder setzte er sie fort?
■ c) Erklären Sie den Verlauf der Französischen Revolution anhand der Kategorien: Zeit, Träger, Interessen, Ziele, wesentliche Ereignisse, Widerstände.

3 ■ Beurteilen Sie auf der Grundlage Ihrer Ergebnisse die Bedeutung der Französischen Revolution für die politische Kultur in Europa.

M5 „Die Lage der Bauern", zeitgenössischer Stich zur Lastenverteilung zwischen den einzelnen Ständen, 1789.

Die Inschrift auf dem Stein lautet: „die Kopfsteuer, das Steuerwesen und die Fronarbeit(en)".

1 Formulieren Sie die Stellungnahme eines Zeitgenossen zum vorrevolutionären Ständestaat. Beziehen Sie sich dabei auf M5 und den Darstellungstext.

M6 „Das Erwachen des Dritten Standes", anonymes koloriertes Flugblatt (Kupferstich), 1789.

Im Hintergrund ist die Schleifung der Bastille zu sehen.

1 Interpretieren Sie die politische Bedeutung des 14. Juli 1789 in diesem Flugblatt (M6).

M7 Aus dem Beschluss der Nationalversammlung zur Aufhebung der feudalen Privilegien vom 11. August 1789

Art. 1. Die Nationalversammlung vernichtet das Feudalwesen völlig. Sie dekretiert, dass von den Feudal- wie Grundzinsrechten und -pflichten sowohl jene, die sich aus unveräußerlichem Besitz an Sachen und Menschen und aus persönlicher Leibeigenschaft herleiten, als auch jene, die an ihre Stelle getreten sind, entschädigungslos aufgehoben werden; alle übrigen werden für ablösbar erklärt, die Summe sowie die Art und Weise der Ablösung wird die Nationalversammlung festlegen. Die durch dieses Dekret nicht aufgehobenen Abgaben sollen dessen ungeachtet bis zu ihrer Rückzahlung wieder erhoben werden. [...]

Art. 11. Alle Bürger sollen, ohne Unterschied ihrer Geburt, freien Zugang zu allen kirchlichen, zivilen und militärischen Ämtern und Würden haben; niemand, der einem Erwerbsberuf nachgeht, soll dadurch seines Adelsprädikats verlustig gehen. [...]

Art. 16. Die Nationalversammlung ordnet an, dass zum Gedächtnis dieser zum Wohle Frankreichs gefassten Beschlüsse eine Medaille geprägt und in allen Pfarrgemeinden und Kirchen des Königreiches zum Dank ein Tedeum gesungen werden soll.

Art. 17. Die Nationalversammlung erklärt König Ludwig XVI. feierlich zum Wiederhersteller der französischen Freiheit.

Walter Grab (Hg.), Die Französische Revolution. Eine Dokumentation, Nymphenburger, München 1973, S. 33–36.

1 Erläutern Sie die Zielsetzung des Gesetzes anhand der Quelle (M7).

2 Erörtern Sie, was die Aufhebung von Lasten gegen Entschädigung für die Kleinbauern bedeutete.

M8 Petition der Bauern der Provinz Haute-Marche an die Nationalversammlung, 8. Mai 1790

An unsere in der Nationalversammlung tagenden Herren! Ehrerbietigst unterbreiten Ihnen die armen Bauern und Pächter der Provinz Haute-Marche ihre Vorhaltungen. Sie verleihen darin der Hoffnung Ausdruck, sich als Bürger einiger kleiner Anteile an dieser großartigen Wiedergeburt des Königreichs erfreuen zu können, wo durch die Dekrete der erlauchten Nationalversammlung die Freiheit angekündigt worden ist. [...]

Es ist wahr, dass die Dekrete der erlauchten Nationalversammlung die Bittsteller ermächtigen, sich loszukaufen. Wie dem aber auch sei: Gewiss ist, dass sie trotz dieser Beschlüsse gezwungen sein werden, in Knechtschaft weiterzuleben, ohne sich loskaufen zu können. Und zwar deshalb, weil die erlauchte Nationalversammlung für den Loskauf von den Abgaben, die angeblich den Grundherren der Lehen geschuldet sind, einen außerordentlich hohen Preis festgesetzt hat. [...] Und das umso mehr, als die erlauchte Nationalversammlung durch ihre Dekrete den Bittstellern Fesseln angelegt hat, indem sie bestimmte, dass sich dort, wo die Abgaben gemeinschaftlich entrichtet werden, eine einzelne Person nicht loskaufen darf, falls die anderen dazu nicht in der Lage sind; es sei denn, dass derjenige, der sich freikaufen möchte, die ganze Ablösesumme für die gesamten Abgaben entrichtet. Dieser Paragraf führt den schlüssigen Beweis, dass die Unglückseligen stets unter dem Joch der Knechtschaft verbleiben werden, da sie außerstande sind, die Ablösesumme für die gesamten Abgaben aufzubringen.

Zit. nach: Walter Markov, Revolution im Zeugenstand. Frankreich 1789–1799, Bd. 2, Fischer TB, Frankfurt/Main 1987, S. 135 f.

1 ■ Analysieren Sie mithilfe der Petition M 8 die Lage der Bauern.

2 ■ Erörtern Sie, in welcher Beziehung die Petition zum Beschluss der Nationalversammlung (M 7) steht.

M9 Politische Gruppierungen in den Nationalversammlungen

<table>
<tr>
<td>Verfassunggebende Nationalversammlung
(Assemblée Nationale Constituante) 17.6.1789
ca. 800 Mitglieder der bisherigen Ständeversammlung[1]
1. Phase der Revolution: Verfassungsentwurf für eine konstitutionelle Monarchie; Verwaltungs- und Justizreform; Säkularisation</td>
<td>Demokraten (Jakobiner)
vertreten stärker die Interessen des Volkes, Anhänger Rousseaus (z. B. Robespierre)</td>
<td colspan="2">Konstitutionelle
vertreten die Interessen der Großbürger, Anhänger Montesquieus (z. B. La Fayette, Abbé Sieyès)</td>
<td>Monarchisten
für eine starke Exekutivgewalt des Königs, absolutes Veto gegenüber der Volksversammlung (z. B. Mirabeau)</td>
<td>Aristokraten
für die Beibehaltung der überkommenen Privilegien</td>
</tr>
<tr>
<td>Gesetzgebende Nationalversammlung
(Assemblée Législative)[2]
1.10.1791
ca. 750 Mitglieder</td>
<td colspan="3">Jakobiner (136)
Radikale Jakobiner vertreten die Interessen des Kleinbürgertums
Girondisten u. a. Abgeordnete der Gironde, vertreten das mittlere Besitzbürgertum</td>
<td>Unabhängige (345)
unbestimmte Masse, ohne feste Meinung</td>
<td>Konstitutionelle (264)
(Feuillants)
für die Aufrechterhaltung der konstitutionellen Monarchie</td>
</tr>
<tr>
<td>Nationalkonvent
(Convention Nationale)[3]
21.9.1792
ca. 749 Mitglieder bei Zusammentritt, aber Zahl ständig wechselnd
2. Phase der Revolution: Abschaffung der Monarchie; Herrschaft der Konvente</td>
<td colspan="2">Der „Berg“ (140)
(Les Montagnards)
Radikale Jakobiner, Vertreter eines politischen und wirtschaftlichen Egalitarismus (z. B. Robespierre, St. Just)</td>
<td colspan="2">Die „Ebene“
(Les Marais)
unentschieden; neigen bis zum Sturz Robespierres mehr und mehr nach links</td>
<td>Girondisten (160)
finden sich durch die zunehmende Radikalisierung am rechten Rand des Spektrums der Parteiungen wieder</td>
</tr>
</table>

1 Von den 1139 Vertretern der Generalstände blieben 800; der Rest ging nach Hause. Die Größen der einzelnen Gruppierungen beruhen auf grober Schätzung. Es gab Überschneidungen.

2 Wahlbeteiligung gering. Selbst in Paris stimmten von 81 000 Wahlberechtigten 74 000 nicht ab. Auf Antrag Robespierres durfte kein Mitglied der Verfassunggebenden Versammlung in die Gesetzgebende gewählt werden. Die Mehrheit der Abgeordneten war unter 30 Jahre alt.

3 Von 5 Mio. Stimmbürgern stimmten nur etwa 500 000 ab. In Paris war die Stimmabgabe öffentlich.

1 ■ Untersuchen Sie anhand des Schemas arbeitsteilig die Entwicklung der politischen Gruppierungen in den drei Volksvertretungen der Revolution von 1789 bis 1792.

M 10 Maximilien de Robespierre vor dem Nationalkonvent über die Grundsätze der politischen Moral, 5. Februar 1794

Was ist also das grundlegende Prinzip der demokratischen Regierung oder der Volksregierung, das heißt, was ist die wichtigste Kraft, die sie unterstützen und antreiben soll? Es ist die Tugend! Und ich meine damit die öffentliche Tugend, die in Griechenland und Rom so viele Wunder vollbracht hat und die noch weit Erstaunlicheres im republikanischen Frankreich vollbringen soll. Ich meine jene Tugend, die nichts anderes ist als die Liebe zum Vaterland und zu seinen Gesetzen. [...]

Hierauf würde sich die Darlegung unserer Theorie beschränken, wenn ihr das Schiff der Republik nur bei Windstille zu steuern hättet. Aber der Sturm wütet und im Augenblick stellt euch die Revolution eine andere Aufgabe. [...]

Wenn in friedlichen Zeiten der Kraftquell der Volksregierung die Tugend ist, so sind es in Zeiten der Revolution Tugend und Terror zusammen. Ohne die Tugend ist der Terror verhängnisvoll, ohne den Terror ist die Tugend machtlos. Der Terror ist nichts anderes als die unmittelbare, strenge und unbeugsame Gerechtigkeit; er ist also eine Emanation[1] der Tugend; er ist nicht so sehr ein besonderer Grundsatz als vielmehr die Folge des allgemeinen Grundsatzes der Demokratie, angewandt auf die dringendsten Bedürfnisse des Vaterlandes. [...] Bezwingt ihr die Feinde der Freiheit durch den Terror, so werdet ihr in eurer Eigenschaft als Gründer der Republik das Recht dazu haben. Die Revolutionsregierung ist der Despotismus der Freiheit gegen die Tyrannei.

Zit. nach: Maximilien de Robespierre, Ausgewählte Texte, übers. v. Manfred Unruh, Merlin, Hamburg 1971, S. 317ff. u. 585ff.

1 Emanation: Ausströmung, Ausstrahlung

1 ■ Erläutern Sie, was Robespierre unter „Tugend" und „Terror" versteht.

2 ■ Erörtern Sie die These: „Ohne die Diktatur des Wohlfahrtsausschusses wäre die Revolution zusammengebrochen."

M 11 Der Historiker Hans-Ulrich Thamer über kontroverse Bewertungen der Herrschaft der Jakobiner und Sansculotten, 2006

Über die Bedeutung der Herrschaft der Jakobiner und Sansculotten haben Geschichtsforschung und Publizistik schon immer sehr kontrovers geurteilt, und in vielen Fällen haben bei diesem Urteil politische Präferenzen eine wichtige Rolle gespielt. Hatte eine neojakobinische und marxistische Geschichtsschreibung im 20. Jahrhundert, vor allem in den 1950er- bis 1970er-Jahren, die zweite Phase der Revolution von 1792 bis 1794 als „Revolution der Gleichheit" ([Albert] Soboul) als höchste Stufe und aus gesellschaftlicher wie aus politischer Perspektive fortgeschrittenstes Stadium der Revolution besonders positiv bewertet, so hat die liberale Gegenposition von [Francois] Furet und anderen den Dirigismus und die Politik der *Terreur* in der Jakobinerzeit als Beleg für ihre These vom Abgleiten der Revolution von ihrem historischen Weg angesehen und dieser Phase im Unterschied zu den Jahren 1789 bis 1791, den eigentlichen Jahren der Neugründung eines nationalen Verfassungsstaates, eine geringe Innovationsleistung zugesprochen. Dieses Urteil hat sich mit der Wende der Geschichtsforschung hin zu einer mentalitäts- und kulturgeschichtlichen Perspektive seit mehr als zwanzig Jahren relativiert und damit die Kontroverse entschärft. Denn es gilt als unumstritten, dass die politische Radikalisierung in den Jahren 1792 bis 1794 zu einer tieferen Zäsur im soziokulturellen Leben der Franzosen, zu einem besonders scharfen Bruch in ihren mentalen Befindlichkeiten wie in ihrem politischen Denken geführt, auf diese Weise die Ansätze einer demokratischen politischen Kultur erst verstärkt und dadurch das Verhalten und Bewusstsein der Menschen tief geprägt hat. Der Gegensatz zwischen den beiden Phasen nimmt sich darum [...] nicht mehr so dramatisch aus.

Hans-Ulrich Thamer, Die Französische Revolution, C. H. Beck, München 2006, S. 89f.

1 ■ Analysieren und diskutieren Sie Thamers Schlussfolgerung hinsichtlich einer Bewertung der Herrschaft der Jakobiner und Sansculotten.

2 ■ Erörtern Sie die Aussage des jakobinischen Bürgermeisters von Paris, Jérôme Pétions, vor dem Hintergrund der Radikalisierung der Revolution ab 1791: „Die Bourgeoisie und das Volk haben gemeinsam die Revolution gemacht. Allein ihre Einheit kann sie bewahren."

3 ■ **Zusatzaufgabe:** Stellen Sie in Kurzvorträgen wichtige Akteure der Revolution vor (erste Informationen finden Sie z. B. unter *www.historicum.net/themen/franzoesische-revolution/biographien*).

M 12 Napoleon über Republik und Freiheit, 1797

a) Vertrauliche Äußerung des Generals Bonaparte gegenüber dem französischen Gesandten in der Toskana, Miot de Melito, vom 1. Juni 1797

Glauben Sie vielleicht, dass ich eine Republik begründen will? Welcher Gedanke! [...] Das ist eine Wahnvorstellung, in die die Franzosen vernarrt sind, die aber auch wie so manche andere vergehen wird. Was sie brauchen, das ist Ruhm, die Befriedigung ihrer Eitelkeit, aber von Freiheit verstehen sie nichts. [...] Die Nation braucht einen Führer, einen durch Ruhm hervorragenden Führer, aber keine Theorien über Regierung, keine großen Worte, keine Reden von Ideologen, von denen die Franzosen nichts verstehen. Man gebe ihnen ihre Steckenpferde, das genügt ihnen, sie werden sich damit amüsieren und sich führen lassen, wenn man ihnen nur geschickt das Ziel verheimlicht, auf das man sie zumarschieren lässt.

Miot de Melito, Mémoires 1 (übersetzt von Wilhelm A. Fleischmann), Schweizerbart, Stuttgart 1866, S. 763 f.

b) Tagesbefehl Napoleons an seine Soldaten, Italien, 14. Juli 1797

Soldaten, heute ist die Jahresfeier des 14. Juli. [...] Ihr seid [...] ganz dem Ruhm jenes Namens verbunden, der durch eure Siege neuen Glanz empfangen hat. Soldaten, ich weiß, ihr seid tief betrübt über die Leiden, die dem Vaterland drohen; aber das Vaterland kann nicht ernstlich gefährdet werden. Hier stehen die Männer, die es zum Triumph über das verbündete Europa geführt haben. Berge trennen uns von Frankreich; ihr würdet sie mit Adlerflügeln überqueren, wenn es nötig sein sollte, um die Verfassung aufrechtzuerhalten, die Freiheit zu verteidigen, die Regierung und die Republik zu schützen.

Walter Markov, Revolution im Zeugenstand, Bd. 2, Fischer TB, Frankfurt/M. 1987, S. 697 f.

1 ■ **Untersuchen Sie anhand von M 12 die Einstellung Napoleons zur Demokratie bzw. sein politisches Selbstverständnis.**

2 ■ **Diskutieren Sie die These, Napoleon habe die Revolution sowohl vollendet als auch beendet.**

M 13 Aus dem *Code civil* (*Code Napoléon*), 1804

Die Freiheit

Der Staatsbürger hat mit seiner Großjährigkeit die Freiheit, über seine Person zu verfügen. Er kann daher seinen Wohnsitz wählen, wo es ihm gut dünkt. [...]

Wir bezeichnen es als Naturrecht, dass wir den Menschen als moralisches Wesen behandeln, d. h. als ein vernunftbegabtes und freies Wesen, das dazu bestimmt ist, mit anderen vernunftbegabten und freien Wesen zusammenzuleben.

Die Rechtsgleichheit

Nachdem unsere Verfassung die Rechtsgleichheit eingeführt hat, muss jeder, der sie wieder abschwört und die abgeschafften Vorrechte der Geburt wieder einführen will, als Frevler gegen unseren Gesellschaftsvertrag gelten und kann nicht Franzose bleiben.

Die Gewalt des Familienvaters als Vorbild

Der Ehemann schuldet seiner Frau jeglichen Schutz, die Ehefrau schuldet dem Manne Gehorsam.

Die Frau kann vor Gericht erscheinen nur mit Ermächtigung ihres Mannes, auch wenn sie selbst einen Beruf ausübt. In Dingen, die ihr Geschäft betreffen, ist sie selbstständig. Das Kind ist in jedem Alter verpflichtet, Vater und Mutter Ehre und Achtung zu erweisen. Das Kind verbleibt in der elterlichen Gewalt bis zur Großjährigkeit oder bis zur Heirat.

Von dem Eigentum

Eigentum ist das Recht, eine Sache auf die unbeschränkte Weise zu benutzen und darüber zu verfügen, vorausgesetzt, dass man davon keinen durch die Gesetze oder Verordnungen untersagten Gebrauch mache.

Niemand kann gezwungen werden, sein Eigentum abzutreten, wenn es nicht des öffentlichen Wohls wegen und gegen eine angemessene und vorgängige Entschädigung geschieht.

Code Napoleon. Einzige offizielle Ausgabe für das Großherzogtum Berg, Düsseldorf 1810.

1 ■ **Fassen Sie die Bestimmungen des *Code civil* zusammen.**

2 ■ **Vergleichen Sie den *Code civil* mit der „Erklärung der Menschen- und Bürgerrechte" (M 5, S. 136).**

3 ■ **Prüfen Sie, ob der *Code civil* bereits eine Rechtsgleichheit von Mann und Frau vorsieht.**

Verfassungsschaubilder interpretieren

Eine Verfassung beschreibt den **gesetzlichen Rahmen** eines Staates, in dem die Grundstruktur, der organisatorische Aufbau, die Aufgaben und die Beziehungen der einzelnen Institutionen sowie die Rechte der Bevölkerung festgelegt sind. Verfassungsschaubilder bieten eine Möglichkeit, die häufig umfangreichen und komplizierten Gesetzestexte (Urkundentexte) grafisch und für den „Leser" damit **vereinfacht und übersichtlich** darzustellen.

Dem Verständnis moderner Verfassungen dient neben der Analyse der demokratischen Vorläufer in der griechischen Antike auch die Beschäftigung mit mittelalterlichen und frühneuzeitlichen Staatsformen wie dem Ständestaat und der Wahlmonarchie. Die moderne Verfassungsentwicklung begann in Europa im 17. Jahrhundert mit der in England verabschiedeten *Bill of Rights*. Erstmals wurden die Rechte des Einzelnen gegenüber dem Staat sowie die Gewaltenteilung schrittweise festgeschrieben. In der Französischen Revolution gelang es, Prinzipien der liberalen Demokratie, insbesondere die **Volkssouveränität**, verfassungsrechtlich festzuschreiben. Im Verlauf der zehnjährigen Revolution wurden vier Verfassungen verabschiedet (1791, 1793, 1795, 1799). Sie spiegeln nicht nur die einzelnen Phasen der Revolution wider, sondern verdeutlichen auch die unterschiedlichen Vorstellungen der historischen Akteure über die Staatsform, die Machtverteilung, das Wahlrecht und schließlich über die Frage, ob und welche Menschenrechte verankert werden sollten.

Arbeitsschritte

1. Leitfrage
- Welche Fragestellung bestimmt die Untersuchung des Schaubildes?

2. Analyse

Formale Aspekte
- Für welchen Staat gilt die Verfassung?
- Wann und durch wen wurde die Verfassung verabschiedet und in Kraft gesetzt?
- Wie lange war die Verfassung gültig?

Inhaltliche Aspekte

Verfassungsorgane
- Welche Verfassungsorgane sind dargestellt?
- Wie sind die Organe zusammengesetzt und welche Befugnisse besitzen sie?
- Wie ist die Gewaltenteilung umgesetzt?

Machtverteilung
- Welche Auskunft gibt das Schaubild über die staatliche Machtverteilung, die Machtkonzentration und -beschränkung?
- Wie wird die Gewaltenteilung umgesetzt?

Rechte des Volkes
- Wer darf wen wie oft wählen?
- Welche Rechte werden der Bevölkerung garantiert?

Struktur des Staates
- Um welche Staatsform handelt es sich?
- Beinhaltet die Verfassung föderative oder/und zentralistische Elemente?

3. Historischer Kontext
- In welchen geschichtlichen Zusammenhang lässt sich die Verfassung einordnen?

4. Urteil
- Beurteilen Sie die Übersichtlichkeit und den Aussagegehalt des Schaubildes.
- Worüber gibt das Schaubild keine Auskunft?
- Welche Gesamtaussage lässt sich hinsichtlich der Leitfrage formulieren?

Übungsbeispiel

M1 Die französische Verfassung von 1791

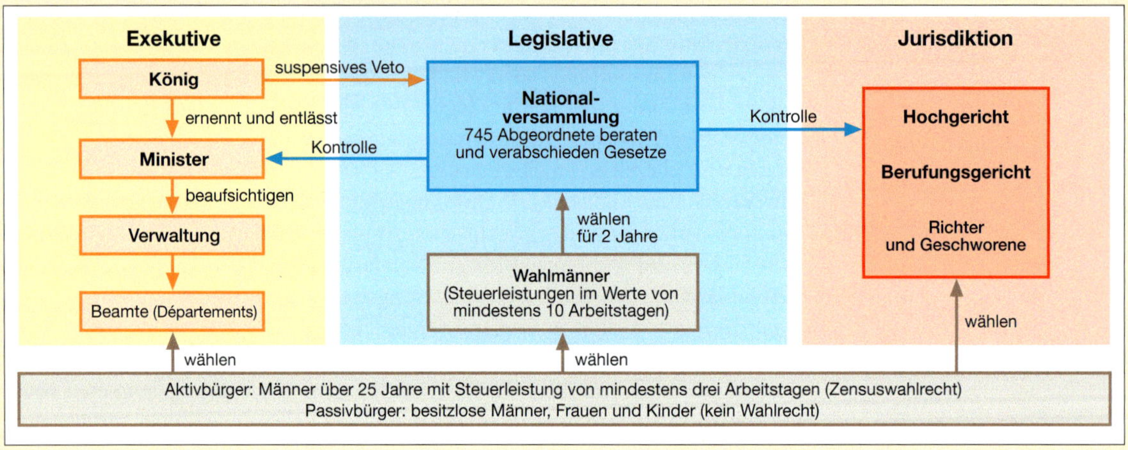

1 ■ Interpretieren Sie das Schaubild mithilfe der Arbeitsschritte von S. 127.

Lösungshinweise

1. Leitfrage

Mögliche Untersuchungsfrage: Wer besaß im revolutionären Frankreich im Jahre 1791 die Macht?

2. Analyse

Formale Aspekte

Staat: Frankreich während der Revolution im Jahre 1791
Verabschiedung: 3. September 1791
Inkraftsetzung: 1. Oktober 1791
Gültigkeitsdauer: Die Verfassung trat mit der aus seiner Stellung befreiten königlichen Gewalt am 10. August 1792 faktisch außer Kraft; der Nationalkonvent, der nach diesem Zeitpunkt gewählt wurde, erklärte Frankreich am 21. September 1792 zur Republik und gab Frankreich am 24. Juni 1793 eine republikanische Verfassung.

Inhaltliche Aspekte

Verfassungsorgane: König, Minister, Verwaltung, Beamte der Départements (Exekutive), Nationalversammlung (Legislative), Hochgericht, Berufungsgericht, Richter und Geschworene (Judikative), Wahlmänner, Aktivbürger, Passivbürger
Zusammensetzung und Aufgaben bzw. Befugnisse der Institutionen:
- König: suspensives Veto gegenüber der Nationalversammlung, ernennt und entlässt die Minister
- Minister: beaufsichtigen die Verwaltung
- Verwaltung: verwaltet das Land nach den Vorschriften der Minister
- Beamte: verwalten das Land in den Départements
- Nationalversammlung: 745 Abgeordnete; Aufgaben: sie berät und verabschiedet Gesetze
- Wahlmänner: wählen für zwei Jahre die Nationalversammlung
- Hochgericht, Berufungsgericht, Richter, Geschworene: Jurisdiktion
- Aktivbürger: wählen die Beamten der Départements, die Wahlmänner und die Mitglieder der Jurisdiktion
- Passivbürger: besitzen kein Wahlrecht

Machtverteilung und -kontrolle sowie Umsetzung der Gewaltenteilung:
- Der König: Frankreich entwickelt sich zu einer konstitutionellen Monarchie, was zur Beschneidung seiner Rechte führt. Der König ist nicht demokratisch legitimiert und muss sich an die Verfassung halten. Die Gesetzgebung liegt bei der Nationalversammlung. Es gibt eine unabhängige Justiz.
- Die Minister: Sie führen die Regierungsgeschäfte. Sie sind vom König abhängig, der sie ernennt und entlässt.
- Die Nationalversammlung: Sie wird entscheidend gestärkt und erhebt sich zur zentralen Regierungsgewalt, da sie die Gesetze berät und beschließt sowie die Minister kontrolliert.
- Die Judikative: Durch die Trennung von der Verwaltung wird eine unabhängige Justiz geschaffen. Richter (ebenso wie Beamte) werden von den Aktivbürgern gewählt. Es gibt also eine Gewaltenteilung.

Rechte des Volkes
- Wahlberechtigung: Das Wahlrecht ist kein direktes und allgemeines, sondern ein indirektes Zensuswahlrecht, gebunden an die Steuerleistung. „Aktivbürger" können nur volljährige Männer sein, die jährlich eine Steuersumme in Höhe von drei Tageslöhnen zahlen können, Wahlmänner nur diejenigen, die das Fünffache aufbringen.

Struktur des Staates

Staatsform: konstitutionelle Monarchie
Staatsaufbau: zentralistischer Aufbau des Staates; Exekutive, Legislative und Judikative regeln alle Angelegenheiten des Landes.

3. Historischer Kontext

Epoche: Französische Revolution (1789–1799)
Ereignis: Die Verfassung von 1791 ist die erste Verfassung der Französischen Revolution und das Ergebnis einer mehrheitlich bürgerlich zusammengesetzten Nationalversammlung.

4. Urteil

Übersichtlichkeit und Aussagegehalt: Das Schaubild ist übersichtlich und vermittelt klare Aussagen. Hervorzuheben ist dabei besonders die farbliche Absetzung unterschiedlicher Bereiche und die Konzentration auf wesentliche Elemente der Verfassung.
Gesamtaussage im Hinblick auf die Leitfrage:
Frankreich ist 1791 eine konstitutionelle Monarchie. Der König steht zwar an der Spitze von Staat und Regierung, er herrscht jedoch nicht mehr absolut. Die Exekutive ist in der Ausübung der Regierungsgewalt an eine Verfassung gebunden: Die Gesetzgebung liegt bei der Nationalversammlung (Legislative), außerdem gibt es eine unabhängige Justiz (Judikative). Allerdings schränkt das Zensuswahlrecht die Mitbestimmungsmöglichkeiten der Bevölkerung ein: Das Recht auf politische Mitsprache besitzen mit den „Aktivbürgern" lediglich wohlhabende Männer, die „Passivbürger" haben kein Wahlrecht.

3.2 „Freiheit, Gleichheit, Brüderlichkeit" – Leitlinien, Widersprüche und Grenzen der Revolution

Revolutionsparole „Freiheit, Gleichheit, Brüderlichkeit"

Die wichtigsten Begriffe der Französischen Revolution waren „Freiheit, Gleichheit, Brüderlichkeit". Die Revolutionäre wollten mit dieser Parole nicht eine bestimmte Gesellschaftsschicht, nämlich ihre eigene, befreien. Vielmehr waren die drei politischen Schlagworte für sie universelle Werte, mit denen das alte politische und gesellschaftliche System bekämpft werden konnte. Der monarchische Absolutismus sollte ebenso wie die feudal-ständische Gesellschaftsordnung beseitigt und eine grundlegende Veränderung der politisch-sozialen Verhältnisse eingeleitet werden. Das Programm dafür lieferte die Aufklärung, deren Ideen nun in einfache Formeln wie „Freiheit", „Gleichheit" oder „Tugend" und „Glück" sowie „Freiheit, Gleichheit, Brüderlichkeit" übersetzt wurden. Nicht vergessen werden darf, dass die vorausgegangene Amerikanische Revolution eine grundsätzliche Alternative zur feudal-ständischen Gesellschaft und zur absoluten Monarchie denkbar und erfahrbar gemacht hatte. Welche politische Bedeutung besaßen die drei Worte der Revolutionsparole? Wie setzten die Revolutionäre in Frankreich diese Werte in der Praxis um? Welche Folgen hatte die Verwirklichung der Forderung nach „Freiheit, Gleichheit, Brüderlichkeit"?

Leitfragen:
Wie wurden die Parole „Freiheit, Gleichheit, Brüderlichkeit" und die Menschenrechte in der Französischen Revolution umgesetzt?
Welche Bedeutung besaß die Französische Revolution für die Entwicklung der Freiheitsparole und der Menschenrechte?

M 1 ***„La liberté guidant le peuple"*** **(Die Freiheit führt das Volk an), Gemälde von Eugène Ferdinand Victor Delacroix, 1830**

1 ■ Analysieren Sie das Gemälde.

M2 Erklärung der Menschen- und Bürgerrechte, Schmuckdarstellung um 1789

Die Erklärung der Menschen- und Bürgerrechte

Am 26. August 1789 wurde in der Nationalversammlung die **Erklärung der Menschen- und Bürgerrechte*** (M 5) verlesen. Sie bildete die Grundlage der neuen Ordnung in Frankreich und sollte der neuen Verfassung vorangestellt werden. Die Menschen- und Bürgerrechte waren ein wichtiges Mittel, um die alte Ständeordnung zu beseitigen und die bürgerliche Gesellschaft auf eine unangreifbare Gesetzesgrundlage zu stellen. Um den gesellschaftlichen Neubeginn zu dokumentieren, konnte sich die Nationalversammlung nicht auf die Geschichte bzw. auf das alte Recht berufen, mit dem der Adel bisher seine Privilegien begründet hatte. Das rechtliche Fundament für die neue Sozialordnung bildete dagegen ein rational verstandenes **Naturrecht.** Nach diesem Rechtsverständnis besaßen die Menschen natürliche, d. h. ihnen angeborene und damit unveräußerliche Rechte. Weil diese Rechte den Menschen von Natur aus gegeben waren und ihnen nicht von Staat und Gesellschaft verliehen wurden, standen sie grundsätzlich allen Menschen zu, unabhängig von Hautfarbe oder Geschlecht, von Beruf, Stand oder Konfession.

Die Erklärung der Menschen- und Bürgerrechte war ein **Meilenstein auf dem Weg zur modernen bürgerlichen Gesellschaft.** Der Absolutismus und die alte Ständeordnung wurden beseitigt, der König blieb nicht länger Eigentümer des Staates. Als Ursprung der staatlichen Souveränität galt nun die Nation; die Gesetze sollten den **allgemeinen Willen** (*volonté générale*) zum Ausdruck bringen. Mit der Einführung der **Gewaltenteilung** wollte die Nationalversammlung jede Rückkehr zur absoluten Monarchie verhindern. Auch die adlige Privilegiengesellschaft gehörte der Vergangenheit an, die adligen Sonderrechte wurden beseitigt. Die Menschenrechtserklärung garantierte die zivile **Gleichberechtigung** der Bürger, Steuergleichheit, die Meinungs-, Presse- und Glaubensfreiheit sowie das Privateigentum. Sie bestätigte den Zugang für alle zu den staatlichen Ämtern und schützte die Bürger vor Willkürjustiz und geheimen Haftbefehlen.

Einschränkungen der politischen Gleichberechtigung

Bei der Verwirklichung der Menschen- und Bürgerrechte klafften in einigen Bereichen Anspruch und Wirklichkeit auseinander. Das zeigte sich an den Verfassungsberatungen. Ihr schwierigstes Problem bestand darin, die politische Rolle des Königs neu zu definieren und die Gewaltenteilung mit dem Prinzip der **Volkssouveränität** zu verbinden. Die **Verfassung von 1791** (s. Methodenseite, S. 128 f.) sprach die gesetzgebende Gewalt einer einzigen Kammer zu, der Nationalversammlung als Vertreterin des souveränen Volkes. Der **König** war nun zu einem **Organ der Verfassung** geworden, die seine Regierungsfähigkeit stark einschränkte. Die Nationalversammlung wurde nach einem **indirekten Zensuswahlrecht*** gewählt, die Forderung nach politischer Gleichheit damit nicht in die Praxis umgesetzt. Nur „Aktivbürger“, die einen bestimmten Betrag an direkten Steuern zahlten, durften die Wahl-

Zensuswahlrecht
ungleiches Wahlrecht, bei dem das Wahlrecht bzw. die Gewichtung der Stimmen vom Besitz oder der Steuerleistung abhängt

männer wählen, die wiederum mehr Steuern aufzubringen hatten. Die Abgeordneten schließlich mussten etwa das Fünffache der Steuerleistung der Wahlmänner aufweisen. Frauen und männliche „Passivbürger" (ca. 40 % aller erwachsenen Männer) waren damit weiterhin von den politischen Entscheidungsprozessen ausgeschlossen. Indem ein gesichertes materielles Einkommen und eine angemessene Erziehung als Voraussetzungen für das Recht auf politische Teilhabe galten, blieb der großen Mehrheit der französischen Bevölkerung die aktive wie passive Beteiligung an den Wahlen vorenthalten. Die Verfassung von 1791 machte Frankreich zwar zu einer **konstitutionellen Monarchie**, sie zog aber nicht wirklich die politischen Konsequenzen aus der Menschenrechtserklärung. Mit der Verfassung hatten sich die Interessen der gemäßigten bürgerlichen Oberschichten sowohl gegenüber den Monarchisten als auch gegenüber den radikaleren demokratischen Strömungen durchgesetzt. Die Mehrheit der Abgeordneten verband mit der Verfassung die Hoffnung, die Revolution beenden zu können. Für die demokratische Opposition in der Verfassunggebenden Versammlung dagegen war der Verfassungskompromiss keineswegs befriedigend. Ihre heftige Kritik entzündete sich vor allem an der Erblichkeit der Monarchie, der fortgesetzten Existenz des Hofes und am Zensuswahlrecht.

Der Nationalkonvent, d. h. das Parlament, das aus freien Wahlen nach dem Sturz des Königs am 10. August 1792 hervorgegangen war, hatte im September 1792 eine neue, republikanische Verfassung in Auftrag gegeben. Sie wurde am 24. Juni 1793 verabschiedet, aber nicht in Kraft gesetzt. Diese **Verfassung von 1793** (M 12) gilt als demokratischste Verfassung, die das revolutionäre Frankreich zwischen 1789 und 1799 hervorbrachte. Grundlage war die Erklärung der Menschen- und Bürgerrechte vom 26. August 1789. In der Verfassung waren sowohl das Recht auf Eigentum als auch das Widerstandsrecht gegen eine tyrannische Herrschaft verankert. Zum ersten Mal in der französischen Geschichte schrieb die Verfassung ein allgemeines und gleiches Wahlrecht vor, das allerdings nur Männer über 21 Jahre betraf. Die Verfassung trat deshalb nicht in Kraft, weil radikale Jakobiner („*Les Montagnards*") die Situation in und an den Grenzen Frankreichs für zu unsicher hielten, um freiheitlich-demokratische Gesetze zu verwirklichen. In ihren Augen könnten die Konterrevolutionäre die Freiheitsrechte gegen Frankreich missbrauchen. Erst wenn alle Gegner der Revolution vertrieben, verurteilt und/oder hingerichtet seien, dürfe die Verfassung in Kraft gesetzt werden.

Erfolge und Misserfolge der Frauen

Frauen spielten in den politisch-gesellschaftlichen Auseinandersetzungen der Französischen Revolution eine wichtige Rolle. Einigen Forschern gilt die Revolution daher als Geburtsstunde der modernen **Frauenbewegung**. Frauen, die sich am revolutionären Geschehen beteiligten, waren wie die Männer vom Wunsch nach Freiheit und Gleichheit bestimmt. So spielten Frauen oft eine entscheidende Rolle bei den Erhebungen mit ökonomischer Motivation. Während der sogenannten **Brotunruhen** beteiligten sich vor allem Frauen aus den ärmeren Bevölkerungsschichten an Ladenplünderungen und Marktkrawallen. Legendär geworden ist der erfolgreiche **Marsch der Frauen der Pariser Märkte nach Versailles** am 5. und 6. Oktober 1789 (M 11). Die Frauen drangen in die Nationalversammlung ein und schickten eine Abordnung zum König. Der Monarch gab dem Druck der Frauen nach, ließ Brot nach Paris schaffen und unterzeichnete endlich auch die Menschenrechtserklärung.

Mit ihrer Sorge um das materielle Leben allein lässt sich jedoch das aktive politische Engagement von Frauen nicht erklären. Sie organisierten sich in politischen Klubs und Gesellschaften, hielten öffentliche Reden, besuchten politische Versammlungen und publizierten Broschüren und Druckschriften. Neben den etwa 60 revolutionären **Frauenklubs,** die sich zwischen 1789 und 1793 im ganzen Land bildeten, existierten auch gemischte Vereinigungen wie die „Brüderliche Gesellschaft beider Geschlechter". Der Zugang zu den weitaus meisten politischen Klubs blieb allerdings nur Männern vorbehalten.

Ein besonderes Charakteristikum der Position von Frauen während der Französischen Revolution war die enorme Bedeutung, die ihnen in der revolutionären wie der gegenrevolutionären **Bildpropaganda** zukam. Frauenbilder wurden als Symbole für die höchsten Werte der Revolution genutzt: für Freiheit, Nation, Verfassung, Republik, Natur. Die symbolische Verweiblichung der Nation und ihrer neuen Grundwerte stand vermutlich im Zusammenhang mit der Entmachtung und späteren Enthauptung des Königs, dessen Person und Bild zuvor als Symbole für die Nation gedient hatten. Mit der Zurückdrängung der Frauen aus der aktiven politischen Teilhabe 1793 ging auch ihre Präsenz in der revolutionären **Ikonografie*** allmählich zurück. Im April 1793 wurden Frauen vom Waffendienst ausgeschlossen und die relativ zahlreichen Frauen, die sich zu den Revolutionstruppen gemeldet hatten, entlassen. Im Frühjahr 1794 folgte das Verbot der politischen Frauenklubs (M 6).

Ikonografie
Bezeichnung für einen Zweig der Kunstgeschichte, der sich mit der Erforschung und Deutung der Bildgegenstände zunächst der alten und mittelalterlichen christlichen Kunst und heute auch mit profanen, weltlichen Gegenständen befasst

M 3 Olympe de Gouges (1748–1793), zeitgenössisches Porträt

Olympe de Gouges, eigentlich Marie Gouze, war eine Revolutionärin, Frauenrechtlerin, Schriftstellerin und Autorin von Theaterstücken. 1792 verfasst sie eine Frauenrechtserklärung, die sie schlagartig berühmt macht, aber unter den Zeitgenossen nur wenig Anklang findet. 1793 wird sie als „Konterrevolutionärin" angeklagt und guillotiniert.

Um Freiheit und Gleichheit zu erreichen, mussten Frauen – gleich welchen Standes – gegen die Herrschaft der Männer aufbegehren. Bereits bei der Einberufung der Generalstände beanspruchten sie in Beschwerdebriefen **rechtliche Gleichstellung, bessere Bildungschancen, eine Reform der Ehegesetzgebung und politische Mitbestimmung.** Doch die meisten Männer, selbst die aus den radikalen politischen Lagern, begegneten den frauenrechtlichen Forderungen mit Widerstand, den sie mit traditionellen Natur- und Weltbildern zu rechtfertigen suchten. Und auch die politisch aktiven Frauen selbst hegten unterschiedliche Vorstellungen von der Gleichheit der Geschlechter. Manche der frühen „Feministinnen" sahen ihre Aufgabe beim Aufbau einer neuen Gesellschaft in der Sorge für Haus und Familie oder in karitativem Engagement. Andere Frauen verfolgten radikalere Ziele und forderten gleiche politische Rechte, eine offizielle Genehmigung ihrer Bewaffnung oder die Gleichheit der Kleidung. Die in der historischen Forschung erst in den letzten Jahrzehnten wiederentdeckte **Olympe de Gouges*** (M 3, M 7) formulierte 1791 den Grundsatz: „Die Frau wird frei geboren und bleibt dem Mann ebenbürtig in allen Rechten".

Hatte die Erklärung der Menschen- und Bürgerrechte vom 26. August 1789 allen Menschen Freiheit und rechtliche Gleichheit garantiert, so machte die bürgerliche Befreiung durch die Französische Revolution vor den Frauen noch Halt. Einige bleibende rechtliche Verbesserungen für Frauen brachte die Revolution durch die Reform des Eherechts mit der Einführung der Zivilehe, mit der Festsetzung des Heiratsalters auf 21 Jahre für beide Geschlechter sowie mit dem Recht auf Ehescheidung. Die 1793 auch Frauen zugestandene Verfügungsgewalt über das Familieneigentum wurde ihnen allerdings 1804 im *Code civil* wieder genommen. Im Bereich der Bildung führte das 1793 erlassene „Gesetz über den öffentlichen Unterricht" auch für Mädchen den obligatorischen Besuch von Primarschulen ein. Die Forderungen nach rechtlicher Gleichstellung, vor allem nach gleicher politischer Partizipation, wurden jedoch abgewehrt.

Revolution und Sklavenbefreiung

Schwierig gestaltete sich die rechtliche Gleichstellung der farbigen Bevölkerung in den **Kolonien***, die Frankreich seit dem 17. und der ersten Hälfte des 18. Jahrhunderts erworben hatte. Zwar stellte man in den zum Teil recht heftigen Debatten der Französischen Revolution den Besitz von Kolonien selten grundsätzlich infrage, aber zum Fortbestand oder zur Abschaffung der **Sklaverei*** in den Kolonien und damit über die Frage nach der Allgemeingültigkeit grundlegender Menschenrechte gab es Meinungsverschiedenheiten. Klubs wie die 1788 gegründete „Gesellschaft der Freunde der Schwarzen" (*Société des amis des noirs*) strebten die Abschaffung der Sklaverei an (M 8). Ihre Gegenspieler wie der Klub Massiac vertraten die in Frankreich lebenden Plantagenbesitzer der Kolonie **Saint-Domingue** und wollten die Sklaverei aufrechterhalten. Diese Kolonie behielten die Franzosen, als sie einige ihrer Besitzungen nach dem Siebenjährigen Krieg (1756–1763) im Frieden von Paris nach 1763 abtreten mussten. Saint-Domingue, die westliche Hälfte der Insel Hispaniola, war eine der reichsten Kolonien der Welt. Hier produzierten vor allem schwarze, aus West- und Zentralafrika stammende Sklaven – das waren allein in Saint-Domingue im Jahr 1788 etwa 466 000 Menschen – ca. 40 % des weltweit gewonnenen Zuckers und 50 % des Kaffees. Französische Plantagenbesitzer vertrieben diese Waren in Europa oder auf dem nordamerikanischen Festland. Ab 1769 forderten dort freigelassene Sklaven ihre Rechtsgleichheit mit freien Weißen. Dabei ließen sie sich von den Schriften französischer Aufklärer leiten und wurden aus Paris unterstützt von der „Gesellschaft der Freunde der Schwarzen".

Obwohl 1789 in den französischen Kolonien keine Wahlen zu den Generalständen durchgeführt wurden, wählten die Pflanzereliten Repräsentanten und schickten diese nach Versailles. Diese Vertreter sollten sich nicht nur für die Liberalisierung des Handels zwischen Saint-Domingue und den USA einsetzen, sondern auch verhindern, dass der „Funke der Freiheit" auf die Kolonien übersprang und die nicht-weiße Bevölkerung, allen voran die Sklaven, erfasste. Denn die Mehrheit der schwarzen Bevölkerung stufte die Erklärung der **Menschen- und Bürgerrechte** als **Legitimation für die Befreiung vom „Joch der Sklaverei"** ein. 1790 kam es zu bewaffneten Auseinandersetzungen zwischen unterschiedlichen Gruppen europäischstämmiger Siedler, von denen die einen die nicht-weiße Bevölkerung von jeglichen Rechten ausschloss, während die anderen das ablehnten. Nachdem bereits 1790 in den französischen Kolonien Martinique und Guadeloupe Sklavenaufstände ausgebrochen waren, kam es 1791 in Saint-Domingue zu schweren **Sklavenrevolten.** Im Sommer 1793 setzten französische Zivilkommissare die Abschaffung der Sklaverei in Saint-Domingue durch. Zwar sollten die ehemaligen Sklaven weiterhin auf den Plantagen arbeiten, aber sie durften nicht mehr ausgepeitscht oder gebrandmarkt werden. Ferner war jede andere Form der Züchtigung verboten. Und die Plantagenarbeiter sollten entlohnt werden, ihre eigenen Vorarbeiter wählen dürfen sowie einige Mitbestimmungsrechte erhalten. Am 4. Februar 1794 setzte der Nationalkonvent in Paris die **Abschaffung der Sklaverei in allen französischen Kolonien** durch: „Der Nationalkonvent erklärt", hieß es in dem Dekret, „die Sklaverei der Neger in allen Kolonien für abgeschafft. Demzufolge dekretiert er, dass alle Menschen ohne Unterschied der Hautfarbe, die in den Kolonien ihren Wohnsitz haben, französische Bürger sind und sämtlich durch die Verfassung garantierte Rechte genießen."

Die Abschaffung der Sklaverei beendete jedoch nicht die Sklavenaufstände in Saint-Domingue. Toussaint Louverture, ein 1743 auf einer Zuckerplantage geborener und 1773 befreiter Sklave, setzte sich an die Spitze der Unabhängigkeitsbewegung in Saint-Domingue. Dabei paktierte er teilweise mit den Briten, teilweise mit den Franzosen. Toussaint Louverture brachte schon bald die ganze Insel in

Kolonie, Kolonialismus
Unter Kolonialismus verstehen Historiker die Errichtung von Handelsstützpunkten und Siedlungskolonien in militärisch und politisch schwächeren Ländern (vor allem Asiens, Afrikas, Amerikas) sowie deren Inbesitznahme durch überlegene Staaten (besonders Europas) seit dem 16. Jahrhundert. Die Kolonialstaaten verfolgen vor allem wirtschaftliche und machtpolitische Ziele. Die auswärtigen Besitzungen eines Kolonialstaates werden als Kolonien bezeichnet. Sie liegen in der Regel in Übersee.

Sklaverei, Sklave
Rechtliche und wirtschaftliche Abhängigkeit eines Menschen als Eigentum eines anderen. Sklaverei gibt es seit der Antike. Im Mittelalter bilden sich mit Hörigkeit und Leibeigenschaft verdeckte Formen von Sklaverei aus. Mit der Entdeckung Amerikas und dem Kolonialismus begannen die Versklavung der Eingeborenen durch die Europäer und ein ausgedehnter Sklavenhandel mit Menschen aus Afrika. Die Abschaffung der Sklaverei wurzelt in der Aufklärung, die tatsächliche Beendigung begann Ende des 18. Jahrhunderts und zog sich bis ins 20. Jahrhundert hin.
In entlegenen Gebieten existiert Sklaverei noch heute (Kinderhandel, Zwangsprostitution). Sklaven zeichnen sich durch persönliche Unfreiheit aus, weil andere Menschen an der Person des abhängigen Sklaven ein Besitzrecht haben. Das Unterordnungsverhältnis, in dem Sklaven von ihren Herren zur Erbringung von Arbeitsleistungen gezwungen werden, ist meist rechtlich geregelt.

seinen Besitz und verkündete eine Verfassung, die alle Bürger gleichstellte (M 9). Außerdem begann man, ehemaligen Sklaven Land zuzuteilen. Auf Befehl Napoleon Bonapartes landete 1802 eine Armee von 20 000 Mann auf der Insel. Ihr Oberbefehlshaber nahm Toussaint Louverture gefangen und deportierte ihn nach Frankreich, wo er 1803 starb. Bereits am 10. Mai 1802 hatte **Napoleon** die **Sklaverei wieder eingeführt,** was die Plantagenbesitzer in Saint-Domingue begrüßten. Doch der Plan, die Kolonialherrschaft wieder zu errichten, misslang. Auf der Insel kam es erneut zu einer Sklavenrevolte. 1804 wurde die unabhängige Republik Haiti ausgerufen und sämtliche Weiße vertrieben bzw. massakriert. Die unabhängige Republik Haiti symbolisierte die Umsetzung der von der Französischen Revolution verkündeten Ideale von „Freiheit, Gleichheit, Brüderlichkeit". Dieser Staat war allerdings keine französische Schwesterrepublik oder ein französischer Satellitenstaat, sondern ein von Frankreich und allen anderen Kolonialmächten unabhängiger, von ehemaligen Sklaven geführter Staat, eine unabhängig gewordene Kolonie und Republik von Schwarzen und Mulatten, die allerdings schon bald autoritär regiert wurde. Für die Anerkennung seiner Unabhängigkeit bezahlte Haiti Frankreich riesige Summen Geld, wodurch Haiti mit in die Armut getrieben wurde. Endgültig abgeschafft wurde die Sklaverei in Frankreich erst während der Revolution 1848. Die Forderung nach „Freiheit, Gleichheit, Brüderlichkeit" wurde damit auch für die Sklaven verwirklicht.

Emanzipation, Judenemanzipation
Der dem römischen Recht entstammende Begriff (lat. *emancipatio*) bezeichnete die förmliche Entlassung des Sohnes aus der väterlichen Gewalt bzw. die Freilassung von Sklaven. Heute bedeutet Emanzipation allgemein die Befreiung mündiger, selbstbestimmter Individuen oder sozialer Gruppen aus rechtlicher, sozialer oder politischer Abhängigkeit. Auf Juden wurde der Begriff erstmals in den 1820er-Jahren angewendet und konnte „sowohl einen einmaligen Akt der rechtlichen Gleichstellung als auch einen Prozess im Sinne der Rechtserweiterung und der allmählichen Realisierung von Freiheit bezeichnen" (Reinhard Rürup).

Webcode:
KB645961-134

Judenemanzipation

Revolutionen markieren in der Geschichte der europäischen Juden wichtige Zäsuren, die häufig Emanzipation, oft aber auch antijüdische Ausschreitungen zur Folge hatten. Die jüdische Minderheit führte in der alten französischen Ständegesellschaft eine rechtliche und religiös-kulturelle Eigenexistenz. Die Nationalversammlung konnte sich während der Revolution nur schwer von antijüdischen Vorurteilen freimachen und zögerte anfangs, den Juden die volle rechtliche Gleichberechtigung zu verleihen. Erst am 27. September 1791 gelang es, die bürgerliche Gleichberechtigung der Juden durchzusetzen. Der liberal-revolutionäre Weg Frankreichs, das sich auf einen einzigen Emanzipationsakt beschränkte, garantierte allen französischen Juden die sofortige und uneingeschränkte Gleichstellung. Erstmals erhielten damit die Juden ihre **volle Emanzipation* in einem christlichen Staat** (M 10). Obwohl im Februar 1848 bereits zwei jüdische Politiker Ministerämter in der neunköpfigen provisorischen Regierung in Paris einnahmen, zogen sich die Verwirklichung des Emanzipationsediktes in der Praxis und der Abbau der **antijüdischen Vorurteile** allerdings noch lange hin. Die soziale Integration der Juden überließen die Franzosen dem freien Spiel der gesellschaftlichen Kräfte. Sowohl zu Beginn der Revolution von 1789 als auch 1848 im Elsass und in Lothringen kam es zu Angriffen auf Eigentum und Leben jüdischer Bewohner.

1 ■ Erörtern Sie, ob und inwieweit die Französische Revolution ihre Ideale „Freiheit, Gleichheit, Brüderlichkeit" und die Menschen- und Bürgerrechte verwirklicht hat: Erarbeiten Sie Ihr Urteil am Beispiel der Verfassung von 1791, der Situation der Frauen, der Sklaven und der Juden.

2 ■ **Geschichte produktiv:** Fassen Sie Ihre Ergebnisse über die Revolutionsparole und die Menschen- und Bürgerrechte thesenförmig zusammen.

M 4 Der Literaturwissenschaftler Jost Hermand über die Bedeutung der Begriffe „Freiheit", „Gleichheit" und „Brüderlichkeit", 1989

Ja, schon im Jahr 1790 wurden diese drei Begriffe in dem bald allgemein gebrauchten Slogan *„Liberté – Égalité – Fraternité"* zusammengefasst, der bis heute als die wichtigste Symbolformel der Französischen Revolution im allgemeinen Bewusstsein weiterwirkt.

Allerdings zeigte sich bald, um mit der Idee der *Liberté* zu beginnen, dass dies eine Freiheit war, von der vor allem die betuchte Bourgeoisie zu profitieren hoffte. Ob man sich die „Erklärung der Menschen- und Bürgerrechte" vom 26. August 1789, die Verfassung vom 3. September 1791 oder die Verfassung vom 24. Juni 1793 betrachtet: Fast alle solche Dekrete und Manifeste beginnen zwar mit dem Jubel über die endlich errungene Freiheit aller französischen Staatsbürger, definieren jedoch diese Freiheit in den Ausführungsbestimmungen weitgehend als eine Freiheit der Mobilität, eine Freiheit von Zensur, eine politische Versammlungsfreiheit, eine Freiheit, Bittschriften einzureichen, eine Freiheit, Bücher zu publizieren usw., also eine Freiheit, die weniger den unteren Klassen als dem gehobenen Mittelstand zugute kam und daher auch als Erweiterung der bereits bestehenden Privilegienfreiheit verstanden werden konnte. Zugegeben, in solchen Erklärungen oder Dekreten des Nationalkonvents wurden auch bisher unterdrückten Minderheiten, wie den Juden und den Sklaven in den französischen Kolonien, Freiheiten zugesichert, von denen viele bisher nicht einmal zu träumen gewagt hatten, aber großen Teilen der unteren Klassen wie auch dem „schöneren Geschlecht", wie es im 18. Jahrhundert noch hieß, jene Freiheiten, die eigentlich allen Menschen gelten sollten, nämlich sich bürgerlich zu bereichern, weiter vorenthalten.

Dasselbe gilt für die vor und während der ersten Jahre der Französischen Revolution allerorten geforderte Gleichheit. Sie taucht zwar in den verschiedenen Verfassungen zwischen 1791 und 1793 ständig als eine der Grundforderungen aller Menschen auf, wird aber, wenn überhaupt definiert, meist nur juristisch, das heißt als Gleichheit vor dem Gesetz verstanden – und selbst dann noch auf bestimmte Situationen und Fälle, meist strafrechtlicher Natur, eingeschränkt. Jedenfalls ist von sozialer Gleichheit [...] in diesen Dokumenten selten oder nie die Rede. [...] An die Stelle solcher Gleichheitsforderungen traten in den verschiedenen Erklärungen des Nationalkonvents, in dem das gehobene Bürgertum die absolute Mehrheit besaß, neben recht allgemein gehaltenen Forderungen nach Freiheit und Gleichheit fast immer Bekenntnisse zu „Sicherheit und Eigentum". Nachdem die bürgerliche Klasse erst einmal die Kirchengüter eingezogen und gewisse adlige Besitztümer nationalisiert hatte, wollte sie an den Eigentumsverhältnissen nichts mehr geändert wissen und trat höchst entschieden für die „Unverletzlichkeit des Eigentums" zu ihren Gunsten ein. [...]

Was deshalb in den Verfassungen und offiziellen Dekreten der frühen Neunzigerjahre dominierte, waren meist Werte wie „Freiheit, Gleichheit, Sicherheit, Eigentum", in denen man die vier Hauptforderungen der bürgerlichen Klasse zusammenfasste. Trotz der anfangs ebenso häufig gebrauchten Formel *„Liberté – Égalité – Fraternité"* wurde also die Brüderlichkeit zu einer immer seltener werdenden Feiertagsfloskel. So hieß es schon in der Verfassung von 1791, dass die „Brüderlichkeit unter den Bürgern" jene Stimmung sei, die vor allem bei den Nationalfesten zum Ausdruck komme. Ansonsten war von Brüderlichkeit meist nur dann die Rede, wenn man auch anderen Völkern, die sich vom Joch des Feudalismus befreien wollten, mit hochtönenden Worten die „Unterstützung und Brüderlichkeit" der französischen Nation zusicherte. Von jener Brüderlichkeit, die alle Menschen umfasst, das heißt einer Bereitschaft, sich freiwillig, ohne Zwang, aus reiner Menschenliebe in den Dienst des Gesamtwohls zu stellen, also einer revolutionären Teilhabe, die sich aus einem Mitwirken aller ergibt, ist dagegen in den offiziellen Verlautbarungen der Französischen Revolution selten die Rede. Solche Forderungen finden sich nach 1791/92 bloß noch bei den wahrhaft radikalen Gleichheitsvertretern, die auf eine Durchsetzung eines sozialen Gemeinwillens drängen, die jedoch im Verlauf der nächsten Jahre von den Vertretern der Besitzbourgeoisie immer stärker in den Hintergrund gedrängt oder gar liquidiert wurden.

Jost Hermand, Liberté – Égalité – Fraternité. Die Postulate einer unvollendeten Revolution, in: Freiheit – Gleichheit – Brüderlichkeit. 200 Jahre Französische Revolution in Deutschland, hg. v. Gerhard Bott, Germanisches Nationalmuseum, Nürnberg 1989, S. 32 f.

1 ■ Analysieren Sie mithilfe von M 4 die Bedeutung der Begriffe „Freiheit", „Gleichheit" und „Brüderlichkeit" während der Französischen Revolution.

2 ■ Erörtern Sie am Beispiel der Begriffe „Freiheit", „Gleichheit" und „Brüderlichkeit" die Werte der Französischen Revolution und wer bzw. welche sozialen Gruppen diese Werte prägten.

3 ■ **Zusatzaufgabe:** „Und so siegte", schreibt Jost Hermand, „die Französische Revolution zwar als eine Revolution der Bourgeoisie, aber scheiterte als eine Revolution der ebenfalls nach politischer Freiheit und Gleichheit drängenden unteren Bevölkerungsschichten. Sie führte weder zu Gleichheit noch zu Brüderlichkeit, ja nicht einmal zu absoluter Freiheit, sondern vornehmlich zu größerer Freiheit der wirtschaftlich Stärkeren und blieb somit eine zwar mit noblen Intentionen begonnene, aber in der politischen Praxis korrumpierte oder steckengebliebene Revolution." Diskutieren Sie diese These. Formulieren Sie ggf. eine Gegenthese.

M5 Erklärung der Menschen- und Bürgerrechte vom 26. August 1789

Art. 1. Frei und gleich an Rechten werden die Menschen geboren und bleiben es. Die sozialen Unterschiede können sich nur auf das gemeine Wohl gründen.

Art. 2. Der Zweck jedes politischen Zusammenschlusses ist die Bewahrung der natürlichen und unverlierbaren Menschenrechte. Diese Rechte sind Freiheit, Eigentum, Sicherheit und Widerstand gegen Bedrückung.

Art. 3. Jegliche Souveränität liegt im Prinzip und ihrem Wesen nach in der Nation; keine Körperschaft und kein Einzelner kann eine Autorität ausüben, die sich nicht ausdrücklich von ihr herleitet.

Art. 4. Die Freiheit besteht darin, alles tun zu können, was anderen nicht schadet. Also hat die Ausübung der natürlichen Rechte bei jedem Menschen keine anderen Grenzen als die, den anderen Mitgliedern der Gesellschaft den Genuss der gleichen Rechte zu sichern. Diese Grenzen können nur durch das Gesetz bestimmt werden.

Art. 5. Das Gesetz hat nur das Recht, Handlungen zu verbieten, die der Gesellschaft schädlich sind. Was nicht durch das Gesetz verboten ist, darf nicht verhindert werden, und niemand kann gezwungen werden, etwas zu tun, was das Gesetz nicht befiehlt.

Art. 6. Das Gesetz ist der Ausdruck des Gemeinwillens. Alle Bürger haben das Recht, persönlich oder durch ihre Vertreter an seiner Schaffung mitzuwirken. [...] Alle Bürger sind vor seinen Augen gleich. Sie sind in der gleichen Weise zu allen Würden, Stellungen und öffentlichen Ämtern zugelassen, je nach ihrer Fähigkeit und ohne andere Unterschiede als ihre Tüchtigkeit und Begabung.

Art. 7. Niemand kann angeklagt, verhaftet oder gefangen gehalten werden in anderen als den vom Gesetz festgelegten Fällen und in den Formen, die es vorschreibt [...], aber jeder Bürger, der durch ein Gesetz gerufen oder erfasst wird, muss augenblicklich gehorchen; durch Widerstand macht er sich schuldig.

Art. 8. Das Gesetz darf nur unbedingt und offensichtlich notwendige Strafen festsetzen und niemand darf bestraft werden, es sei denn kraft eines bereits vor seinem Delikt erlassenen, veröffentlichten und legal angewandten Gesetzes.

Art. 9. Jeder wird so lange als unschuldig angesehen, bis er als schuldig erklärt worden ist. [...]

Art. 10. Niemand darf wegen seiner Überzeugungen behelligt werden, vorausgesetzt, dass ihre Betätigung die durch das Gesetz gewährleistete öffentliche Ordnung nicht stört.

Art. 11. Die freie Mitteilung seiner Gedanken und Meinungen ist eines der kostbarsten Rechte des Menschen. Jeder Bürger darf sich also durch Wort, Schrift und Druck frei äußern; für den Missbrauch dieser Freiheit hat er sich in allen durch das Gesetz bestimmten Fällen zu verantworten.

Art. 12. Die Sicherung der Menschen- und Bürgerrechte macht eine öffentliche Gewalt notwendig; diese Gewalt wird demnach zum Nutzen aller eingesetzt, nicht aber zum Sondervorteil derjenigen, denen sie anvertraut ist.

Art. 13. Für den Unterhalt der öffentlichen Gewalt und für die Ausgaben der Verwaltung ist eine allgemeine Steuer vonnöten; sie ist gleichmäßig auf alle Bürger zu verteilen nach Maßgaben ihres Vermögens.

Art. 14. Die Bürger haben das Recht, selbst oder durch ihre Vertreter die Notwendigkeit einer öffentlichen Auflage zu prüfen [...].

Art. 15. Die Gesellschaft hat das Recht, von jedem öffentlichen Beauftragten ihrer Verwaltung Rechenschaft zu fordern.

Art. 16. Eine Gesellschaft, deren Rechte nicht sicher verbürgt sind und bei der die Teilung der Gewalten nicht durchgeführt ist, hat keine Verfassung.

Art. 17. Da das Eigentum ein unverletzliches und heiliges Recht ist, darf es niemandem genommen werden, es sei denn, dass die gesetzlich festgestellte öffentliche Notwendigkeit es augenscheinlich verlangt, und nur unter der Bedingung einer gerechten und im Voraus zu entrichtenden Entschädigung.

Walter Markov u. a. (Hg.), Die Französische Revolution. Bilder und Berichte 1789–1799, Institut für marxistische Studien, Berlin 1989, S. 566 ff.

1 ■ Unterscheiden Sie in einer Gegenüberstellung die Menschenrechte von den Bürgerrechten.

2 ■ Erörtern Sie exemplarisch an drei Rechten, inwiefern in ihnen Kritik am Ancien Régime zum Ausdruck kommt.

M6 Aus der Begründung des Pariser Sicherheitsausschusses über ein prinzipielles Verbot der Frauenklubs, Oktober 1793

Die häuslichen Aufgaben, zu denen Frauen von Natur aus bestimmt sind, gehören selbst zur allgemeinen Ordnung der Gesellschaft. Diese soziale Ordnung resultiert aus dem Unterschied, der zwischen Mann und Frau besteht. Jedes Geschlecht ruft nach der ihm eigenen Art von Beschäftigung, bewegt sich in diesem Kreis, den es nicht überwinden kann. Denn die Natur, die dem Menschen diese Grenzen gesetzt hat, befiehlt gebieterisch und hält sich an kein Gesetz. Der Mann ist stark, robust, mit einer großen Energie, mit Kühnheit und Mut geboren. Er meistert die Gefahren, die Rauheit der Jahreszeiten durch seine Konstitution. Er widersteht allen Elementen. Er ist für die Künste wie für die schweren Arbeiten geeignet. Und da er fast ausschließlich für die Landwirtschaft, den Handel, die Schifffahrt, die Reisen, den Krieg bestimmt ist, zu all jenem also, was nach Kraft, Intelligenz und Kompetenz verlangt, so scheint auch er allein zu jenen tief gehenden und ernsthaften Meditationen geeignet, die eine große Anstrengung des Geistes und lange Studien voraussetzen, denen Frauen nicht nachgehen können. Welches ist der der Frau eigentümliche Charakter? Die Sitten und die Natur selbst haben ihr Aufgaben zugesprochen: die Erziehung der Menschen zu beginnen, den Geist und das Herz der Kinder auf die öffentlichen Tugenden vorzubereiten, sie von früh an zum Guten hinzulenken, ihr Gemüt zu entfalten, [...] neben den Sorgen um den Haushalt. [...] Wenn die Frauen all diese Aufgaben erfüllen, haben sie sich um das Vaterland verdient gemacht. [...] Erlaubt es die Sittsamkeit einer Frau, sich in der Öffentlichkeit zu zeigen und gemeinsam mit den Männern zu kämpfen, im Angesicht des Volkes über Fragen zu diskutieren, von denen das Wohl der Republik abhängt? Im Allgemeinen sind Frauen kaum zu hohen Vorstellungen und ernsthaftem Nachdenken fähig.

Zit. nach: Susanne Petersen, Brot und Kokarden – Frauenalltag in der Revolution, in: Viktoria Schmidt-Linsenhoff (Hg.), Sklavin oder Bürgerin? Französische Revolution und Neue Weiblichkeit 1760–1830, Jonas, Marburg 1989, S. 35 f.

M 7 Aus der „Erklärung der Rechte der Frau und Bürgerin" von Olympe de Gouges von 1791

MANN, bist du fähig, gerecht zu sein? Es ist eine Frau, die dich danach fragt; wenigstens dieses Recht wirst du ihr nicht nehmen. Sag mir – wer hat dir die unumschränkte Macht gegeben, mein Geschlecht zu unterdrücken? Deine Kraft? Deine Talente? Betrachte den Schöpfer in seiner Weisheit; durchwandre die Natur in ihrer ganzen Größe, der du dich vergleichen zu wollen scheinst, und nenne mir, wenn du es wagst, das Beispiel dieser tyrannischen Macht.

Der Mann allein hat sich aus dieser Ausnahme ein Prinzip zurechtgestümpert. Bizarr, blind, von Wissenschaften aufgeblasen und degeneriert, will er in diesem Jahrhundert der Aufklärung und des durchdringenden Denkens mit krassester Unwissenheit als Despot einem Geschlecht befehlen, das mit allen intellektuellen Fähigkeiten begabt ist; er will die Revolution genießen und will seine Rechte auf Gleichheit einfordern, um nicht noch mehr sagen zu müssen.

Erklärung der Frauen- und Bürgerinnenrechte, von der Nationalversammlung in ihren letzten Sitzungen oder in der nächsten Legislaturperiode zu beschließen.

Präambel

Die Mütter, die Töchter, die Schwestern, Vertreterinnen des Volkes, verlangen, als Nationalversammlung eingesetzt zu werden. In Erwägung, dass die Unkenntnis, das Vergessen oder die Verachtung der Frauenrechte die einzigen Ursachen öffentlichen Unglücks und der Verderbtheit der Regierungen sind, haben sie beschlossen, die natürlichen, unveräußerlichen und heiligen Rechte der Frau in einer feierlichen Erklärung darzulegen, damit diese Erklärung ständig allen Mitgliedern der Gesellschaft gewärtig sei und sie ohne Unterlass an ihre Rechte und Pflichten erinnere; damit die Handlungen der Gewalt der Frauen und die der Gewalt der Männer in jedem Augenblick mit dem Zweck jeder politischen Einrichtung verglichen werden können und dadurch mehr geachtet würden; damit die Ansprüche der Bürgerinnen, fortan auf einfache und unbestreitbare Grundsätze gegründet, sich immer auf die Erhaltung der Verfassung, der guten Sitten und das Glück aller richten mögen. Demnach erkennt und erklärt das in den Schmerzen der Mutterschaft an Schönheit wie an Mut überlegene Geschlecht in Gegenwart und unter dem Schutz des Höchsten Wesens folgende Frauen- und Bürgerinnenrechte [...].

Zit. nach: Autorinnengruppe Wien (Hg.), Das ewige Klischee. Zum Rollenbild und Selbstverständnis bei Männern und Frauen, Boehlau, Wien 1981, S. 50 ff.

1 ■ Erarbeiten Sie das Frauen- und Männerbild, das den Quellen M 6 und M 7 zugrunde liegt.
2 ■ Fassen Sie die Argumente zusammen, die in M 6 gegen eine politische Tätigkeit von Frauen vorgebracht werden, und bewerten Sie diese.
3 ■ Formulieren Sie die „Erklärung der Menschen- und Bürgerrechte" vom 26. August 1789 (M 5) so um, dass sie den Vorstellungen von Olympe de Gouges in M 7 entsprechen würde.
4 ■ **Zusatzaufgabe:** Stellen Sie in einem Kurzvortrag Leben und Werk von Olympe de Gouges vor. Informationen finden sich unter: *www.dadalos.org/deutsch/Menschenrechte/Grundkurs_MR3/frauenrechte/woher/portraets/olympe_de_gouges.htm*

M 8 Auszug aus dem Schreiben der Gesellschaft der Freunde der Schwarzen an Necker, 6. Juni 1789

Wenn diese Auslegung richtig ist, fühlt sich die Gesellschaft verpflichtet, im Namen der Neger gegen einen solchen Plan Einspruch zu erheben. Sie glaubt [...], dass sich der Sklavenhandel auf Raub, Mord und Erpressung gründet und dass es der Gerechtigkeit wie der Würde einer aufgeklärten Nation zuwiderläuft, einen Handel, der nie anders als grausam und verbrecherisch sein kann, lediglich einzuschränken oder bestimmten Regeln zu unterwerfen. Sie ist außerdem der Ansicht, dass dieser Handel ebenso verderblich wie entehrend für die französische Nation ist und dass es folglich unklug ist, den Sklavenhandel durch Prämien, so mäßig sie auch sein mögen, zu fördern und zu ermuntern. Und zwar unklug aus doppeltem Grunde: Erstens, weil der größte Teil dieser Prämien in die Taschen von Engländern fließt, denen ihre Namen zu leihen sich französische Handelsherren nicht schämen, um die Bestimmungen des Staatsrates zu umgehen; zweitens, weil man dem armen Landmann sein Brot, die Frucht seiner Plackerei, wegnimmt, um diese Prämien zu zahlen. Solcherweise wird sein Elend vergrößert, um andere ins Unglück zu stürzen. Es werden ihm Abgaben auferlegt, um die Engländer und die Händler mit Menschenfleisch zu bereichern. Dieser Bauer, der traurigerweise nicht in der Lage ist, sich an Brot satt zu essen, wird besteuert, um durch barbarische Mittel den Anbau von Zuckerrohr und Kaffee zu fördern – Dinge, die er gar nicht zu sich nimmt.

Diese Kette von Abscheulichkeiten wird die Generalstände zweifellos veranlassen, die Prämie ganz und gar abzuschaffen. Sie werden uns daher verzeihen, Monsieur, dass wir von Ihnen einen solchen Akt der Gerechtigkeit und guten Politik erbitten, und Sie werden uns auch verzeihen, dass wir diesbezüglich gegen eine Milderung des Sklavenhandels, die Ihre Menschlichkeit Ihnen eingegeben hat, Einwände erheben; eine Milderung, die Ihre Humanität im Grunde zu einem Trugbild machen würde.
Da Sie in ein hohes Amt erhoben wurden und mit vollem Recht von allgemeiner Wertschätzung umgeben sind, muss Ihre Ansicht großen Einfluss auf die öffentliche Meinung üben. Wir müssen daher ihren möglichen Auswirkungen vorbeugen. Die Verpflichtung, die wir zugunsten der Neger eingegangen sind, macht es uns zum Gesetz.
Wir hoffen aber, dass Sie, sobald wir Ihrer Weisheit die Tatsachen und Beweggründe unterbreitet haben, die eine Ächtung des Sklavenhandels herbeiführen müssen, den nützen Plan, ihn nur mittels neuer Bestimmungen zu mildern, fallenlassen. Dadurch werden Sie den Ruhm Ihres Namens vermehren, und er wird von den Negern […], von den Franzosen und von der ganzen Menschheit gepriesen werden.

Zit. nach: Udo Scholze/Detlef Zimmermann/Günter Fuchs, Unter Lilienbanner und Trikolore. Zur Geschichte des französischen Kolonialreiches. Darstellung und Dokumente, Leipziger Universitätsverlag, Leipzig 2001, S. 109f.

1 ■ Arbeiten Sie aus der Erklärung M 8 die Argumente gegen Sklavenhandel und Sklaverei heraus.

M9 Auszug aus der Verfassung von Saint-Domingue, 9. Mai 1801

Art. 1 St. Domingue und die angrenzenden Inseln bilden das Territorium einer einzelnen Kolonie, die zwar Teil Frankreichs ist, aber ihren eigenen Grenzen unterliegt. […]
Art. 3 Es gibt keine Sklaven mehr auf diesem Territorium; die Sklaverei ist für immer abgeschafft. Alle Menschen hier werden geboren, leben und sterben frei und als Franzosen.
Art. 4 Jedermann, gleich welcher Hautfarbe, hat Zugang zu allen Berufen und öffentlichen Ämtern; das Gesetz ist für alle gleich. […]
Art. 6 Die einzige Religion, die öffentlich ausgeübt werden darf, ist die römisch-katholische. […]
Art. 28 Die Verfassung beruft als Gouverneur den Bürger Toussaint Louverture, obersten General der Armee von St. Domingue; in Anbetracht seiner Verdienste um das Wohlergehen der Kolonie, in der kritischen Phase der Revolution, wird ihm die Leitung der Regierungsgeschäfte für die gesamte Dauer seines ruhmreichen Lebens übertragen. […]
Art. 30 Um Ruhe und Ordnung zu sichern, welche die Kolonie der Festigkeit, Entschlossenheit und unermüdlichen Tatkraft des Generals Toussaint Louverture verdankt, verleiht ihm die Verfassung das außerordentliche Recht, seinen unmittelbaren Nachfolger selbst zu bestimmen. […]
Art. 34 Er erlässt und bestätigt alle Gesetze, nimmt Berufungen auf alle zivilen und militärischen Posten vor. […]
Art. 39 Er überwacht und zensiert, durch seine Kommissare, alle auf der Insel gedruckten Schriften: er beschlagnahmt alle ausländischen Druckerzeugnisse, die geeignet scheinen, die Sitten zu verderben oder die Ruhe der Kolonie stören; er bestraft die Verfasser oder Verbreiter solcher Schriften gemäß der Schwere ihres Vergehens.
Art. 40 Sollte dem Gouverneur zu Ohren kommen, dass eine Verschwörung gegen die Sicherheit der Kolonie im Gange ist, lässt er sofort alle Personen festnehmen, die als Urheber oder Komplizen verdächtig sind, und übergibt sie, nachdem sie einem außergerichtlichen Verhör unterzogen worden sind, dem zuständigen Gericht.

Zit. nach: Susanne Lachenicht, Die Französische Revolution, Wissenschaftliche Buchgesellschaft, Darmstadt 2012, S. 113.

1 ■ a) Analysieren Sie die Verfassungsartikel und charakterisieren Sie die Verfassung.
■ b) Beurteilen Sie, ob die Verfassung eine demokratische Verfassung ist. Klären Sie dabei, ob in der Verfassung die Werte „Freiheit, Gleichheit, Brüderlichkeit“ verwirklicht werden.

M10 Judenemanzipation im Elsass, 1791

Straßburg, den 20. Oktober. – Am Sonntage haben die christlichen und jüdischen Einwohner zu Bischheim die Vollendung der Constitution gemeinschaftlich gefeiert. In der jüdischen Synagoge wurde die Constitutionsakte von den vier ältesten Juden des Ortes auf einem roten seidenen Kissen getragen und auf den hohen Altar gelegt, wo gewöhnlich die heil. Schrift abgelesen wird. Dann wurden in der Synagoge verschiedene Lob- und Dankpsalme gesungen, und zuletzt auch das bekannte Revolutionslied: *„Ah, ca ira“*. Darauf zogen Juden und Christen, Arm in Arm geschlungen, nach der Gemeindestube, wo sie der katholische konstitutionelle Priester des Ortes also anredete: „Mitbürger ohne Unterschied! Heute ist der Tag der Verbrüderung, atmet Menschen- und Bruderliebe, vereinigt euch innigst miteinander durch den Bürgereid. Hier legt eure Hand auf die Constitutionsakte!“ Der Erste, der den Bürgereid schwor, war ein Jude von etlichen 70 Jahren; ihm folgten alle anwesenden Christen und Juden nach […].

Aus: Leipziger Zeitungen, Nr. 213, 1791, zit. nach: Walter Markov, Revolution im Zeugenstand. Frankreich 1789–1799, Bd. 1, Fischer TB, Frankfurt/M. 1987, S. 183.

1 ■ Beschreiben Sie die Reaktion der Bevölkerung auf die Judenemanzipation.
2 ■ Erörtern Sie, ob und inwieweit die Hoffnungen der Menschen auf eine bessere Zukunft von Juden und Christen berechtigt waren.

M 11 ***„A Versailles! A Versailles!"*** **Zug der Pariser Marktfrauen nach Versailles am 5. Oktober 1789, zeitgenössische kolorierte Radierung**

1 ■ Vergleichen Sie M 11 mit dem Gemälde (M 1, S. 129) hinsichtlich der Rolle der Frau in der revolutionären Ikonografie. Berücksichtigen Sie auch Anlass und Funktion der beiden Abbildungen.

M 12 Die französische Verfassung von 1793.

Obwohl die im Juni 1793 vom Konvent verabschiedete und vom Volk ratifizierte Verfassung nie praktiziert wurde, ist sie ein wichtiges Dokument für das Demokratieverständnis der Jakobiner.

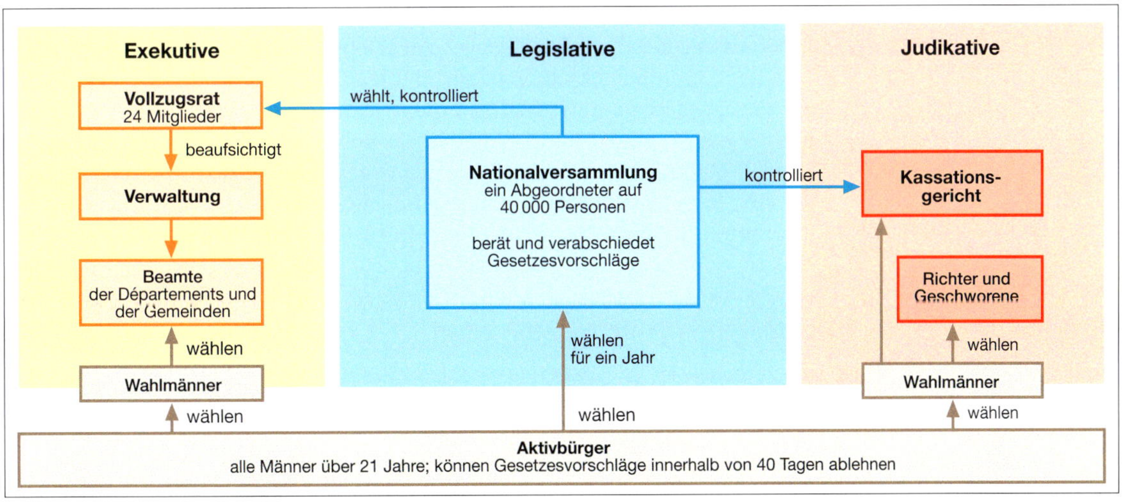

1 ■ Analysieren und vergleichen Sie die Schaubilder der Verfassungen von 1791 (s. S. 128) und 1793 (M 12).

2 ■ Erörtern Sie, ob und inwiefern sich die Umsetzung des demokratischen Ideals der Französischen Revolution in den Verfassungen widerspiegelt.

3.3 Rezeption und Wirkungen der Französischen Revolution in Deutschland

Leitfrage:
Wie wirkten sich die Französische Revolution und die Herrschaft Napoleons auf Deutschland aus?

Folgen der Französischen Revolution

Die Französische Revolution wurde anfangs durchaus begrüßt, besonders bei den Gebildeten teilweise begeistert. Und die französischen Truppen fanden mit ihrer Losung „Friede den Hütten, Krieg den Palästen" bei der deutschen Bevölkerung zunächst Anklang. Als die Menschen jedoch gezwungen wurden, französische Soldaten in ihren Häusern einzuquartieren, ließ die Begeisterung über die Befreier vom fürstlichen Joch nach. Die Kritik wuchs zusätzlich, als die Terrormaßnahmen der französischen Jakobiner bekannt wurden.
Die Französische Revolution führte in Deutschland weder zu einer revolutionären Situation noch zu unmittelbaren Veränderungen. Erst die Kriege des revolutionären Frankreich und Napoleons (1792–1809) riefen einen tief greifenden gesellschaftspolitischen Wandel hervor. Die französische Kriegserklärung von 1792 gegen die konservativen europäischen Mächte Europas leitete eine Epoche kriegerischer Auseinandersetzungen ein, die mit kurzen Unterbrechungen fast ein Vierteljahrhundert lang andauerten. Frankreich begann den Krieg als Abwehrkampf gegen die antirevolutionäre Politik und Propaganda der europäischen Großmächte und erklärte seinen Kampf zu einem **ideologischen Kreuzzug für „Freiheit, Gleichheit, Brüderlichkeit"**. Doch war es Napoleon zunächst um die Sicherung der „natürlichen" Grenzen und danach um die Schaffung eines Gürtels von Satellitenstaaten gegangen, verfolgte er seit 1804 eine aggressive Eroberungspolitik. Damit missachtete er die bisherigen Regeln der Gleichgewichtspolitik und setzte die **Hegemonie*** Frankreichs in Europa durch.

Hegemonie
politische und/oder wirtschaftliche Vormachtstellung eines Staates innerhalb einer Gruppe von Staaten

Die kriegerische Expansion Frankreichs führte 1806 zur **Auflösung des Heiligen Römischen Reiches deutscher Nation**. Im Frühjahr 1806 traten 16 süd- und westdeutsche Staaten formell aus dem Reich aus (was reichsrechtlich eigentlich nicht möglich war) und schlossen sich in Paris unter dem Protektorat Napoleons zum **Rheinbund** zusammen (M 2). Darüber hinaus brachten die kriegerischen Auseinandersetzungen nach der Niederlage in der Doppelschlacht bei Jena und Auerstedt 1806 den **Zusammenbruch Preußens** und 1809 den **Österreichs** hervor. Das Ende der napoleonischen Herrschaft in Europa kam erst nach der Niederlage Frankreichs im Russlandfeldzug 1812 und in der Völkerschlacht bei Leipzig 1813.
Mit der Ausdehnung der napoleonischen Herrschaft mussten viele Staaten Europas eine intensive Debatte über ihre staatlichen und gesellschaftlichen Ordnungen führen. In diesen Diskussionen wurden Ideen der Revolution aufgegriffen, obwohl man Napoleons Herrschaft nicht als demokratisch empfand. Eine Folge napoleonischer Politik bestand im Zusammenbruch der absolutistischen Monarchien.

Mainzer Republik

Die Machtexpansion des revolutionären und napoleonischen Frankreich verband für knapp zwei Jahrzehnte die Entwicklung Deutschlands mit den politisch, gesellschaftlich und wirtschaftlich fortgeschrittenen westlichen Nachbarn. Bereits vor den preußischen und rheinbündischen Reformen gab es auf deutscher Seite Versuche, die Errungenschaften der Französischen Revolution einzuführen. Als französische Truppen 1792 auf deutsches Gebiet vordrangen und Speyer, Worms sowie Mainz besetzten, begannen **Mainzer Demokraten** damit, ihre Stadt zu einer Republik auf der Grundlage der **Volkssouveränität** umzugestalten (M 3, M 4). Sie engagierten sich in politischen Klubs, gründeten Zeitungen und verfassten Flugschriften. Zum ersten Mal in der deutschen Geschichte wählten die Mainzer 1793 auf der Grundlage eines allgemeinen, gleichen und direkten Männerwahlrechts ein Landesparlament, den Rheinisch-Deutschen Nationalkonvent. Am 18. März 1793 beschloss dieses Parlament die Unabhängigkeit vom Heiligen Römischen Reich deutscher Nation und drei Tage später den Anschluss an die französische Republik. Preußische Truppen kesselten die Stadt jedoch ein und besetzten sie nach ihrer Kapitulation am 23. Juli 1793. Der Konvent löste sich auf; das republikanische Experiment war damit gescheitert.

Reformen in den Rheinbundstaaten

Napoleon wollte seine Herrschaft durch möglichst einheitliche Institutionen und Rechtsformen absichern und verlangte aus diesem Grunde von den Rheinbundstaaten eine Angleichung ihrer politischen und gesellschaftlichen Strukturen an das französische Vorbild. Das lag jedoch auch im Eigeninteresse dieser Länder. Das französische System mit seinen allgemein verbindlichen, rationalen Prinzipien war ein geeignetes Mittel, um die bunt zusammengewürfelten Staaten zu einem Ganzen verschmelzen zu können. Durchgesetzt wurde die umfassende Erneuerung von Staat und Gesellschaft, die zur Übernahme wichtiger Errungenschaften der Französischen Revolution führte, vom Staat und seiner Bürokratie, d. h. nicht vom Volk. Aus diesem Grunde sprechen die Historiker von einer Revolution „von oben".
Mit der Integration der linksrheinischen deutschen Gebiete in die französische Departementsverwaltung galt dort französisches Recht und damit Napoleons Gesetzessammlung, der ***Code civil*** (1804). Nach der Gründung des Rheinbunds wurde er auch rechtsrheinisch wirksam. In den Hansestädten, in den neu gegründeten französischen Musterstaaten Westfalen und Berg und, modifiziert, in Baden und Frankfurt am Main trat der *Code civil* in Kraft. Die Regierungen von Bayern, Würzburg und Hessen-Darmstadt bereiteten die Einführung vor.
Der *Code civil* brachte eine **Vereinheitlichung der Rechtsauffassung** und bereitete den Boden für die Entwicklung einer an Wirtschaftsfreiheit und Leistungsprinzip orientierten Gesellschaft. Mit der Durchsetzung allgemeiner bürgerlicher Freiheitsrechte und der **Gleichheit der Männer** vor dem Gesetz bewirkte er nicht nur eine Erneuerung der Rechts-, sondern auch der Gesellschaftsordnung. Die Vereinfachung und Vereinheitlichung der Besitzrechte und Vertragsarten sowie die Säkularisation des Zivillebens (z. B. Zivilehe statt kirchlicher Ehe) wirkten vorbildhaft. Linksrheinisch war der *Code civil* bis zur Einführung des Bürgerlichen Gesetzbuches (BGB) im Jahre 1900 in Kraft.
Die süddeutschen Rheinbundstaaten beseitigten die Stände und zentralisierten die staatliche Verwaltung. Die Integration der neuen Landesteile in den Zentralstaat Bayern wurde damit ebenso gefördert wie die in den württembergischen Gesamtstaat und das badische „Musterland". Mit den Befreiungskriegen, dem Ende des Rheinbundes und der Herrschaft Napoleons (1813–1815) entstand die Gefahr erneuter Gebietsveränderungen. Gleichzeitig erwies sich eine ausschließlich bürokratische Integration der neuen Landesteile als wenig tragfähig. Angesichts drohender Gebiets- und Machtverluste waren die süddeutschen Herrscher bereit, ein württembergisches oder badisches Nationalbewusstsein ihrer Untertanen zu fördern. Hauptmittel zur politischen Integration der Untertanen war die Überführung des monarchischen Verwaltungsstaats in einen liberalen Verfassungsstaat. In diesem tritt an die Stelle des Untertanen der Staatsbürger mit bestimmten Rechten und Freiheiten. Kernstück des Verfassungsstaats ist eine gewählte Nationalrepräsentation, in der dem Monarchen ein Mitbestimmungsrecht des Volkes entgegentritt.
In Baden verordnete (oktroyierte) Großherzog Carl 1818 eine **Verfassung***, in der jeder männliche Bürger das aktive Wahlrecht besaß (nur das passive war an eine

M1 Napoleon nach seiner Ankunft in Fontainebleau am 31. März 1814, Ölgemälde von Paul Delaroche, 1840.
Am 31. März 1814 kapitulierte Paris, am 6. April unterzeichnete Napoleon seine Abdankungsurkunde in Fontainebleau.

Verfassung
(lat.: *constitutio*) Grundgesetz eines Staates, in dem die Regeln der Herrschaftsausübung und die Rechte und Pflichten der Bürger festgelegt sind. Demokratische Verfassungen beruhen auf der Volkssouveränität, d. h., die Verfassung kommt in einem Akt der Verfassungsgebung zustande, an der das Volk direkt oder durch von ihm gewählte Vertreter teilnimmt. Eine demokratische Verfassung wird in der Regel schriftlich festgehalten, garantiert die Menschenrechte, legt die Verteilung der staatlichen Gewalt (Gewaltenteilung) und das Mitbestimmungsrecht des Volkes (Wahlrecht, Parlament) bei der Gesetzgebung fest.

Konstitutionalismus
Der Begriff aus der Verfassungsgeschichte beschreibt eine Staatsform, die auf einer Verfassung beruht. Die Verfassung legt die Rechte und Pflichten der Staatsgewalt (besonders des Monarchen) und der Bürger fest. Je nach Staat oder Land können die Verfassungen voneinander abweichen.

bestimmte Steuerleistung gebunden = Zensus, M 7). Die württembergische Verfassung von 1819 kannte nur ein eingeschränktes Wahlrecht (Zensuswahl), war aber die einzige, die nicht vom Landesherrn oktroyiert, sondern mit dem Landtag ausgehandelt war. In allen süddeutschen Verfassungen (einschließlich der Bayerns 1818) war mit den Grundrechten die Gleichheit der Männer und damit der Zugang aller männlichen Bürger zu den Staatsämtern, die Freiheit der Person und der Meinung sowie das Recht auf Eigentum gewährleistet; neben der Wehr- wurde auch die Steuerpflicht eingeführt.

Den **süddeutschen Konstitutionalismus*** kennzeichnen aber auch typische Mängel. Im Zweikammersystem setzte sich die alte Gesellschaftsteilung fort: Der Adel hatte in ihnen ebenso wie in der Gesellschaft eine Sonderstellung inne. Die Kammern waren kein Parlament, denn sie konnten keine Regierungen bilden bzw. entlassen; einzig die Regierungskontrolle und die Mitwirkung bei der Gesetzgebung waren ihre Aufgaben. Die Gewaltenteilung war ebenso unvollständig wie die Ministerverantwortlichkeit. Dennoch haben diese Verfassungen die Einheit der süddeutschen Länder so befördert, dass sie auch die Revolution von 1848/49 überstanden.

Die Preußischen Reformen in Auszügen
Bauernbefreiung (1807–11)
- Aufhebung der Erbuntertänigkeit
- Recht auf freien Eigentumserwerb
- Freiheit der Berufswahl
- Bauern werden zu Eigentümern der Höfe, die sie bewirtschafteten, indem sie die ehemaligen Gutsherren entschädigen.
- Abschaffung von Fron- und Naturaldiensten gegen finanzielle Ablöse durch die Bauern

Heeresreform (ab 1807)
- Erneuerung des Offizierskorps, Wegfall des Adelsprivilegs
- Bildung der Landwehr und des Landsturms
- Allgemeine Wehrpflicht (1813/14)

Verwaltungsreform (1808)
- Schaffung der fünf klassischen Ministerien (Inneres, Auswärtiges, Finanzen, Krieg und Justiz)
- Staatskanzler als Vorsitzender des Ministerrates

Bildungsreform (ab 1809)
- Einführung des dreigliedrigen Schulsystems unter staatlicher Aufsicht
- Modernisierung der Lehrerausbildung
- Universitätsreform

Wirtschaftsreform
- Einführung der Gewerbefreiheit

Emanzipations-Edikt (1812)
- Bürgerliche Gleichstellung der Juden

Webcode:
KB645961-142

Reformen in Preußen*

Napoleon hatte nach der Niederlage Preußens bei Jena und Auerstedt 1806 dessen westliche und östliche Gebiete abgetrennt und zu selbstständigen Staaten erhoben (z. B. Westfalen, Warschau); bei einer erneuten Niederlage musste das nunmehr aus Brandenburg, Pommern, Schlesien und Ostpreußen bestehende Preußen mit seinem Ende rechnen. Angesichts dieser Lage setzten sich in Preußens Staatsspitze immer mehr Männer durch, die in einer gründlichen Staatsreform das einzige Heilmittel für ein wirtschaftliches und militärisches Wiedererstarken ihres Landes sahen. Zu diesen Reformern gehörten der ehemalige Finanzminister und seit 1807 erste Minister Preußens, Karl Reichsfreiherr vom und zum Stein (1757–1831), und sein Nachfolger Karl August Fürst von Hardenberg (1750–1822, M 5). Nach ihrer Auffassung sollten alle Landesteile unmittelbar dem König unterstellt, die Adelsprivilegien beseitigt, die Bauern befreit sowie Heeres- und Rechtswesen reformiert werden. Ferner sollte durch ein Mitspracherecht der Untertanen in Staat und Gemeinde und durch ein allgemeines Erziehungswesen ein nationales Bewusstsein geschaffen werden. Aus dem so geförderten **preußischen Nationalbewusstsein** sollte die Kraft gewonnen werden, Preußen zu neuer Größe zu führen.

Alle diese Reformpunkte waren von den Errungenschaften der Französischen Revolution und Napoleons Staatsauffassung inspiriert worden. Dem preußischen Adel waren deshalb die Reformer als Jakobiner verdächtig. Dennoch leitete der preußische König mit dem Oktoberedikt 1807 eine Revolution „von oben" ein, die mit einer Sozial-, Rechts-, Wirtschafts-, Verwaltungs-, Militär- und Erziehungsreform für Deutschland im 19. Jahrhundert Maßstäbe setzte. In der Verwaltungsreform vom Dezember 1808 wurde nach französischem Vorbild eine zentralistische Verwaltungsorganisation eingeführt, die den preußischen Staat über ein Jahrhundert prägte. So legten die Reformer den Grundstein für eine liberale Entwicklung in Preußen ebenso wie für den preußischen Nationalismus.

1 ■ Erläutern Sie die Auswirkungen der Französischen Revolution und der napoleonischen Expansion auf Deutschland.

2 ■ **Zusatzaufgabe:** Erörtern Sie die These des Historikers Hans-Ulrich Thamer: „Der Export der Revolution nach Europa war und blieb ein ambivalentes Unterfangen, das stets zwischen Besatzung und Befreiung oszillierte."

M2 **Veränderungen in Mitteleuropa zwischen 1789 und 1815**

a) Vor 1789

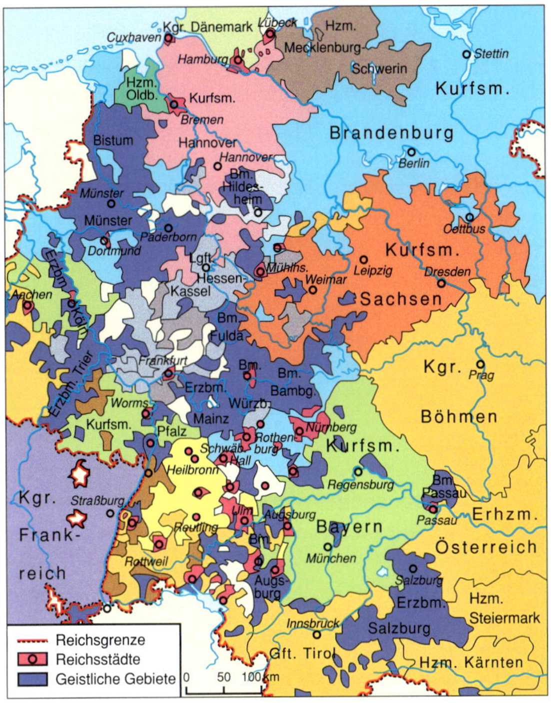

b) Zwischen 1806 und 1815

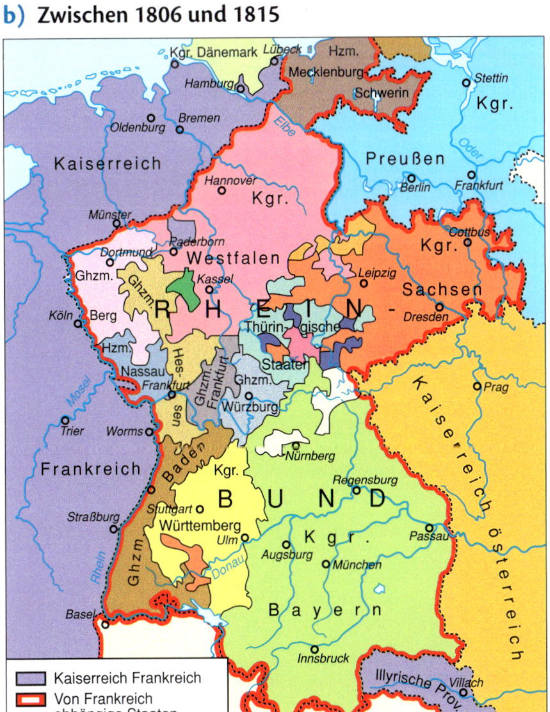

1 ■ Beschreiben Sie die territorialen Veränderungen durch die Revolutionskriege in Deutschland.

M3 **„Trinklied der freien Mainzer" von einem anonymen Autor, um 1792/93**

Nun kränzt mit Laub den liebevollen Becher,
Und trinkt ihn fröhlich leer,
Denn unser Vaterland, ihr lieben Zecher,
Drückt kein Despote mehr!

Gefallen ist die harte Landesplage,
Gestürzet von dem Thron,
Er hörte nicht des armen Bürgers Klage –
Nun hat er seinen Lohn.

Triumph nun! Brüder! Seht, er liegt im Staube,
Der unser Recht verkannt –
Triumph! Er liegt! Er liegt, der nur gelebt vom Raube!
Ihn stürzt' der Franken Hand!

Gefallen ist der geistliche Despote[1],
Der unsern Schweiß verprasst,
Gefallen der Tyrann, der uns noch drohte
Mit tausendfacher Last.

Wir waren ihm nur niedre Sklavenhunde,
Ihm galt kein Menschenrecht.
Was kümmert' ihn des armen Bürgers Wunde?
Der war ihm viel zu schlecht.

Die gaben uns die edle Freiheit wieder,
Sie leben lang' und hoch!
Trinkt auf ihr Wohl, ihr biedre deutsche Brüder,
Sie leben lang und hoch!

Ha! Seht den Wein in diesem Becher blinken –
Nun würzet Freiheit ihn!
Der Bürger leb', Despoten müssen sinken
Und Menschenrechte blühn.

Zit. nach: Hans-Werner Engels (Hg.), Gedichte und Lieder deutscher Jakobiner, J.B. Metzler, Stuttgart 1971, S. 51 f.

1 Gemeint ist der Mainzer Erzbischof Friedrich Karl Joseph von Erthal (1774–1802).

1 ■ Analysieren Sie mithilfe von M 3, wie die Mainzer Jakobiner die politische Lage betrachteten und welche Erwartungen und Hoffnungen sie besaßen.

M4 **Die Historikerin Elisabeth Fehrenbach über den politischen Stellenwert der Mainzer Jakobiner, 2008**

[Den Mainzer Jakobinern] gelang es nicht, über den Kreis einer kleinen aktiven Minderheit hinaus eine breitere Anhängerschaft zu mobilisieren. Forster[1], den Custine[2] zum Vizepräsidenten der provisorischen Administration berief, kam zu der Überzeugung, dass das deutsche Volk zu einer Revolution noch nicht reif sei. Er trat deshalb für die Angliederung des linken Rheinufers an Frankreich ein, um auf diese Weise die revolutionären Errungenschaften zu bewahren. Die hektischen Bemühungen um die Reunion[3] gipfelten in

Repressivmaßnahmen wie Eid- und Wahlzwang. Wer sich weigerte, den vorgeschriebenen Bürgereid auf die republikanische Verfassung abzulegen, wurde mit Ausweisung und Deportation bedroht. Ein von einer Minderheit gewählter „Nationalkonvent der freien Deutschen diesseits des Rheins" proklamierte im Frühjahr 1793 die Loslösung des Rheinlandes vom Reich und den Anschluss an Frankreich. Nur der siebte Teil der rheinischen Gemeinden hatte seine Vertreter entsandt; in Mainz beteiligten sich nur 372 Bürger (8 % der Wahlberechtigten) an der Abstimmung. Die Mehrheit der Bevölkerung verhielt sich passiv.

Elisabeth Fehrenbach, Vom Ancien Régime zum Wiener Kongress, 5. Aufl., Oldenbourg, München 2008, S. 67.

1 Georg Forster (1754–1794): Mitglied der Mainzer Jakobiner
2 Adam Philippe de Custine (1740–1793): frz. General, der Mainz eroberte
3 Reunion: Gemeint ist der Anschluss an Frankreich.

1 ■ Erörtern Sie die Erfolgsaussichten der Mainzer Republik. Nutzen Sie M 4 und den Darstellungstext.

M5 Hardenbergs Konzept zur „Reorganisation des Preußischen Staats", 12. September 1807

Der Wahn, dass man der Revolution am sichersten durch Festhalten am Alten und durch strenge Verfolgung der durch solche geltend gemachten Grundsätze entgegenstreben könne, hat besonders dazu beigetragen, die Revolution zu befördern und derselben eine stets wachsende Ausdehnung zu geben. Die Gewalt dieser Grundsätze ist so groß, sie sind so allgemein anerkannt und verbreitet, dass der Staat, der sie nicht annimmt, entweder seinem Untergange oder der erzwungenen Annahme derselben entgegensehen muss. [...] Also eine Revolution im guten Sinn, gerade hinführend zu dem großen Zwecke der Veredelung der Menschheit, durch Weisheit der Regierung und nicht durch gewaltsame Impulsion von innen oder außen, – das ist unser Ziel, unser leitendes Prinzip. Demokratische Grundsätze in einer monarchischen Regierung: dieses scheint mir die angemessene Form für den gegenwärtigen Zeitgeist. Die reine Demokratie müssen wir noch dem Jahre 2440 überlassen, wenn sie anders je für den Menschen gemacht ist. [...]

II. Auswärtige Verhältnisse.

[...] Selbstständigkeit und Independenz sind jetzt leere Namen. Wie gelangen wir wieder dahin? Wie vermeiden wir gänzliche Abhängigkeit? [...] Soviel ich einsehe, sollte Preußen folgende Grundsätze befolgen:

1. Vor allen Dingen muss es Kraft sammeln, das Innere in allen Zweigen wohl ordnen und planmäßig in Übereinstimmung bringen, auch sich ohne Zeitverlust wieder zum Kampf rüsten, soweit es die Mittel gestatten, besonders zu dem der Verteidigung. Schnell kann er wieder eintreten, wahrscheinlich wird er es, und dringend nötig ist's daher, in Bereitschaft zu sein. Die Hindernisse hierbei sind unverkennbar und groß, aber man lasse sich nicht abschrecken, sei unaufhaltsam tätig und strebe vorwärts, soweit man kann; denn alles hängt hiervon ab.

2. Man nähre ja nicht den Wahn, neutral bleiben zu können, und hüte sich, dieses System aufzustellen und anzukündigen. Es passt nicht für Preußens Lage, hat sehr geschadet und ist unter den gegenwärtigen Umständen gar nicht anwendbar. [...]

4. Alle Verwicklungen vermeide man aufs Allersorgfältigste und gebe keinen Anlass zum Streit, damit man Zeit gewinne, sich zu verstärken.

5. Insonderheit ist hierin mit Napoleon die größte Vorsicht nötig, da noch so viele Gegenstände mit ihm auszugleichen sind und er das Messer noch über uns zückt. Vor allen Dingen wende man alles an, die französischen Truppen ganz aus dem Lande zu entfernen, und scheue allenfalls ein neues Opfer nicht, um dahin zu gelangen. [...]

III. Grundverfassung des Inneren.

[...] Man schrecke ja nicht zurück vor dem, was er [Altenstein[1]] als Hauptgrundsatz fordert, möglichste Freiheit und Gleichheit. – Nicht die regellose, mit Recht verschrieene: die die blutigen Ungeheuer der Französischen Revolution zum Deckmantel ihrer Verbrechen brauchten oder mit fanatischer Wut statt der wahren, im gebildeten gesellschaftlichen Zustande möglichen, ergriffen, sondern nur diese nach weisen Gesetzen eines monarchischen Staats, die die natürliche Freiheit und Gleichheit der Staatsbürger nicht mehr beschränken, als es die Stufe ihrer Kultur und ihr eigenes Wohl erfordern.

Zit. nach: Walter Demel u. Uwe Puschner (Hg.), Deutsche Geschichte in Quellen und Darstellung, Bd. 6: Von der Französischen Revolution bis zum Wiener Kongress 1789–1815, Reclam, Stuttgart 1995, S. 88–90, Nr. 14.

1 Altenstein: Mitarbeiter Hardenbergs und späterer preußischer Finanz- und Kultusminister (1808–1810)

1 ■ Erläutern Sie das Revolutionsverständnis Hardenbergs. Zeigen Sie dabei, was er unter einer „guten Revolution" versteht.

2 ■ Vergleichen Sie das Revolutionsverständnis Hardenbergs mit dem der Mainzer Jakobiner (M 4).

3 ■ Analysieren Sie die Grundprinzipien und Ziele der preußischen Reformen.

M6 Aus der Präambel der badischen Verfassung, 1818

Carl, von Gottes Gnaden Großherzog von Baden, Herzog zu Zähringen etc.

Als Wir bereits im Jahr 1816 Unsern Unterthanen wiederholt bekannt machten, dem Großherzogtum eine landständische Verfassung geben zu wollen, so hegten Wir den Wunsch und die Hoffnung, dass sämmtliche Bundesglieder über eine unabänderliche, wesentliche Grundlage dieser allen deutschen Völkern zugesicherten Einrichtung überein-

M 7 Die Staatsorgane der badischen Verfassung

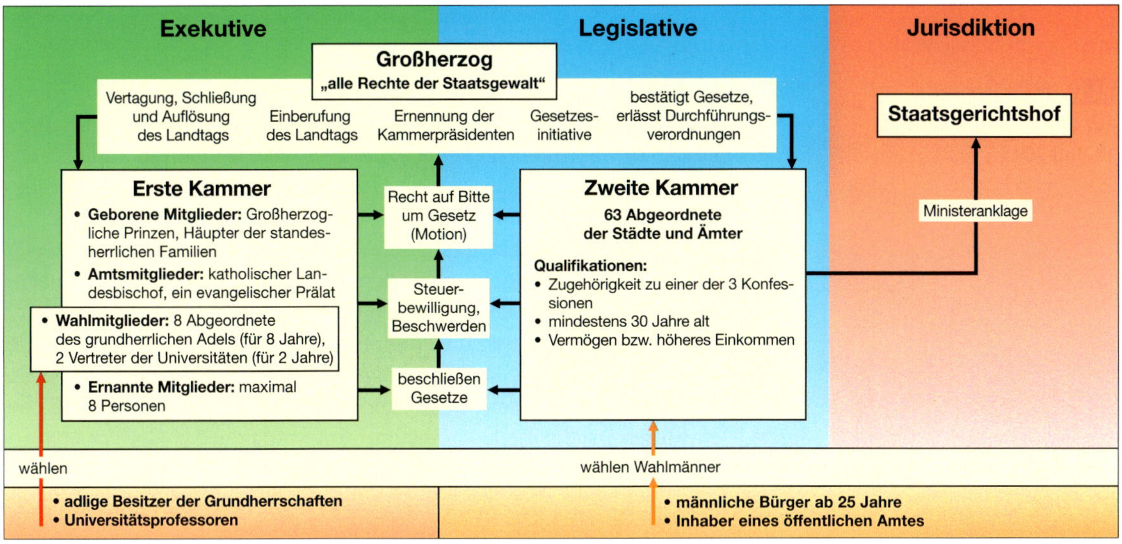

kommen und nur in Entwicklung der aufgestellten Grundsätze ein jeder einzelne Staat seinen besonderen Bedürfnissen, mit Rücksicht auf bestehende Verhältnisse folgen möchte. Da sich jedoch, nach den letzten, über diesen Gegenstand bei dem Bundestage abgelegten Abstimmungen der Zeitpunkt noch nicht bestimmt voraussehen lässt, in welchem die Gestaltung der ständischen Verfassung einen Gegenstand gemeinschaftlicher Berathungen bilden dürfte, so sehen Wir Uns nunmehr veranlasst, die Unseren Unterthanen gegebene Zusicherung auf die Art und Weise in Erfüllung zu setzen, wie sie Unserer innern freien und festen Überzeugung entspricht.
Von dem aufrichtigsten Wunsch durchdrungen, die Bande des Vertrauens zwischen Uns und Unserem Volke immer fester zu knüpfen, und auf dem Wege, den Wir hierdurch bahnen, alle Unsere Staatseinrichtungen zu einer höheren Vollkommenheit zu bringen, haben Wir nachstehende Verfassungsurkunde gegeben, und versprechen feierlich für Uns und Unsere Nachfolger, sie treulich und gewissenhaft zu halten und halten zu lassen.

Zit. nach: Ernst Rudolf Huber (Hg.), Dokumente zur deutschen Verfassungsgeschichte, Bd. 1, Kohlhammer, Stuttgart 1961, S. 157.

M 8 Aus der Verfassung für Württemberg, 1819

Alle Württemberger haben gleiche staatsbürgerliche Rechte, und ebenso sind sie zu gleichen staatsbürgerlichen Pflichten und gleicher Theilnahme an den Staats-Lasten verbunden, soweit nicht die Verfassung eine ausdrückliche Ausnahme enthält […].
Kein Staatsbürger kann wegen seiner Geburt von irgendeinem Staats-Amte ausgeschlossen werden.
Die Verpflichtung zur Vertheidigung des Vaterlandes und die Verbindlichkeit zum Waffendienste ist allgemein.
Der Staat sichert jedem Bürger Freiheit der Person, Gewissens- und Denkfreiheit, Freiheit des Eigentums und Auswanderungs-Freiheit.
Die Leibeigenschaft bleibt für immer aufgehoben.
Niemand darf seinem ordentlichen Richter entzogen und anders als in den durch das Gesetz bestimmten Fällen und in den gesetzlichen Formen verhaftet und bestraft, noch länger als einmal 24 Stunden über die Ursache seiner Verhaftung in Ungewissheit gelassen werden.
Jeder, ohne Unterschied der Religion, genießt im Königreiche ungestörte Gewissensfreiheit. […]
Kapitel IX. Von den Landständen
§ 124. Die Stände sind berufen, die Rechte des Landes in dem durch die Verfassung bestimmten Verhältnisse zum Regenten geltend zu machen. Vermöge dieses Berufes haben sie bei Ausübung der Gesetzgebungs-Gewalt durch ihre Einwilligung mitzuwirken, in Beziehung auf Mängel oder Missbräuche, die sich bei der Staats-Verwaltung ergeben, ihre Wünsche, Vorstellungen und Beschwerden dem Könige vorzutragen, auch wegen verfassungswidriger Handlungen Klage anzustellen, die nach gewissenhafter Prüfung für nothwendig erkannten Steuern zu verwilligen […].

Zit. nach: Ernst Rudolf Huber (Hg.), Dokumente zur deutschen Verfassungsgeschichte, Bd. 1, Kohlhammer, Stuttgart 1961, S. 190 ff.

1 ■ Untersuchen Sie das Schema der badischen Verfassung (M 7). Arbeiten Sie dabei die politischen Beteiligungsrechte von Bürgern heraus.

2 ■ Klären Sie die Rolle der „Bundesglieder" und des „Bundestages" in den Ausführungen des Großherzogs (M 6).

3 ■ **Geschichte produktiv:** Stellen Sie aus M 8 einen Grundrechtekatalog zusammen.

Der 14. Juli – nationaler Feiertag in Frankreich

M1 Militärparade auf den Champs-Élysées, 14. Juli 2014

Der 14. Juli, der Jahrestag des Sturms auf die Bastille, ist seit 1880 Nationalfeiertag in Frankreich. Seitdem erinnern alljährlich eine Militärparade auf den Champs-Élysées in Paris sowie zahlreiche Feuerwerke und Bälle im ganzen Land an den Beginn der Revolution von 1789. Bereits 1790 brachte die französische Bevölkerung durch Feste und das Pflanzen von Freiheitsbäumen ihre Revolutionsbegeisterung zum Ausdruck. Um diese spontane Volksbewegung zu steuern und in eine für die Regierung nützliche Richtung zu lenken, organisierte die Staatsführung ein **Föderationsfest*** zur Feier der nationalen Einheit. Seitdem bildeten Feiern und Volksfeste einen wichtigen Bestandteil der revolutionären politischen wie der Geschichtskultur der Franzosen. Von der Regierung vereinnahmt, dienten sie der Legitimation der neuen politischen Ordnung, die auch einer neuen Symbolik bedurfte. Den Bürgern sollte die Übereinstimmung von aktueller Herrschaftsform und dem Weltbild sowie den Grundwerten der Gesellschaft vermittelt werden.

Die Erklärung des 14. Juli zum Nationalfeiertag beruhte also auf einer neuen politischen Kultur und Geschichtskultur, die mit der Französischen Revolution entstand. Bis in das 18. Jahrhundert hinein war die französische Gesellschaft von der christlichen Religion und ihren Symbolen geprägt. Diese bildeten die Legitimationsgrundlage des Ancien Régime, das in der Französischen Revolution überwunden wurde. Indem sie den Einfluss des Christentums auf das öffentliche Leben zurückdrängten, wollten die Revolutionäre vor allem die Herrschaft der Könige „von Gottes Gnaden“ brechen und eine eigene Wertewelt hervorbringen. Sie sollte auf einem „Kult der Vernunft“ beruhen und sich zu einer republikanischen Kultur entwickeln, die der gesamten Nation Sinn und Orientierung vermittelte. Der christliche Kalender wurde deshalb durch einen republikanischen Kalender, christliche Feiertage wurden durch revolutionäre Feste ersetzt. In aufwändig inszenierten Massenfeiern mit Aufmärschen, Gesängen, Reden, Schauspielen und Schwüren gedachte man der Revolution und bekannte sich zur Republik. Seit 1792 gehörte zu jedem politischen Fest auch die „Marseillaise“, die als Kriegslied der französischen Rheinarmee 1792 entstanden war; sie entwickelte sich schon bald zur Erkennungsmelodie der Revolution und wurde später zur Nationalhymne Frankreichs. Bis heute ist der 14. Juli in Frankreich Nationalfeiertag und die Marseillaise Nationalhymne.

M2 Französisches Föderationsfest am ersten Jahrestag des Bastillesturms auf dem Champs de Mars 1790, Radierung von Isidore Stanislas Helman, 1790, spätere Kolorierung

M3 Die Nationalfeiertage

Aus der Stellungnahme des jakobinischen Schriftstellers und Mitglieds des Ausschusses für Volksbildung, Marie-Joseph Chénier, vor dem Konvent am 5. November 1793:

Die erste [...] Aufgabe bei der Durchsetzung der moralischen Erziehung ist die Einrichtung von Nationalfeiertagen. Hier muss die Einbildungskraft ihre unerschöpflichen Schätze einbringen, um in der Bürgerseele alle freimütigen Empfindungen zu wecken und die großen republikanischen Leidenschaften zu entfesseln [...]. Die Freiheit ist die Seele unserer Nationalfeiertage. [...] Die Gesamtheit unserer bürgerlichen Feste muss eine jährlich neue und erinnerungsreiche Komposition der Französischen Revolution darstellen. [Wir müssen] in Zukunft die unsterblichen Augenblicke heiligen, in denen die verschiedenen Tyranneien vor dem Atem der Nation in den Staub sanken und die großen Schritte der Vernunft ihren Ursprung hatten, die Europa befreien und bis ans Ende der Welt vorstoßen werden. Schließlich aber müsst ihr frei von Vorurteilen und würdig der Repräsentation des französischen Volkes auf den Trümmern des gestürzten Aberglaubens die einheitliche Weltreligion gründen [...], deren einziges Dogma die Gleichheit ist, deren Kanzelredner unsere Gesetze bilden und deren Hohepriester die Beamten sind, und die den Weihrauch der großen Gemeinschaft nur auf dem Altar des Vaterlandes der gemeinsamen Mutter und Gottheit entzündet.

Zit. nach: Wolfgang Lautemann, Manfred Schlenke (Hg.), Geschichte in Quellen: Amerikanische und Französische Revolution, bsv, München 1981, S. 380 f., übers. v. Wolfgang Lautemann/Joachim Cornelissen.

1 **Arbeiten Sie die Begründung Cheniers für die Einrichtung nationaler Feiertage heraus (M 3).**
2 **Erläutern Sie die Bedeutung der nationalen Feiertage für das revolutionäre Frankreich (M 2, M 3).**

M4 Aus dem Programm für die Revolutionsfeste zur 200-Jahr-Feier 1989

Dienstag, 21. März: An diesem Tag wird überall in Frankreich ein Baum der Freiheit gepflanzt. Mit diesem Akt knüpfen wir an die Tradition der symbolischen Feierlichkeiten der Revolution an. Die ganze Nation beweist durch das Pflanzen des Baumes der Freiheit ihre Verbundenheit mit den revolutionären Werten. Der 21. März ist ebenfalls für die Schüler aller Schulen in Frankreich der Tag der 200-Jahr-Feier. An diesem Tag werden überall die Grundwerte unserer Demokratie in Erinnerung gerufen, kommentiert und diskutiert.
Donnerstag, 4. Mai: Am Nachmittag wird der erste Gang der Generalstände nach Versailles rekonstruiert. Die 1 400 Teilnehmer ziehen von der Kirche Nôtre Dame bis zur Kathedrale Saint Louis zur Musik der republikanischen Garde.
8. Juli: Gemeinsam feiern Amerikaner und Franzosen ihren Kampf für die Unabhängigkeit und nationale Souveränität mit einer großen Orchesterparade und Fanfaren [...].
13. Juli: Heute wird die Oper der Bastille eingeweiht. Nach dem Konzert im Großen Saal versammeln sich mehrere Orchester auf dem Platz der Bastille, um den größten Ball der Welt zu eröffnen.
14. Juli: Von 21 Uhr bis Mitternacht findet der große Parademarsch „Zur Ehre der Marseillaise" statt. [...] In dieser bunten und grandiosen Szene vereinigen sich 9 000 Teilnehmer aus verschiedenen Provinzen und Nationen, Truppen, [...] Fahnen und Künstler, um gemeinsam das Föderationsfest zu feiern [...]. Der August wird von der Erinnerung an eines der grundlegenden Werke der Französischen Revolution beherrscht: der Erklärung der Menschen- und Bürgerrechte.

Mission officielle du Bicentenaire de la Révolution française et des droits de l'homme (Hg.), Le Programme du Bicentenaire, Paris 1988; übersetzt von Berit Pleitner, zit. nach: Geschichte lernen 60/1997, S. 64.

1 **Erläutern Sie die historische Bedeutung der einzelnen Gedenktage (M 4).**
2 **Geschichte produktiv: Die Feierlichkeiten zum 200. Jahrestag der Revolution waren in Frankreich sehr umstritten. Verfassen Sie aus der Sicht eines Gegners einen Zeitungskommentar. Thematisieren Sie Ereignisse der Revolution, die das Festprogramm nicht berücksichtigt.**

M5 „Eine Party Europas"? Der Nationalfeiertag 2007

Auch wenn Frankreich mit einer Militärparade seinen Nationalfeiertag begehe, sei es „Frieden, den wir feiern wollen", sagte Staatspräsident Sarkozy. „Es ist eine Party. Es ist die Party Europas." Eröffnet wurde die Parade von den fast 900 EU-Soldaten, die wegen unterschiedlicher Marsch-Traditionen eine Woche lang den Gleichschritt üben mussten. [...] Eine Formation von Kampfjets sorgte für rot-weiß-blaue Streifen am Himmel – entsprechend den Farben der französischen Nationalflagge. [...] Sarkozy brach mit mehreren Traditionen des Bastille-Tages: Er verzichtete auf das jeweils im Fernsehen ausgestrahlte große Interview mit dem Staatspräsidenten und verweigerte Massenbegnadigungen [...]. Neu ist in diesem Jahr auch ein kostenloses Open-Air-Konzert. Sarkozy buchte die vier Jungs von Tokio Hotel, die neben dem französischen Kultpopper Michel Polnareff und Nelly Furtado vor einer halben Million Menschen unter dem Eiffelturm auftreten werden. [...] Sarkozy sagte, der Nationalfeiertag solle ein Feiertag für die Menschen werden. Am Vorabend hatte Sarkozy seine Unterstützung für eine gemeinsame europäische Verteidigungspolitik betont.

www. nzz.ch/nachrichten/wissenschaft/sarkozy_drueckt_nationalfeiertag_seinen_stempel_auf_1.527979.html (Download vom 3. September 2008)

1 **Erklären Sie, welche „Botschaft für das neue Frankreich" von den Feierlichkeiten zum 217. Jahrestag der Revolution ausgehen sollte.**

Anwendungsaufgabe
Interpretation eines aktuellen geschichtswissenschaftlichen Textes mit gegliederter Aufgabenstellung

M 1 Der Historiker Wolfgang Kruse über die Emanzipation der Frauen und anderer Bevölkerungsgruppen in der Französischen Revolution, 2005

Für die Sonderstellung spezifischer Gruppen in der bürgerlichen Gesellschaft und ihre Emanzipationsmöglichkeiten kann der Französischen Revolution ebenfalls ein geradezu paradigmatischer Charakter zugesprochen werden. Das gilt zuerst einmal für die Frauen und, allgemeiner formuliert, für das Verhältnis der Geschlechter. Die Revolution machte sich im Zeichen der allgemeinen Entpatriarchalisierung der gesellschaftspolitischen Ordnung nicht nur auf, die soziale Gleichstellung von Männern und Frauen zu verwirklichen, sie brachte auch die Forderung nach einer allgemeinen, rechtlichen und politischen Emanzipation hervor. In ihr entwickelten sich erstmals organisierte Formen einer modernen politischen Frauenbewegung, doch geschichtsmächtiger war vorerst das Gegenmodell einer Neuordnung der Geschlechterverhältnisse, das auf der bürgerlichen Ehe aufbaute und für lange Jahre Bestand haben sollte. Ausgehend von unterschiedlichen, biologisch begründeten Geschlechtscharakteren, wurde den Frauen der familiäre Innenbereich als wesensmäßige Bestimmung zugeordnet, während den Männern als ökonomisch, politisch und sexuell aktiven Bürgern der außerhäusliche Bereich zufiel.

Die Revolution machte nicht nur deutlich, dass in der modernen bürgerlichen Gesellschaft auch die Emanzipation aller anderen bislang unselbstständigen, ausgegrenzten oder entrechteten Bevölkerungsgruppen auf die Tagesordnung rücken würde. Sie zeigte zugleich auch grundlegende Probleme, Widersprüche und Lösungsmöglichkeiten auf, die im weiteren Emanzipationsprozess eine zentrale Rolle spielen sollten. Das galt sowohl für die teils versklavten, teils entrechteten Bevölkerungsgruppen in den Kolonien, deren rechtliche Besserstellung ebenso ausprobiert wurde wie ihre staatliche Verselbstständigung. Und das betraf auch religiöse Minderheiten und insbesondere die jüdische Bevölkerung, deren Emanzipation auf teilweise massive Ablehnung traf, zugleich aber auch deutlich werden ließ, dass sie mit tief gehenden Wandlungsprozessen in den jüdischen Gemeinden selbst verbunden sein würde. Schließlich ließ die Revolution auch die Widersprüche deutlich werden, die im Spannungsverhältnis zwischen allgemeingültigen Menschenrechten und nationalen Bürgerrechten angelegt waren. Ihrem Anspruch nach offerierte sie allen Menschen die Möglichkeit, gleichberechtigt in Frankreich leben zu können. De facto brachte sie damit zugleich die Angstvorstellung des Fremden hervor, des zwar im Innern der Nation lebenden, aber doch nicht ihr zugehörigen inneren Feindes, den es zu erkennen und auszuschalten gelte.

Wolfgang Kruse, Die Französische Revolution, Schöningh, UTB, Paderborn 2005, S. 188 f.

Interpretieren Sie den Text M 1, indem Sie

1 ■ ihn analysieren und

2 ■ in die historisch-politische Diskussion über die revolutionären Grundlagen der Moderne einordnen.

3 ■ Fassen Sie die Thesen Kruses über den Wandel des Geschlechterverhältnisses und die Emanzipation anderer Bevölkerungsgruppen zusammen und beurteilen Sie diese Auffassung.

4 ■ Setzen Sie sich kritisch mit den Thesen Kruses im Hinblick auf die Entwicklung der Menschenrechte bzw. von „Freiheit, Gleichheit, Brüderlichkeit" auseinander und reflektieren Sie die Situation in den modernen demokratischen Staaten.

Überprüfen Sie Ihre Kompetenzen

M 2 Vietnamesische Briefmarke, Sturm auf die Bastille, Teil einer Briefmarkenserie zur Französischen Revolution, 1989

■ **Wahrnehmungskompetenz**

1 Stellen Sie die wichtigsten Entwicklungsetappen der Französischen Revolution dar.

2 Erläutern Sie, welche politisch-sozialen Gruppen die Revolution gefördert und welche gegen die Revolution gekämpft haben. Beleuchten Sie dabei auch die Interessen der verschiedenen Gruppen.

3 Erörtern Sie die Bedeutung des Krieges für den Verlauf und die Ausbreitung der Französischen Revolution.

■ **Analysekompetenz**

4 Interpretieren Sie das Bild M 2:
a) Erörtern Sie, ausgehend von der Bildanalyse, welche Deutung das Bild von der Revolution 1789 entwirft.
b) Diskutieren Sie die Bedeutung und internationale Wirkung der Revolution im ausgehenden 20. Jahrhundert. Erörtern Sie dabei die Tatsache, dass das Bild auf einer Briefmarke aus Vietnam abgedruckt ist.

■ **Urteilskompetenz**

5 Beurteilen Sie Anspruch und Wirklichkeit der französischen Revolutionsparole „Freiheit, Gleichheit, Brüderlichkeit".

■ **Orientierungskompetenz**

6 Formulieren Sie aus demokratischer Sicht ein Programm, wie Sie sich bzw. die Menschen der Bundesrepublik Deutschland heute an die Französische Revolution erinnern wollen bzw. sollten.

7 Präsentieren und diskutieren Sie Ihre Ergebnisse im Plenum.

Zentrale Begriffe

Ancien Régime
Aufklärung
Ballhausschwur
Code civil, Code Napoleon
Direktorium
Dritter Stand
Feudalherrschaft
Frauenemanzipation
Freiheit
Generalstände
Gleichheit
Jakobiner
Judenemanzipation
Koalitionskriege
Kokarde
Konstitutionelle Monarchie
Mainzer Republik
Menschen- und Bürgerrechte
Munizipalrevolution
Nationalversammlung
Preußische Reformen
Rheinbund
Sklaverei
Terreur
Verfassung
Volkssouveränität
Wohlfahrtsausschuss

4 Antike Traditionen und Rezeption der Antike

M 1 Mittelalterliche Gelehrte (Schreiber, Astronom und Mathematiker), Miniatur aus einer mittelalterlichen Handschrift, undatiert.
Der Astronom in der Mitte hält in der linken Hand ein Astrolabium (ein astronomisches Instrument zur Nachbildung des Himmels), rechts ein Beobachtungsrohr. Die linke Person ist ein Schreiber, rechts ein Theoretiker, der die klassischen astronomischen Werke studiert.

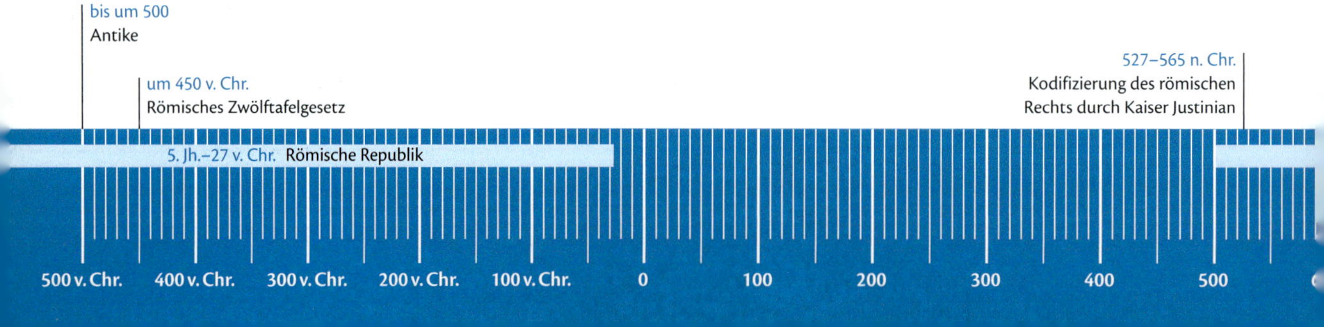

Die Geschichte der Antike endete nicht plötzlich mit dem Beginn des Mittelalters. Der Übergang von der einen zur anderen Epoche lässt sich nicht auf ein bestimmtes Datum festlegen, sondern erstreckte sich über einen längeren Zeitraum. Die antike Kultur lebte teilweise nach dem Untergang des Römischen Reiches weiter und hat das europäische Denken und Handeln nachhaltig befruchtet. An den Universitäten und in den gebildeten Schichten wurde im Mittelalter und in der Neuzeit das Lateinische benutzt. Und die lateinische Sprache hat sich zu den romanischen Sprachen weiterentwickelt, zu denen Spanisch, Portugiesisch, Italienisch oder Rumänisch zählen. Überdies gehören bestimmte Lebensformen zur mittelalterlichen Kultur, die ebenfalls auf antiken Traditionen beruhen. Hier ist besonders die ausgeprägte Urbanität der Städte im Imperium Romanum zu nennen, die auch deutsche Städte beim Übergang von der Antike zum Mittelalter bestimmt hat. In welchem Maße antikes Wissen bis in die Moderne wirksam geblieben ist, verdeutlicht zudem das von Kaiser Justinian in der Spätantike kodifizierte römische Recht. Dieses Rechtsdenken wurde im Mittelalter und in der Frühen Neuzeit wiederentdeckt, es beeinflusste die napoleonischen Rechtsreformen und gilt bis in die Gegenwart als Grundlage nahezu aller modernen Rechtsordnungen der westlichen Welt. Antike Traditionen bestimmten außerdem die Diskussionen über die Neugestaltung der staatlichen Ordnungen in der Amerikanischen und der Französischen Revolution. Ohne die Kenntnis des griechischen und römischen Staatsdenkens und dessen Anwendung wären beide Revolutionen sicherlich anders verlaufen.

Kompetenzerwerb: Nach Bearbeitung dieses Kapitels können Sie ...

- den Begriff der „Romanisierung" erläutern,
- die Entstehung der romanischen Sprachen aus dem Lateinischen skizzieren,
- die Bedeutung des Lateinischen für die mittelalterliche Universität beschreiben,
- die Entwicklung einer Stadt von der Antike bis zum Mittelalter aufzeigen,
- das Verhältnis von Romanisierung und europäischer Kultur beurteilen,
- die Wiederentdeckung des römischen Rechts und die Begründung des modernen Rechts im Mittelalter und in der Neuzeit erkennen,
- den Einfluss des römischen Rechts auf den *Code Napoléon* verdeutlichen,
- die Fortentwicklung des römischen Rechts bewerten,
- die Rezeption antiker Staatsformen in der Amerikanischen und der Französischen Revolution analysieren und beurteilen.

um 1200
Entstehung der ersten Universitäten in Paris und Bologna

14. Jh.
In Italien beginnen Humanismus und Renaissance

1583
Justinianische Rechtskodifikation („*corpus iuris civilis*")

1776
Unabhängigkeitserklärung der USA

1787
Verabschiedung der amerikanischen Verfassung

1789
Beginn der Französischen Revolution

1791
1. Verfassung der Französischen Revolution: Ein demokratischer Nationalstaat entsteht

1793/94
Jakobinische Schreckensherrschaft während der Französischen Revolution

1799
Staatsstreich Napoleons

seit um 1800
Neuzeitliche Moderne

1804
Verkündung des *Code civil* (später *Code Napoléon* genannt)

um 500–um 1500 Mittelalter

um 1500–um 1800 Frühe Neuzeit

1200 1300 1400 1500 1600 1750 1800

Antike
Mit dem Ausdruck Antike bezeichnet man die Geschichte des klassischen Altertums, d. h. die Epoche der griechischen und römischen Geschichte. Neben politischen Ereignissen bezieht sich der Begriff auch auf die hervorragenden kulturellen Leistungen dieser Völker, wie z. B. deren Literatur und Philosophie, die bis in die Gegenwart reichen.

Checks and balances
(amerikan. = Hemmungen und Gleichgewichte) US-amerikanisches Verfassungsprinzip, das verlangt, dass überall da, wo politische oder andere Machtpotenziale entstehen und Macht ausgeübt wird, die Möglichkeit zur Bildung und zur Ausübung von Gegenmacht vorhanden sein muss. Das Prinzip zielt damit auf den Ausgleich unterschiedlicher Interessen und unterstützt die Tendenz zum Gleichgewicht und zur gesellschaftspolitischen Stabilität.

Code civil
Französisches Gesetzbuch von 1804, nach dem Auftraggeber auch *„Code Napoléon"* genannt. Der *Code civil* garantierte wichtige Errungenschaften der Französischen Revolution wie die persönliche Freiheit sowie die Gleichheit vor dem Gesetz und beeinflusste viele bis heute gültige Gesetzbücher, z. B. das Bürgerliche Gesetzbuch der Bundesrepublik Deutschland.

Demokratie
Nach den griechischen Wörtern *demos* (= Volk) und *kratein* (= herrschen) Bezeichnung für eine Staatsform, in der das Volk über die Politik eines Staates entscheidet. In vielen griechischen Stadtstaaten der Antike nahmen alle männlichen Bürger an den Beratungen und Beschlüssen der Polis teil. In den meisten modernen demokratischen Staaten dagegen wählen alle erwachsenen Männer und Frauen ein Parlament, das ihre Interessen vertritt.

Gewaltenteilung
Aufteilung der staatlichen Gewalt in
- gesetzgebende Gewalt (Legislative),
- ausführende Gewalt (Exekutive) und
- Recht sprechende Gewalt (Judikative).

Die Gewaltenteilung soll die Machtkonzentration in einer Person oder Institution verhindern.

Mittelalter
Epoche zwischen Antike und Neuzeit. Das Ende des Weströmischen Reichs 476 n. Chr. und die Gründung des Frankenreichs um 500 bedeutet für viele Historiker den Beginn des Mittelalters. Es endet um 1500 in einer Zeit religiöser Umwälzungen (1517 Reformation), wichtiger Erfindungen und der Entdeckung Amerikas (1492).

M 1 Klosterschüler beim Schreiben, Buchmalerei aus dem Heidelberger *„Codex Manesse"*, 14. Jahrhundert

Neuzeit
Die gesellschaftlichen und wirtschaftlichen Fortschritte, die im 14. und 15. Jahrhundert in Europa erreicht wurden, veranlassten Historiker im 19. Jahrhundert dazu, die Zeit ab um 1500 als Neuzeit zu bezeichnen. Dabei gingen sie davon aus, dass die Entwicklung eines neuen Menschenbildes (in Renaissance und Humanismus), die Erfindung des Buchdrucks, die Entdeckungsreisen und die Reformation die Grundlagen der modernen Zeit darstellten. Als Frühe Neuzeit bezeichnen Forscher die Zeit vom 16. bis 18. Jahrhundert, um sie von der neuzeitlichen Moderne, die mit der Industriellen Revolution und den politischen Revolutionen um 1800 beginnt, abzugrenzen.

Republik
Um 510 v. Chr. wurde in Rom das etruskische Königtum durch die Herrschaft des Adels abgelöst. Rom wurde zu einer Republik (lat. *res publica* = öffentliche Sache, im Gegensatz zu *res privata* = Sache des Einzelnen). Der Begriff „Republik" bezeichnet allgemein eine Staatsform, in der kein König herrscht. Die Macht wird vom Volk (oder wie im alten Rom

von einem Teil des Volkes, dem Adel, ausgeübt). Die Regierenden werden für bestimmte Zeit vom Volk oder von Volksvertretern gewählt.

Revolution
(lat. *revolutio* = Umwälzung) Der absichtliche, meist gewaltsame Umsturz einer bestehenden politischen und gesellschaftlichen Ordnung. Er bedeutet für alle Beteiligten eine tief greifende Veränderung ihrer Lebensverhältnisse. In der Geschichtsforschung wird die Französische Revolution nicht als einheitliche Bewegung gesehen, vielmehr werden verschiedene Ebenen und Trägergruppen unterschieden:
1. Verfassungsrevolution: Die Nationalversammlung beendete den Ständestaat, indem sie nach dem Grundsatz der Gleichberechtigung aller Franzosen eine Verfassung erzwang, die die Stände beseitigte.
2. Städtische Revolution: Wie in Paris vertrieben die Bürger auch in anderen französischen Städten die Amtsträger des Königs und setzten eine neue, aus gewählten Vertretern bestehende Verwaltung ein.
3. Bauernrevolution: Die Bauern erreichten, dass die Nationalversammlung die Leibeigenschaft aufhob sowie die finanzielle Ablösung der bäuerlichen Abgaben und Fronlasten und die Steuerpflicht für alle Franzosen festlegte.

Romanisierung
„Romanisieren" heißt wörtlich „römisch machen". Allgemein ist damit die Übertragung römischer Lebensformen auf die besiegten Völker gemeint, z. B. Bauweise, Lebensgewohnheiten, Straßenbau, römisches Recht, lateinische Sprache, römische Götter.

Stadtrecht
Durch Verleihung des Stadtrechts an eine Siedlung schufen Stadtgründer im mittelalterlichen Europa einen eigenen Rechtsbezirk. In der Gründungsurkunde wurden die in der Stadt geltenden Privilegien festgelegt, z. B. das Recht, einen Markt abzuhalten oder Zölle zu erheben, ebenso Rechtsgrundsätze für das Zusammenleben der Bürgerinnen und Bürger sowie die Pflichten gegenüber dem Stadtherrn.

Unabhängigkeitserklärung der USA, 1776
Am 4. Juli 1776 erklärten Abgesandte der 13 Kolonien die Unabhängigkeit der *„United States of America"* (USA) vom englischen Mutterland. Der Text der Urkunde verweist auf grundlegende Menschenrechte und die Idee der Volkssouveränität.

Urbanisierung
Urbanisierung (lat. *urbs* = die Stadt) bezeichnet in der Antike den Vorgang der Städtegründungen und der Verbreitung städtischer Lebensweisen (Verwaltungseinrichtungen, gepflasterte Straßen, Wasserleitungen, Feuerwehr, Thermen, Theater, Spiele usw.). Städte gab es schon in Ägypten, Mesopotamien und Griechenland. Neu waren bei den Römern die große Zahl der Stadtgründungen, das systematische Vorgehen sowie der technisch hohe Stand der Baukunst.

Volkssouveränität
Ein Grundprinzip der Demokratie: Alle Staatsgewalt geht vom Volke aus, das seinen Willen direkt oder indirekt über gewählte Abgeordnete zur Geltung bringt. Die Volkssouveränität wird nur durch die in der Verfassung festgelegten Menschenrechte beschränkt.

Grundwissentraining

1 Wissen wiederholen – mithilfe der Arbeitskartei
a) Erfassen Sie das Grundwissen auf Karteikarten: Notieren Sie auf der Vorderseite die Stichworte, auf der Rückseite kurze Erläuterungen mit eigenen Worten. Nutzen Sie auch ein Lexikon.
b) Prägen Sie sich mithilfe Ihrer Arbeitskartei das Grundwissen ein, z. B. in Partnerarbeit.

2 Zusammenhänge herstellen – mithilfe einer Mindmap
a) Erstellen Sie unter Verwendung der Grundwissensbegriffe „Romanisierung" und „Urbanität" eine Mindmap. Ergänzen Sie ggf. weitere Aspekte, die Ihnen wichtig erscheinen.
b) Vergleichen Sie Ihre Ergebnisse im Plenum.

3 Anwendungsaufgabe
Analysieren Sie die Miniatur M 1.

Leitfragen:
Wie wirkte sich die Romanisierung auf die europäische Kultur aus?
Wie beeinflusste das römische Recht das moderne Rechtswesen?
Inwiefern wurden die antiken Staatsformen in der Amerikanischen und Französischen Revolution rezipiert?

Romanisierung

Das Römische Reich hat **keine gezielte Politik der Romanisierung*** betrieben. Weil im östlichen Reich die griechische Kulturtradition vorherrschte und das kulturelle Vorbild lieferte, kam nur der westliche Teil für eine Anpassung an römische Lebensformen infrage. Entscheidend für das Gelingen der Romanisierung war die Integration der Nichtrömer, die grundsätzlich das **römische Bürgerrecht** erlangten und damit sozial aufsteigen konnten. Ein Weg bestand dabei im Dienst in den Hilfstruppen des Heeres (Auxiliartruppen), deren Soldaten in den Provinzen* unter der nichtrömischen Bevölkerung angeworben wurden. Nach der regulären Dienstzeit von 20 bis 25 Jahren erhielten die Soldaten das Bürgerrecht für sich und ihre Nachkommen. Häufig wurden diese pensionierten Soldaten (Veteranen) auch von Abgaben befreit und bekamen ein Stück Land in einer Provinz. Eine andere Möglichkeit bestand darin, die jeweils führenden Schichten für Rom zu gewinnen. Um möglichen Widerstandsbewegungen der lokalen Eliten von Anfang an den Wind aus den Segeln zu nehmen, achteten die Römer bei der politischen Eingliederung der unterworfenen Gebiete in das Imperium Romanum darauf, dass sie die bestehenden wirtschaftlichen und politischen Verhältnisse in der Regel bewahrten. Damit sich die Führungsgruppen der Provinzen in den römischen Staat integrierten, erhielten sie relativ rasch das römische Bürgerrecht. Erschienen sie im römischen Sinne als politisch zuverlässig, stand einem späteren Aufstieg dieser Familien in höhere gesellschaftliche Ränge nichts im Wege. Neben diesen durch die Römer kontrollierten Elementen der Romanisierung gab es auch Reaktionen auf die römische Lebensart, die die Menschen der Provinzen selbst wählten. Hatten sie die römische Herrschaft akzeptiert, erkannten viele den von den Römern gepflegten mediterranen Lebensstil als überlegen oder vorbildlich an. Nicht mehr das Festhalten an alten einheimischen Idealen sicherte nun das Ansehen innerhalb oder außerhalb der Heimatgemeinde, sondern neue Aktivitäten wie die Errichtung von öffentlichen Gebäuden oder die Übernahme von kostspieligen Ehrenämtern, z. B. das Amt eines Oberpriesters des Provinzialkultes. Wie weit die Anpassung an die römische Lebenswelt reichte, lässt sich nur schwer bestimmen. Da die Kultur Roms eine städtische Kultur war, dürfte das Ausmaß des römischen Einflusses auf die Bevölkerung in den Provinzen mit der Entfernung von den Städten abgenommen haben.

Romanisierung
Dieser Begriff bezeichnet eine weitgehende Übernahme der römischen Lebensformen wie Sprachgewohnheiten, Rechtsnormen, Arbeitstechniken und religiöser Anschauungen durch die von den Römern unterworfenen Völker. Die Förderung der städtischen Kultur, der Landwirtschaft, der gewerblichen Produktion und der Infrastruktur nach römischem Muster gehört dazu. Der Prozess der Romanisierung verlief nicht überall gleich: Im westlichen und nördlichen Teil des Römischen Reiches wurde die römische Zivilisation größtenteils ohne Zwang übernommen, während im östlichen Reich die griechisch-hellenistische Kultur das Vorbild war.

Romanische Sprachen

Große Bedeutung für die Romanisierung besaß die Verbreitung der **lateinischen Sprache**. Sie war anfangs nur die Sprache einer Stadt bzw. einer Landschaft (Rom bzw. Latium) und wurde von wenigen Tausend Menschen gesprochen. Mit dem Aufstieg Roms zur Weltmacht entwickelte sich Latein nicht nur zur Weltsprache, sondern blieb es auch noch lange nach dem Untergang des Römischen Weltreiches.

Ähnlich wie die deutsche Sprache regionale (Bayerisch oder Sächsisch) oder schichtenspezifische und soziale (Hochdeutsch, Umgangssprache oder Dialekt) Unterschiede kennt, gab es im Lateinischen zeitliche, örtliche, situationsbedingte und schichtenspezifische Differenzierungen. Besonders wichtig waren dabei Unterschiede zwischen dem klassischen Latein der geschriebenen Hochsprache und dem gesprochenen Volks- bzw. Sprechlatein, dem **Vulgärlatein**. Das Wort „vulgär“ darf jedoch nicht mit „gewöhnlich“ oder „niedrig“ übersetzt werden. *Vulgus* ist vielmehr das lateinische Wort für „Volk“, der Begriff „Vulgärlatein“ bedeutet daher Volkslatein. Zwischen dem gesprochenen Latein und der lateinischen Hochsprache herrschte in der ausgehenden Antike eine tiefe Kluft. Während das geschriebene und in der Literatur überlieferte Latein seit dem ersten vorchristlichen Jahrhundert stagnierte, entwickelte sich das von Generation zu Generation

Provinz
Unterworfenes Gebiet außerhalb Italiens, das von einem römischen Statthalter regiert wurde; die erste Provinz wurde während der Zeit der Republik 227 v. Chr. eingerichtet.

weitergegebene Vulgärlatein ungehindert von literarischen Konventionen. Der Abstand zwischen diesen beiden Varianten des Lateinischen vergrößerte sich zunehmend, bis das Vulgärlateinische schließlich unmerklich in die Sprachen übergegangen war, die man als „romanisch" bezeichnen sollte. Hierzu gehören u.a. Französisch, Spanisch, Italienisch, Rumänisch (M 2).
Seit der Spätantike und dem Mittelalter entwickelte sich im von der katholischen Kirche geprägten Europa die Landes- oder „Volkssprache" im Nebeneinander mit dem Lateinischen. In den Familien und bei den Alltagsgeschäften benutzten die meisten Menschen die Volkssprache, während Kirche, Verwaltung, Gerichtswesen, Handel, Bildung und Wissenschaft die lateinische Hochsprache pflegten. Sie diente in diesen Bereichen auch der überregionalen und internationalen Verständigung. Anders als in den nichtromanischen Ländern, wo diese „Zweisprachigkeit" besonders ausgeprägt war, gab es in den romanischen Territorien durchaus Gemeinsamkeiten zwischen der Hoch- und der Volkssprache. Doch bereitete das klassische Latein der Bevölkerung seit der ausgehenden Antike Verständnisschwierigkeiten. Darauf deutet der Satz des Kirchenvaters Augustinus (354 bis 430) hin: „Es ist besser, die Grammatiker tadeln uns, als dass die Leute uns nicht verstehen." Zwar lässt sich kein genauer Zeitpunkt angeben, von dem an man „nicht mehr" lateinisch, sondern „schon" eine romanische Sprache redete. Aber in den vier Jahrhunderten zwischen Augustinus und Karl dem Großen (747–814) war deutlich geworden, dass die Sprache des Volkes nicht mehr lateinisch genannt werden konnte. Sie unterschied sich im romanischen wie im nichtromanischen Teil Europas, sodass neue Bezeichnungen gefunden werden mussten, z.B. Französisch bei den romanischen Sprachen. Das Konzil von Tours, das Karl der Große 813 einberufen hatte, regelte, dass die Geistlichen in der Volkssprache predigen sollten, um von allen verstanden zu werden. Die Volkssprache gewann nun zunehmend an Gewicht (M 10), doch verdrängte sie das Lateinische als Verständigungsmittel noch lange nicht.

Latein und die mittelalterliche *„Universitas"*

Die europäische Universität ist eine „Erfindung" des Mittelalters, die bis heute besteht. Eine ähnliche Entwicklung hatte es vorher nicht gegeben. Die ersten Universitäten entstanden um 1200 in Paris und Bologna, weitere Universitäten kamen in den nächsten Jahrhunderten dazu. In der mittelalterlichen Rechtssprache bezeichnete das **Wort *„universitas"*** eine nicht durch Geburt oder Herkunft definierte Gruppe von Menschen, die sich in einer Korporation – was so viel wie „Verband" bzw. „Körperschaft" bedeutet – zusammenschlossen. Ab Mitte des 13. Jahrhunderts engte sich das Wort *„universitas"*

M 1 Pont du Gard, Teil eines römischen Äquadukts im Süden Frankreichs, Fotografie, 2009.

Der Pont du Gard war Teil einer fast 50 km langen Wasserleitung, mit der Wasser von den Quellen nahe Ucetia (Uzès) zur römischen Stadt Nemausus (Nîmes) transportiert wurde. Die Brücke wurde vermutlich in der Mitte des 1. Jahrhunderts n. Chr. erbaut. Sie ist 49 m hoch und umfasst drei Etagen: Auf der oberen Ebene verläuft das rechteckige Gerinne der Wasserleitung, auf der unteren und mittleren Etage der Brücke befinden sich Arkaden.

M 2 Romanische Sprachen in der Gegenwart

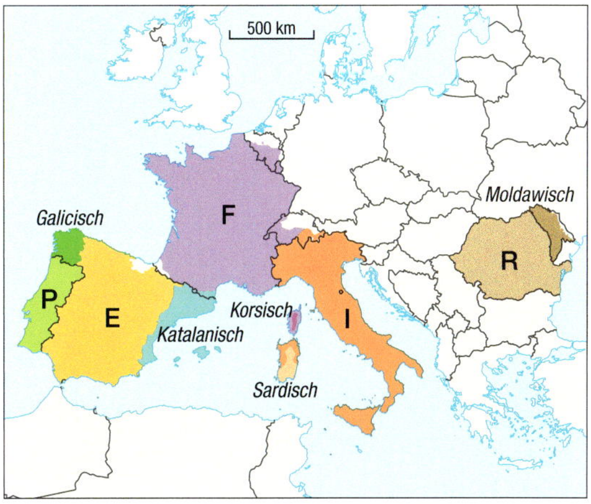

M3 Lehrer und Schüler einer Lateinschule beim Grammatikunterricht, Buchmalerei aus dem Kloster Rein, Steiermark, 13. Jahrhundert

aber als Bezeichnung für Gelehrten- und Studierendengemeinschaften ein – ganz ähnlich, wie man heute Universität oder *university* oder *université* sagt, wenn man von Hochschulen spricht. Die Körperschaften der mittelalterlichen Universitäten folgten zwei Modellen: Die Pariser Universität war eine Gemeinschaft bzw. Genossenschaft der Lehrenden und Studenten, während die Bologneser Universität eine autonome Rechtskörperschaft ausschließlich der Studenten bildete.

Indem die Universitäten das Denken der jüngeren Generation nachhaltig prägten, förderten sie die Vereinheitlichung des Geisteslebens über die Grenzen von Staaten und Fürstentümern hinweg. Dass sich aus den verschiedenen nebeneinander bestehenden Universitäten in Europa umfangreiche Netzwerke der Lehrenden und Lernenden entwickelten, liegt an der gemeinsamen Sprache aller Beteiligten, dem **Latein**. Wer eine Universität besuchen wollte, musste seine Lateinkenntnisse durch den Besuch einer Lateinschule trainieren (M 3). Dabei ging es nicht nur um eine begrenzte Kenntnis der Klassiker, sondern um die vollständige Beherrschung der Sprache. Sie verband alle Menschen, die an einer Universität lernten oder lehrten, und trennte das Universitätsleben vom übrigen städtischen Leben ab. Das Lateinische war nicht nur die Sprache der zu studierenden klassischen Texte, sondern die alleinige Sprache der Verständigung über sie und der Auseinandersetzung mit ihnen. Um an der Universität wie im Alltagsleben bestehen zu können, mussten die Lehrenden und die Studierenden daher mehrere Sprachen beherrschen.

Urbanität

Zur Sicherung der römischen Herrschaft wurden vor allem in den nördlichen und westlichen Provinzen Städte gegründet, die als Wirtschafts- und Verwaltungszentren dienten. Stadtvillen, Platzanlagen, Tempel, Theater, Thermen und Nutzbauten wie Wasserleitungen, Brücken und Straßen wurden nach römischen Vorbildern errichtet. In der Forschung unterscheidet man in der Regel zwischen **drei Städtetypen**, die von den Römern gegründet wurden:

M4 Porta Nigra in Trier, Fotografie, 2013.
Die Porta Nigra wurde ca. 180 n. Chr. von den Römern als nördliches Stadttor des antiken Trier gebaut.

Die bedeutendsten Städte gründeten die Römer als *coloniae*, die anfänglich vor allem den Charakter eines militärischen Vorpostens zur Kontrolle und Verwaltung der unterworfenen Gebiete hatte. In der Regel wurden römische Bürger angesiedelt, die ihr römisches Bürgerrecht behielten und ein kleines Landstück per Los zugewiesen bekamen. Ein bekanntes Beispiel für *coloniae* aus der Kaiserzeit ist Augusta Treverorum, heute Trier (M 4, M 11 a, b, c).

Ein zweiter Städtetyp, das *municipium*, übertrugen die Römer aus Italien in der Kaiserzeit auch in die Provinzen. Diesen Städten wurde das römische Bürgerrecht verliehen. Häufig wurden die bestehenden lokalen Besonderheiten durch ein Gesetz den Institutionen des römischen Rechts angeglichen. Ein Beispiel für ein *municipium* in der Provinz Noricum war Iuvavum, heute Salzburg.

In den gewöhnlichen Provinzstädten, den *civitates*, übernahmen Mitglieder der alten Führungsschichten neue Funktionen in der städtischen Verwaltung.

Das Beispiel Köln

Im Jahre 50 n. Chr. erhob der römische Kaiser Claudius Köln zur Stadt; sie erhielt zu Ehren der Gattin des Kaisers Agrippina den Namen *Colonia (Claudia Ara) Agrippinensis*. Seitdem gehörte Köln zu den *Coloniae*, in der ausgediente Soldaten des Heeres auf römischem Staatsland angesiedelt wurden. Dass sich Köln zu einer bedeutenden Stadt des Römischen Reiches entwickelte, beruhte auf einigen Standortvorteilen: Die Stadt lag in einer sehr fruchtbaren Landschaft. Mit der Erhebung zu einer Kolonie italischen Rechts besaß die Bevölkerung Steuervorteile. In der Stadt und ihrer Umgebung waren immer römische Truppen stationiert, was sich auf die Wirtschaft positiv auswirkte. Das Umland Kölns war stets Teil des Zentrums, sodass die Bürger selbstverständlich Landbesitz im gesamten Bereich der *civitas* hatten. Wer sich auf einer der Fernstraßen bewegte, die sternförmig auf die Stadt zuliefen, konnte bereits vor den Mauern reges Leben beobachten. An den Straßenrändern hatten sich römische Gutsherren ihre Landsitze sowie Gutshöfe mit Stallungen und Scheunen gebaut. Der wichtigste Verkehrsweg blieb allerdings der Rhein. Außerdem wurde der von Köln aus geleitete Militärbezirk des niedergermanischen Heeres in der Regierungszeit des Kaisers Domitian (81–96 n. Chr.) zur Provinz *Germania inferior* erhoben. Das bedeutete für Köln einen Aufschwung in den Bereichen Wirtschaft und Architektur.

Mit der zunehmenden Romanisierung wuchs die wirtschaftliche Kraft des Kölner Raumes, der seit dem 2. Jahrhundert zu einem **bedeutenden Groß- und Fernhandelsplatz** mit zahlreichen Lagerhäusern, Umschlagplätzen und Verkaufsstellen aufstieg (M 3, S. 167). Besonders der Handel mit den Produkten rheinischer Manufakturen belebte das wirtschaftliche Leben. Die Ausfuhrartikel, darunter Keramiken und Gläser, wurden im gesamten Römischen Reich hochgeschätzt und nachgefragt. Mit der Erhebung zur *colonia* wurden in Köln auch zahlreiche öffentliche Gebäude und Kultstätten errichtet. Hierzu gehörten das dreischiffige Kultgebäude zu Ehren Jupiters, seiner Gemahlin Juno und der Tochter Minerva, das dem Kapitolstempel in Rom nachempfunden war; der Tempelbezirk umfasste nahezu 6 500 Quadratmeter.

Ein Grundsatz römischer Politik bestand in der Toleranz gegenüber den Göttern und Kulten anderer Länder und unterworfener Völker. Das wirkte sich ebenfalls günstig für das Zusammenleben im Kölner Raum aus. Die Übernahme fremder Götter gehörte zu den wichtigen Maßnahmen der Befriedungs- und Romanisierungspolitik der Römer. Dabei wurden viele Kulte unverändert übernommen oder ihre Träger römischen Göttern gleichgestellt. Zu den lokalen, regionalen und römischen Gottheiten wie Jupiter, Juno, Mars, Merkur oder Minerva gesellten sich im Laufe der Jahrhunderte Götter und Kulte hinzu, die von Händlern und Legionären aus allen Teilen des Römischen Reichs an den Rhein gebracht wurden. Es wird vermutet, dass sich in Köln seit Beginn des 3. Jahrhunderts eine Christengemeinde bildete.

Seit dem ausgehenden 3. Jahrhundert mussten sich die Römer am Rhein gegen die andrängenden Germanen verteidigen. Um 455 brach die römische Abwehrlinie am Rhein zusammen und Köln wurde fränkisch. Die Stadt blieb ein zentraler Ort und bewahrte ihre Eigenständigkeit. Die romanische Bevölkerung lebte noch lange Zeit mit den fränkischen Eroberern zusammen. Die lateinische und die fränkische Sprache beeinflussten sich wechselseitig.

M5 Köln, Römerturm mit neugotischem Haus, Fotografie, 2015.

Der Wehrturm ist ein antiker Rest der römischen Stadtmauer.

Wiederentdeckung des römischen Rechts

Eine der erstaunlichsten Nachwirkungen entfaltete das Römische Reich auf dem Gebiet des Rechts. In der Geschichte des Imperium Romanum hatten sich eine Vielzahl und eine Vielfalt von juristischen Texten, Bestimmungen und Gewohnheiten entwickelt. Das älteste römische Recht war ein mit religiösen Elementen durchsetztes und von

den Priestern bewahrtes **Gewohnheitsrecht**. Um 450 v. Chr. legten die Römer ihr Gewohnheitsrecht schriftlich im **Zwölftafelgesetz** nieder. Die Ausdehnung des Reiches (M 2, S. 166) und die damit verbundene Erweiterung der wirtschaftlichen und politischen Beziehungen zu anderen Staaten und Völkern machten eine dauernde Fortschreibung und Anpassung des Rechts notwendig. **Schriftliche Verträge** und ihre Verwendung zwischen Bürgern und Fremden kamen hinzu und rückten das Gewohnheitsrecht in den Hintergrund.
Da das umfangreiche römische Recht häufig geändert, neu interpretiert oder ergänzt werden musste, war es zunehmend unübersichtlich geworden. Deswegen ließ Kaiser Justinian (Reg. 527–565) im *„Codex Iustinianus"*, der 529 in Kraft trat, von einer Kommission zusammenfassen, was von den gesammelten Rechtsvorschriften und -kommentaren noch brauchbar erschien. Eine weitere Kommission überarbeitete die Schriften der römischen Rechtsgelehrten und verabschiedete nach dreijähriger Arbeit 533 die **Digesten** (lat. *digere* = ordnen, sammeln, zusammenstellen), die sogleich im ganzen Römischen Reich kopiert und verbreitet wurden (M 12). Darüber hinaus erschienen die *„Iustiniani Institutiones"*, eine Art Lehrbuch für römisches Privatrecht. Diese juristischen Sammlungen mussten bald erneut überarbeitet werden, um alle Rechtsvorschriften miteinander in Einklang zu bringen. Die Neuausgabe wurde 534 in Kraft gesetzt. Die justinianische Rechtskodifikation umfasste also den *Codex Iustinianus*, die Digesten und die *Institutiones*. Seit 1583 bezeichnet der Begriff *„corpus iuris civilis"* diesen gesamten Komplex der Rechtsprechung wie auch die Novellen (lat. *novella lex* = neues Gesetz). Dieser *„corpus iuris civilis"* gilt heute mit Recht als Grundlage nahezu aller modernen Rechtsordnungen der westlichen Welt. Er prägt auch die moderne europäische Kultur und deren Rechtsdenken.
Die Digesten waren im Westen Europas und selbst in Italien lange Zeit in Vergessenheit geraten. Um 1050 wurde eine heute in Florenz aufbewahrte Handschrift aus dem 6. Jahrhundert, die *„littera Florentina"*, wiederentdeckt. Ein Schwerpunkt ihrer Interpretation bildete sich in Bologna heraus, wo eine Rechtsschule entstand; Juristen, sogenannte Glossatoren*, betrieben schulmäßig ihre Weitergabe.

Glossatoren
Die Rechtslehrer des Mittelalters erklärten in ihren Vorlesungen den Text des *corpus iuris* Titel für Titel und Satz für Satz. Die dieser Unterrichtsmethode entsprechende Literaturform war die Glosse, eine Erläuterung durch knapp gefasste Anmerkungen, die sich an einzelne Worte des Textes anschlossen.
Die Forscher, die so den Weg zum richtigen Verständnis der Rechtstexte wiesen, werden Glossatoren genannt.

Begründung des modernen Rechts

Auf reges Interesse stieß die Arbeit der Bologneser Rechtsschule in den aufstrebenden Stadtrepubliken Norditaliens. Dort fanden die Kaufleute im wiederbelebten römischen Eigentums- und Vertragsrecht verlässliche institutionelle Regelungen für ihre Fernhandelsbeziehungen. Aber nicht nur der wirtschaftliche Aufschwung förderte die Rezeption des römischen Rechts bzw. die Begründung des modernen Rechts. Auch in der Verwaltung wuchs die Nachfrage nach rational geschulten Reichsbediensteten, die an den Universitäten ausgebildet wurden und von dort rekrutiert werden konnten. Von Italien aus verbreitete sich die Beschäftigung mit dem römischen Recht in andere europäische Länder – besonders nach Spanien, Frankreich und Deutschland, denn die Juristen dieser Länder hatten an der auf Recht spezialisierten Universität von Bologna studiert. Weil das deutsche Recht im politisch zersplitterten Deutschland während des Spätmittelalters in zahlreiche lokale Sonderrechtsordnungen zerklüftet war, stand dem römischen Recht nur wenig entgegen. Die in ihrer Isolierung und Zersplitterung verkümmerten einheimischen Rechtsnormen wurden vielfach regelrecht hinweggefegt. Auf diese Weise entwickelte sich **Deutschland** zu einer **Hochburg des römischen Rechts**.
Im deutschen Reich vollzog sich die Aufnahme des römischen Rechts zu unterschiedlichen Zeitpunkten und auf unterschiedliche Weise. Sehr früh wandte das oberste Gericht des Reichs, das 1495 neu gestaltete Reichskammergericht, römisches Recht an. Es verlieh damit der Aufnahme römischen Rechts in Deutschland einen kräftigen Schub. Nach dem Vorbild des Reichskammergerichts schufen

auch die Landesherren in ihren Staaten Obergerichte, in denen das römische Recht gesprochen wurde. Durch deren Rechtsprechung setzte sich die Aufnahme römischen Rechts von oben nach unten fort. Allerdings übernahmen die deutschen Gerichte und ihre Juristen das römische Recht nicht unverändert, sondern glichen es mit den einheimischen Rechtsvorschriften ab und passten es den veränderten politisch-sozialen und kulturellen Verhältnissen an. Ein entscheidender Grund für diese erfolgreiche Ausbreitung des römischen Rechts dürften dessen allgemeine und abstrakte Formulierungen sein, die die Anwendung auf unterschiedliche Staaten und Gesellschaften erleichterte. Außerdem ermöglichte das römische Recht **Rationalität**, also die Verwissenschaftlichung des menschlichen Lebens, und **Rationalisierung**, also die ökonomische und politische Neuordnung der Welt. Aber auch die Rom-Idee, die Vorstellung, dass das deutsche in der Tradition des Römischen Reiches stand, dürfte die Rezeption erleichtert haben.

Während der **Renaissance** und des **Humanismus** veränderte sich die Einstellung zum römischen Recht. Die Humanisten lehnten die Vermittlung des antiken Rechts durch die mittelalterlichen Autoritäten ab. Ein Vorwurf lautete dabei, dass sich die mittelalterlichen Rechtsgelehrten nicht um den Ursprung des Rechts und die Erkenntnis der Gerechtigkeit gekümmert, sondern sich ausschließlich um den auf Gelderwerb gerichteten praktischen Teil ihrer Wissenschaft bemüht hätten. Diesen Mangel versuchte die humanistische Reformbewegung dadurch auszugleichen, dass sie den hohen Wert von Fächern wie Poetik, Rhetorik, Geschichte oder Ethik für die juristische Ausbildung hervorhob. Im Unterschied zur mittelalterlichen Rechtslehre, die den eigenständigen Charakter der Rechtswissenschaft betont hat, richteten die Humanisten ihre Wissenschaft interdisziplinär aus.

Die Humanisten legten die antiken Texte auch anders aus. Sie kritisierten die Unvollständigkeit und Fehlerhaftigkeit der von den Bologneser Juristen verwendeten Fassungen des römischen Rechts und betrachteten die römischen Quellen vornehmlich unter historischen und philologischen Aspekten. Durch das Korrigieren von Fehlern und das Einfügen anderer Rechtsquellen versuchten die Humanisten die römischen Texte so wiederherzustellen, wie sie Justinian erlassen hatte oder idealerweise hätte erlassen müssen. Doch konnte sich diese humanistische Interpretation auf Dauer nicht durchsetzen. In Deutschland waren alle Aktivitäten auf die praktischen Aufgaben der Rezeption des römischen Rechts gerichtet.

Einen entscheidenden Schritt zum Durchbruch modernen Rechtes in Europa stellt der 1804 verabschiedete *Code civil*, das Zivilgesetzbuch, dar, das nach seinem Urheber *Code Napoléon* benannt wurde. Dieses Gesetzbuch verabschiedete sich von den vielfältigen Gewohnheitsrechten des Ancien Régime und setzte das geschriebene Recht der Revolution von 1789 (s. S. 112 ff.) durch. Es orientierte sich an einem bürgerlich-liberalen, am Grundeigentum orientierten Eigentumsbegriff und garantierte die von allen feudalen Fesseln befreite „absolute“ Verfügungsgewalt eines jeden über seinen Besitz. Der *Code civil* sicherte die Freiheit der Person und des Eigentums sowie die Gewissens-, Vertrags- und wirtschaftliche Betätigungsfreiheit und legte die Trennung von Staat und Kirche fest. Gleichzeitig erkannte der französische Staat den Katholizismus als die Religion der Mehrheit der Franzosen an. Allerdings enthielt der *Code Napoléon* auch traditionelle Elemente, die an das römische Recht erinnern – man denke nur an die Zusicherung der größeren Würde für das männliche Geschlecht. Denn die Kodifizierung der Rechte des Individuums nahm die Rechte der Sklaven in den französischen Kolonien und der Frauen aus. So mussten sich Frauen in der Familie den Männern unterwerfen, ohne deren Erlaubnis sie keine Geschäfte durchführen konnten. Auch vom Erbrecht wurden Frauen ausgeschlossen. Der Staat schützte die Familie und erschwerte die Scheidung (M 13).

M 6 Justitia, die römische Göttin der Gerechtigkeit, mit Richtschwert und Waagschalen, auf dem Gerechtigkeitsbrunnen am Römerberg, Frankfurt am Main, Fotografie, 2015

M7 Das Kapitol in Washington, Fotografie, 2015.

Das Kapitol ist der Sitz des Kongresses, der Legislative (Gesetzgebung) der Vereinigten Staaten von Amerika, in Washington, D.C. In ihm finden Sitzungen des Senats und des Repräsentantenhauses statt. Die Bezeichnung Kapitol leitet sich vom wichtigsten der sieben Hügel Roms, dem Kapitolinischen Hügel, ab. Dieser war das kultische Zentrum des antiken Roms.

Amerikanische Revolution und Antike

Mit der **Unabhängigkeitserklärung** vom 4. Juli 1776 trennten sich die nordamerikanischen Kolonien vom Mutterland (s. S. 202 ff.). Aber sie war nicht das erste Verfassungsdokument in der Geschichte der Vereinigten Staaten von Amerika, das den Bürgern Menschen- und Grundrechte garantierte. Diese waren bereits in den einzelstaatlichen Verfassungen verankert worden, allen voran in der *Virginia Bill of Rights*. 1781 verabschiedete der Kongress mit den *Articles of Confederation* die erste Verfassung der USA, die aus den britischen Kolonien einen lockeren Staatenbund formte. Es zeigte sich jedoch schon bald, dass diese Verfassung zur Lösung der sozialen und wirtschaftlichen Probleme nicht ausreichte. Ein von den Parlamenten der Einzelstaaten beschickter Delegiertenkonvent arbeitete einen neuen Verfassungsentwurf aus, der im September 1787 verabschiedet und den Einzelstaaten vorgelegt wurde. Während der Beratungen kam es zu heftigen Auseinandersetzungen. Wollten die einen eine starke Bundesgewalt, traten die anderen für einen lockeren Bund möglichst starker Einzelstaaten ein. In der **Verfassung von 1787** (s. M 11, S. 209) fanden beide Gruppen einen tragfähigen Kompromiss.

In den Debatten der Amerikanischen Revolution über die zukünftige Staatsform spielte die Antike eine wichtige Rolle. Betonten die Amerikaner zunächst die **Vorbildlichkeit antiker Strukturen**, die nachzuahmen seien, stellten sie später zunehmend die **grundlegenden Unterschiede zwischen der Gegenwart und der Antike** heraus. Einige Amerikaner veröffentlichten politische Pamphlete unter Pseudonymen, für die sie Namen aus der Antike wählten (z. B. Aristides, Brutus, Publius). In der Diskussion, ob die USA ein Bundesstaat oder ein Staatenbund werden sollten, beriefen sich Politiker gern auf vermeintlich antike Vorläufer (z. B. Achäischer, Aitolischer, Lykischer Bund), obwohl sie wenig darüber wussten. Großer Beliebtheit erfreute sich auch die Vorstellung von der **Mischverfassung** in unterschiedlichen Spielarten. Allerdings ging es bei diesem Streit nicht mehr – wie in der englischen Revolution – um die Beschränkung monarchischer Macht, sondern um die Kontrolle des Mehrheitswillens in der Legislative.

In der amerikanischen Debatte bestand – mit Ausnahme von Thomas Paine – Einigkeit darin, dass eine unmittelbare Demokratie nach dem Muster der antiken Demokratie Athens allzu leicht zu einer Tyrannei der Mehrheit führen könne. Es besteht die Gefahr, so argumentierte man, dass sich der mehrheitliche Volkswille über individuelle Freiheitsrechte und das Privateigentum hinwegsetze. Überdies schlössen die in einem solchen System unvermeidlichen Parteikämpfe Stabilität aus. Außerdem müsse beachtet werden, dass die antike Demokratie an dem Durcheinander in den Volksversammlungen und deren Ungerechtigkeiten zugrunde gegangen sei. Die Amerikaner wollten jedoch eine dauerhafte und stabile politische Ordnung schaffen. Einige führende Verfassungsväter betonten auch, dass die im Vergleich zur griechischen und römischen Antike komplexeren Strukturen der Gegenwart eine Suche nach Vorbildern in der Vergangenheit lächerlich machten.

Die amerikanischen Verfassungsväter wollten auf einem ausgedehnten Territorium eine stabile Republik errichten, was in ihren Augen in der Antike nicht gelang. Deswegen befreiten sie sich immer stärker von den antiken Staatsvorstellungen und setzten stattdessen auf das neue **Prinzip der Repräsentation**. Die Übertragung politischer Entscheidungen auf geeignete und gewählte Vertreter des Volkes gewährte nach ihrer Auffassung eine weit größere Chance auf eine am Gemeinwohl orientierte Politik, als es bei einer direkten Befragung des Volkswillens möglich erschien. Um im politischen System den Ausgleich unterschiedlicher Interessen und damit eine stabile demokratische Ordnung zu garantieren, entwickelten die

Amerikaner **Kontrollmechanismen**, die unzulässige Machtzusammenballungen und Machtmissbrauch verhindern sollten. Das System der ***„checks and balances"*** sollte das Volk vor seinen zeitweiligen Irrtümern und Täuschungen schützen und die Verknüpfung zwischen Einzelstaaten und Bundesstaat sichern (M 14).

Französische Revolution und Antike

Die Französische Revolution durchlief **unterschiedliche Phasen** (s. S. 112 ff.): An ihrem Beginn seit 1789 standen parlamentarisch beschlossene liberale Reformen, die unter Bewahrung der monarchischen Staatsform die Auflösung der feudal-ständischen Ordnung vorantrieben. Mit der französischen Verfassung von 1791 entstand zum ersten Mal ein demokratisch legitimierter Nationalstaat auf dem europäischen Kontinent. Danach folgte eine gewaltreiche Stufe der sozialrevolutionären Republik, die durch allgemeinen Terror und Diktatur geprägt war. Mit dem Staatsstreich Napoleon Bonapartes im Jahre 1799 fand diese Entwicklung ein Ende. Napoleon besiegelte endgültig die Umwandlung der geburtsständischen Privilegien- in eine egalitäre Eigentümergesellschaft und schuf ein stabiles Herrschaftssystem, das den Bürgern wieder Sicherheit und Ordnung brachte.
Ähnlich wie in der Amerikanischen gab es in der Französischen Revolution eine **Entwicklung von der Antikebegeisterung zur Antikekritik**. Dieser Prozess entspricht zum einen der fortschreitenden Radikalisierung der Revolution, zum anderen der Reaktion auf den Terror der Jakobiner. Zu Beginn der Revolution lässt sich bei den gebildeten Franzosen eine durch antike Lektüren (Plutarch, Livius) vermittelte Begeisterung für die tugendhaften Staatsmänner der Antike feststellen. Je mehr sich der Konflikt mit dem König aber zuspitzte, desto häufiger diskutierten die Revolutionäre über die Auseinandersetzung der antiken Römer mit der Tyrannis. Besonders stark identifizierten sich dabei die Anhänger der Revolution mit Brutus, der nicht nur am Sturz des letzten römischen Königs beteiligt gewesen, sondern danach auch einer der ersten beiden Konsuln der Republik geworden (509 v. Chr.) war. Überdies ließ er seine eigenen, mit den Republikgegnern konspirierenden Söhne hinrichten. Das Wohl der Republik stand für Brutus über allen anderen Normen und Werten. Er war während der Französischen Revolution außerdem der Titelheld eines nun immer wieder gespielten Dramas von Voltaire (von 1730) sowie eines großen Gemäldes des Revolutionsmalers David. Überdies besaß die Erinnerung an Brutus bei öffentlichen Festen eine herausragende Bedeutung, sein Name wurde in öffentlichen Reden ständig beschworen. Nach ihm benannten die Franzosen Straßen, selbst Revolutionäre wählten seinen Namen als Kampfnamen. Verstärkt wurde seine Wirkung durch die Assoziation mit seinem späteren Nachkommen, dem Caesarmörder Brutus.
Bei der Gestaltung der konkreten politischen Verhältnisse konzentrierten sich die Franzosen in der ersten Revolutionsphase auf den **Aufbau einer Repräsentativverfassung**. Das bedeutete die Abkehr von politischen Vorstellungen der antiken Republiken. Auf sie nahmen die Franzosen nur in dem Sinne Bezug, dass eine Versammlungsdemokratie in einem Flächenstaat wie Frankreich ausgeschlossen und mit den Bedingungen einer arbeitsteiligen modernen Gesellschaft nicht vereinbar sei. Außerdem sei im antiken Athen die Abkömmlichkeit der Bürger für Politik nur durch die Sklaven ermöglicht worden.
Weil die Revolutionäre ständig konterrevolutionäre Verschwörungen vonseiten des Königs und seiner Anhänger fürchteten, wurde auch Cicero als antiker Bezugspunkt sehr populär. Als vorbildlich galt das Verhalten, das er als Konsul im Jahre 63 v. Chr. bei der Niederwerfung der Verschwörung des Catilina zeigte. Dabei hatte Cicero das Prestige der Republik über alle gesetzeskonformen Erwägungen gestellt. Auf seine Rechtfertigungsformel, das Wohl des Volkes müsse das oberste Gesetz sein (*salus populi suprema lex*), beriefen sich die französischen Re-

M 8 Römische Bronzebüste des Brutus, Fotografie, 2015

M 9 Tapete mit der Devise „Einigkeit, Unteilbarkeit der Republik, Freiheit, Gleichheit, Brüderlichkeit oder der Tod" und den Symbolen (Rutenbündel, Jakobinermütze, Kokarde) der Französischen Revolution, Paris, um 1790, Nachdruck 1974

volutionäre in unterschiedlichen Situationen: Das geschah bei der Hinrichtung des Königs Ludwig XVI. ebenso wie zur Sicherung der revolutionären Errungenschaften mit allen Mitteln. Sogar das Hauptinstrument der jakobinischen Schreckensherrschaft (seit Oktober 1793) wurde als „Wohlfahrtsausschuss" (*Comité de Salut public*) bezeichnet. Und die rote Jakobinermütze (M 9) erinnerte an die römische Kopfbedeckung, die nicht nur Freigelassene beim Akt ihrer Entlassung aus dem Sklavenstatus erhielten, sondern die in Rom das allgemeine Symbol der individuellen und kollektiven Freiheit gewesen war.

Aber nicht nur die römische, sondern auch die griechische Geschichte war für einige Revolutionäre wichtig. Dabei interessierten sie sich vor allem für das Vorbildhafte des Gesetzgebers. So galt die Vorliebe von Camille Desmoulins, einem der zentralen Revolutionsführer, Athen, weil dort völlige Meinungsfreiheit geherrscht habe. Diese müsse in der Gegenwart besonders in Form der Pressefreiheit gesichert werden. Mit dieser Auffassung verurteilte Desmoulins eine Politik, die individuelle Freiheiten wegen der vorgeblichen Notwendigkeiten des Schutzes der Republik abschaffen wollte. Der vom Wohlfahrtsausschuss ausgehende Terror erinnerte ihn zudem an die Atmosphäre der durch Denunziationen ausgelösten Majestätsprozesse im frühen Prinzipat. Seine freimütige Kritik an den politischen Verhältnissen während der Revolution kostete Desmoulins 1794 den Kopf.

Antike Vorstellungen prägten auch Robespierre, für den Versammlungen der Wähler eine Kontrollmöglichkeit gegenüber den Abgeordneten waren. Eine grundsätzliche Alternative zum Repräsentativsystem sah er darin aber nicht. Das Volk sollte sich nach Auffassung von Robespierre nicht ständig selbst versammeln und über alle öffentlichen Angelegenheiten bestimmen. Das, was das Volk nicht selbst regeln könne, solle es seinen Abgeordneten überlassen, denen es sein Vertrauen geschenkt habe.

Nach dem Sturz der Jakobinerherrschaft Ende Juli 1794 behaupteten deren Gegner, die Jakobiner hätten die Antike kopieren und der Gegenwart aufzwingen wollen. Obwohl sie ihre Landsleute angeblich zu Spartiaten* hätten machen wollen, wären die Franzosen in Wirklichkeit zu einer großen Masse von Heloten* abgewertet worden. In seinen Vorlesungen während des Jahres 1795 hat der Orientalist und Geschichtsphilosoph Constantin François de Volney (1757–1820) die antiken Ordnungen, in denen kleine Minderheiten von Bürgern über große Massen von Sklaven geherrscht haben, mit orientalischen Despotien gleichgesetzt. Und Volney ging noch einen Schritt weiter, als er die definitive **Verabschiedung von allen Vorstellungen über eine Vorbildlichkeit der Antike** vertrat (M 15). Insgesamt darf man den Rückbezug auf die Antike für die Gestaltung der revolutionären Ordnung nicht überschätzen.

Spartiaten
Spartaner, Bürger des antiken Staates Sparta

Heloten
im antiken Sparta die leibeigenen, an die Scholle gebundenen Bauern

Webcode:
KB645961-162

1 ■ Beschreiben Sie am Beispiel der lateinischen Sprache und der Urbanisierung die zentralen Elemente der Romanisierung.

2 ■ Analysieren Sie die Entstehung und Entwicklung des römischen Rechts: Unterteilen Sie dessen Geschichte in Phasen und nennen Sie deren wichtigste Merkmale.

3 ■ Erörtern Sie die Bedeutung antiker Vorstellungen in der Amerikanischen und der Französischen Revolution.

M 10 Der Kulturhistoriker Michael Maurer über die Entwicklung eines eigenständigen Französisch, 2008

Früher als andere romanische Sprachen bildete sich das Französische zu einer vom Lateinischen deutlich unterschiedenen Sprache aus. Bereits im Zusammenhang der Teilung des Reiches Karls des Großen unter seinen Söhnen wurde Französisch verwendet; bald wurde auch Literatur in dieser Volkssprache verfasst. Durch die Jahrhunderte stand Französisch in Konkurrenz mit anderen romanischen Sprachen [...]. Das Französische unterscheidet sich von anderen romanischen Sprachen durch die Aufnahme germanischer Eigenheiten. Innerhalb der französischen Dialekte setzte sich die Sprache der *Ile de France*, der Gegend um Paris herum („Franzisch"), infolge der politischen Zentralisierung als Norm durch. Die Eigenständigkeit und Assimilationskraft, welche diese Sprache entfaltete, wird auch darin deutlich, dass die Wikinger, die sich seit dem späten 8. Jahrhundert in der Normandie angesiedelt hatten, binnen drei Generationen ihre eigene Sprache vergaßen und sich vollkommen dem Französischen assimilierten. Das zeitigte weiterreichende Wirkungen, als diese 1066 Britannien eroberten und dort auch die französische Sprache ausbreiteten. Durch den jahrhundertelang engen Kontakt zwischen Frankreich und England im Mittelalter wurde Französisch zu einer weithin gültigen Verkehrssprache; durch die bedeutende Literatur in französischer Sprache (z. B. Gottfried von Straßburg: *Tristan und Isolt*) wirkte es auch auf die deutsche Literatur ein. Französisch galt schon im 12. Jahrhundert als „höfische Sprache"; der ganze Wortschatz um „Chevalier" und „Turnier" ist in den benachbarten Sprachen französisch geprägt. Sogar Dantes Lehrer Brunetto Latini schrieb seine Enzyklopädie im 13. Jahrhundert französisch und nicht italienisch, „weil diese Sprache köstlicher und bei allen Völkern verbreiteter ist", ebenso wurde Marco Polos Reisebericht französisch aufgeschrieben.

Michael Maurer, Kulturgeschichte. Eine Einführung, UTB, Köln 2008, S. 78.

1 ■ Analysieren Sie mithilfe von M 10 die Entwicklung des Französischen zu einer eigenständigen europäischen Sprache.

M 11 Die Romanisierung des Römischen Reiches: das Beispiel der Kaiserstadt Trier

a) Lobrede auf Trier[1], 3. und 4. Jh. n. Chr.

Ich sehe diese hochbeglückte Stadt [Trier] [...] sich mit allen ihren Mauern wieder so erheben, dass sie sich geradezu freut, einst zusammengestürzt zu sein, jetzt größer geworden durch Deine Wohltaten. Ich sehe einen *Circus Maximus*, der mit dem römischen wettzueifern scheint, ich sehe Basiliken und ein Forum, königliche Bauwerke, und den Sitz der Gerechtigkeit sich zu solcher Höhe erheben, dass sie schier den Sternen und dem Himmel nahe und ihrer würdig zu sein verheißen. Dies alles sind gewiss Geschenke, die wir Deiner Gegenwart verdanken.

1 Der Text stammt aus den *Panegyrici Latini*. Dabei handelt es sich um eine Sammlung von Festreden anonymer Verfasser auf römische Kaiser des 3. und 4. Jh. n. Chr.

b) Grundriss des römischen Trier im 1. Jh. n. Chr.

Trier wurde unter Augustus 16 bis 33 v. Chr. gegründet, stieg als Augusta Treverorum zur Hauptstadt der Provinz Germania auf und war um 300 n. Chr. mit etwa 80 000 Einwohnern die größte Stadt nördlich der Alpen.

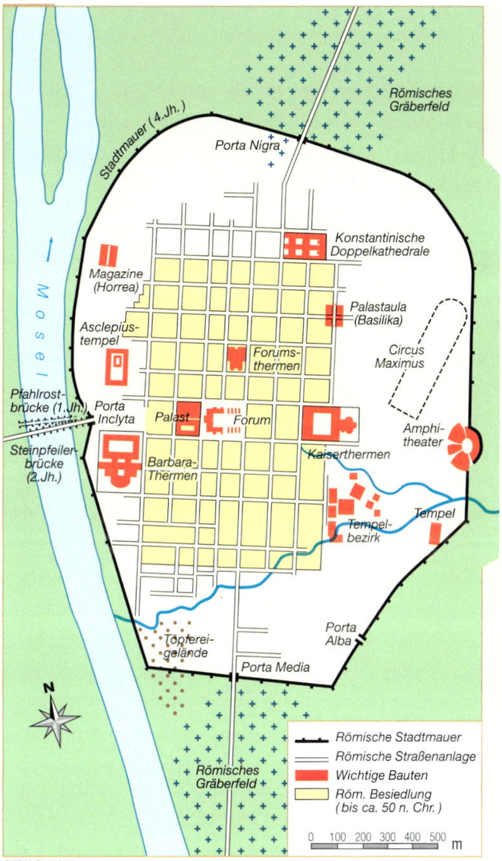

c) Aus einem Erlass der Kaiser Valens, Gratianus, Valentinianus an den Präfekten Galliens, 375 n. Chr.

In jeder Diözese, die Deiner Magnifizenz anvertraut ist, in den am dichtesten bewohnten Gemeinden, die mächtig sind und an Ruhm hervorragen, sollen gerade die besten Lehrer – wir meinen die Rhetoren und Grammatiker der attischen und römischen Gelehrsamkeit – die Erziehung der Jugend leiten. Denen, die im Range eines Orators stehen, sollen aus der Staatskasse Bezüge im Vierundzwanzigfachen des Grundgehaltes gewährt werden, den Grammatikern, ob für das Lateinische oder Griechische, soll, wie üblich, eine etwas geringere Summe von 12 Grundbeträgen geleistet werden, damit in den einzelnen Hauptstädten [Metropolis] unter den berühmten Professoren eine Auswahl in gebührender Weise vorgenommen werden kann. Wir sind aber nicht der Ansicht, dass es jeder Gemeinde freigestellt sein soll, ihre Doktoren und Lehrer nach ihrem eigenen Gutdünken zu entschädigen. Insbesondere sollte unserer Meinung nach der hochberühmten Gemeinde von Trier ein reicherer Betrag überwiesen werden, sodass einem Rhetor der dreißigfache Grundbetrag gewährt wird, einem lateinischen Grammatiker der zwanzigfache, einem griechischen Grammatiker, falls sich ein würdiger finden sollte, der zwölffache.

M 11 a und c zit. nach: Geschichte in Quellen: Altertum, bearb. v. Walter Arend, 3. Aufl., bsv, München 1978, S. 750, übers. v. Walter Arend.

1 ■ **Untersuchen Sie mithilfe von M 11 a, b, c die Bedeutung Triers für das Römische Reich.**

2 ■ **Erläutern Sie anhand von M 11 a, b, c den Begriff der Romanisierung.**

M 12 Aus den Digesten, 533 n. Chr.

Die Digesten, ein Teil des „corpus iuris civilis“ umfassen 50 Bücher. In ihnen sind Auszüge aus juristischen Schriften zusammengestellt, die für die Rechtsprechung im römischen Kaiserreich wichtig waren.

1, 1, 10 (Ulpianus im 1. Buch der Rechtsregeln): Gerechtigkeit ist der beständige und dauernde Wille, jedem das ihm Gebührende zuzuteilen. Die Rechtswissenschaft ist die Kenntnis der göttlichen und menschlichen Dinge, die Wissenschaft dessen, was Recht und was Unrecht ist. Die Gebote des Rechts sind folgende: ehrenhaft leben, den Nächsten nicht schädigen und jedem das Seine zukommen lassen.

1, 3, 29 (Paulus in der Sonderschrift zur Lex Cincia): Gegen das Gesetz handelt, wer tut, was das Gesetz verbietet. Es umgeht aber das Gesetz der, der zwar genau den Wortlaut des Gesetzes beachtet, sich um seinen Sinn aber herumdrückt.

4, 2, 1 (Ulpianus im 62. Buch zum Edikt): Der Praetor bestimmt: Was unter psychischem Zwang zustande gekommen ist, werde ich nicht für gültig erklären.

12, 6, 14 (Poponius im 21. Buch zu Sabinus): Es ist von Natur billig, dass sich niemand auf Kosten eines anderen bereichern darf. [...]

22, 3, 2 (Paulus im 69. Buch zum Edikt): Demjenigen obliegt es, den Beweis zu erbringen, der [etwas Rechtserhebliches] behauptet, nicht dem, der es leugnet. [...]

50, 17, 48 (Paulus im 35. Buch zum Edikt): Was in der Hitze des Zorns geschieht oder gesagt wird, das hat nicht eher Gültigkeit, als bis sich aus der Aufrechterhaltung der Gesinnung gezeigt hat, dass es echter innerer Entschluss war. [...]

50, 17, 56 (Gaius im 3. Buch der Legate zum Stadtedikt): In Zweifelsfällen ist immer die wohlwollendere Auslegung vorzuziehen. [...]

1, 9, 1 (Ulpianus im 62. Buch zum Edikt): Die größere Würde liegt beim männlichen Geschlechte. [...]

48, 19, 18 (Ulpianus im 3. Buch zum Edikt): Wegen bloßer Gedanken wird niemand bestraft.

48, 19, 5 (Ulpianus im 7. Buch über das Amt des Prokonsul): Auf bloße Verdachtsmomente hin jemanden zu verurteilen, geht nicht an, wie [...] Traianus [...] anwies: Es sei besser, wenn einmal die Tat eines Schuldigen ungesühnt bleibt, als wenn man einen Unschuldigen verurteilt. [...]

50, 16, 131 (Ulpianus im 3. Buch zum Julisch-Papischen Gesetz): Die Strafe ist die Vergeltung für das Verbrechen. [...]

48, 19, 20 (Paulus im 18. Buch zu Plautius): Die Strafe wird verhängt zwecks Besserung des Menschen.

48, 10, 9, 1 (Ulpianus im 8. Buch über das Amt des Prokonsul): Die gleiche Strafe [wie bei Münzfälschung] trifft den, der etwas Derartiges hätte verhindern können, es aber unterlassen hat.

48, 19, 76, 10 (Claudius Saturninus in der Sonderschrift über die Strafen der Zivilpersonen): [...] Dazwischen kommt es auch vor, dass die Strafen mancher Verbrechen verschärft werden, wenn es nötig ist, ein Exempel zu statuieren, weil allzu viele Leute einem Laster frönen.

Zit. nach: Hagen Schulze/Ina U. Paul (Hg.), Europäische Geschichte. Quellen und Materialien, bsv, München 1994, S. 444 ff., übers. v. Rudolf Düll u. Erwin Scharr.

1 Traian: römischer Kaiser (98–117 n. Chr.)

1 ■ **Prüfen Sie durch einen Vergleich mit dem BGB, welche Rechtsgrundsätze aus den Digesten (M 12) heute noch gültig sind.**

2 ■ **Zusatzaufgabe: Diskutieren Sie, warum einzelne Artikel heute nicht mehr gelten.**

M 13 Der Rechtswissenschaftler Dieter Simon über die Zukunftsfähigkeit des römischen Rechts, 2009

Ist der Gipfel erreicht, beginnt der Abstieg. Was in Deutschland verzögert wurde, war andernorts im Zuge der Nationwerdung längst auf dem Wege oder schon verwirklicht: die landessprachliche Kodifikation des heimischen Rechts. Mit jedem neuen Gesetzbuch der jungen europäischen Nationalstaaten verlor das römische Recht ein Stück seines Territoriums. Aus einer praktisch genutzten Rechtsmasse wurde eine historische Textmasse. Deutschland erreichte diesen Zustand, wie so häufig, reichlich spät: am 1. Januar 1900, als das Bürgerliche Gesetzbuch (BGB) in Kraft trat. Die universitären Lehrer des römischen Rechts hätten jetzt eigentlich betriebsbedingt arbeitslos werden müssen. Stattdessen wiesen sie geschickt darauf hin, dass in dem neuen Gesetzbuch viel Römisches stecke, so viel, dass der Rechtsunterricht auf das römische Recht als einführende Hilfe nicht verzichten könne. Die Diagnose stimmte – waren die Gesetzesmacher doch schon während der 25 Jahre, die das BGB-Gesetzgebungsverfahren brauchte, kritisiert worden, weil sie zu „romanistisch“ gearbeitet hätten: Einerseits huldige die Sprache zu sehr der kühlen Abstraktion der lateinischen Begriffe, andererseits seien die Regeln zu individualistisch und eigennützig ausgefallen. [...] Heutige Juristen geben sich kaum mehr mit römischem Recht ab, und wenn, dann eher am Rande. Rechtslehrer, die die Digesten lesen, verstehen und interpretieren können, sterben aus. Die Studenten, hilflos ohne die großflächig verschwundene humanistische Schulung, haben andere Sorgen. Das ehrwürdige römische Erbe befindet sich also auf dem Weg ins Museum, allenfalls in die Studierstuben rechtshistorischer Forschung. Römischrechtliche Fachausdrücke wie Konkurs („*concursus creditorum*", Zusammenlauf der Gläubiger) oder einzelne Regeln, wie „*quod omnes tangit, debet ab omnibus approbari*" (was alle betrifft, muss von allen gebilligt werden) dürften uns allerdings noch lange begleiten.

Dieter Simon, Paragrafen der Zukunft. Das römische Recht wirkt bis heute nach, in: Johannes Salzwedel (Hg.), Das Ende des Römischen Reiches. Verfall und Untergang einer Weltmacht, Deutsche Verlags-Anstalt, München 2009, S. 262 f.

1 ■ Diskutieren Sie die Schlussthese Simons, dass uns das römische Recht noch lange begleiten werde.

M 14 Der Historiker Wilfried Nippel über das Verhältnis von Antike und amerikanischer Gegenwart, 2008

Am Ende dieses Verfassungsprozesses stand die fundamentale Differenz zur Antike fest. Dies galt zumal für diejenigen, die sich mit ihrem Verfassungskonzept durchsetzten. Sie waren es gewesen, die sich besonders intensiv mit der Antike beschäftigt und eben deshalb für eine grundlegend verschiedene politische Ordnung optiert hatten. Die Gegner der Bundesverfassung, die „*Anti-Federalists*", die politische Freiheit nur in kleinräumigen Republiken für möglich und eine starke Exekutive für gefährlich hielten, waren in der Sache dem antiken Politikkonzept viel näher, obwohl sie sich (abgesehen von der Verwendung klassischer Namen als Pseudonyme [...]) mit diesem Vergleich weit weniger auseinandersetzten.

Auf der Seite derer, die schließlich gewannen (wenn auch erst nach Konzessionen an die „*Anti-Federalists*"), stellte Alexander Hamilton fest, dass die „Lebensweise der modernen Menschen, die ganz vom Streben nach Gewinn in Anspruch genommen und mit der Verbesserung der landwirtschaftlichen und kommerziellen Erträge beschäftigt sind, [...] unvereinbar [ist] mit den Lebensbedingungen einer soldatischen Nation, wie sie in jenen [altgriechischen] Republiken geherrscht haben". Hamilton hatte schon 1782 erklärt, angesichts der viel komplexeren gesellschaftlichen Strukturen der Gegenwart sei eine Suche nach Modellen in der griechischen und römischen Antike genauso lächerlich, wie wenn man sich an den Hottentotten oder den Lappen orientierte.

Wilfried Nippel, Antike oder moderne Freiheit? Die Begründung der Demokratie in Athen und in der Neuzeit, Fischer, Frankfurt/M. 2008, S. 134.

1 ■ Nennen Sie Argumente und Gegenargumente für eine Orientierung der amerikanischen Gründerväter an antiken Vorbildern.

2 ■ Erörtern Sie, warum sich die amerikanischen Gründerväter vom antiken Vorbild emanzipierten.

M 15 Der Historiker Wilfried Nippel über die Französische Revolution und die Antike, 2008

In der Zeit der Französischen Revolution lässt sich ein Weg von einer, allerdings selektiven Antikebegeisterung zur Antikekritik nachvollziehen. Dieser Bezug auf die Antike steht in der Anfangsphase der Revolution jedoch noch nicht im Vordergrund, sondern entwickelt sich aus der fortschreitenden Radikalisierung einerseits, der Reaktion auf den Terror während der Jakobinerherrschaft andererseits. Wie im amerikanischen Fall darf aber die Bedeutung der Antikerezeption für die allgemeine Verfassungsdiskussion nicht überschätzt werden. Die geläufige Rede vom „Antikekult" der Revolutionäre ist jedenfalls missverständlich.

In der Sache kann auch in Frankreich nicht von einer ernsthaft betriebenen Wiederherstellung antiker Modelle die Rede sein. Man verstand sich vielmehr (in Idealkonkurrenz zu den amerikanischen Verfassungsvätern) als Begründer einer welthistorisch gänzlich neuen Ordnung. Die sich überstürzenden Ereignisse, die Härte der inneren Auseinandersetzungen, die Verschränkung von Radikalisierung der Revolution und gegenrevolutionären Aufständen, die Abwehr der europäischen Interventionsmächte, die skrupellos ausgetragenen Machtkämpfe zwischen und innerhalb der Fraktionen, die jeweils neue Führer der Revolution hervorbrachten – dies alles ließ keinen ebenso gründlichen wie kontroversen Diskussionsprozess um die aus der Geschichte seit der Antike zu ziehenden Lehren wie im amerikanischen Fall zu. Bezüge auf die Antike stehen deshalb zumeist im Dienste einer situationsbedingten Argumentation, [...] bedeuten jedoch keine tiefgehende Auseinandersetzung mit den antiken Modellen. [...]

Trotz aller Bedeutung für die Rhetorik und Emblematik der Revolution wird man insgesamt den Rückbezug auf die Antike in seinen praktischen Auswirkungen auf die Politik nicht überschätzen dürfen. Im Vordergrund steht weitaus mehr die Selbstidentifizierung mit antiken Rollenmodellen der Bürgertugend als die Nachahmung von Institutionen. Ernsthaft hat kaum einer der Protagonisten die Vorstellung gehabt, antike Modelle einfach auf die Gegenwart transponieren zu können.

Wilfried Nippel, Antike oder moderne Freiheit? Die Begründung der Demokratie in Athen und in der Neuzeit, Fischer, Frankfurt/M. 2008, S. 152, 175 f.

1 ■ Untersuchen und beurteilen Sie anhand von M 15, warum es während der Französischen Revolution nicht zur Wiederherstellung antiker politischer Vorstellungen kam.

Anwendungsaufgabe
Interpretation eines historischen Textes mit gegliederter Aufgabenstellung

M 1 Fluch oder Segen für die Menschheit? – Der deutsche Historiker und Journalist Peter Bender über die Herrschaft Roms, 2003

Erst Augustus erfasste Roms Herrschaftsgebiet als ein Ganzes, das eine Ordnung, eine Rechtfertigung und eine Form, also Grenzen, haben musste. Er traf Vorkehrungen dafür, dass die Provinzen nicht weiter privatem Gewinnstreben ausgeliefert, sondern verwaltet wurden. Er ergänzte das Recht des Eroberers durch die Fürsorge des Friedensstifters. Nach den Verwüstungen der ewigen Bürgerkriege herrschte eine überwältigende Sehnsucht nach Frieden und gesicherten Verhältnissen. Beides gewährte Augustus. [...]
Schließlich setzte der Kaiser dem Reich Grenzen. [...] Durch bittere Erfahrungen hatte er die Gefahr aller Großreiche erkannt: Unbegrenzte Ausdehnung führt zur Überdehnung, die militärischen, menschlichen und finanziellen Kräfte reichen nicht mehr. [...]
Polybios[1] fragte gegen Ende seines Lebens, ob Roms Herrschaft ein Fluch oder ein Segen für die Menschheit sei. Es war beides, zuerst ein Fluch und dann ein Segen. Auf zweihundert Jahre Unterwerfung und Unterdrückung folgten mehr als zwei Jahrhunderte fast ungestörten Gedeihens. Das erste und noch mehr das zweite Jahrhundert gehören zu den glücklichsten Epochen der Weltgeschichte. Das Römische Reich, das zum Mythos bis in die Gegenwart wurde, entstand in einem zwiefachen Prozess: Der Unterschied zwischen dem Herrschaftsland Italien und den untertänigen Provinzen ebnete sich allmählich ein, im Jahr 212 waren beinahe alle Bewohner des Reiches Römer. Parallel zur Verbreitung des Bürgerrechts vollzog sich der zweite Prozess, die Urbanisierung und Latinisierung aller Teile des Reiches, die nicht schon griechisch urbanisiert waren. Städtische Lebensform und lateinische Sprache schufen die hohe einheitliche Zivilisation, die wir in den archäologischen Resten rund um das westliche Mittelmeer finden. Nicht mehr die Legionen hielten dieses Imperium zusammen, sie schützten es nur noch nach außen; Kultur im weitesten Sinn begründete ein Reich, das nicht zuletzt deshalb zugrunde ging, weil alle, die außerhalb seiner Grenzen lebten, daran teilhaben wollten.

Peter Bender, Weltmacht Amerika. Das neue Rom, Klett-Cotta, Stuttgart 2003, S. 249 f.

1 Polybios (um 200–120 v. Chr.): griech. Geschichtsschreiber

Interpretieren Sie die Darstellung M 1, indem Sie
1. die Argumentation des Autors hinsichtlich der Leitfrage „Roms Herrschaft – Fluch oder Segen für die Menschheit?“ analysieren,
2. seine Überlegungen zur Entwicklung des Römischen Reiches erläutern und
3. die Position des Autors charakterisieren.
4. Beurteilen und bewerten Sie die Position des Autors.

M 2 Die Expansion des Römischen Reiches von 200 v. Chr. bis 117 n. Chr.

Überprüfen Sie Ihre Kompetenzen

M3 Grundriss des römischen Köln im 4. Jh. n. Chr.

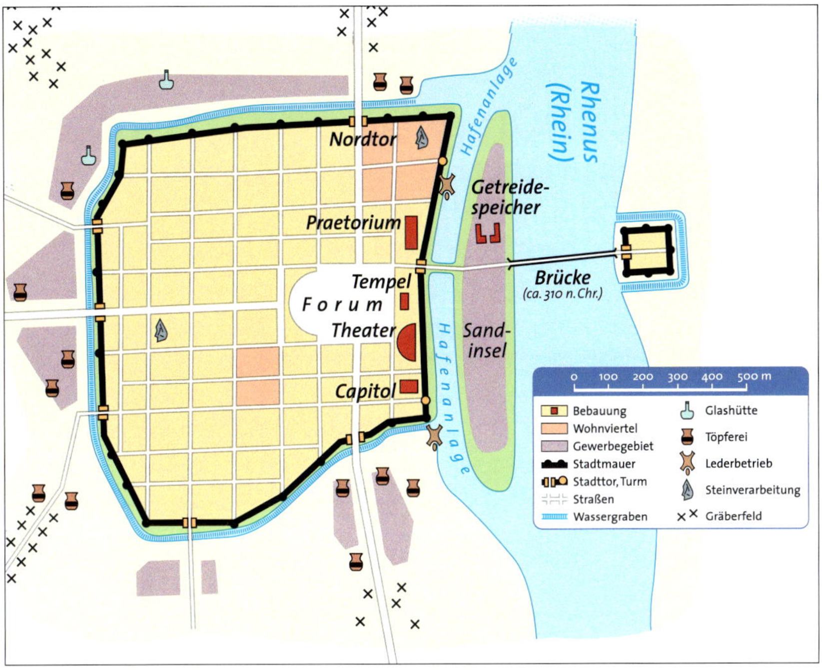

Wahrnehmungskompetenz

1 Erläutern Sie am Beispiel der lateinischen Sprache die Beziehungen zwischen Romanisierung und europäischer Kultur.
2 Beschreiben Sie am Beispiel von Köln das Vorgehen der Römer bei Städtegründungen.
3 Analysieren Sie die Bedeutung des römischen Rechts für die Entwicklung des deutschen Rechts im Mittelalter und in der Neuzeit.
4 Vergleichen Sie den Stellenwert der Antike in den politischen Diskussionen der Amerikanischen und der Französischen Revolution.

Analysekompetenz

5 Beschreiben Sie den Stadtplan des römischen Köln (M 3) und vergleichen Sie ihn mit anderen deutschen Städten.

Urteilskompetenz

6 Erörtern und beurteilen Sie, wie die Romanisierung die europäische Kultur seit der Antike geprägt hat.
7 Bewerten Sie die Rolle des römischen Rechts bei der Entstehung des modernen Rechtswesens.
8 Beurteilen Sie, welchen Stellenwert die an der Ausarbeitung einer Verfassung beteiligten Persönlichkeiten in der Amerikanischen und der Französischen Revolution der Antike zusprachen.

Orientierungskompetenz

9 Die lateinische Sprache – eine „tote" oder eine „lebendige" Sprache? Diskutieren Sie, ob das Erlernen der lateinischen Sprache für Menschen in unserer modernen Gesellschaft eine Bedeutung hat. Begründen Sie Ihre Auffassung.

Zentrale Begriffe

Amerikanische Revolution
Code civil
corpus iuris civilis
Französische Revolution
Latein, Vulgärlatein
Repräsentation
Repräsentativverfassung
Romanische Sprachen
Romanisierung
Römisches Recht
Universitas
Urbanität

5 Infragestellung traditionaler Herrschaft in der Frühen Neuzeit

M1 Predigender Bauer, Holzschnitt von Erhard Schön (nach 1491–1542), 1524.
Es handelt sich um die Titelseite von Diepold Peringers Flugschrift „Eyn Sermon …", Nürnberg, 1524.

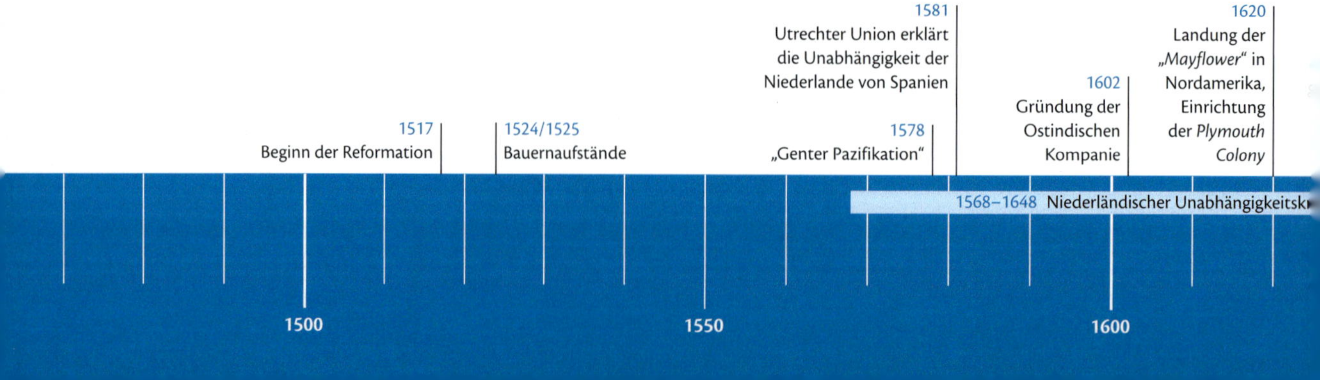

In der Frühen Neuzeit gab es Auseinandersetzungen, in denen die bestehende Ordnung infrage gestellt wurde. Das gilt für den Bauernkrieg 1524/25, der ein sozialer Konflikt während der Reformationszeit war. Die reformatorische Bewegung trieb den Widerstand des gemeinen Mannes an, der sich gegen jede Art der Herrschaft richtete. Die Empörung der von bürgerschaftlichen und herrschaftlichen Rechten ausgeschlossenen Menschen scheiterte jedoch am militärischen Widerstand der Herrschenden. Der Unabhängigkeitskampf der Niederländer richtete sich gegen die spanische Herrschaft. Ermutigt wurde der niederländische Widerstand gegen den katholischen Monarchen Spaniens durch den Calvinismus, der den Ständen bzw. der Volksvertretung der Niederländer ein Widerstandsrecht zusprach. Der Kampf endete mit der Spaltung der niederländischen Provinzen und bedeutete für die nördlichen Provinzen 1581 die Selbstständigkeit als Republik. Während der Englischen Revolution (1640–1660) kam es zu einer offenen Konfrontation zwischen Parlament und Krone um die Vorrechte des Königs. Verstärkt wurde der Konflikt durch religiöse Gegensätze. Die Kämpfe mündeten in Bürgerkrieg, „Königsmord" und Militärdiktatur. Sodann legte die nahezu gewaltfreie *Glorious Revolution* (1688/89) das Fundament für die Erneuerung Englands in eine vom Parlament geschaffene und kontrollierte Monarchie. In der Amerikanischen Revolution kämpften die Siedler der neuenglischen Kolonien anfangs gegen das englische Mutterland. Ging es zunächst um wirtschaftliche Autonomie, entwickelte sich ihr Widerstand zu einem Kampf um politische Selbstständigkeit. In der zweiten Hälfte der 1770er-Jahre gründeten die dreizehn amerikanischen Kolonien einen Staatenbund und erklärten nach dem Unabhängigkeitskrieg im Jahre 1776 ihre Unabhängigkeit. Der Staatenbund entwickelte sich zu einem Bundesstaat und einem modernen Verfassungsstaat.

Kompetenzerwerb: Nach Bearbeitung dieses Kapitels können Sie

- die Erhebung des „gemeinen Mannes" im Bauernkrieg beurteilen,
- die Reaktionen auf die Aufstände im Bauernkrieg charakterisieren,
- die Entwicklung des niederländischen Unabhängigkeitskampfes von einem konfessionellen Konflikt zur politischen Selbstbestimmung beschreiben,
- den Aufstand der Niederländer gegen Spanien und die niederländische Unabhängigkeitserklärung untersuchen und bewerten,
- den Konflikt zwischen Krone und Parlament in England untersuchen,
- Bürgerkrieg, „Königsmord" und Militärdiktatur sowie die *Glorious Revolution* und die konstitutionelle Neuordnung Englands untersuchen und bewerten,
- die Ursachen des Konflikts zwischen neuenglischen Kolonien und dem Mutterland erkennen,
- die politische Selbstbestimmung der Amerikaner und die Begründung des Verfassungsstaates in der Amerikanischen Revolution analysieren und beurteilen,
- den amerikanischen Unabhängigkeitskampf erklären.

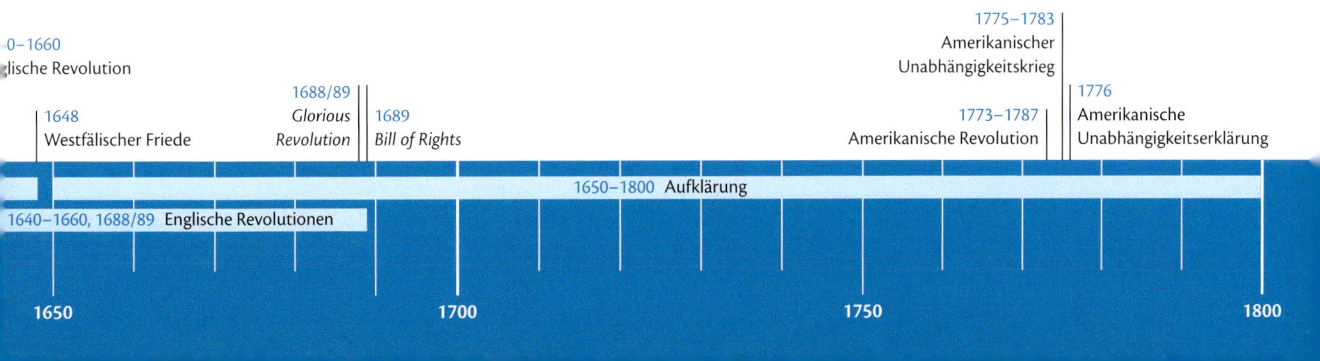

1648: Westfälischer Friede
Mit dem Westfälischen Frieden von 1648 wurde der Dreißigjährige Krieg beendet. Katholiken, Lutheraner und Calvinisten waren jetzt gleichberechtigt: Das Prinzip, wonach sich die Untertanen nach der Konfession des Fürsten richten mussten, wurde abgeschwächt. Dieses Friedensabkommen zeigt weitere wesentliche Veränderungen an: Die Rangordnung der europäischen Mächte hat sich zu Ungunsten des Deutschen Reiches verschoben. Innerhalb des Reiches bildeten die Reichsstände (Kurfürsten, weitere weltliche und geistliche Fürsten sowie Reichsstädte, die unmittelbar dem Kaiser unterstellt waren) ein starkes Gegengewicht zum Kaiser. Sie herrschten in ihren Gebieten weitgehend selbstständig. Im „Immerwährenden Reichstag" tagten die Ständevertreter seit 1663 in Regensburg.

Aufklärung
Bezeichnung für eine Denkrichtung in Europa im 17. und 18. Jahrhundert. Die Aufklärer wollten „das Licht der Vernunft" gegen kirchliche, feudale und „absolutistische" Traditionen verbreiten. Zentrale Gedanken waren die Auffassung von der Freiheit und Gleichheit aller Menschen und von der Toleranz gegenüber anderen Meinungen. Mittel zur Durchsetzung der Aufklärung waren vor allem Wissenschaft und Erziehung. Mit der Aufklärung verbindet sich ein optimistischer Glaube an den Fortschritt und die Kraft der Vernunft. Die Aufklärung war kein geschlossenes Denksystem, hatte jedoch enorme Auswirkungen: Die Ideen der Aufklärer trugen entscheidend zum Umsturz der politischen und gesellschaftlichen Verhältnisse in Frankreich und anderen Ländern um 1800 bei.

Bürgertum
Bürger lebten im Mittelalter und der Frühen Neuzeit als freie und vollberechtigte Einwohner in einer Stadt. Sie waren meist Kaufleute und Handwerker. Ab dem 18. Jahrhundert grenzte das Bürgertum sich durch Besitz, Bildung und Einstellung immer mehr von Adel und Klerus aber auch von Bauern und Tagelöhnern ab. Im 19. und 20. Jahrhundert gelten dann Unternehmer und Geschäftsleute als Besitzbürger, zu den Bildungsbürgern zählen Freiberufler, höhere Beamte oder Angestellte, mit akademischer Bildung; Kleinbürger sind Handwerker oder Kleinhändler.

M1 Die Delegierten des Kongresses unterzeichnen am 4. Juli 1776 in Philadelphia die amerikanische Unabhängigkeitserklärung, Gemälde von John Trumbull, um 1816

Gewaltenteilung
Gewaltenteilung meint die Aufteilung der staatlichen Gewalt in
- gesetzgebende Gewalt (Legislative),
- ausführende Gewalt (Exekutive),
- rechtsprechende Gewalt (Judikative).

In der heutigen Zeit wird oft noch die Presse bzw. werden die Medien als „vierte Gewalt" bezeichnet. Die Gewaltenteilung soll die Machtkonzentration in einer Person oder Institution verhindern.

Menschenrechte
Menschenrechte sind Rechte, die jeder Mensch unabhängig von seiner Stellung in Staat, Gesellschaft, Familie, Beruf, Religion und Kultur allein schon durch seine Geburt besitzt. Sie gelten ohne Rücksicht auf Hautfarbe, Geschlecht, Sprache, politische oder weltanschauliche Vorstellungen, nationale oder soziale Herkunft. Zu den Menschenrechten zählen das Recht auf Leben, die Gleichheit aller Menschen, die Freiheit des Glaubens und das Recht auf freie Meinungsäußerung.

Konfession
(von lat. *confessio* = Geständnis, Bekenntnis) Als Konfessionen werden heute die durch ein gemeinsames Glaubensbekenntnis geeinten Mitglieder verschiedener Kirchen bezeichnet. Meist wird hier grob zwischen katholisch und evangelisch getrennt. Es gibt jedoch zahlreiche weitere Untergruppen von Evangelischen, z. B. Lutheraner und Reformierte (Calvinisten, Zwinglianer).

Reformation
(von lat. *reformatio* = Umgestaltung, Erneuerung) Unter dem Begriff wird heute zumeist die Bewegung verstanden, die Luther mit seiner Kritik an der Kirche ausgelöst hat. Ausgangspunkt der Kritik war der Ablasshandel der katholischen Kirche. Die Reformation im 16. Jahrhundert hatte den Zweck, die ursprüngliche Reinheit des Glaubens und die Form der Kirche wiederherzustellen. Sie führte am Ende zu einer Spaltung der Kirche in katholische und evangelische Christen („Protestanten").

Unabhängigkeitserklärung der USA
Am 4. Juli 1776 erklärten Abgesandte der 13 Kolonien die Unabhängigkeit der *United States of America* (USA) vom englischen Mutterland. Der Text der Urkunde verweist auf grundlegende Menschenrechte und die Idee der Volkssouveränität.

Verfassung
Eine Verfassung beschreibt die Ordnung eines Staates und legt die Rechte und Pflichten der Bürger sowie die Aufgaben der verschiedenen Staatsorgane, z. B. des Parlaments und der Regierung, fest. Eine demokratische Verfassung wird meist schriftlich festgehalten, garantiert die Menschenrechte und regelt die Aufteilung der staatlichen Gewalt.

Volkssouveränität
Ein Grundprinzip der Demokratie: Alle Staatsgewalt geht vom Volk aus, das seinen Willen direkt oder indirekt über gewählte Abgeordnete zur Geltung bringt. Die Volkssouveränität wird nur durch die in der Verfassung festgelegten Menschenrechte beschränkt.

Grundwissentraining

1 Wissen wiederholen – mit der Arbeitskartei
a) Erfassen Sie das Grundwissen auf Karteikarten: Notieren Sie auf der Vorderseite die Stichworte, auf der Rückseite kurze Erläuterungen mit eigenen Worten. Nutzen Sie auch ein Lexikon.
b) Prägen Sie sich mithilfe Ihrer Arbeitskartei das Grundwissen ein, z. B. in Partnerarbeit.

2 Zusammenhänge herstellen – mithilfe einer Mindmap
a) Erstellen Sie unter Verwendung der Grundwissensbegriffe „Aufklärung" und „Menschenrechte" eine Mindmap. Ergänzen Sie ggf. weitere Aspekte, die Ihnen wichtig erscheinen.
b) Vergleichen Sie Ihre Ergebnisse im Plenum.

3 Anwendungsaufgabe
a) Beschreiben Sie das Gemälde M 1.
b) Erklären Sie, warum das Bild auf der Rückseite des amerikanischen Zwei-Dollar-Scheins abgebildet ist.

5.1 Der Bauernkrieg

Leitfragen:
Welche Ursachen, Forderungen und Folgen hatten die Bauernaufstände?
In welchem Zusammenhang standen diese zur Reformation?
Inwiefern lässt sich der Bauernkrieg als „Revolution des gemeinen Mannes" bezeichnen?

Reformation
Unter Reformation (von lat. *reformatio* = Umgestaltung, Erneuerung) wird heute zumeist Martin Luthers Kritik an der Kirche verstanden, die er im Jahre 1517 durch die Veröffentlichung seiner 95 Thesen zum ersten Mal öffentlich äußerte. Eigentlich ist mit dem Begriff „Reformation" die Wiederherstellung eines ursprünglichen Zustands gemeint. Die Reformation im 16. Jahrhundert hatte das Ziel, die Reinheit des Glaubens und die Form der Kirche wiederherzustellen. Sie führte am Ende zu einer Spaltung der Kirche in Katholiken und Protestanten. Aus der Reformationsbewegung entstanden die lutherischen Kirchen.

Eine „Revolution des gemeinen Mannes"?

Der Bauernkrieg war ein Ereignis von besonderer Bedeutung in der Geschichte der Frühen Neuzeit. Die Bauernunruhen stellten kein isoliertes Einzelereignis im 16. Jahrhundert dar. Vielmehr müssen sie in enger Verbindung mit der allgemeinen Unruhe der Zeit gesehen werden, die in der Mitte der 1520er-Jahre ihrem Höhepunkt entgegenstrebte. Diese breite Grundströmung der Unzufriedenheit hatte sich im ausgehenden 15. Jahrhundert in einer breiten publizistischen Diskussion über die Reform des deutschen Reiches niedergeschlagen, die mit konkreten sozialen, auf eine Neuordnung der Gesellschaft zielenden Beschwerden und Forderungen der Untertanen verbunden war. Dabei ging es unter anderem um die Aufhebung der Zünfte, Preisfestsetzung, Lohnkontrolle, das Verlangen nach Erleichterung der Abgaben, Aufhebung der Standesunterschiede oder eine Neubewertung der menschlichen Arbeit. Auch steht der Bauernkrieg in einem engen Zusammenhang mit der **Reformation***: Von Anfang an haben sich die Bauern intensiv für die reformatorische Bewegung interessiert, die ihren Widerstand gegen die traditionale Herrschaft zusätzlich verschärfte und ihm eine prinzipielle Stoßrichtung verlieh.
Der Bauernkrieg war weder eine zentral gelenkte noch eine geschlossene, in sich zusammenhängende Bewegung, sondern entwickelte sich aus einer Kette von Aufständen. Diese erhielten die Bezeichnung **„Bauernkrieg"** vor allem aus der Perspektive der betroffenen Obrigkeiten, die die Fülle ähnlicher Unruhen und Forderungen als eine einheitliche Bedrohung wahrnahmen, auch wenn man im Schwarzwald vermutlich nicht genau wusste, was in Thüringen vor sich ging. Doch bei aller regionalen Vielfalt vermittelten die Ziele der Aufständischen dem Bauernkrieg seine innere Einheit: Er richtete sich gegen die Ungerechtigkeit des grundherrlichen, territorialstaatlichen und geistlichen Herrschaftssystems.
Der Begriff „Bauernkrieg" konnte sich im historisch-politischen Bewusstsein der Deutschen allerdings erst im 19. und 20. Jahrhundert durchsetzen. Für die Zeitgenossen waren diese Auseinandersetzungen Aufstände des **„gemeinen Mannes"**, wobei das Wort „gemein" im Sinne von „allgemein" zu verstehen ist. Auch die geschichtlichen Quellen sprechen vom gemeinen Mann. Hierzu gehören diejenigen Personen, die in der Stadt wie auf dem Land von bürgerschaftlichen oder herrschaftlichen Rechten ausgeschlossen waren. Da sich der Aufstand des gemeinen Mannes nicht gegen eine bestimmte, sondern gegen jede Herrschaft richtete, wird der Bauernkrieg in der neueren Forschung als **„Revolution des gemeinen Mannes"** bezeichnet. Dabei sollte die Beteiligung des gemeinen Mannes an den politischen Entscheidungsprozessen erreicht werden (M 4).

Die „Zwölf Artikel"

Bis zur Revolution des gemeinen Mannes waren die meist regelmäßig mehr oder weniger blutig niedergeschlagenen Aufstände lokal oder regional begrenzt gewesen. Ihre Forderungen wurden in der Regel mit dem „alten Recht" begründet. Unter Hinweis auf mündlich überlieferte Rechte und Gewohnheiten beklagten die Bauern den Verlust oder die Einschränkung des „guten" alten Rechts. Ihre Kritik richtete sich gegen die Erhöhung der Abgaben, Fronen und Dienste sowie gegen die zunehmenden Eingriffe der Grund-, Gerichts- oder Leibherren in die dörfliche Selbstverwaltung. Bei der Berufung auf das alte Recht blieben die in den Verträgen festgelegten Spielregeln zwischen Herren und Untertanen unangetastet. Dagegen argumentierten die Aufständischen während des Bauernkriegs mit dem **„göttlichen Recht"**, das sie aus dem Evangelium herleiteten. Der gemeine Mann besaß mit der Heiligen

Schrift, in der er das göttliche Recht verankert glaubte, ein kritisches Instrumentarium, mit dessen Hilfe er die Welt auf ihre Gerechtigkeit überprüfen konnte. Und er befreite sich von den Fesseln der traditionellen spätmittelalterlichen Ordnung und deren Legitimationsgrundlagen. Das „göttliche Recht" ermöglichte außerdem neue Formen der Organisation von Protest und eröffnete neue Zielperspektiven. Dem Widerstand in fast allen Aufstandsgebieten fehlte nun der früher übliche herrschaftliche Bezugspunkt; es schlossen sich nicht mehr Untertanen eines Herrn zusammen, sondern ganze Dorfschaften und Landschaften strebten Veränderungen an. Überdies galt das göttliche Recht nicht länger nur für die ländliche Bevölkerung, sondern für alle Menschen. Es entstand eine überregionale und die Stände übergreifende Solidarität.
Mit besonderer Konsequenz argumentierten die **„Zwölf Artikel"** der aufständischen Bauern (M 5) auf der Grundlage des Evangeliums. Die im Februar/März 1525 verfassten, vielfach gedruckten und andernorts übernommenen bzw. an die lokalen Verhältnisse angepassten Artikel gelten heute unter Historikern als „Beschwerdeschrift, Reformprogramm und politisches Manifest zugleich" (Peter Blickle). Die „Zwölf Artikel" verlangten die redliche Predigt des Evangeliums, die Versorgung der Prediger durch den Ertrag des Zehnten, die freie Pfarrerwahl sowie die Säkularisierung der Klöster. Hinzu kamen Forderungen nach Abschaffung der Leibeigenschaft und des kleinen Zehnten, nach freier Jagd und Fischerei, nach Rückgabe der Allmende und des Gemeindewaldes sowie nach Verminderung der bzw. Entschädigung für Frondienste. Und die „Zwölf Artikel" wollten Rechtssicherheit und Gleichheit mit dem Adel durchsetzen. Der Adel wäre nicht entmachtet worden, sondern hätte rechtliche und wirtschaftliche Vorrechte verloren. Die Verwirklichung des „Programms", dessen Grundwerte „brüderliche Liebe" und „gemeiner christlicher Nutzen" sein sollten, hätte den gemeinen Mann wirtschaftlich entlastet und die Autonomie der Gemeinden verstärkt.

Verlauf des Bauernkrieges

Die wachsende politische und soziale Unzufriedenheit des gemeinen Mannes schlug sich in zahlreichen Beschwerden und Forderungen nieder, die eine einheitliche Grundstimmung, ein **allgemeines Bewusstsein der Bedrückung und Entrechtung** offenbarten. Dabei kamen besonders die bäuerlichen Mittel- und Oberschichten zu Wort. Ihnen ging es um die Verminderung der persönlichen Belastungen des Einzelnen aufgrund der Leibeigenschaft oder der Höhe und Ungleichheit der Dienste und Abgaben. Auch wollten sie den großen Steuerdruck verringern und kollektive Belastungen einschränken. Die Beschränkungen der dörflichen Autonomie, die Einengung des gemeinsamen Besitzes an Land und Wald oder die Einziehung alter Rechte auf Jagd und Fischerei sollten verkleinert werden. In manchen Regionen erschienen den Bauern zudem das Bevölkerungswachstum und die damit verbundene Zunahme der Unterschichten als einer der wesentlichen Gründe der Krise. Gegner des gemeinen Mannes waren die Grundherren sowie der Territorialstaat mit seinen Steuerforderungen und seiner Beamtenwillkür.
Der Bauernkrieg war eine **Massenbewegung**. Für das Gebiet des heutigen Bundeslandes Baden-Württemberg hat die Forschung eine aktive Teilnehmerzahl zwischen 100 000 und 115 000 Mann errechnet. Diese Mindestsumme erfasst etwa 60 bis 70 Prozent der männlichen, waffenfähigen Bevölkerung. Der Bauernkrieg erfasste große Teile des deutschen Sprachraums. Vom Sommer 1524 bis zum Mai 1525 weiteten sich die lokalen Bauernaufstände aus über Süddeutschland, Österreich (Tirol), die Schweiz, Schwaben, Franken, Elsass, Thüringen und Sachsen. Die „Zwölf Artikel" trieben die Einigungsbewegung voran und verliehen ihr eine neue, konzentrierte Stoßkraft. Als die Unruhen auf Thüringen übergriffen, war der Höhepunkt im Südwesten bereits überschritten (M 6).

M1 Thomas Müntzer (ca. 1488–1525), Kupferstich von Christoffel van Sichem, 16. Jh.

Müntzer war ein deutscher Theologe und Pfarrer, der den Umsturz der bestehenden Ordnung rechtfertigte. Er betätigte sich im Bauernkrieg als Agitator und wurde 1525 in der Schlacht bei Frankenhausen gefangen und hingerichtet.

Die Auseinandersetzungen trugen anfangs noch keinen kriegerischen Charakter. Die Bauern rotteten sich zu bewaffneten Haufen zusammen, demonstrierten durch Umzüge Einheit und Macht, boten aber gleichzeitig Schiedsgericht und Vergleich an. Es kam auch zu Übereinkünften, die allerdings nicht lange halten sollten. Eine entscheidende Schwäche der bäuerlichen Bewegung gegenüber der Obrigkeit bestand in der **defensiven Ausrichtung ihres Protestes**. Das gilt bis auf wenige Ausnahmen wohl für den gesamten Bauernkrieg. Erst als die Bauernhaufen in der zweiten Phase der Kämpfe damit begannen, umherzuziehen und tatsächlich die Herrschaft zu übernehmen, berührte das die Interessen der Landesherrschaften unmittelbar. Nun mussten sie sich wehren. Seit April 1525 gaben die Herrschenden ihre bisherige Politik des Verhandelns und Taktierens auf und setzten auf eine militärische Lösung des Konfliktes (M 2). Sie konnten im Laufe des Aufstandes immer mehr Truppen anwerben, während die bäuerlichen Haufen – besonders in der Erntezeit – kleiner wurden. Dem Heer des Schwäbischen Bundes gelang am 4. April 1525 bei Leipheim ein erster Sieg über ein Bauernheer; schon auf dem Weg dorthin hatte das Heer einzelne plündernde Bauerngruppen aufgerieben. Die militärischen Erfolge bildeten den Auftakt für weitere ähnlich verlaufende und die Bauern zunehmend entmutigende Gefechte. Eine der bedeutendsten Niederlagen erlebten die Aufständischen am 15. Mai 1525 in der **Schlacht bei Frankenhausen**. Die thüringischen Bauern unter der Führung von **Thomas Müntzer*** wurden besiegt und Müntzer am 27. Mai 1525 hingerichtet. Bis zum Juli 1525 war der Aufstand entweder durch vernichtende Schlachten oder friedliche Unterwerfungsverträge weitgehend beendet. Im Erzbistum Salzburg, einem selbstständigen Territorialstaat, dauerten die Kämpfe bis Anfang Juli 1526.

M2 Überfallene Bauern im Kampf mit Landsknechten, Druck (Ausschnitt) nach einem Holzschnitt von Hans Sebald Beham, um 1525

Reaktionen von Obrigkeit und Reformatoren

Die Reaktionen der **Obrigkeiten** nach ihrem militärischen Sieg (M 7a, b) waren Strafgelder, Entrechtung des Bauernstandes und Verschärfung der Leibeigenschaft. Hinzu kamen der Sieg des Landesfürstentums, die Schwächung der Gemeindeautonomie oder die „politische Apathie" der Bauern. Neuere Forschungen lenken die Aufmerksamkeit jedoch weg von den kurzfristigen hin zu den langfristigen Folgen des Bauernkriegs, der als Wendepunkt in der Geschichte bewertet wird. Die Bevölkerungsentwicklung sei keineswegs so dramatisch eingebrochen wie zunächst vermutet. Trotz der Belastung der bäuerlichen Gemeinden durch erhebliche Straf- und Wiedergutmachungsgelder habe es keine dauerhafte Beeinträchtigung der bäuerlichen Wirtschaft gegeben. Die Herrschaft habe in einigen Bauernkriegsgebieten vertragliche Lösungen mit dem gemeinen Mann gefunden, die einzelnen Beschwerden Rechnung trugen. Durch Abschaffung der Leibeigenschaft und die Begrenzung der Zehntzahlungen sollten künftige Aufstandsbewegungen verhindert werden. Dieses Hauptziel wollten einige nicht durch stärkere Unterdrückung erreichen, sondern mithilfe einer geschickten Politik der Verrechtlichung der Herrschaftsbeziehungen. Das bedeutet: Die Niederlage der Bauern rief weder langfristige Resignation hervor noch führte sie zu politischer Apathie der bäuerlichen Untertanen. Bei der Niederschlagung der Bauernaufstände kooperierten altgläubige und lutherische Fürsten.

Unter den Reformatoren gab es unterschiedliche Bewertungen. Der Schweizer Pfarrer und Reformator Ulrich Zwingli wollte auch die Obrigkeit dem Evangelium unterwerfen. Ihre Aufgabe bestehe darin, eine christliche Ordnung für die Welt zu errichten. Werde sie dieser Verpflichtung nicht gerecht, so Zwingli, besäßen die niederen Obrigkeiten das Recht zum Widerstand. Diesen Vorstellungen, die einen neuen Argumentationsspielraum in der Obrigkeitsdiskussion eröffneten, widersprach **Martin Luther***. Dabei wandte er sich auch gegen die Lehre **Thomas Müntzers**, der in Thüringen die Revolution des gemeinen Mannes anführte (M 8a, b, M 9). Nach Luthers **Zwei-Reiche-Lehre**, die Glauben und Politik als zwei voneinander getrennte Reiche begriff, war Aufruhr Sünde (M 8c). Von den Gläubigen verlangte er die Unterordnung unter die Obrigkeit, solange diese nicht in Glaubensfragen hineinredete. Weil die Gläubigen nur vorübergehend im sündigen weltlichen Reich leben müssten, war es ihnen zuzumuten, das Schwert der weltlichen Gewalt zu ertragen, selbst wenn es ungerecht oder gar tyrannisch war. In vielen seiner Schriften vertrat Luther auch die Auffassung, niemand könne und dürfe sein eigener Richter sein. Den aufständischen Bauern warf er vor, dass sie selbst das Schwert in die Hand genommen hätten, um über ihre eigene Sache zu richten. Das bedeutete für ihn den Zusammenbruch aller Ordnung. Mit seiner Ablehnung privater Gewaltausübung verteidigte Luther den sich herausbildenden frühmodernen Staat und sein Gewaltmonopol, das sich in aller Grausamkeit gegen den gemeinen Mann richtete. Auch aus dieser Sicht lässt sich der Bauernkrieg als ein Wendepunkt in der Geschichte betrachten.

1 ■ Erläutern Sie die These, der Bauernkrieg sei eine „Revolution des gemeinen Mannes" gewesen. Suchen Sie im Text nach Argumenten für oder gegen diese These und wägen Sie diese ab.

2 ■ Arbeiten Sie die Unterschiede zwischen altem Recht und göttlichem Recht heraus.

3 ■ Beschreiben Sie Ursachen, Verlauf und Folgen des Bauernkrieges.

M 3 Martin Luther (1483–1546), Ölgemälde von Lucas Cranach d. Älteren, 1529

Luther begann auf Wunsch des Vaters 1505 ein juristisches Studium; wegen eines Gelübdes – er war während eines Gewitters in Lebensgefahr geraten – trat er in das Kloster der Augustinereremiten in Erfurt ein. 1507 wurde er zum Priester geweiht, 1512 zum Doktor der Theologie ernannt und als Professor für Bibelauslegung an die Universität Wittenberg berufen. Dort publizierte er 1517 seine 95 reformatorischen Thesen.

Webcode:
KB645961-175

M4 Der Historiker Peter Blickle über den Bauernkrieg als „Revolution des Gemeinen Mannes", 2012

Die Zeitgenossen, genaue Beobachter, die sie waren, haben folglich auch einen anderen Begriff verwendet. Der Gemeine Mann tritt in den geschichtlichen Quellen an die Stelle des Bauern in der geschichtswissenschaftlichen Literatur. [...] Fürsten und Gemeiner Mann, Obrigkeit und Gemeiner Mann, Adel und Gemeiner Mann sind antithetische Begriffe. Der Gemeine Mann untersteht einer Herrschaft. Insofern umfasst er Bauern, Bürger und Bergknappen. Aber nicht alle, die nicht zu den Herrenständen gehören, gehen in der Bezeichnung auf. Knechte und Mägde, die nicht mit einem Hof in ihrem Dorf oder einem Haus in ihrer Stadt angesessen sind, gehören nicht zum Gemeinen Mann, und zu ihm zählen auch nicht Fahrende und Söldner, sie sind vielmehr der Pofel oder Pöbel. Selbst der Untertan des 16. Jahrhunderts, wie er funktional in Gegenüberstellung zu Obrigkeit gemeint ist, setzt Hausbesitz und Sesshaftigkeit voraus. [...] Der Bauernkrieg war keine Rebellion der Jungen, sondern eine solche der Familienväter, kein Aufstand der Reichen und der Ehrbarkeit, sondern eben ein solcher des Gemeinen Mannes. Alle sozialen Gruppen des Dorfes sind in einem numerisch entsprechenden Verhältnis beteiligt. Angesichts der Tatsache, dass Bauern im 16. Jahrhundert 80 % der Bevölkerung ausmachen, hat Deutschland in seiner Geschichte keine vergleichbare Revolution vorzuweisen, zumal man die Handwerker und Bürger vieler Städte sowie die Arbeiter und Knappen der Bergbaureviere hinzurechnen muss.

Die enge Bindung an das Haus erklärt, dass es ein weibliches Gegenstück des Gemeinen Mannes eigentlich nicht gibt. Das Wort umfasst beide Geschlechter, wie die Hausherrschaft des 16. Jahrhunderts das Regiment im Haus dem Hausherrn und der Hausfrau, dem Hauswirt und der Hauswirtin zuspricht, wenn auch in gradueller Abstufung. [...] Der Gemeinen Frau begegnet man im 16. Jahrhundert äußerst selten, und wenn, dann in einem anderen semantischen Zusammenhang. Wie das Reden von der bürgerlichen Revolution, der proletarischen Revolution und der friedlichen Revolution nicht in Frage steht, soweit es auf korrespondierende Sachverhalte angemessen angewandt wird, so hat sich auch die Redeweise von der Revolution des Gemeinen Mannes durchgesetzt. [...]

Der Gemeine Mann bezeichnet etwas Allgemeines, nicht unähnlich der gemeinen Christenheit, dem gemeinen Nutzen und dem gemeinen Pfennig (von allen zu entrichtende Reichssteuer). [...] Er präzisiert damit nämlich eine Bewegung, die den konkreten herrschaftlich-obrigkeitlichen Bezugspunkt überschreitet. Die Bewegung richtet sich nicht gegen eine bestimmte Herrschaft, gegen eine bestimmte Obrigkeit, gegen einen bestimmten Staat, sie richtet sich vielmehr gegen jede Herrschaft, gegen jede Obrigkeit, gegen jeden Staat. Als solche ist sie einmalig. Nahezu alle vorgängigen und nachfolgenden Unruhen im Reich beziehen sich auf eine konkrete Herrschaft [...]. Insofern der Begriff des Gemeinen Mannes darüber hinaus aber eine Präzisierung nach innen erfährt, indem er sich an den Hausbesitz heftet, wird das Ziel der Bewegung klar. Es geht im Bauernkrieg darum, den Gemeinen Mann in politische Entscheidungsprozesse zu integrieren, nicht aber jedermann, wie es demokratischen Prinzipien entsprechen würde.

Peter Blickle, Der Bauernkrieg. Die Revolution des Gemeinen Mannes, 4. akt. u. überarb. Aufl., C. H. Beck, München 2012, S. 42–46.

1 ■ Analysieren Sie mithilfe von M 4 den Begriff des „gemeinen Mannes". Zeigen Sie, wer zu dieser Personengruppe gehörte und wer nicht.

2 ■ Erläutern Sie die Definition des Bauernkrieges als „Revolution des gemeinen Mannes".

3 ■ Diskutieren Sie, ob und inwiefern der Bauernkrieg eine Revolution war.

M5 Aus den Zwölf Artikeln der Bauern, März 1525

Sebastian Lotzer, Kürschnergeselle und Laienprediger, und Christoph Schappeler, Stadtpfarrer in Memmingen, legten die Beschwerden aufständischer Bauern schriftlich nieder. Der Text wurde in hoher Auflage gedruckt, weit verbreitet und entwickelte sich rasch zum gemeinsamen Programm.

Der Erste Artikel. Erstens ist unsere demütige Bitte und Begehren, auch unser aller Wille und Meinung, dass wir von nun an Gewalt und Macht haben wollen, dass eine ganze Gemeinde ihren Pfarrer selbst erwählt und prüft. Sie sollen auch Gewalt haben, denselben wieder zu entlassen. [...]

Der Zweite Artikel. Zweitens, weil der rechte Zehnte im Alten Testament eingesetzt und im Neuen erfüllt ist, wollen wir den berechtigten Kornzehnten gerne geben. Doch wie es sich gebührt: d. h., man soll ihn Gott geben und den Seinen zuteilen. Gebührt er einem Pfarrer, der klar das Wort Gottes verkündigt, so wollen wir diesen Zehnten hinfort durch unseren eigenen Kirchenvorsteher, von der Gemeinde eingesetzt, einsammeln lassen. Davon soll dem Pfarrer, der von der ganzen Gemeinde gewählt wird, der gebührende und genügende Unterhalt, ihm und den Seinen, gegeben werden. Was übrig bleibt, soll man den Bedürftigen, die in demselben Dorf vorhanden sind, zuteilen, je nach Lage und Willen der Gemeinde. [...]

Der Dritte Artikel. Drittens ist es bisher Brauch gewesen, dass sie uns für ihre Leibeigenen gehalten haben, was zum Erbarmen ist, weil uns Christus alle mit seinem kostbaren Blut erlöst und erkauft hat, den Hirten ebenso wie den Höchsten, keinen ausgenommen. Aus der Schrift ergibt sich, dass wir frei sind, deshalb wollen wir es auch sein. [...]

Der Vierte Artikel. Viertens ist bisher üblich gewesen, dass kein armer Mann die Erlaubnis erhielt, Wildbret, Geflügel oder Fische in fließenden Gewässern zu fangen, was uns ganz unangemessen und unbrüderlich erscheint und dem Wort Gottes nicht gemäß. [...]

Der Fünfte Artikel. Fünftens sind wir auch belastet und geschädigt, was die Holznutzung [des Waldes] anbetrifft, denn unsere Herrschaften haben sich die Wälder alle allein angeeignet. [...]

Der Sechste Artikel. Sechstens wird uns eine schwere Last aufgebürdet durch die Dienstleistungen, die von Tag zu Tag mehr und täglich umfangreicher werden. Wir begehren deshalb, uns nicht so hart zu beschweren, sondern uns so zu belassen, wie unsere Vorfahren gedient haben.

Der Siebente Artikel. Siebentens, dass wir uns künftig von einer Herrschaft nicht mehr belasten und schädigen lassen wollen, sondern wenn eine Herrschaft jemandem rechtmäßig [ein Gut] verleiht, so soll er es nach der Übereinkunft zwischen Herr und Bauer besitzen. Insbesondere soll ihn der Herr nicht weiter zwingen oder dringen, weitere Dienste ohne Entgelt zu verrichten. [...]

Der Achte Artikel. Achtens werden viele dadurch belastet, dass Güter die Zinsen nicht erbringen können und die Bauern das Ihre einbüßen und verlieren. Wir begehren, dass die Herrschaften diese Güter von ehrbaren Leuten besichtigen lassen und nach Billigkeit einen Zins vom Ertrag erheben, damit der Bauer seine Arbeit nicht umsonst tue, denn ein jeder Arbeiter ist seines Lohnes würdig.

Der Neunte Artikel. Neuntens sind wir belastet und geschädigt durch die großen Frevel, dass man stets neue Gesetze macht, nicht dass man uns dem Vorfall gemäß bestraft, sondern mal aus großem Neid und mal aus großer Gunst. Es ist unsere Meinung, dass man nach altem geschriebenen Strafmaß strafen soll, wonach die Sache verhandelt wird, und nicht nach Gunst.

Der Zehnte Artikel. Zehntens werden wir dadurch geschädigt, dass einige Herren sich Wiesen angeeignet haben, desgleichen Äcker, die der Gemeinde gehören. Dieselben werden wir wieder in unseren gemeinsamen Besitz nehmen, es sei denn, man hat sie redlich gekauft. [...]

Der Elfte Artikel. Elftens wollen wir den „Todfall" ganz und gar abschaffen und nimmer dulden und gestatten, dass man Witwen und Waisen das Ihre nimmt.

Beschluss. Zwölftens ist unser Beschluss und endgültig Meinung, wenn einer oder mehrere Artikel, die hier aufgestellt sind, dem Worte Gottes nicht gemäß sein sollten – wie wir aber nicht glauben –, so möge man uns diese mit dem Wort Gottes als unzulässig erweisen, dann wollen wir davon absehen, wenn man es uns aufgrund der Schrift nachweist.

Günter Franz, Quellen zur Geschichte des Bauernkrieges, Wissenschaftliche Buchgesellschaft, Darmstadt 1963, S. 174–179.

1 Untersuchen Sie die Forderungen der Bauern nach ihrer Legitimationsgrundlage:
■ a) Nennen und erläutern Sie die religionspolitischen Forderungen, die auf dem durch die Bibel überlieferten „göttlichen Recht" beruhen.
■ b) Nennen und erläutern Sie die sozialpolitischen Forderungen, die auf dem „guten alten Recht" der Bauern basieren.

2 ■ Erörtern Sie, was die Durchsetzung der Forderungen für die frühneuzeitliche Ordnung bedeutet hätte.

3 ■ Diskutieren Sie, ob die Forderungen als „revolutionär" oder „reformerisch" bezeichnet werden können.

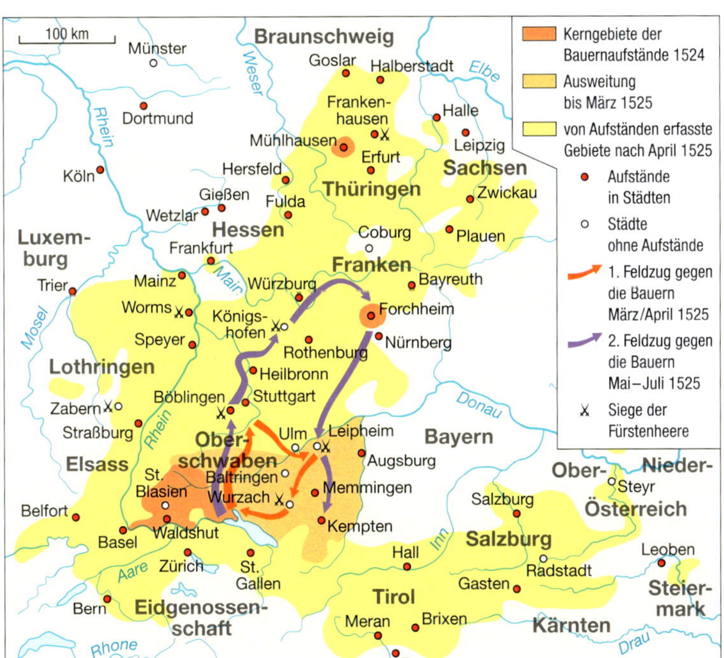

M6 Bauernaufstände und Bauernkrieg (1524/1525)

1 ■ Bestimmen Sie mithilfe der Karte M6 Charakter, Bedeutung und Verlauf des Bauernkriegs.

M7 Reaktionen der Obrigkeit

a) Aus dem Bericht des Landgrafen Philipp von Hessen über die Schlacht bei Frankenhausen, 16. Mai 1525

In seinem Brief an den Erzbischof von Trier heißt es:

Wir teilen Euer Liebden [...] mit, dass wir gestern zusammen mit Herzog Georg von Sachsen vor Frankenhausen gezogen sind, weil dort eine große Zahl Bauern lag. Als die Bauern unseren Vormarsch und unsere Angriffsabsicht erkannten, zogen sie aus der Stadt auf eine Anhöhe [...] in der halsstarrigen Absicht, uns Gegenwehr zu leisten. [...] Sie schrieben uns, dass sie Christus erkannt hätten, den auch wir erkennen sollten, und dass sie uns nichts tun würden, wenn wir uns ihren Weisungen entsprechend verhielten. [...] Wir antworteten, dass wir sie auf Gnade und Ungnade annehmen würden, wenn sie uns den Thomas Müntzer samt Anhang ausliefern würden. Aber wir erhielten keine Antwort. Also rückten wir unsere Geschütze auf eine Anhöhe, zogen unser Fußvolk und die Reiter nach und feuerten in ihre ersten Reihen. Als die Bauern dies sahen, flohen sie eilig von der Anhöhe in die Stadt, wir setzten ihnen nach, erstachen, wen wir trafen, stürmten die Stadt, erstachen alle Männer, plünderten und haben so mit Gottes Hilfe den Sieg errungen. [...] Von den Aufständischen wurden 6000 getötet und 600 gefangen.

Günter Franz, Quellen zur Geschichte des Bauernkrieges, Wissenschaftliche Buchgesellschaft, Darmstadt 1963, S. 523 f.

b) Aus einem Brief des Truchsess Georg zu Waldburg an Herzog Georg von Sachsen, 14. März 1526

Ich befürchte [für die Zukunft] noch allerlei böse Praktiken der Bauernschaft. Deshalb ist Not, dass alle Fürsten, Herren und der ganze Adel Vorsicht walten lassen [...] und den Bauern Wehr und Harnisch nehmen. [...] Ich habe [früher] bei vielen großen Fürsten und Herren gefunden, dass ein jeder die am besten gerüsteten Bauern hat haben wollen und Wehr und Harnisch geboten hat. [...] Ich für meinen Teil will jedenfalls mein Lebtag lang meinen Bauern weder Wehr noch Harnisch gebieten, und meiner geringen Meinung nach wäre es notwendig, dass allen Fürsten und Herren das vergangene Jahr eine Warnung sei, was die Waffenhaltung ihrer Bauern anbelangt.

Günter Franz, Quellen zur Geschichte des Bauernkrieges, Wissenschaftliche Buchgesellschaft, Darmstadt 1963, S. 593.

1 ■ Charakterisieren Sie mithilfe von M 7 a das Vorgehen der Obrigkeit gegen die Bauern und erklären Sie deren Niederlage im Bauernkrieg.

2 ■ Erläutern Sie anhand von M 7 b Stimmung, Einstellung und Absichten der Obrigkeit nach dem Bauernkrieg.

M8 Reaktionen der Reformatoren

a) Aus einem Brief des Theologen Thomas Müntzer (ca. 1488–1525) an Graf Ernst von Mansfeld, Mai 1525

Frankenhausen, 12. Mai 1525

Die gestrackte Kraft, feste Furcht Gottes und der beständige Grund seines gerechten Willens sei mit dir, Bruder Ernst! Ich, Thomas Müntzer, einst Pfarrer zu Allstedt, vermahne dich zum überflüssigen Anregen, dass du um des lebendigen Gottes Namen willen deines tyrannischen Wütens wollest müßig sein und nicht länger den Grimm Gottes über dich erbittern. Du hast die Christen angefangen zu martern; du hast den heiligen Christenglauben eine Büberei gescholten; du hast dich unterstanden, die Christen zu vertilgen. Sag an, du elender, dürftiger Madensack, wer hat dich zu einem Fürsten des Volks gemacht, welches Gott mit seinem teuren Blut erworben hat? Du musst und sollst beweisen, ob du ein Christ bist; du sollst und musst über deinen Glauben Rechenschaft ablegen, wie I. Petr. 3 befohlen. Du sollst in wahrhaftiger Wahrheit gutes sicheres Geleit haben, deinen Glauben an den Tag zu bringen. [...]

Dass du auch wissest, dass wir gestrackten Befehl haben, sage ich: Der ewige lebendige Gott hats geheißen, dich von dem Stuhl mit [der] Gewalt, [die] uns gegeben, zu stoßen; denn du bist der Christenheit nicht nütze, du bist ein schädlicher Staubbesen der Freunde Gottes. [...]

Thomas Müntzer mit dem Schwert Gideons.[1]

Gerhard Wehr (Hg.), Thomas Müntzer. Schriften und Briefe, Diogenes, Zürich 1989, S. 162 f.

1 biblische Person, einer der großen Richter, um 1100 v. Chr.; befreite die Israeliten von räuberischen Kamelnomaden

b) Thomas Müntzer im Juli/August 1524

Wenn sie [Luther und die Reformatoren] gefragt werden, wie sie zu solchem hohen Glauben kommen, davon sie unaufhörlich schwatzen [...], da kommen sie mit einem über die Maßen lahmen schalen Fratzen und sprechen schlechthin unverschämt: „Siehe, ich glaub der Schrift." [...] Sie tun das dünne Zünglein hervor, mit zarter Weise sprechen sie: „Erforscht die Schrift, denn [...] ihr wollet eure Seligkeit daselbst bekommen." Da werden denn die armen dürftigen Leut also hoch betrogen, dass es keine Zung genug erzählen kann. Mit allen Worten und Werken machen sie es ja also, dass der arme Mann nicht lesen lerne vor Bekümmernis der Nahrung. Und sie predigen unverschämt, der arme Mann solle sich von den Tyrannen lassen schinden und schaben. Wann wird er denn lernen die Schrift lesen? [...] Daneben ist auch eine Unmöglichkeit in Matthaeo 6 [Vers 24] dargestellt, den ungläubigen Wollüstigen sagend: „Ihr könnet nit Gott und den Reichtümern dienen." Wer dieselbigen Ehr und Güter zum Besitzer nimmt, der muss zuletzt ewig von Gott leer gelassen werden, wie im 5. Psalm [Ps. 6,3 ff.] Gott sagt. [...]

Die ganze unsinnige fantastische Welt bringt hervor einen falschen glossierten [= ausgelegten] Weg und saget mit einem spitzen Zünglein: „Ei, man kann wohl das Evangelion predigen, Gott allein fürchten und auch die unvernünftigen Regenten in Ehren halten, wiewohl sie wider alle Billigkeit streben und Gottes Wort nit annehmen. Ach, um Gottes willen, man soll ihnen in allen Sachen, den guten Junkern, gehorsam sein." Ei, willkommen, du Verteidiger der Gottlosen! Wie fein muss das stehen, dass man soll löblich zween Herrn, die wider einander streben, dienen könnte, wie der Regenten Rät tun. [...]

So die heilige Kirch soll durch die bittre Wahrheit erneut werden, so muss ein gnadenreicher Knecht Gottes hervortreten im Geist Eliae, und muss alle Ding in den rechten Schwang bringen. Wahrlich, ihrer werden viel müssen erweckt werden, auf dass sie mit dem allerhöchsten Eifer durch brünstigen Ernst die Christenheit fegen von den gottlosen Regenten.

Fritz Dickmann (Bearb.), Geschichte in Quellen, Bd. 3, 2. Aufl., bsv, München 1976, S. 143 f.

c) Aus Martin Luthers Schrift „Wider die stürmenden Bauern", Mai 1525

Dreierlei gräuliche Sünden wider Gott und Menschen laden diese Bauern auf sich, um derentwillen sie vielfältig den Tod verdient haben an Leib und Seele.

Zum Ersten: Sie haben ihrer Obrigkeit Treu und Huld geschworen, untertänig und gehorsam zu sein. [...] Weil sie aber diesen Gehorsamseid mutwillig und mit Frevel brechen, indem sie sich ihren Herren widersetzen, haben sie [...] Leib und Seele verwirkt [...]. Denn Gott will, dass Treue und Pflicht gehalten werden. Zum andern: Sie richten Aufruhr an, berauben und plündern frevelhaft Klöster und Schlösser, die ihnen nicht gehören, wofür sie allein [schon] – wie offensichtliche Straßenräuber und Mörder – den Tod an Leib und Seele wohl zweifach verdienen; auch ein aufrührerischer Mensch, den man als solchen überführen kann, ist schon in Gottes und in des Kaisers Acht [...].

Zum Dritten: Sie decken diese schreckliche, gräuliche Sünde mit dem Evangelium, [...] womit sie die allergrößten Gotteslästerer und Schänder seines heiligen Namens werden. [...]

Es nützt den Bauern auch nichts, dass sie anführen, nach Gen. 1 und 2 sei alles frei und für die Allgemeinheit geschaffen und wir seien alle gleich getauft. [...] Die Taufe macht nicht Leib und Gut frei, sondern die Seelen. Auch macht das Evangelium den Besitz nicht zum Allgemeingut. Drum, liebe Herren, löset, rettet, helft, erbarmet euch der armen Leute – steche, schlage, würge hier, wer da kann. Bleibst du darüber tot, wohl dir, einen seligeren Tod kannst du nimmermehr erlangen. Denn du stirbst im Gehorsam gegenüber dem göttlichen Wort und Befehl [Röm. 13].

Heiko Oberman (Hg.), Kirchen- und Theologiegeschichte in Quellen, Bd. 3, 4. Aufl., Neukirchener Verlag, Neukirchen 1994, S. 136.

1 ■ **Vergleichen Sie die Haltung Müntzers (M 8 a, b) und der Verfasser der Zwölf Artikel (M 5): Erörtern Sie dabei deren Haltung zu Kirche, Herrschaft und Gesellschaft sowie die Konsequenzen, die beide Seiten daraus ziehen.**

2 ■ **Erarbeiten Sie die Konfliktlinien im Streit zwischen Luther (M 8 c) und Müntzer (M 8 a, b).**

M 9 Thomas Müntzer: „Sozialrevolutionär" oder „Knecht Gottes"? – Thesen des Historikers Hans-Jürgen Goertz, 1989

War Müntzer ein Revolutionär, der sich an die Spitze der aufständischen Bauern, Handwerker und Bergknappen gesetzt hatte, um dem „gemeinen Mann" eine bessere gesellschaftliche Zukunft zu eröffnen, oder war er ein Theologe, der aus den Tiefen mystischer Frömmigkeit schöpfte und von der Weite apokalyptischer Weltveränderung so ergriffen war, dass er sich gesandt fühlte, das Reich Gottes auf Erden zu errichten? Das ist die für die Deutung Müntzers entscheidende Frage. Gewöhnlich wurde sie in schroffer Ausschließlichkeit beantwortet: Er war Revolutionär, so antwortete die marxistische Forschung; er war Theologe, der kein gesellschaftliches, sondern allein ein religiöses Ziel im Auge hatte, so entgegneten vor allem Kirchenhistoriker. [...] [Trotz einiger] Zugeständnisse auf beiden Seiten blieb es grundsätzlich bei der Alternative: entweder „Sozialrevolutionär" oder „Knecht Gottes".

Hans-Jürgen Goertz, Thomas Müntzer, C. H. Beck, München 1989, S. 160.

1 ■ **Suchen Sie in den Texten Müntzers (M 8 a, b) Belege für die von Goertz (M 9) referierten Thesen.**

„Frühbürgerliche Revolution in Deutschland" – Werner Tübkes Bauernkriegspanorama

M1 Das Panorama-Museum in Bad Frankenhausen, Luftbildaufnahme, 2013

Werke der Malerei gehören zu den wichtigsten Quellen der Historiker. Sie spiegeln jedoch nicht die historische Wirklichkeit wider, sondern zeigen einen **Ausschnitt der Wirklichkeit aus einer bestimmten Perspektive** und wurden mit einer speziellen Absicht gemalt. Es handelt sich also stets um eine Deutung von historischen Ereignissen und Personen durch den Künstler und dessen Auftraggeber. Das gilt auch für das Gemälde des Leipziger Malers und Kunstprofessors Werner Tübke (1929–2004) mit dem Titel „Frühbürgerliche Revolution in Deutschland". Dieses in den Jahren 1976 bis 1987 entstandene gigantische Rundgemälde (14 m Höhe, 120 m Umfang) über die Zeit des Bauernkrieges gehört zu den größten Tafelbildern der Welt. Dafür wurde eigens das Panorama-Museum in der thüringischen Kleinstadt Bad Frankenhausen gebaut. Der Ort ist bewusst gewählt worden: In Frankenhausen mussten die aufständischen Bauern am 15. Mai 1525 nicht nur eine ihrer schwersten Niederlagen im Bauernkrieg hinnehmen; sie verloren auch mit Thomas Müntzer, der gefangen genommen und hingerichtet wurde, einen ihrer Anführer. Auftraggeber des Gemäldes war das DDR-Kulturministerium, das damit politische Absichten verfolgte: Das internationale Prestige der DDR sollte gestärkt sowie die Erinnerung an revolutionäre Traditionen belebt und wachgehalten werden. Hierzu gehörten der Bauernkrieg, der in der DDR als frühbürgerliche Revolution galt, und Thomas Müntzer. Ihn stellten die Historiker der DDR als Bauernführer und Revolutionär dar. Bauernkrieg und Müntzer repräsentierten eine revolutionäre Tradition, in die sich die DDR einordnete.
Tübke, der den Auftrag nach einer Bedenkzeit annahm und sich künstlerische Unabhängigkeit zusichern ließ, schuf ein vielfältiges Gemälde. Es war weder eine zeitlich und räumlich genau bestimmbare Aufnahme der Zeit bzw. der Zeitumstände noch eine präzise Wiedergabe der historischen Wirklichkeit. Abgebildet werden Zeitgenossen wie Müntzer oder Luther, aber auch Tübke selbst präsentiert sich zwischen den Personen. Das Gemäldepanorama spielt teils auf reale historische Ereignisse an, teils werden jedoch auch menschliche Ängste, abergläubige Vorstellungen oder biblische Themen versinnbildlicht.
Der folgende Ausschnitt des Panoramabildes zeigt ein Detail der Schlacht von Frankenhausen, in dem Thomas Müntzer besonders hervorgehoben wird. Er erscheint in dem Gemälde keineswegs als siegreicher revolutionärer Kämpfer und strahlender Held, sondern bietet sich als resignierter und gebrochener Mann dar. In der Hand hält er die Fahne der Bundschuhbewegung*, die er jedoch nicht in die Höhe hält, sondern nach unten senkt. Müntzer scheint zu wissen, dass der Kampf verloren ist. Einige Betrachter interpretieren das Gemälde als Versinnbildlichung des Unterganges der DDR. Ähnlich wie Müntzer mit seinen Vorstellungen von einer besseren Welt gescheitert sei, sei auch die DDR untergegangen. Eine abweichende Deutung betont dagegen die generelle Vergänglichkeit allen Seins. Dass alles verloren sei, gelte nicht nur für die Aufständischen im Bauernkrieg und Müntzer, sondern für alle Beteiligten am damaligen Leben wie Adel, Kirche oder Bürgertum. Alle historischen Erscheinungen müssten als vergänglich angesehen werden, wann immer sie existierten.

Bundschuh, Bundschuhbewegung
Die Bewegung nannte sich nach der bäuerlichen Fußbekleidung, dem bäuerlichen Riemenschuh. Er wurde auch zum Feldzeichen der Bauerrevolten der Jahre 1492 bis 1517, die in den Bauernkrieg einmündeten.

Webcode:
KB645961-180

M2 Frühbürgerliche Revolution in Deutschland, Tafel 2: Schlachtberg, Entwurfsfassung von Werner Tübke, 1979–1981

1 ■ Formulieren Sie einen ersten Gesamteindruck von diesem Bild.
2 ■ Interpretieren Sie das Gemälde durch Detailanalysen:
a) Erörtern Sie, wie die Personen und Personengruppen sowie deren Aktivitäten und Handlungen dargestellt werden.
b) Untersuchen Sie, wie die Vorgänge und Ereignisse der Schlacht bei Frankenhausen gestaltet werden.
3 ■ Beurteilen und bewerten Sie die Darstellung Müntzers.

M3 Der Kunstkritiker Eduard Beaucamp über das Bauernkriegspanorama Tübkes, 29. Mai 2004

Das thüringische Bauernkriegspanorama (1976 bis 1987) ist keine didaktische Großillustration, sondern eine historische Parabel menschlicher Irrungen und Wirrungen mit Durchblick auf gesellschaftliche Unruhen, Umbrüche und Glaubenskämpfe der Moderne, auf eine Welt nicht im Aufbruch, sondern im Taumel einer Spätzeit: Weltgeschichte vollzieht sich als Weltgericht. [...]

Allen diesen Auftragsbildern liegt ein tiefer Dissens zum ideologischen DDR-Parteiprogramm zugrunde. Mit der „Erbe"-Debatte ließen sich die Projekte bemänteln und rechtfertigen. In fast allen seinen „Historienbildern" hat Tübke seine skeptische, ja geschichtspessimistische Anschauung und nicht das Fortschritts-Wunschbild der DDR entfaltet – die Auffassung von einer Wiederkehr des Gleichen, das aber niemals das Gleiche ist.

Eduard Beaucamp, Werner Tübke ist tot, in: Frankfurter Allgemeine Zeitung, 28. Mai 2004, zit. nach: http://www.faz.net/aktuell/feuilleton/malerei-werner-tuebke-ist-tot-1160784.html (Download vom 28. Februar 2016).

M4 Gerd Lindner, Direktor des Panorama-Museums, über das Gemälde Tübkes, 2004

Ich glaube, das Werk ist zeitlos, weil der Maler ein Geschichtsbild entwickelt hat, das sehr subjektiv ist. Auf den Punkt gebracht könnte man sagen, er zeigt die ewige Wiederkehr des Gleichen, die sozialen Grundprobleme bleiben die gleichen, das ist die Grundaussage des Bildes, dargestellt in einer totalen Form, d. h. in einer Kreisform ohne Anfang und Ende, sodass die Geschichte als Kontinuum erscheint, ohne lineare Höherentwicklung, was im eklatanten Widerspruch zum offiziellen Geschichtsbild der DDR stand.

Katrin Schlenstedt, Das Werk auf dem Berg, zit. nach: https://web.archive.org/web/20040914182537/http://www.mdr.de/kultur/ausstellung/1369123.html (Download vom 28. Februar 2016).

1 ■ Arbeiten Sie die zentralen Thesen aus M3 und M4 heraus und analysieren Sie die Unterschiede zwischen den beiden Texten.
2 ■ Erörtern Sie Stärken und Schwächen der Positionen und wägen Sie diese gegeneinander ab.

Karikaturen interpretieren

Karikaturen (von ital. *caricare* = überladen, übertreiben) sind bildliche Darstellungen, bei denen **gesellschaftliche und politische Zustände, Entwicklungen, Ereignisse oder menschliche Verhaltensweisen** auf satirische Weise **bewusst überzeichnet** und bis zur Lächerlichkeit verzerrt werden. Der dadurch aufgezeigte Kontrast zur Realität soll den Betrachter zum Nachdenken anregen. Die Entwicklung des Buchdrucks um 1500 ermöglichte es der Karikatur, ihre Wirkungsmöglichkeiten voll zu entfalten. Die Reformation, die Französische Revolution und das Zeitalter der napoleonischen Kriege bedeuteten einen weiteren Höhepunkt. Im 19. Jahrhundert ist die Geschichte der Karikatur eng mit dem Kampf des Bürgertums um Pressefreiheit verbunden. Der Kalte Krieg im 20. Jahrhundert hinterließ zahlreiche Spuren in den Karikaturen.
Sie sind eine **besondere Form der historischen Bildquelle**, durch die der heutige Betrachter einen anschaulichen Eindruck von den zeitgenössischen Auffassungen erhält. Die „Botschaft" einer **Karikatur** zu entschlüsseln, setzt eine genaue Interpretation voraus. Dabei gilt es nicht nur, die einzelnen Bildinhalte zu erfassen und zu deuten, sondern es bedarf auch der Kenntnis des historischen Zusammenhangs. Bei der Beurteilung muss man sich bewusst sein, dass Karikaturen stets nur eine zeitgenössische Meinung ausdrücken.

Arbeitsschritte

1. Leitfrage
- Welche Fragestellung bestimmt die Untersuchung der Karikatur?

2. Formale Aspekte
- Wer ist der Zeichner und/bzw. Auftraggeber (ggf. soziale Herkunft, gesellschaftliche Stellung, Wertmaßstäbe)?
- Wann und wo ist die Karikatur entstanden bzw. veröffentlicht worden?
- Gibt es einen Titel oder/und einen Zusatzkommentar?
- Welche Absicht ist mit der Karikatur verbunden?
- Welche Intention verfolgten der Zeichner und/bzw. der Auftraggeber?

3. Inhaltliche Aspekte

Beschreibung
- Welche Gestaltungsmittel (Mimik, Gestik, Kleidung, Gegenstände, Symbole, sprachliche Bilder, Allegorien, Proportionen, Schrift) sind verwendet worden?

Deutung
- Was bedeuten die einzelnen Gestaltungsmittel?
- Was ist die zentrale Bildaussage („Botschaft") der Karikatur?
- Welche Wirkung sollte beim zeitgenössischen Betrachter erzielt werden?
- Welche Fragen bleiben bei der Deutung offen?

4. Historischer Kontext
- In welchen historischen Zusammenhang (Epoche, Ereignis, Prozess bzw. Konflikt) lässt sich die Karikatur einordnen?

5. Urteil

Sachurteil
- Inwiefern ist die Karikatur repräsentativ für den historischen Kontext?
- Mit welchen anderen bildlichen und textlichen Quellen lässt sich die Karikatur ggf. vergleichen?
- Ist dem Auftraggeber/Zeichner mithilfe der Gestaltungsmittel die Vermittlung der intendierten Botschaft an die Adressaten gelungen?

Werturteil
- Wie ist im Hinblick auf die Leitfrage die Darstellungsweise des karikierten historischen Gegenstands aus heutiger Sicht zu bewerten?

Übungsaufgabe

M1 Flugblatt „Der Schafstall Christi", Holzschnitt nach 1524 von Hans Sebald Beham

1 ■ Interpretieren Sie die Karikatur mithilfe der Arbeitsschritte von S. 182.

Lösungshinweise

1. Leitfrage
Welche Konflikte prägen die Zeit der Reformation und des Bauernkrieges?

2. Formale Aspekte
Zeichner: Hans Sebald Beham (1500–1550), Maler, Kupferstecher, Radierer und Zeichner für den Holzschnitt, vielseitiger Schüler von Dürer; das Flugblatt ging verloren und wurde nachgemalt von einem Monogrammisten – so nennt man Künstler aus der Frühen Neuzeit, von denen man wie hier nur das Monogramm kennt, hier MS.
Zeit der Veröffentlichung: nach 1524, also nach Beginn des Bauernkrieges
Ort der Veröffentlichung: unbekannt, wahrscheinlich Süddeutschland
Titel: Der Schafstall Christi
Thema: Das Bild ist eine scharfe satirische Kritik an Papst und altgläubigen Geistlichen, die den Gläubigen einen falschen Weg weisen.
Adressaten: Das Flugblatt ist eine Propagandaschrift für alle Gläubigen, um sie vom reformatorischen Glauben zu überzeugen bzw. vom alten Glauben abzubringen.

3. Inhaltliche Aspekte
Beschreibung und Deutung
Hintergrund: Er setzt sich zusammen aus dem leicht bewölkten Himmel und den Rändern eines Dorfes mit Hirten und ihrem Vieh.
Bildmittelpunkt: Im Zentrum des kolorierten Flugblattes steht ein Gebäude. Der linke Teil deutet auf einen Schafstall hin, ein Schafstall Christi, wo Christus, der gute Hirte, seine Schafe, die Menschen, versammelt. Der rechte Teil scheint eine Kirche zu sein, worauf der kleine Turm mit einer Glocke und die abgerundete Form der Fenster hinweisen. Auf dem Giebel der Kirche thront der Papst. Geistliche, vor allem ein Kardinal und ein Bischof, drängen die Gläubigen dazu, hoch zum Papst auf das Dach zu klettern. Einige folgen der Aufforderung. Auch der Mönch, der aus der Dachluke des Schafstalls sieht, macht auf diesen Weg aufmerksam. Ein Weg in das Gebäude ist versperrt; ein Mann klopft vergeblich an diese verschlossene Tür an der linken Seite des Gebäudes. Die Christusfigur in der geöffneten Eingangstür zum Schafstall lädt dagegen eindeutig zum Eintritt ein; dieser Eingang ist der richtige, doch tritt niemand hier ein. Vor dieser Tür bitten Bettler um eine milde Gabe.
Zentrale Aussage: Der „Schafstall Christi" ist ein antikatholisches Flugblatt nach dem biblischen Gleichnis vom Schafstall Christi (Joh. 10,1–16): Papst und Geistliche dringen als Räuber in den Schafstall ein und halten die Gläubigen an, den falschen Weg über das Dach zu nehmen. Sie sollen nicht den richtigen Weg durch die Tür nehmen, wobei Christus den richtigen Weg, die richtige Tür zum Glauben zeigt.

4. Historischer Kontext
Epoche: das Zeitalter der Reformation und des Bauernkrieges im frühen 16. Jahrhundert
Ereignisse: Bis zur Reformation war die katholische Kirche eine der mächtigsten und gleichzeitig die letzte universale Institution in Europa. Mit der Reformation verlor sie diese einzigartige Stellung: Die Reformatoren stellten den Anspruch von Papst und Geistlichkeit infrage, über die Auslegung der Bibel als oberste Instanzen zu entscheiden. Aus der reformatorischen Sicht benötigten die Menschen keinen Mittler zwischen sich und Gott. Jeder Einzelne werde durch die Taufe zum Verkünder von Gottes Wort und brauche keine geweihten Priester zur Heilsvermittlung. Die reformatorische Lehre vom „Priestertum aller Gläubigen" stieß in Stadt und Land auf positive Resonanz. Die Landbevölkerung verband die reformatorischen Ideen mit Forderungen nach einer Verbesserung ihrer sozialen, wirtschaftlichen und politischen Lage. Deswegen war die Reformation eine der Ursachen des Bauernkrieges.

5. Urteil
Sachurteil: Die Karikatur ist repräsentativ für das Denken und Handeln der von der Reformation beeinflussten Bevölkerung. Sie beleuchtet die antikatholische Ausrichtung der Reformation, die sich gegen die alleinige Bibelinterpretation von Papst und katholischer Geistlichkeit richtet. Wer dieser Deutung der Heiligen Schrift folgt, so die Kernaussage der Karikatur, geht einen falschen Weg, der nicht dem christlichen Glauben entspricht. Dem Zeichner ist es gelungen, mit seinen Gestaltungsmöglichkeiten diese Aussage zu vermitteln. Papst und Geistlichkeit locken aus seiner Sicht die Gläubigen auf das Kirchendach. Doch das ist eindeutig der falsche Weg zum Glauben und in die Kirche, der durch die Kirchentür führt.
Werturteil: Die Karikatur entstand in der Zeit der Reformation und des Bauernkrieges mit ihren scharfen Konflikten zwischen Reformation und katholischer Kirche. Die Beziehungen zwischen der katholischen und der protestantischen Kirche haben sich seitdem sehr verändert. Trotz aller Unterschiede herrscht heute in Europa große Toleranz zwischen den Konfessionen, die intensive Gespräche miteinander führen und gemeinsame, ökumenische Gottesdienste feiern. Insofern gehört die Karikatur in eine vergangene Zeit.

5.2 Der niederländische Unabhängigkeitskampf

Leitfragen:
Welche Entwicklungen trieben die Niederländer in den Unabhängigkeitskampf gegen Spanien?
Welche Motive und Ziele besaßen die Niederländer im Unabhängigkeitskampf?
Welche Bedeutung besaßen der Calvinismus und sein Widerstandsrecht im Konflikt zwischen Spanien und den Niederlanden?
Wie lässt sich der politische und wirtschaftliche Aufstieg der Niederlande erklären?

Begriffe und Bedeutung

Als der Dichter Friedrich Schiller 1788 sein Buch über den **Krieg der Niederlande gegen Spanien** veröffentlichte, gab er ihm den Titel „Geschichte des Abfalls der Niederlande". Vom „Abfall der Niederlande" sprechen die Historiker heute nur noch selten. Häufiger bezeichnen sie den acht Jahrzehnte umfassenden Prozess, der von etwa 1568 bis 1648 dauerte, als niederländischen Aufstand oder niederländischen Unabhängigkeitskampf. Einige Forscher nennen die Auseinandersetzungen auch den „Achtzigjährigen Krieg". Während dieses Konfliktes erhoben sich die sieben niederländischen Provinzen im Nordwesten Zentraleuropas zunächst gegen die Herrschaft König Philipps II. von Spanien; anschließend gründeten und festigten sie einen eigenen Staat. Die **Niederländische Republik** (M 1) war der erste Staat im frühneuzeitlichen Europa, der seine Existenz und Identität einer Revolte verdankte. Die Niederländer schafften die Monarchie in einer Zeit ab, in der sich der Fürstenstaat überall in Europa auf Kosten lokaler und regionaler Gewalten durchsetzte. Und die Niederlande stiegen nach dem Unabhängigkeitskampf gegen Spanien zu einer führenden Weltmacht und Handelsnation auf.

M 1 Der niederländische Unabhängigkeitskampf und die Republik der Vereinigten Niederlande 1559–1648

Verlauf des Unabhängigkeitskampfes

Am Vorabend des Unabhängigkeitskampfes versuchte der **spanische König Philipp II.** (Reg. 1555–1598), der 1555 seinem Vater Karl V. nachgefolgt war, seine Herrschaft über die niederländischen Besitzungen zu intensivieren. Aber bereits die Vereinfachung und Zentralisierung von Verwaltung und Rechtsprechung stieß beim niederländischen Adel auf Kritik. Dieser fühlte sich in seiner Macht und seinem Einfluss eingeschränkt. Verstärkt wurde dieser Eindruck dadurch, dass der König und seine Statthalter mithilfe spanischer Berater und Juristen regierten, anstatt den Rat des einheimischen Adels einzuholen. Unmut rief auch die starke finanzielle Belastung der Niederländer seit den Kriegen Karls V. hervor. Besonders die Bevölkerung der Städte litt unter den wachsenden Steuern, die sie leisten mussten. Außerdem ließ der Katholik Philipp II. alle Andersgläubigen unnachgiebig verfolgen. Er gründete neben den bestehenden neue Bistümer, die mit zwei Inquisitoren ausgestattet waren. Diese machten Jagd auf vermeintliche Ketzer*, zu denen unter anderem Lutheraner, Täufer und Calvinisten gezählt wurden, also die Anhänger der Glaubensrichtungen, die die spätmittelalterliche Einheit der Kirche infrage stellten.

Die Bemühungen um die Festigung der spanischen Herrschaft riefen bei den Niederländern **Widerstands- und Protestaktionen** hervor. Zunächst wandte sich der Hochadel – **Wilhelm von Oranien**, die Grafen Lamoraal von Egmont und Philipp von Hoorn – gegen die spanische Politik, dann erweiterte sich die Opposition auf weite Kreise des niederen Adels. Sie alle lehnten die weltliche und geistliche Verwaltungszentralisierung ebenso ab wie die andauernde Ketzerverfolgung. Unter

M2 Philipp II., König von Spanien, Porträt eines unbekannten englischen Malers, um 1555

Ketzer
alle Personen, die nicht an die offizielle Lehre der Kirche glaubten und dafür verfolgt wurden

M3 Massenexekution von Bürgern nach der Eroberung von Haarlem durch Fernando Álvarez de Toledo, Herzog von Alba, 1573, Kupferstich von Frans Hogenberg, 1576

M 4 Prinz Wilhelm von Oranien (1533–1584), Gemälde von Adrian Thomasz Key, undatiert

dem Eindruck einer Wirtschafts- und Hungerkrise kam es 1566 nicht nur zu calvinistischen Predigten unter freiem Himmel, sogenannten Heckenpredigten, sondern auch zur provinzübergreifenden Zerstörung von Bildern in katholischen Kirchen. Philipp II. sah nun nicht mehr nur seine Person und Amtsstellung, sondern auch die Ehre Gottes herausgefordert. Der König schickte deswegen seinen besten General, Fernando Álvarez de Toledo, Herzog von Alba, an der Spitze einer 10 000 Mann starken Eingreiftruppe in die Niederlande. Mit Armee, Blutgericht und verschärfter Inquisition richtete der „eiserne" Herzog über die einheimischen Eliten (M 3) und zog große Vermögen für die Kriegsfinanzierung ein. Die Grafen von Egmont und Hoorn wurden 1567 von Alba ergriffen und 1568 hingerichtet; Wilhelm von Oranien zog sich auf seinen Stammsitz nach Dillenburg zurück. Den Niederländern erschien die Regierungspraxis Albas als tyrannische Gewaltherrschaft, die spanische Nation galt ihnen als moralisch verderbt.

Angesichts der militärischen Stärke der Spanier gelang es den adlig geführten Freibeutern, den Geusen, lediglich einige Städte in den Provinzen Holland und Seeland der spanischen Herrschaft zu entreißen und dauerhaft als Stützpunkte zu behaupten. In diesen Regionen entstanden die politischen und militärischen Keimzellen der neuen Republik. Die breite Unzufriedenheit und der Aufstand gegen die spanischen Machthaber machten manche, wie Wilhelm von Oranien (M 4), erst zu Führern der Revolution.

Je länger der Krieg dauerte, desto stärker gewannen die auf Ausgleich zielenden Kräfte in den Niederlanden an Bedeutung. Sie drängten auf Frieden und setzten diesen 1576 durch, als die spanische Herrschaft an Macht verlor: Denn die spanische Krone wurde 1575 zahlungsunfähig; überdies war der Alba-Nachfolger Don Luis Requesens gerade verstorben und die spanischen Truppen meuterten. In dieser Situation entstand 1576 die **„Genter Pazifikation"**. Sie wollte die abtrünnigen Provinzen Holland und Seeland wieder in den Verbund aller 17 niederländischen Provinzen zurückholen und mit diesen in Frieden zusammenleben; alle Parteien sollten gemeinsam die fremden Truppen aus dem Land treiben. Zwar rangen die Niederländer 1577 dem neuen spanischen Statthalter Don Juan im „Ewigen Edikt" den Abzug des spanischen Militärs ab. Aber nach einem Friedensabkommen mit dem türkischen Sultan und der Sicherung der Kriegsfinanzierung durch Edelmetall aus den spanischen Kolonien in Südamerika nahm Don Juan den Kampf gegen die protestantischen Provinzen wieder auf. Dieser Waffengang leitete das **Ende der Einheit der niederländischen Provinzen** ein: 1579 vereinigten sich die wallonischen Provinzen (Hennegau, Artois, Wallonisch, Flandern, Luxemburg und Limburg) zur Union von Arras und schlossen einen Sonderfrieden mit Spanien. Nahezu gleichzeitig unterzeichneten Vertreter der Nordprovinzen von Holland, Seeland, Utrecht, Geldern, Groningen und der Stadt Gent den Unionsvertrag von Utrecht. Im Jahre 1581 erklärte die Utrechter Union ihre Unabhängigkeit (M 6) und setzte den spanischen König als Landesherr ab. Diese Vereinbarungen bedeuteten die Spaltung des Landes.

Offen war die Frage, welche Entwicklung die Kernprovinzen Flandern und Brabant nehmen sollten. Zwar hatten hier in den Städten Gent, Brügge, Ypern, Antwerpen und Brüssel calvinistische Zünfte die Herrschaft übernommen und die Ausübung des katholischen Glaubens verboten. Spanische Truppen eroberten diese Städte jedoch bis 1585 wieder zurück. So entstand allmählich die Teilung zwischen den nördlichen und südlichen Niederlanden. In den folgenden Jahren konnten sich diese Territorien konsolidieren. Versuche des Hauses Oranien, Antwerpen zurückzugewinnen, scheiterten wegen fehlender Unterstützung der Provinz Holland, besonders Amsterdams. Seit Ende des 16. Jahrhunderts blieb der Status quo unangetastet, obwohl er erst 1648 im **Westfälischen Frieden** (M 5) stabilisiert wurde.

M5 **Der Westfälische Friede (Friedensschluss zwischen Spanien und den Niederlanden in Münster am 15. Mai 1648), Gemälde von Gerard Ter Borch, um 1670**

Interpretation des Unabhängigkeitskampfes

Seit dem 19. Jahrhundert stellen besonders liberale Historiker den Unabhängigkeitskampf der Niederländer als Freiheitskampf dar. Die Befreiung von der spanischen Herrschaft war danach das wesentliche Motiv für den Aufstand. Dem widersprachen in erster Linie protestantische Forscher, die ihr Hauptaugenmerk auf den religiösen Konflikt richteten. Der niederländische Kampf war aus ihrer Sicht der letztlich erfolgreiche Versuch der Calvinisten, die Freiheit der ungehinderten Religionsausübung gegenüber den Katholiken durchzusetzen. Die soziale Deutung der Kämpfe, die erst zu Beginn des 20. Jahrhunderts vertreten wurde, interpretiert den Aufstand als soziale Revolution. Das aufsteigende Bürgertum habe das Feudalsystem abgeschüttelt. Eine weiter gehende Auffassung bezeichnete die armen Tucharbeiter im südwestlichen Flandern als Hauptakteure des Aufstandes.
Sicherlich waren fast alle gesellschaftlichen Gruppen in unterschiedlichem Ausmaß am Aufstand beteiligt. Aber die These von der sozialen Revolution blendet einige Aspekte der Auseinandersetzungen in der am weitesten entwickelten Region des frühneuzeitlichen Europa aus. Die Kämpfe gingen nicht von den verarmten Unterschichten aus, sondern von der **städtischen Mittelschicht**. Sie wollte den Verlust des durch den wirtschaftlichen Aufschwung erreichten Lebensstandards verhindern. In dieser Situation fiel das Gedankengut des **Calvinismus*** bei ihnen auf fruchtbaren Boden. Die protestantischen Nordprovinzen entschieden sich daher für Abspaltung und Revolution, die überwiegend katholischen Südprovinzen – allein Holland und Seeland waren protestantisch – für den spanischen Staat.

Calvinismus
Kirchliche Lehre des Genfer Reformators Johannes Calvin, die mit den Reformationsbewegungen im 16. Jh. entstand. Stärker als das Luthertum gewann der Calvinismus Einfluss auf die Gestaltung von Wirtschaft und Gesellschaft, weil er in seiner Lehre auf die Verwirklichung des Reiches Gottes auf Erden abzielt. Da die Erwählung durch Gott am Erfolg im irdischen Leben gemessen wurde, hat der Calvinismus zur Ausbildung kapitalistischer Wirtschaftsformen beigetragen. Calvinisten werden auch als „Reformierte" bezeichnet; in Frankreich nennt man sie „Hugenotten".

Vieles spricht aber auch für die These vom Kampf für die Freiheit. Dabei ging es allerdings nicht um die Freiheit der niederländischen Nation, die die spanische Herrschaft abschütteln wollte. Vielmehr verteidigten die Niederländer ihre **alten ständischen Freiheiten und Vorrechte** gegen den aufstrebenden Fürstenstaat, der die Staatsgewalt und Verwaltung zentralisierte (M 7).

Calvinismus und Widerstandsrecht

Johannes Calvin (1509–1564) lebte und dachte als Bürger. Sein wichtigstes Wirkungsfeld bildete die Stadt Genf, in der er sich intensiv mit den politischen Autoritäten auseinandersetzte. Einerseits trat er für Aufsicht und strengste Disziplin ein, andererseits sprach er sich für Engagement und Mitbeteiligung aus. Stärker als Luther (s. S. 175) betrachtete Calvin die Obrigkeit als etwas, das von „unten", von den Beteiligten her mitgestaltet werden musste, etwa durch die Wahl der Obrigkeit durch das Volk. Ratsgremien (Stände*) sollten die Willkür der Herrscher begrenzen. Volksvertretungen und Ständen sprach Calvin zudem ein **Widerstandsrecht gegen Tyrannei** zu: Zwar sei jede Obrigkeit von Gott eingesetzt, Gott selbst schreite jedoch gelegentlich durch Rächer oder Volksaufstände gegen ungerechte Herrschaft ein. Dieses Recht zum Widerstand legitimierte und ermutigte die Niederländer zu ihrem Unabhängigkeitskampf gegen die katholische Herrschaft des spanischen Monarchen. Das verdeutlicht, in welchem Ausmaße politische Interessen im 16. Jahrhundert der religiösen Motivierung bedurften, um als legitim zu erscheinen (M 9). Privatpersonen besaßen allerdings kein Widerstandsrecht, sondern waren zum Gehorsam gegenüber der Obrigkeit verpflichtet.

Stände
Sie sind einerseits gesellschaftliche Großgruppen, die sich voneinander durch jeweils eigenes Recht, Einkommensart, politische Stellung, Lebensführung und Ansehen unterscheiden und die Gesellschaftsordnung des Mittelalters und der Frühen Neuzeit prägten („ständische Gesellschaften"). Man unterschied vor allem Geistlichkeit (Klerus), Adel, Bürger und Bauern sowie unterständische Schichten. Andererseits sind sie Körperschaften zur Wahrnehmung politischer Rechte, etwa der Steuerbewilligung, in den Vertretungsorganen (Landtagen, Reichstagen) des frühneuzeitlichen „Ständestaates".

Aufstieg der Republik

Die niederländische Republik stieg noch während des Unabhängigkeitskrieges gegen Spanien zu einer wirtschaftlichen und politischen Macht ersten Ranges auf. Das geschah zu einer Zeit, in der sich der wirtschaftliche Schwerpunkt vom Mittelmeer nach Nordwesteuropa und zum atlantischen Raum verschob. Da die Niederlande am Kreuzungspunkt der Nord-Süd- und der Ost-West-Routen von Handel und Schifffahrt lagen, profitierten sie in hohem Maße von dieser Entwicklung, die sie gleichzeitig durch ihren **ökonomischen Aufschwung** (M 10, M 11) mit vorantrieben. Gefördert wurde das wirtschaftliche Wachstum durch den Ausbau bereits bestehender Handelsströme zu einem weltumspannenden Netzwerk, das Bevölkerungswachstum und die Verstädterung des Landes sowie Kommerzialisierung und technologische Fortschritte. Die Niederlande besaßen die größte Handelsflotte, ein entwickeltes Kreditwesen und ein wegweisendes Seerecht. Ingenieure und andere Fachleute organisierten in dem wasserreichen Land eine umfangreiche Landgewinnung, die nicht nur der Landwirtschaft mit ihren modernen Agrartechniken zugute kam, sondern auch technische Innovationen förderte. Von den Universitäten gingen wichtige Impulse für die Erneuerung der Wissenschaften aus. Die Bevölkerung zeichnete ein vergleichsweise hoher Bildungsstandard und Alphabetisierungsgrad aus. Die Wirtschaftskraft wurde zudem gestärkt durch aus dem Süden zuziehende Unternehmer und Kaufleute sowie durch die Zuwanderung portugiesischer Juden. All das stellte die Grundlage des wachsenden Wohlstandes im Goldenen Zeitalter dar und trug dazu bei, dass die Niederlande zu einer wirtschaftlichen Großmacht wurden.

Während der portugiesisch-spanischen Personalunion (1580–1640) übten die Niederländer massiven Druck auf das portugiesische Kolonialreich aus. Nach dem Sieg einer niederländischen Flotte bei Java 1602 wurden die Portugiesen verdrängt und Batavia (Jakarta) zum Mittelpunkt der niederländischen Kolonien in Südostasien. Die ebenfalls 1602 gegründete **Ostindische Kompanie** und die 1609 in Amsterdam eröffnete Bank verhalfen dem Handelsaustausch zu einer bemerkenswer-

ten Blüte. Bereits 1596 hatte die Republik ihre **internationale Stellung** überdies durch Bündnisse mit England und Frankreich gefestigt.
Zum politischen Aufstieg trugen auch **innere Entwicklungen** bei. Die junge Republik war eine ständisch-föderale, in sozial-politischer Hinsicht eine bürgerlich-aristokratische Ordnung. Die Kräfte, die die General- und Provinzialstände repräsentierten, regierten nun aus eigener Machtvollkommenheit. Die herkömmlichen ständischen Einrichtungen entwickelten sich zu Verwaltungsorganen. Der Handlungsspielraum der bürgerlichen Oberschicht war damit größer geworden. Dagegen nahm die Macht des Adels ab, obwohl er großen Anteil an der Befreiung des Landes hatte, seine Privilegien behielt, die Statthalter stellte und den Staatsrat besetzte. Wenngleich die sieben Provinzen formal gleichberechtigt waren, beherrschte das ökonomisch starke Holland das politische und gesellschaftliche Geschehen. Zur Großmacht aufsteigen konnten die Niederlande aber vor allem deswegen, weil im frühen 17. Jahrhundert die konkurrierenden europäischen Mächte schwach waren. In der zweiten Jahrhunderthälfte musste die Republik dann ihre Position gegen das erstarkende England und Frankreich verteidigen, die den Niederländern ihre Vormachtstellung streitig zu machen versuchten.

Webcode:
KB645961-189

1 ■ Untersuchen Sie die Ursachen für die niederländischen Widerstands- und Protestaktionen gegen die spanische Herrschaft.
2 ■ Beurteilen Sie den niederländischen Unabhängigkeitskampf: War er ein Freiheitskampf, ein religiöser Konflikt oder eine soziale Revolution?
3 ■ Beschreiben Sie mithilfe der Karte M 1 und des Darstellungstextes die Entwicklung des niederländischen Unabhängigkeitskampfes.
4 ■ Erläutern Sie das calvinistische Widerstandsrecht.
5 ■ Arbeiten Sie zentrale Gründe für den politischen und wirtschaftlichen Aufstieg der niederländischen Republik heraus.

M 6 Aus der „Abschwörungserklärung" der Mitglieder der Utrechter Union vom 26. Juli 1581, der sogenannten Unabhängigkeitserklärung der Niederlande („Plakkat van Verlatinge") von Spanien

Diese Unabhängigkeitserklärung wurde völkerrechtlich mit dem Westfälischen Frieden von 1648 wirksam.

Es ist allgemein bekannt, dass ein Fürst eines Landes von Gott zum Oberhaupt seiner Untertanen eingesetzt worden ist, um diese vor Unrecht, Schaden und Gewalt zu schützen und zu bewahren, genauso wie ein Hirte seine Schafe hütet, und dass die Untertanen von Gott nicht für den Fürsten geschaffen worden sind, um ihm in allem, was er befiehlt [...], untertänig zu sein und ihm als Sklaven zu dienen. Im Gegenteil, der Fürst ist da zum Willen des Volkes, ohne welches er kein Fürst wäre, um es gerecht und vernünftig zu regieren und zu verteidigen und es lieb zu haben wie ein Vater seine Kinder und ein Hirte seine Schafe [...]. Wenn er dies nicht tut, sondern, statt seine Untertanen zu schützen, versucht, sie zu unterdrücken, übermäßig zu belasten, sie ihrer Freiheit, Privilegien und alten Gewohnheiten zu berauben und sie zu befehligen und zu benutzen wie Sklaven, muss er nicht als ein Fürst, sondern als ein Tyrann angesehen werden. Dann steht es seinen Untertanen mit Fug und Recht frei, ihn nicht mehr als Fürsten anzuerkennen – vor allem nachdem hierüber in der Staatenversammlung des Landes getagt worden ist –, sondern sich von ihm loszusagen [...] und einen anderen zum Souverän zu wählen [...]. Dies ist umso mehr erlaubt, wenn es den Untertanen nicht gelungen ist, ihren Fürsten durch demütige Darlegung zu erweichen und ihn von seiner tyrannischen Absicht abzubringen, sodass ihnen kein anderes Mittel mehr bleibt, um die ihnen und ihren Frauen, Kindern und Nachkommen angeborene Freiheit zu verteidigen und zu schützen. Hierzu sind sie gemäß dem Naturgesetze verpflichtet [...]. So ist es auch mehrere Male aus ähnlichen Gründen in verschiedenen Ländern und Zeitaltern geschehen [...]. So muss es sich auch vorrangig in den Niederlanden ereignen, die immer regiert wurden – und auch regiert werden müssen – gemäß dem Eid, den der Fürst bei Regierungsantritt ablegte, in Übereinkunft mit den Privilegien, Gewohnheitsrechten und alten Bräuchen. Die meisten dieser Länder haben ihren Herrscher nämlich angenommen aufgrund von Bedingungen, Übereinkünften und Einvernehmen; wenn der Herrscher diese bricht, hat er auch rechtens die Herrschaft über das Land verwirkt. [...] Darum tun wir kund und zu wissen, dass wir, durch die äußerste Not gezwungen, nach Beratung untereinander und in allgemeinem Einverständnis den König von Spanien seiner Herrschaft, Gerichtsbarkeit und erblicher Ansprüche auf dieses Land *ipso iure* für enthoben erklärt haben und erklären.

Zit. nach: Plakkat van Verlatinge 1581 (Einleitung, Transkription und Übersetzung ins moderne Niederländisch von M. E. H. N. Mout), Staatsuitgeveriy 1979, S. 97ff. Übers. von F. H. Schmidt und H. Günther-Arndt.

1 Erläutern Sie mithilfe von M 6 die Ursachen und Ziele der niederländischen Unabhängigkeitserklärung:

a) Analysieren Sie das Verhältnis von Fürst und Untertanen, das den Niederländern als Ideal vorschwebt.

b) Nennen Sie die Argumente, mit denen die Niederländer die Absetzung eines Fürsten rechtfertigen.

c) Untersuchen Sie die Gründe, aus denen die Niederländer die Absetzung des Fürsten bzw. ihre Unabhängigkeit erklären. Analysieren Sie die Ziele der niederländischen Unabhängigkeitserklärung.

M 7 Der Historiker Michael North über die Ursachen des niederländischen Aufstandes, 2013

Überblickt man den Verlauf des Aufstandes insgesamt, dann handelte es sich um eine Vielzahl von Aufstandsbewegungen, die von der Adelseinung über den Protest der städtischen Honoratiorenschicht und der Zünfte bis zu Unruhen der unterbürgerlichen Schichten reichten. [...] Die Hypothese einer sozialen Revolution verkürzt daher den Tatbestand. Außerdem ist zu beachten, dass es sich bei den Niederlanden um die am weitesten entwickelte Region des frühneuzeitlichen Europa handelte. Hier war nicht nur der Lebensstandard aller Schichten vergleichsweise hoch, sondern der wirtschaftliche Aufschwung hatte auch den Aufstieg einer städtischen Mittelklasse gefördert. Es kämpfte also nicht so sehr eine verarmte Unterschicht, sondern eine städtische Mittelschicht, die sich gegen den Verlust des erreichten Lebensstandards (durch Krieg und Besteuerung) zur Wehr setzte.

In einer solchen Situation fiel das Gedankengut des Calvinismus auf fruchtbaren Boden. Als der Konflikt eskalierte, waren die extremen religiösen Kräfte auf der „Linken", d. h. die Calvinisten, und der „Rechten", d. h. die tridentinischen Katholiken[1], stärker als das auf Ausgleich bedachte Zentrum. Es ging nur noch um Calvinismus oder Katholizismus, zumal der Landesherr keinerlei Kompromissbereitschaft zeigte und das Zentrum im Stich ließ. So war es nur konsequent, dass sich die Südprovinzen für den spanischen Staat, die Nordprovinzen für Separation und Revolution entschieden. Von diesen waren allein Holland und Seeland protestantisch, die anderen in der Union von Utrecht vereinigten Provinzen aber katholisch.

Die stärkste Aussagekraft besitzt noch die Hypothese, die den Aufstand als Kampf um die Freiheit interpretiert, aber nur, wenn man den Aufstand nicht – wie die Historiker des 19. Jahrhunderts – als Kampf der holländischen Nation gegen Spanien deutet, sondern als Verteidigung der alten ständischen Freiheiten oder Privilegien gegen den aufsteigenden Fürstenstaat mit seiner Zentralisierung von Staatsgewalt und Administration. Die Konfliktfelder waren je nach Stand unterschiedlich.

Der Hochadel, der im „Staatsrat" den Statthalter beriet, sah seinen Einfluss schwinden. Denn er wurde von der politischen Macht durch zwei weitere Gremien, den „Geheimen Rat" und den „Finanzrat", zunehmend ferngehalten. Der „Geheime Rat" traf Entscheidungen auf dem Gebiet der Gesetzgebung, der Verwaltung und Justiz. Seine Mitglieder, allesamt Juristen, waren nicht mehr dem Land, sondern nur noch dem Landesherrn und dem Staatsapparat verpflichtet. Die Forderungen des Hochadels nach größerer Mitsprache bzw. nach Reform des Staatsrates verhallten ungehört. In seinen angestammten Vorrechten ebenfalls bedroht sah sich der niedere Adel in den Provinzen. Hatten die lokalen Führungseliten die Ämter bisher unter sich verteilt, so wurde ihre Stellung sowohl vom Landesherrn durch eingesetzte Amtsträger als auch durch die landesherrlichen Justizhöfe in den Provinzen, die immer mehr Aufgaben übernahmen, ausgehöhlt.

Die niederländischen Städte befanden sich gleichfalls in einem Spannungsverhältnis zum Landesherrn. Bereits Karl V. hatte in den 1530er- und 40er-Jahren den politischen Einfluss der Zünfte beseitigt und die Magistrate unmittelbar ernannt. Außerdem hatte der Kaiser den Widerstand Gents gegen diesen Eingriff in die städtische Autonomie sowie gegen die dem Land zur Kriegsfinanzierung aufgebürdeten hohen Steuern 1540 mit Gewalt gebrochen. Der Verlust aller Privilegien und die Beschneidung der städtischen Macht waren die Folgen. 1566 im Bildersturm standen daher die vom Landesherrn eingesetzten Ratsgremien größtenteils hinter der Regierung, während die Zünfte in den Brabanter und flämischen Städten für die Wiederherstellung der mittelalterlichen Stadtverfassung und des Einflusses der Zünfte kämpften und dies auch für ein knappes Jahrzehnt (bis 1584) erreichten. Damit kam aber nicht der Handwerkerstand an die Macht, sondern eine wohlhabende Honoratiorenschicht, die aus reichen Handwerkern, Kaufleuten und Unternehmern bestand. Bei dem Aufstand handelte es sich daher in erster Linie um einen Konflikt zwischen den Amtsträgern des Fürstenstaates und den Amtsträgern aus eigener Machtvollkommenheit.

Dieser Konflikt verschärfte sich durch den religiösen Gegensatz und schlug so von der oberen politisch-gesellschaftlichen Ebene auf die untere Ebene durch. [...] Philipp II. konnte aus Überzeugung keinen Frieden mit den Ketzern schließen. Er regierte 43 Jahre lang, sodass seine Überzeugung ein Faktor im Aufstand wurde. Selbst wenn seine Statthalter unter Druck immer wieder Zugeständnisse machten und Kompromisse eingingen, wurden diese von Philipp, sobald er an der Mittelmeerfront im Kampf gegen die Türken wieder Ruhe hatte, zunichte gemacht. Auf der protestantischen Seite führte die harte Linie Philipps dazu, dass Wilhelm von Oranien nach anfänglicher Kompromissbereitschaft den zwischen den Statthaltern und dem Zentrum ausgehandelten Garantien der Religionsausübung misstraute. An einen Frieden mit Spanien und an einen Verbleib Hollands und Seelands im Reich Philipps war daher spätestens nach dem Scheitern der Genter Pazifikation nicht mehr zu denken.

Aber auch 1579 stand der Weg zur Regierungsform der Republik noch nicht fest. Nach der Absetzung Philipps boten die Generalstaaten der nördlichen Provinzen nacheinander dem Herzog von Anjou, Wilhelm von Oranien und schließlich der Königin von England die Herrschaft an. Aber keiner wollte unter den gestellten Bedingungen regieren. Entsprechend mussten die Stände notgedrungen selbst auf Provinz- wie auf Landesebene die Regierungsverantwortung übernehmen. So entstand aus dem Kampf gegen den Fürstenstaat eine Republik der Provinzen, deren Träger die regionalen Eliten, insbesondere das städtische Großbürgertum und in geringerem Maße der Adel, waren. Fortan wurden alle Fragen von Belang zwischen den Vertretern der Provinzen ausgehandelt. Die alten fürstlichen Zentralorgane wurden abgeschafft, neue nur im Ausnahmefall gegründet. Wenn dies der Fall war, wurden die Zentralorgane bewusst schwach gehalten, um die Macht der regionalen und lokalen Gewalten nicht zu beeinträchtigen. So entstand aus einem Konflikt „kleiner Ursachen als große Folge" (Woltjer) die republikanische Verfassung, die die niederländische Geschichte in den folgenden zwei Jahrhunderten prägen sollte.

Michael North, Geschichte der Niederlande, 4. Aufl., C.H.Beck, München 2013, S. 33–36.

1 tridentinische Katholiken: Christen, die die Messe nach altem Ritus feiern; dabei werden die Hauptgebete auf Latein gehalten und der Priester steht mit dem Rücken zum Kirchenvolk, weil er mit diesem zusammen in Richtung Osten und damit der aufgehenden Sonne entgegen betet; dieser alte Ritus wurde nach dem Trienter Konzil im Messbuch von 1570 festgeschrieben.

1 ■ Untersuchen Sie mithilfe von M 7 die Ursachen des niederländischen Aufstandes: Erörtern Sie, ob es sich um eine soziale Revolution, einen sozialen Konflikt oder einen Freiheitskampf handelte und welche Argumente für oder gegen diese Thesen sprechen.

2 ■ Analysieren Sie, warum die Niederländer eine Republik anstatt einer Monarchie gründeten.

M8 Johannes Calvin, Gemälde der flämischen Schule, 16. Jahrhundert

M9 Johannes Calvin (1509–1564) in seinem Hauptwerk „*Institutio christianae religionis*" zum Widerstandsrecht, 1536

Hier [gegenüber einer ungerechten Obrigkeit] offenbart sich nun Gottes wunderbare Güte, Macht und Vorsehung. Denn bald erweckt er aus seinen Knechten öffentliche Erwecker und rüstet sie mit seinem Auftrag aus, um eine mit Schandtaten beladene Herrschaft zur Strafe zu ziehen. [...] So hat er das Volk Israel aus der Tyrannei des Pharao durch Mose zur Freiheit führen lassen [...]. Aber wie man auch die Taten der Menschen selbst beurteilen mag, so führte der Herr doch durch diese Taten gleichermaßen sein Werk aus, indem er das blutige Zepter schamloser Könige zerbrach und manch unerträgliche Herrschaft stürzte. Das sollen die Fürsten hören – und darob erschrecken!

Wir aber sollten uns unterdessen nachdrücklich hüten, diese Autorität der Obrigkeit, die mit verehrungswürdiger Majestät erfüllt ist und die Gott durch die ernstesten Gebote bekräftigt hat, zu verachten oder zu schänden – selbst wenn sie bei ganz unwürdigen Menschen liegt. [...] Denn wenn auch die Züchtigung einer zügellosen Herrschaft Gottes Rache ist, so sollen wir deshalb doch nicht gleich meinen, solch göttliche Rache sei uns aufgetragen – denn wir haben keine andere Weisung, als zu gehorchen und zu leiden.

Dabei rede ich aber stets von amtlosen Leuten. Anders steht nun die Sache, wo Volksbehörden eingesetzt sind, um die Willkür der Könige zu mäßigen. [...] Diese Gewalt besitzen, wie die Dinge heute liegen, vielleicht auch die drei Stände in den einzelnen Königreichen, wenn sie ihre wichtigsten Versammlungen halten. Wo das also so ist, da verbiete ich diesen Männern nicht etwa, der wilden Ungebundenheit der Könige pflichtgemäß entgegenzutreten, nein, ich behaupte geradezu: Wenn sie Königen, die maßlos wüten und das niedrige Volk quälen, durch die Finger sehen, so ist solch ihr absichtliches Übersehen immerhin nicht frei von schändlicher Treulosigkeit; denn sie verraten ja in schnödem Betrug die Freiheit des Volkes, zu deren Hütern sie, wie sie wohl wissen, durch Gottes Anordnung eingesetzt sind!

Fritz Dickmann (Bearb.), Geschichte in Quellen, Bd. 3, bsv, München 1966, S. 251 f.

1 ■ **Recherche:** Informieren Sie sich über den Autor von M 9 und ordnen Sie die Quelle historisch ein.

2 ■ Untersuchen Sie mithilfe von M 9, wie Calvin das Verhältnis des Einzelnen zur Obrigkeit bestimmt. Erläutern Sie, wer nach Calvin Widerstand leisten darf.

M10 Aus dem Bericht des englischen Diplomaten und Schriftstellers Sir William Temple (1628–1699), 1676

Jene Familien, die in den großen Städten vom Ertrag ihrer Vermögen leben, sind anders erzogen und leben anders als die Kaufleute, obwohl sie ihnen in der Bescheidenheit von Kleidung, Auftreten und Lebensführung gleichen. Ihre Söhne werden üblicherweise in Schulen und an den Universitäten von Leiden und Utrecht in den üblichen Fächern der klassischen Bildung erzogen, vor allem aber studieren sie das bürgerliche Recht ihres Landes [...]. Wo diese Familien reich sind, unternehmen ihre Söhne nach Abschluss ihrer Studien einige Jahre lang Reisen, ebenso wie es die Söhne unseres Adels tun. Aber sie reisen hauptsächlich nach England und Frankreich, nicht sehr oft nach Italien und noch seltener nach Spanien oder in die nordeuropäischen Länder, es sei denn als Begleiter oder im Gefolge von Regierungsmitgliedern. Der Hauptzweck der Erziehung ist es, die jungen Männer für den Dienst in der Regierung ihrer Städte, Provinzen und des Staates zu befähigen. Und aus solchen Leuten rekrutieren sich im Allgemeinen die Inhaber politischer Ämter. Sie gehören Familien an, deren Mitglieder oft viele Jahre lang im Magistrat ihrer Heimatstädte tätig waren, manche von ihnen sogar über Generationen hinweg. Von solcher Art waren die meisten oder alle leitenden Staatsmänner, als ich dort [als Botschafter] weilte; es waren nicht Männer geringer Herkunft oder gar Handwerker, wie man im Ausland oft glaubt und was Gegenstand von Scherzen über ihre Regierung ist. Das schließt nicht aus, dass man viele Kaufleute und vor allem Großhändler in städtischen Ämtern sieht und dass sie manchmal in die Ständeversammlungen entsandt werden [...]. Aber die Inhaber der Spitzenämter gehören zur ersten Gruppe; ihr Vermögen und ihr Einkommen bestehen aus dem Sold, den sie für ihre Ämter erhalten, aus Einkünften aus ihrem Landbesitz und aus den Zinsen des Kapitals, das in Handelsniederlassungen oder in der Handelstätigkeit der Ostindischen Kompanie angelegt ist, oder aus Anteilen an Handelsunternehmungen großer Kaufleute. Und diese Familien, die traditionell an der Regierung ihrer Städte und Provinzen beteiligt sind, gelangen üblicherweise nicht zu übermäßigem Reichtum. Die Einkünfte im öffentlichen Dienst und aus Kapitalanlagen sind gering, doch sind die Erträge aus Landbesitz noch sehr viel niedriger. [...] Sie geben sich mit der Ehre zufrieden, der Öffentlichkeit zu dienen, und mit der Hochschätzung, die ihnen von ihren Städten und Provinzen entgegengebracht wird, sowie mit dem Genuss ihres Vermögens, das wegen ihrer sparsamen Lebensführung selten in Gefahr gerät [...].

Dagegen ist der Reichtum der Kaufleute und der Fernhändler außerordentlich gewachsen. Ihre Tätigkeit liegt allein auf diesem Gebiet und sie sind es zufrieden, wenig Anteil an der Regierung zu haben. Sie wünschen nur Sicherheit für ihr Vermögen und kümmern sich nur um dieses und ihre Geschäfte; wenn sie noch Zeit haben, widmen sie sich einem angenehmen Leben. Aber wenn sie sehr reich geworden sind, lassen sie ihre Söhne auf die oben genannte Art erziehen und lassen ihre Töchter in die angesehensten und politisch führenden Familien ihrer Städte einheiraten. So führen sie ihre Familien zu politischem Einfluss und hohem Ansehen, das sich hierzulande nicht auf Titel, sondern auf Dienst an der Gemeinschaft gründet [...].

Sir William Temple, Observations upon the United Provinces of the Netherlands, London 1676, S. 161 ff. Übers. von H.-G. Hofacker.

M 11 Der englische Historiker Charles Henry Wilson (1914–1991) über die Ursachen des niederländischen Aufstiegs (1968)

In Holland ging mehr als irgendwo sonst die reine Wissenschaft unmerklich in die angewandte, die Theorie in die Technologie über. Weder Stevin[1] noch Snellius[2] oder Huygens[3] hielten die Behebung der praktischen Schwierigkeiten, die sicherer Navigation und längeren Seereisen im Weg standen, für unter ihrer Würde. Vielleicht liegt, wie auch beim lebhaften Aufblühen der Künste, die Erklärung für diese Verschmelzung von reiner und angewandter Wissenschaft zum Teil in den einfachen Lebens- und Gesellschaftsverhältnissen Hollands – einer verhältnismäßig dichten Bevölkerung, die sich in Städten von beträchtlicher Größe zusammendrängte und sich herausgefordert sah, mit wenig oder gar keinen natürlichen Hilfsmitteln einen möglichst hohen Lebensstandard zu erreichen.

Ihre einzigartige Maklerwirtschaft und die äußerste Ausnutzung ihrer Möglichkeiten machten Unterricht und Bildung zu einer Notwendigkeit und nicht zu einer Zierde. Die holländischen Kinder wurden schon mit drei Jahren in eine Unterrichtsmaschine gesteckt, die sie von der Grundschule zur Lateinschule und von dort zur Universität [...] weiterführte. Lesen und Schreiben waren folglich wesentlich verbreiteter als irgendwo sonst in Europa. Besondere Aufmerksamkeit wurde der Pflege der Handschrift gewidmet, die häufig ein Niveau von höchster Eleganz erreichte. Daher wiederum das weitverbreitete Talent für Kupferstechen und Gravieren, das zur Entstehung einer Schule der Land- und Seekartenherstellung beitrug.

Charles Henry Wilson, Die Früchte der Freiheit. Holland und die europäische Kultur des 17. Jahrhunderts, Kindler, München 1968, S. 95.

1 Simon Stevin (1548–1620), Mathematiker und Physiker (Parallelogramm der Kräfte; kommunizierende Röhren)
2 Willebrord S. van Roijen Snellius (1591–1628), Mathematiker
3 Christian Huygens (1629–1695), Physiker (entwickelte die Wellentheorie des Lichts)

1 ■ Erklären Sie mithilfe von M 10 und M 11 den wirtschaftlichen Aufschwung der Niederlande. Untersuchen Sie dabei besonders, welche Mentalitäten und Auffassungen die zeitgenössische (M 10) und die historische (M 11) Darstellung hervorheben.

M 12 Zimmerecken mit Raritäten, Ölgemälde von Jan van der Heyden (1637–1712), 1712

1 ■ Analysieren Sie die in M 12 dargestellten Gegenstände und versuchen Sie, die bildhaften Anspielungen zu entschlüsseln. Vergleichen Sie diese Selbstdarstellung des niederländischen Bürgertums mit den Aussagen in M 10 und M 11.

5.3 Englische Revolutionen im 17. Jahrhundert

Revolution
Das vom lateinischen *„revolvere* = zurückwälzen, zurückkehren" abgeleitete Substantiv gehörte ursprünglich zur Fachsprache der Astronomie und bezeichnete die Vollendung des Umlaufs eines Planeten, die Rückkehr zu seinem Ausgangspunkt – also dem Wortsinn gemäß einen Kreislauf.

Zum Revolutionsbegriff

Der Begriff „Revolution"* stammt ursprünglich aus der Fachsprache der Astronomie (M 1), wurde jedoch schon früh in die politische Sprache übertragen. Seit der Spätantike bezeichnete er die Wiederherstellung eines früheren, meist als besser angesehenen Zustands einer Gesellschaft oder einer staatlichen Ordnung. „Revolution" drückte ursprünglich also genau das Gegenteil der heutigen Begriffsbedeutung aus: nicht den Durchbruch zu etwas Neuem, sondern die Rückkehr zum „Altbewährten". Diesen Vorgang nennen wir heute „Restauration".
Das moderne Verständnis von Revolution bahnte sich seit dem ausgehenden 17. Jahrhundert an. Seitdem definierten Lexika den Begriff als plötzliche oder gewaltsame Transformation der politischen Ordnung eines Staates. Seit der Mitte des 18. Jahrhunderts galten Revolutionen in der Philosophie und Geschichtsschreibung der Aufklärung als zentrale Elemente historischen Fortschritts. Im modernen Verständnis, das sich aufgrund der Erfahrungen der Französischen Revolution herausbildete (s. S. 112 ff.), bedeutet eine „Revolution" eine **grundlegende Umgestaltung** der gesellschaftlichen Struktur, der politischen Organisation sowie der kulturellen Wertvorstellungen mit dem Ziel, Emanzipation, Freiheit und Volkssouveränität – zumindest in Ansätzen – zu verwirklichen. Die revolutionären Ereignisse vollziehen sich dabei in einem bestimmten geografischen Bereich innerhalb eines kurzen Zeitraums und oftmals unter Gewaltanwendung. Im Gegensatz zur Revolution stehen **Reformen**, bei denen sich die Neuordnung, Verbesserung und Umgestaltung von politischen und sozialen Verhältnissen *innerhalb* der bestehenden Ordnung vollziehen.

Rebellion, Bürgerkrieg oder Revolution?

Die „Glorious Revolution" in England, durch die 1688/89 König Jakob II. abgesetzt und einige Rechte des Parlaments festgeschrieben wurden, war das erste politische Ereignis, das viele Zeitgenossen als Revolution bezeichneten. Vorderhand verstanden sie darunter im traditionellen Sinne eine Rückkehr zu früheren Verhältnissen. Doch manche sahen bereits den einmaligen Charakter der Ereignisse, die etwas grundlegend Neues hervorgebracht hatten.

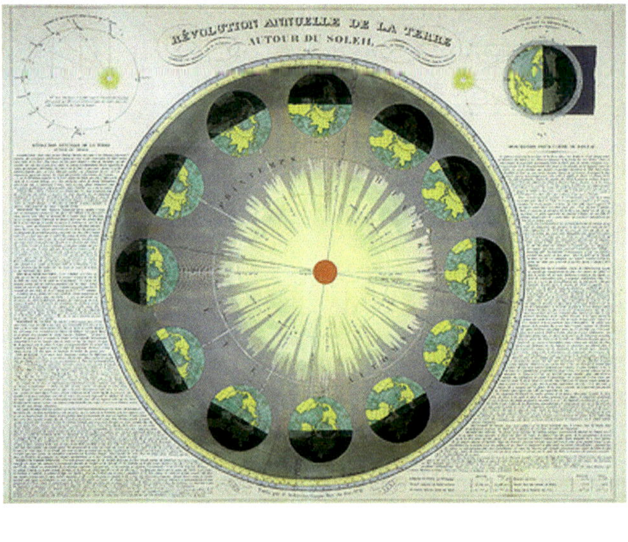

M 1 ***Révolution annuelle de la terre autour du soleil*** **(„Jährliche Bewegung der Erde um die Sonne"), kolorierter Stahlstich, nach der Zeichnung von H. Nicollet, 1837**

Diese unterschiedliche Bewertung setzt sich bis in die Gegenwart fort. Die folgende Darstellung unterteilt die Ereignisse der englischen Geschichte im 17. Jahrhundert in die „Englische Revolution“ (1640–1660) und die „Glorious Revolution“ (1688/89). Diese Periodisierung ist in der Geschichtsschreibung verbreitet, aber nicht unumstritten. So bezeichnete der bedeutende Historiker Leopold von Ranke (1795–1886) die Krisenperiode und Entscheidungsphase der neueren englischen Geschichte von 1640 bis 1689 insgesamt als Revolution. Andere Historiker bestreiten dagegen den revolutionären Charakter der Ereignisse und verwenden stattdessen die Bezeichnungen „Rebellion“, „Bürgerkrieg“ oder „Interregnum“.

Ursachen der englischen Revolutionen

Der offenen Konfrontation von Parlament und Krone in England in den 1640er-Jahren lagen zwei wesentliche Ursachen zugrunde: Zum einen spitzten sich die Auseinandersetzungen zwischen König und dem Parlament um die nicht klar definierten königlichen **Prärogativrechte*** zu, zum anderen wurden diese politischen Konflikte durch **religiöse Gegensätze** überlagert und verstärkt. Hinzu kamen grundlegende strukturelle Probleme des Staates, die vor allem eine Folge der Preisinflation des 16. und 17. Jahrhunderts waren und zu einem Rückgang der Staatseinnahmen führten. Hatten sich diese Probleme bereits unter Elisabeth I. (Reg. 1558–1603) gezeigt, verschärften sie sich unter ihren Nachfolgern Jakob I. (Reg. 1603–1625) und Karl I. (Reg. 1625–1649). Der Versuch der Krone, den Rückgang der Steuereinnahmen durch die Erschließung anderer Einnahmequellen auszugleichen, führte schließlich zu Konflikten mit den adligen Führungsschichten.

Prärogative
lat. Vorzug, Vorrecht; Rechte des Monarchen, über die er ohne Beteiligung des Parlamentes verfügen kann

Krone und Parlament

Zu Beginn des 17. Jahrhunderts verfügte die englische Krone weder über ein stehendes Heer noch über eine landesweite Bürokratie. Zur langfristigen Durchsetzung ihrer Politik war sie daher auf die Kooperationsbereitschaft der adligen Führungsschichten des Landes angewiesen. Das englische Parlament im 18. Jahrhundert war nichts anderes als das Herrschaftsinstrument des Adels. Im Oberhaus *(„House of Lords“)* saßen die Mitglieder des hohen Adels, die *„Peers“*, im Unterhaus *(„House of Commons“)* dominierten Angehörige des mittleren Adels, die *Gentry*. Der Monarch benötigte bei der Gesetzgebung die Zustimmung des Parlaments. Auch die Erhebung von Steuern zur Finanzierung außerordentlicher Unternehmungen – dies waren vor allem Kriege – musste vom Unterhaus bewilligt werden.

M2 König Karl I. mit Reitknecht und Page, Ölgemälde von Anthonis van Dyck, um 1635

Absolutismus nach kontinentalem Vorbild?

Die Versuche Karls I., der chronischen Finanznot Herr zu werden, verschärften die bestehenden Konflikte. Das Parlament verweigerte seine Zustimmung zur Erhebung neuer Steuern. Stattdessen verfasste es in der ***„Petition of Right“*** von 1628 Beschwerden gegen den König und bestand auf seinen Rechten. Die Abgeordneten hatten an Selbstvertrauen gewonnen und die Steuerbewilligung mit einer Stärkung des Parlaments verknüpft. Karl I. unterzeichnete zwar dieses wichtige Dokument der englischen Verfassungsgeschichte, löste jedoch ein Jahr später das Parlament auf und ging zu einem „persönlichen Regiment“ über. Dass der Monarch in den 1630er-Jahren ohne die Mitwirkung des Parlaments regierte und ohne dessen Bewilligung Steuern eintrieb, erweckte den Eindruck, Karl I. erstrebe eine absolute Herrschaft nach kontinentalem Vorbild.

Religionspolitik

Diese Befürchtung wurde durch die Religionspolitik Karls I. noch verstärkt. Den **Puritanern*** war die Reformation in England nicht weit genug gegangen. Sie bemühten sich um die Durchsetzung einer aktiven protestantischen Außenpolitik, um eine streng diszi-

Puritaner
Reformiert-calvinistische Bewegung in England, die die reformierte anglikanische Staatskirche von katholischen Resten befreien wollte. Die Puritaner forderten anstelle der Bischöfe „Presbyter“ (Gemeindeältestе) und traten für eine strikte Trennung von Staat und Kirche, für Gewissensfreiheit und für ein einfaches gottgefälliges Leben ein.

Anglikanische Staatskirche
Auf Betreiben Heinrichs VIII. (Reg. 1509–1547) wurde in England die Reformation mithilfe von Parlamentsgesetzen durchgeführt. Hintergrund waren weniger Heinrichs religiöse Überzeugungen als Streitigkeiten zwischen ihm und dem Papst in Rom über die Rechtmäßigkeit der königlichen Ehen. 1534 erklärten die Bischöfe Englands, dass sie in Heinrich und nicht im Papst das Oberhaupt der englischen Kirche sahen. Damit hatte sich die englische Kirche von Rom losgesagt und eine eigenständige Landeskirche gebildet.

Presbyterianer
griech. *presbyteros* = Ältester; zuerst vor allem in Schottland verbreitete Richtung der Protestanten, die eine calvinistische Kirchenverfassung unter besonderer Berücksichtigung der Gemeindeältesten verwirklichen wollten

plinierte Gesellschaft und die Entfernung katholischer Reste innerhalb der **anglikanischen Staatskirche***. Die Kirchenpolitik Karls I., die vor allem der von ihm 1633 eingesetzte Erzbischof von Canterbury, Wilhelm Laud, umsetzte, wollte dagegen die Autorität der Geistlichen gegenüber den Laien stärken sowie Bestandteile der katholischen Riten wieder übernehmen. Karl und Laud hofften, obwohl sie keine Katholiken waren und die Eigenständigkeit des Anglikanismus betonten, letztlich auf eine Aussöhnung mit Rom. Der puritanischen Opposition galten beide dagegen als „Papisten", die dem Papst ergeben wären, die englischen Freiheiten unterminierten und auf eine Willkürherrschaft zielten. Die Weigerung Karls I., gegen die katholische Großmacht Spanien militärisch vorzugehen, wurde zusätzlich als Zeichen einer Rekatholisierung Englands gewertet.

Die Englische Revolution 1640–1660

Der äußere Anlass zur Revolution ergab sich aus dem Versuch Karls I. und William Lauds, dem mit England seit 1603 in Personalunion verbundenen presbyterianischen* Schottland 1637 ein neues Gebetbuch aufzuzwingen. Die Schotten lehnten sich dagegen auf, und es kam 1639 zu militärischen Auseinandersetzungen, in denen England unterlag. Um Mittel für die Fortführung des Krieges zu erhalten, berief Karl I. ein Parlament ein, das am 13. April 1640 zusammentrat. Dies war notwendig geworden, weil das Regieren ohne Parlament nur für elf Jahre möglich war. Zudem hatten sich viele Bürger in den Jahren 1629 bis 1640 geweigert, die nicht bewilligten Steuern zu zahlen. Da das neu berufene Parlament die vom König erhoffte rasche Bewilligung von Geldern verweigerte, wurde dieses **„Kurze Parlament"** vom König wieder aufgelöst. Als die Wiederaufnahme des Krieges gegen Schottland ebenfalls erfolglos verlief, sah sich Karl I. abermals zur Einberufung eines Parlaments gezwungen, das am 3. November 1640 eröffnet wurde.

Das „Lange Parlament"

An dieses **„Lange Parlament"** wurde der König „gefesselt": Zunächst hatte er den Schotten aufgrund eines Vertrages täglich einen hohen Betrag zu zahlen, der ohne parlamentarische Bewilligung nicht aufzubringen war; später unterzeichnete er ein Gesetz, wonach die Auflösung dieses Parlaments nur mit dessen Zustimmung erfolgen konnte. Das „Lange Parlament" beschloss 1641 Reformgesetze, die dem König die Möglichkeit einer autoritären Herrschaft nehmen sollten. So wurden Gerichtshöfe, die in besonderem Maße der monarchischen Machtdurchsetzung gedient hatten, abgeschafft. Das Einziehen bestimmter Steuern wurde verboten. Für die folgenden, tiefer gehenden Eingriffe in die traditionelle Ordnung gab es vor allem zwei Gründe: eine sich aus dem Puritanismus ergebende, durch die neuen Veränderungsmöglichkeiten beschleunigte religiöse Dynamik und das Misstrauen gegenüber Karl I. Dies zeigte sich, nachdem sich im Herbst 1641 die katholischen Iren gegen die nunmehr eindeutig unter dem Einfluss eines unduldsamen Protestantismus stehende englische Herrschaft erhoben hatten. Das Parlament beschloss am 5. März 1642 eine Milizverordnung, die dem König die Kommandogewalt über das gegen die Iren aufzustellende Heer (eines seiner wichtigsten Prärogativrechte) entzog, und setzte diese Verordnung ohne seine Zustimmung in Kraft. Im Juni 1642 verabschiedete das Parlament die weitreichenden ***„Nineteen Propositions"*** (M 6). Die **zunehmende Radikalisierung**, insbesondere die durch die Puritaner drohende Abschaffung der anglikanischen Staatskirche, führte zum Zerfall der anfänglich geschlossenen Opposition gegen Karl I. Die religiös-revolutionäre Dynamik äußerte sich in Bilderstürmerei und in Angriffen gegen Bischöfe. Diese wurden im Februar 1642 aus dem Oberhaus ausgeschlossen und im September von ihrem Amt suspendiert. Zahlreiche gemäßigte Abgeordnete sahen die überlieferte Ordnung in Gefahr, wodurch die Position des Monarchen gestärkt wurde.

Die Bürgerkriege

Die Auseinandersetzungen zwischen „Parlamentariern" und „Royalisten" eskalierten zum Bürgerkrieg. Der erste Bürgerkrieg (1642–1646) endete mit einem Sieg der Parlamentspartei. Auf seinem Höhepunkt in den Jahren 1643/44 stand rund ein Achtel der erwachsenen männlichen Bevölkerung (ca. 150 000 Mann) unter Waffen. Im Frühjahr und Sommer 1648 kam es zu einem zweiten Bürgerkrieg, der aber von der Parlamentsarmee rasch beendet wurde. Für den weiteren Verlauf der Englischen Revolution waren die Bürgerkriege aus mehreren Gründen von entscheidender Bedeutung: 1. Sie machten aufseiten der Parlamentspartei die **Armee** zu einem immer selbstbewusster und selbstständiger werdenden **Machtzentrum neben dem Parlament**. 2. Die besondere Wichtigkeit religiöser Motivation beim Kampf gegen den König führte dazu, dass in diesem 1644 umgebildeten Heer und vor allem in der Kavallerie unter der Führung Oliver Cromwells Mitglieder unabhängiger Kongregationen und Sektierer eine Heimstatt fanden. Der sich ausbildende Gegensatz zwischen Presbyterianern und ***Independenten**** fiel weitgehend mit dem Gegensatz zwischen Parlamentsmehrheit und Armee zusammen. Die Presbyterianer erstrebten eine hierarchisch geordnete Nationalkirche. Die Independenten betonten dagegen die Autonomie der einzelnen Gemeinden. 3. Innerhalb der Armee bildete sich – aufgrund der großen Zahl von Independenten und Sektenmitgliedern in ihren Reihen – die religiöse Gewissensfreiheit als neues, unverrückbares Ziel heraus. 4. Mit dem Hinweis auf die besonders von den kleinen Leuten in den Kriegen erbrachten Opfer erhob sich die Forderung nach einer demokratischen Neuordnung, die von der sich vorwiegend aus den Londoner Handwerkern rekrutierenden Partei der ***„Levellers"**** vertreten wurde. Die *„Diggers"** forderten die Aufhebung des Privateigentums an Grund und Boden. 5. Die materiell und rechtlich nachteilige Behandlung der Soldaten durch die Parlamentsmehrheit nach Beendigung des Großen Bürgerkriegs führte nicht nur zur militärischen Besetzung Londons im Sommer 1647. Sie bewirkte auch eine politische Radikalisierung der Armee: Einzelne Truppenteile wählten *„agitators"*, die als ihre Sprecher auftraten, und die von außen kommenden politisch-ideologischen Einflüsse der *„Levellers"* fanden hier einen günstigen Nährboden. 6. Dieser Radikalisierungsprozess wurde durch den Ausbruch des zweiten Bürgerkriegs, der in der Armee als frevelhafte Auflehnung des Königs gegen das Gottesurteil des ersten Bürgerkriegs betrachtet wurde, noch gefördert.

Independenten
engl. *independent* = unabhängig; Gruppierung der radikalen Puritaner, die sich im England des 16. Jh. herausgebildet hatte und völlige Unabhängigkeit von der anglikanischen Staatskirche und Autonomie für die einzelnen Gemeinden forderte

Levellers
dt. „Gleichmacher"; königs- und adelsfeindliche politische Gruppierung vor allem von Handwerkern, forderte umfassende bürgerliche und religiöse Freiheiten; wurde seit 1649 unterdrückt

Diggers
dt. „Graber", nannten sich auch *true Levellers* („wahre Gleichmacher"); radikale Abspaltung der *Levellers* unter Gerrard Winstanley, die nicht nur eine Änderung des Wahlrechts (wie die *Levellers*), sondern einen Anteil an den Gemeindeweiden zur freien Bewirtschaftung forderte

Die „Revolution in der Revolution"

Der militärische Sieg der Parlamentsarmee in den Bürgerkriegen brachte nicht die Lösung der Konflikte, sondern eine „Revolution in der Revolution". Im Dezember 1648 schloss die Armee zahlreiche presbyterianische Abgeordnete gewaltsam aus dem Parlament aus. Das „gesäuberte" Unterhaus beschloss, Karl I. vor Gericht zu stellen. Dabei berief es sich auf das zukunftsweisende Prinzip der **Volkssouveränität**: Es erklärte das Volk zum Ursprung aller Gewalt, sich selbst aber zu dem für das Volk handelnden Organ mit alleiniger Gesetzgebungskompetenz. So verschaffte sich das Parlament die Legitimationsgrundlage für einen Prozess gegen den König und damit gegen die „Heiligkeit" und „Unantastbarkeit" des Monarchen. Der wegen Verrats an seinem Volk angeklagte König – nun offiziell Charles Stuart genannt – wurde zum Tode verurteilt und am 30. Januar öffentlich hingerichtet (M 3). Damit wurde erstmals der revolutionäre Grundsatz, dass auch Könige unter dem Recht stehen und für Verbrechen zur Rechenschaft gezogen werden, angewendet. Die förmliche Abschaffung der Monarchie und des Oberhauses erfolgten im März. Ein Gesetz vom 19. Mai 1649 erklärte England zu einem ***„Commonwealth"*** (dt. „Gemeinwohl") und führte damit die **Republik** ein. Auf religiöse Konformität wurde weitgehend verzichtet. Die Independenten hatten sich zunächst durchgesetzt.

M3 Die Hinrichtung Karls I. 1649, zeitgenössischer Kupferstich

Chiliasmus
griech. *chilio* = tausend; Lehre von einer tausendjährigen Herrschaft Christi auf Erden vor dem Ende der Welt; bezeichnet religiös-politische Bewegungen, die den Ausbruch eines Friedensreiches auf Erden erwarten

Das Regime Cromwell und das Protektorat

Die Republik bestand nur vier Jahre. Der vor allem in der Armee verbreitete Chiliasmus* erwies sich für eine Stabilisierung der Republik in zweifacher Hinsicht als Nachteil. Einerseits vergrößerte er die ohnehin bestehenden Gegensätze zwischen Parlament und Heer, andererseits förderte er den Gedanken, durch die Herrschaft einer geistlichen Elite der „Erwählten“ das Gottesreich vorzubereiten. Auf ihn stützte sich denn auch der Anführer des Parlamentsheeres, der Landadlige **Oliver Cromwell*** (1599–1658; M 4), nachdem er am 20. April 1653 die Vertreter des „Langen Parlaments“ auseinandergejagt und damit die letzte Verbindung mit der alten Verfassungsordnung und den Anfängen der Revolution zerstört hatte. Cromwell beseitigte das Parlament vor allem deshalb, weil es ein Wahlgesetz vorbereitete, das keine ausreichenden Sicherungen gegen die Wahl von Monarchisten und Presbyterianern enthielt. Da bei freien Wahlen aufgrund der Stimmung in der Bevölkerung eine Mehrheit für das Revolutionsregime schwer zu erlangen war, schien es Cromwell angebrachter, ein nominiertes Parlament einzuberufen.

Protektorat
lat. *protegere* = „schützen“; hier: ein unter Schutzherrschaft des Protektors stehendes Gebiet; im modernen Völkerrecht seit dem 19. Jh. die Schutzherrschaft eines Staates oder einer Staatenmehrheit über einen anderen Staat

Der Macht des Militärs entsprechend erfolgte 1653 die Organisation des Staates als **Protektorat***. Die Entscheidungsgewalt lag bei dem „Lordprotektor“ Oliver Cromwell. Der Oberbefehlshaber des seit Jahren siegreichen parlamentarischen Heeres versuchte auf der Grundlage einer geschriebenen Verfassung (zunächst des *„Instrument of Government“*, seit 1657 der *„Humble Petition and Advice“*), konstitutionell zu regieren. Zwei unüberwindliche Hindernisse standen dem jedoch entgegen: zum einen die Existenz einer großen, teuren und weithin verhassten Armee, zum anderen das Festhalten an dem Prinzip der Gewissensfreiheit und an einer, wenngleich eingeschränkten, religiösen Toleranz, die vor allem in der Zeit starken Anwachsens radikaler Sekten wie der Quäker als gesellschaftliche Bedrohung empfunden wurde.
Nach Cromwells Tod 1658 zerfiel das Heer in rivalisierende Fraktionen. Eine äußerst verworrene Phase der militärischen Anarchie wurde von dem mit seinen

Truppen aus Schottland anrückenden General Monk überwunden und endete schließlich in der Rückberufung des „Langen Parlaments“ und in der **Restauration der Monarchie**. Der älteste Sohn Karls I. wurde am 8. Mai 1660 als Karl II. zum König proklamiert. Der „Kreis“ der Revolution hatte sich geschlossen: Der Monarchie war die Republik, dieser die Diktatur Cromwells gefolgt, die nun in die Wiederherstellung der Monarchie mündete.

Die *„Glorious Revolution“* von 1688/89

Bei der *„Glorious Revolution“* ging es wiederum um das zentrale Problem der **Machtverteilung zwischen Krone und Parlament**. Diesmal konnte verwirklicht werden, was der vorhergehenden Revolution nicht dauerhaft gelungen war. Die Restauration der Monarchie von 1660 im Verfassungszustand von 1641 entsprach durchaus den Interessen der seit zwei Jahrzehnten in feindliche Lager gespaltenen politischen Elite des Landes. Das unveränderte Spannungsverhältnis zwischen dem Souveränitätsanspruch der Krone und dem Anspruch einer selbstbewussten Elite auf politische Mitwirkung führte abermals zur Eskalation.

Wie schon 1640, als der Puritanismus die treibende Kraft war, spielte die **Religion** eine wesentliche Rolle. War England bereits unter der Regentschaft Karls II. (Reg. 1660–1685) von einem erneuten Bürgerkrieg bedroht, so forderte dessen 1669 zum Katholizismus übergetretener Bruder und Thronfolger **Jakob II.** (Reg. 1685–1688) durch seine Toleranzpolitik gegenüber Katholiken und protestantischen *Dissenters** die anglikanische Staatskirche heraus. Mit Eingriffen in lokale Machtstrukturen provozierte er zudem den energischen Widerstand regionaler Eliten. Sein Versuch, ein stehendes Heer aufzubauen, verstieß gegen den seit dem Ende Cromwells herrschenden Grundsatz *„no standing armies“* und weckte so die Furcht vor einer umfassenden monarchisch-katholischen Offensive.

Intervention von außen

War die englische Monarchie in der Revolution der Jahrhundertmitte mithilfe der Intervention Schottlands gestürzt worden, so wurde die Revolution von 1688 in noch viel stärkerem Maße von außen herbeigeführt. **Wilhelm von Oranien**, Neffe und Schwiegersohn Jakobs II., hatte als militärischer Oberbefehlshaber der Niederlande und erblicher Statthalter der meisten niederländischen Provinzen ein vitales Interesse, die Rekatholisierung Englands und dessen Bündnis mit dem Frankreich Ludwigs XIV. zu verhindern. Von englischen Hochadligen zum Eingreifen aufgefordert, landete er am 5. November 1688 mit holländischen Truppen an der Südwestküste Englands. Wilhelms Erfolg nach seiner Landung war im Wesentlichen der Kopflosigkeit Jakobs II. und der Desertation einiger führender Offiziere des Königs zu verdanken. Die englischen Oberschichten waren nach den Erfahrungen der Jahrhundertmitte von großer Revolutionsfurcht erfüllt. Nach der **Flucht Jakobs II.** nach Frankreich bestanden unter ihnen zwar erhebliche Differenzen in der Frage der Thronbesetzung, Einmütigkeit herrschte jedoch in dem Bestreben, einen sich ankündigenden Radikalisierungsprozess zu verhindern und die Revolution zu beenden.

Declaration of Rights

Am 22. Januar 1689 trat das Convention Parliament* zusammen. Es brachte einen Kompromiss zustande, der die gemeinsame Herrschaft von Wilhelm und seiner Frau Maria, der Tochter Jakobs II., vorsah. In Gegenwart des designierten Königspaars verlasen Vertreter von Ober- und Unterhaus am 13. Februar 1689 die *„Declaration of Rights“*, in der die neben dem dynastischen Wechsel wichtigsten Ergebnisse dieser Revolution zusammengefasst waren und die als ***„Bill of Rights“*** (M 7) den „Rang eines Grundgesetzes der englischen konstitutionellen Monarchie erhielt“ (Peter Wende).

M4 Oliver Cromwell (1599–1658), kolorierter Kupferstich von Coenrad Waumans, um 1640

Der Staatsmann und Heerführer Cromwell entstammte dem englischen Landadel und war streng puritanisch erzogen worden. Nach seinem Jurastudium übernahm er zunächst die Bewirtschaftung der väterlichen Güter, bevor er 1628 in das Parlament gewählt wurde. Das englische Volk galt ihm als göttlich auserwählt, daher kämpfte er mit religiösem Fanatismus und brutalen Mitteln gegen seine religiösen und politischen Gegner, z. B. gegen Iren und Schotten.

Dissenters
lat. *dissentire:* nicht übereinstimmen; Gemeinden, die sich von der Amtskirche getrennt hatten

Convention Parliament
lat. *convenire* = zusammenkommen; Parlament, das immer dann einberufen wurde, wenn die Thronfolge unklar war

M 5 „Die ‚Deklaration der Rechte' der Engländer in Anwesenheit des designierten Königspaares am 13.2.1689", Quarzrelief von Paul Landowski am Denkmal der Reformation in Genf, um 1916

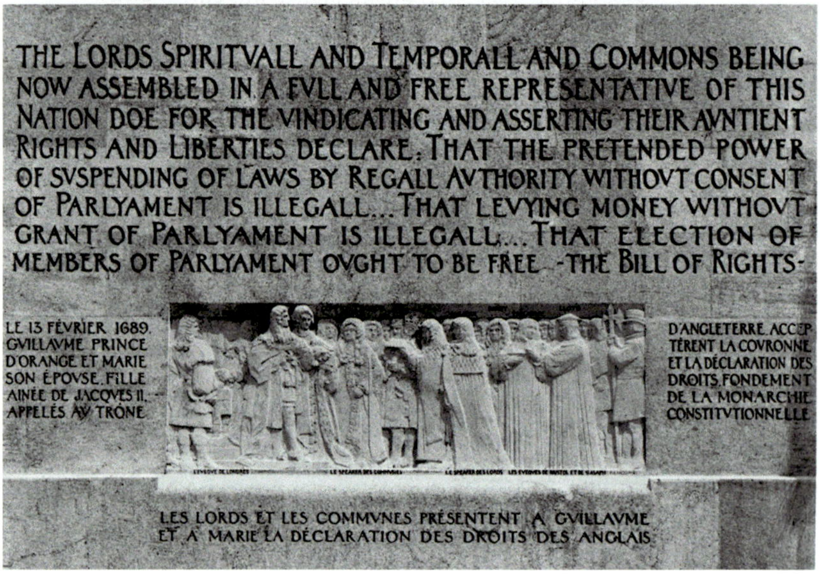

Wirkung der englischen Revolutionen

Dass sich die Entwicklung Englands vom kontinentalen Europa fundamental zu unterscheiden begann, war eine Errungenschaft der *Glorious Revolution* und der sich daran anschließenden Gesetzgebung im 17. Jahrhundert. Lassen sich die beiden englischen Revolutionen auch nicht präzise trennen, so kann man dennoch feststellen, „dass die Revolution der Jahrhundertmitte vor allem die Entwicklung und Ausbreitung moderner Ideen förderte; die von 1688 dagegen leistete ihren Beitrag vornehmlich zur englischen Verfassungsentwicklung und zur konkreten Gestaltung der englischen Politik" (H.-C. Schröder). Die nahezu gewaltfreie *Glorious Revolution* legte den Grundstein für die Umwandlung Englands in eine vom Parlament geschaffene und kontrollierte Monarchie und gilt daher als **Epochenwende** in der englischen Verfassungsgeschichte.

Die frühe Vorrangstellung des Parlaments bedingte jedoch auch eine verzögerte Demokratisierung Englands. Die politischen Freiheiten, die das parlamentarische System mit sich brachte, ließen lange übersehen, dass nur ein begrenzter, wenn auch wachsender Teil der Bevölkerung daran teilhatte. Die englischen Revolutionen waren religiös-politische und keine soziale Revolutionen: Sie hatten weder in der Gesellschaftsstruktur noch in der Verteilung des Eigentums grundlegende Veränderungen bewirkt und damit auch nicht die Vorherrschaft des Adels beseitigt.

Webcode:
KB645961-200

1 ■ Erläutern Sie anhand von M 1 und des Darstellungstextes den Bedeutungswandel des Begriffs „Revolution".
2 ■ Skizzieren Sie die Ursachen der englischen Revolutionen.
3 ■ Erklären Sie, welche Wirkungen die Bürgerkriege auf den weiteren Verlauf der Revolution hatten.
4 ■ Charakterisieren Sie anhand von M 5 das Verhältnis von Krone und Parlament.

M6 Aus den neunzehn „Propositionen" des Langen Parlaments vom Juni 1642

1. Die Lords und die sonstigen Mitglieder des *Privy Council*[1] Eurer Majestät sowie die hohen Beamten und Staatsminister [...] sollen aus dem *Privy Council* bzw. ihren Ämtern und Stellungen entfernt werden mit Ausnahme derer, die von beiden Häusern des Parlaments bestätigt werden. Alle, die an ihre Stelle treten, bedürfen gleichfalls der Bestätigung durch beide Häuser des Parlaments. [...]

2. Die bedeutendsten Angelegenheiten des Königreichs dürfen nicht von privaten, unbekannten und unvereidigten Ratgebern verhandelt und beschlossen werden, sondern alle Angelegenheiten, die die Öffentlichkeit angehen und für die der hohe Gerichtshof des Parlaments [...] zuständig ist, dürfen nur im Parlament besprochen, verhandelt und beschlossen werden und nicht irgendwo anders. [...] Solche Staatsangelegenheiten, die sich für Euer Majestät *Privy Council* eignen, sind von Mitgliedern des Adels und anderen, die von Zeit zu Zeit für diesen Platz mit Zustimmung beider Häuser des Parlaments ausgewählt werden, zu erörtern und zu beschließen. [...]

5. Eine Heirat der Kinder des Königs darf [...] ohne Zustimmung des Parlaments nicht vereinbart oder geschlossen werden. [...]

6. Die Gesetze gegen Jesuiten, Priester und papistische Widerspenstige sind strikt durchzuführen. [...]

8. Eure Majestät wolle einer Reform der Kirchenverfassung und der Liturgie nach dem Rat der beiden Häuser des Parlaments zustimmen. [...]

9. Bis zur gesetzlichen Regelung wolle sich Eure Majestät mit der von den *Lords*[2] und *Commons*[3] getroffenen Ordnung des Militärs zufriedengeben. [...]

15. Festungen und Burgen des Königreichs sollen dem Kommando der Männer anvertraut werden, die Eure Majestät mit Zustimmung des Parlaments ernennen werden.

Zit. nach: Udo Margedant, Englands Weg zum Parlamentarismus, Hirschgraben, Frankfurt/M. 1979, S. 57f.

1 (Geheimer) Staats- und Kronrat
2 Mitglieder des Oberhauses *(House of Lords)*
3 Mitglieder des Unterhauses *(House of Commons)*

1 ■ Erarbeiten Sie aus M6 die Rechte, auf die das Parlament zu Beginn des Bürgerkriegs beharrte. Welche politischen Ziele verfolgte es damit?

M7 Aus der „*Bill of Rights*" vom 13. Februar 1689

Die in Westminster versammelten geistlichen und weltlichen Lords und Gemeinen [...] legten am 13. Tag im Februar im Jahr unseres Herrn 1689 Ihren Majestäten, zu der Zeit genannt und bekannt unter dem Namen und Titel Wilhelm und Maria, Prinz und Prinzessin von Oranien, die in eigener Person anwesend waren, eine gewisse geschriebene Erklärung vor [...]:

Die angemaßte Befugnis, Gesetze oder die Ausführung von Gesetzen durch königliche Autorität ohne Zustimmung des Parlaments aufzuheben, ist gesetzwidrig. Die angemaßte Befugnis, von Gesetzen oder der Ausführung von Gesetzen durch königliche Autorität zu dispensieren, wie sie kürzlich beansprucht und ausgeübt wurde, ist gesetzwidrig.

Die Errichtung des früheren außerordentlichen Gerichtshofes für kirchliche Rechtsfälle sowie alle anderen Kommissionen und Gerichtshöfe ähnlicher Natur sind gesetzwidrig und gefährlich.

Steuern für die Krone oder zum Gebrauch der Krone unter dem Vorwand eines Prärogativs ohne Erlaubnis für längere Zeit oder in anderer Weise als erlaubt oder bewilligt wurde zu erheben, ist gesetzwidrig.

Es ist das Recht des Untertans, dem König Bittschriften einzureichen, und jede Untersuchungshaft sowie Verfolgung wegen solch einer Petition ist gesetzwidrig.

Es ist gegen das Gesetz, es sei denn mit Zustimmung des Parlaments, eine stehende Armee im Königreich in Friedenszeiten aufzustellen oder zu halten. Den protestantischen Untertanen ist es erlaubt, Waffen zu ihrer Verteidigung gemäß ihrer Stellung und wie es das Gesetz gestattet zu führen.

Die Wahl von Parlamentsmitgliedern soll frei sein. Die Freiheit der Rede und der Debatten und Verhandlungen im Parlament darf von keinem Gerichtshof oder sonst wie außerhalb des Parlaments angefochten oder infrage gestellt werden.

Eine allzu hohe Bürgschaft darf nicht gefordert werden. Auch dürfen keine übermäßigen Geldstrafen auferlegt oder grausame und ungewohnte Strafen vollzogen werden [...].

Um allen Beschwerden abzuhelfen sowie zur Besserung, Stärkung und Erhaltung der Gesetze sollen Parlamentssitzungen häufig gehalten werden [...].

Im vollen Vertrauen, dass seine Hoheit der Prinz von Oranien seine diesbezügliche Erklärung erfüllen und sie gegen Verletzung ihrer hiermit zugesicherten Rechte sowie gegen alle sonstigen Angriffe auf ihre Religion, Rechte und Freiheiten schützen wird, beschließen die zu Westminster versammelten geistlichen und weltlichen Lords und Gemeinen, dass Wilhelm und Maria, Prinz und Prinzessin von Oranien, König und Königin von England sein und als solche erklärt werden sollen.

Zit. nach: Geschichte in Quellen, Bd. 3, bearb. von Fritz Dickmann, 3. Aufl., bsv, München 1982, S. 494f.; übers. v. B. Dombrowsky.

1 ■ Analysieren Sie M7 im Hinblick auf die Einschränkung der königlichen Macht und die genannten „bürgerlichen" Rechte.

2 ■ Erörtern Sie auf der Grundlage des Darstellungstextes und M7 die These, die „*Glorious Revolution*" habe in England zum Sieg des Parlamentarismus geführt.

5.4 Die Amerikanische Revolution

Leitfragen:
War die Amerikanische Revolution eine Revolution im klassischen Sinne?
Inwiefern war die Amerikanische Revolution eine Folge der Aufklärung?

Pilgrim Fathers
Die puritanischen Siedler stachen mit der *„Mayflower"* („Maiblume") im September 1620 vom südenglischen Plymouth in See und erreichten zwei Monate später die Ostküste Nordamerikas. Nach ihrem Abfahrtsort nannten sie ihre neugegründete Siedlung *Plymouth Colony*. Heute erinnert dort ein Freilichtmuseum an die ersten Siedler.

Besiedlung Nordamerikas

Die ersten großen Einwanderungswellen nach Nordamerika erfolgten zu Beginn des 17. Jahrhunderts, also etwas mehr als hundert Jahre nach der „Entdeckung" durch Christopher Kolumbus im Jahr 1492. Die puritanischen *Pilgrim Fathers** (Pilgerväter), die sich von der englischen Staatskirche losgelöst hatten und 1620 aus Großbritannien nach Nordamerika herübergesegelt waren, errichteten an der Ostküste eine der ersten Siedlungskolonien. Sie nannten sie *Plymouth Colony*.

Die **Besiedlung Nordamerikas** durch die europäischen Siedler erfolgte zunächst entlang der Atlantikküste. Die Küstennähe erleichterte Handel, Schifffahrt und Kommunikation mit dem Mutterland. Auch Konflikte mit den amerikanischen Einwohnern, die sich ins Inland zurückgezogen hatten, konnten die Siedler so umgehen. Der Reichtum und die Bevölkerung in den Kolonien wuchsen rasant. Im Zeitraum von 1700 bis 1770 etwa stieg die Einwohnerzahl von 200 000 auf mehr als zwei Millionen an. Es waren nicht nur Briten, sondern auch Franzosen, Deutsche, Niederländer und Europäer aus anderen Staaten, die aus ärmlichen Verhältnissen aufgebrochen waren und ihr Glück in der „Neuen Welt" suchten. Sie versprachen sich eine materielle Verbesserung ihrer Lebensumstände und nutzten die Möglichkeit, ihre Religion in der neuen Heimat frei ausleben zu können. Entlang der amerikanischen Küste entstanden in dieser Zeit zahlreiche Siedlungskolonien, die sich in vielerlei Hinsicht unterschieden. Die Staats- und Religionszugehörigkeit der Auswanderinnen und Auswanderer bestimmten jeweils den Charakter einer Kolonie.

M1 Die koloniale Entwicklung Nordamerikas bis 1750

Die **Neuenglandstaaten im Norden** waren einheitlich puritanisch* geprägt, was sich oft in der Siedlungsform widerspiegelte: Um die Kirche, die im Zentrum der Kolonie stand, errichteten die Siedler ihre Wohnhäuser. Die Lese- und Schreibfähigkeit in den Neuenglandstaaten war sehr hoch, da die puritanischen Kolonialisten aus religiösen Gründen die Bibel lasen. In Neuengland existierten auch – im Gegensatz zu den südlichen Kolonien – viele kleine Farmen, auf denen nur wenige Sklaven arbeiten mussten.
Die **„Mittelkolonien“** hingegen waren deutlich ärmer und gesellschaftlich nicht so einheitlich. Viele Einwanderer aus unterschiedlichen europäischen Staaten ließen sich dort nieder, weil die überwiegend von Quäkern* besiedelten Kolonien sich durch eine hohe Toleranz auszeichneten. Es gab dort weniger Gesetze und Vorschriften als in den puritanischen Staaten des Nordens.
In den **südlichen Kolonien** etablierte sich frühzeitig eine Gruppe großer Plantagenbesitzer, die ihr Land hauptsächlich von Sklaven bewirtschaften ließen. Sklaven machten in dieser Region mehr als fünfzig Prozent des Bevölkerungsanteils aus. Der Süden galt im Vergleich zu den Mittel- und Nordkolonien als wesentlich wilder: Glücksspiel und Alkoholkonsum waren dort erlaubt.
In allen Kolonien trafen die ersten europäischen Siedler auf eine **einheimische Bevölkerung**. Die ersten Kontakte verliefen in der Regel friedlich, doch mündeten das europäische Überlegenheitsgefühl, der Landhunger der Siedler und kulturelle Missverständnisse in kriegerische Auseinandersetzungen, die zusammen mit aus Europa eingeschleppten Krankheiten die amerikanische Bevölkerung an der Ostküste innerhalb weniger Jahrzehnte stark dezimierten.
Im Laufe der Besiedlung spielten **afrikanische Sklaven** eine immer größere Rolle. Die europäischen Siedler ließen sie unter inhumanen Bedingungen aus Afrika nach Amerika bringen und zwangen sie auf den Plantagen zur Arbeit. Es entstand ein für die Händler profitabler Dreieckshandel. Sklavenhändler verschleppten Afrikaner in die neuen Kolonien, von wo sie wiederum Rohstoffe nach England verschifften. Die in Großbritannien hergestellten Produkte kamen dann zum Verkauf auf den afrikanischen Markt. Das Bild vom „Dreieckshandel“ ist dabei eine Vereinfachung: Kapitäne, Sklavenhändler und Schiffsbesatzungen fuhren zum Beispiel auch von Amerika direkt nach Afrika.

Puritanisch/Puritaner
Bezeichnung für Mitglieder einer kirchlichen Reformbewegung in England seit Mitte des 16. Jahrhunderts. Die Puritaner wandten sich gegen alle katholischen Reste im Anglikanismus, traten für eine strikte Trennung von Kirche und Staat, für Toleranz und Gewissensfreiheit ein und kämpften für ein einfaches, gottgefälliges Leben. Nach ihrer Trennung von der anglikanischen Staatskirche wanderte ein Teil von ihnen über die Niederlande in die nordamerikanischen Kolonien aus. In England gelangten sie 1649 mit Oliver Cromwell an die Macht und versuchten ihre Grundsätze politisch durchzusetzen; nach 1660 wurden die Puritaner in England erneut verfolgt.

Die Quäker
(engl. *Quaker* = Zitterer) Die religiöse Bewegung der Quäker hat ihren Ursprung im Christentum. Die Quäker glauben, dass Gottes Licht in jedem Menschen leuchte. Sie setzen sich für ein friedliches Zusammenleben ein. Im Laufe der Zeit haben sich mehrere Untergruppierungen der Quäker ausgebildet.

M2 Der atlantische Dreieckshandel zwischen Europa, Afrika und Amerika vom 17. bis 19. Jahrhundert

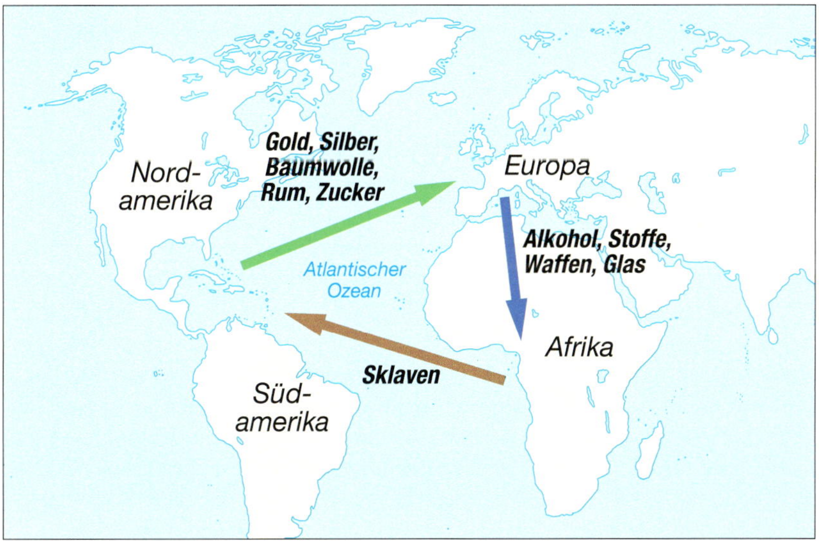

M3 Die Überfahrt der „*Mayflower*“, Stahlstich nach einem Gemälde von John Marshall d. Ä., um 1850, spätere Kolorierung

Die meisten Bewohner der britischen Siedlungen fühlten sich auch fern ihrer ursprünglichen Heimat noch als britische Staatsbürger. Mit Fortschreiten der Kolonialisierung traten jedoch immer deutlicher die Unterschiede der Kolonie zum britischen Mutterland hervor: In der „Neuen Welt“ waren die Auswanderer gleichberechtigt. Die gesellschaftlichen Unterschiede zwischen einem einfachen Siedler und dem eingesetzten Gouverneur waren nicht besonders groß. Die Siedler mussten ihre Steuern zwar an Großbritannien abführen, durften sie aber selbst erheben. Ihre Repräsentanten konnten sie ebenfalls selbst wählen. Zwei Drittel der Kolonialisten besaßen zudem Land, was in Großbritannien nicht möglich war, da der Grundbesitz dort bereits seit Generationen verteilt war.
Auch deutsche Auswanderer wagten die strapaziöse Überfahrt ins Ungewisse. Eine erste Gruppe von deutschen Auswanderern machte sich um 1709 auf den Weg. Mehr als 10 000 Menschen aus der Pfalz siedelten nach Nordamerika aus. Die großen deutschen Auswandererwellen folgten ab 1800. Die meisten Schiffe starteten von den Überseehäfen Bremerhaven und Cuxhaven/Hamburg in die „Neue Welt“.

M4 **Britischer Steuerstempel von 1765, Reproduktion aus dem 19. Jahrhundert**

Der Beginn der Revolution

Auseinandersetzungen zwischen europäischen Staaten beeinflussten auch die „Neue Welt“. Aus einem englisch-französischen Konflikt um Einflussgebiete und die Vorherrschaft auf den Weltmeeren sowie in den Kolonien entwickelte sich der **Siebenjährige Krieg** (1756 bis 1763), der in Europa und in Übersee ausgetragen wurde. Die britischen Kolonialisten fühlten sich nach wie vor der Krone verpflichtet und kämpften in Nordamerika an der Seite britischer Soldaten gegen die Franzosen. Nach dem Sieg der Briten zogen sich die Franzosen aus ihren nordamerikanischen Kolonien zurück. Das britische Mutterland belohnte die Kolonialisten jedoch nicht für ihren Einsatz. Im Gegenteil: Die Regierung erhob zur Finanzierung des teuren Krieges Importzölle auf Waren, die in die Kolonien eingeführt wurden. Mit dem sogenannten Zuckergesetz verteuerten sich Konsumgüter wie Wein und Kaffee. Die Einnahmen sollten verwendet werden, um neben den Kriegskosten ein 10 000 Mann starkes, dauerhaft anwesendes, d.h. stehendes Heer in den Kolonien zu finanzieren. Doch gegen die Pläne erhob sich Widerstand unter den Siedlern. Die britische Regierung nahm diesen Widerstand allerdings nicht allzu ernst und erhob sogar erstmals eine direkte Steuer, die **Stempelsteuer** (*Stamp Act*). Sie verteuerte in den Kolonien das Karten- und Würfelspiel, vor allem aber das Papier. Nur besondere Geschäfte verkauften das besteuerte, d.h. gestempelte Papier an Händler, Anwälte und Zeitungsmacher. Diese Personengruppe artikulierte ihren Protest gegen die neue Steuer öffentlich (M5), was das Verhältnis zwischen Regierung und Siedlern weiter belastete.
Ein Großteil der Bevölkerung in den Kolonien empfand die eingeforderten Steuern auch deshalb als ungerecht, da die Siedler keine Vertreter im britischen Parlament stellten und somit auf die Ausgestaltung der Steuergesetze keinerlei Einfluss nehmen konnten. Es ging den Protestierenden mit ihren Protesten also nicht allein um Geld, sondern um ihre fundamentalen Mitbestimmungsrechte als britische Bürger. Den Protest spitzten die Aktivisten auf die knappe Formel *„No taxation without representation“* zu. Der gemeinsame Widerstand gegen die Steuer erzeugte erstmals ein Zusammengehörigkeitsgefühl in den sehr unterschiedlichen nordamerikanischen Kolonien. Diese beriefen deshalb zur Artikulierung ihrer Interessen 1765 in New York den Stempelsteuerkongress ins Leben. Die Abgeordneten forderten eine parlamentarische Repräsentation der amerikanischen Kolonien im britischen Parlament. Die Einrichtung des Kongresses stellte eine wichtige Wegmarke in Richtung Vereinigung der Kolonien dar. Die Stadt Boston übernahm innerhalb der Widerstandsbewegung eine führende Rolle.

M5 **Protest gegen den Steuerstempel: Die Zeitschrift *„Pennsylvania Journal“* schlug vor, aus Protest gegen den *„Stamp Act“* englische Waren mit diesem Totenkopf statt des Steuerstempels zu versehen**

„Boston Massacre" und „Boston Tea Party"

In Boston organisierten sich radikale Siedler in einer Gruppierung namens ***„Sons of Liberty"*** („Söhne der Freiheit") und riefen dazu auf, Güter aus dem Mutterland zu boykottieren. Dabei beließen sie es jedoch nicht, sondern zerstörten zusätzlich das Geschäfts- und Privathaus eines Papierhändlers. In der Folge wollte niemand mehr gestempeltes Papier verkaufen. 1766 nahm das britische Parlament deshalb zwar das Stempelsteuergesetz zurück, erhob aber Zölle auf Tee und entsandte weitere Soldaten nach Boston, was von den dortigen Einwohnern skeptisch aufgenommen wurde. Die Kolonialisten fühlten sich überwacht und bevormundet und protestierten weiter für ihre Freiheit und gegen ihre Regierung. Die Beziehungen zwischen den Einwohnern und den britischen Soldaten verschlechterten sich deshalb weiter. 1770 töteten britische Soldaten in Boston fünf Zivilisten, die sich im Protest engagiert hatten (*„Boston Massacre"*).

Die Kolonien und das Mutterland entfremdeten sich immer weiter. Die Kolonialisten fühlten sich zwar immer noch als britische Bürger, sahen sich in ihren Rechten aber nun noch stärker eingeschränkt und umgingen die Zölle, indem sie niederländischen Tee in die Kolonien schmuggelten. Als die britische Regierung der Ostindiengesellschaft, in deren Lagerhäusern sich Tonnen von Tee angesammelt hatten, schließlich erlaubte, ihre Produkte günstiger als die niederländischen Schmuggelprodukte in die Kolonie einzuführen, nahmen die Siedler dies als weitere Bevormundung wahr und weigerten sich den Tee anzunehmen. Einige Mitglieder der *„Sons of Liberty"* warfen am 16. Dezember 1773 die Teeladung der *East-India-Company* von drei britischen Schiffen in das Hafenbecken von Boston (*„Boston Tea Party"*).

M6 ***„Boston Tea Party"*, Lithografie von Sarony & Major, 1846**

Die britische Regierung reagierte auf diesen Protest mit harten Maßnahmen und erließ im darauffolgenden Jahr Gesetze, die eine Schließung des wichtigen Bostoner Hafens vorsahen. Die Bostoner sollten auch den Tee bezahlen, den sie vernichtet hatten. Die anderen nordamerikanischen Kolonien befürchteten, dass ihnen Ähnliches geschehen könne, und solidarisierten sich mit Boston, indem sie z. B. Güter in die Stadt schickten. Die neuen Gesetze verstärkten also den Zusammenhalt der Kolonialisten. Ab 1774 schließlich trafen sich regelmäßig Vertreter der Kolonien zum **Kontinentalkongress**. Der Kongress beschloss unter anderem, die Einfuhr britischer Waren in die Kolonien zu stoppen, was zu einer militärischen Auseinandersetzung mit den Briten führen sollte.

M7 George Washington (1732–1799), Ölgemälde von Rembrandt Peale, 1795

Washington war von 1775 bis 1783 Oberbefehlshaber der Kontinentalarmee, 1787 Präsident des Verfassungskonvents in Philadelphia und von 1789 bis 1797 erster Präsident der USA.

Der Unabhängigkeitskrieg

Ein militärischer Konflikt hatte sich also bereits über einen längeren Zeitraum angedeutet. Als der britische König George III. die Kolonialisten als Rebellen bezeichnete und weitere Truppen in die Kolonien entsandte, bereiteten die Siedler militärische Verteidigungsmaßnahmen vor. 1775 stellte der Kontinentalkongress eine Armee auf, die unter der Führung von **George Washington** in einen Krieg gegen die britischen Truppen eintrat. Die *„Continental Army"* verlor allerdings die ersten Schlachten. Viele Zeitgenossen zweifelten an einem Erfolg der Amerikaner. Die militärisch überlegenen Briten gingen ebenfalls davon aus, dass es nur eine Frage der Zeit sei, bis die Kolonialisten aufgeben. Aber unter der Bedrohung von außen standen die Kolonien eng zusammen. Die Schlacht von Lexington, bei der 250 britische Soldaten und 90 Amerikaner starben, war ein erstes Zeichen, dass sich die Siedler gegenüber der Übermacht behaupten konnten. Die folgende Schlacht von Bunker Hill gewannen zwar noch die Briten, sie verloren dabei aber mehrere tausend Soldaten und wurden erheblich geschwächt. Mehrere Faktoren gaben schließlich den Ausschlag für den Sieg der Amerikaner:

- Die **Unterstützung der britischen Armee** durch königstreue Siedler blieb weitestgehend aus. Als Folge musste fast der komplette Nachschub an Soldaten und Material für die britischen Truppen über mehr als 3 000 Meilen herangeschifft werden.
- Ein großes Problem für die Briten war die **territoriale Ausdehnung** der Kolonien. Das mögliche Schlachtfeld erstreckte sich von Florida im Süden bis Kanada im Norden und von der Atlantikküste im Osten bis zum Mississippi im Westen.
- Es gab auch kein **Hauptziel**, etwa eine Hauptstadt, das die Briten hätten attackieren können, um den Krieg zu gewinnen. Die Kolonialisten nutzten die Weite des Landes immer wieder aus, um sich zurückzuziehen.
- Den britischen Soldaten fehlte oft die **Motivation**, gegen die britischen Kolonialisten zu kämpfen. Die britische Regierung hatte zudem Probleme, überhaupt Soldaten für diesen Krieg zu rekrutieren. Am Ende warb sie Soldaten aus verschiedenen unabhängigen deutschen Staaten an. Viele von ihnen kamen aus Hessen, die sogenannten *Hessians**.
- Damit die Briten den Krieg gewinnen konnten, mussten sie den **Widerstand** in den Kolonien niederwerfen. Die Amerikaner hingegen mussten nur lange genug kämpfen. Je mehr der Krieg die Briten kostete, desto näher rückte der Sieg der Kontinentalarmee.
- Auf amerikanischer Seite griffen auch Händler, Rechtsanwälte, Schuhmacher und Studenten zu den Waffen. Diese **Bürgerarmee** war unberechenbarer als eine professionelle Armee. Sie hatte zwar einen hohen Austausch an Soldaten, diese waren dafür aber hoch motiviert, da sie nicht für einen Monarchen, sondern für ihre Unabhängigkeit, für ihr Eigentum, ihr Land kämpften.

Die *„Hessians"*
Da die Landgrafschaft Hessen-Kassel unter erheblichen wirtschaftlichen Problemen litt, „vermietete" Landgraf Friedrich II. mehr als 10 000 Soldaten an Großbritannien. Dieses setzte die hessischen Söldner in Nordamerika ein. Bereits Zeitgenossen wie Friedrich Schiller (1759 bis 1805) kritisierten den Handel.

– Die Briten konnten sich nicht nur auf den amerikanischen Kriegsschauplatz konzentrieren, da sie mit den Franzosen zusätzlich um die **Westindischen Inseln** in der Karibik stritten. Als 1778 die Franzosen aufseiten der Amerikaner in den Krieg eintraten, brachte das die Entscheidung zugunsten der Amerikaner.

Die Unabhängigkeitserklärung

Am 4. Juli 1776, noch während des Krieges, erklärten die dreizehn amerikanischen Staaten ihre **Unabhängigkeit** (M 10). Wegbereiter dieser Trennung vom Mutterland war der britisch-amerikanische Publizist Thomas Paine mit seiner Streitschrift *„Common Sense“* (gesunder Menschenverstand). Mit der Verabschiedung der **Unabhängigkeitserklärung** wurden die amerikanischen Kolonien zu den **Vereinigten Staaten von Amerika**. Die Unabhängigkeitserklärung, die von **Thomas Jefferson** (1743–1826, Präs. 1801–1809) entworfen worden war, enthielt einen umfangreichen Katalog an Grundrechten. Aber sie war nicht das erste Verfassungsdokument in der Geschichte der Vereinigten Staaten, das den Bürgern die Menschen- und Bürgerrechte garantierte. Diese waren vielmehr bereits vorher in die einzelstaatlichen Verfassungen aufgenommen worden, allen voran in der ***Bill of Rights*** **von Virginia** (M 9).
1781 verabschiedete der Kongress mit den *Articles of Confederation* die erste Verfassung der USA, die aus den Kolonien einen lockeren Staatenbund formte. Es zeigte sich jedoch schon bald, dass diese Verfassung zur Lösung der kriegsbedingten sozialen und wirtschaftlichen Probleme nicht ausreichte. Besonders Unruhen unter den armen und hoch verschuldeten Farmern in Massachusetts – nach ihrem Anführer *Shay's Rebellion* genannt – machten die Stärkung der gesamtstaatlichen Zentralgewalt aus der Sicht des wirtschaftlich führenden Bürgertums der Hafenstädte notwendig. Die Bundesregierung sollte in den Einzelstaaten eingreifen, wenn Recht und soziale Ordnung gefährdet waren.
Ein von den Parlamenten der Einzelstaaten beschickter Delegiertenkonvent arbeitete einen neuen Verfassungsentwurf aus, der im September 1787 verabschiedet und den Einzelstaaten vorgelegt wurde. Während der Beratungen kam es zu heftigen Auseinandersetzungen, in denen das Fundament für die Entstehung moderner politischer Parteien gelegt wurde. Damals stritten Föderalisten und Antiföderalisten bzw. Republikaner um die Kompetenzen der Regierung in Washington. Wollten die einen eine starke Bundesgewalt, traten die anderen für einen lockeren Bund möglichst starker Einzelstaaten ein. In der **Verfassung von 1787** (M 11, M 12) fanden beide Gruppen einen tragfähigen Kompromiss.

M 8 Thomas Paine (1737–1809), Ölgemälde von George Romney, 1876

Webcode:
KB645961-207

1 ■ Beschreiben Sie anhand der Karte M 1 die geografische Situation der englischen Kolonien in Nordamerika vor der Revolution. Erläutern Sie die politischen Verhältnisse.
2 ■ Erläutern Sie die Ursachen der Amerikanischen Revolution.
3 ■ **Geschichte produktiv:** Skizzieren Sie den Verlauf des Konflikts zwischen England und den 13 nordamerikanischen Kolonien, indem Sie ihn begründet in Phasen untergliedern. Erstellen Sie dazu ein Schaubild oder eine Mindmap.
4 ■ **Zusatzaufgabe:** Recherchieren Sie auf den Internetseiten des Deutschen Auswandererhauses in Bremerhaven (*www.dad-recherche.de*), ob Vorfahren mit Ihrem Nachnamen in die „Neue Welt“ aufgebrochen sind. (Achtung: Nur die Abfrage, ob eine Person überhaupt in den Passagierlisten geführt wird, ist kostenlos. Möchten Sie sich in einem weiteren Schritt die in den Listen eingetragenen Daten zu einer Person anzeigen bzw. zuschicken lassen, ist dies kostenpflichtig.) Falls die Suche erfolgreich verlaufen ist, vergleichen Sie die Ergebnisse mit Ihrem Familienstammbaum.

M 9 Die „Virginia Bill of Rights", 1776

Im Juni 1776 verabschiedete der Konvent des Staates Virginia die „Virginia Bill of Rights", die sowohl die Unabhängigkeitserklärung der Vereinigten Staaten als auch die französische Erklärung der Menschenrechte von 1789 beeinflusste.

Eine Erklärung der Rechte, von den Vertretern der guten Bevölkerung von Virginia, in vollständiger und freier Versammlung zusammengetreten, abgegeben über die Rechte, die ihnen und ihrer Nachkommenschaft als Grundlage und Fundament der Regierung zustehen.

Artikel 1

Alle Menschen sind von Natur aus in gleicher Weise frei und unabhängig und besitzen bestimmte angeborene Rechte, welche sie ihrer Nachkommenschaft durch keinen Vertrag rauben oder entziehen können, wenn sie eine staatliche Verbindung eingehen, und zwar den Genuss des Lebens und der Freiheit, die Mittel zum Erwerb und Besitz von Eigentum und das Erstreben und Erlangen von Glück und Sicherheit.

Artikel 2

Alle Macht ruht im Volke und leitet sich folglich von ihm her; die Beamten sind nur seine Bevollmächtigten und Diener und ihm jederzeit verantwortlich.

Artikel 3

Eine Regierung ist oder sollte zum allgemeinen Wohle, zum Schutze und zur Sicherheit des Volkes, der Nation oder Allgemeinheit eingesetzt sein; von all den verschiedenen Arten und Formen der Regierung ist diejenige die beste, die imstande ist, den höchsten Grad von Glück und Sicherheit hervorzubringen, und die am wirksamsten gegen die Gefahr schlechter Verwaltung gesichert ist; die Mehrheit eines Gemeinwesens hat ein unzweifelhaftes, unveräußerliches und unverletzliches Recht, eine Regierung zu verändern oder abzuschaffen, wenn sie diesen Zwecken unangemessen oder entgegengesetzt befunden wird, und zwar so, wie es dem Allgemeinwohl am dienlichsten erscheint. [...]

Artikel 5

Die gesetzgebende und die ausführende Gewalt des Staates sollen von der richterlichen getrennt und unterschieden sein. [...]

Artikel 6

Die Wahlen der Abgeordneten, die als Volksvertreter in der Versammlung dienen, sollen frei sein. [...]

Artikel 8

Bei allen schweren oder kriminellen Anklagen hat jedermann ein Recht, Grund und Art seiner Anklage zu erfahren, den Anklägern und Zeugen gegenübergestellt zu werden, Entlastungszeugen herbeizurufen und eine rasche Untersuchung durch einen unparteiischen Gerichtshof von zwölf Männern seiner Nachbarschaft zu verlangen, ohne deren einmütige Zustimmung er nicht als schuldig befunden werden kann; auch kann er nicht gezwungen werden, gegen sich selbst auszusagen; niemand kann seiner Freiheit beraubt werden außer durch Landesgesetz oder das Urteil von seinesgleichen.

Artikel 9

Es sollen keine übermäßige Bürgschaft verlangt, keine übermäßigen Geldbußen auferlegt, noch grausame und ungewöhnliche Strafen verhängt werden. [...]

Artikel 12

Die Freiheit der Presse ist eines der starken Bollwerke der Freiheit und kann nur durch despotische Regierungen beschränkt werden.

Artikel 13

Eine wohlgeordnete Miliz, aus der Masse des Volkes gebildet und im Waffendienst geübt, ist der geeignete, natürliche und sichere Schutz eines freien Staates; stehende Heere sollen in Friedenszeiten als der Freiheit gefährlich vermieden werden; auf alle Fälle soll das Militär der Zivilgewalt streng untergeordnet und von dieser beherrscht werden. [...]

Artikel 16

Die Religion oder die Ehrfurcht, die wir unserem Schöpfer schulden, und die Art, wie wir sie erfüllen, können nur durch Vernunft und Überzeugung bestimmt sein und nicht durch Zwang oder Gewalt; daher sind alle Menschen in gleicher Weise zur freien Religionsausübung berechtigt, entsprechend der Stimme ihres Gewissens; es ist die gemeinsame Pflicht aller, christliche Nachsicht, Liebe und Barmherzigkeit aneinander zu üben.

Zit. nach: http://www.global-ethic-now.de/gen-deu/0c_weltethos-und-politik/0c-02-menschenrechte/0c-02-135a-virginia-bill.php (Download vom 23. Juli 2015).

1 ■ Analysieren Sie die Quelle und beschreiben Sie das Menschenbild, das der „*Bill of Rights*" zugrunde liegt.

2 ■ **Zusatzaufgabe:** Vergleichen Sie die Ergebnisse der Analyse mit dem Interview des Historikers Gerald Horne (M 13). Woher rühren Ihrer Auffassung nach die Unterschiede zwischen geschriebener und gelebter Verfassung?

M 10 Die Unabhängigkeitserklärung vom 4. Juli 1776

Folgende Wahrheiten erachten wir als selbstverständlich: dass alle Menschen gleich geschaffen sind; dass sie von ihrem Schöpfer mit gewissen unveräußerlichen Rechten ausgestattet sind; dass dazu Leben, Freiheit und das Streben nach Glück gehören; dass zur Sicherung dieser Rechte Regierungen unter den Menschen eingerichtet werden, die ihre rechtmäßige Macht aus der Zustimmung der Regierten herleiten; dass, wenn irgendeine Regierungsform sich für diese Zwecke als schädlich erweist, es das Recht des Volkes ist, sie zu ändern oder abzuschaffen und eine neue Regierung einzusetzen und sie auf solchen Grundsätzen aufzubauen und ihre Gewalten in der Form zu organisieren, wie es zur Gewährleistung ihrer Sicherheit und ihres Glücks geboten zu sein scheint. Gewiss gebietet die Vorsicht, dass seit

Langem bestehende Regierungen nicht um unbedeutender und flüchtiger Ursachen willen geändert werden sollten, und demgemäß hat noch jede Erfahrung gezeigt, dass die Menschen eher geneigt sind zu dulden, solange die Übel noch erträglich sind, als sich unter Abschaffung der Formen, die sie gewöhnt sind, Recht zu verschaffen. Aber wenn eine lange Reihe von Missbräuchen und Übergriffen, die stets das gleiche Ziel verfolgen, die Absicht erkennen lässt, sie absolutem Despotismus zu unterwerfen, so ist es ihr Recht, ist es ihre Pflicht, eine solche Regierung zu beseitigen und sich um neue Bürgen für ihre zukünftige Sicherheit umzutun. Solchermaßen ist das geduldige Ausharren dieser Kolonien gewesen und solchermaßen ist jetzt die Notwendigkeit, welche sie treibt, ihre früheren Regierungssysteme zu ändern. Die Geschichte des gegenwärtigen Königs von Großbritannien ist die Geschichte wiederholten Unrechts und wiederholter Übergriffe, die alle auf die Errichtung einer absoluten Tyrannei über die Staaten zielen. [Es folgt eine Aufzählung von 18 Hauptvorwürfen gegen den britischen König.] In jenem Stadium dieser Bedrückungen haben wir in den untertänigsten Ausdrücken um Abhilfe ersucht; unser wiederholtes Ersuchen ist lediglich durch wiederholtes Unrecht beantwortet worden. Ein Fürst, dessen Charakter durch jede Handlung in solcher Weise gekennzeichnet ist, kann als ein Tyrann bezeichnet werden, der als Herrscher über ein freies Volk ungeeignet ist.

Auch haben wir es nicht unterlassen, unserer britischen Brüder hinlänglich eingedenk zu sein. Wir haben sie von Zeit zu Zeit von den Versuchen ihrer gesetzgeberischen Gewalt in Kenntnis gesetzt, eine gesetzwidrige Rechtsprechung über uns zu errichten. Wir haben sie an die näheren Umstände unserer Auswanderung und unserer Siedlung hier erinnert. Wir haben an ihr natürliches Gerechtigkeitsgefühl und ihre natürliche Hochherzigkeit appelliert und sie bei den Banden unserer gemeinsamen Herkunft beschworen, diese Übergriffe zu missbilligen, die unvermeidlich zum Abbruch unserer Verbindungen und Beziehungen führen müssten. Auch sie sind der Stimme der Gerechtigkeit und der Blutsverwandtschaft gegenüber taub geblieben. Wir müssen uns daher mit der Notwendigkeit abfinden, welche unsere Trennung gebietet [...].

Daher tun wir, die Vertreter der Vereinigten Staaten von Amerika, versammelt in einem allgemeinen Kongress, an den Obersten Richter der Welt betreffs der Rechtlichkeit unserer Absichten appellierend, im Namen und kraft der Autorität des rechtlichen Volkes dieser Kolonien, feierlich kund und erklären, dass diese Vereinigten Kolonien freie und unabhängige Staaten sind und es von Rechts wegen sein sollen; dass sie von jeglicher Treuepflicht gegen die britische Krone entbunden sind und dass jegliche politische Verbindung zwischen ihnen und dem Staate Großbritannien vollständig gelöst ist, [...] und dass sie als freie und unabhängige Staaten Vollmacht haben, Kriege zu führen, Frieden zu schließen, Bündnisse einzugehen, Handel zu treiben und alle anderen Akte und Dinge zu tun, welche unabhängige Staaten von Rechts wegen tun können.

Adolf Rock, Dokumente der amerikanischen Demokratie, Limes, Wiesbaden, 2. Aufl., 1953, S. 102 ff.

1 ■ Analysieren Sie die wichtigsten Argumente, mit denen die amerikanischen Kolonien ihre Trennung vom englischen Mutterland begründeten.

2 ■ Erläutern Sie das Staatswesen, das die Verfasser der Erklärung anstrebten.

M 11 Die Verfassung der USA von 1787

Die Verfassung wurde 1787 beschlossen, 1789 durch zehn Verfassungsgrundsätze, die „Bill of Rights", ergänzt und 1791 ratifiziert. Sie ist – ergänzt durch 17 weitere Verfassungsgrundsätze – bis heute in Kraft.

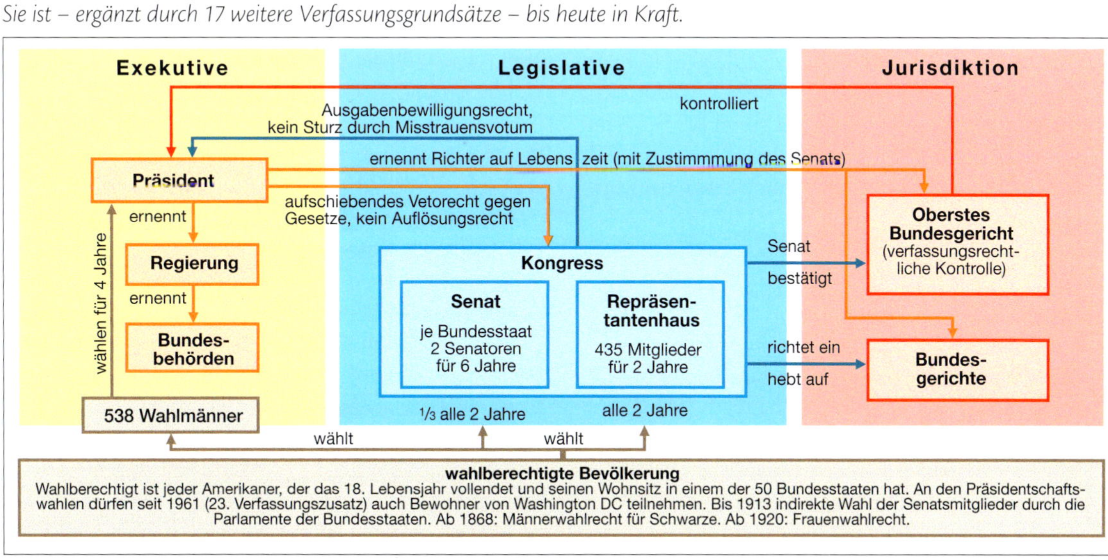

M 12 James Madison (1751–1836) über das Prinzip der „*checks and balances*", 1788

Zu den Haupteinwänden, welche die achtenswerten Gegner der Verfassung vorbringen, gehört die ihr angelastete Verletzung jenes politischen Grundsatzes, der besagt, dass die gesetzgebende, die vollziehende und richterliche Gewalt deutlich voneinander getrennt sein müssen. […]
Schon bei oberflächlicher Betrachtung der britischen Verfassung werden wir bemerken, dass gesetzgebende, vollziehende und richterliche Gewalt keineswegs gänzlich voneinander getrennt und unterschieden sind. Der Träger der vollziehenden Gewalt bildet einen integrierenden Bestandteil der gesetzgebenden Autorität. Er allein hat das Recht, mit fremden Souveränen Verträge abzuschließen, die nach ihrem Abschluss mit gewissen Einschränkungen Gesetzeskraft erlangen. Alle Mitglieder des richterlichen Zweiges der Regierung werden von ihm ernannt, können auf Antrag der beiden Häuser des Parlaments von ihm abgesetzt werden und bilden, wenn es ihm beliebt, sie zu konsultieren, ein ihm verfassungsmäßig zustehendes Ratskollegium. Ein Zweig der gesetzgebenden Körperschaft stellt aufgrund der Verfassung ein zweites, größeres Ratskollegium für den Träger der vollziehenden Gewalt dar. Der gleiche Zweig ist jedoch andererseits in Fällen von Hochverrat der einzige Träger der richterlichen Gewalt, während er in allen übrigen Fällen die höchste Berufungsinstanz darstellt. Die Richter sind wieder so eng mit der gesetzgebenden Körperschaft verbunden, dass sie häufig an deren Beratungen teilnehmen, wenn ihnen auch keine gesetzgebende Stimme zusteht.
Aus diesen Tatsachen, von denen Montesquieu ausging, kann mit voller Klarheit Folgendes geschlossen werden: Wenn Montesquieu sagt, „es kann keine Freiheit geben, wo gesetzgebende und vollziehende Gewalt in ein und derselben Person oder in ein und derselben Körperschaft vereinigt sind oder wo die richterliche Gewalt von der gesetzgebenden und von der vollziehenden Gewalt nicht getrennt ist", so meint er damit keineswegs, dass die drei Zweige der Regierung untereinander auf ihre spezifische Tätigkeit nicht ein gewisses Maß von Einfluss ausüben oder einander nicht wechselseitig kontrollieren sollten. […] Wenn wir die Verfassungen unserer Einzelstaaten betrachten, so finden wir, dass […] in keiner einzigen von ihnen die drei Zweige der Regierung absolut getrennt sind.

Zit. nach: Alexander Hamilton u. a., Der Föderalist. Artikel 47, hg. von Felix Ermacora, Manzsche Verlagsbuchhandlung, Wien 1958, S. 277 ff.

1 ■ Erklären Sie, was mit dem Prinzip „*checks and balances*" gemeint ist. Überprüfen Sie seine Verwirklichung anhand des Verfassungsschaubilds (M 11).

2 ■ Erörtern Sie, inwiefern nach Madison das Prinzip der Gewaltenteilung in der amerikanischen Verfassungswirklichkeit vollständig umgesetzt wird.

Geschichte kontrovers: Die amerikanische Unabhängigkeit als „Konterrevolution"?

M 13 Der US-Historiker Gerald Horne über den 4. Juli 1776, 2014

Das in der Tageszeitung (taz) erschienene Interview wurde von Dorothea Hahn geführt. Gerald Horne (geb. 1949) lehrt an der Universität Houston Geschichte.

taz: Am Freitag feiern die USA mit Feuerwerken und Partys ihre Unabhängigkeit. Der 4. Juli 1776 gilt als Beginn von Freiheit und als Tag fortschrittlicher Revolution. Sie hingegen sprechen von Konterrevolution. Warum?

Gerald Horne: Wegen der Sklaverei. Unmittelbarer Auslöser für den 4. Juli 1776 war die Tatsache, dass London sich auf die Abschaffung der Sklaverei zubewegte. Das hätte zahlreiche Vermögen auf dem nordamerikanischen Festland gefährdet, die im Süden auf der Sklaverei und im Norden auf dem Sklavenhandel basierten.

Ging es in der Amerikanischen Revolution denn nicht um Steuern und Religionsfreiheit?

1776 war ein Schlag gegen die Monarchie und gegen das göttliche Recht von Monarchen. Es markiert den Waffenstillstand in den sogenannten Religionskriegen, die Europa jahrhundertelang erschüttert hatten: das protestantische London gegen das katholische Frankreich und gegen das katholische Spanien und alle zusammen gegen jene, die keine Christen waren. Aber auf der anderen Seite hat 1776 das Recht der europäischen Siedler auf den Besitz von Menschen bestätigt und verstärkt. Das Thema verschob sich dann von Religion zu *race*. Leute mit Wurzeln vom Atlantik bis zum Ural bekommen Privilegien. Jene, die nicht weiß sind, bekommen den Knüppel.

Warum wollte London die Sklaverei abschaffen?

Sein Hauptkonkurrent Spanien hat seit dem 16. Jahrhundert Afrikaner bewaffnet. Die Spanier höhlten die Gewinne des britischen Empires in den Amerikas schnell aus. Der Wendepunkt war 1741 die Schlacht von Cartagena im heutigen Kolumbien. Mit Unterstützung von Truppen afrikanischer Herkunft haben die Spanier dort die „*Redcoats*" [die Soldaten der britischen Armee; Anm. d. Red.] geschlagen und die spanische Vorherrschaft in dieser Hemisphäre gesichert.

Cartagena ist weit weg von den USA.

Florida [das bis 1819 zu Spanien gehörte; Anm. d. Red] hat flüchtigen Sklaven Asyl geboten und sie bewaffnet. Immer wieder zogen bewaffnete Afrikaner von Florida aus über die Grenze nach South Carolina, um dort zu brandschatzen. Das hat die Spaltung zwischen London und den europäischen Siedlern vertieft. Letztere verfolgten ein Entwicklungsmodell, das jede Bewaffnung von Afrikanern ausschloss, indem Afrikaner im Wesentlichen Sklaven waren.

Sie beschreiben die europäischen Siedler als homogene Gruppe. Aber es gab doch Unterschiede zwischen dem Norden, wo es wenige Sklaven gab, und dem Süden, dessen Wirtschaft auf Sklavenarbeit basierte.

Sie irren. Zwei der größten Sklavenaufstände auf dem nordamerikanischen Festland vor 1776 gab es in Manhattan: 1721 und 1741. Außerdem war der Sklavenhandel hauptsächlich aus New York, Rhode Island und Massachusetts finanziert. Dabei blieb es auch, nachdem die USA im Jahr 1807 zugestimmt hatten, den internationalen Sklavenhandel zu beenden.

Wer hielt 1776 an der Sklaverei fest?

Die Sklavenbesitzer. Die Händler. Und die Großhändler. Nur eine Minderheit der europäischen Siedler war gegen die Sklaverei. Das oft beschriebene, starke Gefühl unter den weißen Siedlern auf dem nordamerikanischen Kontinent, die Abschaffung der Sklaverei betreffend, gab es nicht.

Weshalb hielten die Siedler an der Sklaverei fest?

Die Profite stiegen um bis zu 1700 Prozent. Das begünstigte andere Industrien wie Banken, Versicherungen, Schiffsverkehr. Da sind enorme Vermögen entstanden. Die Anfänge des Reichtums in Nordamerika basieren auf dem Landraub von Ureinwohnern und auf der Sklaverei. Die Ideologie, wonach Afrikaner nicht wirklich menschlich waren, hat dieses Profitstreben erleichtert.

Welche Rolle haben afrikanische Sklaven und freigelassene freedmen in der Amerikanischen Revolution gespielt?

Mehrheitlich waren sie gegen die Siedler und haben auch gegen sie gekämpft. Natürlich gab es einige, die auf der Seite der Siedler standen. [...]

Wie hat die Amerikanische Revolution das internationale Sklavengeschäft verändert?

Der transatlantische Sklavenhandel hat sich intensiviert. Die neu entstandenen USA haben ihn ausgebaut. Nach 1776 haben sie ihre alte Kolonialmacht verdrängt und den Sklavenhandel auch nach Kuba und Brasilien ausgedehnt. Dort übernahmen ihn die USA im Wesentlichen von Spanien und Portugal. Der Sklavenhandel blieb ein Streitpunkt zwischen Washington und London. Als London im 19. Jahrhundert versuchte, ihn zu bremsen, führte das 1812 zum Krieg. Damals kämpften Afrikaner erneut auf der Seite Großbritanniens. Im August 1814 halfen sie, Washington D.C. zu brandschatzen.

Wie hat die Unabhängigkeit den Alltag von Sklaven in den USA verändert?

Ihr Los verschlechterte sich. Der reichste Staat, Virginia, wurde ein Zuchtstaat, wo Sklaven gezüchtet wurden wie Vieh. Sie wurden zu Fußmärschen über Hunderte von Meilen in den Süden gezwungen. Es kam zu Konflikten. All das klingt bis heute in den *race relations* nach. Die afroamerikanische Bevölkerung spürt weiterhin die Verletzung – nicht nur durch die Sklaverei, sondern auch dadurch, wie sie in den Geschichtsbüchern behandelt wird. Als wäre es 1776 nicht um sie gegangen. Und als hätten sie nicht gegen die Siedler gekämpft.

Die USA haben einen afroamerikanischen Präsidenten. Aber auch Obama spricht nicht über das Festhalten der Amerikanischen Revolution an der Sklaverei. Wie erklären Sie sich das?

Die Euroamerikaner sind auf eindrucksvolle Weise und quer über alle Klassengrenzen rückwärtsgewandt. [...] Sie wollen nicht an die verabscheuungswürdige Rolle der Siedler erinnert werden und drohen Obama mit einem Amtsenthebungsverfahren. Wer weiß, was passieren würde, wenn Obama begänne, über die Sklaverei zu sprechen.

US-amerikanische Historiker haben sich kritisch mit den Revolutionen in Frankreich, Russland und Kuba auseinandergesetzt. Warum nicht auch mit der eigenen?

Es mag viele Gründe geben, weshalb Historiker diese Geschichte nicht erzählen. Wer sich an die Regeln hält, kann in den amerikanischen Vororten ein schönes Leben führen. Auch andere Kolonialmächte profitierten von der Sklaverei.

Weshalb sind die unabhängigen Länder, die sie hinterlassen haben, etwa Spanien oder Portugal, so anders als die USA?

In Kuba hat es ein Verschmelzen des Kampfes gegen die Sklaverei mit dem spanischen Kolonialismus gegeben. Dies trifft zu einem gewissen Grad auch auf Mexiko zu. In den USA hingegen waren die beiden Ziele konträr. Die führenden Figuren im Kampf gegen Kolonialismus waren zugleich Sklavenbesitzer. Diese Republik basierte auf dem Recht, andere Menschen zu versklaven. Es überrascht nicht, dass das zu einem konservativen Vorgehen geführt hat.

Warum haben Sie sich entschieden, darüber zu forschen?

Ich bin afrikanischer Herkunft. Ich weiß, dass die USA ein rassistisches Land sind. Ich habe mit dem 20. Jahrhundert begonnen, dann musste ich einfach weiter zurückgehen. Die Geschichte des 18. Jahrhunderts war schrecklich.

Welche Schlüsse ziehen Sie aus Ihren Forschungen 238 Jahre nach der Amerikanischen Revolution oder Gegenrevolution?

Ich hoffe, dass mein Buch das schwere Leben von Afroamerikanern beleuchtet – auch in der Gegenwart. Sie sind überrepräsentiert bei Todesurteilen und Hinrichtungen, überrepräsentiert in den Gefängnissen. Und kürzlich kam heraus, dass schwarze Kleinkinder häufiger von der Vorschule suspendiert werden. Ein Teil der Erklärung ist, dass Menschen afrikanischer Herkunft 1776 gegen die Proklamation der sogenannten Republik gekämpft haben und dass sie sich auch gegen das Apartheidregime – die „Jim-Crow-Gesetze" zur Rassentrennung – gewehrt haben, das auf die Abschaffung der Sklaverei im Inneren der USA im Jahr 1865 gefolgt ist. Die Sieger bestrafen jene, die gegen sie gekämpft und verloren haben. Das ist Teil dessen, was heute der afroamerikanischen Bevölkerung passiert.

Zit. nach: http://www.taz.de/!5038502 (Download vom 14. September 2015), taz vom 4. Juli 2014.

1 ■ **Analysieren Sie die Argumentation des Historikers Horne.**

2 ■ **Nehmen Sie kritisch Stellung zu seinen Thesen.**

Anwendungsaufgabe
Interpretation einer sprachlichen historischen Quelle

M 1 Aus der Schrift *„Common Sense"* von Thomas Paine, 1776

Thomas Paine (1737–1809), geb. in England, wanderte 1774 nach Nordamerika aus und starb in New York. Der Politiker und Publizist trat in seinen Schriften, u. a. „The Common sense Addressed to the Inhabitants of America" (1776), für die Unabhängigkeit der USA ein. Seit 1787 wieder in England, musste er wegen seiner Rechtfertigung der Französischen Revolution 1791/1792 nach Frankreich fliehen und wurde dort Mitglied des französischen Konvents.

Da man die Sache von der Beweisführung auf die Waffen verwiesen hat, ist eine neue Zeitrechnung für die Politik angebrochen, ist eine neue Denkweise entstanden. Alle Pläne, Vorschläge usw., die vor dem 19. April [1775], also vor dem Beginn der Feindseligkeiten, liegen, sind wie Kalender vom vergangenen Jahr, die damals taugten, heute aber überholt und nutzlos sind. [...] Wir haben mit dem Schutz durch Großbritannien geprahlt, ohne daran zu denken, dass dessen Beweggrund der eigene Vorteil und nicht Zuneigung war, und dass es uns nicht unsertwegen vor unseren Feinden schützte, sondern seinetwegen vor seinen Feinden. [...] Europa, nicht England, ist das Stammland Amerikas. Diese Neue Welt ist die Zuflucht für die verfolgten Freunde der bürgerlichen und religiösen Freiheit aus allen Teilen Europas gewesen. [...] Eigene Regierung ist unser natürliches Recht. [...]

Ihr, die ihr euch jetzt gegen Unabhängigkeit wendet, ihr wisst nicht, was ihr tut; ihr öffnet ewiger Tyrannei die Türe, denn ihr haltet den Sitz der Regierung leer. Tausende und Zehntausende würden es für ruhmvoll halten, von diesem Erdteil die barbarische und höllische Macht zu verjagen, die zu unserer Vernichtung die Indianer und Neger aufreizte. [...] O ihr, die ihr die Menschheit liebt! Ihr, die ihr nicht bloß der Tyrannei, sondern dem Tyrannen selbst zu trotzen wagt, haltet stand! In jedem Fleck der Alten Welt herrscht Unterdrückung. Die Freiheit ist über die ganze Erde gehetzt worden. Asien und Afrika haben sie schon seit langem vertrieben, Europa betrachtet sie als Fremde, und England hat ihr das Zeichen zur Abfahrt gegeben.

O nehmt die Flüchtlinge auf und bereitet der Menschheit rechtzeitig eine Zufluchtsstätte. [...] Wer sich Natur zum Führer nimmt, kann nicht leicht in seiner Beweisführung irregemacht werden, und auf dieser Grundlage stehe ich allgemein dafür ein: Unabhängigkeit ist eine gerade, einfache Richtlinie, die in unserer Hand liegt, Versöhnung aber ist eine außerordentlich verwirrte und verwickelte Sache, bei der sich ein verräterischer, launenhafter Hof einmischen muss [...]. Kurz, Unabhängigkeit ist das einzige Band, das uns verknüpfen und zusammenhalten kann. [...]

Lasst die Namen Whig und Tory ausgetilgt sein, lasst keine anderen unter uns erklingen als die eines guten Bürgers, eines offenen und beherzten Freundes, eines tugendhaften Beschützers der Rechte der Menschheit und der freien und unabhängigen Staaten von Amerika!

Zit. nach: Wolfgang Lautemann (Bearb.), Geschichte in Quellen, Bd. 4, bsv, München 1981, S. 99, übers. v. Fritz Wagner.

Interpretieren Sie die Quelle, indem Sie

1 ■ die zentralen Argumente herausarbeiten, mit denen der Autor die Unabhängigkeit der nordamerikanischen Kolonien fordert.

2 ■ Beurteilen Sie seine Argumentation.

Überprüfen Sie Ihre Kompetenzen

M2 Karikatur aus dem ersten englischen Bürgerkrieg, 1642 bis 1646, zeitgenössischer Kupferstich.
Symbolische Darstellung des Umsturzes von Thron und Altar durch Cromwell. Im Hintergrund wird eine Schlacht aus dem Bürgerkrieg dargestellt.

■ **Wahrnehmungskompetenz**

1 Skizzieren Sie Ursachen, Verlauf und Folgen des Bauernkrieges.
2 Erörtern Sie, welche Elemente traditionaler Herrschaft die Niederländer mit ihrem Unabhängigkeitskampf infrage gestellt und überwunden haben.
3 Arbeiten Sie die Ursachen für den Sieg des Parlamentarismus in der Englischen Revolution heraus.
4 Erläutern Sie die Gründe dafür, dass der Konflikt der neuenglischen Kolonien mit dem Mutterland zur Unabhängigkeit und einem modernen Verfassungsstaat in den USA führten.

■ **Analysekompetenz**

5 Analysieren Sie das Bild M 2.

■ **Urteilskompetenz**

6 Beurteilen Sie, ob der Bauernkrieg eine Revolution des gemeinen Mannes war.
7 Bewerten Sie den Sieg des Parlamentarismus in der Englischen Revolution aus zeitgenössischer und heutiger Sicht.
8 Beurteilen Sie, wie in der Amerikanischen Revolution ein moderner Verfassungsstaat entstand.

■ **Orientierungskompetenz**

9 Beurteilen Sie, inwiefern die Amerikanische Revolution die Grundlagen legte für ein modernes demokratisches Staatswesen.

Zentrale Begriffe

„Altes Recht“
Anglikanische Staatskirche
Bauernkrieg
Bürgerkrieg
Calvinismus
Declaration of Rights
Dreieckshandel
Gemeiner Mann
„Glorious Revolution“
„Göttliches Recht“
Parlament
Protektorat
Reformation
Republik
Revolution
Ständegesellschaft
Tea Party
Unabhängigkeitskampf
Utrechter Union
Widerstandsrecht
Zwei-Reiche Lehre
„Zwölf Artikel“

Wurzeln des europäischen Selbstverständnisses und Entstehung der modernen Welt

M 1 Der Historiker Rolf Reichardt über die Bedeutung der Französischen Revolution, 1988

Traditionell waren in der hierarchisierten Ordnung des Ancien Régime alle politischen Entscheidungen das Monopol bestimmter, meist privilegierter Körperschaften, in letzter Instanz des absoluten Monarchen. Mit der Französischen Revolution aber wurde der Entscheidungsprozess nicht nur lokal und regional, sondern landesweit gleichsam vom Kopf auf die Basis gestellt: In der nun tendenziell egalitären Gesellschaft sollten potenziell alle Bürger in ihrer Gemeinde wie auf Staatsebene im freien Wettbewerb über Meinungsbildung, Wahlbeteiligung und Wählbarkeit in alle Ämter gelangen und das Staatswesen als das ihre selber gestalten können [...]. Das löste im alten Frankreich der mächtigen Aristokratie und der stagnierenden Reformen [...] eine ungeheuere Begeisterung der ersten Stunde und des Neubeginns aus, die uns heute illusionär und schwer verständlich erscheint. Doch um die Revolutionäre wirklich zu begreifen, müssen wir uns in ihre Zeit zurückversetzen und ihr Pathos ernst nehmen. Lässt man sich erst einmal auf diese Perspektive ein, wird eine damals neuartige, originäre politische Kultur in der Phase ihrer ersten praktischen Erprobung und Entwicklung sichtbar. Wie einige Revolutionäre selbst erkannten, handelt es sich um nicht weniger als um das erste, modellhafte Experiment der ‚Demokratie' im modernen Sinne. Nicht dass im Einzelnen schon sämtliche Spielregeln, die für uns zu einer Demokratie gehören, gegolten hätten und eingehalten worden wären. Aber das Prinzip der politischen Herrschaft durch das Volk und für das Volk in nationalem Maßstab setzte sich von Anfang an durch und blieb bis zum Ende Legitimationsgrund und Ziel revolutionärer Politik. [...] Was diese demokratische Kultur kennzeichnet, ist hauptsächlich zweierlei:

– Zum einen eine permanente, sehr grundsätzliche und unitarische öffentliche Debatte um die aktuelle Politik, ihre Recht- und Zweckmäßigkeit: im damaligen Verständnis eine freie Diskussion aufgeklärter Privatleute, aus deren Meinungswettstreit die ‚Wahrheit' von selbst als Siegerin hervorgehen würde. [...] [E]s konnte nur eine wahre Meinung, nur eine wahre Politik zum Wohl des Volkes geben; alles Konkurrierende, Widersprechende war notwendig entweder in Vorurteilen befangen oder ‚konterrevolutionär'. Daher vor allem der große moralisch-ethische Impetus des revolutionären Diskurses [...].

– Zum anderen bestand die demokratische Kultur der Französischen Revolution in einer neuartigen Öffentlichkeit und ihrem Kommunikationssystem: einem Netzwerk von Versammlungen und Clubs, von Zeitungen, Flugschriften, Bildflugblättern, Liedern und anderen Medien der Informationsvermittlung und Meinungsbildung, das es in dieser Dichte, Intensität und Aktualität zuvor nicht gegeben hatte. Es bildete den Resonanzboden jener permanenten politischen Diskussion und vermittelte diese an breite, traditionell eher unpolitische soziale Gruppen. Indem es in Hauptstadt und Provinz Teile der klein- und unterbürgerlichen Schichten politisierte und mobilisierte, verschaffte es der Revolution erst ihre Massenbasis bis hin zu Gruppen, die noch ganze oder halbe Analphabeten waren. [...]

Rolf Reichardt, Die städtische Revolution als politisch-kultureller Prozess, in: ders. (Hg.), Ploetz. Die Französische Revolution, Verlag Ploetz, Freiburg 1988, S. 29–31.

1 ■ Erörtern Sie, was die Französische Revolution vorantrieb und was neu an ihr war.

2 ■ Erörtern Sie die Bedeutung der Revolution für die Modernisierung des gesamtgesellschaftlichen Lebens in der Neuzeit.

M 2 Immer demokratischer, immer besser – eine Fortschrittsgeschichte? Eine Stellungnahme des Historikers Paul Nolte, 2015

Demokratie – das klingt nicht nur nach einem Regierungssystem, nach einem Schema von Institutionen und Verfahren, sondern häufig auch nach Verheißung und Erwartung. In den letzten zweieinhalb Jahrhunderten hat sich eine Geschichte in dieses Wort eingeschrieben, die von der Hoffnung auf Selbstbestimmung und dem Kampf um Freiheit erzählt, von der Überwindung traditioneller Widerstände in Ständegesellschaft und Monarchie und dem letztlich siegreichen Konflikt mit neuen Feinden wie den Diktaturen des 20. Jahrhunderts. Doch Stück für Stück ging es voran bis zum Ziel einer freien politischen Ordnung und eines guten Lebens. Demokratie – eine Fortschrittsgeschichte! Diese Perspektive hat bis heute so nachhaltig gewirkt, weil die demokratische Bewegung selber im Zeitalter des liberalen Fortschrittsdenkens groß geworden ist, für das sie, neben dem Siegeszug von Wissenschaft und Technik, eine der großen Projektionsflächen bildete. Demokratische Erwartung und Fortschrittserwartung gingen eine beinahe unauflösliche Verbindung ein. In Deutschland war diese Verbindung besonders eng, gerade weil viele Rückschläge den Weg markierten, am schlimmsten der Untergang der Weimarer Republik und die Herrschaft des Nationalsozialismus. So erschien Demokratie nach 1945 nicht nur als unabweisbarer Fortschritt, als Sieg des Guten über das Böse, sondern zugleich als eine Art Heiliger Gral, in dessen Besitz man gelangen müsse, um dann ewige Lebenskraft aus ihm zu trinken. Spätestens 1990 müssten die Deutschen den Heiligen Gral gefunden haben und glaubten es damals auch für kurze Zeit. Aber warum geht der Streit um Demokratie dann weiter, wo doch Freiheit und Einheit gesichert sind? Heute hat, in Deutschland wie in den meisten etablierten Demokratien, das nüchterne Bild einer Dauerkrise die emphatische Fortschrittserwartung abgelöst. Eine endgültige Ankunft in der Demokratie gibt es nicht. Vielmehr häutet sich Demokratie immer wieder, sie nimmt unterschiedliche Aggregatzustände an. So verliert auch die zeitweise heiß diskutierte Frage, wann die (West-)Deutschen denn nun wirklich in der Demokratie angekommen seien, viel von ihrer Schärfe: 1949 mit dem Grundgesetz? Oder mit dem Aufbruch von 1968? Oder noch später, oder bis heute nicht? Die 1950er- und 1960er-Jahre waren eher *anders* als *weniger* demokratisch, weil sich die Erwartungen seitdem gewandelt haben. Die Maßstäbe einer grünen „Basisdemokratie" oder einer internetbasierten *liquid democracy*[1] lassen sich an die Regierungszeit Konrad Adenauers (1949–63) nicht anlegen. Alles wird, mit dem Soziologen Niklas Luhmann gesprochen, besser und schlechter zugleich. Die Geschichte der Demokratie, aber auch das Engagement in ihr ist Sisyphusarbeit. Ob die Mühe sinnlos ist oder ob wir uns Sisyphus als glücklichen Menschen vorstellen müssen (Albert Camus), bleibt offen.

Paul Nolte, Die 101 wichtigsten Fragen. Demokratie, C. H. Beck, München 2015, S. 55 f., Nr. 30.

1 *„Liquid Democracy"* („flüssige Demokratie"): Mischform aus repräsentativer und direkter Demokratie

1 ■ **Diskutieren Sie die These „Die Geschichte der Demokratie, aber auch das Engagement in ihr ist Sisyphusarbeit." Formulieren Sie ggf. eine Gegenthese.**

Zeittafel

Formen von Herrschaft in Antike und Mittelalter

508/507 v. Chr. Reformen des Kleisthenes
480 v. Chr. Sieg der Athener in der Seeschlacht bei Salamis; Aufstieg der attischen Polis zur Seemacht
478/477 v. Chr. Gründung des Delisch-Attischen Seebundes
ca. 460–429 v. Chr. Zeitalter des Perikles, Blüte der athenischen Demokratie
ca. 510–27 v. Chr. Zeitalter der Römischen Republik
um 450 v. Chr. Zwölftafelgesetz
133 v. Chr. Volkstribunat des Tiberius Gracchus; Beginn der Krise der Römischen Republik
82–79 v. Chr. Diktatur Sullas
27 v. Chr. Beginn des Prinzipats unter Octavian (Augustus)
482–751 Merowinger herrschen im Frankenreich.
8 Jh. Lehnswesen setzt sich durch.
800 Krönung Karls des Großen
936–973 Reichskirchensystem unter Otto dem Großen
11 Jh. Zahlreiche Stadtgründungen in Europa
1075–1122 Investiturstreit
1347–1352 Die Große Pest

Interkulturelle Begegnungen und europäische Aufbrüche

488/89 Die Franken übernehmen das Christentum.
seit 633 Ausbreitung des Islam
1095–1291 Kreuzzüge
1492 Sieg der Reconquista
1517 Reformation
1300–1600 Renaissance und Humanismus
1492 Kolumbus „entdeckt" Amerika.
seit 1500 Eroberung und Kolonisierung Amerikas

Die Französische Revolution

14. Juli 1789 Sturm auf die Bastille
26. August 1789 Erklärung der Menschen- und Bürgerrechte
1791 Erste französische Verfassung
1792 Frankreich wird Republik.
1793–1794 Terrorherrschaft
1795–1799 Herrschaft des Direktoriums
1799 Übernahme der Herrschaft durch Napoleon
1804 Veröffentlichung des *„Code civil"*, Kaiserkrönung Napoleons
1806 Ende des Heiligen Römischen Reiches deutscher Nation, Gründung des Rheinbundes
1807–1814 Preußische Reformen
1814/15 Wiener Kongress

Antike Traditionen und Rezeption der Antike

527–565 n. Chr. Kodifizierung des röm. Rechts durch Justinian
1583 Zusammenfassung der justinianischen Rechtskodifikation mit dem Begriff *„corpus iuris civilis"*

Infragestellung traditionaler Herrschaft in der Frühen Neuzeit

1517 Reformation
1524/1525 Bauernkrieg
1559–1648 Niederländischer Unabhängigkeitskampf und Entstehung der Republik der Vereinigten Niederlande
1581 Utrechter Union
1648 Westfälischer Frieden
1640–1660 Englische Revolution
1649–1658 England wird unter Cromwell Republik.
1688/89 *Glorious Revolution*
1773 *Boston Tea Party*
1775–1783 Amerikanischer Unabhängigkeitskrieg
1776 Unabhängigkeitserklärung der USA
1787 Verfassung der USA

Methoden im Überblick

Arbeitsschritte für die Interpretation schriftlicher Quellen

1. Leitfrage
- Welche Fragestellung bestimmt die Untersuchung der Quelle?

2. Analyse

Formale Aspekte
- Um welche Quellengattung handelt es sich (z. B. Brief, Rede, Vertrag)?
- Wann und wo ist der Text entstanden bzw. veröffentlicht worden?
- Wer ist der Autor (ggf. Amt, Stellung, Funktion, soziale Schicht)?
- Was ist das Thema des Textes?
- Wer ist der Adressat bzw. sind die Adressaten (z. B. Privatperson, Institution, Machthaber, Öffentlichkeit, Nachwelt)?

Inhaltliche Aspekte
- Was sind die wesentlichen Textaussagen (z. B. anhand des gedanklichen Aufbaus bzw. einzelner Abschnitte)?
- Welche Begriffe sind von zentraler Bedeutung (Schlüsselbegriffe)?
- Wie ist die Textsprache (z. B. sachlich, emotional, appellativ, informativ, argumentativ, manipulierend, ggf. rhetorische Mittel)?
- Welche Überzeugungen, Interessen oder Intentionen vertritt der Verfasser?
- Welche Wirkung soll der Text bei den Adressaten erzielen?

3. Historischer Kontext
- Auf welches Ereignis, welchen Konflikt, welche Prozesse bzw. Epoche bezieht sich der Inhalt der Quelle?

4. Urteil

Beurteilen nach sachlichen Aspekten (Sachurteil)
- Welchen politisch-ideologischen Standpunkt nimmt der Autor ein?
- Inwieweit ist der Text glaubwürdig? Enthält der Text Widersprüche?
- Welche Problematisierung ergibt sich aus dem Text?

Bewerten nach heutigen Wertmaßstäben (Werturteil)
- Wie lassen sich die Aussagen des Textes im Hinblick auf die Leitfrage aus heutiger Sicht bewerten?

Arbeitsschritte für die Analyse von Geschichtskarten

1. Formale Merkmale
- Welchen Titel trägt die Karte?
- Welche Zeichen werden in der Legende verwendet und was bedeuten sie?

2. Inhaltliche Aspekte
- Welcher historische Gegenstand wird thematisiert?
- Welche Zeit stellt die Karte dar?
- Handelt es sich um eine statische oder dynamische Karte?
- Welchen Raum erfasst die Karte?
- Handelt es sich um eine topografische oder thematische Karte?

3. Analyse
- Welche Einzelinformationen lassen sich ablesen?
- Welche Beziehungen bestehen zwischen den Einzelinformationen?
- Welche weitergehenden Schlüsse lassen sich ziehen?

4. Kartenkritik
- Welche kartografischen Informationen fehlen?
- Welche thematischen, zeitlichen und räumlichen Aspekte werden unter- bzw. übergewichtet, welche fehlen?

5. Fazit
- Welche Gesamtaussage lässt sich formulieren?

Arbeitsschritte für die Analyse von Darstellungen

1. Leitfrage
- Welche Fragestellung bestimmt die Untersuchung der Darstellung?

2. Analyse

Formale Aspekte
- Wer ist der Autor (ggf. zusätzliche Informationen über den Verfasser)?
- Um welche Textsorte handelt es sich (z. B. wissenschaftliche Abhandlung, populärwissenschaftliche Literatur, Essay, Schulbuch)?
- Mit welchem Thema setzt sich der Autor auseinander?
- Wann und wo ist der Text veröffentlicht worden?
- Gab es einen konkreten Anlass für die Veröffentlichung (z. B. Jahrestag, öffentliche Kontroverse)?
- An welche Zielgruppe richtet sich der Text (Historiker, interessierte Öffentlichkeit)?
- Welche Intentionen oder Interessen verfolgt der Verfasser?

Inhaltliche Aspekte
- Was sind die wesentlichen Aussagen des Textes?
  a) anhand der Argumentationsstruktur: These(n) und Argumente
  b) anhand der Sinnabschnitte: wesentliche Aspekte und Hauptaussage
- Wie ist die Textsprache (z. B. appellierend, sachlich oder polemisch)?
- Welche Überzeugungen vertritt der Autor?

3. Historischer Kontext
- Auf welchen historischen Gegenstand (Epoche, Ereignis, Prozess bzw. Konflikt) bezieht sich der Text?
- Welche in der Darstellung angesprochenen Sachaspekte bedürfen der Erläuterung?

4. Urteil
- Ist der Text überzeugend im Hinblick auf die fachliche Richtigkeit (historischer Kontext) sowie auf die Schlüssigkeit der Darstellung (Stichhaltigkeit der Argumentation, Verwendung von Belegen)?
- Was ergibt ggf. ein Vergleich mit anderen Darstellungen zum gleichen Thema?
- Wie lässt sich der dargestellte historische Gegenstand aus heutiger Sicht im Hinblick auf die Leitfrage bewerten?
- Welche Gesichtspunkte des Themas werden vom Autor kaum oder gar nicht berücksichtigt?

Arbeitsschritte für die Interpretation von Verfassungsschaubildern

1. Leitfrage
- Welche Fragestellung bestimmt die Untersuchung des Schaubildes?

2. Formale Aspekte
- Für welchen Staat gilt die Verfassung?
- Wann und durch wen wurde die Verfassung verabschiedet und wann wurde sie in Kraft gesetzt?
- Wie lange war die Verfassung gültig?

3. Inhaltliche Aspekte

Verfassungsorgane
- Welche Verfassungsorgane sind dargestellt?
- Wie sind die Organe zusammengesetzt und welche Aufgaben bzw. Befugnisse besitzen sie?
- Wie ist die Gewaltenteilung umgesetzt?

Machtverteilung
- Welche Auskunft gibt das Schaubild über die staatliche Machtverteilung, die Machtkonzentration und -beschränkung?
- Wie wird die Gewaltenteilung umgesetzt?

Rechte des Volkes
- Wer darf wen wie oft wählen?
- Welche Rechte wurden der Bevölkerung garantiert?

Struktur des Staates
- Um welche Staatsform handelt es sich?
- Beinhaltet die Verfassung föderative oder/und zentralistische Elemente?

4. Historischer Kontext
- In welchen geschichtlichen Zusammenhang lässt sich die Verfassung einordnen?

5. Urteil
- Beurteilen Sie die grafische Übersichtlichkeit und den inhaltlichen Aussagegehalt des Schaubildes.
- Worüber gibt das Schaubild keine Auskunft?
- Welche Gesamtaussage lässt sich hinsichtlich der Leitfrage formulieren?

Arbeitsschritte für die Analyse historischer Spielfilme

1. Formale Aspekte
- Wer sind Regisseur, Drehbuchautor und Auftraggeber?
- Welches Land bzw. welche Länder haben den Film produziert?
- Wie lang ist der Film?
- Wann ist der Film entstanden und aufgeführt worden?
- Aus welchem Anlass wurde der Film gedreht (z. B. Jubiläum eines historischen Ereignisses)?

2. Inhaltliche Aspekte

Filminhalt
- Mit welchem historischen Thema (z. B. Person) setzt sich der Film auseinander?
- Wie lässt sich die Handlung kurz zusammenfassen?
- Wer sind die Hauptfiguren und in welcher Beziehung stehen sie zueinander?

Filmische Mittel
- Welche szenischen Gestaltungsmittel (z. B. Einstellungsgrößen, Kameraperspektiven und -bewegung) sind verwendet worden?
- Wie werden Ton (Geräusche, Musik, Sprache und Dialoge, Kommentare) und Beleuchtung (Hell-Dunkel bzw. Farbkontraste) eingesetzt?
- Nimmt der Film die Perspektive der Hauptfigur ein oder werden auch andere Sichtweisen dargestellt?

3. Historischer Kontext
- Auf welchen historischen Sachverhalt (Epoche, Ereignis, Person bzw. Konflikt) bezieht sich das Thema des Films?

4. Urteil

Intention
- Welche Intentionen verfolgt der Film?
- Wie wirkt der Film auf den Betrachter?
- Welche Reaktionen – z. B. Kritiken – rief der Film nach der Uraufführung in der Öffentlichkeit hervor?
- Welche gesellschaftlichen Anschauungen, Normen und Werte spiegelt der Film aus der Zeit wider, in der er entstanden ist?

Authentizität der Handlung
- Ist die Handlung logisch und glaubhaft?
- Halten sich Regisseur und/bzw. Autor an die historische Realität? (Welche Änderungen wurden vorgenommen? Gibt es fiktive Szenen?)

Bewertung
- Wie lässt sich der Film aus heutiger Sicht bewerten? (z. B. Verfassen einer eigenen Filmkritik)

Arbeitsschritte für die Interpretation einer Karikatur

1. Thema
- Gibt es eine Bildunterschrift oder Ähnliches, die das Thema benennt?

2. Analyse

Formale Aspekte
- Wer ist der Karikaturist, wann hat er gelebt, welchem politischen Umfeld gehört er an?
- Wann entstand die Karikatur, an welchem Ort und für welchen Auftraggeber?
- Wie wird die Karikatur verbreitet (Zeitung, Flugblatt usw.)?

Inhaltliche Aspekte
- Auf welche Epoche, welches Thema oder welche Person bezieht sich die Karikatur?
- Welche Stilmittel (z. B. Übertreibung, Ironie, Sarkasmus) werden benutzt?
- Welche Stereotypen und Symbole werden eingesetzt?

3. Historischer Kontext
- In welchen historischen Zusammenhang (Ereignis, Epoche, Prozess bzw. Konflikt) lässt sich die Quelle einbauen?

4. Urteil

Aussage

Karikaturist:
- Welchen politisch-ideologischen Standpunkt nimmt der Karikaturist ein?
- Welche Intention verfolgt er mit der Karikatur?

Adressaten:
- Welche Wirkung soll die Karikatur erzielen?

Sachurteil:
- Wie lässt sich die Aussage der Karikatur auf der Ebene des historischen Gegenstandes beurteilen?

Werturteil:
- Wie lässt sich die Aussage der Karikatur aus heutiger Sicht bewerten?

Arbeitsschritte für die Interpretation von Porträts

1. Leitfrage
- Welche Fragestellung bestimmt die Untersuchung des Porträts?

2. Formale Aspekte
- Wer ist der Maler und Auftraggeber (ggf. soziale Herkunft, gesellschaftliche Stellung, Wertmaßstäbe)?
- Für welchen Zweck wurde das Bild gemalt?
- Wann ist das Gemälde entstanden?
- Um welche Art von Gemälde handelt es sich?
- Gibt es einen Titel?
- Wer ist der Adressat bzw. sind die Adressaten?

3. Inhaltliche Aspekte

Beschreibung
- Wie sind die Personen (Mimik, Gestik, Körperhaltung, Kleidung) dargestellt?
- Wie ist die Bildkomposition (Personen, Umgebung, Gegenstände, Situation, Symbole in ihren Relationen) angelegt?
- Welche Darstellungsmittel (Technik, Farben, Lichtwirkung, Perspektive) werden eingesetzt?

Deutung
- Welche symbolische Bedeutung hat die Personendarstellung, die Bildkomposition und der Einsatz der Darstellungsmittel?

4. Historischer Kontext
- Wie sind die Bildelemente durch Bezugnahme auf den historischen Zusammenhang zu deuten?

5. Bewertung
- Wie lässt sich die historische Bedeutung des Bildes zusammenfassen?

Arbeitsschritte für die Interpretation von Statistiken

1. Leitfrage
- Welche Fragestellung bestimmt die Untersuchung der Statistik?

2. Einordnung
- Wo wurde die Statistik veröffentlicht?
- Wer ist Autor bzw. Auftraggeber?
- Wann und aus welchem Anlass ist die Statistik erschienen?
- Was wird thematisiert?

3. Inhalt der Statistik
- Welche Einzelaspekte werden beleuchtet?
- Welche Zahlenwerte sind aufgeführt?
- Welche Kategorien werden in Beziehung gesetzt?
- Welche Einzelinformationen lassen sich aus der Statistik ablesen (Schwerpunkte, Ausschläge, regelhafte Verläufe)?
- Welche Zusammenhänge ergeben sich aus den Datenreihen?

4. Historischer Kontext
- Auf welche historische Epoche bzw. welchen Zeitraum bezieht sich die Statistik?
- Auf welchen geografischen Raum wird verwiesen?

5. Aussageabsicht
- Welche Intention verfolgte der Autor bzw. Auftraggeber?
- Worüber gibt die Statistik keine Auskunft?
- Gibt es Hinweise auf Manipulationen des Zahlenmaterials?

6. Fazit
- Welche Gesamtaussage lässt sich formulieren?

Recherchieren im Internet – Kriterien zur Beurteilung von Internetseiten

1. Anbieter
- Wer ist der Anbieter der Seite (Urheber, Autor; Einzelperson, Organisation oder Institution)?
- Weist sich der Anbieter aus, indem er Informationen über sich bereitstellt?
- Ist der Anbieter seriös (Universität, anerkannte internationale politische Organisation, angesehene Tageszeitung, großes Museum)?

2. Informationen
- Sind die Informationen sachlich? Werden Quelle und Belege korrekt angegeben?
- Gibt es Werbung?
- Wird die Seite regelmäßig aktualisiert? Trägt die Seite eine Datumsangabe zum „Stand"?
- Was wird angeboten (Texte, Bilder, Grafiken, Filme, Tonquellen, Animationen)?

3. Anwendung
- Bietet die Startseite eine gute Orientierung?
- Ist die Navigation sinnvoll und nachvollziehbar?
- Ist die Ladezeit von Einzelseiten angemessen?

4. Interaktivität
- Besteht die Möglichkeit der Kontaktaufnahme mit dem Anbieter (Adresse, E-Mail, Telefon)?
- Kann man mit anderen Nutzern kommunizieren (Chats, Foren, Newsgroups)?
- Werden andere interaktive Elemente (Spiele, Fragebogen, Tests usw.) angeboten?

5. Verweise
- Gibt es Hinweise auf andere Internetseiten, Literatur oder Materialien?
- Sind die weiteren Hinweise korrekt benannt, kommentiert und aktuell?

Arbeitsschritte für den Vergleich schriftlicher Quellen

1. Leitfrage
- Welche Fragestellung bestimmt die Analyse und den Vergleich der Quellentexte?

2. Analyse

Formale Aspekte
- Um welche Quellengattung handelt es sich (z. B. Brief, Vertrag, Zeitungsbeitrag)?
- Wann und wo sind die Texte veröffentlicht worden?
- Wer sind die Autoren (ggf. Amt, Stellung, Funktion, soziale Schicht)?
- Mit welchem Thema setzen sich die Autoren auseinander?
- Wer ist der Adressat bzw. sind die Adressaten?
- Welche Intentionen oder Interessen verfolgen die Autoren?

Inhaltliche Aspekte
- Was sind die wesentlichen Aussagen des Textes?
- Wie ist die Textsprache (z. B. appellierend, polemisch, argumentativ, manipulierend, rhetorische Mittel)?
- Welche Überzeugungen vertreten die Autoren?
- Welche Wirkung sollten die Texte bei den Adressaten erzielen?

3. Vergleich
- Welche Vergleichsaspekte sind geeignet?
- Welche Unterschiede und Gemeinsamkeiten zeigen die Texte?

4. Historischer Kontext
- In welchen historischen Zusammenhang lassen sich die Quellen einordnen?

5. Urteil

Sachurteil
- Welcher Text ist aus welchen Gründen überzeugender?
- Sind die Verfasser glaubwürdig?
- Welche Rolle spielt die Entstehungszeit des Textes?
- In welcher Beziehung stehen die Texte?

Werturteil
- Wie lässt sich der historische Gegenstand im Hinblick auf die Leitfrage aus heutiger Sicht bewerten?

„Wiedergeben, einordnen, beurteilen" – Arbeitsaufträge im hessischen Landesabitur

Anforderungsbereich I –	Wiedergeben von Sachverhalten aus einem abgegrenzten Gebiet und im gelernten Zusammenhang unter rein reproduktivem Benutzen geübter Arbeitstechniken, z. B.:
berechnen	anhand vorgegebener Daten durch Rechenoperationen zu einem Ergebnis gelangen und die Rechenschritte dokumentieren
beschreiben	Aussagen, Sachverhalte, Strukturen o. Ä. in eigenen Worten strukturiert und fachsprachlich verdeutlichen
nennen	zielgerichtet Informationen zusammentragen, ohne sie zu kommentieren
skizzieren	einen Sachverhalt oder Gedankengang in seinen Grundzügen angeben
wiedergeben	ausgehend von einem Einleitungssatz Informationen aus dem vorliegenden Material unter Verwendung der Fachsprache in eigenen Worten ausdrücken
zusammenfassen	ausgehend von einem Einleitungssatz die wesentlichen Aussagen eines Textes in strukturierter und komprimierter Form unter Verwendung der Fachsprache herausstellen
Anforderungsbereich II –	selbstständiges Erklären, Bearbeiten, Ordnen bekannter Inhalte und das angemessene Anwenden gelernter Inhalte und Methoden auf andere Sachverhalte, z. B.:
analysieren	Merkmale eines Textes, Sachverhaltes oder Zusammenhanges kriterienorientiert bzw. aspektgeleitet erschließen und zusammenhängend verdeutlichen
anwenden	einen bekannten Sachverhalt oder eine bekannte Methode auf eine neue Problemstellung beziehen
auswerten	Daten, Einzelergebnisse oder Sachverhalte zu einer abschließenden Gesamtaussage zusammenführen
charakterisieren	Vorgänge, Sachverhalte, Personen/Figuren in ihrer jeweiligen Eigenart treffend und anschaulich kennzeichnen und ggf. unter einem bestimmten Gesichtspunkt zusammenführen
darstellen	Sachverhalte o. Ä. und deren Bezüge sowie Zusammenhänge aufzeigen
einordnen/zuordnen	Texte oder Sachverhalte unter Verwendung von Vorwissen begründet in einen genannten Zusammenhang stellen
erklären	Materialien, Sachverhalte o. Ä. in einen Begründungszusammenhang stellen, z. B. durch Rückführung auf fachliche Grundprinzipien, Gesetzmäßigkeiten, Funktionszusammenhänge, Modelle oder Regeln
erläutern	Materialien, Sachverhalte o. Ä. mit zusätzlichen Informationen und Beispielen verdeutlichen
gliedern	ein Musikstück begründet in Abschnitte einteilen und diese sprachlich bezeichnen
herausarbeiten	aus Materialien nicht explizit genannte Sachverhalte erschließen
in Beziehung setzen	Zusammenhänge unter vorgegebenen oder selbst gewählten Gesichtspunkten begründet herstellen
untersuchen	Sachverhalte unter bestimmten Aspekten betrachten und belegen
vergleichen/gegenüberstellen	nach vorgegebenen oder selbst gewählten Gesichtspunkten Gemeinsamkeiten, Ähnlichkeiten und Unterschiede begründet darlegen

Anforderungsbereich III –	reflexiver Umgang mit neuen Problemstellungen, den eingesetzten Methoden und gewonnenen Erkenntnissen, um zu eigenständigen Begründungen, Folgerungen, Deutungen und Wertungen zu gelangen, z. B.:
begründen	einen Sachverhalt bzw. eine Aussage durch Argumente stützen
beurteilen	zu einem Sachverhalt oder einer Aussage unter Verwendung von Fachwissen und Fachmethoden eine begründete Einschätzung geben
bewerten/Stellung nehmen	wie Operator ‚beurteilen', aber zusätzlich die eigenen Maßstäbe begründet darlegen
diskutieren/ sich auseinandersetzen mit	zu einer Aussage, Problemstellung oder These eine Argumentation entwickeln, die zu einer begründeten Bewertung führt
entwickeln	einen eigenen Gedankengang bzw. ein Konzept zu einem Thema entfalten und Schlussfolgerungen ziehen
erörtern	eine These oder Problemstellung unter Abwägen von Pro- und Kontraargumenten hinterfragen und zu einem eigenen Urteil gelangen
gestalten/ entwerfen/ verfassen	Aufgabenstellungen kreativ und produktorientiert bearbeiten, z. B. auf der Grundlage eines Materials und seiner inhaltlichen oder stilistischen Gegebenheiten eine kreative Idee in ein selbstständiges Produkt umsetzen
interpretieren	auf der Grundlage einer Analyse Sinnzusammenhänge aus Materialien methodisch reflektiert erschließen, um zu einer schlüssigen Gesamtauslegung zu gelangen
überprüfen	Aussagen auf der Grundlage von Fachkenntnissen kritisch hinterfragen und auf ihre Angemessenheit hin begründet einschätzen

Aufgabenarten in schriftlichen Klausuren und im Abitur

Aufgabenarten	**Interpretieren** von Quellen	**Erörtern** von Erklärungen historischer Sachverhalte aus Darstellungen	**Darstellen** historischer Sachverhalte in Form einer historischen Argumentation
Aufgabenformen	Interpretation einer Einzelquelle	Erörterung einer Deutung aus einer historischen Darstellung	Entwicklung einer Darstellung zu einem historischen Problem, zu einer historischen These
	Vergleichende Interpretation zeitgleicher Quellen bzw. von Quellen aus unterschiedlichen Zeiten	Erörterung verschiedener Deutungen aus unterschiedlichen Darstellungen	
Materialgrundlagen	Quellen bzw. Quellenauszüge wie z. B.: – schriftliche Quellen (z. B. Texte, historische Karten, Statistiken) – bildliche Quellen (z. B. Karikaturen, Plakate) – Abbildungen von gegenständlichen Quellen (z. B. Bauwerke, Denkmäler) – Tondokumente	Darstellungen bzw. Auszüge aus Darstellungen wie z. B.: – fachliche Abhandlungen – populärwissenschaftliche Literatur – Lehrbuchtexte – publizistische Texte oder Reden – andere mediale Vermittlungen (z. B. Geschichte in Film und Dokumentation)	Diese Aufgabenart erfordert in der Regel keine Materialgrundlage. Ihre Lösung kann aber durch Erläuterungen oder kurze Auszüge aus Darstellungen oder Quellen unterstützt werden.

Formulierungshilfen für die Bearbeitung von Textquellen und Darstellungen

Arbeitsschritte	Strukturierungsfunktion	Formulierungsmöglichkeiten	Beispiel
Analyse formaler Aspekte	Einleitung	– Der Verfasser thematisiert/behandelt/greift (auf) … – Er beschäftigt sich/setzt sich auseinander mit der Frage/mit dem Thema … – Die Autorin legt dar/führt aus/äußert sich zu … – Das zentrale Problem/Die zentrale Frage des Textes/Briefes/der Rede ist …	Der SPD-Politiker Philipp Scheidemann thematisiert in seiner Rede vor der Weimarer Nationalversammlung am 12. Mai 1919 den Versailler Vertrag.
Analyse inhaltlicher Aspekte	Wiedergabe der Position/Kernaussage	– Die Autorin vertritt die These/Position/Meinung/Auffassung … – Er behauptet …	Der Historiker Detlev Peukert vertritt die These, der Untergang der Weimarer Republik sei auf „vier zerstörerische Prozesse" zurückzuführen (Z. xx).
	Wiedergabe der Begründung/Argumentation/wesentlichen Aussagen	– Sie belegt ihre These … – Als Begründung/Beleg seiner These/Behauptung führt der Autor an … – Der Reichskanzler legt dar/führt aus … – Die Historikerin argumentiert/kritisiert/bemängelt … – Der Verfasser weist darauf hin/betont/unterstreicht/hebt hervor/berücksichtigt …	Kennan betont, dass die Amerikaner in Deutschland Konkurrenten der Russen seien und daher in „wirklich wichtigen Dingen" keine Zugeständnisse machen dürften (Z. xx).
	Abschließende Ausführungen	– Am Ende unterstreicht/betont der Autor noch einmal … – Der Autor schließt seine Ausführungen mit … – Sie kommt am Ende ihrer Argumentation zu dem Schluss, dass … – Zum Abschluss seiner Rede … – Zusammenfassend führt die Abgeordnete aus …	Am Ende seines Briefes betont Bismarck noch einmal die Notwendigkeit eines Bündnisses mit Österreich (Z. xx).
Vergleich von Texten	Übereinstimmung	– Der Historiker ist derselben Meinung/Auffassung/Position … – Sie teilt dieselbe Meinung/Auffassung/Position … – Die Autoren stimmen darin überein …	Brandt und Grass stimmen darin überein, dass die Bildung einer Großen Koalition mit Risiken verbunden sei (vgl. M 1, Z. xx; M 2, Z. xx).
	Gegensatz	– Im Gegensatz zu … – Die Positionen widersprechen sich/weichen voneinander ab/sind unvereinbar/konträr …	Die Positionen der beiden anonymen Verfasser sind hinsichtlich ihrer Haltung zum Terror der Jakobiner unvereinbar.
Historischer Kontext		– Die Quelle(n) lassen sich/sind in … ein(zu)ordnen. – Die Texte sind im Zusammenhang mit … zu sehen. – Die Rede stammt aus der Zeit des/der …	Veröffentlicht wurden beide Zeitungsartikel in der Zeit der Jakobinerherrschaft, die von 1793 bis 1794 andauerte und auch als „Schreckens- und Gewaltherrschaft" bezeichnet wird.
Urteil Sachurteil	Intention des Autors	– Der Autor beabsichtigt/intendiert/will/strebt an/fordert/plädiert für … – Die Politikerin verfolgt die Absicht/das Ziel … – Der Außenminister appelliert/ruft auf …	Der Ministerpräsident will mit seiner Rede die Abgeordneten von der Notwendigkeit wirtschaftlicher Reformen überzeugen.
	Beurteilung des Textes	– Die Argumentation ist (nicht) nachvollziehbar/überzeugend/stichhaltig/schlüssig … – Der Verfasser argumentiert einseitig/widersprüchlich … – In seiner Darstellung beschränkt sich der Historiker nur auf …	Der britische Historiker Peter Heather begründet seine These in drei stichhaltigen Argumentationssträngen.
Werturteil	Bewertung des Textes	– Aus heutiger Sicht/Perspektive kann gesagt werden/lässt sich sagen … – Der Position/Meinung/Auffassung/Ansicht des Autors stimme ich (nicht) zu … – Ich stimme der Position/… des Autors (nicht) zu … – Die Position/… der Verfasserin teile ich (nicht) … – Ich teile die Position/… des Historikers (nicht) … – Meiner Meinung/Auffassung/Ansicht zufolge/nach …	Ich stimme der Kritik von Francisco de Vitoria am Vorgehen der Spanier in der Neuen Welt zu, weil … Die Position des anonymen Verfassers des ersten Zeitungsartikels (M 1) teile ich nicht, da heute in unserer freiheitlichen Grundordnung Terror zur Durchsetzung politischer Ziele abgelehnt wird.

Zitieren in Klausuren oder Facharbeiten

Funktion des Zitierens

In schriftlichen Arbeiten, deren Grundlage Textmaterial ist, sind Zitate und deren Nachweise unerlässlich. Sie dienen als Beleg und Rechtfertigung der eigenen Analyse und Interpretation. Um dieser Funktion zu genügen, müssen Zitate exakt sein, einen begrenzten Umfang haben und kenntlich gemacht werden.

Bei jedem Zitat muss die Quelle angeführt werden:

- in einer Fußnote unten auf der Seite (Facharbeit),
- in fortlaufenden Anmerkungen am Ende der Arbeit (Facharbeit) oder
- in einer Klammer hinter dem Zitat (Klausur).

Vermieden werden sollten:

- die Aneinanderreihung von Zitaten (z. B. Dann sagte er: „[...]"),
- das Zitieren von Nebensächlichkeiten,
- die Verwendung von Anführungszeichen zur Entschuldigung eigener umgangssprachlicher Formulierungen (z. B. Darauf „kontert" Bismarck, ...).

Grundsätzlich unterscheidet man zwischen **direktem** (auch wörtlichem) und **indirektem** (auch sinngemäßem) **Zitieren**.

Direktes Zitieren

Direktes Zitieren bedeutet die exakte Übernahme eines Wortes, einer Wortgruppe, von Sätzen oder Textpassagen. Der Wortlaut eines Zitates darf dabei nicht verändert werden.

Regel	**Beispiel**
Zitate werden am Anfang und am Ende durch Anführungszeichen kenntlich gemacht. In einer Klausur erfolgt der Quellenbeleg mittels Zeilenangabe in runden Klammern nach dem Zitat, z. B. (Z. 8 f.) oder (Z. 15 ff.) bzw. (Z. 15–18).	Bismarck argumentiert gegenüber dem Kaiser, ein Defensivbündnis mit Österreich könne auch gesehen werden „als Ersatz der Garantien, welche früher der Deutsche Bund gewährte" (Z. 38 ff.). Otto Wels betont: „Die Verfassung von Weimar ist keine sozialistische Verfassung" (Z. 23 f.).
Kürzungen oder Auslassungen im Zitat werden durch eckige Klammern gekennzeichnet.	Angesichts der Verfolgungen, so erklärt Wels, die „die Sozialdemokratische Partei in der letzten Zeit erfahren hat, wird [...] niemand von ihr verlangen [...] können, dass sie für das [...] Ermächtigungsgesetz stimmt" (Z. 1 ff.).
Erklärungen oder semantisch notwendige Ergänzungen werden in eckige Klammern gesetzt.	Der SPD-Fraktionsvorsitzende versichert, „wir [die Sozialdemokraten, Ergänzung des Verfassers] stehen zu den Grundsätzen des Rechtsstaates, der Gleichberechtigung, des sozialen Rechtes, die in ihr festgelegt sind [...]" (Z. 24 ff.).
Zitate, die in den eigenen Satzbau integriert werden, müssen grammatisch angepasst werden. Diese Veränderungen werden mit eckigen Klammern gekennzeichnet. Das gilt beispielsweise, wenn in einem wörtlichen Zitat bei der Übernahme die Groß- und Kleinschreibung geändert werden muss.	In diesem Zusammenhang betont der Reichskanzler, er habe bereits bei den Friedensverhandlungen 1866 auf die „tausendjährige[...] Gemeinsamkeit der gesamtdeutschen Geschichte" (Z. 43 f.) hingewiesen. Otto Wels argumentiert, „[d]as Sozialistengesetz hat die Sozialdemokratie nicht vernichtet" (Z. 32 f.).
Enthält eine Textstelle, die man zitiert, bereits ein Zitat, stellt man dieses Zitat in einfache Anführungszeichen.	Werner Schulz erinnert in seiner Rede vom 9. Oktober 2009 in Leipzig: „Mit ‚Wir sind das Volk' wurde eine Zeile aus dem Revolutionslied ‚Trotz alledem' von 1848 skandiert."

Indirektes Zitieren
Das indirekte Zitieren bietet dem Schreiber die Möglichkeit, eine Textstelle sinngemäß wiederzugeben oder darauf zu verweisen.

Die indirekte Wiedergabe einer Textstelle erfolgt mithilfe des Konjunktivs. (Sollten Konjunktiv I und Indikativ identisch sein, verwendet man Konjunktiv II.) Die Zeilenangabe erfolgt am Ende der Textpassage in runden Klammern und wird durch den Zusatz „vgl." ergänzt.	Bismarck warnt, Deutschland dürfe sich keiner Isolierung aussetzen (vgl. Z. 11 ff.).
Indirektes Zitieren kann auch durch einen Verweis auf eine bzw. mehrere Textstelle(n) erfolgen.	In seinem Brief an den Kaiser betont Bismarck mehrmals die Notwendigkeit einer Defensivallianz mit Österreich (vgl. Z. 12 ff., 35 ff., 42 ff.).

Tipps zur Anfertigung einer Präsentation

Was ist eine Präsentation?

Im Schulalltag werden Sie häufig mit dem Arbeitsauftrag „Präsentieren Sie Ihre Ergebnisse!“ konfrontiert. Was versteht man jedoch unter einer Präsentation? Für die einen bedeutet Präsentation prinzipiell mehr als ein nur auf das gesprochene Wort gestützter Kurzvortrag, andere sehen eine Präsentation erst gegeben, wenn sich der Vortrag auf moderne, computergestützte Darstellungsmöglichkeiten, z. B. eine Powerpoint-Präsentation, stützt.
Im Allgemeinen versteht man unter „Präsentation“ eine gründlich vorbereitete, themen- und adressatenbezogene sowie vor allem mediengestützte Vorstellung von Informationen. Im Unterschied zum traditionellen „Kurzvortrag“ oder „Referat“ kommt bei der Präsentation dem **funktionalen Einsatz der verwendeten Medien** eine besondere Bedeutung zu. Um bei den Zuhörern eine optimale Aufmerksamkeit zu erlangen, sollte von Anfang an das Interesse der Adressaten für die präsentierten Inhalte geweckt werden. Besonders wirksam ist daher eine aktive Einbeziehung des Publikums. So wird die Präsentation zu einem gegenseitigen Prozess des Gebens und Nehmens von Informationen und Meinungen.
In einigen Bundesländern ist die Präsentation neben dem schriftlichen und mündlichen Abitur inzwischen **Bestandteil der Abschlussprüfungen**.

Präsentationstypen

Unter Berücksichtigung verschiedener Kriterien lassen sich einzelne Präsentationstypen unterscheiden:

Autor	Einzelpräsentation Partnerpräsentation Gruppenpräsentation
Adressaten	Mitschüler, z. B. im Kurs Öffentlichkeit, z. B. Schulveranstaltung in der Aula Prüfungskommission, z. B. Präsentationsprüfung
Ziele	Informationspräsentation Überzeugungspräsentation
Kommunikations-strukturen	„Ein-Weg-Kommunikation“ Einbeziehung der Adressaten
Medien	auditive Präsentation visuelle Präsentation multimediale Präsentation

Präsentationsformen

Für den Unterrichtsalltag bietet sich eine Reihe von Präsentationsformen an:

schriftlich	Referat Facharbeit Thesenpapier
visualisiert	Wandzeitung Lernplakat Strukturbild Zeitstrahl
auditiv	Rede Vortrag Reportage Interview

audiovisuell	Videodokumentation Internetpräsentation
gestalterisch	Ausstellung Rekonstruktion Modell

Präsentationsstruktur

Die Präsentation sollte eine schlüssige Binnenstruktur mit klarer Phaseneinteilung und nachvollziehbarer Gewichtung der Teilaspekte aufweisen:

Einleitung	Begrüßung der Zuhörer Vorstellung des Themas, der Problemstellung bzw. Leitfrage und der Gliederung Einstiegsmöglichkeiten: Einbeziehung des Publikums, z. B. Vorwissen erfragen, Erwartungen aufnehmen, Interesse wecken, z. B. mit einem aktuellen Bezug, einem persönlichen Erlebnis, einer Provokation, einem Zitat
Hauptteil	nachvollziehbare Gewichtung der Inhalte Vorstellung von Zwischenergebnissen Erläuterung verwendeter Fachbegriffe sowie gezeigter Statistiken, Tabellen und Strukturbilder Einbeziehen von Beispielen konsequenter Bezug zur Gliederung
Schlussteil	Bezug zur Einleitung, insbesondere zur Problemstellung bzw. Leitfrage herstellen kurze, ggf. thesenhafte Zusammenfassung der wesentlichen Ergebnisse Formulierung eines Ausblickes ggf. Reflexion des Arbeitsprozesses Danksagung an die Zuhörer für die Aufmerksamkeit

Thema, Gliederung und Thesenpapier

Die Idee für ein **Thema** resultiert häufig aus persönlichen Interessen. Allerdings sind die ersten Ideen oft zu allgemein und weit gefasst oder weisen keine Problemorientierung auf. Daher sollten Sie bei der Themenformulierung Ihre Grundidee eingrenzen und einen klaren Schwerpunkt festlegen.
Grundsätzlich sollte das Thema:
- nicht nur Ihren Interessen, sondern auch Ihren Fähigkeiten und Vorkenntnissen entsprechen,
- einen klaren Schwerpunkt aufweisen,
- problemorientiert angelegt sein oder eine Leitfrage beinhalten,
- präzise und gut verständlich formuliert sein.

Wenn Sie eine erste Formulierung für Ihr Thema gefunden haben, d. h. einen Arbeitstitel, sollten Sie sich zunächst mit der Sie betreuenden Lehrkraft verständigen.

Die **Gliederung** einer Präsentation sollte logisch sein, einen roten Faden verfolgen und inhaltlich nicht überfrachtet sein. Sie sollte beinhalten:
- eine Einführung in das Thema (Einleitung),
- einen möglichst mehrfach gegliederten und nummerierten Themenschwerpunkt, in dem die Auseinandersetzung mit der Leitfrage erfolgt (Hauptteil), sowie
- einen zusammenfassenden Abschluss (Fazit, Resümee, Ausblick).

Das **Thesenpapier** ist weder ein Inhaltsverzeichnis noch eine Stichwortsammlung, sondern das Resultat der Auseinandersetzung mit einem bestimmten Thema anhand einer Leitfrage. Es ist die verdichtete Darstellung von Informationen

und Auffassungen. Grundsätzlich sollte das Thesenpapier eine Abfolge von **Behauptungen (Thesen)** sein, die
- einen Zusammenhang haben und sich an der Gliederung orientieren,
- als Indikativ-Sätze knapp und prägnant formuliert sind, auch mit appellativem, die Diskussion provozierendem Charakter,
- ggf. auch kurz begründet werden können.

Für den **Aufbau eines Thesenpapiers** gibt es keine verbindlichen Regelungen. Es gibt verschiedene Varianten, die auch miteinander kombinierbar sind:
1) Die Thesen sind „pur“ aneinandergereiht.
Beispiel: Die Königsherrschaft Heinrichs I. (919–936) markiert den Beginn einer eigenständigen deutschen Geschichte.
2) Jeder These ist eine Begründung beigefügt.
Beispiel: Die Königsherrschaft Heinrichs I. (919–936) markiert den Beginn einer eigenständigen deutschen Geschichte, weil es Heinrich gelang, sich im Innern gegen die konkurrierenden Stammesherzöge durchzusetzen und das Reich nach außen zu sichern.
3) Jeder These wird eine Antithese gegenübergestellt.
Beispiel: Die Königsherrschaft Heinrichs I. (919–936) markiert den Beginn einer eigenständigen deutschen Geschichte. Andere Historiker sehen den Beginn der deutschen Geschichte in der Kaiserkrönung Ottos I. im Jahr 962.

Thema, Gliederung und Thesenpapier anhand eines Beispiels

Fächer	Referenzfach: Geschichte Bezugsfach: Politikwissenschaft
Thema	Von der Kooperation zur Konfrontation – Wer ist schuld am Kalten Krieg? ***oder:*** Der Kalte Krieg – Wer trägt die Schuld?
Gliederung	1 Definition des Kalten Krieges 1.1 Begriff 1.2 Kennzeichen 1.3 Verlauf 2 Ursachen des Kalten Krieges 2.1 Forschungspositionen während des Kalten Krieges 2.1.1 „Realisten“ 2.1.2 „Revisionisten“ 2.2 Positionen nach Ende des Kalten Krieges 3 Droht ein neuer Kalter Krieg? 3.1 Vergleich anhand wesentlicher Kennzeichen 3.1.1 Weltweite Rüstungsausgaben 3.1.2 Rüstungspläne Russlands und der USA (z. B. Raketenabwehrschild) 3.2 Fazit

Präsentationen

Wie baue ich eine Präsentation auf?
Im Anschluss an die Abgabe der Seminararbeit folgt die mündliche Präsentation. Neben der Vorstellung der Arbeitsergebnisse beinhaltet sie auch die Beantwortung von Fragen.

Gliederung
Beim Aufbau der Präsentation empfiehlt sich eine Dreiteilung: Einleitung – Hauptteil – Schluss.
Einleitung: Begrüßen Sie Ihr Publikum, stellen Sie Ihr Thema und Ihre Frage/ Problemstellung vor.
Im Hauptteil erläutern Sie u. a. die Fragestellung Ihrer Arbeit, die Ergebnisse und ggf. auch Probleme bei der Ergebnisfindung.
Im Schlussteil sollten Sie das Kernergebnis bündeln (Wiederanknüpfung an die in der Einleitung genannte Fragestellung), ggf. einen Ausblick geben, eine Danksagung aussprechen und zur Fragerunde überleiten.

Redemanuskript
Sie sollten sich für Ihre Präsentation ein Redemanuskript erstellen und dabei u. a. auf Folgendes achten:
- Nutzen Sie Karteikarten, Papier raschelt.
- Nummerieren Sie Ihre Karteikarten.
- Beschriftung: einseitig, nur Stichworte, leserlich schreiben.
- Wenn Sie Grafiken einsetzen oder Schaubilder an der Tafel entwickeln wollen, notieren Sie sich diese auf einer Karteikarte.

Medieneinsatz
- Nutzen Sie nur solche Medien, die Sie auch bedienen können.
- Prüfen Sie die Funktionstüchtigkeit der Geräte.
- Medien sollten sparsam verwendet werden.
- Der Einsatz sollte einfach sein.
- Üben Sie Ihre Präsentation. Den Ablauf sollten Sie auswendig kennen.

Checkliste für eine gelungene Präsentation

Fachliche Aspekte

- ☐ Das Thema und die Gliederung werden vorgestellt.
- ☐ Die Präsentation geht von einer Problemstellung bzw. Leitfrage aus.
- ☐ Die Präsentation ist logisch aufgebaut und der Vortragszeit angepasst.
- ☐ Die Informationen werden strukturiert vorgetragen.
- ☐ Die Teilaspekte des Themas werden angemessen gewichtet.
- ☐ Die Ausführungen sind sachlich korrekt.
- ☐ Fachtermini werden verwendet und erklärt.
- ☐ Der fachübergreifende Aspekt wird berücksichtigt (Wahl eines Bezugsfaches).

Methodische Aspekte

- ☐ Die Präsentationsform ist dem Thema angemessen ausgewählt.
- ☐ Die verwendeten Medien sind nachvollziehbar in die Präsentation eingebunden, besitzen Aussagekraft und zeigen in ihrer ästhetischen Gestaltung Qualität.
- ☐ Die Funktionstüchtigkeit und die problemlose Handhabung der eingesetzten Medien sind gewährleistet.
- ☐ Fachmethoden, z. B. Analyse einer Statistik, werden korrekt angewendet.

Kommunikative Aspekte

- ☐ Die Präsentation erfolgt weitgehend im freien Vortrag.
- ☐ Der/die Vortragende hält Blickkontakt mit allen Zuhörern.
- ☐ Die Sprechweise ist angemessen bzw. wird den Inhalten gemäß variiert:
  - ☐ Laute und deutliche Aussprache
  - ☐ Bewusste Betonung
  - ☐ Ausgeglichene Redegeschwindigkeit
  - ☐ Gute Pausentechnik
- ☐ Verständliche und kurze Satzkonstruktionen
- ☐ Gestik und Körperhaltung unterstützen das Gesprochene.
- ☐ Reaktionen der Zuhörer, z. B. Zwischenfragen, werden aufgenommen.

Thesenpapier

Präsentation

Name: ______________________________

Referenzfach: **Geschichte**
Bezugsfach: **Politikwissenschaft**

Thema: Der Kalte Krieg – Wer trägt die Schuld?

1 Definition des Kalten Krieges

Der Kalte Krieg entstand ab 1947 zwischen den ehemaligen Bündnispartnern der Anti-Hitler-Koalition und bestimmte bis zum Zusammenbruch des Ostblocks 1989/90 die Weltpolitik.

Einige Historiker bevorzugen den Begriff „Ost-West-Konflikt", weil es während des Kalten Krieges auch „heiße" Kriege wie den Korea- oder Vietnamkrieg gegeben hat.

Zu den wichtigsten Kennzeichen des Kalten Krieges gehören Blockbildung, Systemkonkurrenz, militärisches Wettrüsten und sogenannte Stellvertreterkriege.

Der Verlauf des Kalten Krieges ist gekennzeichnet durch Phasen der Konfrontation und Phasen der Entspannung.

2 Ursachen des Kalten Krieges

Die „Realisten" gingen davon aus, dass der Ostblock für den Konflikt verantwortlich ist. Die „Revisionisten" lasteten den Konflikt in erster Linie den USA an.

Nach dem Ende des Kalten Krieges werden in der Forschung vor allem die wechselseitigen Fehlinterpretationen vor dem Hintergrund gegensätzlicher Weltanschauungen für den Konflikt verantwortlich gemacht.

3 Droht ein neuer Kalter Krieg?

Ungeachtet der seit 2000 ansteigenden weltweiten Rüstungsausgaben sowie der Verstimmungen im russisch-amerikanischen Verhältnis aufgrund des geplanten US-Raketenabwehrschildes in Europa kann zurzeit nicht vom Beginn eines neuen Kalten Krieges gesprochen werden.

Tipps zur Anfertigung einer Facharbeit

Themenfindung

Die Findung eines Facharbeitsthemas erfolgt in Absprache mit der Lehrkraft. Das Thema der Facharbeit soll sich in das Rahmenthema einordnen und Ihren individuellen Interessen und Erfahrungen entsprechen. Folgende Zugänge bieten sich zur Themenfindung an:

Zugang	Themenbeispiele für Facharbeiten
Ein allgemeines Thema der Geschichte aus der Perspektive der **Lokal- oder Regionalgeschichte** betrachten und an einem Beispiel erarbeiten	• Die Römer in der Gegend von ...: Das Beispiel ... • Ein frühneuzeitlicher Hexenprozess in ... • Die Entstehung von Arbeiterwohnvierteln im Raum ...: Das Beispiel ... • Schule in der Kaiserzeit – im Spiegel der Jahresberichte des Gymnasiums ... in ... • Widerstand gegen den Nationalsozialismus in Bayern: Das Beispiel der ... Kirche/der ... Partei in .../der Gruppe ... aus ... • Bauernleben im Wandel der Jahrhunderte im Raum ...: Das Beispiel des Bauernhofes ... • Glasmacherindustrie im Kurfürstentum Bayern: Die Geschichte der Hütte ... in ... • Spuren jüdischen Lebens in Bayern in der Zeit ...: Das Beispiel ... in ... • Die Beziehungen zwischen der DDR und der Bundesrepublik von ... bis ... in der Berichterstattung in der Zeitung ...
Eine **Familiengeschichte** beispielhaft im Kontext eines allgemeinen Themas aus der Geschichte untersuchen	• Erfahrungen der Migration: Die Familie ... aus Süditalien und ihr Leben in Deutschland seit den 1960er-/70er-Jahren (eine Zeitzeugenbefragung) • Frauenalltag im 19./20. Jahrhundert anhand der Briefe/Fotografien/Lebenserinnerungen/gegenständlichen Quellen der Frau ... aus ... • Die Geschichte des (ehemaligen) Familienunternehmens ... in ... (z. B. Industrie, Gastgewerbe, Transportgewerbe)
Beispielhaft ein Thema mit einer besonderen historischen Dimension untersuchen, z. B. aus dem Bereich der **Mentalitätsgeschichte** oder der **Umweltgeschichte**	• Umgang mit Sterben und Tod: Begräbnisse und Begräbnisrituale von ... bis ... im Raum ... am Beispiel des Friedhofs von ... • Der Naturschutzpark ... in ... und seine Geschichte • Umweltverschmutzung und Umweltschutz am Beispiel des Flusses ...

Zugang	Themenbeispiele für Facharbeiten
Einem allgemeinen Thema der Geschichte am Beispiel eines **„Hobbys“** nachgehen	• Sport in der Zeit des Nationalsozialismus: Der Sport/Fußball/Handball/...-Verein ... • Musik in der Weimarer Republik/in der Bundesrepublik der 1950er-Jahre/der 1960er-Jahre ... als Spiegel der Gesellschaft: Das Beispiel der musikalischen Veranstaltungen in .../im Raum ... • Briefmarken als Träger politischer Botschaften: Marken aus ... von ... bis ...
Geschichtsdarstellungen in der populären **Geschichtskultur,** z.B. in historischen Spielfilmen, in Romanen, auf Internetseiten, in der Tourismuswerbung, in Computerspielen, in Comics	• Antikenbilder in historischen Spielfilmen am Beispiel von ... • Mittelalterklischees in Computerspielen am Beispiel von ... • Der Wandel der Industriegesellschaft im Roman: Das Beispiel ... von ...
Themen, die sich aus der Untersuchung eines ausgewählten **Bibliotheks-, Museums- oder Archivbestandes** ergeben	Beispiele für Bestände: • Stadtarchive, Stadtbibliotheken • Archive von Kirchen und jüdischen Einrichtungen • Vereins- und Verbandsarchive • Gegenständliche Quellen in einem Museum (Alltagsgegenstände, Malerei, Fotografien usw.) • Bauten im öffentlichen Raum (Denkmäler, Rathäuser, Kirchen usw.) • Unternehmensarchive • Zeitungsarchive • Archive von Sport- und Kultureinrichtungen • Archive von Tourismuseinrichtungen

Einstieg in das Thema

Wenn Sie eine erste Formulierung für ein Thema gefunden haben, d.h. einen Arbeitstitel, sollten Sie sich mithilfe einer Mindmap einen ersten inhaltlichen und arbeitstechnischen Überblick verschaffen (s. S. 236). Die Mindmap ist an dieser Stelle als Brainstorming zu verstehen. Sie kann Ihnen dabei helfen, die „Machbarkeit“ der Arbeit frühzeitig zu überprüfen. Das heißt z.B.: Ist mein Thema zu breit/zu umfangreich angelegt? Bekomme ich die Filme, die ich untersuchen möchte? Ist das Archiv in den Monaten meiner Recherche geöffnet? Benötige ich Hilfe bei der Auswahl und Untersuchung von Archivalien? Sind die möglichen Zeitzeugen zu Interviews bereit? Die Mindmap stellt in der unten dargestellten Form nur einen Vorschlag dar und sollte gegebenenfalls um weitere Aspekte ergänzt werden.

Mindmap zum Themeneinstieg

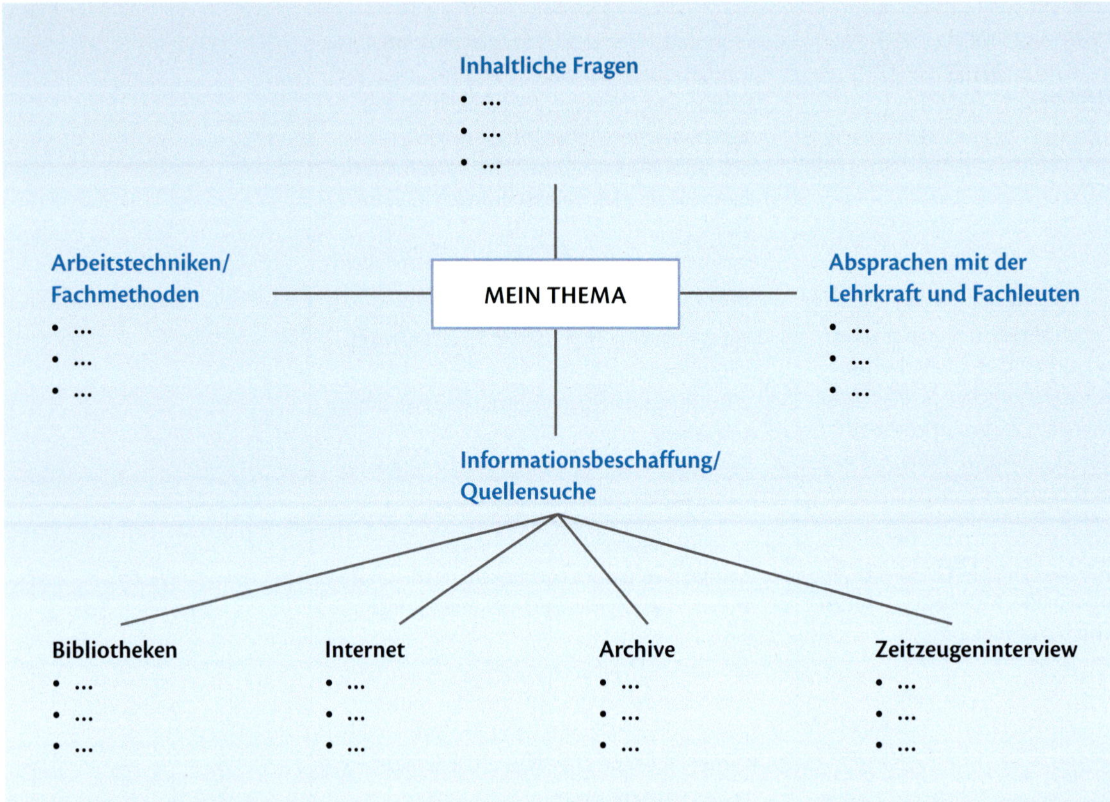

Inhaltliche Fragen

- Was interessiert mich an dem Thema?
- Was weiß ich von/verbinde ich mit dem Thema (Aspekte, Einzelfragen, Begriffe)?
- Welche Probleme könnten auftreten/wären vorab zu klären?

Arbeitstechniken/Fachmethoden

- In welcher Form (DIN-A4-Papier, Karteikarten, Computer) will ich meine Exzerpte in Archiven usw. anfertigen?
- Wie führe ich inhaltlich ein Zeitzeugeninterview durch? Stehen Aufnahmegeräte zur Verfügung?
- Welche Fragen will ich mithilfe welcher Quellenbestände beantworten?

Absprachen mit der Lehrkraft und Fachleuten

- Welche Fragen/Schritte sollte ich zu welchem Zeitpunkt mit dem Seminarleiter absprechen?
- Möchte ich vorab externe Fachleute zurate ziehen?

Informationsbeschaffung/Quellensuche

Bibliotheken
- Welche will ich nutzen?
- Nach welchen Büchern/CDs will ich suchen?

Internet
- Welche Portale (Lexika, solide Internetportale) will ich nutzen?

Archive
- Welche Archive möchte ich nutzen?
- Was erwarte ich dort? Wonach will ich suchen?

Zeitzeugeninterviews
- Welche Interviewpartner hätte ich gerne?
- Stehen diese zur Verfügung?

Arbeits- und Zeitplan

Zu Beginn der Arbeit sollten Sie sich einen Arbeits- und Zeitplan für die zur Verfügung stehende Zeit erstellen. Sie nutzen hierfür am besten eine einfache Wordtabelle, die Sie je nach Projektstand ergänzen und verfeinern können. **Leistungsmessungen**, Termine von **Zwischenergebnissen**, den Abgabetermin der **Seminararbeit** und das Datum der **Präsentation** sollten Sie farbig markieren.

Kalenderwoche	Themen/Arbeitsschritte/Ferien- und Feiertage/Leistungsmessungen/ Abgabetermine/Präsentationstermine	Anmerkungen (Termine, Räume, Technik, Personen)
14.09.–19.09.	Vorbesprechung	
21.09.–26.09.	Brainstorming zum Seminarthema	
28.09.–03.10.	Feiertag 03.10.	
05.10.–10.10.	Exkursion nach ...	Freitag, 13–17 Uhr
...	...	...

Formale Vorgaben für die Facharbeit

Umfang	ca. 10–15 Textseiten (ohne Grafiken, Anhang u. Ä.)
Schriftsatz	Schriftgrad: 12 Zeilenabstand: 1,5-fach Seitenränder (zum Beispiel): links 3,5 cm, rechts 2,5 cm, oben 2,5 cm, unten 2 cm
Seitennummerierung	Titelblatt: zählt als Seite 1, wird aber nicht nummeriert Inhaltsverzeichnis: zählt als Seite 2, wird nicht nummeriert folgende Textseiten: beginnen mit Seite 3 und werden alle bis zum letzten Blatt durchnummeriert
Heftung	Schnellhefter oder Klebebindung oder Spiralbindung
Teile der Seminararbeit	Titelblatt Inhaltsverzeichnis Einleitung Hauptteil Zusammenfassung Anhang (Literatur- und Quellenverzeichnis, Abkürzungsverzeichnis, ggf. Grafiken und Tabellen, Selbstständigkeitserklärung)
Klassifikation der Seminararbeitsteile (Beispiel für eine Dezimalzählung)	1 Einleitung 2 erstes Thema des Hauptteils 2.1 erstes Unterthema 2.2 zweites Unterthema 3 zweites Thema des Hauptteils 3.1 ... 3.1.1 ... 3.1.2 ... 3.2 ... 4 Zusammenfassung 5 Anhang 5.1 Literatur- und Quellenverzeichnis 5.2 ggf. Abkürzungsverzeichnis 5.3 ggf. Grafiken, Tabellen, Abbildungen u. a. 5.4 Selbstständigkeitserklärung

Selbstständigkeitserklärung

Auf dem letzten Blatt Ihrer Seminararbeit müssen Sie eine Erklärung abgeben, in der Sie bestätigen, dass Sie die Arbeit selbstständig angefertigt haben:
Ich erkläre, dass ich die Seminararbeit ohne fremde Hilfe angefertigt und nur die im Literaturverzeichnis angeführten Quellen und Hilfsmittel benutzt habe.
Ort und Datum, Unterschrift

Zitate und Literaturangaben

Regeln des Zitierens
Alle wörtlichen Zitate (Absätze, Sätze, Halbsätze, zentrale Begriffe und Formulierungen usw.), die Sie in einer Seminararbeit aus anderen Fundstellen übernehmen, sind als solche mit An- und Abführungszeichen zu kennzeichnen und mit dem Fundort zu versehen. Auslassungen aus längeren Zitaten sind mit einer Klammer und drei Punkten zu kennzeichnen, d. h. mit [...].
Vermeiden Sie zu häufiges Zitieren. In Ihrer Arbeit soll erkennbar sein, dass Sie einen eigenständigen Gedankengang verfolgen. Merken Sie bei Ihrer Niederschrift, dass Sie viele Zitate aneinanderreihen, sollten Sie Ihren Gedankengang prüfen.

Verkürzte Zitatnachweise
Im laufenden Text sollten Sie verkürzte Zitatnachweise verwenden:
- *Maier, 1995, S. 450f.*

Sie können die verkürzten Zitatnachweise entweder
- direkt im Anschluss an das Zitatende in den Text einfügen (mit Klammern) oder
- mit einer Fußnote unten auf die Seite setzen, in diesem Fall ohne Klammern.

Weitere Hinweise zum Zitieren finden Sie auf S. 226f.

Tipps zur Vorbereitung auf Klausurthemen

Übung 1: Inhalte der Lehrplanthemen wiederholen

Die großen historischen Zusammenhänge und Leitfragen der Lehrplanthemen werden im vorliegenden Schülerbuch in der Themeneinführung S. 6–9 erläutert. Jedes Teilthema des Lehrplans ist in Form eines Kapitels aufbereitet. Jedes Kapitel wiederum ist in kleine Themeneinheiten unterteilt:

1 In jeder „Themeneinführung" und in jeder „Themeneinheit" finden Sie unter den Darstellungstexten Aufgaben. Bearbeiten Sie die Aufgaben. Durch „Querlesen" – das heißt durch das Lesen der Zwischenüberschriften und Fettdrucke – gelangen Sie rasch zu den Einzelabschnitten, die Sie für die Beantwortung von Teilaufgaben benötigen.
2 Arbeiten Sie an den Stellen, an denen es Ihnen sinnvoll erscheint, noch einmal die zugehörigen Materialien im Materialteil durch (Verweise in den Darstellungen).
3 Halten Sie Ihre Ergebnisse auf Karteikarten fest (s. unten).

Übung 2: Wichtige Daten merken und anwenden

Auf den Themenabschlussseiten finden Sie immer eine Zeittafel. Auf drei Arten können Sie damit für das Abitur üben:

1 Geben Sie jeden Eintrag der Zeittafel mit eigenen Worten wieder.
2 Schreiben Sie auf die Vorderseite einer Karteikarte ein Ereignis, auf die Rückseite das Datum (s. unten).
3 Vertiefen Sie Ihre Kenntnisse über zentrale Daten, indem Sie noch einmal die zugehörigen Darstellungen und Materialien aus dem Kapitel durcharbeiten. Schreiben Sie auf Ihre Karteikarten: a) welche Ursachen zu einem Ereignis geführt haben, b) wie es abgelaufen ist, c) welche Folgen es gehabt hat.

Übung 3: Zentrale Begriffe verstehen und erklären

Das Grundwissen zu jedem Kapitel finden Sie am Kapitelanfang. Die neuen Begriffe eines Kapitels sind auf den „Kompetenzen überprüfen"-Seiten aufgelistet; Seitenverweise führen zu den entsprechenden Erläuterungen im Kapitel:

1 Lesen Sie zu jedem Begriff die Erläuterung.
2 Klären Sie Fremdwörter.
3 Erläutern Sie den Inhalt jedes Begriffs anhand von historischen Beispielen. Halten Sie Ihre Ergebnisse auf Karteikarten fest (s. unten).

Ergebnisse sichern: Arbeitskartei anlegen

Halten Sie die Ergebnisse der Übungen 1 bis 3 auf Karteikarten fest:

1 Notieren Sie auf der Vorderseite eine Frage, einen Begriff oder ein Datum, schreiben Sie auf die Rückseite Ihre Erläuterungen.
2 Wiederholen Sie mithilfe Ihrer Arbeitskartei die Inhalte, Daten und Begriffe der Schwerpunktthemen – alleine, in Partnerarbeit oder in kleinen Gruppen.

Übung 4: Methodentraining – Unterscheiden von Textmaterialien

Schriftliche Quellen und Darstellungen gehören zu den Materialien, die am häufigsten in Abiturklausuren vorkommen (weitere Materialarten können z. B. Statistiken, Gemälde, Fotografien sein). Damit Sie lernen, schriftliche Quellen und

Darstellungen auf den ersten Blick voneinander zu unterscheiden, sollten Sie dies mithilfe Ihres Schülerbuches trainieren, z. B. in Partnerarbeit:

1 Lesen Sie in den Materialteilen des Kapitels 1 die Überschriften, Einleitungen und Anfänge der Textmaterialien und bestimmen Sie jeweils, ob es sich um eine schriftliche Quelle (= Textquelle) oder eine Darstellung handelt.
2 Wiederholen Sie die Übung anhand der Textmaterialien eines anderen Kapitels.

Übung 5: Methodentraining – Darstellungen auswerten
Wiederholen Sie mithilfe der folgenden „Checkliste" die Grundschritte bei der Auswertung von Darstellungen (s. auch S. 217):

1 Thema: Mit welchem Thema bzw. welcher Frage beschäftigt sich der Autor/die Autorin? Was will er/sie erklären?
2 Aussagen: Welche zentralen Aussagen werden von dem Autor/der Autorin getroffen bzw. welche Thesen werden aufgestellt?
3 Argumente: Mit welchen Daten bzw. Argumenten belegt der Autor/die Autorin seine/ihre Aussagen und Thesen?
4 Abgrenzung: Will sich der Autor/die Autorin gegen eine andere Position absetzen? Wenn ja, gegen welche und aus welchen Gründen?
5 Interessen: Von welchen (Wert-)Maßstäben aus werden Ereignisse, Entwicklungen und das Handeln von Personen beurteilt?

Übung 6: Methodentraining – Interpretation schriftlicher Quellen
Die Interpretation schriftlicher Quellen ist eine der zentralen Anforderungen im Abitur:

„Faustregel"
für die Analyse der formalen Merkmale schriftlicher Quellen:
WER sagt **WO, WANN,**
WAS, WARUM,
zu **WEM** und **WIE?**

1 Prägen Sie sich die systematischen Arbeitsschritte zur Interpretation einer schriftlichen Quelle von S. 28 f. ein.
2 Merken Sie sich die „Faustregel" zur Analyse der formalen Merkmale schriftlicher Quellen und üben Sie die Beantwortung der „W-Fragen" anhand von fünf selbst ausgewählten schriftlichen Quellen des Schülerbuchs.

Checkliste zum Schreiben einer Geschichtsklausur

Thema auswählen (wenn mehrere Klausurthemen gestellt sind)
Lesen Sie sich in Ruhe alle gestellten Klausurthemen durch. Sie sollten sich weniger nach spontanen Interessen entscheiden, sondern das Thema wählen, bei dem Sie sich fachlich wie methodisch am sichersten fühlen.

Aufgabenstellung erschließen
Achten Sie auf den genauen Wortlaut der Aufgabenstellung bzw. der einzelnen Arbeitsanweisungen. Vergegenwärtigen Sie sich, was die einzelnen Operatoren von Ihnen verlangen.

Materialien auswerten
Lesen Sie die vorgelegten Materialien mehrmals. Unterscheiden Sie zwischen Quellen und Darstellungen. Unterstreichen Sie mit farbigen Stiften zentrale Aussagen und markieren Sie Schlüsselbegriffe. Notieren Sie sich Stichpunkte. Analysieren und interpretieren Sie die Texte mithilfe methodischer Arbeitsschritte (s. S. 28 f., 216 ff.) und im Hinblick auf die Aufgabenstellung.

Historische Einordnung vornehmen
Ordnen Sie die Materialien in den geschichtlichen Kontext ein und notieren Sie Stichpunkte zum historischen Hintergrund (Ereignisse, Personen, Prozesse, Strukturen, Begriffe).

Gliederung entwerfen
Entwerfen Sie eine Gliederung und ordnen Sie Ihre Notizen zur Materialauswertung und zum historischen Kontext entsprechend zu. Vervollständigen Sie Ihre Gliederung um Argumente und Beispiele für/gegen eine These, die durch die Aufgabenstellung vorgegeben ist oder sich durch die Position des Autors/der Autoren ergibt.

Zeitplan erstellen
Ordnen Sie jeder Arbeitsanweisung einen entsprechenden Zeitumfang zu. Berücksichtigen Sie „Zeitfenster" für Pausen und die Schlusskorrektur.

Reinschrift fertigen
Formulieren Sie entsprechend Ihrer Gliederung einen Fließtext. Achten Sie dabei auf Ihren Zeitplan. Belegen Sie Ihre Ausführungen mit Zitaten aus den Materialien. Stützen Sie Ihre Thesen durch Argumente und Beispiele.

Schlusskorrektur durchführen
Lesen Sie Ihre Klausur möglichst zweimal durch. Achten Sie sowohl auf fachliche Richtigkeit und eine sachliche Ausdrucksweise als auch auf die korrekte Anwendung der Rechtschreibung und Zeichensetzung sowie der Zitierregeln (s. S. 226 f.).

Klausurbeispiel

Aufgabentyp: Interpretation einer schriftlichen Quelle

„Was ist der Dritte Stand?“

Aufgabenstellung:

1 Geben Sie den Inhalt des Textes von Sieyès selbstständig und strukturiert wieder.
2 Analysieren Sie die Quelle unter besonderer Berücksichtigung des historischen Kontextes, in dem sie steht, und ihrer Intention.
3 Setzen Sie sich mit dem Nationenbegriff von Sieyès und den mit seinen Vorstellungen verbundenen Konsequenzen auseinander.

M 1 Auszug aus der Flugschrift „Was ist der Dritte Stand?“ von Abbé[1] Emmanuel Sieyès

Erstes Kapitel: Der Dritte Stand ist eine vollständige Nation.

[…] Was ist eine Nation? Eine Körperschaft von Gesellschaftern, die unter einem gemeinschaftlichen Gesetz leben und durch dieselbe gesetzgebende Versammlung repräsentiert werden usw. Ist es nicht nur zu gewiss, dass der adlige Stand Vorrechte und Befreiungen genießt, die er sogar sein Recht zu nennen wagt und die von den Rechten der großen Körperschaft der Bürger gesondert sind? Dadurch stellt er sich außerhalb der gemeinschaftlichen Ordnung und des gemeinschaftlichen Gesetzes. Also schon seine bürgerlichen Rechte machen aus ihm ein eigenes Volk in der großen Nation. Das ist wahrhaftig *imperium in imperio*[2].

Was seine politischen Rechte betrifft, so übt er sie gleichfalls abgesondert aus. Er hat seine eigenen Repräsentanten, die in keiner Weise mit der Vollmacht der Bevölkerung betraut sind. Die Körperschaft seiner Abgeordneten hält ihre Sitzungen abgesondert; und sollte sie sich einmal in demselben Saal mit den Abgeordneten der einfachen Bürger versammeln, dann würde ebenso gewiss seine Vertretung dem Wesen nach von ihnen geschieden und getrennt; sie ist der Nation fremd, zum einen durch ihr Prinzip, da ja ihr Auftrag nicht vom Volk ausgeht; und zum anderen durch ihr Ziel, das ja darin besteht, nicht das Gemeininteresse, sondern das Eigeninteresse zu verteidigen.

Der Dritte Stand umfasst also alles, was zur Nation gehört; und alles, was nicht der Dritte Stand ist, kann sich nicht als Bestandteil der Nation ansehen. Was also ist der Dritte Stand? ALLES.

Zweites Kapitel: Was ist der Dritte Stand bis jetzt gewesen? Nichts.

Wir wollen hier nicht den Zustand der Knechtschaft, in dem das Volk so lange geseufzt hat, untersuchen […]. Seine rechtliche Lage hat sich geändert; sie muss sich noch weiter ändern. Es ist ganz unmöglich, dass die Nation als Körperschaft oder selbst irgendein einzelner Stand frei wird, wenn der Dritte Stand es nicht ist. Man ist nicht frei durch Privilegien, sondern durch die Bürgerrechte, Rechte, die allen zustehen. Falls nun die Aristokraten es unternehmen, das Volk sogar um den Preis dieser Freiheit […] in der Unterdrückung zu halten, dann wird es sich die Frage erlauben: kraft welchen Rechtstitels? […]

Fassen wir zusammen: Der Dritte Stand hat bis zur Stunde keine wahren Vertreter auf den Generalständen gehabt. Er hat also keinerlei politische Rechte.

Drittes Kapitel: Was verlangt der Dritte Stand? Etwas zu werden.

[…] Man kann die wirklichen Forderungen des Dritten Standes nur nach den authentischen Beschwerden beurteilen […]. Was sieht man da? Dass das Volk etwas sein will, und zwar nur das Wenigste, was es sein kann. Es will haben 1. echte Vertreter auf den Generalständen, das heißt Abgeordnete, die aus seinem Stand kommen und die fähig sind, die Interpreten seines Willens und die Verteidiger seiner Interessen zu sein. Was nützte es ihm, an den Generalständen teilzunehmen, wenn das dem seinen entgegengesetzte Interesse dort dominierte? […] So ist es ziemlich sicher, dass es an Abstimmungen auf den Generalständen nur teilnehmen kann, wenn es dort einen Einfluss erhält, der dem der Privilegierten wenigstens gleich ist. Es verlangt weiter 2. eine Zahl von Vertretern, die derjenigen ebenbürtig ist, welche die beiden anderen Stände zusammen besitzen. Diese Gleichheit der Vertretung wäre indessen völlig illusorisch, wenn jede Kammer eine eigene Stimme besäße. Der dritte Stand verlangt deshalb 3. dass die Stimmen nach Köpfen und nicht nach Ständen gezählt werden […].

Emmanuel Sieyès, Politische Schriften, übers. von Eberhard Schmitt und Rolf Reichardt, Luchterhand, Darmstadt 1975, S. 119 ff.

1 Abbé: Abt bzw. Geistlicher
2 *imperium in imperio:* Staat im Staate

Lösungshinweise

Zu 1.

Vorbemerkung zur Aufgabe

Zu beachten ist, dass der Operator „wiedergeben" (Anforderungsbereich I) vor allem die Eigenständigkeit der Sprache verlangt. Die Inhalte der Quelle sollen strukturiert, unter Verwendung der Fachsprache in eigenen Worten dargelegt werden, wobei jede Form der Interpretation zu unterbleiben hat, da sie Gegenstand anderer Aufgaben ist. Die Textwiedergabe hat im Konjunktiv I (Wiedergabemodus, inhaltliche Distanz) zu erfolgen und beginnt mit einem Einleitungssatz, in dem möglichst Quellengattung, Verfasser und potenzielle Adressatengruppe und Thema benannt werden.

Autor: Abbé Emmanuel Sieyès, Geistlicher und damit Angehöriger des ersten Standes (in der Folge seiner Schrift wurde er als Abgeordneter des Dritten Standes, nicht des Klerus, für die Stadt Paris zu den im Mai 1789 eröffneten Generalständen entsandt)
Quellengattung: Primärquelle (Flugschrift)
Adressaten: unspezifizierte Öffentlichkeit
Thema: politische und gesellschaftliche Bedeutung des Dritten Standes in der französischen Gesellschaft des 18. Jahrhunderts

Inhaltliche Aspekte

Dreigegliederter Text, der die Bedeutung des Dritten Stands darlegt.

1. Klärung des Nationenbegriffs: Körperschaft von Gesellschaftern, die ein gemeinsames Gesetz haben und durch eine gesetzgebende Versammlung repräsentiert werden.
   Erster und zweiter Stand haben Privilegien und glauben, sie seien rechtens. Diese Rechte unterscheiden sich von denen der breiten Masse. Auf diese Weise stehen diese Teile der Gesellschaft außerhalb der üblichen Ordnung und der üblichen Gesetze. Sie bilden daher ein eigenes Volk im großen Volk. Auch politische Rechte sind gesondert: eigene Repräsentanten, die nicht das Volk repräsentieren, sondern nur sich selbst. Sie sind der Nation fremd, da sie keinen Volksauftrag haben und nur ihr Eigeninteresse vertreten. Ergo: Nur der Dritte Stand hat alles, was eine Nation darstellt.
2. Rechtliche Lage des Dritten Standes muss sich weiter verbessern: Die Nation ist nur frei, wenn auch der Dritte Stand frei ist. Freiheit zeigt sich nicht durch Vorrechte, sondern durch Bürgerrechte, die für alle gelten müssen. Die Unterdrückung durch den Adel ist nicht rechtens. Der Dritte Stand hatte aber bislang keine politischen Rechte.
3. Forderungen des Dritten Standes:
   a) Eine eigene Standesvertretung, die die Interessen des Dritten Standes vertritt und daher auch aus diesem Stand kommen muss. Der Abstimmungseinfluss muss dem der Privilegierten gleich sein.
   b) Gleiche Anzahl von Vertretern wie erster/zweiter Stand zusammen.
   c) Gleiche Anzahl an Vertretern alleine genügt nicht, wenn nicht auch nach Köpfen abgestimmt wird.

Zu 2.

Vorbemerkung zur Aufgabe

„Analysieren" ist ein Operator aus dem „Anforderungsbereich II". Auf der Grundlage der Quelle einerseits und aus den Ihnen bekannten historischen Zusammenhängen ist es Ihre Aufgabe, den historischen Zusammenhang, den Sachverhalt zu verdeutlichen. Dabei sollten Sie textanalytisch vorgehen, indem Sie neben dem Inhalt auch die formalen Aspekte der Quelle berücksichtigen. Achten Sie entsprechend z. B. auf wesentliche Textaussagen, auf die verwendete Begrifflichkeit und die Sprache/die rhetorischen Mittel, die der Autor einsetzt.
Ihnen werden darüber hinaus zwei Aspekte im Besonderen vorgegeben, denen Sie sich im Schwerpunkt widmen sollen: historischer Kontext der Quelle und Intention des Autors. Es gilt also zu ermitteln, welche Zielsetzung, welche Absichten der Autor mit seiner Flugschrift verfolgte, was wiederum Schlussfolgerungen zulässt, wann die Quelle verfasst worden sein könnte.

Inhaltliche Aspekte

Gesellschafts- und Finanzkrise des absolutistischen Staates durch:
a) Ausgaben für Hofhaltung, für das Militär, für Schuldentilgung;
b) Ausgaben für das Engagement in Amerika (Unabhängigkeitskrieg);
c) Ernteausfälle und Hungerkrisen.

Die Finanzminister Necker, Turgot und Calonne versuchten jeweils, die Krise zu bewältigen. Maßnahmen waren u. a. die Offenlegung der Finanzmisere/des Staatsbankrotts und die Beschneidung der adligen Privilegien. Dagegen erhob sich der Adel. König und Regierung erhofften sich durch die Beteiligung des Dritten Standes eine Unterstützung für die Entprivilegierung des Adels; im August 1788 wurden die Generalstände zum ersten Mal seit 1714 wieder einberufen; der Adel erhoffte sich eine Stärkung der Privilegien wie vor dem Absolutismus.
Bei der Wahl konnten die Wahlberechtigten Beschwerdebriefe (*Cahiers de doléances*) abgeben, um die Delegierten auf Missstände aufmerksam zu machen. Relativ schnell wurde klar, dass der Dritte Stand Forderungen stellte: Erhöhung der Abgeordnetenzahlen, Veränderung des Abstimmungsmodus. Gemäß den königlichen Absichten wurde der Erhöhung zugestimmt, den Abstimmungsmodus sollte die Nationalversammlung klären. Möglich wurde dieses Verhalten des Dritten Standes durch die Durchsetzung der aufgeklärten Ideen. Vor allem der Einfluss von Locke und Rousseau, die die „Volkssouveränität" forderten („Das Volk bestimmt die Gesetzgebung und mithin die Regierung") und der Gedanke Rousseaus vom *volonté generale* machen sich hier bewertbar. Diese aufklärerischen Ideen konnten sich durch eine zunehmende Lesekultur stärker verbreiten.

Datierung:

Terminus post quem: August 1788
Terminus ante quem: Mai 1789
Der Text setzt voraus, dass bereits die Einberufung der Generalstände feststeht. Da der Autor zudem den zahlenmäßigen Gleichstand fordert, könnte der Text vor Dezember 1788 entstanden sein. Auch eine Veröffentlichung unmittelbar vor Mai 1789 ist möglich, dann würde dieser Text die Forderung nach dem Abstimmungsverfahren propagandistisch vorbereiten. (Tatsächlich ist die Schrift im Januar 1789 erschienen.)
Der Aufforderungscharakter der Flugschrift wird vor allem durch die appellative Sprache, die rhetorischen Fragen, die eindringlichen Wiederholungen (Parallelismen, anaphorische Wendungen) erkennbar. Zentrale Begriffe sind „Dritter Stand/Stand", „Nation", „Recht, rechtliche Lage", „Volk".

Intention:

Hieraus ergibt sich eine klare Intention: Die dem Dritten Stand „naturgemäß" zustehenden Rechte werden eingefordert, verdeutlicht durch eine entsprechende suggestive Argumentation. Ziel ist es, die Zweifler des ersten und zweiten Standes zu überzeugen und den Vertretern des Dritten Standes das nötige Selbstbewusstsein zu vermitteln, damit sie für ihre politischen Rechte einstehen.

Zu 3.

Vorbemerkung zur Aufgabe

„Sich auseinandersetzen" ist als Operator vergleichbar mit „diskutieren" (Anforderungsbereich III). Es wird bei einer solchen Aufgabenstellung von Ihnen erwartet, dass Sie zu der Aussage Sieyès', der Dritte Stand sei die „Nation", Stellung nehmen und zu einer begründeten Bewertung kommen, ob Sie seiner Argumentation folgen können oder wo Sie eine andere Auffassung vertreten. Sie werden zudem aufgefordert zu bedenken, welche historischen Konsequenzen sich aus seinen Forderungen für die damals aktuelle politische Situation und für die politische und gesellschaftliche Zukunft Frankreichs ergeben.

Inhaltliche Aspekte

a) *Nationenbegriff:* Grundlage = oberste Staatsgewalt ist der auf Gemeinwohl abzielende Gemeinwille; er ist die Summe einer grundsätzlich gleichen Willensrichtung (*volonté generale*); der Allgemeinwille steht im Gegensatz zum Willen Einzelner, einem egoistischen Selbstwillen.
b) *Legitimation:* Volkssouveränität = den höchsten Willen im Staat hat das Volk, da es die Mehrheit bildet. Es hat das Recht, die Regierung zu bestimmen und abzusetzen (Locke/Rousseau).
Sieyès macht in diesem Sinne deutlich, dass der Dritte Stand die quantitative und damit auch die qualitative Mehrheit hat und damit den Allgemeinwillen repräsentiert. Nur der Dritte Stand kann daher den Auftrag des Volkes erfüllen, während der Adel den Einzelwillen darstellt, also egoistisch motiviert ist. Insofern hat der Adel keine Rechtslegitimation.
c) *Konsequenzen:* Abschaffung der Privilegien und der ständischen Ordnung. Das Volk darf die Regierung wählen bzw. abwählen, was wenigstens in die Staatsform einer konstitutionellen Monarchie mündet. Das Volk muss eine verfassungsgebende Nationalversammlung bilden, um die ihm zustehenden Rechte zu garantieren. Dazu muss die stattfindende Generalversammlung nach Köpfen abstimmen dürfen.

Da Sieyès selbst Geistlicher und damit Angehöriger des ersten Standes ist, verdeutlicht sein Text, dass bei einer Abstimmung nach Köpfen auch Mitglieder der beiden ersten Stände seinem Vorhaben zustimmen werden. Insofern muss bei der gedanklichen Auseinandersetzung das historische Bewusstsein über die gesellschaftliche Verteilung innerhalb der Stände vorhanden sein, also das Wissen um die Bandbreite der Verteilung (vom Erzbischof bis zum Dorfpfarrer, vom Hochadel bis zum verarmten Landadel).
Als Vertreter des ersten Standes dokumentiert Sieyès seine hohe Bildung und sein Wissen um die zeitgenössische staatsphilosophische Literatur. Seine Forderung nach Entprivilegierung des ersten und zweiten Standes und das Bewusstsein über die Bedeutung des Volkes kennzeichnen seine Sichtweise, wenn auch radikal geäußert, als eine auf eine moderne Gesellschaftsordnung hinzielende Vorstellung, die letztlich die Grundlage für ein republikanisches bzw. demokratisches Gesellschaftsmodell darstellt.
In der diskursiven Auseinandersetzung sollte die Radikalität herausgearbeitet werden, mit der Sieyès argumentiert, wobei auch deutlich werden sollte, dass er nicht der Ideengeber ist, aber sehr wohl als jemand gelten darf, der sich anschickt, die Staatsphilosophie eines Rousseau oder Locke in die Praxis umsetzen zu wollen. Zudem darf die Differenzierung zwischen der zeitgenössischen Rezeption und der heutigen nicht fehlen.

Fachliteratur

Chronologische Überblickswerke/Geschichtsatlanten

Der große Ploetz, 35., völlig neu bearb. Aufl., Komet, Köln 2014.

dtv-Atlas zur Weltgeschichte, einbändige Sonderausgabe, 3. Aufl., dtv, München 2010.

Putzger Historischer Weltatlas. Atlas und Chronik zur Weltgeschichte, 104. Aufl., Cornelsen, Berlin 2011.

Lexika, Handbücher

Dülmen, Richard van (Hg.), Fischer Lexikon Geschichte, akt., vollst. überarb. und erg. Aufl., Fischer, Frankfurt/Main 2003.

Goertz, Hans-Jürgen (Hg.), Geschichte. Ein Grundkurs, Rowohlt, Reinbek [3]2007.

Gutjahr, Hans-Joachim (Hg.), Duden. Basiswissen Schule: Geschichte, Berlin [3]2011.

Jordan, Stefan, Lexikon Geschichtswissenschaft. Hundert Grundbegriffe, Reclam, Stuttgart 2013.

Methodentraining Geschichte

Kolossa, Bernd, Methodentrainer Gesellschaftswissenschaften. Sekundarstufe II, Cornelsen, Berlin 2000.

Rauh, Robert, Methodentrainer Geschichte Oberstufe. Quellenarbeit – Arbeitstechniken – Klausurentraining, Cornelsen, Berlin 2010.

Kapitel 1

Antike

Bartels, Jens/Blum, Hartmut/Fündling, Jörg, Die Antike, UTB, Konstanz 2015.

Bleicken, Jochen, Die athenische Demokratie, Schöningh, Paderborn [4]1995.

Bleicken, Jochen, Die Verfassung der Römischen Republik, Schöningh, Paderborn [7]1995.

Bleicken, Jochen, Geschichte der römischen Republik, Oldenbourg, München [6]2004.

Blum, Hartmut, Die Antike, UTB, Konstanz 2008.

Bringmann, Klaus, Krise und das Ende der Römischen Republik, Akademie, Berlin 2003.

Christ, Karl, Geschichte der römischen Kaiserzeit. Von Augustus bis Konstantin, C. H. Beck, München [6]2009.

Dahlheim, Werner, Geschichte der Römischen Kaiserzeit, Oldenbourg, München [3]2003.

Finley, Moses, Antike und moderne Demokratie, Reclam, Stuttgart 1980.

Funke, Peter, Athen in klassischer Zeit, C. H. Beck, München, [3]2007.

Gehrke, Hans-Joachim u. Schneider, Helmuth (Hg.), Geschichte der Antike. Ein Studienbuch, Metzler, Stuttgart [4]2013.

Günther, Rosmarie, Einführung in das Studium der alten Geschichte, Schöningh, Paderborn [4]2004.

Kolb, Frank, Das antike Rom. Geschichte und Archäologie, C. H. Beck, München [2]2009.

Martin, Jochen, Spätantike und Völkerwanderung, Oldenbourg, München [4]2001.

Massing, Peter/Breit, Gotthard (Hg.), Demokratietheorien. Von der Antike bis zur Gegenwart, Wochenschau, Schwalbach/Ts. 2012.

Meier, Christian, Athen. Ein Neubeginn der Weltgeschichte, Siedler, Berlin 2004.

Papst, Angela, Die athenische Demokratie, C. H. Beck, München [2]2010.

Reese-Schäfer, Walter, Antike politische Philosophie zur Einführung, Junius, Hamburg 1998.

Rosen, Klaus, Griechische Geschichte erzählt, Primus, Darmstadt [2]2006.

Schuller, Wolfgang, Frauen in der griechischen und römischen Geschichte, UVK Universitätsverlag, Konstanz 1995.

Welwei, Karl W., Das klassische Athen. Demokratie und Machtpolitik im 5. und 4. Jahrhundert, Primus, Darmstadt 1999.

Mittelalter

Althoff, Gerd, Goetz, Hans-Werner u. Ernst Schubert, Menschen im Schatten der Kathedrale. Neuigkeiten aus dem Mittelalter, Wissenschaftliche Buchgesellschaft, Darmstadt 1998.

Borgolte, Michael, Die mittelalterliche Kirche, Oldenbourg, München [2]2004.

Borst, Arno, Lebensformen im Mittelalter, Ullstein, Frankfurt/Main [5]2010.

Borst, Otto, Alltagsleben im Mittelalter, Insel, Frankfurt [4]2004.

Bühler, Arnold, Das Mittelalter, Wissenschaftliche Buchgesellschaft, Darmstadt 2004.

Fossier, Robert, Das Leben im Mittelalter, Piper, München [5]2011.

Fuhrmann, Horst, Einladung ins Mittelalter, C. H. Beck, München [4]2009.

Hilsch, Peter, Das Mittelalter – die Epoche, UTB, Stuttgart [3]2012.

Hirsch, Rudolf Hirsch/Schuder, Rosemarie, Der Gelbe Fleck. Wurzeln und Wirkungen des Judenhasses in der deutschen Geschichte, Rütten & Löhning, Berlin [2]1989.

Höxter, Julius, Quellenbuch zur jüdischen Geschichte und Literatur, hg. u. erg. v. Michael Tilly, Marix Verlag, Wiesbaden 2009.

Jakobs, Hermann, Kirchenreform und Hochmittelalter, Oldenbourg, München [4]1999.

Martin, Bernd/Schulin, Ernst (Hg.), Die Juden als Minderheit in der Geschichte, dtv, München [5]1989.

Rexroth, Frank, Deutsche Geschichte im Mittelalter, C. H. Beck, München [3]2012.

Kapitel 2

Christentum und Islam

Bianca, Stefano, Hofhaus und Paradiesgarten. Architektur und Lebensformen in der arabischen Welt, C. H. Beck, München, [2]2001.

Bossong Georg, Das maurische Spanien, C. H. Beck, München [2]2010.

Cardini, Franco, Europa und der Islam, C. H. Beck München 2000.

Halm, Heinz, Die Schiiten, C. H. Beck, München [2]2015.

Halm, Heinz, Der Islam, Geschichte und Gegenwart, C. H. Beck, München [9]2014.

Hattstein, Markus/Delius, Peter (Hg.), Islam und Architektur, Könemann, Köln, o. J.

Herbers, Klaus, Geschichte Spaniens im Mittelalter. Vom Westgotenreich bis zum Ende des 15. Jahrhunderts, Kohlhammer, Stuttgart 2006.

Jaspert, Nikolas, Die Kreuzzüge, Wissenschaftliche Buchgesellschaft, Darmstadt [6]2013.

Krämer, Gudrun, Geschichte des Islam, dtv, München [2]2011.

Küng, Hans u. Ess, Josef von, Christentum und Weltreligionen. Islam, Piper, München [7]2006.

Lewis, Bernard (Hg.), Der Islam von den Anfangen bis zur Eroberung von Konstantinopel, 2 Bde., übers. aus dem Engl. von Hartmut Fähndrich, Artemis, Zürich 1981/82.

Lohlker, Rüdiger, Islam: Eine Ideengeschichte, UTB, Wien, 2008.

Mayer, Hans Eberhard, Geschichte der Kreuzzüge, Kohlhammer, Stuttgart [10]2005.

Robinson, Francis (Hg.), Die islamische Welt, Campus, Frankfurt/Main 1997.

Tibi, Bassam, Der wahre Imam. Der Islam von Mohammed bis zur Gegenwart, Piper, München [2]2001.

Renaissance

Behringer, Wolfgang (Hg.), Hexen und Hexenprozesse in Deutschland, dtv, München [7]2010.

Burke, Peter, Die europäische Renaissance. Zentren und Peripherien, C. H. Beck, München [2]2012.

Dipper, Christoph, Moderne deutsche Geschichte 1648–1789, Wissenschaftliche Buchgesellschaft, Darmstadt 1997.

Dülmen, Richard van, Entstehung des frühneuzeitlichen Europa 1550–1648, Fischer Frankfurt/Main 2003 (= Fischer Weltgeschichte Bd. 24).

Dülmen, Richard van, Kultur und Alltag in der Frühen Neuzeit, 3 Bde., C. H. Beck, München 2005.

Kristeller, Paul Oskar, Humanismus und Renaissance, 2 Bde., UTB, München 1973, ND München 1980.

Münkler, Herfried u. Münkler, Marina, Lexikon der Renaissance, C. H. Beck, München 2005.

Reinhardt, Volker, Die Renaissance in Italien. Geschichte und Kultur, C. H. Beck, München 2002.

Die Eroberung Amerikas

Bitterli, Urs, Alte Welt – Neue Welt: Formen des europäisch-überseeischen Kulturkontakts vom 15. bis zum 18. Jahrhundert, dtv, München 1992.

Bitterli, Urs, Die Entdeckung Amerikas. Von Kolumbus bis Alexander von Humboldt, München [2]2006.

Braudel, Fernand, Aufbruch zur Weltwirtschaft (= Sozialgeschichte des 15. bis 18. Jahrhunderts, Bd. 3), München 1996.

Fässler, Peter E., Globalisierung. Ein historisches Kompendium, Böblau, Wien 2007.

Gründer, Horst, Eine Geschichte der europäischen Expansion. Von Entdeckern und Eroberern zum Kolonialismus, Stuttgart 2003.

Osterhammel, Jürgen, Kolonialismus. Geschichte – Formen – Folgen, C. H. Beck, München [7]2012.

Reinhard, Wolfgang (Hg.), Geschichte der europäischen Expansion, 2 Bde., Stuttgart u. a. 1985.

Reinhard, Wolfgang, Kleine Geschichte des Kolonialismus, Kröner, Stuttgart [2]2008.

Reinhard, Wolfgang, Die Unterwerfung der Welt. Eine Globalgeschichte der europäischen Expansion; 1415–2015, C. H. Beck, München 2016.

Völker-Rasor, Anette (Hg.), Frühe Neuzeit, Oldenbourg, München [2]2006.

Kapitel 3

Berding, Helmut, u. a. (Hg.), Deutschland und Frankreich im Zeitalter der Französischen Revolution, Suhrkamp, Frankfurt/Main 1989.

Fehrenbach, Elisabeth, Vom Ancien Régime zum Wiener Kongreß, Oldenbourg, München [5]2008.

Grab, Walter (Hg.), Die Französische Revolution. Eine Dokumentation, Nymphenburger, München 1973.

Hettling, Manfred u. Thamer, Hans-Ulrich, Europäische Revolutionen 1789–1989, UTB, Stuttgart 2008.

Kruse, Wolfgang, Die Französische Revolution, UTB, Paderborn 2005.

Kuhn, Axel, Die Französische Revolution, Reclam, Stuttgart [6]2013.

Lachenicht, Susanne, Die Französische Revolution, Wissenschaftliche Buchgesellschaft, Darmstadt 2012.

Langewiesche, Dieter, Europa zwischen Restauration und Revolution 1815–1849, Oldenbourg, München [5]2007.

Reichhardt, Rolf E., Das Blut der Freiheit. Französische Revolution und demokratische Kultur, Fischer, Frankfurt/Main [3]2002.

Schmale, Wolfgang, Geschichte Frankreichs, UTB, Stuttgart 2000.

Schmidt-Linsenhoff, Victoria (Hg.), Sklavin oder Bürgerin? Französische Revolution und neue Weiblichkeit 1780–1830, Jonas-Verlag, Marburg 1989.

Schulin, Ernst, Die Französische Revolution, C. H. Beck, München [5]2013.

Thamer, Hans-Ulrich, Die Französische Revolution, C. H. Beck, München [4]2013.

Vovelle, Michel, Die Französische Revolution. Soziale Bewegung und Umbruch der Mentalitäten, Fischer, Frankfurt/Main 1993.

Wende, Peter, Große Revolutionen der Geschichte. Von der Frühzeit bis zur Gegenwart, C. H. Beck, München 2000.

Kapitel 4

Bringmann, Klaus, Römische Geschichte. Von den Anfängen bis zur Spätantike, C.H. Beck, München ^{10}2008.

Christ, Karl, Die römische Kaiserzeit. Von Augustus bis Diokletian, C.H. Beck, München ^{4}2001.

Dietmar, Carl/Jung, Werner, Köln. Die große Stadtgeschichte, Klartext, Essen ^{2}2016.

Fisch, Stefan, Geschichte der europäischen Universität. Von Bologna nach Bologna, C.H. Beck, München 2015.

Fried, Johannes, Die Formierung Europas 840–1046, Oldenbourg, München ^{3}2008.

Hippel, Wolfgang von, Bernhard Stier, Europa zwischen Reform und Revolution 1800–1850, UTB, Stuttgart 2012.

Kunkel, Wolfgang/Schermaier, Martin, Römische Rechtsgeschichte, UTB, Köln ^{14}2005.

Le Goff, Jaques, Die Geburt Europas im Mittelalter, dtv, München ^{2}2014.

Manthe, Ulrich, Geschichte des römischen Rechts, C.H. Beck, München ^{3}2007.

Maurer, Michael, Kulturgeschichte. Eine Einführung, UTB, Köln 2008.

Meder, Stephan, Rechtsgeschichte. Eine Einführung, UTB, Köln ^{3}2008.

Nippel, Wilfried, Antike oder moderne Freiheit? Die Begründung der Demokratie in Athen und in der Neuzeit, Fischer, Frankfurt/Main 2008.

Salzwedel, Johannes (Hg.), Das Ende des Römischen Reiches. Verfall und Untergang einer Weltmacht, Deutsche Verlags-Anstalt, München 2009.

Schlösser, Rainer, Die romanischen Sprachen, C.H. Beck, München 2001.

Schmoeckel, Mathias, Auf der Suche nach der verlorenen Ordnung. 2000 Jahre Recht in Europa. Ein Überblick, Wissenschaftliche Buchgesellschaft, Darmstadt 2005.

Schneider, Reinhard, Das Frankenreich, Oldenbourg, München ^{4}2001.

Schlumberger, Jörg A./Wegel, Peter (Hg.), Europa – aber was ist? Aspekte seiner Identität in interdisziplinärer Sicht, Köln 1994.

Schuller, Wolfgang, Das römische Weltreich, Theiss, Stuttgart 2003.

Schulze, Hagen/Paul, Ina U. (Hg.), Europäische Geschichte. Quellen und Materialien, bsv, München 1994.

Warnser, Ludwig/Flügel, Christof/Ziegaus, Bernward (Hg.), Die Römer zwischen Alpen und Nordmeer, Patmos, Mainz 2000 (Ausstellungskatalog).

Kapitel 5

Bauernkrieg

Blickle, Peter, Der Bauernkrieg. Die Revolution des Gemeinen Mannes, 4. akt. u. überarb. Aufl., C.H. Beck, München 2012.

Blickle, Peter, Unruhen in der ständischen Gesellschaft 1300–1800, Oldenbourg, München ^{3}2012.

Lutz, Heinrich, Reformation und Gegenreformation, Oldenbourg, München ^{5}2002.

Meuthen, Erich, Das 15. Jahrhundert, Oldenbourg, München ^{5}2012.

Münch, Paul, Lebensformen in der Frühen Neuzeit, 1500–1800, Ullstein, Berlin 1998.

Roeck, Bernd (Hg.), Deutsche Geschichte in Quellen und Darstellung, Bd. 4: Gegenreformation und Dreißigjähriger Krieg 1555–1648, Reclam, Stuttgart 1996.

Schilling, Heinz, Aufbruch und Krise. Deutschland 1517–1648, Goldmann, München 1998.

Schulze, Winfried, Deutsche Geschichte im 16. Jahrhundert, Suhrkamp, Frankfurt/Main 1987.

Wehr, Gerhard (Hg.), Thomas Müntzer. Schriften und Briefe, Diogenes, Zürich 1989.

Niederländischer Unabhängigkeitskampf

Driessen, Christoph, Geschichte der Niederlande. Von der Seemacht zum Trendland, Pustet, Regensburg 2009.

Erbe, Michael, Belgien, Niederlande, Luxemburg. Geschichte des Niederländischen Raumes, Kohlhammer, Stuttgart 1993.

Mak, Geert, Niederlande, C.H. Beck, München ^{2}2010.

Mak, Geert, Kleine Geschichte der Niederlande. Ein historisches Portrait, C.H. Beck, München 2013.

North, Michael, Geschichte der Niederlande, C.H. Beck, München ^{4}2013.

van der Lem, Anton, Opstand! Der Aufstand in den Niederlanden. Egmonts und Oraniens Opposition, die Gründung der Republik und der Weg zum Westfälischen Frieden, Wagenbach, Berlin 1996.

Vogler, Günter, Europas Aufbruch in die Neuzeit 1500–1650, UTB, Stuttgart 2003.

Wielenga, Friso, Geschichte der Niederlande, Reclam, Stuttgart 2012.

Englische Revolutionen

Margedant, Udo, Englands Weg zum Parlamentarismus, Hirschgraben, Frankfurt/Main 1979.

Maurer, Michael, Kleine Geschichte Englands, Reclam, akt. und erw. Ausg., Stuttgart 2007.

Schröder, Hans-Christoph, Englische Geschichte, C. H. Beck, München [5]2006.

Schröder, Hans-Christoph, Die Revolutionen Englands im 17. Jahrhundert, Suhrkamp, Frankfurt/Main [3]1995.

Wende, Peter, Große Revolutionen der Geschichte von der Frühzeit bis zur Gegenwart, C. H. Beck, München 2000.

Amerikanische Revolution

Adams, Angela u. Adams, Willi Paul (Hg.), Die Amerikanische Revolution und die Verfassung 1754–1791, dtv, München 1987.

Dippel, Horst, Die Amerikanische Revolution 1763–1787, Suhrkamp, Frankfurt/Main [3]1994.

Dippel, Horst, Geschichte der USA, C. H. Beck, München, 10., überarbeitete und aktualisierte Auflage 2015.

Heideking, Jürgen/Mauch, Christoph, Geschichte der USA, überarb. und erw. Aufl., Tübingen [6]2008.

Howard, Dick, Die Grundlegung der amerikanischen Demokratie, Suhrkamp, Frankfurt/Main 2001.

Lerg, Charlotte A., Die Amerikanische Revolution, UTB, Tübingen 2010.

Mauch, Christof, Die 101 wichtigsten Fragen – Amerikanische Geschichte, C. H. Beck, München 2008.

Reinhard, Wolfgang, Geschichte der Staatsgewalt. Eine vergleichende Verfassungsgeschichte Europas von den Anfängen bis zur Gegenwart, C. H. Beck, München [3]2002.

Schröder, *Hans-Christoph,* Die Amerikanische Revolution. Eine Einführung, C. H. Beck, München 1982.

Begriffslexikon

Abbasiden: islamische Kalifendynastie, die sich auf den Onkel Muhammads, al-Abbas, zurückführte (750 bis 1258).

Ablass: ein von der Kirche geregelter Gnadenakt, durch den nach kirchlicher Lehre Sündenstrafen erlassen (nicht dagegen die Sünden selbst vergeben) werden, in Form eines bestimmten frommen Werkes (z. B. Wallfahrt, Kirchen- oder Friedhofsbesuch, besonderes Gebet); der Handel mit sogenannten Almosenablässen, für deren Gewinnung ein Geldbetrag gespendet werden musste, war ein besonders in der Renaissancezeit verbreiteter Missbrauch und gilt als Anlass für den Thesenanschlag Martin Luthers und als ein Auslöser der Reformation in Deutschland; mit Einkünften aus dem Ablasshandel hatten einige Päpste beträchtliche Geldsummen aus ganz Europa nach Rom gelenkt, die unter anderem für den Bau des Petersdoms verwendet wurden.

Annuität (lat. *annus* = Jahr): beschreibt im polit.-öffentl. Sinne die Beschränkung einer Amtsperiode eines bedeutenden Amtes auf ein Jahr.

Areopag: Adelsrat und Gerichtshof in Athen; ihm gehörten die Archonten auf Lebenszeit an. Sein Einfluss wurde mit den Reformen des Ephialtes und Perikles (461) stark reduziert.

Aufklärung: Eine viele Lebensbereiche umfassende Reformbewegung des 17./18. Jh. in Europa, die das „Licht der Vernunft" gegen klerikale, feudale und absolutistische Traditionen verbreiten wollte. Zentrale Forderungen waren unbeschränkte Öffentlichkeit, freie Meinungsäußerung und Toleranz gegenüber anderen Meinungen. Mittel zur Durchsetzung der Aufklärung waren vor allem Wissenschaft und Erziehung.

Autarkie (gr. = Selbstgenügsamkeit): die vollständige oder teilweise Selbstständigkeit eines Haushalts, einer Region oder eines Staates in wirtschaftlicher, kultureller oder politischer Hinsicht. Ein wirtschaftlich autarkes Land besitzt und erzeugt alle benötigten Güter und Dienstleistungen selbst.

Autonomie (gr. = Selbstgesetzgebung): das Recht eines Staates oder Gemeinwesens, seine Angelegenheiten durch eigene Satzung selbstständig und unabhängig zu regeln.

Bill of Rights: Nach der Unabhängigkeitserklärung (1776) erließen die meisten US-Staaten neue Verfassungen und nahmen eine *Bill of Rights* auf (Grundrechtekatalog). Die berühmteste war die *Virginia Bill of Rights* vom Juni 1776. Denn sie bildete die Vorlage für den Grundrechtkatalog, der 1789 der US-Verfassung hinzugefügt und 1791 ratifiziert wurde (= 1. bis 10. Verfassungszusatz: Glaubens-, Rede-, Presse-, Versammlungsfreiheit; Unverletzlichkeit der Person, der Wohnung, des Eigentums; Recht auf Verteidigung).

Bürgertum: im Mittelalter und in der Frühen Neuzeit v. a. die freien und voll berechtigten Stadtbewohner, im Wesentlichen die städtischen Kaufleute und Handwerker; im 19. und 20., in einigen Ländern (z. B. England) auch schon im 18. Jh. die Angehörigen einer durch Besitz, Bildung und spezifische Einstellungen gekennzeichneten Bevölkerungsschicht, die sich von Adel und Klerus, Bauern und Unterschichten (einschließlich der Arbeiter) unterscheidet. Zu ihr gehören Besitz- oder Wirtschaftsbürger (= Bourgeoisie, also größere Kaufleute, Unternehmer, Bankiers, Manager), Bildungsbürger (Angehörige freier Berufe, höhere Beamte und Angestellte zumeist mit akademischer Bildung), am Rande auch die Kleinbürger (kleinere Handwerker, Krämer, Wirte). Staatsbürger meint dagegen alle Einwohner eines Staates ungeachtet ihrer sozialen Stellung, soweit sie gleiche „bürgerliche" Rechte und Pflichten haben (vor Gericht, in Wahlen, in der öffentlichen Meinung). Staatsbürger im vollen Sinne waren lange Zeit nur Männer und nur die Angehörigen der besitzenden und gebildeten Schichten, im 19. Jh. allmähliche Ausweitung auf nichtbesitzende männliche Schichten, im 20. Jh. auf Frauen.

Byzantinisches Reich: Kaiserreich im östlichen Mittelmeerraum. Es entstand in der Spätantike nach der Reichsteilung von 395 aus der östlichen Hälfte des Römischen Reiches und endete im Jahr 1453 mit der Eroberung von Konstantinopel durch die Osmanen. Das Reich erstreckte sich anfangs bis zur Arabischen Halbinsel und nach Nordafrika bis zum Atlantik, war aber seit dem 7. Jahrhundert weitgehend auf Kleinasien und Südosteuropa beschränkt und wurde von der Hauptstadt Konstantinopel (dem heutigen Istanbul, das auch Byzanz genannt wurde) aus regiert.

Calvinismus: kirchliche Lehre des Genfer Reformators Johann Calvin; entstanden im Zuge der Reformationsbewegung im 16. Jh. Stärker als das Luthertum gewann der Calvinismus Einfluss auf die Gestaltung von Wirtschaft und Gesellschaft, weil er in seiner Lehre auf die Verwirklichung des Reiches Gottes auf Erden abzielt. Da die Erwählung durch Gott am Erfolg im irdischen Leben gemessen wurde, hat der Calvinismus zur Ausbildung kapitalistischer Wirtschaftsformen beigetragen. Calvinisten werden auch „Reformierte“ genannt; in Frankreich bezeichnet man sie als „Hugenotten“.

Codex Iustinianus (lat. = Buch des Justinian): Gesetzsammlung, die vom röm. Kaiser Justinian im Jahre 528 n. Chr. in Auftrag gegeben wurde und 529 in Kraft trat. Justinian ordnete die Zusammenfassung und Überarbeitung aller noch geltenden Kaisergesetze an, mit dem Ziel, Einheit im röm. Rechtswesen zu schaffen. Die Sammlung bildet bis heute den Grundstein für Europas Gesetzbücher.

Demagoge: von griech. *demagogós* (Volksführer); zunächst wertneutrale Bezeichnung für einen führenden Politiker und Redner in der attischen Demokratie; mit deren Radikalisierung und der gleichzeitigen Entwicklung neuer Stile in der Rhetorik gewann das Wort schon im 5. Jahrhundert eine negative Bedeutung: „Volksverführer“.

Demokratie: Regierungsform, in der der Wille des Volkes ausschlaggebend ist. Die direkte Demokratie beruht auf der unmittelbaren Teilhabe der Bürger an politischen Entscheidungen. In der modernen Form der Demokratie als mittelbare oder repräsentative Demokratie wird die Herrschaft nicht direkt vom Volk ausgeübt, sondern durch vom Volk gewählte Repräsentanten, die Abgeordneten. Kennzeichen der modernen freiheitlichen Demokratie sind: Garantie der Menschenrechte, allgemeines, gleiches, geheimes und freies Wahlrecht, Gewaltenteilung, Parlamente, Mehrparteiensystem, Minderheitenschutz.

Despotismus (gr. *despotes* = alles bestimmender Hausherr): Despotie oder Despotismus ist eine Staatsform, in welcher das Staatsoberhaupt das Volk durch Tyrannei und Willkür beherrscht, da er sich keiner Verfassung und keinen Gesetzen verpflichtet fühlt.

Dhimmi (Sg.): Schutzbefohlener; nicht-muslimischer Bewohner unter islamischer Herrschaft; der Begriff bezog sich allerdings nur auf die Angehörigen einer Buchreligion (Jude, Christ, Zoroastrier). Ein Dhimmi musste der Obrigkeit eine Kopfsteuer entrichten (*dschizya*); dafür erhielt er insbesondere das Recht, seine Religion weiter ausüben zu können (Dhimmi-System).

Direktorium (franz. „*Directoire*“): französische Regierung vom 26. Oktober 1795 bis zum 10. November 1799, die vom „Rat der Fünfhundert“ gewählte kollektive Exekutive von 5 „Direktoren“. Im übertragenen Sinne die ganze Revolutionsphase von 1795 bis 1799.

Diskriminierung: meist willkürliche Benachteiligung oder Ungleichbehandlung einer Person oder Gruppe im politischen sowie sozialen Bereich.

Dominikaner: vom heiligen Dominikus 1215 gegründeter katholischer Bettelorden. Die Schwerpunkte des Ordens lagen auf Seelsorge, Predigt und der Inquisition. Er entfaltete in den spanischen und portugiesischen Kolonien eine intensive Missionstätigkeit.

Dschihad: in allgemeiner Bedeutung „Anstrengung auf dem Wege Gottes“, „zielgerichtetes Bemühen“; in spezieller Bedeutung auch der bewaffnete Kampf des Muslims zur Verbreitung und Sicherung islamischen Glaubens und islamischer Herrschaft.

Expansion: Ausdehnung, Ausbreitung. Die Expansion eines Staates hat die Vergrößerung des Staatsgebietes zulasten anderer Staaten zum Ziel; dies geschieht meist in Form der Kolonisation. Die europäische Expansion zu Beginn der Neuzeit stellt ein zentrales Ereignis der Weltgeschichte dar, in dessen Verlauf zuerst Spanien und Portugal und später weitere europäische Mächte Kolonialreiche in außereuropäischen Gebieten gründeten.

Feminismus: akademische wie auch politische Bewegung, die für Gleichberechtigung, Menschenwürde, die Selbstbestimmung von Frauen sowie gegen Sexismus eintritt

Feudalsystem: Im Mittelalter vergab der König an Adlige, die Kriegs- und Verwaltungsaufgaben übernahmen, Lehen, d.h. Ländereien oder nutzbare Rechte (z.B. Zolleinnahmen). Bei der Übergabe des Lehens verpflichteten sich der König als Lehnsherr und der Adlige als Lehnsmann (Vasall) durch Eid zu gegenseitiger Treue: Der Vasall war zu Gefolgschaft, zur Unterstützung seines Herrn in Krieg und Frieden verpflichtet. Wie der König vergaben auch die Adligen Lehen an eigene Vasallen, sodass eine Lehnspyramide entstand. Der mittelalterliche Staat ruhte im Wesentlichen auf diesen persönlichen Beziehungen zwischen Herren und Vasallen. Diese politische Ordnung wird daher auch als Lehnssystem oder Feudalismus (abgeleitet von lat. *feudum* = Lehen) bezeichnet. Feudalismus im weiteren Sinn bezieht die Grundherrschaft als wirtschaftliche Grundlage des Lehnssystems mit ein.

Föderalismus (lat. = Bund, Bündnis): Organisationsprinzip eines Staats, das den einzelnen Gliedstaaten weitgehende Selbstverwaltung zugesteht. Es gibt zwei Grundformen: Bundesstaat und Staatenbund.

Gesellschaftsvertrag: Die vor allem in den Staatstheorien der Aufklärung entwickelte Theorie vom Gesellschaftsvertrag ging von der (fiktiven) Vorstellung aus, dass die ehemals ganz freien Menschen in einem Vertrag miteinander auf einen Teil ihrer Rechte verzichteten und diese – zu ihrem Schutz und Wohl – auf den dadurch entstehenden Staat übertrugen. Dessen Macht wurde so als ursprünglich vom Volk übertragene gerechtfertigt und gleichzeitig begrenzt.

Gewaltenteilung: Trennung zwischen den drei Staatsorganen Legislative (Parlament), Exekutive (Verwaltung einschließlich Regierung) und Judikative (Rechtsprechung). Mit der Gewaltenteilung soll der Einfluss einer Staatsgewalt auf die anderen begrenzt werden.

Gottesgnadentum: Nach mittelalterlicher Vorstellung war das Königtum ein von Gott verliehenes Amt, das zur Wahrung von Frieden und zur Verwirklichung göttlicher Ordnung auf Erden verpflichtete. Fürsten und Monarchen der Neuzeit legitimierten damit ihre Dynastien und weitreichenden Befugnisse.

Grundherrschaft: Wirtschaftssystem in Europa vom frühen Mittelalter bis in das 19. Jh. Ein Grundherr konnte eine Person (meist ein Adliger) oder eine Institution (z. B. die Kirche) sein. Er verfügte über das Obereigentum an Grund und Boden und gab diesen an abhängige, oft unfreie Untereigentümer (Hörige) zur Bewirtschaftung aus. Für den Schutz, den der Grundherr gewährte, waren die Hörigen zu Abgaben und Diensten (Frondiensten) verpflichtet.

Hegemonie: Vormachtstellung eines Staates innerhalb einer Gruppe von Staaten. Sie stützt sich in der Regel auf militärische Überlegenheit, die eine politische Führungsrolle begründet. Sie kann sich aber auch nur auf das wirtschaftliche Gebiet beziehen.

Heiliges Römisches Reich deutscher Nation: Das deutsche Kaiserreich erhob im Mittelalter den Anspruch, den Königreichen übergeordnet zu sein. Die Kaiser sahen sich als Nachfolger der römischen Kaiser und Oberherren der Christenheit; ihr Reich wurde daher als „Heiliges Römisches Reich“ bezeichnet. Es ging über die heutigen Grenzen Deutschlands hinaus. Im 15. Jh. kam der Zusatz „deutscher Nation“ hinzu.

Investitur: Einweisung in einen Besitz. Das Kirchenrecht verstand darunter die Übertragung eines Kirchenamtes mit symbolischer Überreichung der Insignien, wobei seit dem Hochmittelalter nur noch die tatsächliche Einweisung in ein Kirchenamt gemeint war. Im Lehnswesen ging es um die Übertragung weltlicher und geistlicher Befugnisse an den gewählten Abt oder Bischof durch den König.

Kalif: Oberhaupt der islamischen Gemeinschaft und des islamischen Staates in der Nachfolge des Propheten. Kalif bedeutet Stellvertreter; ursprünglicher Titel „Stellvertreter des Gesandten Gottes“.

Konfessionalisierung: Im letzten Viertel des 16. Jh. einsetzender Prozess der intensiven Durchdringung von Staat und Gesellschaft mit Regelungen und Einstellungen, die unmittelbar mit dem jeweiligen Glauben (katholisch, lutherisch, reformiert bzw. calvinistisch) zusammenhingen.

Konquista (span. = Eroberung): Begriff für die Eroberung und Unterwerfung Mittel- und Südamerikas durch die Spanier. Die eroberten Gebiete der indianischen Hochkulturen wurden dem spanischen Königreich einverleibt und bildeten die Grundlage für die jahrhundertelange Herrschaft der Spanier in Mittel- und Südamerika.

Konstitutionelle Monarchie: eine Variante der Monarchie, bei der das Staatsoberhaupt im Unterschied zum Absolutismus durch eine Verfassung (Konstitution) gebunden ist; zuerst umgesetzt in England 1689.

Lehen/Lehnswesen: Im Mittelalter vergab der König an Adlige, die Kriegs- und Verwaltungsaufgaben übernahmen, Lehen, d. h. Ländereien oder nutzbare Rechte (z. B. Zolleinnahmen). Bei der Übergabe des Lehens verpflichteten sich der König als Lehnsherr und der Adlige als Lehnsmann (Vasall) durch Eid zu gegenseitiger Treue: Der Vasall war zu Gefolgschaft, zur Unterstützung seines Herrn in Krieg und Frieden verpflichtet. Wie der König vergaben auch die Adligen Lehen an eigene Vasallen, sodass eine Lehnspyramide entstand. Der mittelalterliche Staat ruhte im Wesentlichen auf diesen persönlichen Beziehungen zwischen Herren und Vasallen. Diese politische Ordnung wird daher auch als Lehnssystem oder Feudalismus (abgeleitet von lat. *feudum* = Lehen) bezeichnet. Feudalismus im weiteren Sinn bezieht die Grundherrschaft als wirtschaftliche Grundlage des Lehnssystems mit ein. So verstanden, kann man das gesellschaftlich-wirtschaftliche System des 8. bis 18. Jh. als Feudalsystem, den Zeitraum als Epoche des Feudalismus bezeichnen.

Leibeigenschaft: In der Frühen Neuzeit unterscheidet man die mildere Form der Leibeigenschaft in Süd- und Westdeutschland, die zu Geld- und Naturalabgaben sowie Hand- und Spanndiensten verpflichtete, von der harten, die sich im 15./16. Jh. mit der ostdeutschen Gutsherrschaft entwickelte; Letztere war eine Erbuntertänigkeit, zu der unbeschränkte Frondienste, Gesindezwang der Kinder, Verbot der Freizügigkeit gehörten; Heiraten der Leibeigenen waren genehmigungspflichtig. In Deutschland begann die Abschaffung im 18. Jh.

Menschen- und Bürgerrechte: Der durch die Aufklärung verbreitete und in der Amerikanischen und Französischen Revolution mit Verfassungsrang ausgestattete Begriff besagt, dass jeder Mensch unantastbare Rechte besitzt, die der Staat achten muss, vor allem das Recht auf Leben, Glaubens- und Meinungsfreiheit, Versammlungs- und Vereinigungsfreiheit, Freizügigkeit, persönliche Sicherheit, Eigentum und Widerstand im Fall der Verletzung von Menschenrechten. Im 19. und 20. Jh. wurden auch soziale Menschenrechte, besonders von sozialdemokratisch-sozialistischer Seite, formuliert, so das Recht auf Arbeit, soziale Sicherheit und Bildung.

Ministerialen (= Dienstmannen): Sie waren ursprünglich Unfreie. Vom 10. Jh. an wurden sie von ihren Herren mit Verwaltungs- und Kriegsdiensten beauftragt. Seit der Stauferzeit (12. Jh.) verbanden sie sich mit dem Adel zum Ritterstand. Im Spätmittelalter verloren sie die Unfreiheit und gehörten zum niederen Adel.

Modernisierung: Prozess der beschleunigten Veränderung einer Gesellschaft in Richtung auf einen entwickelten Status, meistens verbunden mit dem in der Aufklärung entwickelten Fortschrittsbegriff und bezogen auf den Übergang von der Agrar- zur Industriegesellschaft. Kennzeichen der Modernisierung: Verstädterung, Säkularisierung, Rationalisierung, Erhöhung des technischen Standards (Produktion von Gütern mit Maschinen), permanentes wirtschaftliches Wachstum, Ausbau und Verbesserung der technischen Infrastruktur (Verkehrswege, Massenkommunikationsmittel), Verbesserung des Bildungsstandes (allgemeine Schulpflicht, Alphabetisierung, Wissenschaft), räumliche und soziale Mobilität, Parlamentarisierung und Demokratisierung, Nationalstaatsbildung.

Monotheismus: bezeichnet die Verehrung eines einzigen allumfassenden Gottes (Judentum, Christentum, Islam).

Naturrecht: das in der „Natur“ des Menschen begründete, „ihr entspringende“ Recht das dem positiven oder den von Menschen „gesetzten“ Recht gegenübersteht und ihm übergeordnet ist. Historisch wurde das Naturrecht zur Begründung entgegengesetzter Positionen benutzt, und zwar abhängig vom Menschenbild: Entweder ging man davon aus, dass alle Menschen von Natur aus gleich seien, oder, umgekehrt, dass alle Menschen von Natur aus verschieden seien. In der Neuzeit wurde es sowohl zur Legitimation des Absolutismus benutzt (Recht des Stärkeren), wie, über die Begründung des Widerstandsrechts, zu dessen Bekämpfung (Gleichheit aller Menschen).

Parlament, Parlamentarisierung: In parlamentarischen Regierungssystemen ist das Parlament das oberste Staatsorgan. Es entscheidet mit Mehrheit über die Gesetze und den Haushalt und kontrolliert oder wählt die Regierung. Das Parlament kann aus einer oder zwei Kammern (Häusern) bestehen. Im Einkammersystem besteht das Parlament nur aus der Versammlung der vom Wahlvolk gewählten Abgeordneten (Abgeordnetenhaus), im Zweikammersystem tritt dazu ein nach ständischen oder regionalen Gesichtspunkten gewähltes oder ernanntes Haus. Im demokratischen Parlamentarismus herrscht allgemeines und gleiches Wahlrecht. Im Deutschen Reich bestand seit 1871 ein Zweikammersystem: Reichstag und Bundesrat, heute: Bundestag und Bundesrat.

Reconquista: Wiedereroberung Spaniens durch christliche Staaten der Pyrenäenhalbinsel im Kampf gegen die Araberherrschaft vom 8. Jh. bis 1492 (Eroberung Grenadas).

Reform: Neuordnung, Verbesserung und Umgestaltung von politischen und sozialen Verhältnissen im Rahmen der bestehenden Grundordnung; hierin, oft weniger in den Zielen, unterscheiden sich Reformen von Revolutionen als politisches Mittel zur Durchsetzung von Veränderungen.

Reformation (lat. *reformatio* = Umgestaltung, Erneuerung): bezieht sich als historischer Begriff auf die von Luther ausgelöste christliche Erneuerungsbewegung im 16. Jh. Im Zentrum der Begründung stand die Lehre vom Priestertum aller Gläubigen, damit wurde der Anspruch des Papstes auf die Herrschaft über die Welt und die allgemeingültige Auslegung der Bibel bestritten. Neben Luther waren Ulrich Zwingli und Johannes Calvin als Begründer der reformierten oder calvinistischen Lehre die bedeutendsten Reformatoren.

Renaissance: Der Begriff dient seit dem 16. Jh. als Bezeichnung für die „Wiedergeburt“ der antiken Kunst und Bildung.

Republik: Staatsform, in der im Gegensatz zur Monarchie das Volk als Träger der Staatsgewalt angesehen wird. Dies können in der historischen Realität sowohl Demokratien als auch Diktaturen sein. Heute dient der Begriff vor allem zur Bezeichnung für nicht monarchische Staatsformen und ist mit der Idee der Volkssouveränität verbunden.

Res publica (wörtl. „die öffentliche Sache“): das röm. Gemeinweisen; wird häufig mit „Staat“ übersetzt; Hauptmerkmale: Bürgerversammlungen (nach Besitz geschieden), Rat (mit Senatoren auf Lebenszeit), Magistrate (als Ehrenämter mit begrenzter Amtsdauer),

Ausschluss der Frauen aus der Politik, Sklaverei. Davon abgeleitet wurde die neuzeitliche Staatsbezeichnung „Republik“ (im Gegensatz zu „Monarchie“).

Revolution: Am Ende einer Revolution steht der tief greifende Umbau eines Staates und nicht nur ein Austausch von Führungsgruppen. Typisch ist das Vorhandensein eines bewussten Willens zur Veränderung einer Aktionsgruppe mit Unterstützung im Volk oder in einer großen Bevölkerungsgruppe. Typisch sind auch Rechtsverletzung, Gewaltanwendung und die schnelle Abfolge der Ereignisse. Klassische Beispiele sind die Französische Revolution 1789 und die Russische Revolution 1917. Revolutionen werden auch Vorgänge genannt, die nicht alle o. g. Merkmale aufweisen.

Ritter: Seit der Karolingerzeit traten berittene Berufskrieger neben das fränkische Volksheer und ersetzten es schließlich. Die Reiterkrieger erhielten vom König Grund und Boden als Lehen; seit dem 11. Jh. entstand aus adligen Rittern und ursprünglich unfreien Ministerialen das Rittertum, das sich mit der höfisch-ritterlichen Kultur eigene Lebensformen schuf. Ursprünglich konnte die Ritterwürde nicht vererbt werden, sondern wurde nach langer Ausbildung und Bewährung durch den Ritterschlag erworben. Im Spätmittelalter bezeichnete „Ritter“ den niederen Adel.

Romanisierung: Dieser Begriff bezeichnet eine weitgehende Übernahme der römischen Lebensformen wie Sprachgewohnheiten, Rechtsnormen, Arbeitstechniken und religiöser Anschauungen durch die von den Römern unterworfenen Völker. Die Förderung der städtischen Kultur, der Landwirtschaft, der gewerblichen Produktion und der Infrastruktur nach römischem Muster gehört dazu. Der Prozess der Romanisierung verlief nicht überall gleich: Im westlichen und nördlichen Teil des Römischen Reiches wurde die römische Zivilisation größtenteils ohne Zwang übernommen, während im östlichen Reich die griechisch-hellenistische Kultur das Vorbild war.

Souveränität: Der von Jean Bodin im 16. Jh. geprägte Begriff (lat. *superanus* = überlegen) bezeichnet die höchste und unabhängige Staatsgewalt nach innen und außen (innere und äußere Souveränität). Im Absolutismus war der Fürst alleiniger Souverän, d. h. Träger aller Staats- und damit Herrschaftsgewalt. Dagegen gilt in demokratischen Staaten das Prinzip der Volkssouveränität. Alle Gewalt geht vom Volke aus, das seinen Willen direkt oder indirekt durch Abgeordnete zur Geltung bringt. Die Idee der Volkssouveränität setzte sich zuerst in der Amerikanischen und Französischen Revolution durch. Sie wird nur durch die in der Verfassung festgelegten Menschenrechte beschränkt. Völkerrechtlich, d. h. nach außen, gilt ein Staat als souverän, der nicht von einer anderen Macht besetzt ist und unabhängig von anderen Staaten handeln kann.

Stände: Sie sind einerseits gesellschaftliche Großgruppen, die sich voneinander durch jeweils eigenes Recht, Einkommensart, politische Stellung, Lebensführung und Ansehen unterscheiden und die Gesellschaftsordnung des Mittelalters und der frühen Neuzeit prägten („ständische Gesellschaften“). Man unterschied vor allem Geistlichkeit (Klerus), Adel, Bürger und Bauern sowie unterständische Schichten. Andererseits sind sie Körperschaften zur Wahrnehmung politischer Rechte, etwa der Steuerbewilligung, in den Vertretungsorganen (Landtagen, Reichstagen) des frühneuzeitlichen „Ständestaates“.

Sultan: Inhaber der Regierungsgewalt im islamischen Kulturkreis; er wurde 1055 das erste Mal dem Häuptling der Seldschuken vom Kalifen in Bagdad offiziell bestätigt; Mamluken und Osmanen übernahmen ihn; von den christlichen Europäern oft mit Großherr übersetzt; der Herrscher von Oman führt den Titel noch heute.

Sunna: Kurzform der *sunnat an-nabī*, der „Handlungsweisen des Propheten (Muhammad)“; Gesamtheit der von Muhammad überlieferten Aussprüche.

Säkularisierung: bezeichnet im Allgemeinen einen Prozess der Verweltlichung, d. h. dass die Lebenswelt des Menschen immer weniger durch die Religion bestimmt wird.

Schisma: Kirchenspaltung; das Große Abendländische Schisma (1378–1417) war eine momentane Spaltung innerhalb der christlichen Kirche. Die umstrittene Wahl des Italieners Urban VI. zum Papst führte zur Wahl des französischen Gegenpapstes Clemens VII. Die Spaltung wurde durch das Konstanzer Konzil (1414–1418) behoben.

Talmud: neben der hebräischen Bibel (Tora) mit die bedeutendste Schrift des Judentums; Sammlung von Religionsgesetzen, die aufzeigen, wie die Regeln der Tora im Alltag ausgelegt wurden; besteht aus Mischna (nach Themen geordnete Rechtssammlung in Hebräisch) und Gemara (Kommentierung der Mischna in Aramäisch).

Territorialstaat: Sie entstanden im deutschen Reich seit dem 13. Jh. durch die Zusammenfassung wichtiger Herrschaftsrechte in der Hand der Landesherren. Als Kernstück der Landeshoheit galt seit dem Spätmittelalter und der Frühen Neuzeit die hohe Gerichtsbarkeit. In manchen Territorialstaaten kam es zum Konflikt zwischen den Herrschaftsansprüchen des Landesherrn und den Mitwirkungsrechten der Landstände im Steuer- und Rechtswesen. Typisch für den Territorialstaat sind der Aufbau einer zentralisierten Verwaltung und das Zurücktreten lehnsrechtlicher Bindungen.

Ulama: islamische Gelehrte; einflussreiche Gruppe der Theologen und Rechtsgelehrten im Islam.
Urbanisierung: Urbanisierung (lat. *urbs* = die Stadt) bezeichnet in der Antike den Vorgang der Städtegründungen und der Verbreitung städtischer Lebensweisen (Verwaltungseinrichtungen, gepflasterte Straßen, Wasserleitungen, Feuerwehr, Thermen, Theater, Spiele usw.). Städte gab es schon in Ägypten, Mesopotamien und Griechenland. Neu waren bei den Römern die große Zahl der Stadtgründungen, das systematische Vorgehen sowie der technisch hohe Stand der Baukunst.

Verfassung: Grundgesetz eines Staates, in dem die Regeln der Herrschaftsausübung und die Rechte und Pflichten der Bürger festgelegt sind. Demokratische Verfassungen beruhen auf der Volkssouveränität und dementsprechend kommt die Verfassung in einem Akt der Verfassungsgebung zustande, an der das Volk direkt oder durch von ihm gewählte Vertreter (Verfassungsversammlung) teilnimmt. Eine demokratische Verfassung wird in der Regel schriftlich festgehalten (zuerst in den USA 1787), garantiert die Menschenrechte, legt die Verteilung der staatlichen Gewalt (Gewaltenteilung) und das Mitbestimmungsrecht des Volkes (Wahlrecht, Parlament) bei der Gesetzgebung fest.
Völkerrecht: Bereich des Rechts, das die Beziehungen zwischen den Staaten regelt. Wichtige Rechtsquellen sind Verträge, Erklärungen und das Gewohnheitsrecht.
Volksversammlungen *(comitia)*: Versammlung aller stimmberechtigten Bürger eines Staatswesens, in der sie ihre politischen Rechte wahrnehmen. Im demokratischen Athen war die Volksversammlung das Zentrum der politischen Willensbildung; sie allein entschied in allen politischen Fragen mit einfacher Mehrheit. Die Versammlung war nicht gegliedert; abgestimmt wurde nach Personen. Die Römische Republik kannte verschiedene Formen der Volksversammlung, die alle nach Abstimmungsbezirken (Tribus, Zenturien) gegliedert waren. Es zählten nicht die Einzelstimmen, sondern die Ergebnisse in den Abstimmungseinheiten. In der Volksversammlung wurden die Beamten gewählt, Gesetze beschlossen und über Krieg und Frieden entschieden, ein Initiativrecht hatte sie allerdings nicht. Erst in der römischen Kaiserzeit verlor sie ihren politischen Einfluss.

Zunft: städtische Vereinigung von Handwerkern eines Berufs. Jeder Meister musste der Zunft beitreten (Zunftzwang). Die Zunft beschränkte die Anzahl der Meister, Gesellen und Lehrlinge, regelte Produktionstechnik und Arbeitszeit, kontrollierte Erzeugnisse und Preise (Zunftordnung).

Personenlexikon und Personenregister

Alexander der Große (336–323), König von Makedonien, Sohn und Nachfolger Philipps II., besiegte das Persische Reich und eroberte große Teile der den Griechen bekannten Welt. *26f.*

al-Hakam II. (915–976), 961–976 zweiter Kalif von Córdoba. *77, 87*

al-Mansur *siehe* Muhammad ibn Abi Amir

Antonius, Marcus (86/83/82–30 v. Chr.), röm. Feldherr; 49 Volkstribun; Parteigänger Caesars; 44 Konsul; 2. Triumvirat mit Octavian und Lepidus (43); seit 40 mit Octavia (Schwester Octavians) vermählt, verband sich aber mit der ägypt. Königin Kleopatra; Entzweiung mit Octavian und Niederlage in der Seeschlacht bei Actium (31); Selbstmord nach Einnahme Alexandrias durch Octavian. *34*

Aristoteles (384–322), griechischer Philosoph; Schüler Platons; Lehrer Alexanders des Großen; lebte und lehrte überwiegend in Athen; Verfasser zahlreicher philosophischer Schriften aus vielen Wissensgebieten, darunter Staatstheorie, Wissenschaftstheorie, Ethik, Logik und Physik. *9, 19ff., 29, 41, 64, 73, 82f., 93*

Augustus (63 v. Chr.–14. n. Chr., ursprüngl.: Gaius Octavian, seit 27: Ehrentitel *Augustus*), Adoptivsohn und Großneffe Gaius Julius Caesars; erster röm. Kaiser; beendete eine fast hundert Jahre dauernde Phase römischer Bürgerkriege, ordnete das Reich neu und erweiterte erheblich dessen Grenzen. *6ff., 13, 34*

Augustinus (354–430), Kirchenvater; betonte die Abhängigkeit des Menschen von der Gnade Gottes; betrachtete die Weltgeschichte als auf den jüngsten Tag hin ausgerichtete Auseinandersetzung Gottes mit der irdischen Welt. *155*

Averroës *siehe* Ibn Ruschd

Bonaparte, Napoleon (1769–1821), franz. Feldherr; wandelte die Erste Französische Republik in eine Monarchie mit ihm als Kaiser (1804–1814/15) um; bestimmte bis zu seiner Verbannung 1815 die europäische Politik. *113, 115, 121f., 125f., 134, 140ff., 149, 182*

Caesar, Gaius Julius (100–44 v. Chr.), röm. Feldherr, Staatsmann und Schriftsteller (*Commentarii de bello gallico*); 58–51 eroberte er als Prokonsul ganz Gallien bis zum Rhein; 45 vom Senat zum Diktator auf Lebenszeit ernannt; Caesar trug maßgeblich zum Ende der Römischen Republik bzw. zu ihrer späteren Umwandlung in ein Kaiserreich bei. *34*

Calvin, Johannes (1509–1564), Jurist; 1536–1538 und von 1541 an Reformator in Genf. *169ff., 184ff., 190ff., 213*

Chlodwig I. (466–511), Frankenkönig aus der Dynastie der Merowinger; trat zum Christentum über; begründete mit seiner Herrschaft die Machtstellung des Frankenreichs. *48*

Cicero, Marcus Tullius (106–43 v. Chr.), röm. Politiker, Schriftsteller, Redner; 63 Konsul; im Bürgerkrieg (49 bis 45) Anhänger des Pompeius, doch Caesar verzieh ihm; nach Caesars Tod wollte er die Ordnung der Republik wiederherstellen; als Gegner des Antonius 43 ermordet. *12, 38, 97, 161*

Cortés, Hernán (1485–1547), span. Konquistador, eroberte und vernichtete das Reich der Azteken in Altamerika. *67, 100f., 105*

Cromwell, Oliver (1599–1658), britischer Staatsmann und Heerführer, Angehöriger der Gentry, Mitglied des Parlaments, Führer des Parlamentsheeres im Krieg gegen den König; unterwarf auch die Opposition und wurde als *Lord Protector* (engl.: Schutzherr) Alleinherrscher Englands. *197ff., 203, 213*

Drakon (um 650 v. Chr.), athenischer Gesetzgeber; erließ um 620 Gesetze in Tötungsdelikten („Blutgerichtsbarkeit“). *15, 20, 29*

Ephialtes (um 461/457 v. Chr.), radikaldemokratischer Reformer in Athen; verantwortlich für die Beschneidung der Rechte des Aeropag, fiel einem Attentat zum Opfer. *17f.*

Friedrich II. (1194–1250), röm. König und Kaiser; legte in Süditalien und Sizilien die Grundlagen zu einem modernen, zentral gelenkten Beamtenstaat; seit 1220 Kaiser; bekräftigte im *„Statutum in favorum principium“* die Gleichstellung der weltlichen mit den geistlichen Fürsten im Reich. *76*

Galilei, Galileo (1564–1642), ital. Mathematiker, Physiker, Astronom; leitete mit seiner Forderung, das „Buch der Natur mithilfe der Mathematik zu lesen", die klassische Physik ein; musste 1633 vor der Inquisition abschwören. *94*

Gama, Vasco da (1469–1524), portugiesischer Seefahrer und Entdecker des östlichen Seewegs nach Indien (Seeweg um das Kap der Guten Hoffnung). *100*

Gouges, Olympe de (1748–1793, eigentlich Marie Gouze); frz. Frauenrechtlerin, Revolutionärin, Schriftstellerin und Verfasserin der *Erklärung der Rechte der Frau und Bürgerin* (1791). *132, 137*

Gracchus, Gaius Sempronius (153–121 v. Chr.), jüngerer Bruder von Tiberius; 123 und 122 Volkstribun; suchte die Reformen seines Bruders fortzusetzen. *34*

Gracchus, Tiberius Sempronius (16–133 v. Chr.), älterer Bruder von G.; 133 Volkstribun; Landreformgesetze. *34*

Heinrich IV. (1050–1106), König aus dem Hause der Salier (seit 1056); Kaiser (seit 1084), Gegenspieler von Papst Gregor VII. im Investiturstreit; 1077 Bußgang nach Canossa. *50, 58, 73*

Herodot (um 484–um 425 v. Chr.), griech. Historiker aus Halikarnassos; „Vater der Geschichtsschreibung"; verfasste ein Geschichtswerk, das die Perserkriege behandelte, daneben den Aufstieg der persischen Macht und zugleich die Geographie, Sitten und Bräuche vieler Völker. *29, 41*

Ibn Ruschd (1126–1198), latinisiert Averroës, Jurist, Mediziner und Philosoph; wurde in Córdoba geboren und starb in Marakkesch. Er war zeitweise oberster Richter von Sevilla und Córdoba. Unter den strenggläubigen Almohaden wurden seine philosophischen Werke verboten, er selbst verbannt. Nach seiner Rehabilitierung wurde er an den Hof von Marrakesch gerufen. Seine Schriften über Aristoteles galten im christlichen Europa als Standardwerke. *83*

Jefferson, Thomas (1743–1826), US-amerik. Politiker, Anwalt, Gutsbesitzer; Abgeordneter in Virginia; Verfasser der Unabhängigkeitserklärung (1776); Begründer der Partei der *Democratic Republican*; 1797–1801 US-Vizepräs. unter John Adams; US-Präs. 1801 bis 1809. *41, 207*

Justinian I. (482–565), römischer Kaiser (seit 527); seine Regierung markiert den Übergang von der Antike zum Mittelalter bzw. von römischer Tradition zu byzantinischer Regierung; er veranlasste den Neubau der *Hagia Sophia* (Hauptkirche des Byzantinischen Reiches im heutigen Istanbul, 532–537); J. beauftragte die für die Rechtsgeschichte prägende systematische Zusammenfassung des römischen Rechts. *158*

Karl der Große (74–814); aus dem Geschlecht der Karolinger; seit 768 König des Fränkischen Reiches; eroberte in Italien das Langobardenreich, gleichzeitig erneuerte er die Pippin'sche Schenkung und den Schutz des Kirchenstaates. An Weihnachten 800 wurde Karl zum römischer Kaiser gekrönt. *48, 63, 155*

Karl V. (1500–1558), aus dem Geschlecht der Habsburger; seit 1506 Herr der Niederlande und von Burgund; seit 1516 als Karl I. König von Spanien, ab 1519 Kaiser des Heiligen Römischen Reichs (gekrönt 1530). *90, 185, 191*

Kleisthenes (Lebensdaten unsicher, geb. ca. 560), athenischer Politiker und Gesetzgeber, der 508/07 die athenische Verfassung vor allem durch die Phylenreform stark veränderte und deshalb häufig als Begründer der attischen Demokratie angesehen wird. *10, 16f., 20f., 29*

Kolumbus, Christoph (1451–1506); Seefahrer aus Genua; stieß 1492 auf Amerika, als er in spanischen Diensten eine Westroute nach Indien suchte; legte damit den Grundstein für die spanische Konquista und seinen Nachruf als „Entdecker Amerikas". *67f., 100ff., 202*

Las Casas, Bartolomé de (1474–1566), span. Dominikaner, Bischof von Chiapa/Mexiko; mit Christoph Kolumbus befreundet, ihm war auch der schriftliche Nachlass von Kolumbus zugänglich, den er für die Abfassung seiner *Historia de las Indias* nutzte; Las Casas setzte sich für die Menschenrechte der Indios ein, 1542 erreichte er vorübergehend eine Aufhebung des Encomienda-Systems; er wirkte in den letzten Jahren in Spanien und hatte bedeutenden Einfluss auf Karl V. *104, 107, 109*

Locke, John (1632–1704), englischer Philosoph; vor allem für seine staatstheoretischen Schriften bekannt; vertrat den Gedanken der Volkssouveränität. *243f.*

Luther, Martin (1483–1546), Begründer der Reformation, auf Wunsch des Vaters begann er 1505 ein juristisches Studium, wegen eines Gelübdes – er war während eines Gewitters in Lebensgefahr geraten – trat er in das Kloster der Augustinereremiten in Erfurt ein; 1507 Weihe zum Priester; 1512 Doktor der Theologie und Professor für Bibelauslegung an der Universität Wittenberg. Mit der Publikation seiner 95 Thesen leitete er die Reformation ein. *7, 26, 171f., 175, 178ff., 187f.*

Montesquieu, Charles de Secondat, Baron de La Brède et de M. (1689–1755), franz. Schriftsteller, Philosoph und Staatstheoretiker der Aufklärung, hatte mit seiner Schrift *Vom Geist der Gesetze* (1748) großen Einfluss auf die moderne Staatstheorie und Verfassungsentwicklung, besonders mit dem Grundsatz der Gewaltenteilung. *41, 116, 121, 124, 210*

Müntzer, Thomas (ca. 1488–1525), ein deutscher Theologe und Pfarrer, der Luthers Ideen radikalisierte. Wegen revolutionärer Umtriebe wurde er aus Mühlhausen ausgewiesen. Im Bauernkrieg betätigte er sich als Agitator und wurde 1525 in der Schlacht bei Frankenhausen gefangen und hingerichtet. *174f., 178ff.*

Muhammad (um 570–632), Begründer des islamischen Glaubens; unternahm seit ca. 595 als Kaufmann Handelsreisen, lernte Christentum, Judentum und andere Religionen kennen; begann ab ca. 610 seine Offenbarungen zu verkünden, Aufzeichnung dieser im Koran; besetzte und gewann 630 Mekka für seine Lehre. *66, 68, 70ff., 77, 80f., 85*

Muhammad ibn Abi Amir (938–1002), auch al-Mansur/Almansor; Reichsvertreter für den spanischen Umaiyadenkalifen Hischam II.; erweiterte die Machtstellung des Islam in Spanien. *77*

Napoleon *siehe* Bonaparte

Octavian *siehe* Augustus

Otto I., der Große (912–973), Sachsenherzog; wurde 936 zum König gewählt; festigte seine Macht mithilfe der geistlichen Fürsten (Reichskirchensystem); wehrte 955 die Ungarn ab; wurde während des zweiten Italienzuges 962 zum Kaiser gekrönt. *48, 57, 63*

Paine, Thomas (1737–1809), geb. in England, 1774 Auswanderung nach Nordamerika, gest. in New York; Politiker und Publizist; trat in seinen Schriften, u.a. *„Common Sense Adressed to the Inhabitants of America“* (1776) für die Unabhängigkeit der USA ein; kämpfte seit 1786 in England für die Französische Revolution; floh 1792 nach Frankreich und wurde dort Mitglied des französischen Konvents. *207, 212*

Perikles (495/90–429), athenischer Politiker, der wichtigste Vertreter der radikaldemokratischen Richtung, seit den 50er-Jahren des 5. Jh. der dominierende Politiker Athens („Ära des Perikles“). *10, 14, 17, 21*

Philipp II. (1527–1598) ältester und einzig überlebender legitimer Sohn Karls V. (Karl I. von Spanien) und Isabellas von Portugal, erbte 1556 das Königreich Spanien, dessen amerikanische Kolonien, die Niederlande, die Freigrafschaft Burgund, die Königreiche Sizilien und Neapel, das Königreich Sardinien und das Herzogtum Mailand; 1580 wurde er als Philipp I. auch König von Portugal; Philipp erstrebte die spanische Weltherrschaft und das Alleinbestehen des Katholizismus. Er verstand sich als erster Vorkämpfer der Gegenreformation in seinen Ländern (besonders auch in den Niederlanden) und in der Welt (besonders in England). Er ließ erfolgreich gegen Frankreich (1557 bis 1559), die Seeräuber und die Türken kämpfen, scheiterte aber mit der Eroberung Englands (Untergang der Armada 1588 und Niederlage bei Cadiz 1596) und der Unterwerfung der aufständischen Niederlande. *185f., 191*

Pizarro, Francisco (1476/78–1541), spanischer Konquistador; eroberte 1531–1533 das Inkareich in Peru, gründete Lima *68, 100f.*

Platon (427–347), athenischer Philosoph, Schüler des Sokrates, Begründer der Ideenlehre, verfasste zahlreiche philosophische Schriften in Form von Dialogen, in denen die Frage nach dem besten Staat und einer gerechten Ordnung eine besondere Rolle spielte. *22f., 41, 97*

Robespierre, Maximilian de (1758–1794), Rechtsanwalt und Politiker; als ein führendes Mitglied der Jakobiner war er mitverantwortlich für die Schreckensherrschaft (*La Terreur*) von 1793/94; 1794 hingerichtet. *41, 119, 121, 124f., 162*

Rousseau, Jean-Jacques (1712–1778), französisch-schweizerischer Schriftsteller, Philosoph, Pädagoge und Komponist der Aufklärung; wichtiger Wegbereiter der Französischen Revolution; nach R. verderbe die Gesellschaft den ursprünglich guten Menschen; im *Contrat Social* (Der Gesellschaftsvertrag, 1762) entwirft er ein politisches Modell einer Gesellschaft, in der sich der Einzelne total dem Gesetz unterordnet. *116, 121, 124, 243f.*

Sallust/ius Crispus, C. (86–35 v. Chr.), röm. Historiker und Politiker; Gegner der Nobilitätsherrschaft; mit dem Aufstieg Roms zur Weltherrschaft begann für ihn ein moralischer Verfall. *35ff.*

Sieyès, Emmanuel Joseph (1748–1836), franz. Geistlicher; berühmt durch sein Pamphlet „Was ist der Dritte Stand?“; legte als Mitglied des Verfassungsausschusses das Fundament für die Erklärung der Menschen- und Bürgerrechte (Juli 1789); wurde zum maßgeblichen Motor der Einteilung Frankreichs in Departments; Mitglied des Direktoriums, ermöglichte Napoleon 1799 den Staatsstreich. *124, 242ff.*

Sokrates (469–399 v. Chr.), athenischer Philosoph; wirkte durch das persönliche Gespräch und die Diskussion, in Auseinandersetzung mit den Experten seiner Zeit, insbesondere den Sophisten; wurde 399 wegen Asebie (Gottlosigkeit) und als Verderber der Jugend zum Tode verurteilt. *22*

Solon (geb. ca. 640), athenischer Politiker, verfasste politische Schriften in Gedichtform und reformierte 594 die athenische Polis durch zahlreiche Gesetze und die Abschaffung der Schuldknechtschaft. *10, 15ff., 20f., 29*

Thukydides (ca. 460 v. Chr.–ca. 400 v. Chr.), athenischer Politiker und Historiker, verfasste eine Geschichte des Peloponnesischen Krieges. 23, 29

Urban II. (um 1035–1099), Papst (1088–1099), rief auf den Synoden von Piaccenza und Clermont (1095) die abendländische Christenheit zur Befreiung des Heiligen Landes auf und leitete damit die Kreuzzüge ein. *73, 83*

Vespucci, Amerigo (1451/52/54–1512), Florentiner, der im Auftrag Spaniens und Portugals mehrere Entdeckungsreisen in die „Neue Welt“ unternahm, die er als Erster als eigenen Kontinent beschrieb; von seinem Namen ist die Bezeichnung „Amerika“ abgeleitet *100*

Vinci, Leonardo da (1452–1519), ital. Universalgelehrter *93, 96*

Washington, George (1732–1797), nordamerik. Pflanzer; Oberbefehlshaber der Truppen der aufständischen Kolonien gegen England; siegte im Unabhängigkeitskrieg gegen England 1777 bei Princeton, zwang die Engländer 1781 zur Kapitulation von Yorktown; 1787 Präs. des Verfassungskonvents, 1789 erster US-Präs. (bis 1789); gilt als Begründer der Unabhängigkeit der USA. *206f.*

Wilhelm von Oranien (1533–1584), eigentlich Wilhelm von Nassau-Dillenburg, Fürst von Oranien, Führer im niederländischen Unabhängigkeitskrieg gegen Spanien (1568–1648), der auch als Achtzigjähriger Krieg bekannt war. *185f., 191, 199*

Zwingli, Ulrich (1484–1531), Pfarrer in der Schweiz und Reformator in Zürich. *171, 175*

Sachregister

Fettdruck: Erläuterungen im Begriffslexikon S. 250 ff.
Kursiv gesetzte Seitenzahlen: Erläuterungen in der Marginalspalte oder auf den Grundwissen-Seiten

Bildquellen

Umschlag: akg-images; **6 M 1** Image Source/Daniela Buoncristiani; **10** akg-images; **12** bpk|Scala; **15 M 2** imago/imago/Westend61; **17 M 3** bpk-images; **18 M 5/21 M 9** akg-images; **21 M 10** akg-images/John Hios; **26 M 1** Sunset Box/Allpix/laif; **27 M 4** action press/EVERETT COLLECTION; **30 M 1** bpk/Scala; **31 M 2** picture-Alliance/ZB; **33 M 4** akg-images; **36 M 9** Corbis; **45 M 2** akg-images; **46 M 3** Interfoto/Sammlung Rauch; **50 M 4/52 M 5** akg-images; **58 M 13** akg/De Agostini Picture Lib.; **63 M 1** action press/Photo Josse Christophel; **64 M 2** Erfurth Kluger Infografik GbR, Berlin; **65** Heiko Sakurai; **66 M 1** akg-images/De Agostini Picture Lib.; **68 M 1** akg-images/Erich Lessing; **69 M 2** Agentur Bridgeman; **71 M 2** akg/De Agostini Picture Lib.; **72 M 4** Rue des Archives/PVDE/Süddeutsche Zeitung Photo; **73 M 5** akg-images/British Library; **76 M 8** ullstein bild – Roger-Viollet; **78 M 9** picture alliance/Robert Hardin; **80 M 12** Kunsthistorisches Museum, Wien; **82 M 17** www.bridgemanart.com; **90 M 1** Hervé Champollion/akg-images; **93 M 1/93 M 2** bpk/Skala; **96 M 3b** Picture-Alliance/dpa; **96 M 3a** Bayerische Staatsbibliothek, Clm 445 2 fol.105V; **105 M 1** bpk/Hermann Buresch; **111 M 2** Glow Images/Heritage Images RM; **112 M 1** akg-images; **114 M 1** bpk-images; **117 M 1** Rue des Archives/SZ Photo; **118 M 2** akg-images; **119 M6** bpk/RMN–Grand Palais/Bulloz; **121 M 3** Interfoto/PHOTOAISA; **121 M 4** Glow Images/Heritage Images RM; **123 M 2** bpk/Kupferstichkabinett,SMB/Jörg P. Anders; **123 M 6** bpk; **123 M 5** akg-images/Erich Lessing; **129 M 1** mauritius images/United Archives; **130 M 2** epd-bild/akg-images; **132 M 3/139 M 11** akg-images; **141 M 1** bpk/RMN – Grand Palais; **146 M 1** Corbis; **146 M 2** akg-images; **149 M 2** fotolia/Andrey_Lobachev; **150 M 1** bpk/Gerard Le Gall; **152 M 1** © Bridgemanimages.com; **155 M 1** Sites & Photos/akg-images; **156 M 3** akg-images/Erich Lessing; **156 M 4** Interfoto/PHOTOAISA; **157 M 5** Interfoto/Klaus W. Büth; **159 M 6** Interfoto/Walter Allgoewer; **160 M 7** Interfoto/Danita Delimont/Walter Bibikow; **161 M 8** bpk/Alinari Archives/Alinari; **162 M 9** Interfoto/Bildarchiv Hansmann; **168 M 1** bpk/Kupferstichkabinett, SMB; **170 M 1** akg-images; **174 M 1** bpk/Nationalgalerie, SMB/Klaus Göken; **174 M 2** bpk; **175 M 3** Shutterstock; **180 M 1** euroluftbild.de/vario images; **181 M 2** bpk/Nationalgalerie, SMB/Klaus Göken, ©2016 VG Bild-Kunst; **183 M 1** akg-images; **185 M 2** Interfoto/National Trust Photo Library; **185 M 3** Interfoto/Bildarchiv Hansmann; **186 M 4** bpk/Jörg P. Anders; **186 M 5** Interfoto/IFPAD; **192 M 9** Interfoto/IMAGNO; **193 M 12** Interfoto/SuperStock/Fine Art Images; **194 M 1** akg-images; **195 M 2** akg-images/Erich Lessing; **213 M 2** INTERFOTO/Sammlung Rauch; **198 M 3** mauritius images/imageBROKER/H.-D. Falkenstein; **199 M 4** picture-alliance/akg-images; **200 M 5** akg-images; **203 M 3** akg-images; **204 M 4** akg/North Wind Picture Archives, **204 M 5** Corbis; **205 M 6** bpk; **206 M 7** Interfoto/PHOTOAISA; **207 M 8** akg/De Agostini Picture Lib.

Carlos Borrell Eiköter, Berlin: 70 M 1; 72 M 3; 75 M 6; 75 M 7; 163 M 11 c; 167 M 3; 177 M 6; 184 M 1, 203 M 2.
Dr. Volkhard Binder, Berlin: 14 M 1; 17 M 4; 20 M 7; 43 M 1; 44 M 1; 54 M 7 a; 54 M 7 b; 78 M 10; 106 M 2; 128 M 1; 142 M 9; 143 M 2; 146 M 7; 155 M 2, 166 M 2; 202 M 1; 209 M 11.